呂思勉全集

19

本 册 總 目

論

詩

前　言

　　《論詩》系一九二三至一九二五年間吕思勉先生在江蘇省立第一師範學校任教時的講義,現存油印稿一册。先生講授中國文學史,分韻文和散文兩部分,《論詩》即中國文學史的韻文部分。二十世紀九十年代初,由先生之女吕翼仁先生將《論詩》的"評述"部分整理校訂,分四期發表於《江西詩詞》上(一九九二年第一、二、三、四期,未刊選詩原文)。《論詩》的"評述"部分曾收入華東師範大學出版社出版的《吕思勉遺文集》(一九九七年九月出版,也未刊選詩原文),後全文收入上海古籍出版社"吕思勉文集"《文學與文選四種》①(二〇一〇年六月出版)。此次我們將《論詩》編入《吕思勉全集》重印出版,依原油印講義進行整理校對,按原順序先"選詩"後"評述"排印,僅訂正了錯字和刊誤,其餘均照原稿付印。

李永圻　張耕華

二〇一四年八月

---

① 　即吕先生的《宋代文學》、《論詩》、《中國文學史選文》和《國文選文》四種著述的合刊。

論　詩

　　詩者韻文之一，其原出於謠，其音節出於自然，是爲天籟。以謠辭合樂則爲歌，歌辭稱詩。韻文可分歌與賦二大類，歌者可合樂者也，不歌而誦謂之賦。

　　詩之起原不必鑿指其在何時，必欲說之，亦只可曰詩與人之能發聲爲謠同時並起耳。今《五經》中之詩，大抵皆周代之作。古文家以《商頌》爲作於商時，鄭《譜》謂成湯、中宗、高宗有受命中興之功時，有作詩頌之者是也。今文家則以爲正考父作。《商頌》辭並不古，今文之說爲是。商周以前之詩，見於書者，如“明良喜起”之歌，辭亦不古，與《書·大傳》所載之《卿云歌》，《史記·伯夷列傳》所載之軼詩等，皆未必真爲舜與皋陶、伯夷之作，惟《郊特牲》所載伊耆氏《蜡辭》，其辭較古，說伊耆氏者，或以爲神農，或以爲堯，雖難質言，要必爲較古之作品矣。

　　周代之詩可見者，即今之《詩經》。此體在後世已不能仿效，然其風、雅、頌三體及賦、比、興之義，則仍爲學詩者所宜知。案《詩序》曰：“詩者，志之所之也。在心爲志，發言爲詩，情動於中而形於言，言之不足，故嗟嘆之。嗟嘆之不足，故永歌之。永歌之不足，不知手之舞之，足之蹈之也。情發於聲，聲成文謂之音。”此言詩之起原，由於人之生理及心理之作用也。又曰：“治世之音安以樂，其政和。亂世之音怨以怒，其政乖。亡國之音哀以思，其民困。故正得失，動天地，感鬼神，莫近於詩。先王以是經夫婦，成孝敬，厚人倫，美教化，移風俗。”此言詩之用也。其論風、雅、頌及賦、比、興云：“故詩有六義焉。一曰風；二曰賦；三曰比；四曰興；五曰雅；六曰頌。風，風也，教也。風以動之，教以化之。上以風化下，下以風化上。主文而譎諫，言之者無罪，聞之者足戒，故曰風。至於王道衰，禮義廢，政教失，國異政，家殊俗，則變風變雅作矣。國史明乎得失之迹，傷人倫之廢，哀刑政之苛，吟詠情性，以風其上，達於事變而懷其舊俗者也。故變風發乎情，止乎禮義。發乎情，民之性也。止乎禮義，先王之澤也。是以一國之事，係一人之本，謂之風。言天下之事，形四方之風，謂之雅。雅者，正也。言王政之所由廢興也。政有小大，故有小雅焉，有大雅焉。此數語説得不甚清楚，《史記·司馬相如列傳》：“大雅言王公大人德逮黎庶，小雅譏小己之得失，其流及上。”較明白，蓋魯詩義也。頌者，美盛德之形容，以其成功告於神明者也。”

　　《詩序》即以風、小雅、大雅、頌爲四始。《史記·孔子世家》：“古者詩三千餘篇，及至孔子去其重，取可施於禮義，上采契、后稷，中述殷周之盛，至幽厲之缺。始於衽席，故曰：《關雎》之亂，以爲風始；《鹿鳴》爲小雅始；《文王》爲大雅始；《清廟》爲頌始。”此魯詩義也。吾頗疑《詩序》“是謂四始”之上有脱文，鄭玄隨文説之，又牽合《周禮》，以風、雅、頌與賦、比、興並列爲六義，殊不可通。然其論詩之起源、效用，及説風、雅、頌之定義，則大致皆是，蓋三家舊説也。魏源説。

　　風、雅、頌與賦、比、興理論上不能並列。《正義》云：“風、雅、頌者，詩篇之異體；賦、比、興者，詩文之異辭耳。”大小不同，而得并爲六義者，賦、比、興是詩之所用，風、雅、頌是詩之成形，用彼三事，成此三事，是故同稱爲義，非別有篇卷也。《鄭志》張逸問：何詩近於比、賦、興。答曰：比、賦、興，吳札觀詩，已不歌也。孔子録《詩》已合風、雅、頌中，難復摘別，篇中義多興。逸見風、雅、頌有分段，以爲比、賦、興亦有分段，謂有全篇爲比，全篇爲興，欲鄭指摘言之。鄭以比、賦、興者，直是文辭之異，非篇卷之別，故遠言從本來不別之意，言吳札觀詩已不歌，明其先無別體，不可歌也。孔子録《詩》已合風、雅、頌中，明其先無別體，不可分也。元來合而不分，今日難復摘別也。言篇中義多興者，以《毛傳》於諸篇之中，每言興也。以興在篇中，明比、賦亦在篇中，故以興顯比、賦也。若然，比、賦、興元來不分，則惟有風、雅、頌三詩而已。《藝論》云：“至周分爲六詩者，據《周禮》六詩之文而言之耳，非謂篇卷也。或以爲鄭云孔子已合於風、雅、頌中，則孔子以前未合之時，比、賦、興別爲篇卷；若然，則離其章句，析其文辭，樂不可歌，文不可誦，且風、雅、頌以比、賦、興爲體，若比、賦、興別爲篇卷，則無風、雅、頌矣。”案：鄭意明謂“周時詩分爲六，吳札時其別已不可考，孔子録詩文，合比、賦於風、雅、頌，故今難復摘別，據《毛傳》亦惟可考見其所謂興者耳”。《正義》必謂“鄭意亦謂別無篇卷”，殊屬勉強。詩之分法，隨人所爲，孔子分爲三，後人亦但能分爲三。焉知作《周禮》者不別有一法焉，分之爲六乎？凡事實不能盡合論理，後人斤斤然謂比、賦、興不能別有篇卷者，以爲如此則不合論理耳。然安知古代必無不合論理之事乎？或孔子正以其不合論理而改之。《周禮》原文曰：“教六詩，曰風，曰賦，曰比，曰興，曰雅，曰頌，以六德爲之本，以六律爲之音”，安知彼當日不有以六詩分配六德六律之法哉？《正義》之質言，固不如《鄭志》之闕疑矣。然考《周禮》之六詩，自爲一事，吾儕今日論詩又爲一事。考《周禮》之六詩，固宜守疑事毋質之義，吾儕今日論詩，則自以守“風、雅、頌者，詩篇之異體，賦、比、興者，詩文之異辭”之說爲較合於論理也。要而言之，則賦、比、興者，詩之三法也。鄭注《周禮》云：“賦之言鋪，直鋪陳今之政教善惡。比，見今之失，不敢斥言，取比類以言之。興，見今之美嫌於媚諛，取善事，以喻勸之。”又引鄭司農説云：“比者，比方於物也；興者，托事於物。”古人言詩，好索令政治，此自釋經之體宜然。若論文學，則但取仲師之説足矣。予更爲直截爽快之説曰：賦者，直陳其事；比者，意在此而言彼；興者，先言彼而後及此也。如實稱人之美，爲賦；稱花之美而意實在人，爲比；言花而後及人，則爲興矣。

詩之用在能感動人情，及自言其情。《公羊》宣十五年何注：“五穀畢入，民皆居宅，里正趨緝績，男女同巷，相從夜績，至於夜中，故女工一月得四十五日作。從十月盡正月止，男女有所怨恨，相從而歌，飢者歌其食，勞者歌其事。男年六十，女年五十無子者，官衣食之，使之民間求詩，鄉移於邑，邑移於國，國以聞於天子，故王者不出牖户，盡知天下所苦，不下堂而知四方。”蓋人在社會之中，因種種牽制，真正言論自由之地頗少，且亦可謂絶無。故採取輿論，兹不能得真正之民意。惟詩歌等類，則言者無罪，故得以自陳其情，而聞之者，卻可以隱喻其衷曲焉。古代觀民風，必陳詩者以此。夫欲求社會之安平，首貴人人無不合理之行動，而欲求人人無不合理之行動，恃刑驅勢迫，固有所不能，即恃輿論之監督，道德之制裁，亦尚苦其不足。何者？人情據非其所則不安，即能勉强於一時，終不可以持久也。子曰：“知之者，不如好之者；好之者，不如樂之者。”又曰：“如惡惡臭，如好好色。”誠出於感情之所不欲爲，則雖强之而亦有不爲者矣，更無慮其不能持久矣。文學之大用在此，詩亦其一也。古人論詩雖備於一方面，吾人固可推廣其意，以識詩之全體大用矣。

詩與樂相連帶，故恒隨樂爲變遷。論詩之起源，本先有人口中之謠，乃因其音節以作樂。然樂之既成，則因其本與詩相依倚，故樂律音節之改變，自以足致詩體之改變。詩固樂曲之歌詞也。然人類歌唱之音節，非有新分子自外加入，恒只能漸變而不能驟變。故吾國歷代，每當詩體改變之際，必爲樂律改變之時，而音樂改變之時，又必承外國樂輸入之後，殆千載如一轍。

《孔子世家》云：“三百五篇，孔子皆弦歌之，以求合韶武雅頌之音。”則孔子時，詩固皆可合樂。然至漢代制氏雅樂，既莫能用，漢武帝別立樂府，集趙、代、秦、楚之謳,使李延年協其律,見《漢書·禮樂志》。而音樂大起變化,而詩境亦隨之變化矣。愚案:中國古代之詩,似可分爲兩種,一詩經,一楚辭也。詩經一類以四言爲主,三言、五言、六言、七言皆居少數,至八言、九言,則其實當分作兩句讀也。楚辭一類以七言爲主,間雜其他之句,而三言最多。吾國古代語分楚夏,得毋歌辭亦有楚夏二系邪?今難質言。然漢高、項羽皆楚人,漢高所作《大風歌》,項羽所作拔山歌,固皆三言、七言也。《安世樂》原於《房中歌》,《房中歌》爲唐山夫人作,亦有三言。要之,最適於中國人口中之音節者,爲(一)五言,(二)七言,(三)三、七言三種。其在漢代,五言古詩,則承《詩經》而發達者也;樂府,則承楚辭一派而發達者也。

樂府本官署之名,所採之曲,蓋亦民間所固有,然其後樂調既立,文人依其調以作辭,則又變爲詩體之名矣。四言之變爲五言,蓋因言語發達,人口中音節,與古殊異之故。漢時作四言詩者,其道已窮。今所傳韋孟《諷諫詩》,蓋實其後人所僞作,然要爲漢代作品。了無精神,足以知之。若漢高《爲戚夫人之歌》,魏武之《短歌行》,則名雖四言,實則樂府也。

今試將兩較如下。

韋孟《諷諫詩》

肅肅我祖,國自豕韋。黼衣朱黻,四牡龍旂。彤弓斯征,撫寧遐荒。總齊羣邦,以翼大商。迭彼大彭,勳績維光。至於有周,歷世會同。王赧聽譖,實絕我邦。我邦既絕,厥政斯逸。賞罰之行,非繇王室。庶尹羣后,靡扶靡衛。五服崩離,宗周以墜。我祖斯微,遷於彭城。在予小子,勤唉厥生。厄此嫚秦,耒耜斯耕。悠悠嫚秦,上天不寧。乃眷南顧,授漢於京。於赫有漢,四方是征。靡適不懷,萬國攸平。乃命厥弟,建侯於楚。俾我小臣,惟傅是輔。矜矜元王,恭儉静一。惠此黎民,納彼輔弼。享國漸世,垂烈於後。乃及夷王,克奉厥緒。咨命不永,惟王統祀。左右陪臣,斯惟皇士。如何我王,不思守保?不惟履冰,以繼祖考。邦事是廢,逸游是娛。犬馬悠悠,是放是驅。務此鳥獸,忽此稼苗。蒸民以匱,我王以媮。所弘匪德,所親匪俊。惟囿是恢,惟諛是信。瞻瞻諂夫,諤諤黃髮,如何我王,曾不是察?既藐下臣,追欲縱逸。嫚彼顯祖,輕此削黜。嗟嗟我王,漢之睦親。曾不夙夜,以休令聞。穆穆天子,照臨下土。明明羣司,執憲靡顧。正遐由近,殆其茲怙。嗟嗟我王,曷不斯思。匪思匪監,嗣其罔則。彌彌其逸,岌岌其國。致冰匪霜,致墜匪嫚。瞻惟我王,時靡不練。興國救顚,孰違悔過。追思黃髮,秦穆以霸。歲月其徂,年其逮者。於赫君子，庶顯於後。我王如何，曾不斯覽。黃髮不近，胡不時鑒！

漢高祖《爲戚夫人楚歌》

鴻鵠高飛，一舉千里。羽翮已就，橫絕四海。橫絕四海，當可奈何？雖有矰繳，尚安所施？

魏武帝《短行歌》

對酒當歌，人生幾何？譬如朝露，去日苦多。慨當以慷，幽思難忘。何以解憂？惟有杜康。青青子衿，悠悠我心。但爲君故，沈吟至今。呦呦鹿鳴，食野之苹。我有嘉賓，鼓瑟吹笙。明明如月，何時可掇？憂從中來，不可斷絕。越陌度阡，枉用相存。契闊談宴，心念舊恩。月明星稀，烏鵲南飛。繞樹三匝，何枝可依？山不厭高，海不厭深。周公吐哺，天下歸心。

古詩必五言，然樂府亦非無五言者，而二者又恒混合不別，欲別之在其内容，不在其形式也。沈德潛曰："風騷既息，漢人代興，五言爲標準矣。就五言中較然兩體：蘇李贈答、無名氏十九首，古詩體也。廬江小吏妻、羽林郎、陌上桑之類，樂府體也。"今案：《古詩十九首》中第一首：

行行重行行，與君生別離。相去萬餘里，各在天一涯。道路阻且長，會面安可知。胡馬依北風，越鳥巢南枝。相去日已遠，衣帶日已緩。浮雲蔽白日，游子不顧返。思君令人老，歲月忽已晚。棄捐勿復道，努力加餐飯。

温柔敦厚，純乎三百篇之旨矣。然如其第十三、十四兩首：

驅車上東門，遥望郭北墓。白楊何蕭蕭，松柏夾廣路。下有陳死人，杳杳即長暮。潛寐黃泉下，千載永不寤。浩浩陰陽移，年命如朝露。人生忽如寄，壽無金石固。萬歲更相送，聖賢莫能度。服食求神仙，多爲藥所誤。不如飲美酒，被服紈與素。

去者日以疏，來者日以親。出郭門直視，但見丘與墳。古墓犁爲田，松柏摧爲薪。白楊多悲風，蕭蕭愁殺人。思還故里閭，欲歸道無因。

杼軸純乎樂府矣。大抵古詩和平，樂府較激壯也。又樂府之詞較古詩爲質，其意旨似可解不可解處亦較多，因之較古詩更近謠辭也。如古辭：

青青河畔草，綿綿思遠道。遠道不可思，夙昔夢見之。夢見在我旁，忽覺在他鄉。他鄉各異縣，展轉不可見。枯桑知天風，海水知天寒。入門各自媚，誰肯相爲言？客從遠方來，遺我雙鯉魚。呼童烹鯉魚，中有尺素書。長跪讀素書，書中竟何如？上有加餐食，下有長相憶。

全係習熟之詞，信口噴薄而出。就中如“枯桑知天風，海水知天寒”等爲漢人常見之句，知其聯綴，更無他意，只在喉吻間熟，其詩在口中，不在紙上也。古詩首句，多與下文若不相屬者以此。如《孔雀東南飛》等，皆是其紙上之意，義若不聯貫，其口中之音節，則極和諧也。又樂府設想，往往極奇，古詩則貴平正。如“枯魚過河泣，何時悔復及，作書與魴鱮，相教愼出入”，此等設想，古詩中無之。其有之，則係效樂府者。古詩只可抒情，而樂府則長叙事。《孔雀東南飛》太長，今舉下兩篇爲例：

上山採蘼蕪

上山採蘼蕪，下山逢故夫。長跪問故夫：新人復何如？新人雖言好，未若故人姝。顏色類相似，手爪不相如。新人從門入，故人從閣去。新人工織縑，故人工織素。織縑日一匹，織素五丈餘。將縑來比素，新人不如故。

陌　上　桑

日出東南隅，照我秦氏樓。秦氏有好女，自名爲羅敷。羅敷善蠶桑，採桑城南隅。青絲爲籠繫，桂枝爲籠鈎。頭上倭墮髻，耳中明月珠。緗綺爲下裙，紫綺爲上襦。行者見羅敷，下擔捋髭鬚。少年見羅敷，脱帽著帩頭。耕者忘其犁，鋤者忘其鋤。來歸相怨怒，但坐觀羅敷。使君從南來，五馬立踟躕。使君遣吏往，問是誰家姝？秦氏有好女，自名爲羅敷。羅敷年幾何？二十尚不足，十五頗有餘。使君謝羅敷，寧可共載不？羅敷前致辭，使君一何愚！使君自有婦，羅敷自有夫。東方千餘騎，夫婿居上頭。何用識夫婿？白馬從驪駒。青絲繫馬尾，黄金絡馬頭，腰中鹿盧劍，可值千萬餘。十五府小吏，二十朝大夫，三十侍中郎，四十專城居。爲人潔白晢，鬑鬑頗有鬚。盈盈公府步，冉冉府中趨。坐中數千人，皆言夫婿殊。

此詩自“但坐觀羅敷”以上爲一解，“羅敷自有夫”以上爲一解。樂府之解，即詩之分章也。又如：

出　東　門

出東門，不顧歸。來入門，悵欲悲。盎中無斗儲，還視桁上無懸衣。拔劍出門去，兒女牽衣啼。他家但願富貴，賤妾與君共餔糜。共餔糜，上用倉浪天故,下爲黄口小兒。今時清廉,難犯教言,君復自愛莫爲非。今時清廉,難犯教言,君復自愛莫爲非。行! 吾去爲遲,平慎行,望君歸。

竟與白話無異。樂府中最質樸者,爲《雁門太守行》,然在當時,亦被弦管也。唐人如白居易等所作新樂府,即未必可被弦管矣。

樂府之三言者,如《郊祀歌》是。四言者,如《來日大難》是。三七言者,如《盤中詩》等是。又如:"悲歌可以當泣,遠望可以當歸。思念故鄉,鬱鬱累累。欲歸家無人,欲渡河無船,心思不能言,腸中車輪轉。"此等起句,唐人歌行尚時用之。樂府標題甚多,如"歌"、"吟"、"咏"、"怨"、"嘆"、"行"、"引"、"篇"、"曲"等皆是。其音律,自齊梁以後,又漸亡失。然今民間歌謠,其音節固極似古樂府,特無人爲之協律耳。

古詩與樂府異,貴平正淵穆,含蓄不盡。蘇、李詩吾固信爲六朝人擬作,然論其詩,則實足與十九首並稱,古詩之模範也。如:

> 結髮爲夫妻,恩愛兩不疑。歡娱在今夕,燕婉及良時。征夫懷遠路,起視夜何其。參辰皆已没,去去從此辭。行役在戰場,相見未有期。握手一長嘆,淚爲生別滋。努力愛春華,莫忘歡樂時。生當復來歸,死當長相思。

試以此與杜甫之《新婚别》比較,可見古詩與樂府之别。杜陵五言,多用樂府法也,故能别開新境。古詩固貴淵穆,然亦不可無氣勢。如:

李陵《贈蘇武别》

> 良時不再至,離别在須臾。屏營衢路側,執手野踟蹰。仰視浮雲馳,奄忽互相踰,風波一失所,各在天一隅。長當從此别,且復立斯須。欲因晨風發,送子以賤軀。

可謂極沉鬱頓挫之致矣。古詩自漢以後當以魏晉爲一境界,宋齊以後又爲一境界。建安之詩,猶有風骨,然華藻已過漢人。晉初阮籍,猶爲漢魏雅音。至潘、陸則更以詞華勝矣。就中拔出流俗者,爲郭璞及左思。《游仙》之超逸,《咏史》之雄俊,均非余子所有。而陶詩寫景言情,平淡之中,自饒深刻之致,其詩境又非前此所有也。

曹植《雜詩》二首

> 高臺多悲風,朝日照北林。之子在萬里,江湖迥且深。方舟安可極,離思放難任。孤雁飛南游,過庭長哀吟。翹思慕遠人,願欲托遺音。形

影忽不見,翩翩傷我心。

　　轉蓬離本根,飄搖隨長風。何意回飆舉,吹我入雲中。高高上無極,天路安可窮?類此游客子,捐軀遠從戎。毛褐不掩形,薇藿常不充。去去莫復道,沉憂令人老。

建安七子詩才,自以陳思王爲最,次之則王仲宣也。仲宣最長公讌。

阮籍《咏懷》二首

　　夜中不能寐,起坐彈鳴琴。薄帷鑒明月,清風吹我襟。孤鴻號外野,翔鳥鳴北林。徘徊將何見,憂思獨傷心。

　　二妃游江濱,逍遥順風翔。交甫懷環佩,婉孌有芬芳。猗靡情歡愛,千載不相忘。傾城迷下蔡,容好結中腸。感激生憂思,萱草樹蘭房。膏沐爲誰施,其雨怨朝陽。如何金石交,一旦更離傷!

　　嘉樹下成蹊,東園桃與李。秋風吹飛藿,零落從此始。繁華有憔悴,堂上生荆杞。驅馬捨之去,去上西山趾。一身不自保,何況戀妻子。凝霜被野草,歲暮亦云已。

嗣宗《咏懷》,皆有寄托,其意不可盡知,亦不可鑿求也。古人有寄托之作,不可不知其有寄托,亦不可求其事以實之。

陸機《塘上行》

　　江蘺生幽渚,微芳不足宣。被蒙風雲會,移居華池邊。發藻玉臺下,垂影滄浪泉。沾潤既已渥,結根奥且堅。四節逝不處,繁華難久鮮。淑氣與時殞,餘芳隨風捐。天道有遷易,人理無常全。男歡智傾愚,女愛衰避妍。不惜微軀退,但懼蒼蠅前。願君廣末光,照妾薄暮年。

又《赴洛道中作》

　　遠游越山川,山川修且廣。振策陟崇丘,案轡遵平莽。夕息抱影寐,朝徂銜思往。頓轡倚嵩巖,側聽悲風響。清露墜素輝,明月一何朗。撫枕不能寐,振衣獨長想。

以此與兩漢詩較,自見其藻采漸工,造句漸巧,音調亦漸見穩順,而空靈矯健之氣漸少,質樸厚重之意漸漓矣。

潘岳《悼亡》

　　皎皎窗中月,照我室南端。清商應秋至,溽暑隨節闌。凜凜涼風升,始覺夏衾單。豈曰無重纊,誰與同歲寒。歲寒無與同,朗月何朧朧。展轉眄枕席，長簟竟牀空。牀空委清塵，室虛來悲風。獨無李氏靈，髣髴覩爾容。撫衿長嘆息，不覺涕沾胸。沾胸安能已，悲懷從中起。寢興目存形，遺音猶在耳。上慚東門吳，下愧蒙莊子。賦詩欲言志，此志難具紀。命也可奈何，長戚自令鄙。

左思《咏史》二首

弱冠弄柔翰，卓犖觀羣書。著論準過秦，作賦擬子虛。邊城苦鳴鏑，羽翼飛京都。雖非甲冑士，疇昔覽穰苴。長嘯激清風，志若無東吳。鈆刀貴一割，夢想騁良圖。左眄澄江湘，右盼定羌胡。功成不受爵，長揖歸田廬。

鬱鬱澗底松，離離山上苗。以彼徑寸莖，蔭此百尺條。世冑躡高位，英俊沈下僚。地勢使之然，由來非一朝。金張藉舊業，七葉珥漢貂，馮公豈不偉，白首不見招。

郭璞《游仙詩》三首

京華游俠窟，山林隱遯棲。朱門何足榮，未若托蓬萊。臨源挹清波，陵岡掇丹荑。靈谿可潛盤，安事登雲梯。漆園有傲吏，萊氏有逸妻。進則保龍見，退爲觸藩羝。高蹈風塵外，長揖謝夷齊。

青溪千餘仞，中有一道士。雲生梁棟間，風出窗户裏。借問此何誰，云是鬼谷子。翹迹企潁陽，臨河思洗耳。閭闔西南來，潛波渙鱗起。靈妃顧我笑，粲然啓玉齒。蹇修時不存，要之將誰使。

翡翠戲蘭苕，容色更相鮮。綠蘿結高林，蒙籠蓋一山。中有冥寂士，靜嘯撫清絃。放情凌霄外，嚼藥挹飛泉。赤松臨上游，駕鴻乘紫煙。左挹浮丘袖，右拍洪崖肩。借問蜉蝣輩，寧知龜鶴年。

凡游仙詩有托而逃，貴有奇趣遐想。

陶潛《飲酒》二首

結廬在人境，而無車馬喧。問君何能爾，心遠地自偏。採菊東籬下，悠然見南山。山氣日夕佳，飛鳥相與還。此中有真意，欲辯已忘言。

故人賞我趣，挈壺相與至。班荆坐松下，數斟已復醉。父老雜亂言，觴酌失行次。不覺知有我，安知物爲貴。悠悠迷所留，酒中有深味。

淵明寓言情於寫景，可稱獨絕，其有理致處，尤不可及，讀此兩首可見。其寫景之句，十分自然又極洗煉，實他家所無。如“平疇交遠風”，又如“微雨從東來，好風與之俱”是也。其專言情之詩，孤高慷慨，亦各極其妙。

陶潛《咏貧士》

萬族各有托，孤雲獨無依。曖曖空中滅，何時見餘暉。朝霞開宿霧，衆鳥相與飛。遲遲出林翮，未夕復來歸。量力守故轍，豈不寒與飢。知音苟不存，已矣何所悲。

又《擬挽歌》

荒草何茫茫，白楊亦蕭蕭。嚴霜九月中，送我出遠郊。四面無人居，高墳正嶕嶢。馬爲仰天鳴，風爲自蕭條。幽室一已閉，千年不復朝。千年不復朝，賢達無奈何。向來相送人，各自還其家。親戚或餘悲，他人亦已歌。死去何所道，托體同山阿。

兩漢之詩，所以與魏晉不同者，兩漢重意，魏晉後漸重詞。兩漢古淡，魏晉以後漸趨於妍麗。兩漢以氣運詞，魏晉以後漸以詞爲累，而氣不能舉也。抑兩漢多悲憤幽怨之作，魏晉而後漸多宴集酬對之辭。一根於情，一不根於情，實其升降之所由矣。

此等變遷，實以建安爲其關鍵。然魏晉稍弱稍華耳，大體猶不失古意也。至宋以後，則雕鏤彌甚，古意寖亡矣。

宋詩顏、謝並稱，然延年雕鏤過甚，不如康樂能出以自然。

顏延年《贈王太常》

玉水記方流，璇源載圓折。蓄寶每希聲，雖祕猶彰徹。聆龍睇九泉，聞鳳窺丹穴。歷聽豈多工，唯然覿世哲。舒文廣國華，敷言遠朝列。德輝灼邦懋，芳風被鄉耋。側同幽人居，郊扉常晝閉。林間時晏開，亟迴長者轍。庭昏見野陰，山明望松雪。靜惟浹羣化，徂生入窮節。豫往誠歡歇，悲來非樂闋。屬美謝繁翰，遥懷其短札。

延年之詩，《詩品》謂源出士衡，然士衡多偶對，好藻飾耳，鏤刻不如延年之甚。延年詩自不如康樂之自然，然厚重猶近古，康樂雖清俊，去古實彌遠矣。

謝靈運《石壁精舍還湖中作》

昏旦變氣候，山水含清暉。清暉能娱人，游子憺忘歸。出谷日尚早，入舟陽已微。林壑斂暝色，雲霞收夕霏。芰荷迭映蔚，蒲稗相因依。披拂趨南逕，愉悅偃東扉。慮澹物自輕，意愜理無違。寄言攝生客，試用此道推。

康樂最長寫景，故與淵明並稱。然淵明即景見情，康樂純乎寫景，又其異焉者也。惠連巧琢，質不勝文，又非康樂之儔矣。

宋詩推鮑明遠最爲矯健，樂府尤勝。

鮑照《代東門行》

傷禽惡弦驚，倦客惡離聲。離聲斷客情，賓御皆涕零。涕零心斷絶，將去復還訣。一息不相知，何況異鄉別。遥遥征駕遠，杳杳白日晚。居人掩閨卧，行子夜中飯。野風吹草木，行子心腸斷。食梅常苦酸，衣葛常苦寒。絲竹徒滿坐，憂人不解顔。長歌欲自慰，彌起長恨端。

又《擬行路難》五首

奉君金卮之美酒，瑇瑁玉匣之雕琴，七綵芙蓉之羽帳，九華蒲萄之錦衾，紅顏零落歲將暮，寒光宛轉時欲沈，願君裁悲且減思，聽我抵節行路吟。不見柏梁銅雀上，寧聞古時清吹音。

洛陽名工鑄爲金博山，千斵復萬鏤。上刻秦女攜手仙，承君清夜之歡娛。列置幃裏明燭前，外發龍鱗之丹綵，内含麝芬之紫煙。如今君心一朝異，對此長嘆終百年。

璇閨玉墀上椒閣，文窓繡户垂羅幕。中有一人字金蘭，被服纖羅采芳蓁。春燕參池風散梅，開幃對景弄春爵。含歌攬涕恒抱愁，人生幾時得爲樂。寧作野中之雙鳬，不願雲間之別鶴。

瀉水置平地，各自東西南北流，人生亦有命，安能行嘆復坐愁。酌酒以自寬，舉杯斷絶歌路難。心非木石豈無感，吞聲躑躅不敢言。

對案不能食，拔劍擊柱長嘆息。丈夫生世會幾時，安能蹀躞垂羽翼。棄置罷官去，還家自休息。朝出與親辭，暮還在親側。弄兒牀前戲，看婦機中織。自古聖賢盡貧賤，何況我輩孤且直。

此太白七古所取法也。

永明以後，漸開唐境，梁代宮體，益之浮艷，古意愈漓矣。今録數首於下，以見其概。

謝朓《入朝曲》

江南佳麗地，金陵帝王州。逶迤帶緑水，迢遞起朱樓。飛甍夾馳道，垂楊蔭御溝。凝笳翼高蓋，疊鼓送華輈。獻納雲臺表，功名良可收。

簡文帝《折楊柳》

楊柳亂成絲，攀折上春時。葉密鳥飛礙，風輕花落遲。城高短簫發，林空畫角悲。曲中無别意，并是爲相思。

沈約《別范安成》

生平少年日，分手易前期。及爾同衰暮，非復別離時。勿言一樽酒，明日難重持。夢中不識路，何以慰相思。

江淹《陶徵君潛田居》

種苗在東皋，苗生滿阡陌。雖有荷鉏倦，濁酒聊自適。日暮巾柴車，路闇光已夕。歸人望煙火，稚子候簷隙。問君亦何爲，百年會有役。但願桑麻成，蠶月得紡績。素心正如此，開逕望三益。

庾肩吾《咏長信宮中草》

委翠似知節，含芳如有情，全由履跡少，併欲上階生。

何遜《相送》

客心已百念，孤游重千里。江暗雨欲來，浪白風初起。

陰鏗《開善寺》

鷲嶺春光遍，王城野望通。登臨情不極，蕭散趣無窮。鶯隨入戶樹，花逐下山風。棟裏歸雲白，窗外落暉紅。古石何年臥，枯樹幾春空。淹留惜未及，幽桂有芳叢。

徐陵《別毛天寤》

願子厲風規，歸來振羽儀。嗟余今老病，此別空長離。白馬君來哭，黃泉我詎知。徒勞脫寶劍，空掛朧頭枝。

庾信《喜晴應詔》

御辯誠膺録，維皇稱有建。雷澤昔經漁，負夏時從販。栢梁驂駟馬，高陵馳六傳。有序屬賓連，無私表平憲。河堤崩故柳，秋水高新堰。心齋愍昏塾，樂徹憐胥怨。禪河秉高論，法輪開勝辯。王城水闃息，洛浦河圖獻。伏泉還習坎，歸風已回巽。桐枝長舊圍，蒲節抽新寸。山藪欣藏疾，幽棲得無悶。有慶兆民同，論年天子萬。

諸詩雖又迥異魏晉，然置之唐人詩中，則皆爲高格也。

《文選》各詩，皆以其内容分類，蓋人之才性，各有所近，長於此者，不必長於彼，此亦不可不知也。今録其分類之名如左：

補亡　述德　勸勵勸者進善之名，勵者勖己之稱　獻詩　公讌　相餞　咏史　百一　游仙　招隱　游覽　咏懷　哀傷　贈答　行旅　軍戎　郊廟　樂府　挽歌　雜歌　雜詩　雜擬

五言古詩至唐代變化而成律詩。律詩者篇有定句，句有定聲。俗説謂律詩

之起，由於聲病。案八病之説，見於《詩人玉屑》，與古律無關，且亦不必盡拘也。

一曰平頭　第一字不得與第六字，第二字不得與第七字同聲，如"今日良宴會，歡樂莫具陳"，"今"、"歡"皆平聲，"日"、"樂"皆入聲。

二曰上尾　第五字不得與第十字同聲，如"青青河畔草，鬱鬱園中柳"，"草"、"柳"皆上聲。

三曰蜂腰　第二字不得與第五字同聲，如"聞君愛我甘，竊欲自修飾"，"君"、"甘"皆平聲，"欲"、"飾"皆入聲。

四曰鶴膝　第五字不得與第十五字同聲，如"客從遠方來，遺我一書札。上言長相思，下言久離別"，"來"、"思"皆平聲。

五曰大韻　如聲鳴爲韻，上九字不得用驚傾平榮字。

六曰小韻　除押韻字外，九字中不得有兩字同韻，如韻爲橋，詩中則不用"遙"、"條"。

七曰旁紐八曰正紐　十字内兩字疊韻爲正紐，若不共一紐，而有雙聲爲旁紐，如流久爲正紐，流柳爲旁紐。

凡律詩，以中四句對偶爲正格，但亦有八句全對，或八句全不對者，又有前六句對後六句對者，有但對第三四句，或第五六句者，又有首聯對而次聯不對者，其實並無一定。五七律皆然。

平仄則有一定，異乎正規者，謂之拗體。拗體亦有一定音節。俗説"一三五不論，二四六分明"，最謬。此非但不可論律詩，並不可論古詩也。拗體有以第三字與第五字平仄互易者，如"溪雲初起日沉閣，山雨欲來風滿樓"是。又有以第五六字互易者，如"來時珥筆誇健訟，去日攀車餘淚痕"是。然亦並無一定規律。其實拗句乃律體中夾古句耳。然古體音節無定而有定，故不能以"一三五不論"等粗淺之説概之也。

律詩之體，實至沈，佺期。宋之問。始成。前此即有之，亦只可云偶合耳。

律詩不以八句爲限者，是爲排律。其體亦原於隋以前，如薛道衡之《昔昔鹽》是也。蓋律詩原不以八句爲限，特唐人之作律詩，多取八句者耳。不限於八句而又變古爲律，是即排律也。唐人排律以少陵爲第一。前乎此者王、楊、盧、駱，頗乏生氣；後乎此者，微之、居易又無浩瀚之觀。要之，此體不易作也。

七言歌行，亦源於樂府，論者多以柏梁爲七言之祖。然此篇之爲贗鼎，灼然無疑。與其稱此篇，不如徑舉秋風、瓠子之辭，更上之則大風、拔山、易水之歌，皆七言之遠祖也。魏文帝《燕歌行》則形式亦與七言歌行無異矣。

曹丕《燕歌行》

秋風蕭瑟天氣涼，草木搖落露爲霜。羣燕辭歸鴈南翔，念君客游思斷腸。慊慊思歸戀故鄉，君何淹留寄他方。賤妾煢煢守空房，憂來思君不敢忘。不覺淚下沾衣裳，援琴鳴絃發清商，短歌微吟不能長。明月皎皎照我牀，星漢西流夜未央。牽牛織女遙相望，爾獨何辜限河梁。

此後如平子《四愁》等，亦直接爲唐人所仿效。

古詩平仄無定而有定，不能不講而亦不能指出一定規律，只可多讀而自知之。質言之，則古詩音節合全篇而定，非如律詩之每句有定，故不能具體舉出也。七古押韻有每句皆韻者，有兩句一韻者，亦有錯落不一定者。一韻到底可，換韻亦可。其中最整齊之一種，每四句一換韻。更整齊者，則其換韻恒平仄相間。凡古詩必不可入律句，惟此體最近律，入律句無妨，且必有整齊平順類律之句乃佳。古詩貴雍穆，樂府特票姚，前已言之。七言古詩尤貴有曲折頓挫之致，有硬語盤空之妙。一言蔽之，則在有氣以運之耳。

近體原於古詩，絕句出於樂府，以爲截律詩而爲之則謬矣。趙氏翼云：楊伯謙元楊士宏。謂五言絕句，唐初變六朝子夜體也。七言絕句，初唐尚少，中唐漸盛，然梁簡文《夜望單雁》一首案其辭曰：「天霜河白夜星稀，一雁聲嘶何處歸，早知半路應相失，不如從來本獨飛。」已是七絕云云。今按《南史》：宋晉熙王昶奔魏，在道慷慨爲斷句。詩曰：「白雲滿鄣來，黃塵半天起。關山四面絕，故鄉幾千里。」梁元帝降魏，在幽逼時製詩四絕，其一曰：「南風且絕唱，西陵最可悲。今日還蒿里，終非封禪時。」曰斷句，曰絕句，則宋梁時已稱絕句也。柳惲和梁武帝《景陽樓》篇云：「太液滄波起，長楊高樹秋。翠華承漢遠，雕輦逐風流。」陳文帝時，陳寶應起兵，沙門慧標作詩送之曰：「送馬猶臨水，離旗稍隱風。好看今夜月，當照紫微宮。」隋煬帝宮中侯夫人詩：「飲泣不成淚，悲來翻強歌。庭花方爛漫，無計奈春何。」蕭子雲《玉笋山》詩：「千載雲霞一徑通，暖煙遲日鎖溶溶。鳥啼春晝桃花拆，獨步溪頭探碧茸。」虞世南《袁寶兒》詩：「學畫鴉兒半未成，垂肩大袖太憨生。緣憨卻得君王寵，長把花枝傍輦行。」其時尚未有律詩，而音節和諧已若此，豈非五七絕之濫觴乎。案古絕句：「藥砧今何在，山上復有山。何當大刀頭，破鏡飛上天。」又在「子夜歌」之前也。

絕句大率一二四句皆韻，但第一句不韻亦可。四句不對，前兩句，句各一意，後兩句一意，最爲正格。但四句俱對，或前兩句對，或後兩句對，均無不可。總之，絕句以自然爲佳，當如初寫黃庭，恰到好處，一著力便不是，板滯更不可也。杜陵絕句尚貽半律之譏，其他更無論矣。

唐詩有盛、中、晚之分，其說起於宋嚴羽之《滄浪詩話》。明高廷禮選《唐詩品彙》，乃立初、盛、中、晚之分，大概以武德以後爲初，開元爲盛，大曆以後爲中,大中以後爲晚。然此特以大較言之,不能真劃分年代。如杜甫爲盛唐大家,然其詩作於大曆後者實多也。

初唐之特色在變陳、隋以來之靡麗,而返之於魏、晉。其中卓然能自樹立者,爲陳子昂、張九齡兩家。王士禛謂"奪魏晉之風骨,變陳梁之俳優,陳伯玉之力最大,曲江公繼之,太白又繼之"是也。今録二人感遇詩各數章如下:

陳子昂《感遇》三首

微月生西海,幽陽始代升,圓光正東滿,陰魄已朝凝。太極生天地,三元更廢興,至精諒斯在,三五誰能徵。

幽居觀大運,悠悠念羣生。終古代興没,豪聖莫能争。三季淪周赧,七雄滅秦嬴。復聞赤精子,提劍入咸京。炎光既無象,晉虜紛縱横。堯禹道既昧,昏虐世方行。豈無當世雄,天道與胡兵。咄咄安可言,時醉而未醒。仲尼溺東魯,伯陽遁西溟。大運自古來,旅人胡嘆哉。

翡翠巢南海,雄雌珠樹林。何知美人意,嬌愛比黄金。殺身炎州裏,委羽玉堂陰。旖旎光首飾,葳蕤爛錦衾。豈不在遐遠,虞羅忽見尋。多材固爲累,嘆息此珍禽。

張九齡《感遇》二首

蘭葉春葳蕤,桂華秋皎絜。欣欣此生意,自爾爲佳節。誰知林棲者,聞風坐相悦。草木有本心,何求美人折。

西日下山隱,北風乘夕流。燕雀感昏旦,簷楹呼匹儔。鴻鵠雖自遠,哀音非所求。貴人棄疵賤,下士嘗殷憂。衆情累外物,恕已忘内修。感嘆長如此,使我心悠悠。

魏晉而後,日由質而入於文,至唐則由文而復諸質。詩文之趨勢一也。五律當唐初猶未大成,至沈、宋則與古詩判然矣。

王勃《銅雀伎》

金鳳鄰銅雀,漳河望鄴城。君王無處所,臺榭若平生。舞席紛何就,歌梁儼未傾。西陵松檟冷,誰見綺羅情。

陳子昂《晚次樂鄉縣》

故鄉杳無際,日暮且孤征。川原迷舊國,道路入邊城。野戍荒煙斷,深山古木平。如何此時恨,噭噭夜猿鳴。

宋之問《雜詩》

聞道黄龍戍,頻年不解兵。可憐閨裏月,長在漢家營。少婦今春意,良人昨夜情。誰能將旗鼓，一爲取龍城。

沈佺期《度大庾嶺》

度嶺方辭國，停軺一望家。魂隨南翥鳥，淚盡北枝花。山雨初含霽，江雲欲變霞。但令歸有日，不敢恨長沙。

初唐詩渾涵，未盡發泄，中唐則稍涉清俊矣。唐人之詩，所以牢籠萬有，開古人未有之境者，全在盛唐。盛唐之中，自以李、杜稱首。然李特天才超越而已；於各體皆自立門户，不依傍古人，而變化之多，又如建章宮千門萬户，則自古迄今，未有如少陵者，稱爲詩聖，良不誣也。

太白五古，全是魏晉風格，今錄一首爲例。

李白《古風》

大雅久不作，吾衰竟誰陳，王風委蔓草，戰國多荆榛。龍虎相啖食，兵戈逮狂秦。正聲何微芒，哀怨起騷人。揚馬激頹波，開流蕩無垠。廢興雖萬變，憲章亦已淪。自從建安來，綺麗不足珍。聖代復元古，垂衣貴清真。羣才屬休明，乘運共躍鱗。文質相炳煥，衆星羅秋旻。我志在删述，垂輝映千春。希聖如有立，絕筆於獲麟。

太白天才之表現，尤在其七古。

李白《行路難》二首

金樽清酒斗十千，玉盤珍羞直萬錢。停杯投筯不能食，拔劍四顧心茫然。欲渡黄河冰塞川，將登太行雪滿山。閒來垂釣碧溪上，忽復乘舟夢日邊。行路難，行路難，多歧路，今安在，長風破浪會有時，直掛雲帆濟滄海。

大道如青天，我獨不得出。羞逐長安社中兒，赤雞白狗賭梨栗。彈劍作歌奏苦聲，曳裾王門不稱情，淮陰市井笑韓信，漢朝公卿忌賈生。君不見昔時燕家重郭隗，擁篲折節無嫌猜。劇辛樂毅感恩分，輸肝剖膽効英才。昭王白骨縈蔓草，誰人更掃黄金臺。行路難，歸去來。

《行路難》直抒胸臆，不過筆力挺拔而已；《山鷓鴣》全首皆用比興，若嘲若諷，如泣如訴，直與歌謡無異。《太白集》中，此等作品最多。詩之先祖，原係謡詞，然既成爲詩，則爲學士大夫之業，與農夫野老信口所成，絕然異趣。聞見之廣，托興之高，詞句之麗，數典之博，種種方面自然謡不如詩。然有一端，詩亦絕遜其先祖者，則天趣是已。此由農夫野老所感覺者，率爲天然之景物；

所吐露者，即爲胸中之感情，真而且質，絕無點染，而學士大夫，則用過許多書本上之功夫，其所取之材料，所得之感想，往往從書本上來，雖書本之所記，原係從事物得來，然校之天然之景物，胸中之感情，總已翻印過一次故也。於此點文人學士之作，絕不能與農夫競勝。唯太白歌行，有時置之謠詞中，竟可以亂楮葉，此則欲不歸諸其天才之超越而不可得已。

此外太白所長，亦在絕詩，因絕句著力不得，全靠天分也。

李白《山鷓鴣詞》

苦竹嶺頭秋月輝，苦竹南枝鷓鴣飛，嫁得燕山胡鴈壻，欲銜我向鴈門歸。山雞翟雉來相勸，南禽多被北禽欺。紫塞嚴霜如劍戟，蒼梧欲巢難背違。我心誓死不能去，哀鳴驚叫淚霑衣。

又《山中答俗人》

問余何意棲碧山，笑而不答心自閒。桃花流水窅然去，別有天地非人間。

又《從軍行》

百戰沙場碎鐵衣，城南已合數重圍。突營射殺呼延將，獨領殘兵千騎歸。

亦殊見設想之高遠，筆力之縱橫也。

少陵之詩，有不盡可以詩求之者，於此可見文學之大本大原。文學本感情之產物，性情涼薄之人，決不能有涵蓋古今之作。古來詩人，固多與世相忘，看似冷淡者，其實彼皆極熱心之人，惟其熱心，是以悲觀，悲觀之極，乃轉遁入於冷淡。若本爲自了漢，與社會痛癢不相關，但得飽食暖衣，便已欣然自足，則更有何感慨？且詩人未有不愛自然之景物者，愛自然之景物，是亦愛也。漠然寡情之人，對於社會固已無情，對於自然亦然，此等人安得有作詩之動機耶？故真正之文學家，必其感情熱烈，天性真摯者。吾不敢謂感情熱烈、天性真摯之人，遂無足與少陵比者，然亦罕矣。且彼其感情用諸國家，用諸社會，又非徒爲一身一家及宗族交游者比也。其感情之量既大，則其發抒之，自然輪囷鬱勃無奇不有已。

少陵之所難，在其於各體皆能自出機杼，不依傍古人。此則非徒性情之真摯濃厚，而其文學上之技術，亦足驚人矣。今試先觀其五古之長篇。

杜甫《自京赴奉先縣咏懷五百字》

杜陵有布衣，老大意轉拙，許身一何愚，竊比稷與契。居然成濩落，白首甘契濶。蓋棺事則已，此志常覬豁。窮年憂黎元，嘆息腸內熱。取笑同學翁，浩歌彌激烈。非無江海志，瀟灑送日月。生逢堯舜君，不忍便永訣。當今廊廟具，構厦豈云缺？葵藿傾太陽，物性固莫奪。顧惟螻蟻輩，但自求其穴。胡爲慕大鯨，輒擬偃溟渤。以兹悟生理，獨恥事干謁。兀兀遂至今，忍爲塵埃没。終愧巢與由，未能易其節。沈飲聊自遣，放歌頗愁絶。歲暮百草零，疾風高岡裂。天衢陰崢嶸，客子中夜發。霜嚴衣帶斷，指直不得結。凌晨過驪山，御榻在嵽嵲。蚩尤塞寒空，蹴踏崖谷滑。瑶池氣鬱律，羽林相摩戛。君臣留歡娛，樂動殷膠葛。賜浴皆長纓，與宴非短褐。彤庭所分帛，本自寒女出，鞭撻其夫家，聚斂貢城闕。聖人筐篚恩，實欲邦國治，臣如忽至理，君豈棄此物。多士盈朝廷，仁者宜戰慄。況聞內金盤，盡在衞霍室，中堂有神仙，煙霧蒙玉質，煖客貂鼠裘，悲管逐清瑟，勸客駝蹄羹，霜橙壓香橘。朱門酒肉臭，路有凍死骨。榮枯咫尺異，惆悵難再述。北轅就涇渭，官渡又改轍。羣水從西下，極目高崒兀。疑自崆峒來，恐觸天柱折。河梁幸未坼，枝撐聲窸窣。行旅相攀援，川廣不可越。老妻寄異縣，十口隔風雪。誰能久不顧，庶往共饑渴。入門聞號咷，幼子饑已卒。吾寧捨一哀，里巷亦嗚咽。所愧爲人父，無食致夭折。豈知秋禾登，貧窶有倉卒，生常免租税，名不隸征伐，撫迹猶酸辛，平人固騷屑。默思失業徒，因念遠戍卒。憂端齊終南，澒洞不可掇。

此詩自起至“放歌頗愁絶”，先自述生平，自此以下，皆述自京赴奉先縣之事，中間因過驪山，追懷往事，發出如許一大段議論，章法先已奇絶。其中如“歲暮百草零，疾風高岡裂”，起筆之有氣勢；“嚴霜衣帶斷，指直不得結”，“蚩尤塞寒空，蹴踏崖谷滑”，“羣水從西下……恐觸天柱折”，寫景之工；“彤庭所分帛……仁者宜戰慄”一段議論之正大；“況聞內金盤……惆悵難再述”一段，措詞之沉痛，此段所寫之事，極爲沉痛，而“中堂有神仙……霜橙壓香橘”設色極爲綺麗，僅“朱門酒肉臭，路有凍死骨”十字，出以激越之聲，而“榮枯咫尺異，惆悵難再述”，仍作婉約之詞，知此便無刺激性過甚之患。凡文字貴能刺激起人之感想，然刺激過烈，則又使人難受也。均堪獨有千古。“誰能久不顧，庶往共饑渴”，“所愧爲人父，無食至夭折”尤爲性情真摯之言。終復念及失業之徒，遠戍之卒，“窮年憂黎元，嘆息腸內熱”非門面之詞矣。

杜陵五古，寫景尤有極工者，如《羌村三首》是。

杜甫《羌村三首》

崢嶸赤雲西，日脚下平地。柴門鳥雀噪，歸客千里至。妻孥怪我在，驚定還拭淚，世亂遭飄蕩，生還偶然遂。鄰人滿牆頭，感嘆亦歔欷。夜闌更秉燭，相對如夢寐。

晚歲迫偷生，還家少歡趣。嬌兒不離膝，畏我復卻去。憶昔好追涼，故繞池邊樹。蕭蕭北風勁，撫事煎百慮。賴知禾黍收，已覺糟牀注。如今足斟酌，且用慰遲暮。

羣雞正亂叫，客至雞鬭爭。驅雞上樹木，始聞叩柴荆。父老四五人，問我久遠行，手中各有攜，傾榼濁復清。苦辭酒味薄，黍地無人耕。兵革既未息，兒童盡東征。請爲父老歌，艱難愧深情。歌罷仰天嘆，四坐淚縱橫。

其中如"鄰人滿墻頭……相對如夢寐"，"嬌兒不離膝，畏我復卻去"，"羣雞正亂叫……始聞扣柴荆"，不徒畫所不到，即作白話小說者，亦不能如此深切也。善寫村野景物者莫如淵明，然淵明自然誠自然矣，有此深切境界乎？

描寫社會情況之作，尤爲傑出，所以有"詩史"之稱也。《三吏三別》最爲有名，今各舉一首如下：

杜甫《石壕吏》

暮投石壕村，有吏夜捉人。老翁踰墻走，老婦出門看。吏呼一何怒，婦啼一何苦。聽婦前致詞：三男鄴城戍，一男附書至，二男新戰死。存者且偷生，死者長已矣。室中更無人，惟有乳下孫。孫有母未去，出入無完裙。老嫗力雖衰，請從吏夜歸，急應河陽役，猶得備晨炊。夜久語聲絶，如聞泣幽咽。天明登前途，獨與老翁別。

又《新婚別》

兎絲附蓬麻，引蔓故不長。嫁女與征夫，不如棄路傍。結髮爲妻子，席不暖君牀。暮婚晨告別，無乃太忽忙。君行雖不遠，守邊赴河陽。妾身未分明，何以拜姑嫜。父母養我時，日夜令我藏。生女有所歸，雞狗亦得將。君今死生地，沉痛迫中腸。誓欲隨君往，形勢反蒼黄。勿爲新婚念，努力事戎行。婦人在軍中，兵氣恐不揚。自嗟貧家女，久致羅襦裳。羅襦不復施，對君洗紅粧。仰視百鳥飛，大小必雙翔。人事多錯迕，與君永相望。

此詩《新婚別》。起四句及"父母養我時"四句，全然是樂府杼軸。然樂府敘事，多迷離惝恍，而杜陵能變爲正式之敘事詩，此其所以膺"詩史"之目而無愧也。通首作新嫁娘自述口氣，時時更端須看其用筆轉換之妙。

其七言歌行，亦有足與此媲美者。如《兵車行》等是。

杜甫《兵車行》

車轔轔，馬蕭蕭，行人弓箭各在腰。爺娘妻子走相送，塵埃不見咸陽

橋。牽衣頓足攔道哭，哭聲直上干雲霄。道傍過者問行人，行人但云點
行頻。或從十五北防河，便至四十西營田。去時里正與裹頭，歸來頭白
還戍邊。邊亭流血成海水，武皇開邊意未已。君不聞漢家山東二百州，
千村萬落生荊杞，縱有健婦把鋤犁，禾生隴畝無東西。況復秦州耐苦戰，
被驅不異犬與雞。長者雖有問，役夫敢申恨。且如今年冬，未休關西卒，
縣官急索租，租稅從何出。信知生男惡，反是生女好，生女猶得嫁比鄰，
生男埋沒隨百草。君不見青海頭，古來白骨無人收，新鬼煩冤舊鬼哭，天
陰雨溼聲啾啾。

其言情之作，亦美不勝收，今舉一篇爲例。

杜甫《醉歌行》

陸機二十作文賦，汝更小年能綴文。總角草書又神速，世上兒子徒
紛紛。驊騮作駒已汗血，鷙鳥舉翮連青雲。詞源倒流三峽水，筆陣獨掃
千人軍。只今年纔十六七，射策君門期第一。舊穿楊葉真自知，暫蹶霜
蹄未爲失。偶然擢秀非難取，會是排風有毛質。汝身已見唾成珠，汝伯
何由髮如漆。春光淡沱秦東亭，渚蒲芽白水荇青。風吹客衣日杲杲，樹
攪離思花冥冥。酒盡沙頭雙玉缾，衆賓已醉我獨醒。乃知貧賤別更苦，
吞聲躑躅涕泣零。

此詩前半皆叙事，"汝身已見唾成珠，汝伯何由發如漆"兩句，以慷慨嗚咽
之音，開出下文一段，章法亦絕妙。"春光淡沱"四句，寫得景色慘淡，尤非俗
手所能。

其叙事之作，亦有極工者，今亦舉一首爲例。

杜甫《丹青引》

將軍魏武之子孫，於今爲庶爲清門。英雄割據雖已矣，文采風流今
尚存。學書初學衛夫人，但恨無過王右軍。丹青不知老將至，富貴於我
如浮雲。開元之中常引見，承恩數上南薰殿。凌煙功臣少顏色，將軍下
筆開生面。良相頭上進賢冠，猛將腰間大羽箭。褒公鄂公毛髮動，英姿
颯爽來酣戰。先帝天馬玉花驄，畫工如山貌不同。是日牽來赤墀下，迥
立閶闔生長風。詔謂將軍拂絹素，意匠慘淡經營中。斯須九重真龍出，
一洗萬古凡馬空。玉花卻在御榻上，榻上庭前屹相向。至尊含笑催賜
金，圉人太僕皆惆悵。弟子韓幹早入室，亦能畫馬窮殊相。幹惟畫肉不
畫骨，忍使驊騮氣凋喪。將軍盡善蓋有神，偶逢佳士亦寫真。即今漂泊

干戈際,屢貌尋常行路人。途窮返遭俗眼白,世上未有如公貧。但看古
來盛名下,終日坎壈纏其身。

此詩一起便爾超絶。"良相頭上進賢冠"四句,隨筆敷陳,竟與白話詩無
異。而尤難者,則狀曹霸畫馬只"意匠慘淡經營中"七字;稱其畫之工,則只
"一洗萬古凡馬空"七字而已。然使他人作千百語,不能如此該括也。此所謂
筆力也。"玉花卻在御榻上,榻上庭前屹相向",以此狀其畫馬之畢肖,誰解如
此寫法?"至尊含笑催賜金,圉人太僕皆惆悵",尤畫所不到已。"即今漂泊干
戈際……終日坎壈纏其身",無一語不驚心動魄。杜陵固善用重筆——沉著
之筆也。

以上所言,皆杜陵古風,至其近體,尤能縮多數之意思於寥寥數十字之
中,其味無窮,使人百讀不厭也。今於其五七言律各舉數章如下。

杜甫《送遠》

帶甲滿天地,胡爲君遠行? 親朋盡一哭,鞍馬去孤城。草木歲月晚,
關河霜雪清。別離已昨日,在見古人情。

又《春望》

國破山河在,城春草木深。感時花濺淚,恨別鳥驚心。烽火連三月,
家書抵萬金。白頭搔更短,渾欲不勝簪。

又《月夜》

今夜鄜州月,閨中只獨看。遥憐小兒女,未解憶長安。香霧雲鬟濕,
清輝玉臂寒。何時倚虛幌,雙照淚痕乾。

又《登樓》

花近高樓傷客心,萬方多難此登臨。錦江春色來天地,玉壘浮雲變古今。
北極朝廷終不改,西山寇盜莫相侵。可憐後主還祠廟,日暮聊爲梁父吟。

又《恨別》

洛城一別四千里,胡騎長驅五六年。草木變衰行劍外,兵戈阻絶老江邊。
思家步月清宵立,憶弟看雲白日眠。聞道河陽近乘勝,司徒急爲破幽燕。

無不氣象萬千,有尺幅千里之勢。"國破山河在"四句,"錦江春色來天
地"一聯,尤爲精煉無倫。此等句法,後人非不效爲之,然厚薄終不侔矣。

杜陵古近體綿亘數章,此章法無不極謹嚴。近舉《諸將》五首爲例。

杜甫《諸將》

漢朝陵墓對南山,胡虜千秋尚入關。昨日玉魚蒙葬地,早時金盌出人間。

見愁汗馬西戎逼，曾閃朱旗北斗閒。多少材官守涇渭，將軍且莫破愁顏。

　韓公本意築三城，擬絕天驕拔漢旌。豈謂盡煩回紇馬，翻然遠救朔方兵。胡來不覺潼關隘，龍起猶聞晉水清。獨使至尊憂社稷，諸君何以答升平。

　洛陽宮殿化爲烽，休道秦關百二重。滄海未全歸禹貢，薊門何處覓堯封。朝廷袞職誰争補，天下軍儲不自供。稍喜臨邊王相國，肯銷金甲事春農。

　迴首扶桑銅柱標，冥冥氛祲未全銷。越裳翡翠無消息，南海明珠久寂寥。殊錫曾爲大司馬，總戎皆插侍中貂。炎風朔雪天王地，只在忠臣翊聖朝。

　錦江春色逐人來，巫峽清秋萬壑哀。正憶往時嚴僕射，共迎中使望鄉臺。主恩前後三持節，軍令分明數舉杯。西蜀地形天下險，安危須仗出羣材。

杜陵於當時諸將，疾首痛心，然此諸詩，無不婉摯，可見詩人性情之厚也。杜陵婉約之處，亦爲獨有千古。以其氣力大，人不之覺耳。"胡來不覺潼關隘，龍起猶聞晉水清"，對法奇特，獨有千古。西江派法門，全係從此等處而得。然宋人詩往往有意求奇，便失之薄，且露斧鑿痕迹，不如杜陵之出以自然，覺其深厚耳。前四首皆極沈摰，末首易以清俊，尤見組織之妙。

杜陵各體皆工，必欲求其稍遜者，則絕句耳。因絕句著氣力不得，而杜詩魄力雄厚，橫絕古今，雖極斂抑，終不免露出獅子搏兔之態也。然如《江南逢李龜年》一首："岐王宅里尋常見，崔九堂前幾度聞。正是江南好風景，落花時節又逢君"，寥寥二十八字，而盛衰離合之故，畢具其中，亦非他家所易到矣。要之，謂杜陵絕句稍遜，此不過在杜陵詩中爲較遜耳，固仍不失爲大家也。

盛唐之詩卓然自成一派者，李杜而外，當推王、孟、高、岑。王、孟之詩皆清微淡遠，爲自然之宗，而以二者校之，王詩似尤勝。

王維《歸嵩山作》

　晴川帶長薄，車馬去閒閒。流水如有意，暮雲相與還。荒城臨古渡，落日滿秋山。迢遞嵩山下，歸來且閉關。

孟浩然《過故人莊》

　故人具雞黍，邀我至田家。綠樹村邊合，青山郭外斜。開筵面場圃，把酒話桑麻。待到重陽日，還來就菊花。

"綠樹村邊合，青山郭外斜"，寫景可謂工極矣。"落日滿秋山"五字，尤覺包括無限情景。五言至此，可謂洗煉之至。要之，五律至右丞嘆爲觀止矣。

高、岑之詩，皆蒼涼悲壯，骨格堅勁，才氣奔放，邊塞之作尤長，以其久參戎幕，故言之倍覺真切也。此亦可見詩與生活有關。

高適《燕歌行》

漢家煙塵在東北，漢將辭家破殘賊。男兒本自重橫行，天子非常賜顏色。摐金伐鼓下榆關，旌旆逶迤碣石間。校尉羽書飛瀚海，單于獵火照狼山。山川蕭條極邊土，胡騎憑陵雜風雨。戰士軍前半死生，美人帳下猶歌舞。大漠窮秋塞草腓，孤城落日鬥兵稀。身當恩遇常輕敵，力盡關山未解圍。鐵衣遠戍辛勤久，玉箸應啼別離後。少婦城南欲斷腸，征人薊北空迴首。邊庭飄颻那可度，絕域蒼茫無所有。殺氣三時作陣雲，寒聲一夜傳刁斗。相看白刃血紛紛，死節從來豈顧勳？君不見沙場征戰苦，至今猶憶李將軍。

“山川蕭條極邊土，胡騎憑陵雜風雨”，筆力橫絕，真有風雨雜沓之勢。“壯士軍前半死生，美人帳下猶歌舞”，沈痛極矣。然尚不如“身當恩遇常輕敵，力盡關山未解圍”，尤覺婉約而沉摯也。

岑參《白雪歌送武判官歸京》

北風卷地白草折，胡天八月即飛雪。忽如一夜春風來，千樹萬樹梨花開。散入珠簾濕羅幕，狐裘不煖錦衾薄。將軍角弓不得控，都護鐵衣難冷着。瀚海闌干百丈冰，愁雲慘淡萬里凝。中軍置酒飲歸客，胡琴琵琶與羌笛。紛紛暮雪下轅門，風掣紅旗凍不翻。輪臺東門送君去，去時雪滿天山路。山廻路轉不見君，雪上空留馬行處。

此詩筆力亦殊橫絕，一結尤有不盡之致。

中唐之詩，韋、劉之古淡，元、白之平易，孟、賈之寒瘦，各有特色。而昌黎才力大而色澤古，尤爲詩家一大宗。韋蘇州詩極得自然之趣，論者以與淵明並稱，然其善寫荒涼之境，似又非陶之所有。

韋應物《初發揚子寄元大校書》

悽悽去親愛，泛泛入煙霧。歸棹洛陽人，殘鍾廣陵樹。今朝此爲別，何處還相遇。世事波上舟，沿洄安得住。

又《賦得暮雨送李冑》

楚江微雨裏，建業暮鐘時。漠漠帆來重，冥冥鳥去遲。海門深不見，浦樹遠含滋。相送情無限，沾襟比散絲。

劉長卿《餘干旅舍》

搖落暮天迥，青楓霜葉稀。孤城向水閉，獨鳥背人飛。渡口月初上，鄰家漁未歸。鄉心正欲絕，何處搗寒衣。

元、白詩最平易近人，故在當時風行最廣。元之《連昌宮詞》，白之《長恨歌》、《琵琶行》等，久已膾炙人口。今舉白之新樂府兩首爲例。

白居易《上陽人》

上陽人，上陽人，紅顏暗老白髮新。綠衣監使守宮門，一閉上陽多少春。玄宗末歲初選入，入時十六今六十。同時採擇百餘人，零落年深殘此身。憶昔吞悲別親族，扶入車中不教哭。皆云入內便承恩，臉似芙蓉胸似玉。未容君王得見面，已被楊妃遥側目。妬令潛配上陽宮，一生遂向空房宿。宿空房，秋夜長，夜長無寐天不明。耿耿殘燈背壁影，蕭蕭暗雨打窗聲。春日遲，日遲獨坐天難暮，宮鶯百囀愁厭聞，梁燕雙栖老休妬。鶯歸燕去長悄然，春往秋來不記年。唯向深宮望明月，東西四五百迴圓。今日宮中年最老，大家遥賜尚書號。小頭鞵履窄衣裳，青黛點眉眉細長。外人不見見應笑，天寶末年時世粧。上陽人，苦最多，少亦苦，老亦苦，少苦老苦兩如何？君不見昔時呂向美人賦，又不見今日上陽宮人白髮歌。

又《西涼伎》

西涼伎，假面胡人假獅子，刻木爲頭絲作尾，金鍍眼睛銀帖齒。奮迅毛衣擺雙耳，如從流沙來萬里。紫髯深目兩胡兒，鼓舞跳梁前致辭。道似涼州未陷日，安西都護進來時，須臾云得新消息，安西路絶歸不得。泣向獅子涕雙垂，涼州陷没知不知？獅子回頭向西望，哀吼一聲觀者悲。貞元邊將愛此曲，醉坐笑看看不足。享賓犒士宴監軍，獅子胡兒長在目。有一征夫年七十，見弄涼州低面泣。泣罷斂手白將軍，主憂臣辱昔所聞。自從天寶兵戈起，犬戎日夜吞西鄙。涼州陷來四十年，河隴侵將七千里。平時安西萬里疆，今日邊防在鳳翔。緣邊空屯十萬卒，飽食温衣閒過日。遺民腸斷在涼州，將卒相看無意收。天子每思常痛惜，將軍欲説合慙羞。奈何仍看西涼伎，取笑資歡無所媿。縱無智力未能收，忍取西涼弄爲戲。

“同時採擇百餘人，零落年深殘此身”，此兩句最爲刻入。有此兩句，乃見同此境遇者多，此詩非專爲一人咏也。“惟向深宮望明月，東西四五百回圓”，“外人不見見應笑，天寶末年時世粧”，尤極婉約之至。然其悲感，則彌深矣。《西涼伎》下半首節促而哀。

韓詩筆力堅勁，尤善鬥險韻，今舉其與東野聯句一首爲例。

韓愈孟郊《秋雨聯句》

萬木聲號呼，百川氣交會。郊庭翻樹離合，牖變景明藹。愈潦瀉殊未終，飛浮亦云泰。郊牽懷到空山，屬聽邐驚瀨。愈檐垂白練直，渠漲清湘大。郊甘津澤祥禾，伏潤肥荒艾。愈主人吟有歡，客子歌無奈。郊侵陽日沈玄，剝節風搜兌。愈坱圠游峽暄，颽颺卧江汰。郊微飄來枕前，高灑自天外。愈蚝穴何迫迮，蟬枝埽鳴噦。郊椵菊茂新芳，徑蘭銷晚碣。愈地鏡時昏曉，池星競漂沛。郊譁吷尋一聲，灌注咽羣籟。愈儒官煙火溼，市舍煎熬忕。郊卧冷空避門，衣寒屢循帶。愈水怒已倒流，陰繁恐凝害。郊憂魚思舟檝，感禹勤昒澮。愈懷襄信可畏，疏決須有賴。郊筮命或憑著，卜晴將問蔡。愈庭商忽驚舞，埯榮亦親酹。郊氛麏稍疎映，霧亂還擁薈。陰旌時撩流，帝鼓鎮訇磕。愈柬圃落青璣，瓜畦爛文貝。貧薪不燭竈，富粟空填廥。愈秦俗動言利，魯儒欲何匄。深路倒羸驂，弱途擁行軷。郊毛羽皆遭凍，離褷不能翽。翻浪洗虛空，傾濤敗藏蓋。郊吾人猶在陳，僮僕誠自郐。因思征蜀士，未免涅戎斾。愈安得發商飆，廓然吹宿靄。白日懸大野，幽泥化輕壒。愈戰場暫一乾，賊肉行可膾。愈搜心思有效，抽策期稱最。豈惟慮收穫，亦以救顛沛。郊禽情初嘯儔，磑色微收霽。庶幾諧我願，遂止無已太。愈

其七律亦大氣磅礡，論者謂昌黎以文爲詩，良有由也。

韓愈《八月十五夜贈張功曹》

纖雲四捲天無河，清風吹空月舒波。沙平水息聲影絶，一杯相屬君當歌。君歌聲酸辭且苦，不能聽終淚如雨。洞庭連天九疑高，蛟龍出没猩鼯號。十生九死到官所，幽居默默如藏逃。下牀畏蛇食畏藥，海氣濕蟄熏腥臊。昨者州前槌大鼓，嗣皇繼聖登夔皋。赦書一日行萬里，罪從大辟皆除死。遷者追廻流者還，滌瑕蕩垢朝清班。州家申名使家抑，坎軻祇得移荆蠻。判司卑官不堪説，未免捶楚塵埃間。同時輩流多上道，天路幽險難追攀。君歌且休聽我歌，我歌今與君殊科，一年明月今宵多。人生由命非由他，有酒不飲奈明何。

郊寒島瘦，自昔並稱，孟長古詩，賈長近體。其詩長於清刻，而其失亦在過於清刻，然亦足辟一格也。

賈島《暮過山村》

數里聞寒水，山家少四鄰。怪禽啼曠野，落日恐行人。初月未終夕，邊烽不過秦。蕭條桑柘外，煙火漸相親。

他如"廢館秋螢出，空城寒雨來"，"遠天垂地外，落日下峰西"，刻畫精妙，

亦足見浪仙特色也。

韓柳以古文並稱，而柳詩殊不類韓，其閑淡處，卻與韋蘇州相類，故亦有韋柳之稱焉。

柳宗元《溪居》

久爲簪組累，幸此南夷謫。閑依農圃鄰，偶似山林客。曉耕翻露草，夜榜響溪石。來往不逢人，長歌楚天碧。

又《中夜起望西園值月上》

覺聞繁露墜，開户臨西園。寒月上東嶺，泠泠疎竹根。石泉遠逾響，山鳥時一喧。倚楹遂至旦，寂寞將何言。

兩首皆得自然之趣。柳州於描寫天然景物，固有特長也。

中唐特色在於明秀而穩練，無復初唐之渾涵，盛唐之排奡。然其清俊，亦是可喜也，就中五律佳作最多。錢仲文、司空文初之詩，最足爲其代表。

錢起《題玉山村叟屋壁》

谷口好泉石，居人能陸沈。牛羊下山小，煙火隔雲深。一逕入溪色，數家連竹陰。藏虹霽晚雨，驚隼落殘禽。涉趣皆流目，將歸羨在林。卻思黃綬事，辜負紫芝心。

司空曙《喜外弟盧綸見宿》

静夜四無鄰，荒居舊業貧。雨中黃葉樹，燈下白頭人。似我獨沈久，愧君相見頻。平生自有分，況是蔡家親。

又《賊平後送人北歸》

世亂同南去，時清獨北還。他鄉生白髮，舊國見青山。曉月過殘壘，繁星宿故關。寒禽與衰草，處處伴愁顏。

諸詩體格，突出王孟，而氣則弱矣。至晚唐則刻畫字句益甚，務求前人未到之境，清新也，而或流於纖弱。唐詩之境，至此乃窮，而不得不變矣。

晚唐佳作，五律較多，七律較遜，以五律尚不容甚刻畫也。如溫庭筠《送人東游》：

荒戍落黃葉，浩然離故關，高風漢陽渡，初日郢門山。江上幾人在，天涯孤棹還。何當重相見，樽酒慰離顏。

氣韻殊勝。然如：

《春日野行》

騎馬蹴煙莎，青春奈怨何。蝶翎朝粉盡，鴉背夕陽多。柳豔欺芳帶，山愁縈翠蛾。別情無處説，方寸是星河。

又《商山早行》

晨起動征鐸，客行悲故鄉。雞聲茅店月，人迹板橋霜。槲葉落山路，枳花明驛牆，因思杜陵夢，鳧雁滿回塘。

句非不佳，而氣體漸落卑近矣。

晚唐人五律佳者，今再舉數首於下：

杜牧《題揚州禪智寺》

雨過一蟬噪，飄蕭松桂秋。青苔滿階砌，白鳥故遲留。暮靄生深樹，斜陽下小樓。誰知竹西路，歌吹是揚州。

許渾《冬夜泊僧舍》

江東寒近臘，野寺水天昏。無酒能消夜，隨僧早閉門。照牆燈焰細，著瓦雨聲繁。漂泊仍千里，清吟欲斷魂。

崔涂《除夜有感》

迢遞三巴路，羈危萬里身。亂山殘雪夜，孤燭異鄉人。漸與骨肉遠，轉於僮僕親。那堪正漂泊，明日歲華新。

許棠《塞外書事》

征路出窮邊，孤吟傍戍煙。河光深蕩塞，磧色迥連天。殘日沉鵰外，驚蓬到馬前。空懷釣魚所，未定卜歸年。

馬戴《落日悵望》

孤雲與歸鳥，千里片時間。念我一何滯，辭家久未還。微陽下喬木，遠色隱秋山。臨水不敢照，恐驚平昔顏。

司空圖《早春》

傷心仍客處，病起卻花朝。草嫩侵沙短，冰輕着雨消。風光知可愛，客鬢不相饒。早晚丹丘伴，飛書肯見招。

張喬《送友人許棠》

離鄉積歲年，歸路遠依然。夜火山頭市，春江樹杪船。干戈愁鬢改，瘴癘喜家全。何處嘗甘旨，潮濤浸薄田。

韋莊《章臺夜思》

清瑟怨遥夜，繞絃風雨哀。孤燈聞楚角，殘月下章臺。芳草已云暮，故人殊未來。鄉書不可寄，秋雁又南廻。

晚唐七律今亦舉數首如下：

許渾《咸陽城東樓》

一上高城萬里愁，蒹葭楊柳似汀洲。溪雲初起日沉閣，山雨欲來風滿樓。
鳥下綠蕪秦苑夕，蟬鳴黃葉漢宮秋。行人莫問當年事，故國東來渭水流。

韓偓《春盡》

惜春連日醉昏昏，醒後衣裳見酒痕。細水浮花歸別澗，斷雲含雨入孤村。
人閒易有芳時恨，地勝難招自古魂。慚愧流鶯相厚意，清晨猶爲到西園。

張泌《洞庭阻風》

空江浩蕩景蕭然，盡日菰蒲泊釣船。青草浪高三月渡，綠楊花撲一溪煙。
情多莫舉傷春目，愁極兼無買酒錢。猶有漁人數家住，不成村落夕陽邊。

羅隱《綿谷回寄蔡氏昆仲》

一年兩渡錦江游，前值東風後值秋。芳草有情皆礙馬，好雲無處不遮樓。
山將別恨和心斷，水帶離聲入夢流。今日因君試回首，淡煙喬木隔綿州。

諸詩句非不佳，然捨佳句而論氣體，則索然意盡矣。詩至晚唐，乃可以摘
句之法選之，前此無是也。

中晚唐絕詩，佳者卻極多，今各舉若干首於下：

韋應物《宿永陽寄璨師》

遥知郡齋夜，凍雪封松竹。時有山僧來，懸燈獨自宿。幽絕。

又《懷琅琊二釋子》

白雲埋大壑，陰崖滴夜泉。應居西石室，月照水蒼然。奇險。

又《聞雁》

故國渺何處，歸思方悠哉。淮南秋雨夜，高齋聞雁來。縹渺。

劉長卿《送靈澈上人》

蒼蒼竹林寺，杳杳鐘聲晚。荷笠帶斜陽，青山獨歸遠。悠然意遠。

劉方平《春雪》

飛雪帶春風，徘徊亂繞空。君看似花處，偏在濟城東。自然。

暢當《登鸛雀樓》

迥臨飛鳥上，高出世塵間。天勢圍平野，河流入斷山。雄闊。

顧況《憶舊游》

悠悠南國思，夜向江南泊，楚客斷腸時，月明楓子落。幽怨。

李端《聽筝》

鳴筝金粟柱，素手玉房前，欲得周郎顧，時時誤拂弦。深曲。絶詩篇幅短，必能作深曲之句，乃能有回旋之地也。

又《溪行遇雨寄柳中庸》

日落衆山昏，瀟瀟暮雨繁，那堪兩處宿，共聽一聲猿。寓言情於寫景之中，便覺情深。中庸《江行》云："繁陰乍隱洲，落葉初飛浦。蕭蕭楚客帆，暮入寒江雨"，亦足媲美。

盧綸《塞下曲》

月黑雁飛高，單于夜遁逃。欲將輕騎逐，大雪滿弓刀。得六朝樂府神髓。

柳宗元《長沙驛》

海鶴一爲別，存亡三十秋。今來數行淚，獨上驛南樓。輕倩。

劉禹錫《罷和州游建康》

秋水清無力，寒山暮多思。官閑不計程，遍上南朝寺。閑適。

又《秋風引》

何處秋風至，蕭蕭送雁羣。朝來入庭樹，孤客最先聞。自然而深婉。

又《淮陰行》

今日轉船頭，金烏指西北。煙波與春草，千里同一色。此等自然之句，殆非人力所能到。謝靈運以"池塘生春草"之句自詫，亦此境耳。

王涯《閨人贈遠》

形影一朝別，煙波萬里春。君看望君處，只是起行雲。平淡。只是得力於不著力耳。

元稹《行宮》

寥落古行宮，宮花寂寞紅。白頭宮女在，閑坐説玄宗。深婉。

又《西還》

悠悠洛陽夢，鬱鬱灞陵樹。落日正西歸，逢君又東去。淡而有味。

杜牧《江樓》

獨酌芳春酒，登樓已半醺。誰將一行雁，衝斷過江雲。雋句。

温庭筠《碧澗驛曉思》

孤燈伴殘夢，楚國在天涯。月落子規歇，滿庭山杏花。後二句寫景好，若言情，則無味矣。

許渾《塞下曲》

夜戰桑干北，秦兵半不歸。朝來有鄉信，猶是寄寒衣。沈著。

趙嘏《寒塘》

曉髮梳臨水，寒塘坐見秋。鄉心正無限，一雁過南樓。輕倩。

李頻《渡漢江》

嶺外音書絕，經冬復歷春。近鄉情更怯，不敢問來人。真摯。

絕句忌雕琢，如錢起《江行》云：「蛩響依莎草，螢飛透水煙。夜涼誰咏史，空泊運租船。」首兩句非不佳也，已嫌其工整矣。貴自然而亦忌率易，如白居易《南浦別》云：「南浦淒淒別，西風嫋嫋秋。一看腸一斷，好去莫回頭。」下兩句殊無味，即由率易故也。白詩多有此病，不可不知。

韋應物《滁州西澗》

獨憐幽草澗邊生，上有黃鸝深樹鳴。春潮帶雨晚來急，野渡無人舟自橫。寫景幽絕。

李益《夜上受降城聞笛》

回樂峰前沙似雪，受降城外月如霜。不知何處吹蘆管，一夜征人盡望鄉。婉約而深摯。益又有《從軍北征》云：「天山雪後海風寒，橫笛偏吹行路難。磧里征人三十萬，一時回首月中看。」較此便覺少遜。

又《汴河曲》

汴水東流無限春，隋家宮闕已成塵。行人莫上長堤望，風起楊花愁殺人。自然而有天趣。

顧況《宮詞》

玉樓天半起笙歌，風送宮嬪笑語和。月殿影開聞夜漏，水精簾卷近秋河。詞句清華，音調亦響。

又《聽歌》

子夜新聲何處傳，悲翁更憶太平年。即今清曲無人唱，已逐霓裳飛上天。絕詩有故作此等不可解之語者，最妙。

李陟《京口送朱晝之淮南》

兩行客淚愁中落，萬樹山花雨後殘。君到揚州見桃葉，爲傳風水渡江難。婉約而有丰神。

武元衡《春興》

楊柳陰陰細雨晴，殘花落盡見流鶯。春風一夜吹鄉夢，夢逐春風到洛城。丰神絕妙，此等最難學步。然學絕詩不到此境，總不爲妙也。

劉禹錫《石頭城》

山圍故國周遭在，潮打空城寂寞回。淮水東邊舊時月，夜深還過女墻來。深婉有味。

白居易《楊柳枝》

紅板江橋青酒旗，館娃宮暖日斜時。可憐雨歇東風定，萬樹千條如自垂。絕詩有以淺而見其妙者，此等是也。居易又有《同李十一醉憶元九》一絕云："花時同醉破春愁，醉折花枝當酒籌。忽憶故人天際去，計程今日到梁州。"亦自然而少嫌其率。

王涯《秋夜曲》

桂魄初生夜露微，輕羅已薄未更衣。銀箏夜久殷勤弄，心怯空房不忍歸。深摯

張仲素《秋閨思》

碧窗斜日藹深暉，愁聽寒螿淚濕衣。夢裏分明見關塞，不知何路向金微。著筆輕而彌見真摯

張籍《哭孟寂》

曲江院裏題名處，十九人中最少年。今日春光君不見，杏花零落寺門前。淡而彌悲

賈島《宿村家亭子》

床頭枕是溪中石，井底泉通竹下池。宿客未眠過夜半，獨聞山雨到來時。不言情而情在其中，亦妙於著筆之淡也。

張祜《華清宮》

天闕沉沉夜未央，碧雲仙曲舞霓裳。一聲玉笛向空盡，月滿驪山宮漏長。下二句音調響

又《集靈臺》

虢國夫人承主恩，平明騎馬入宮門。卻嫌脂粉污顏色，淡掃蛾眉朝至尊。婉而多諷，咏史事須如此。

唐彥謙《垂柳》

絆惹春風別有情，世間誰敢鬥輕盈。楚王江畔無端種，餓損纖腰學不成。似直率而實深婉

又《曲江春望》

杏艷桃花奪晚霞，樂游無廟有年華。漢朝冠蓋皆陵墓，十里宜春下苑花。以寫景寓感慨，便覺意味深長。

又《仲山》

千載遺踪寄薜蘿，沛中鄉里漢山河。長陵亦是閒丘壠，異日誰知與仲多。深婉。絕詩著議論須如此。

劉商《題黃陂夫人祠》

蒼山雲雨逐明神，惟有香名歲歲春。東風三月黃陂水，只見桃花不見人。若有意，若無意，此境最妙。

李羣玉《漢陽太白樓》

江上晴樓翠靄間，滿簾春水滿窗山。青楓綠草將愁去，遠入吳雲暝不還。妙句。

又《黃陵廟》

黃陵廟前草莎春，黃陵女兒茜裙新。輕舟小楫唱歌去，水遠山長愁殺人。有天趣而不鄙俚，類歌謠。須如此方佳。

陳羽《將歸舊山留別》

相共游梁今獨還，異鄉搖落憶青山。信陵死後無公子，徒向夷門學抱關。直而不傷於率。

杜牧《思舊游》

李白題詩水西寺，古木回巖樓閣風。半醒半醉游三日，紅白花開山雨中。質而不俚。

又《赤壁》

折戟沉沙鐵未消，自將磨洗認前朝。東風不與周郎便，銅雀春深鎖二喬。似有議論似無議論，咏史如此最有深味。

雍陶《和孫明府懷舊山》

五柳先生本在山，偶然爲客落人間。秋來見月多歸思，自起開籠放白鷳。深摯。

又《城西訪友人別墅》

澧水橋西小徑斜，日高猶未到君家。村園門巷多相似，處處春風枳殼花。善寫眼前景物。

温庭筠《瑶瑟怨》

冰簟銀床夢不成，碧天如水夜雲輕。雁聲遠過瀟湘去，十二樓中月自明。清雋。

許渾《謝亭送別》

勞歌一曲解行舟，紅葉青山水急流。日暮酒醒人已遠，滿天風雨下西樓。丰神。

又《學仙》

心期仙訣意無窮，彩畫雲車起壽宮。聞有三山未知處，茂陵松柏滿西風。議論感慨，兼而有之，仍極婉約。

又《江樓感舊》

獨上江樓思渺然，月光如水水如天。同來望月人何處，風景依稀似去年。輕倩。

鄭畋《馬嵬坡》

玄宗回馬楊妃死，雲雨難忘日月新。終是聖明天子事，景陽宮井又何人。深婉。

竹枝本亦樂府之名，但後人所謂竹枝詞，多以之咏鄉土風俗，與絕句又稍異。今錄劉禹錫竹枝詞四首如下：

山桃紅花滿上頭，蜀江春水拍山流。花紅易衰似郎意，水流無限似儂愁。
日出三竿春霧消，江頭蜀客駐蘭橈。憑寄狂夫書一紙，住在成都萬里橋。
城西門前灔澦堆，年年波浪不能摧。懊惱人心不如石，少時東去復西來。
楊柳青青江水平，聞郎江上踏歌聲。東邊日出西邊雨，道是無晴還有晴。

要之，竹枝詞貴有風趣，又貴質而不俚。若惟能數典，便覺意味索然，流於鄙俗，更不可也。

晚唐大家當推李義山。論者或病其隱僻，或賞其詞華，皆非也。義山氣韻深雄，不徒以藻采見長。其詩風喻深曲，詞旨自有不得不隱者，亦非故爲艱深也。七古韓碑一首，筆力最爲橫絕。

李商隱《韓碑》

元和天子神武姿，彼何人哉軒與羲。誓將上雪列聖恥，坐法宮中朝四夷。淮西有賊五十載，封狼生貙貙生羆。不據山河據平地，長戈利矛日可麾。帝得聖相相曰度，賊斫不死神扶持。腰懸相印作都統，陰風慘淡天王旗。愬武古通作牙爪，儀曹外郎載筆隨。行軍司馬智且勇，十四萬衆猶虎貔。入蔡縛賊獻太廟，功無與讓恩不訾。帝曰汝度功第一，汝從事愈宜爲詞。愈拜稽首蹈且舞，金石刻畫臣能爲。古者世稱大手筆，此事不繫於職司。當仁自古有不讓，言訖屢頷天子頤。公退齋戒坐小閣，濡染大筆何淋漓。點竄堯典舜典字，塗改清廟生民詩。文成破體書在紙，清晨再拜鋪丹墀。表曰臣愈昧死上，咏神聖功書之碑。碑高三丈字如手，負以靈鼇蟠以螭。句奇語重喻者少，讒之天子言其私。長繩百尺拽碑倒，麤砂大石相磨治。公之斯文若元氣，先時已入人肝脾。湯盤孔鼎有述作，今無其器存其詞。嗚呼聖皇及聖相，相與烜赫流淳熙。公之斯文不示後，曷與三五相攀追。願書萬本誦萬過，口角流沫右手胝。傳之七十有二代，以爲封禪玉檢明堂基。

此詩真筆力不減韓公也。

李商隱《落花》

高閣客竟去，小園花亂飛。參差連曲陌，迢遞送斜暉。腸斷未忍掃，眼穿仍欲稀。芳心向春盡，所得是沾衣。

又《馬嵬》

海外徒聞更九州，他生未卜此生休。空聞虎旅鳴宵柝，無復雞人報曉籌。此日六軍同駐馬，當時七夕笑牽牛。如何四紀爲天子，不及盧家有莫愁。

又《無題》

來是空言去絕蹤，月斜樓上五更鐘。夢爲遠別啼難喚，書被催成墨未濃。蠟照半籠金翡翠，麝熏微度繡芙蓉。劉郎已恨蓬山遠，更隔蓬山一萬重。

昨夜星辰昨夜風，畫樓西畔桂堂東。身無彩鳳雙飛翼，心有靈犀一點通。隔座送鉤春酒暖，分曹射覆蠟燈紅。嗟余聽鼓應官去，走馬蘭臺類斷蓬。

“此日六軍”二句，屬對可謂極巧，然不病其纖者，其氣韻自在也。

宋詩當以江西派爲代表。蓋初唐渾融，盛唐博大，中晚則加之以清俊刻畫。詩之變至是已窮。至宋人不得不別開新境，而欲別開新境，則不得不咏前人未有之意，咏前人未有之事，用前人未有之詞也。故意境詞句皆與唐異。是爲宋詩之特色。而此境實至江西派而後大成也。

宋初西崑體盛行，楊億、劉筠爲之代表。億等十七人唱和之作，名《西崑酬唱集》。其詩專學李商隱，得其詞華而無其精深之思。學之者或至專以摭撦爲能，此實承唐代之風氣而未變者也。至歐、梅出而詩格一變。

楊億《漢武》

蓬萊銀闕浪漫漫，弱水回風欲到難。光照竹宮勞夜拜，露漙金掌費朝餐。力通青海求龍種，死諱文成食馬肝。待詔先生齒編貝，那教索米向長安。

梅堯臣《河南張應之東齋》

昔我居此時，鑿池通竹圃。池清少游魚，林淺無棲羽。至今寒窗風，静送枯荷雨。雨歇吏人稀,知君獨吟苦。

歐陽修《葛氏鼎歌》

大河昔決東南流,蕭條東郡今遺湫。我從故老問其由,云古五鼎藏高丘。地靈川秀草木稠,鬱鬱佳氣蒸常浮。惟物伏見數有周,祕藏奇怪神所擯。天昏地慘鬼哭幽,至寶欲出風雲秋。蕩摇山川失維陬,九龍大戰驅蛟虯。劃然岸裂轟雲虩,滑人夜驚鳥嘲啁。婦走抱兒扶白頭,蒼生仰叫黃屋憂。聚徒百萬如虻蜉,千金一掃隨浮漚。天旋海沸動九州,此鼎始出人間留。滑人得之不敢收,奇模古質非今侔。器大難用識者不,以示世俗遭揶揄。明堂會朝饗諸侯,饔官百品供王羞。調以五味烹全牛,時有用捨吾無求。二三子學雕琳球,見之始驚中嘆愀。披荒斷古爭窮蒐,苦語難出聲呕嚘。馬圖出河龜負疇,自古怪説何悠悠。嗟我老矣不能休,勉彊作詩慙效尤。

又《盤車圖》

淺山嶙嶙,亂石矗矗,山石硴聲車碌碌,山勢盤斜隨澗谷。側轍傾轅如欲覆,出乎兩崖之隘口,忽見百里之平陸。坡長坂峻牛力疲,天寒日暮人心速。楊生忍飢官太學,得錢買此纔盈幅。愛其樹老石硬,山回路轉。高下曲直,横斜隱見。妍媸向背各有態,遠近分毫皆可辨。自言昔有數家筆,畫古傳多名姓失。後來見者知謂誰,乞詩梅老聊稱述。古畫畫意不畫形,梅詩咏物無隱情。忘形得意知者寡,不若見詩如見畫。乃知楊生真好奇,此畫此詩兼有之。樂能自足乃爲富,豈必金玉名高賈。朝看畫,暮讀詩,楊生得此可不飢。

歐公此二詩,前一首學昌黎,後一首學太白也。
同時王荆公詩筆力雄健,意象超遠,又在廬陵之上。

王荆公《明妃曲》

明妃初出漢宫時,淚濕春風鬢脚垂。低個顧影無顔色,尚得君王不自持。歸來卻怪丹青手,入眼平生幾曾有。意態由來畫不成,當時枉殺毛延壽。一去心知更不歸,可憐着盡漢宫衣。寄聲欲問塞南事,只有年年鴻鴈飛。家人萬里傳消息,好在氈城莫相憶。君不見咫尺長門閉阿嬌,人生失意無南北。

又《鍾山即事》

澗水無聲遶竹流,竹西花草弄春柔。茅簷相對坐終日,一鳥不鳴山更幽。

荆公詩早歲極刻摯瘦硬，晚乃更得自然之趣。如"一鳥不鳴山更幽"，真神來之筆也。

宋詩蘇黃並稱，蘇詩才力大，而黃詩意境新。論其佳處，誠未易軒輊。語其病，則蘇詩失之粗率而乏簡煉，黃詩失之拗澀而無天趣，亦各有所短也。然宋詩至蘇黃，則意境詞句，皆與唐人大異。唐人未用入詩之意及入詩之詞，至此乃儘量使用。後來江西詩派奉黃爲祖，幾至掩襲有宋一代。蓋宋詩之異於唐，至蘇、黃而始大成，而後來皆沿其流者也，亦可謂豪傑之士矣。

蘇軾《書王定國所藏煙江疊嶂圖》

江上愁心千疊山，浮空積翠如雲煙。山耶雲耶遠莫知，煙空雲散山依然。但見兩崖蒼蒼暗絕谷，中有百道飛來泉。縈林絡石隱復見，下赴谷口爲奔川。川平山開林麓斷，小橋野店依山前。行人稍度喬木外，漁舟一葉江吞天。使君何從得此本，點綴毫末分清妍。不知人間何處有此境？徑欲往置二頃田。君不見武昌樊口幽絕處，東坡先生留五年。春風搖江天漠漠，暮雲卷雨山娟娟。丹楓翻鴉伴水宿，長松落雪驚醉眠。桃花流水在人世，武陵豈必皆神仙。江上清空我塵土，雖有去路尋無緣。還君此畫三嘆息，山中故人應有招我歸來篇。

又《八月七日初入贛過惶恐灘》

七千里外二毛人，十八灘頭一葉身。山憶喜歡勞遠夢，地名惶恐泣孤臣。長風送客添帆腹，積雨扶舟減石鱗。便合與官充水手，此生何止畧知津。

黃庭堅《登快閣》

癡兒了卻公家事，快閣東西倚晚晴。落木千山天遠大，澄江一道月分明。朱弦已爲佳人絕，青眼聊因美酒橫。萬里歸船弄長笛，此心吾與白鷗盟。

所謂江西詩派者，其說出於呂居仁。居仁作《江西詩派圖》，凡廿五人，以山谷爲之祖，而己爲之殿。此二十五人者，初不盡江西人，蓋所謂江西詩派，以其宗派出於江西言之，非以作者之籍貫言也。二十五人中，惟陳無己最爲著名。居仁有《東萊詩集》，其傳佈不廣，而詩自不惡。其餘則詩之傳者頗希矣。

陳師道《九日寄秦觀》

疾風回雨水明霞，沙步叢祠欲暮鴉。九日清樽欺白髮，十年爲客負黃花。登高懷遠心如在，向老逢辰意有加。淮海少年天下士，獨能無地落烏紗。

南渡以後，尤、袤。楊、萬里。范、成大。陸游並稱四大家。尤詩久逸，范、楊各有勝處，而要皆非陸之倫。放翁古詩誠亦豪健，然置之古今名大家中，則亦未爲特出。惟其七律，意境之新，邁於蘇、黃，而無其粗率晦澀之病。老杜而外，一人而已。誠不愧大家之目也。

范成大《將至石湖道中書事》

水緑鷗邊漲，天青雁外晴。柳堤隨草遠，麥壟帶桑平。白道吳新郭，蒼煙越故城。稍聞雞犬鬧，僮僕想來迎。

陸游《游山西村》

莫笑農家臘酒渾，豐年留客足雞豚。山重水複疑無路，柳暗花明又一村。簫鼓追隨春社近，衣冠簡樸古風存。從今若許閒乘月，拄杖無時夜叩門。

又《書憤》

早歲那知世事艱，中原北望氣如山。樓船夜雪瓜洲渡，鐵馬秋風大散關。塞上長城空自許，鏡中衰鬢已先斑。出師一表真名世，千載誰堪伯仲間。

又《枕上作》

蕭蕭白髮卧扁舟，死盡中朝舊輩流。萬里關河孤枕夢，五更風雨四山秋。鄭虔自笑窮舴艋，李廣何妨老不侯。猶有少年風味在，吳箋著句寫清秋。

又《新夏感事》

百花過盡緑陰成，漠漠爐香睡晚晴。病起兼旬疎把酒，山深四月始聞鸎。近傳下詔通言路，已卜餘年見太平。聖主不忘初政美，小儒唯有涕縱橫。

金元一代詩文皆以元遺山爲大家。遺山詩思路峻刻，而豪氣縱橫，實亦蘇、黃一派。故曾國藩選《十八家詩鈔》，於宋以後之作，獨有取焉。特其自負，則尚未肯以蘇、黃爲比，故其論詩，有“只知詩到蘇黃盡”之句耳。

元好問《壬辰十二月車駕東狩後即事》

翠被葱葱見執鞭，戴盆囂囂夢瞻天。只知河朔歸銅馬，又説臺城墮紙鳶。血肉正應皇極數，衣冠不及廣明年。何時真得攜家去，萬里秋風一釣船。

元代之詩，虞、集。楊、載。范、椁。揭俁斯。並稱四大家。而道園筆力最健，曼碩詩筆清麗，尤足代表元人，後來能爲之繼者，則薩天錫之《雁門集》也。

虞集《題漁村圖》

黄葉江南何處村，漁翁三兩坐槐根。隔溪相就一煙棹，老嫗具炊雙瓦盆。

霜前漁官未竭澤，蟹中抱黃鯉肪白。已烹甘瓠當晨餐，更擷寒蔬共萑席。垂竿何人無意來，晚風落葉何毿毸。了無得失動微念，況有興亡生微哀。憶昔采芝有園綺，猶被留侯迫之起。莫將名姓落人間，隨此橫圖卷秋水。

揭傒斯《寄題馮掾東皋園亭》

時雨散繁綠，緒風滿平原。興言慕君子，退食在丘園。出應當世務，入咏幽人言。池流澹無聲，畦蔬蔚葱芊。高林麗陽景，羣山若浮煙。好鳥應候鳴，新音和且閑。時與文士俱，逍遥農圃春。理達自知簡，情忘可避喧。庶云保貞和，歲暮委周旋。

薩都剌《宿城山絶頂》

江白潮已來，山黑月未出。樹杪一燈明，雲間人獨宿。近水星動摇，河漢下垂屋。四月夜寒深，繁露在修竹。

明初詩人共推高季迪第一，而袁海叟格高調古，與季迪各有擅場，足稱雙絶。

高啓《晚次西陵館》

匹馬倦嘶風，蕭蕭逐轉蓬。地經兵亂後，歲盡客愁中。晚渡回潮急，寒山舊驛空。可憐今夜月，相照宿江東。

袁凱《客中除夕》

今夕爲何夕，他鄉説故鄉。看人兒女大，爲客歲年長。戎馬無休歇，關山正渺茫。一杯柏葉酒，未敢淚千行。

凡事盛極則衰。宋詩至南渡之末，筆法意境亦幾於極盡矣。於是有四靈一派，矯之以晚唐之輕淺。元代之詩，亦婉轉清麗者居多，所以矯宋人粗硬之習也。大抵宋詩以意境勝，而韻味卻差。然此派太乏魄力，承其敝而返諸盛唐以上，亦當時必有之變化也。應此趨向而興者，厥爲前後七子。前七子謂李夢陽、何景明、邊貢、徐禎卿、康海、王九思、王廷相也。其中李、何二人最爲著名。

李夢陽《土兵行》

豫章城樓飢啄烏，黃狐跳踉追赤狐。北風北來江怒湧，土兵擾人人叫呼。城外之民徙城内，塵埃不見章江途。花裙蠻奴逐婦女，白奪釵鐶換酒沽。父老向前語蠻奴："慎勿橫行王法誅。華林姚源諸賊徒，金帛子女山不如。汝能破之惟汝欲，犒賞有酒牛羊豬，大者陞官佩綬趨。"蠻奴怒言："萬里入爾都，爾生我生屠我屠。"勁弓毒矢莫敢何，意氣似欲無彭湖。彭湖翩翩飄白旗，輕舸蔽水陸走車。黃雲捲地春草死，烈火誰分瓦與珠。寒崖日月豈盡照，大邦鬼魅難久居。天下有道四夷守，此輩可使亦可虞。何况土官妻妾俱，美酒大肉吹笙竽。

何景明《種麻篇》

種麻冀滿丘，種葵冀滿園。孤生易憔悴，獨立多憂患。當行思故旅，當食思故歡。先機失所豫，臨事徒嗟嘆。升蕭艾乃至，鉏桂致傷蘭。物理有相附，疇能識其端。斷金俟同志，抱玉難自宣。交結良匪易，君當圖未然。

後七子謂李攀龍、王世貞、謝榛、宗臣、梁有譽、徐中行、吳國綸也。

李攀龍《廣陽山道中》

山峽還何地，松杉郁不開。雷聲千嶂落，雨色萬峰來。地勝紆王事，年飢損吏才。難將憂國意，涕泣向蒿萊。

謝榛《李行人元樹宅同謝張二內翰話洞庭湖》

南望岳陽郡，蒼茫吳楚分。帆回孤島樹，樓出九江雲。落日波中没，秋風天外聞。何時採苹藻，湖上吊湘君。

前後七子之詩，摹擬過甚，徒具形式，頗爲後人所譏。其後有公安、竟陵兩派。公安者，袁宏道兄弟。公安人詩學白樂天，流於鄙俗；竟陵者，鍾惺、譚元春，皆竟陵人，其詩宗尚深峭一路，而流於纖仄。

譚元春《山月》

清光不厭多，高人不厭閑。心目周境外，置身於其間。上山月在野，下山月在山。衰林無一留，葉與月俱落。光已散廣除，寒仍枝上着。竹影沉山影，欲令霜華薄。

大抵王李一派，病在膚廓，鍾譚一派，流爲僻澀。其宗尚宋元者，則或失之率，或失之淺，故清代王士禎起而矯之以神韻。其論詩最貴"不著一字，盡得風流"。然作絕句短章最佳，長篇大題，則筆力不勝。故趙執信、袁枚等均反對之。執信詩力頗峻，亦或失之好走仄路。袁枚者，與趙翼、蔣士銓齊名，所謂江左三大家者也。袁枚主性靈，而失之淺率鄙俗；趙詩極豐贍，而失之膚屑；蔣稍勝而亦病粗獷。其時又有沈德潛，講格律，趨向頗正，而天才不足。故袁氏論詩，亦反對之。道光以後，宗尚宋詩，競求新刻，其風氣迄今未變。惟張之洞獨反對之。近人南海康氏，詩法杜陵，而得其雄渾，七言古詩尤勝，亦豪傑之士也。

宋代文學

前　言

　　《宋代文學》分概説、古文、駢文、詩、詞曲和小説六章，撰寫於二十世紀二十年代末，一九三一年八月由上海商務印書館收入"百科小叢書"初版刊印，後收入商務印書館的"萬有文庫"再版，一九三三年三月國難後第一版，一九三五年五月國難後第二版。五十年代之後，《宋代文學》有香港商務印書館的翻印本(一九六四年三月出版)，又收入上海教育出版社的《論學集林》(一九八七年十二月出版)、上海古籍出版社"吕思勉文集"《文學與文選四種》①(二〇一〇年六月出版)等。此次我們將先生的《宋代文學》收入《吕思勉全集》，按商務印書館初版本重新做了校對整理，除了訂正錯字、刊誤之外，其他如行文遣句、概念術語等，均未作改動。

李永圻　張耕華
二〇一四年八月

---

①　即吕先生的《宋代文學》、《論詩》、《中國文學史選文》和《國文選文》四種著述的合刊。

目　　録

一　概　説

　　中國文學，大致可分爲四期：第一期斷自西周以前，第二期自東周至西漢，第三期自東漢至南北朝，第四期自隋唐至清。第五期則屬諸自今以後矣。請得而畧言之。

　　各國文學之發達，韻文皆先於散文。吾國亦然。最古之書，傳於今者，大抵整齊而有韻。如《老子》是也。《老子》雖東周之世寫出，然其文必傳之自古者也。《老子》書中，無男女字，只有牝牡字，即可徵其文之古。其無韻者，亦簡質少助字。如《尚書》是也。此蓋古人言語、思想，均不甚發達，故其書詞意多渾涵。又其時簡牘用少，學問多由口耳相傳，故多編爲簡短協韻之句，以便誦習也。文以語言爲本，詩以歌謠爲本，韻文與詩，相似而實不同。此時代之詩，傳於今，最完備者爲三百篇。三百篇之句，昔人云自一言至九言。見《詩疏》。實以四言爲多。間有三言者。四言而加一助字，實亦三言也。前乎三百篇之詩，可信者，其體制皆與三百篇相類。如伊耆氏《蠟辭》是也。見《禮記·郊特牲》。其有類乎後世之詩體者，則其意雖傳之自古，而其辭必後人所爲矣。如《南風歌》是也。古書記人言語，多僅傳其意，而其辭則爲著書者所自爲。即歌謠亦然。《史記·田敬仲世家》謂田常以大斗出貸，小斗收之。齊人歌之曰："嫗乎采芑，歸乎田成子。"劉知幾譏其不實，而不知古人自有此例也。劉說見《史通·暗惑篇》。此爲第一期。

　　整齊簡質之文，節短而韻長，詞少而意多，非不美也。然思想發達，則苦其不足盡意。夫思想發達，則言語隨之。言語發達，則文字從之。於是流暢之散文興焉。散文之興，蓋在東周之世？至西漢而極。西周以前文字，傳於今者甚少。較可信其出於西周人者，如《周誥》，其辭即多中屈，與《殷盤》相類。其明白易曉者，如《金縢》，則恐其辭已出後人矣。然究尚與東周之世文字不同。要之今人讀之，覺其明白如《論》、《孟》，暢達如《戰國策》者，西周以前，殆無有也。此時代之詩，四言漸變爲五言。又有三七言者。如《荀子》之《成相篇》是。漢世樂府之調，蓋權輿於此。此爲第二期。

　　第二期之文字，與口語極相近。今日讀之，只覺其古茂可愛。然在當時，則頗嫌其冗蔓。此時代之文字，有極冗蔓者。如《史記·周本紀》：“是時諸侯不期而會孟津者八百諸侯。”諸侯二字，竟不刪去其一。句法可謂冗贅已極。又如《墨子·非攻上篇》：“今有一人，入人園圃，竊其桃李，衆聞則非之；上爲政者，得則罰之，此何也？以虧人自利也。至攘人犬豕雞豚者，其不義，又甚入人園圃竊桃李。是何故也？以虧人愈多，其不仁茲甚，罪益厚。至入人欄厩，取人馬牛者，其不義，又甚攘人犬豕雞豚。此何故也？以其虧人愈多。苟虧人愈多，其不仁茲甚，罪益厚。至殺不辜人也，扡其衣裘，取戈劍者，其不義又甚入人欄厩，取人馬牛。此何故也？以其虧人愈多。苟虧人愈多，其不仁茲甚矣，罪益厚。”則句法語調，兩極冗蔓矣。古人此等文字甚多，自後人爲之，皆數語可了耳。古人之所以如此，皆由其與口語相近故也。**於是漸加以修飾。修飾之道有二：（一）於詞類，擇其足以引起美感者用之；（二）於句法求其齊整。**用典兼涵此兩義。（一）用典則辭句少而所含之意多，耐人尋味。故典者，不啻詞之至美者也。（二）用一故事，直加叙述，如叙事然，即無所謂用典。所謂用典者，皆不叙其事，而以一二語隱括之者也。此之謂剪裁。用事必加以剪裁，即所以求其文之齊整也。○近人《涵芬樓文談·徵故》云：“凡説理之文，恐不足徵信於人，必取古事以實之。漢魏六朝，以矜煉爲貴。往往一節之中，連引十餘事。或一句爲一事，或二三句爲一事，皆以類相從，層見疊出。蓋其時偶儷之體盛行，故操觚家亦喜講剪熔對仗之法。至唐昌黎公出，而文體一變。徵故之法，間有全録舊文，不以襲績從事。東坡窮其才力所至，引用史傳，必詳録本末。有一事而至數十字者。”案韓、蘇文體所以變古，以古代書少，所引事人人知之；後世書多，則不能然也。此亦古文不得不代駢文而起之一端。**其風始於西漢之末造，而盛於東京。魏、晉以降，扇而彌甚。遂至專尚藻飾，務爲排偶，與口語相去日遠焉。此時代之詩，則五言大昌，而樂府亦盛。詩文皆漸調平仄，遂開唐宋律體之端。**不獨詩賦有古律之別，文亦有之。唐宋駢文，調平仄惟謹者，皆律體也。**此爲第三期。**

　　文字與口語日遠，寖至不能達意，必有所以拯其弊者，於是古文興焉。其人自謂復古，謂之古文。實則對駢文而言，當云散文。其對韻文而稱之散文，則當稱無韻文，方免混淆。古文非一蹴而幾也。其初與藻繪之文并行者有筆。筆雖不避俚俗，然辭句整齊，聲調嘽緩，實仍不脱當時修飾之風。口語句之長短不定。當時所謂筆者，特迫於無可如何，參用俗語；且不加藻繪耳。然其句調仍極整齊，實與口語不合。且文貴典雅，久已相沿成習，以通俗之筆，施之高文典册，必爲時人所不慊。然以藻繪之文爲之，亦有嫌其體制之不稱者。於是有欲模仿古人者焉。遺其神而取其貌，如蘇綽之擬《大誥》是。夫所惡於藻繪之文者，不徒以其有失質樸之風，亦以其不能達意也。今貌效古人，其於輕佻浮薄之弊則去矣，而其不能達意，則實與藻繪之文同。抑藻繪之文，不能施之高文典册者，以其體制之不相稱也。今貌效古人，則爲優孟之衣冠，無其情而襲其形，其可笑乃彌甚，體制不稱，與無其情而襲其形，同爲一種不美。**逮韓、柳出，用古人之文法，**第二期散文之法。**以達今人之意思。**今人之言語，有可易以古語者，則譯之以求其雅。其不能易者，則即不改以存其真。如是，則俚俗與藻繪之病皆除。文之適用於此時者，莫此體若矣，此古文之興，所以爲中國文學界一大事也。古文運動，始於南北朝之末，歷隋及唐，而告成於韓、柳，然其風猶未盛。能爲此種文字者，寥寥可數。普通文字，仍皆沿前此駢儷之舊者也。至宋世而古文之學乃大昌。歐、曾、蘇、王，各極所至。普通應用文字，亦多用散文。而散文始與駢文，成中分之勢矣。其時僅詔、誥、章、表等，仍沿用駢文。以拘於體制，故難變也。○詔誥自元以後，可謂改用白話。元代詔令多用語體。《元史・泰定帝紀》中尚存一篇。明、清兩代詔、令，雖貌用文言，實則以口語爲主，而以文言變其貌耳。然文學之進步，實由簡而趨繁。新者既興，舊者不必遂廢。故散文雖盛行，駢文仍保其相當之位置；而唐宋人所爲之駢文，較之南北朝以前，且各有其特色焉。宋駢文之特色，尤爲顯著。以其與南北朝以前之駢文，相異彌甚也。此亦唐、宋文字，同走一方向，至宋而大成之一端。又文字嫌其藻繪而不能達意，雖圖改革，厥有兩途：（一）以古代散文爲法，（二）以口語爲準是也。前者雅而究不能盡達時人之意，後者則宣之於口者，即可筆之於書，可謂意無不達，而或不免失之鄙俗。此亦爲一失，文自有當求雅處，故文言白話，實各有其用。專主白話，而詆文言爲死文字者，亦一偏之論也。二者實各有短長，而亦各有其用。凡物之真有用者，有之必不能廢，無之必不容不興。故古文起於隋唐之世，而專主口語之白話文，亦萌芽於是時。如儒釋二家之語錄及平話是也。故唐、宋之世，實古文白話，同時並進，二者皆爲散文。而駢文仍得保其相當之位置者也。至於詩，則在唐代爲極盛。舊詩之體制，至此可謂皆備。宋人於詩之體制，未能出於唐人之外，而其意境、字面，意境者實質，字面者形式也。則與唐人判然不同。後人之詩，非宗唐，即學宋，至今未能出此兩派之外焉。故詩之爲學，亦唐人具之，宋人繼之，而後大成者也。又中國之詩，當分廣狹兩義：以狹義論，則惟向所謂詩者，乃得謂之詩。以廣義論，則詞與曲亦皆詩也。詞起於唐而盛於宋，曲起於宋而盛於元。元有天下僅八十年，以文化論，一切皆承宋之餘緒，不徒只可謂之閏位，實乃只可謂之附庸。故廣義之詩，亦可謂唐人創之，宋人成之也。清代，宋人所謂道學者，流弊漸著。清儒乃創樸學以救之。以學問論，頗足補宋人之所闕。然清儒以好古故，於文學亦欲挑唐、宋而法周、秦、漢、魏，則實未能有所成就也。故文學史上，截至今日，講新文學以前，實猶未能離乎唐、宋之一時期也。此爲第四期。

　　本書主論宋代文學。先立此章，以見宋代文學在文學史上之位置。以下乃分五章詳說之。

二 宋代之古文

宋代爲古文者，始自柳開。大名人，開寶六年進士，歷典州郡。咸平中，卒於京師。開少遇天水老儒趙生，授以韓文，好之。自名曰肩愈，字紹元，意欲續韓、柳之緒也。見張景所撰《行狀》。既乃改名開，字仲涂，自謂能開聖道之涂云。見晁公武《郡齋讀書志》。開弟子曰張景，字晦之，公安人，官至廷評。爲開撰《行狀》。謂開“生於晉末，長於宋初”。又開序韓文云：“子讀先生之文，年十有七。”則其爲古文，實早於穆伯長數十年。穆生於太平興國四年。歐陽修《論尹師魯墓誌書》，謂穆氏學古文，在師魯前，朱子《名臣言行録》則謂師魯學古文於穆氏。則柳開而外，宋代治古文者，當以穆氏爲最早。故洪邁《容齋隨筆》以歐陽修數宋代之爲古文者不及開；且云天下未有道韓文者爲異。見下。案晁公武《郡齋讀書志》，謂“歐公嘗推本朝古文，自仲涂始”。則歐公固有推崇柳氏之論矣。特洪氏偶未見耳。范仲淹《尹師魯集序》云：“五代文體薄弱。皇朝柳仲涂，起而麾之，洎楊大年，專事藻飾，謂古道不適於用，廢而弗學。久之，師魯與穆伯長力爲古文。歐陽永叔從而振之。由是天下之文，一變而古。”亦溯其原於開。開所爲文，張景輯之爲十五卷，曰《河東先生集》，陳振孫《書録解題》謂“其體艱澀”。今讀之誠然。今録一篇如下，以見宋代古文初興之時，明而未融之象焉。

柳開《穆夫人墓誌銘》

漢開運元年，開叔父諱承贊卒。叔母穆，年二十有七。嫠居四十五年。歲己丑五月，歿於家。後七年，葬叔父墓中。唐季，我先人塋館陶縣北三十里。周廣順中，始葬叔父大名府西南二十里，村曰馮杜。開近歲連上書，天子哀之，賜錢三十萬，使葬先臣之屬。得華州進士王焕襄其事。焕，義者也，恭恪弗懈，成開之心。柳宮姓，爲地法利坤艮。自叔父墓東下十七步，我皇考之墓。又東下，仲父諱承煦之墓。各以子位從之。又東下，叔父諱承陟之墓。叔陟無嗣，以季父諱承遠之墓同域焉。故昭義軍節度推官閔，叔母長子也。閔叔父卒始生，次子也。趙氏故婦女也。次病廢，老於室。案此數語文有奪誤。開爲兒時，見我烈考治家孝且嚴。視叔母二子，常先開與閨。我母萬年君愛猶己，勤勤儲儲，常懼有闕。乃叔母至老，我二兄至成人，不類諸孤兒寡婦。月旦望，諸叔母拜堂下畢，即曰："上手抵面，聽奉我皇考誡。"告之曰："人之家，兄弟無不義盡。因娶婦入門，異姓相聚，爭長競短，漸漬日聞。偏愛私藏，以至背戾。分門割戶，患若賊仇。皆汝婦人所作。男子有剛腸者幾人？能不爲婦人言所役？吾見多矣。若等寧是乎？"退即惴惴閉息，恐然如有大誅責。至死，不敢道一語爲不孝事。抵開輩，賴之得全其家也如此。嗚呼！君子正己，直其言，居上其善也，家國治焉；小人枉己，私爲言，居上不善也，家國亂焉。旨哉君子也！銘曰：

　　昔我叔之去世兮，垂嚴誡之深辭。旨穆母而告云兮，惟夫婦之有儀。伊生死之孰免兮，於貞節而弗虧。代厚養以多屬兮，家復貴而偶時。寧不完於安佚兮，胡適彼而士斯。介如石之克鮮兮，衆猶草之離離。母血涕以奉教兮，哀心以自持。畢考命之惸孤兮，終天地而弗移。噫戲過此兮，母曷爲知！

柳開以後，尹洙以前，能爲古文者，又有王禹偁、字元之，巨野人。太平興國八年進士。嘗知制誥。入翰林爲學士。以直道自任，累見貶斥。最後知黃州，徙蘄州卒。孫何、字漢公，蔡州人。淳化進士，累官右司諫，歷兩浙轉運，入知制誥。丁謂。字謂之，後更字公言，蘇州人，淳化進士，累遷知制誥，天禧時爲相，封晉國公。仁宗立，貶崖州司户參軍。更赦，徙道州。明道末，以秘書監召還。卒於光州。葉水心稱禹偁文古雅簡淡，真宗以前，未有及者。今讀之，實多未脫俗調。觀世所傳誦《待漏院記》、《竹樓記》可見。林竹溪名希逸，字肅翁，福清人，端平進士。官至考功員外郎。謂其"意已務實，而未得典則之正"是也。見《文獻通考》。何"幼篤學嗜古，爲文宗經"。謂亦能爲古文。嘗袖文同謁禹偁。禹偁驚重之，謂韓柳後三百年乃有此作。時"併稱爲孫、丁"云。晁公武《讀書志》。案謂名亦列《西昆酬唱集》中。三人者，蓋異於時，而又未能徑即於古。故宋代數爲古文者，或及之，或不及之也。

宋代詩文，皆至慶曆之際而大變。主持一時之風會者，實爲歐陽公。歐陽修，字永叔，自號醉翁，又號六一居士。廬陵人，中進士甲科，累官知制誥，出知滁州。後召還，爲翰林學士。嘉祐時，拜參政。熙寧初致仕，諡文忠。而爲歐公古文之先導者，則穆修、字伯長，鄆州人，大中祥符進士。授泰州司理參軍。以优直被誣，貶池州，徙潁、蔡二州文學掾，以卒。宋人皆稱爲穆參軍，從其初官也。尹洙、字師魯，河南人，天聖進士。官至起居舍人。蘇舜元、舜欽兄弟也。舜元，字才翁，梓州人，官至度支判官。舜欽，字子美，景祐進士，累遷集賢校理。坐事除名，流寓蘇州。作滄浪亭，自號滄浪翁。後爲湖州長史卒。歐公作《子美文集序》，謂："子美之齒少於予，而予學古文，反在其後。天聖之間，予舉進士於有司。見時學者，務以言語聲偶摘裂，號爲時文，以相誇尚。而子美獨與其兄才翁及穆參軍伯長作爲古歌詩雜文。時人頗共非笑之，而子美不顧也。其後天子患時文之弊，下詔書諷勉學者以近古。由是其風漸息，而學者稍趨於古焉。獨子美爲於舉世不爲之時，其始終自守，不牽世俗，可謂特立之士也。”又其《書韓文後》曰：“予少家漢東。有大姓李氏者，其子堯輔，頗好學。予游其家，見其敝簏貯故書在壁間，發而視之，得唐《昌黎先生文集》六卷，脱落顛倒無次序，因乞以歸讀之。是時天下未有道韓文者。予亦方舉進士，以禮部詩賦爲事。後官於洛陽，而尹師魯之徒皆在，遂相與作爲古文。因出所藏《昌黎集》補綴之。其後天下學者，亦漸趨於古，韓文遂行於世。”蘇舜欽《哀穆先生文》謂其“得柳子厚文，刻貨之，售者甚少。逾年乃得百緡”。而穆氏《答喬適書》，亦謂“今世士子，習尚淺近。非章句聲偶之辭，不置耳目。浮軌濫轍，相迹而奔，靡有異塗焉。其間獨取以古文語者，則與語怪者同也。衆又排訴之，罪毁之；不目以爲迂，則指以爲惑。謂之背時遠名，闊於富貴。先進則莫有譽之者，同儕則莫有附之者，其人苟失自知之明，守之不以固，持之不以堅，則莫不懼而疑，悔而思，忽焉且復去此而即彼矣”。可見是時古文之衰；亦可見諸人爲古文之先後，及宋代古文興起之始末也。

所謂古文者，謂以古人文字之善者爲法，非謂徑作古語也。若徑作古語，則意必不能盡達；即自謂能達，而他人讀之，亦必苦其艱澀，與鄙俗者其失惟鈞矣。然拔起於流俗之中，而效古人者，欲盡變其形貌甚難，此宋初爲古文者，所以皆不免有艱澀之病。葉水心曰：“柳開、穆修、張景、劉牧，當時號能古文。今《文鑑》所存《來賢亭記》、《河南尉廳壁記》、《法相院鐘記》、《靜勝亭記》、《待月亭記》諸篇可見。時以偶儷二巧爲尚，而我以斷散鄙拙爲高，自齊、梁以來，言古文者，無不如此。韓愈之備盡時體，抑不自名，李翱、皇甫湜，往往不能知，而況孟郊、張籍乎？古人文字，固極天下之巧麗矣，彼怪迂鈍樸，用功不深，才得其腐敗粗澀而已。”案艱澀之病，不獨柳、穆諸人，即尹、蘇亦未盡免。邵伯溫《聞見錄》謂：“錢惟演守西都，起雙桂樓，建臨園鐸，命師魯、歐公爲記。歐公文千字，師魯五百字而已，歐公服其簡古。”師魯文簡古，誠有勝歐公處，然其不如歐公處，亦正在此。且如蘇氏《滄浪亭記》，善矣，能如歐公諸記之有興會乎？○葉氏説見《文獻通考》，《文鑑》謂吕祖謙所編《宋文鑑》也。《來賢亭記》柳開作，《河南尉廳壁記》張景作，《法相院鐘記》、《靜勝亭記》皆穆修作，《待月亭記》劉牧作。必至歐公，而後可稱大成也。陳振孫云：“本朝初爲古文者，柳開、穆修，其後有二尹、二蘇兄弟。歐公本以詞賦擅名場屋。既得韓文，刻意爲之。雖皆在諸公後，而獨出其上，遂爲一代文宗。”案師魯之兄名源，字子漸。以太常博士知懷州，尹河南。歐公文極平易。蘇明允《上歐公書》，謂：“執事之文，紆徐委備，往復百折，而條達疏暢，無所間斷。氣盡語極，急言極論，而容與間易，無艱難勞苦之態。"可謂知言。今觀歐公全集，其議論之文，如《朋黨論》、《爲君難論》、《本論》，考證之文，如《辨易繫辭》，皆委婉曲折，意無不達，而尤長於言情。序跋如《蘇文氏集序》、《釋秘演詩集序》，碑志如《瀧岡阡表》、《石曼卿墓表》、《徂徠先生墓誌銘》，雜記如《豐樂亭記》、《峴山亭記》等，皆感慨繫之，所謂六一風神也。歐公文亦有以雄奇爲尚者，如《五代史》中諸表志序是。然仍不失其紆徐委備之態，人之才性，固各有所宜也。

歐公嘗與宋祁同修《唐書》，又嘗自撰《五代史》，史書文字之佳者，以此爲斷。自《宋史》而下，悉成官書，無足觀矣。此係就文論文。史書當尚文學與否，別是一事。《五代史》出於獨纂，尤爲精力所粹。

宋祁與兄庠，同登天聖進士弟。庠，字公序。本名郊，字伯庠。讒者謂其姓符國號，名應郊天，仁宗命改焉。祁，字子京。安州安陸人，徙開封之雍邱。奏名時，祁本居第一。章獻後以弟不可先兄，乃以郊爲第一，祁第十。郊皇祐元年拜相，嘉祐中，復爲樞密使，封莒國公，以司空致仕。卒，諡元憲。祁累遷知制誥，除翰林學士承旨。諡景文。庠以館閣文字名。而祁通小學，能爲古文。所修《唐書》，文字較舊書爲雅，然亦流爲澀體，頗爲論者所譏。陳振孫云："景文未第時，爲學於永陽僧舍。或問君好讀何書。答曰：余最好《大誥》。"又曰："景文筆記：余於爲文似蓬瑗，年五十知四十九年非，余年六十，始知五十九年非。其庶幾至於道乎？每見舊所作文章，憎之，必欲燒棄。"則其少年好尚奇險，晚亦自知其非矣。以遲暮不能改弦易轍耳，是以聞道貴早也。

與歐公並時而能爲古文者，自當推曾、王及三蘇。明茅坤始以歐、曾、蘇、王之文，與韓、柳并稱爲八家。世人雖有訾之者，然此八家，在唐、宋諸家中，精光自不可掩。其造詣出於他家之上，亦事實也。宋代六家中，歐、曾二家，性質尤相近。故晁公武謂"歐公門下士，多爲世顯人。議者獨以子固爲得其傳，猶學浮屠者所謂嫡嗣"云。清代桐城派之文，實以法此二家爲最多。姚姬傳《復魯絜非書》曰："宋朝歐陽、曾公之文，其才皆偏於柔之美者也。歐公能取異己者之長而時濟之，曾公能避所短而不犯。"然歐、曾之文，仍各有其特色。歐文妙處，在於風神。曾文則議論醇正，雍容大雅，實於劉向爲近。晁公武云："其自爲要似劉向，藐視韓愈以下。"案此曾公所自蘄，亦學者所共許也。今所傳劉向校書之序，固多僞作，《戰國策序》，論者多以爲真，予尚未敢深信。然其文自極佳。而曾氏《戰國策目錄序》與之酷似。《列女傳目錄序》陳古刺今，語長心重；《先大夫集後序》委曲感慨，而氣不迫晦，尤爲傑作；《宜黃縣學記》、《筠州學記》兩篇，文字尤質實厚重。要之南豐之文，可謂頗得《戴記》之妙也。曾鞏，字子固，南豐人，嘉祐進士。歷典諸州，拜中書舍人。卒，追諡文定。

　　三蘇之文,雖大致相同,而亦各有特色。筆力堅勁,自以老泉爲最。然老泉好縱橫家言,恒以權譎自喜,而其言實不可用。如《明論》云:"天下之事,譬如有物十焉。吾舉其一,而人不知吾之不知其九也。曆數之至於九,而不知其一,不如舉一之不可測也,而況乎不至於九也?"此痴話也。天下豈有此等藏頭露尾之策,而可欺人者邪?然老泉議論,大抵此類。故其議論,多有不中理者。東坡則見解較老泉爲高。雖亦不脱縱橫之習,然絶去作用處,時或近於道家,非如老泉一味以權術自矜也。要之老泉皆私知穿鑿之談,而東坡實能見事理之真。故其冰雪聰明處,實非老泉所及。尤妙在能以明顯之筆達之。如《贈吴彦律》篇扣盤捫燭之喻。又如《倡勇敢》篇云:"有人人之勇怯,有三軍之勇怯。人人而較之,則勇怯之相去,若莛與楹。至於三軍之勇怯則一也。出於反復之間,而差於毫釐之際,故其權在將與君。人固有暴猛獸而不操兵,出入於白刃之中而色不變者;有見虺蝎而卻走,聞鐘鼓之聲而戰栗者;是勇怯之不齊,至於如此。然閭閻之小民,爭門戲笑,卒然之間,而或至於殺人。當其發也,其心翻然,其色勃然,若不可以已者,雖天下之勇夫,無以過之。及其退而思其身,顧其妻子,未始不惻然悔也。此非必勇者也,氣之所乘,則奪其性而忘其故。故古之善用兵者,用其翻然勃然於未悔之間。而其不善者,沮其翻然勃然之心,而開其自悔之意,則是不戰而先自敗也。"其罕譬而喻,深入顯出,幾可謂獨步古今矣。東坡文字,當分少年與晚年觀之。少年文字,如《策畧》、《策斷》等,氣勢極盛,然體格多有未成處。姚姬傳評其《策畧五》云:"此篇立論極善,而文不免於冗長,此東坡少年體有未成處。"○案東坡文字,並有俗陋不大雅者,如世所習誦之《潮州韓文公廟碑》是。晚年文字,則心手相忘,獨立千載。議論文字如《志林》,叙事文字如《徐州上皇帝書》是也。東坡自言少年文字極絢爛,晚乃歸於平淡,可謂自知其功候。又謂:"吾文如萬斛源泉,不擇地而施。及其與山石曲折,則隨物賦形,有不可知者。"又曰:"文字無定形,惟行乎其所不得不行,止乎其所不得不止。"可謂能自道其晚年之勝境矣。潁濱之文,氣象不如其父之雄奇;才思横溢,亦非乃兄之敵。然議論在三家中最爲平正,文亦較有夷猶淡蕩之致,則亦非父兄所能也。然此在三家中云爾,較之他家,則仍有駿發蹈厲之勢。故又非歐、曾之倫。東坡謂"子由之文,汪洋淡泊,有一唱三嘆之聲,而其秀傑之氣,終不可没"。亦可謂知子由者。○蘇洵,字明允,號老泉,眉州眉山人。至和中,以歐陽修薦,除校書郎。子軾,字子瞻,一字和仲。嘉祐時,歐陽修典禮部試所取士也。神宗時謫黄州。築室東坡,自號東坡居士。後卒於常州,謚文忠。轍,字子由,一字同叔,與軾同舉進士。老於許州,自號潁濱遺老。謚文定。

　　荆公文格,在北宋諸家中爲最高。或謂八家中除韓文公外,即當推荆公云。荆公爲文,與歐公異。歐公之文,皆再三削改而成。《朱子語類》云:"有人買得

《醉翁亭記》稿。初說滁州四面有山,凡數十字。末後改定,只曰‘環滁皆山也’五字而已。”案世所習誦之《瀧岡阡表》,亦經改削,初稿尚存集中。荊公則運筆如飛,初若不經意。既成,則見者皆服其精妙。蓋其天分,實有不可及者在也。荊公文世皆賞其拗折。其實其不可及處,乃在議論之正大,識解之高超,筆力之雄峻。具此三者,拗折則自然而致。所謂“氣盛則言之短長與聲之高下皆宜”也。《上皇帝書》實爲宋代第一大文。當時堪與比方者,惟東坡之《上皇帝書》。然坡公文襲用當時文體,雖論者稱其高朗雄偉,爲宣公所不及,然較之荊公此篇,則氣格卑下矣。其說理之文,如《原性》、《性情論》等,皆謹嚴周匝。細讀之,真覺如生鐵鑄成,一字不可移易。《周禮義序》、《度支廳壁題名記》,不啻政見之宣言書。苞蘊宏富,而皆以百許字盡之。讀之只覺其精湛,而不覺其艱深。此則雖韓公不能,他家無論也。叙事之作,亦因物賦形,曲盡其妙。即就誌銘一體觀之,或則隨筆鋪叙,或則提絜頓挫;或寓議論感慨,或述離合死生。數十百萬,無兩篇機杼相同者,真可謂筆有化工矣。王安石,字介甫,號半山,撫州臨川人。擢進士第。神宗時再入相。封舒國,改荊國公。諡文。

　　與歐、曾、蘇、王相先後者,范仲淹,字希文,蘇州吳縣人。祥符進士。元昊反,副夏竦經畧陝西。後拜樞副,進參政。銳意改革,爲僥幸者所不悦,未幾罷去。諡文正。司馬光,字君實,陝州夏縣人,學者稱涑水先生。寶元進士,神宗時,官御史,以反對新法,居洛十五年。哲宗初,起爲相。盡罷新法。卒,諡文正。劉敞,字原父,臨江新喻人。學者稱公是先生。慶曆進士。以集賢院學士,判南京御史臺。劉攽,敞弟,字貢父。學者稱公非先生。慶曆進士。歷州縣二十五年。晚乃游館學,哲宗時,掌外制。亦皆能爲古文。仲淹之作,氣體不甚高。讀世所習誦之《岳陽樓記》可見。光氣體醇雅,而不甚健。敞文甚古雅,亦極自負,葉夢得曰:“敞將死,戒其子弟,毋得遽出吾文。後百年,世好定,當有知我者。”晁公武曰:“英宗嘗語及原父,韓魏公對以有文學。歐陽公曰:‘其文章未佳,特博學可稱耳。’”葉氏謂:“原父與文忠論《春秋》,間以謔語酬之。文忠不能平。後忤韓魏公,終不得爲翰林學士。”則原父之文,韓、歐皆不甚超然也。而好“摹仿古語句”。晁公武語。攽亦有此病,皆不免食古而未化云。朱子《語類》:“劉原父文多法古,極相似。有幾件文字學《禮記》。《春秋說》學《公》、《穀》。”又謂:“劉貢父文字,工於摹仿。學《穀梁》、《儀禮》。”

　　蘇氏之門,黃庭堅,字魯直,洪州分寧人,第進士,除右諫議大夫。後責授涪州別駕。秦觀、字少游,一字太虛,高郵人,第進士。元祐初,以蘇軾薦,除秘書省正字。後坐黨籍,徙郴州。張耒、字文潛,楚州淮陰人,第進士,元祐初,仕爲起居舍人。徽宗時,至太常少卿。晁補之,字無咎,巨野人。元豐進士。元祐除校書郎。紹聖末,落職監信州酒税。大觀中,起知泗洲,卒。稱四學士。以其同入館也。見晁公武《讀書志》。益以陳師道、字無己,號後山居士。彭城人。元祐中,侍從合薦於朝,召爲太學博士。紹聖初罷。建中靖國初,入爲秘書省正字。李廌,字方叔,華州人。稱六君子。四學士中:庭堅長於詩,觀工偶儷,而補之、耒善古文。世并稱爲晁、張。庭堅與秦觀書曰："庭堅心醉於《詩》與《楚辭》,似若有得。至於議論文字,當付之晁、張及少游、無己。"案少游議論文,筆力稍弱。師道在當時不以文名。而《四庫提要》謂"其文簡嚴密栗,不在李翱、孫樵下"。又謂"鳥文才氣橫溢,大畧與蘇軾相近。故軾稱其筆墨瀾翻,有飛沙走石之勢。馳驟秦觀、張耒間,未遽步其後塵"也。李格非,字文叔,濟南人。與蘇門諸子,往還甚密。劉後村謂"其文高雅條鬯,在晁、張上。詩稍不逮"。

荆公之友,有侯官三王:曰回,字深父;曰向,字子直;曰冏,字容季;與歐、曾、劉原父游,皆早世。南豐序其文集,並極稱之。馬端臨謂"其文當與曾、蘇相上下。惜晁、陳二家,並不著錄,《四朝國史‧藝文志》紹興時所修神宗、哲宗、徽宗、欽宗四朝之史也。至淳熙時乃成,首尾凡三十年。有《王深父集》十卷,僅曾《序》所言之半。而子直、容季之文,則并卷帙多少,亦不能知"矣。

宋代理學盛行。理學家於學問,且以爲玩物喪志,而況文辭? 於文辭之雅正者,且以爲無異俳優,何況淫艷? 謝良佐對明道舉文書,成篇不遺一字。明道曰:"賢卻記得許多,可謂玩物喪志。"《通書》曰:"文所以載道也,不知務道德,而第以文辭爲能者,藝焉而已。"又曰:"聖人之道,入乎耳,存乎心,蘊之爲德行,行之爲事業。彼以文辭而已者,陋矣!"伊川曰:"古之學者爲己,其終至於成物;今之學者爲人,其終至於喪己。學也者,使人求於內也。不求於內而求於外,非聖人之學也。何謂不求於內而求於外? 以文爲主者是也。學也者,使人求於本也。不求於本而求於末,非聖人之學也。何謂不求於本而求於末,考詳畧,採同異者是也。是皆無益於身,君子弗學。"又曰:"今爲文者,專務悅人耳目。既務悅人,非俳優而何?"宋儒此等議論甚多,此特其最著者而已。然欲求知古人之意,不能不通其文。欲求載道而用世,亦不能盡廢文辭。故理學家雖賤視文藝,究之所吐棄者,不過靡麗雕琢之文;而於古文,則不徒不能廢棄,轉以反對淫艷之文故,而益增其盛也。曾國藩《湖南文徵序》:"自東漢至隋,大抵義不單行,辭多儷語。即議大政,考大禮,亦每綴以排比之句,間以婀娜之聲。歷唐代而不改。雖韓、李銳志復古,而不能革舉世駢體之風。宋興既久,歐陽、曾、王之徒,崇奉韓公,以爲不遷之宗。適會其時,大儒迭起。相與上探鄒、魯,研討微言。羣士慕效,類皆法韓氏之氣體,以闡明性道。自元、明至康、雍之間,風會畧同。"頗能道出理學與文學之關係。要之理學家無意提倡古文,而古文卻因理學之盛行而增其盛,事固有出於不虞者也。宋學開山,當推周、程、張、邵;而其先導,則爲安定、泰山、徂徠。胡瑗,字翼之,泰州如皋人。世居安定,學者稱安定先生。孫復,字明復,晉州平陽人。退居泰山,學者稱泰山先生。石介,字守道,兗州奉符人。居徂徠山下,學者稱徂徠先生。黃東發謂本朝理學,雖至伊、洛而精,實自三先生始。全謝山撰《宋儒學案》,以三先生居首。周敦頤,字茂叔,道州營道人。知南康軍,家廬山蓮花峰下。有溪合於湓江,取營道故居濂溪之名名之,學者稱濂溪先生。程顥,字伯淳,洛陽人,學者稱明道先生。弟頤,字正叔,學者稱伊川先生。張載,字子厚,鳳翔郿縣橫渠鎮人,學者稱橫渠先生。邵雍,字堯夫,范陽人。家河南。謚康節。泰山號能爲古文。潁濱作《歐公墓碑》,載歐公之言,謂"於文得尹師魯、孫明復,而意猶不足"。

《四庫提要》則謂"明復之文,謹嚴峭潔,卓然儒者之言,與歐、蘇、曾、王,千變萬化,務極文章之能事者,又別爲一格"。蓋非求工於文者。徂徠極推柳開之功。復作《怪説》以排楊億。於古文之興,尤有關係。王漁洋《池北偶談》稱其"倔强勁質,有唐人風,較勝柳、穆二家,而終未脱草昧之氣"。蓋亦在明而未融之候也。周子之《通書》,張子之《正蒙》、《東銘》、《西銘》,小程子之《四箴》,皆爲學者所稱。然惟《西銘》,情文兼至,不愧作者。《通書》、《正蒙》雖謹嚴,而拘而不暢,樸而不華。謂爲載道之作則有之,譽其文辭之工,則阿私所好矣。劉牧撰《易數鈎隱圖》,以天地生成之數爲《河圖》,戴九履一之數爲《洛書》,實與周子之《太極圖》、邵子之《先天圖》,鼎立而三。雖理學之精藴,不必在是,而其導源於是,則不可誣。而牧亦能爲古文。而《先天》、《太極》二圖,又皆原出穆修。理學家與古文之關係,誠可謂深矣。王禹偁《東都事畧‧儒學傳》,謂陳摶讀《易》,以數學授穆修。修以授种放,放授許堅,堅授范諤昌。朱震《經筵表》謂陳摶以《先天圖》傳种放,放傳穆修,修傳李之才,之才傳邵雍;放以《河圖》、《洛書》傳李溉,溉傳許堅,堅傳范諤昌,諤昌傳劉牧。修以《太極圖》傳周敦頤。敦頤傳程顥、程頤。○劉牧,字先之,衢州西安人。仕終荆湖北路轉運判官。

　　然諸家於古文,雖有關係,而其文要不可謂甚工。南渡以後,乃有一朱子出焉。名熹,字元晦,婺源人。父松,爲政和尉,僑寓建州。朱子自署,或曰晦庵,或曰晦翁。亦稱雲谷老人,又稱滄州病叟。嘗榜所居曰紫陽書堂,又築亭曰考亭,故學者亦以紫陽、考亭稱之,謚曰文。朱子雖以理學名,而於學無所不窺,於文亦功力甚深。特其論文,以見道明理爲主,不欲以文辭見長而已。朱子文學南豐,微嫌氣弱而不舉,然其説理之文,極爲精實。讀《大學中庸章句序》可見。叙事論事之作,亦極明晰。《上孝宗封事》委婉曲折,意無不盡;較之曾公,亦無多讓,誠南渡後一作手也。

　　朱子與張栻、字敬夫,綿竹人,居衡陽,浚之子也。謚宣,學者稱南軒先生。呂祖謙,字伯恭,祖好問始居婺州,學者稱東萊先生。謚成,改謚忠亮。并稱乾淳三先生。祖謙亦能文,《宋文鑒》即其所輯。祖謙長於史學,故其文多熟權利害,而有豪邁駿發之氣。其體格不如朱子之高,然世所習誦之《左氏博議》,則祖謙摹擬應試文字之作;其他作,亦不俗陋至是也。永嘉、永康在理學中爲別派,其宗旨不必盡與東萊合,然皆漸染其好談史學之風氣,固不容疑。兩派巨子,皆能爲文辭。水心後學,工於文者尤多。故在理學中,浙學與文學,實關係最深者也。

　　永嘉巨擘,爲陳傅良及葉適。傅良,字君舉,瑞安人,學者稱止齋先生。適字正則、永嘉人,學者稱水心先生。傅良之學,出於薛季宣。字士龍,永嘉人。季宣之學,出於程門,季宣師事袁道潔,袁道潔師事二程。而加之典章制度,欲見之施行。傅良承其遺風,故其學皆務有用,而文亦足以副之。適當韓侂胄用兵時,欲借其名以草詔,力陳不可。及敗，乃出制置江淮。受任於敗軍之際，奉命於危難之間，其措施殊有可觀。其於世務利害，籌議尤熟。傅良文極峭勁，適則才氣奔放，要皆用世之文也。永康之學，以陳亮爲巨擘。字同甫，永康人，學者稱龍川先生。亮慷慨喜言兵，與朱子辯王霸義利，兩不相下。嘗曰："研窮義理之精微，辨析古今之同異；原心於秒忽，校理於分寸；以積累爲工，以涵養爲主晬面盎背，則於諸儒誠有愧焉。至於堂堂之陳，正正之旗；風雨雲雷，交發而並至；龍蛇虎豹，變見而出沒，推倒一世之豪傑，開拓萬古之心胸；自謂差有一日之長。"其氣概可想。其文亦才辨縱橫，有不可一世之概。然失之於粗，且不免矜誇之習，實不逮水心與止齋也。

南宋爲散文既盛之世，承學之士，多能爲之。又以國步艱難，頗多慷慨激昂之論。如胡銓、胡安國等皆是。一時風氣如是，不皆可謂之能文。今錄止齋、水心文各一篇於後，可以見一時之風氣焉。

陳傅良《張耳、陳餘、酈食其論》

圖天下者，自有天下之勢，書生之論不知也。圖天下而守書生之論，不敗事者寡矣！昔者秦之趨亡，陳、吳、劉、項之徒，崛起荊棘，以匹夫爭天下。無只民塊土，以爲之階；而勢非可以仁義爲也。故惟急功而疾戰，寸攘而尺取。世謂十夫逐鹿，一夫得鹿，九人拱手。倚人以爲外援，則不足以自固矣。而陳餘、張耳，以立六國後，薦之楚涉以弱秦。酈生亦以其謀用之漢高以撓楚。噫，書生之陋如此哉！夫六國之君，亟因其民而魚肉之，卒不能守，而入於虎狼之秦。天下之苦六國，不減秦也，知秦之可亡，而不知六國之不可復，其謀固已疏矣，況乎六國之後，而能信其民，果不爲陳、劉之憂哉？盜主人之金，而寄諸其鄰，責其不吾得，不可也。以匹夫謀人之天下，而又借助於人，是更生一敵也。夫以項氏之強，掌握土宇，列置諸將而王之，不保其不叛楚。及天下既定，漢高刑白馬以封功臣，恩甚渥也，然環視而爭衡者，沒高帝之齒而不絕。孰謂搶攘之際，憑之以犄角，而能使之不吾敵邪？嗚乎！將以仆敵，反以滋敵，此書生之論，圖天下者不爲也。

葉適《論四屯駐大兵》

敢問四大兵者，知其爲今日之深患乎？使知其爲深患，豈有積五十年之久，而不求所以處此者？然則亦不知而已矣。自靖康破壞，維揚倉卒，海道艱難，杭、越草創，天下遠者，命令不通；近者，橫潰莫制。國家無威信以驅使強悍，而諸將自誇雄惡。劉光世、張俊、吳玠兄弟、韓世忠、岳飛，各以成軍，雄視海内。其玩寇養尊，無若劉光世；其任數避事，無若張俊。當是時也，廩稍惟其所賦，功勳惟其所奏。將版之祿，多於兵卒之數。朝廷以轉運使主饋餉，隨意誅剝，無復顧惜。志意盛滿，仇疾互生，而上下同以爲患矣。及張浚收光世兵柄，制馭無策，吕祉以疏浚趣之，一旦殺帥，卷甲以遁。其後秦檜慮不及遠，急於求和，以屈辱爲安者，蓋憂諸將之兵未易收，浸成疽贅；則非特北方不可取，而南方亦未易定也。故約諸軍支遣之數，分天下之財，特命朝臣以總領之，以爲喉舌出納之要。諸將之兵，盡隸御前；將帥雖出於軍中，而易置皆由於人主；以示臂指相使之勢。向之大將，或殺或廢，惕息俟命，而後江左得以少安，故知其爲深患，若此而已。雖然，以秦檜之慮不及遠也，不止於屈辱爲安，而直以今之所措置者爲大功。盡南方之財力，以養此四大兵；惴惴然常有不足之患；檜徒坐視而不卹也。檜久於其位，老疾而死。後來者習見而不復知，但以爲當然。故朝廷以四大兵爲命，而困民財。四都副統制，因之而侵刻兵食；内臣貴幸，因之而握制將權。蠧弊相承，無甚於此。而況不戰既久，老成消耗，新補惰偷，堪戰之兵，十無四五，氣勢懦弱。加以役使回易，交跛債負；家小日增，生養不足；怨嗟嗷嗷，聞於中外。昔祖宗竭天下之財，以養天下之兵，固前世之所無有；而今日竭東南之財，以養四屯駐之兵，又祖宗之所無有也。夫以地言之，則北爲重；以財言之，則南爲多。運吾之多財，兵強士飽，事力雄富，以此取地於北，不必智者而後知其可爲也。今奈何盡耗於三十萬之疲卒，襲五六十年之積弊，以爲庸將腐閹賣粥富貴之地，則陛下之遠業，將安所托乎？陛下誠奮然欲大有爲於天下，攄不可掩抑之素志，以謀夫不同覆載者之深仇，必自是始。使兵制定，而減州縣之供饋，以蘇息窮民，種植基本。於是屬其兵使必鬥，屬其將使不懼。一再當虜而勝負決矣。兵以少而後強，財以少而後富，其説甚簡，其策甚要，其行之甚易也。

三 宋代之駢文

駢文至宋,亦爲一大變。追原古昔,駢與散初非二物也。文字所以代語言,以事理論:則對稱或列舉之處,其文自偶;偏舉一端之處,其文自奇。以文情言:則凝重之處,不期其偶而自偶;疏宕之處,不期其奇而自奇。文無獨舉一事者,亦無對稱并列到底者;而凝重疏宕亦必錯綜爲用,而後始成其爲文。故自然之文,駢散不分者勢也。散文發達之初,與口語極爲相近。今日視爲高古,而在古人觀之,則嫌其不文,於是就口語加以修飾,句求其整齊,詞求其美麗,是爲後世所謂駢文之濫觴。然特就口語加以修飾,非與口語截然爲二物也。魏晉以降,此風彌盛。遂至用字求其美麗,而俗語皆在所刪;句調求其整齊,則散語幾於不用。而且用典日多,隸事日富。文至此,遂截然與口語分途。物極必反,乃有矯之之古文出焉,其説已見第一章。文學之事,如積薪然,新者既興,舊者不必遂廢;故古文雖盛,駢文亦自有其用焉。蓋以魏晉六朝之文,説理記事,則嫌其華而不實,拘而不暢;而以唐以後之散文,施之應對之際,亦嫌其樸而不文,且太徑直。故宋時説理論事之作,多用散文,而詔、箋、表等,則仍用駢文焉。《容齋三筆》:"四方駢儷於文章爲至淺近,然上自朝廷命令、詔册,下而縉紳箋書、祝疏,靡不用之。"駢散分途,各就所長以爲用,亦文學進化之一端。其事亦肇於唐而成於宋也。

　　一時代之思想,恒有其所偏主之端,大勢所趨,萬矢一的。雖自謂與衆立異者,亦恒受其陰驅潛率而不自知。此一時代之中,所以恒止能成一事;而亦一時代之中,所以恒能成一事也。宋代爲散文盛行之世,斯時之駢文,名爲與古文對立,而實不免於古文化。以宋代之駢文,與宋代之古文較,則爲駢文;以宋代之駢文,與唐代之駢文較,則唐代之駢文,可謂駢文中之駢文,而宋代之駢文,可謂駢文中之散文矣。此等風氣,蓋變自歐、蘇。宋初爲駢文者,無不恪守唐人矩矱,雍穆者遠師燕、許,繁縟者近法樊南。自歐、蘇出,以古文之氣勢,運駢文之詞句,而唐、宋四六,始各殊其精神面貌矣。此種變遷,有得有失。氣之生動,詞之清新,雖極翦裁雕琢之功,仍有漸近自然之妙,宋人之所長也。造句過長,漸失和諧之美;措語務巧,更無樸茂之風;馴至力求清新,流爲纖仄;取徑既下,氣體彌卑,則其所短也。要之宋代之駢文,與齊梁以來之駢文較,可謂駢文中之散文。所長在此,所短亦在此也。謝伋《四六談塵》云:"四六施於制誥、表奏、文檄,本以便宣讀,多以四字六字爲句。宣和多用全文長句爲對,前無此格。"俞樾《春在堂隨筆》曰:"駢體之文謂之四六,則以四字六字,相間成文爲正格。《困學紀聞》所錄諸聯,如周南仲《追貶秦檜制》曰:'兵於五材,誰能去之,首弛邊疆之禁;臣無二心,天之制也,忍忘君父之仇。'貪用成句,而不顧其冗長,自是宋人習氣。又載王燧《辭督府辟書》曰:'昔溫太真絶於違母,以奉廣武之檄,心雖忠而人議其失性。徐元直指心戀母,以辭豫州之命,情雖窘而人予其順天。'以議論行之,更宋派之陋者。此派一行,於明人王世貞所作四六,竟有以十餘句爲一聯者。其亦未顧四六之名而思其義乎?"孫梅《四六叢話》曰:"宋初諸公駢體,精敏工切,不失唐人矩矱。至歐公倡爲古文,而駢體亦一變其格。始以排奡古雅,爭勝古人。而枵腹空笥者,亦復以優孟之似,借口學步。於是六朝三唐,格調寖遠,不可不辨。"又曰:"駢儷之文,以唐爲極盛。宋人反詆譏之,豈通論哉?浮溪之文,可稱精切。南宋作者,莫能或先,然何可與義山同日語哉?古之四六,句自爲對,故與古文未遠。其合兩句爲一聯者,謂之隔句對。古人慎用之,非以此見長也。義山之文,隔句不過通篇一二見。若浮溪,非隔句不能警矣。其或長聯至數句,長句至數十字,以爲裁對之巧,不知古意寖失,遂成習氣。四六至此,弊極矣。其不相及者一也。義山隸事多而筆意有餘,浮溪隸事少而筆意不足,其不相及二也。若令狐,文體尤高,何以妄爲軒輊乎?"案四六聯太長,句太多,自是宋人一病。至於隸事少,而每一意必以較長之句達之,則正其所以能生動也。古意誠自此寖失,而宋人四六之能自樹立,亦正在此。昔人論文,每不免薄今愛古,見宋四六寖失古意,則必謂唐人爲是,宋人爲非。殊不知此乃文字之變遷,無所謂是非也。若必以恪守舊法爲是,則何不徑效先秦兩漢之文?而何必斤斤於魏、晉以來之所謂古乎?○浮溪,汪藻集名。

宋初以駢文名者,當推徐鉉。字鼎臣,廣陵人。鉉本南唐詞臣,入宋後,亦直學士院。從太宗征太原,軍中書詔填委,援筆無滯,辭理精當,時論稱之。此外扈蒙、字日用,安次人,晉天福進士。仕周,爲右拾遺,直史館,知制誥。入宋,充史館修撰,與李昉等同編《文苑英華》。張昭、字潛夫,范縣人,歷事唐、晉、漢、周四朝。入宋,爲禮部尚書,封鄭國公。李昉、字明遠,饒陽人,仕漢、周兩朝。歸宋,三入翰林,太宗朝,拜平章事。《文苑英華》、《太平御覽》、《太平廣記》皆其所修,諡文正。竇儀、字望之,漁陽人,晉天福進士。周翰林學士。入宋,爲禮部侍郎。陶穀、字秀實,新平人,仕晉、漢、周三朝。在周爲翰林學士。宋太祖《禪詔》即穀出諸袖中者。仕宋爲禮、刑、户三部尚書。宋白,字太素,大名人,建隆進士,與李昉同修《文苑英華》。或典詔命,或司文衡,或與纂修,皆五代之遺也。當時駢文,皆恪守唐人矩矱。而鉉文雍容大雅,尤爲一時之冠。南唐後主之卒也,詔鉉爲墓誌。鉉乞存故主之禮,許之。其文措辭得體,極爲當時所稱道。今一循誦之,誠穆然見燕、許之遺風也。其叙南唐之亡曰:"至於荷全濟之恩,謹藩國之度,勤修九貢,府無虛月,袛奉百役,知無不爲。十五年間,天眷彌渥。然而果於自信,怠於周防。西鄰啓釁,南箕構禍。投杼致慈親之惑,乞火無里婦之辭。始營因壘之師，終後涂山之會。"叙南唐致亡之由曰："本以惻隱之性，仍好竺乾之教。草木不殺，禽魚咸遂。貴人之善，嘗若不及。掩人之過，惟恐其聞，以至法不勝奸，威不克愛。以厭兵之俗，當用武之世。孔明罕應變之畧，不成近功；偃王躬仁義之行，終於亡國。道有所在，復何愧歟？"措詞均可謂極得體。

稍後以文字名，而能影響一時之風氣者，當推楊、劉。楊億，字大年，浦城人。年十一，太宗聞其名，詔送闕下。試詩賦，授秘書省正字。後賜進士第。真宗時，爲翰林學士。官至工部侍郎，兼史館纂修。劉筠，字子儀。大名人，第進士，三入翰林。楊、劉詩文，皆法義山。後進效之，遂成風會。致石介作《怪説》以詆，《怪説》云："周公、孔子、孟軻、揚雄、文中子、吏部之道，堯、舜、禹、湯、文、武之道也，三才、九疇、五常之道也。反厥常，則爲怪矣。夫《書》則有《堯、舜典》、《皋陶、益、稷謨》、《禹貢》，箕子之《洪範》。《詩》則有《大、小雅》、《周頌》、《商頌》。《春秋》則有聖人之《經》。《易》則有文王之《繇》、周公之《爻》、夫子之《十翼》。今楊億窮妍極態；綴風月，弄花草；淫巧侈麗，浮華纂組；刓鍥聖人之經，破碎聖人之言，離析聖人之意，蠹傷聖人之道。使天下不爲《書》之《典》、《謨》、《禹貢》、《洪範》，《詩》之《雅》、《頌》，《春秋》之《經》，《易》之《繇》、《爻》、《十翼》，而爲楊億之窮妍極態，綴風月，弄花草，淫巧侈麗，浮華纂組，其爲怪大矣。"優伶有撏撦之譏，劉攽《中山詩話》："祥符天禧中，楊大年、錢文僖、晏元獻、劉子儀，以文章立朝，爲詩皆宗李義山，後進多竊義山語句。嘗内宴，優人有爲義山者，衣服敗裂，告人曰：吾爲諸館職撏撦至此。聞者歡笑。"然專以塗澤爲工，自是仿效之失。億等詩文，固皆有根柢。雖華靡，尚不失典型也。今錄楊億文一篇於下，以見其概。

楊億《謝賜衣表》

解衣之賜，猥及於下臣。挾纊之仁，更均於列校。光生郡邸，喜動轅門。伏以皇帝陛下，誕膺玄符，恭臨大寶。惠務先於逮下，志惟在於愛人。鳥獸氄毛，俯及嚴凝之候。衣裳在笥，爰推賜予之恩。在浣汗之所沾，雖容光而必照。如臣者，任叨符竹，地僻甌、吳。奉漢詔之六條，方深祗畏；分齊官之三服，忽荷頒宣。纂組極於纖華，純綿加於麗密。璽書下降，切窺雲漢之文。驛騎來臨，更重皇華之命。但曳婁而增惕，實被服以難勝。翺於戎行，亦膺天寵。干城雖久，皆無汗馬之勞。守土何功，獨懼濡鵜之刺。仰瞻宸極，惟誓糜捐。

此外以駢文名者，又有夏竦、字子喬，德安人。仁宗時爲相。封英國公。諡文莊。宋庠宋祁兄弟、王禹偁、胡宿、字武平。常州晉陵人，進士。仕至樞副，諡文恭。王珪字禹玉，成都華陽人，徙舒。慶曆進士，神宗時爲相，諡文。等。竦所作，以朝廷典册居多，論者稱其風骨高秀，有燕、許之遺風。庠館閣之作，沈博絶麗。祁修《新唐書》，務爲艱澀，又删除駢體，一字不登。而其駢文，則確守唐人矩矱，蓋古文所以求合於古，而駢文則所以求適於時，故其途轍不同也。王禹偁散文務清真，而駢文亦宏麗典贍。胡宿、王珪皆久典制誥，文極雍容華貴。要之，此時之騈文，仍未脫唐人格式也。至歐陽修出，而其體一變。

唐代騈文，亦殊風會。初唐四傑之作，沈博絕麗。燕、許出，務於典則。樊南稍流麗矣。楊、劉之專法義山，實亦隱開宋代風氣，特未嘗參以散文之法耳。歐公出，乃以流轉之筆，運雅淡之詞。南豐、荆公、子瞻兄弟，相與和之，而境界一變矣。今錄南豐《賀明堂禮成肆赦表》、東坡《乞常州居住表》各一篇於下，作爲色澤最古雅者，蘇文則氣勢最生動者也。

曾鞏《賀明堂禮成肆赦表》

昊天無聲之載，人莫能名。先帝罔極之恩，物何以稱。維總章之定位，秩宗祀之洪儀。祇薦至誠，用伸昭報。伏惟陛下，躬凤成之聖質，而博古多聞；經特起之大猷，而虛心廣覽。振千齡之墜緒，紹三代之遐踪。霈澤之所涵濡，太和之所煦嫗；華夏蠻貊，無一夫不獲其宜；草木蟲魚，無一物不遂其所。爰求祭典，用告王功。蓋諸儒之說爲不經，則折衷於夫子；而近世之事爲非古，則取法於周公。罷黜異端，推明極孝。以尊莫大於祖，故郊於吉土以配天；以本莫重於親，故享於合宮以配帝。恩義兩得其當，情文皆盡其詳。撤俎云初，均釐甚廣。昭哉皇矣，實難偶之昌期；巍乎焕焉，信非常之盛禮。臣幸逢熙洽，未奉燕閑。一違前蹕之音，四遇親祠之慶。青雲外士，皆預橋門之聽觀。黃髮孤生，獨嘆周南之留滯。

蘇軾《乞常州居住表》

臣聞聖人之行法也，如雷霆之震草木，威怒雖盛，而歸於欲其生。人主之罪人也，如父母之譴子孫，鞭撻雖嚴，而不忍致之死。臣漂流棄物，枯槁餘生，泣血書詞，呼天請命，願回日月之照，一明葵藿之心。此言朝聞，夕死無憾。臣昔者嘗對便殿，親聞德音。以蒙聖知，不在人後。而狂狷妄發，上負恩私。既有司皆以爲可誅，雖明主不得而獨赦。一從吏議，坐廢五年。積憂薰心，驚齒髮之先變；抱恨刻骨，傷皮肉之僅存。近者蒙恩，量移汝州。伏讀訓詞，有“人材實難，弗忍終棄”之語。豈獨知免於纍紲，亦將有望於桑榆。但未死亡，終見天日。豈敢復以遲暮爲嘆，更生僥覦之心。但以祿廩久空，衣食不繼。累重道遠，不免舟行。自離黃州，風濤驚恐。舉家重病，一子喪亡。今雖已至泗州，而資用罄竭，去汝尚遠，難於陸行。無屋可居，無田可食。二十餘口，不知所歸。饑寒之憂，近在朝夕。與其強顏忍恥，干求於衆人；不若歸命投誠，控告於君父。臣有薄田，在常州宜興縣，粗給饘粥。伏望聖慈，許於常州居住。又恐罪戾至重，未可聽從便安，輒叙微勞，庶蒙恩貸：臣先在徐州日，以河水浸城，幾至淪陷。臣日夜守捍，偶獲安全，曾蒙朝廷，降敕獎諭。又嘗選用沂州百姓程棐，購捕凶黨，獲謀反妖賊李鐸、郭廷等一十七人；亦蒙聖恩，保明放罪。皆臣子之常分，無涓埃之可言。冒昧自陳，出於窮迫。庶幾因緣僥幸，功過相除，稍出羈囚，得從所便。重念臣受性剛褊，賦命奇窮。既獲罪於天，又無助於下，怨尤交積，罪惡橫生。羣言或起於愛憎，孤忠遂陷於疑似。中雖無愧，不敢自明。向非人主，獨賜保全，則臣之微生，豈有今日！伏惟皇帝陛下，聖神天縱，文武生知。得天下之英才，已全三樂；躋斯民於仁壽，不棄一夫。勃然中興，可謂盡善。而臣抱百年之永嘆，悼一飽之無時。貧病交攻，死生莫保。雖鳬雁飛集，何足計於江湖；而犬馬蓋帷，猶有求於君父。敢祈仁聖，少賜矜憐！

唐人奏議用駢文而意無不達者，莫如陸宣公。後人多效之，然高者莫能至，下者無論矣。宋人之作，乃有突過前賢者，如東坡《上皇帝書》是也。見前章。又如荆公《本朝百年無事札子》云："然本朝累世，因循末俗之弊，而無親友羣臣之議。人君朝夕與處，不過宦官女子；出而視事，又不過有司之細故；未嘗如古大有爲之君，與學士大夫，計論先王之法，以措之天下也。一切因任自然之理勢，而精神之運，有所不加；名實之間，有所不察。君子非不見貴，然小人亦得厠其間；正論非不見容，然邪說亦有時而用。以詩賦記誦求天下之士，而無學校養民之法；以科名資歷叙朝廷之位，而無官司課試之方。監司無檢察之人，守將非選擇之吏。轉徙之亟，既難於考績；而游談之衆，因得以亂真。交私養望者，多得顯官；獨立營職者，或見排沮。故上下偷惰，取容而已。雖有能者在職，亦無以異於庸人。農民壞於繇役，而未見特見救卹；又不爲之設官，以修其水土之利。兵士雜於疲老，而未嘗申敕訓練；又不爲之擇將，而久其疆場之權。宿衛則聚卒伍無賴之人，而未有以變五代姑息羈縻之俗。宗室則無教訓選舉之實，而未有以合先王親疏隆殺之宜。其於理財，大抵無法。故雖儉約而民不富，雖憂勤而國不强。賴非夷狄昌熾之時，又無堯、湯水旱之變，故天下無事，過於百年。雖曰人事，亦天助也。"亦沿用當時文體，而參以古文筆法者也，則彌爲樸茂矣。蓋宣公究以駢文爲駢文，而蘇、王則以古文爲駢文者也。

宋代爲崇實黜華之世，四六一體，頗有厭棄之者。英宗時，温公除翰林學士，以不能爲四六辭，强之乃受。神宗命知制誥，辭如故，神宗許以用散文。今《傳家集》中，間存四六，原非不能爲者，特不樂爲耳。晁公武《讀書志》，謂

"南豐晚年始居掖垣。屬新官制，除目填委，占紙肆書，初若不經意。及屬草授吏，所以本法意，原職守，爲之訓敕者，人人不同。贍裕雅重，自成一家"。今案南豐除授之制，頗有仿漢文爲之，與當時體制絕異者。蓋一時風氣所趨，高明之士，遂不樂爲流俗所限也。子固弟肇，字子開。第進士，歷九郡，晚居翰林。制誥亦以典雅稱。

歐蘇而後，駢文漸趨雅淡，惟秦少游設色最爲綺麗。兩宋之世，詩文有齊、梁色采者，淮海一家而已。今錄其文一篇，以見其概。

秦觀《賀元會表》

十三月爲正，既前稽於夏道。二千石上壽，仍參承於漢儀。盛旦載逢，彝章具舉。伏惟皇帝陛下：財成天地，參並神明。命羲和之二官，謹《春秋》之五始。調和元氣，撫御中區。肆屬春王之朝，肇修元會之禮。難人呼旦，庭燎有光。外則虎賁羽林，嚴宿衛之列；內則謁者、御史，肅班行之容。漏未盡而車輅陳，蹕既鳴而鼓鐘作。應龍高舉，雲氣畢從。北極上臨，星宿咸拱。受四海之圖籍，拜萬國之衣冠。歲月日時，於焉先正。聲明文物，粲爾可觀。邁康王酆宮之朝，掩高帝長樂之事。藹頌聲而並作，鬱協氣以橫流。臣比遠天光，遠更年箴。職拘藩國，莫瞻龍袞之升；心析宸居，但樽獸折之列。

南北宋間，以文采擅名者，有王安中、字履道，中山陽曲人，第進士。政和間，爭言瑞應，羣臣輒表賀。徽宗覽其作，稱爲奇才。他日，出制詔二題，使具草，立就。上即草後批可中舍人。宣和拜尚書右丞。靖康貶單州。高宗立，徙道州卒。蔡崇禮、字叔厚，高密人，徙淮之北海，十歲能作邑人墓銘。登重和元年上舍第，尋拜中書舍人，以寶文閣直學士，知紹興府。退居台州，卒。孫覿、字仲益，蘭陵人。大觀三年進士，官終龍圖閣待制。汪藻，字彥章，饒州德興人。崇寧進士。高宗時，爲中書舍人，兵部侍郎。而藻尤爲諸家之冠。《隆祐太后手書》最爲世所稱道，其最精警處曰："緬惟藝祖之開基，實自高穹之眷命。歷年二百，人不知兵。傳序九君，世無失德。雖舉族有北轅之釁，而敷天同左袒之心。乃眷賢王，越居舊服。已徇羣臣之請，俾膺神器之歸。繇康邸之舊藩，嗣我朝之大統。漢家之厄十世，宜光武之中興；獻公之子九人，惟重耳之尚在。茲惟天意，夫豈人謀。"他如《王倫充通問使制》曰："朕既俯同晉國，用魏絳以和戎。爾其遠慕侯生，御太公而歸漢。"《遙賀太上皇表》云："帝堯游汾水之陽，久忘天下。文王遇《明夷》之卦，益見聖人。"運用故實，皆如彈丸脫手，典雅精切，真無愧矣。後出最有名者，爲三洪适，字景伯，鄱陽人，皓長子也。與弟遵同中紹興十二年鴻博。後三年，弟邁亦登是科。遵，字景嚴，邁字景廬，邁學最博，嘗撰《容齋隨筆》、《夷堅志》，見第六章。及周必大、字子充，廬陵人，紹興進士。又中詞科，相孝宗，封益國公。諡文忠。樓鑰、字大防，自號攻媿主人。明州鄞縣人。隆興元年，試南宮，以犯諱當黜。知舉洪遵，奏收置末甲首。後擢中書舍人，進參知政事，諡宣獻。陸游、楊萬里，見下章。皆以詩名，而四六亦精妙。孫梅稱萬里"屬對出自意外，妙若天成，南宋諸家皆不及"。又謂真德秀"爾雅深厚；華而有骨，質而彌工。卓然爲南渡一大家"。真德秀，字景元，浦城人，慶元進士。中詞科，紹定時，爲參政，諡文忠。世稱西山先生。案西山爲理學名家。文文山、文天祥，字宋瑞，一字履善，號文山，吉水人。舉進士第一，中詞科。德祐初勤王，拜右丞相。益王時，進左丞相。以都督出兵江西，爲元所執，拘於燕三年不屈死。謝疊山，謝枋得，字君直，號疊山，弋陽人，寶祐進士。德祐初，知信州。元兵東下，信州不守，變姓名入閩。宋亡，元人欲起之，不可。强之赴北，不食死。爲忠義之士，而其四六皆極工。斯時四六之盛，可以見矣。

　　然南宋之世，四六境界，實亦小有變遷。凡文字，後出者彌巧；亦以巧故，而寖失古意；至於無可復巧，而其變窮矣。李劉、字公甫，號梅亭，崇仁人。嘉定進士。仕至寶章閣待制。方岳，字巨山，號秋崖，歙縣人。紹定進士。爲趙葵參議，後知南康軍。皆爲四六專家。劉所作，其弟子羅逢吉編輯之，名之曰《四六標準》。凡四十卷，千有九十六首，可謂宏富矣。《四庫提要》云："自六代以來，箋啓即多駢偶。然其時文體皆然，非以是別爲一格也。至宋而歲時通候，仕宦遷除，吉凶慶吊，無一事不用啓，無一人不用啓；其啓必以四六，遂於四六之內，別有專門。南渡之始，古法猶存。孫覿、汪藻諸人，名篇不乏。迨劉晚出，惟以流麗穩帖爲宗，無復前人之典重。沿波不返，遂變爲類書之外編，公牘之副本，而冗濫極矣。然劉之所作，頗爲隸事精切，措詞明暢。在彼法之中，猶爲寸有所長。故舊本流傳，至今猶在。錄而存之，見文章之中，有此一體爲別派；別派之中，有此一人爲名家；亦足見風會之陞降也。"岳之作曰《秋崖集》。《提要》稱其"名言雋句，絡繹奔赴，可與劉克莊相伯仲"。克莊，字潛夫，號後村。莆田人，淳祐特賜同進士出身。除秘書少監，兼中書舍人。案克莊與劉，同爲真西山弟子。西山所作，猶存古意。而克莊及岳，專以修飾詞句見長。洪焱祖作《秋崖傳》，謂其詩文四六，不用古律，以意爲之，語或天出。其能清新在此；其彌巧而彌薄，至於窮而無可復變，亦在此矣。今錄洪适及李劉文各一篇，以見南渡初年與末造，風氣之大概焉。南宋末四六，惟陳耆卿所作，頗有渾灝流轉之氣，故葉適深嘆賞之。耆卿，字壽老，號篔窗，臨海人，嘉定進士，官至國子監司業。所著《篔窗集》，四庫有從《永樂大典》輯本。

洪适《謝除秘書省正字啓》

　　約法三章，初乏刊修之善；聚書四部，遽叨是正之除。仰拜恩私，内深感懼。竊以乘槎向漢，瞻東壁之文星；結綬登臺，列西峴之仙籍。是稱美職，以待勝流。蓋將爲選用之階，故聊試校讎之事。惟圖書之錯亂，自古已然；而簽勝之散亡，於今尤甚。幸昭代求遺之既廣，致積年著錄以寖全。多《魯論》之二篇，類皆紛揉；脫《酒誥》之一簡，詎免斷殘。豕亥相傳，銀根未定。克稱厥任，亦難其人。如某者，識智卑凡，材資麼麼。伏周、孔之軌躅，雖欲自強；漸游、夏之淵源，其如弗及。每省鼠窮之技，敢逃狗曲之嗤。乃刻楮以偶成，致吹竽而濫中。脫州縣一行之吏，裁國家三尺之文。奏篇方冒於殊恩，出綍復榮於華貫。才非七步，已無子墨之可稱；學愧五車，政恐雌黄之妄下。遂竊登瀛之美，更增入洛之榮。接武英躔，偶棣花之同列；覃思藝圃，庶藜杖之分光。自揆僥逾，率歸推擇。茲蓋伏遇某官，經邦道備，致主勳高。巨艦濟川，獨任維持之重；大鈞播物，曲全造化之工。若富家兼積於膝胝，故匠氏不遺於根閩。致茲瑣質，得進清途。某敢不克己自修，銘心圖報。朝廷既正，固無劉晏之憂；書策在前，遂畢李邕之願。

李劉《謝董侍郎薦舉啓》

隨驃騎之幕，濫備執鞭。剡公車之章，遽蒙推轂。心感恩於破白，面抱愧而發紅。茲伏念某：秉生多艱，從宦尤拙。貴人令其出門下，既不善於步趨；大夫羅而致幕中，亦倍勤於收拾。豈謂半年之內，復爲千里之行。治法征謀，紛紛未定。幕籌檄筆，碌碌無奇。然白日實照其精誠，則赤雲可占於勝氣。況值匈奴百年之運，必復《春秋》九世之仇。颭犀札而咤犛旄，在此行矣。對龍額而獵麟角，竊有望焉。曾未輸橫草之勞，何遽辱采苹之薦？乏吳下阿蒙之學，顧曰淹該。無江南子有之詞，反云典麗。裨益之功甚寡，獎予之賚何多？伏遇某官：以社稷臣，爲詩書帥。孤忠可貫於日月，至誠足達於天淵。一鶴一琴，人皆望清獻之出。萬牛萬甕，賊必待崇文之擒。仁觀十乘之行，大作三軍之氣。繫單于之頸，慰祖宗在天之靈；犁匈奴之庭，爲蠻夷猾夏之戒。於以侈旗常之績，歸而策鼎彝之勳。凡在紅蓮綠水之間，必入赤箭青芝之用。某敢不力磨其鈍，圖稱所蒙。插羽銘山，敢衒文章之小技。冶金伐石，願歌竹帛之大功。

南宋四六，作手極多。以上所舉，特其最著者。即如岳飛《賀和議成》一表，最爲膾炙人口。陳振孫謂"其詞未必己出"，而其作者則已不可知。知此等無名之作家尚多也。

四　宋　代　之　詩

　　今人論詩之派別者，不曰唐，則曰宋，無曰元、明、清者。以唐、宋詩各有特色，能自成一派。而自元以降，則非學唐，即學宋，卒未能別成一派，與唐宋鼎足而三也。唐、宋詩相較，自以唐詩爲勝。以唐詩意在言外，而宋詩意盡句中。唐詩多寓情於景，宋詩或捨景言情。詩以溫柔敦厚爲宗，自以含蓄不盡爲貴。宋詩非不佳，若與唐詩并觀，則覺其傖父氣矣。然宋之變唐，亦有不得不然者。無論何種文字，皆貴戛戛獨造，而賤陳陳相因。唐詩初、盛、中、晚，各擅勝場。在彼境界之中，業已發泄殆盡。率此而往，其道則窮。故宋人別闢一境界。雖不能如唐詩之渾厚，然較諸因襲唐人，有其形而無其質者，則有間矣。試以後來貌學唐人者，與宋詩比較自知。故宋詩者，實能卓然自立於唐詩之外而不爲之附庸者也。論詩以唐宋分界，實亦約署之詞。若細別之，則當以初唐爲一境界，盛唐爲一境界，中晚唐爲一境界，宋自慶曆以後，又爲一境界。宋詩較之初盛唐則薄。較之中晚唐，則有振起之功。

　　宋詩之能卓然自立，在慶曆時，若其初年，則仍沿中晚唐餘韻，九僧及西崑是也。九僧者，曰劍南希晝、金華像暹、南越文兆、天台行肇、沃州簡長、青城惟鳳、江東宇昭、峨眉懷古、淮南惠崇。其詩流傳不久，故歐公《六一詩話》已只記惠崇，而忘其餘八人之名。明末，毛晉得宋本刻之，而九僧詩乃獲流傳。方虛谷名回，字萬里，歙人。景祐進士。守嚴州，降元。謂九僧詩皆學賈島、周賀。清紀昀則謂源出中唐，乃十子之餘響。案古人心力所在，恒與之融化而不自知。惠崇有“河分岡勢斷，春入燒痕青”之句。或嘲之曰：“河分岡勢司空曙，春入燒痕劉長卿。不是師兄多犯古，古人詩句犯師兄。”可見其神與十子會。紀氏之言，洵不誣矣。詩自大曆以後，始有佳句可摘。較盛唐之妥帖排奡，初唐之一氣渾成，不可同日語矣。惠崇有自撰《句圖》，摘其佳句，刊石長安，見《六一詩話》。亦其詩境不出中晚之證。然九僧詩皆清煉，較之限於晚唐者，確有不同也。今錄希晝詩一首，以見其概。

希晝《寄懷古》

　　見説雕陰僻，人煙半雜羌。秋深邊日短，風勁曉笳長。樹勢分孤壘，河流出遠荒。遥知林下客，吟苦夜禪忘。

　　九僧而後，風靡一時者爲西崑體。西崑體以《西崑酬唱集》得名。集爲楊億所編。載億及劉筠、錢惟演、字希聖。吳越王俶次子。真宗時，知制誥，爲翰林學士。仁宗時，拜樞密使。李宗諤、昉子，字昌武，第進士。繼昉居三館，掌兩制。陳越、字損之，尉氏人，真宗時，爲著作佐郎，直史館，遷右正言。李維、字仲方，肥鄉人，進士。直集賢院，陳州觀察使。劉隲、刁衎、字完賓，上蔡人。南唐秘書郎。歸宋，至兵部郎中。任隨、張詠、字復之，號乖崖，鄆城人，太平興國進士。爲樞密直學士，嘗兩知益州。錢惟濟、俶六子，字巖夫，仁宗時，爲武昌軍節度觀察留後。丁謂、舒雅、字子正，旌德人，南唐進士。歸宋，爲祕閣校理，出知舒州。晁迥、字明遠，清豐人，太平興國進士。真宗時，爲工部尚書。崔遵度、字堅白，江陵人，徙溜川，太平興國進士，吏部郎中。薛映、字景陽，家於蜀，進士。仁宗時，集賢院學士。劉秉十七人之作，皆學李義山，不免求工於字句對仗，遂爲世所詬病，然此亦末流之失，未可盡咎億等。《六一詩話》曰：“自《西崑集》出，時人爭效之。詩體一變。先生老輩，患其多用故事，至於語僻難曉。殊不知自是學者之弊。如子儀《新蟬》云：‘風來玉宇烏先轉，露下金莖鶴未知。’雖用故事，何害爲佳句？又如‘峭帆橫渡官橋柳，疊鼓驚飛海岸鷗’。不用故事，又豈不佳乎？”自是公論。

楊億《漢武》

　　蓬萊銀闕浪漫漫，弱水回風欲到難。光照竹宮勞夜拜，露搏金掌費朝餐。力通青海求龍種，死諱文成食馬肝。待詔先生齒編貝，忍令索米向長安。

劉筠《柳絮》

　　半減依依學轉蓬，斑騅無奈恣西東。平沙千里經春雪，廣陌三條盡日風。北斗城高連蟻蠓，甘泉樹密蔽青蔥。漢家舊院眠應足，豈覺黃金萬縷空。

　　此外徐鉉詩學元白；寇準、字平仲，下邽人，太平興國三年進士。三人相，封萊國公，謚忠愍。林逋、字君復，錢塘人。隱於西湖之孤山，賜謚和靖先生。魏野、字仲先，蜀人，徙陝州。真宗召之，不起。潘閬大名人，晁公武《讀書志》云：字逍遙。江少虞《事實類苑》則謂其“自號逍遥子”。太宗時，召對，賜進士第。後坐事亡命，真宗捕得之，赦其罪，以爲滁州參軍。學晚唐，皆出於西崑之外者。而王禹偁詩學少陵，《宋詩鈔》稱其“獨開有宋風氣之先，而後歐公得以承流而接響”，雖骨力未宏，要不可謂非豪傑之士也。宋初學晚唐者，林逋詩格，最爲清俊。其《宿洞霄宮》云：“秋山不可畫，秋思亦無垠。碧澗流紅葉，青林點白云。涼陰一鳥下，落日亂蟬分。此夜芭蕉雨，何人枕上聞？”通首一氣，非徒於字句求工也。臨終詩云：“茂陵他日求遺稿，猶喜曾無封禪書。”氣骨亦極高峻。世徒賞其“雪後園林纔半樹，水邊離落忽橫枝"等句，未免失之於淺矣。

宋詩之能卓然自立者始於蘇、梅。梅堯臣，字聖俞，宣城人，官屯田員外郎。《六一詩話》云：“子美筆力豪儁，以超邁雄絕爲奇；聖俞覃思精微，以深遠閒淡爲意；雖善論者不能優劣也。”此誠然。然以功力言之，則聖俞之蘊釀深厚，似非子美所及。聖俞嘗謂“詩家必能狀難寫之景，如在目前；含不盡之意，見於言外；然後爲至”。誠哉其能自踐其言也。

蘇舜欽《滄浪懷貫之》

滄浪獨步亦無悰，聊上危臺四望中。秋色入林紅黯淡，日光穿竹翠玲瓏。酒徒漂落風前燕，詩社凋零霜後桐。君又暫來還徑去，醉吟誰復伴衰翁。

梅堯臣《夢後寄歐陽永叔》

不趁常參久，安眠向舊溪。五更千里夢，殘月一城雞。適往言猶是，浮生理可齊。山王今已貴，肯聽竹禽啼。

歐公詩亦學昌黎，參以李杜。“始矯昆體，專以氣格爲主。”《石林詩話》語。而其平易疏暢，骨力雖峻，而絕無艱深滯澀之病，則亦如其文然，學古人之精神，而不襲其形貌也。詩自中晚唐而降，遞變而日趨於薄。至於慶曆之世，可謂其道已窮。歐公等專主氣格，實係轉而法盛唐。法盛唐而能遺貌取神，即能自拓一境界，而不爲唐人所囿矣。今錄歐公得意之作《明妃曲》一首如下：

歐陽修《明妃曲》

胡人以鞍馬爲家，射獵爲俗。泉甘草美無常處，鳥驚獸駭爭馳逐。誰將漢女嫁胡兒，風沙無情貌如玉。身行不遇中國人，馬上自作思歸曲。推手爲琵卻手琶，胡人共聽亦咨嗟。玉顏流落死天涯，此曲卻傳來漢家。漢宮爭按新聲譜，遺恨已深聲更苦。纖纖女手生洞房，學得琵琶不下堂。不識黃雲出塞路，豈知此聲能斷腸。

荊公詩文，皆有天授，殆非人力所及。吳之振云：“安石少以意氣自許，故詩語惟其所向，不復更爲含蓄。後從宋次道盡假唐人詩集，博觀而約取。晚年，始悟深婉不迫之趣。然其精嚴深刻，皆步驟老杜而得。而論者謂其有工致，無悲壯，讀之久則令人格拘而筆退。余以爲不然。安石遺情世外，其悲壯即寓閒澹之中。獨是議論過多，亦是一病爾。”案荊公少年，所謂惟其所向者，足見天骨之開張；其晚年之深婉不迫，則工力深而益趨於醇厚也。今錄其古近體詩數首，以見其概。

明　妃　曲

明妃初出漢宮時，淚濕春風鬢脚垂。低徊顧影無顏色，尚得君王不自持。歸來卻怪丹青手，入眼平生幾曾有。意態由來畫不成，當時枉殺毛延壽。一去心知更不歸，可憐著盡漢宮衣。寄聲欲問塞南事，只有年年鴻雁飛。家人萬里傳消息，好在氈城莫相憶。君不見咫尺長門閉阿嬌，人生失意無南北。

江　　上

江水漾西風，無花脱晚紅。離情被橫笛，吹過亂山東。

悟　真　院

野水縱橫漱屋除，午窗殘夢鳥相呼。春風日日吹香草，山北山南路欲無。

北宋之世，擅詩名者，無如坡公。荆公之格高，而坡公之才大，殆可謂之雙絕。然爲後人所宗法，則坡公尤勝於荆公也。趙甌北云："以文爲詩，自昌黎始。至東坡，益大放厥詞，別開生面。"此語最能道出蘇詩特色。蘇詩之才力橫絕，無所不可，誠非余子所及。其或放而不收，病亦即伏於此。短長恒相因也。今錄兩首於下，皆最足見蘇詩之特色者。

寄　劉　孝　叔

君王有意誅驕虜，椎破銅山鑄銅虎。聯翩三十七將軍，走馬西來各開府。南山伐木作車軸，東海取鼉漫戰鼓。汗流奔走誰敢後，恐乏軍興汗資斧。保甲連村團未遍，方田訟牒紛如雨。爾來手實降新書，抉剔根株窮脉縷。詔書惻怛信深厚，吏能淺薄空勞苦。平生學問止流俗，衆里笙竽誰比數。忽令獨奏鳳將雛，倉卒欲吹那得譜。況復連年苦饑饉，剥嚙草木啖泥土。今年雨雪頗應時，又報蝗蟲生翅股。憂來洗盞欲强醉，寂寞虚齋卧空甒。公厨十日不生煙，更望紅裙踏筵舞？故人屢寄山中信，只有當歸無別語。方將雀鼠偷太倉，未肯衣冠挂神武。吴興文人真得道，平日立朝非小補。自從四方冠蓋鬧，歸作二浙湖山主。高踪已自雜漁釣，大隱何曾棄簪組？去年相從殊未足，問道已許談其粗。逝將棄官往卒業，俗緣未盡那得覩。公家只在霅溪上，上有白雲如白羽。應憐進退苦皇皇，更把安心教初祖。

八月七日初入贛，過皇恐灘

七千里外二毛人，十八灘頭一葉身。山憶喜歡勞遠夢，地名皇恐泣孤臣。長風送客添帆腹，積雨浮舟減石鱗。便合與官充水手，此生何止畧知津。《自注》："蜀道有錯喜歡鋪，在大散關上。"

蘇門諸子，多能爲詩。其中秦少游詩最婉麗，不脫清華之色。《四庫提要》："《苕溪漁隱叢話》載蘇軾薦觀於王安石。安石答書，述葉致遠之言，以爲清新婉麗，有似鮑、謝。敖陶孫《詩評》則謂其詩如時女步春，終傷婉弱。元好問《論詩絕句》，因有女郎詩之譏。今觀其集，少年所作，神鋒太俊，或有之；概以爲靡曼之音，則詆之太甚。呂本中《童蒙訓》曰：'少游雨砌墮危芳，風欞納飛絮之類，李公擇以爲謝家兄弟，不能過也。過嶺以後詩，高古嚴重，自成一家，與舊作不同。'斯公論矣。"○遺山《論詩絕句》曰："有情芍藥含春淚，無力薔薇臥晚枝。拈出退之山石句，始知渠是女郎詩。"張文潛晚務平淡，效白樂天，史稱其"詩效白居易，樂府效張籍"。故東坡謂"秦得吾工，張得吾易"也。晁無咎學杜，風格峻上。陳無己詩最艱苦，山谷詩所謂"閉門覓句陳無己"者也。而其爲後人所宗法者，要莫如山谷。

論山谷詩者，毀譽各有過當。東坡《仇池筆記》謂"山谷詩如蝤蛑江瑤柱，盤餐盡廢，然不可多食。多食則發風動氣"，形容最妙。而金王若虛謂"山谷之詩，有奇而無妙"，尤爲一語中的。後人學之，至於生硬晦澀，了無意味，固學者之過，亦其"無妙"者有以啓之。雖不妙，其奇要不可沒也。此當爲山谷之定評矣。

秦觀《次韻子由題摘星亭》

昆侖左右兩招提，中起孤高雉堞西。不見燒香成宿霧，虛傳裁錦作障泥。螢流花苑飛星亂，燕滿春城綠髮齊。長憶憑闌風雨後，斷虹明處海天低。

張耒《牧牛兒》

牧牛兒，遠陂牧，遠陀牧牛芳草綠，兒怒掉鞭牛不觸。澗邊柳古南風清，麥深蔽目田野平。烏犍礪角逐草行，老特臥嚼饑不鳴。犢兒跳梁没草去，隔林應母時一聲。老翁念兒自攜餉，出門先上岡頭望。日斜風雨濕蓑衣，拍手唱歌尋伴歸。遠村放牧風日薄，近村牧牛泥水惡。珠璣燕趙兒不知，兒生但知牛背樂。

晁補之《和關彥遠》

海中羣魚化黃雀。林鳥移巢避歲惡。鄴王城上秋風驚。昔時城中鄴王第，只今蔓草無人行。但見黃河咆哮奔碣石，秋風吹灘起沙礫。翩翩動衣裳，游子悲故鄉。忽憶若耶溪頭採薪鄭巨君。南風溪頭曉，北風溪頭昏。一行作吏，此事便廢。夢中葉落，覺有歸意。歸與歸與？吾黨成斐然。君今生二毛，我亦非少年。胡爲車如雞栖鄴城裏。朝風吹馬鬃，莫風吹馬尾？與人三歲居，如何連屋似千里？我則不狂；曾謂吾狂。不吾知，亦何傷。安能戶三尺喙家一吭？人亦有言，人各有志。吞若雲夢者八九，長劍耿介倚天外。有如陳仲舉，庭宇亦不治。吾乃今知貴不若賤無憂，富不若貧無求。負日之燠吾重裘；芹子之飫吾食牛；心戰故臞，得道故肥吾封侯。匹夫懷璧將誰尤？歸與歸與？豈無揚雄宅一區。舍前青山木扶疏，舍後流水有菰蒲。今我不樂日月除，尺則不足寸有餘。七十二鑽莫能免豫且。無所可用乃有百歲樗。冀生竟夭夭年非吾徒。

陳師道《次韻李推官九日登高》

平林廣野騎臺荒，山寺鳴鐘報夕陽。人事自生今日意，寒花只作去年香。巾欹更覺霜侵鬢，語妙何妨石作腸？落木無邊江不盡，此身此日更須忙？

黃庭堅《戲贈彥深》

李翁家徒四壁立，未嘗一飯能留客。春寒茅屋交相風，倚牆捫蝨讀書策。老妻甘貧能養姑，寧剪髮鬟不典書。大兒得餐不索魚，小兒得袴不索襦。庾郎鮭菜二十七，太常齋日三百餘。上一分膰一飽飯，藏神夢訴羊蹢蔬。世傳寒士有食籍，一生當飯百瓮葅。冥冥主張審如此，附郭小圃宜勤鉏。蔥秧青青葵甲綠，早韭晚菘羹椹熟。充虛解戰賴湯餅，芼以荠齏與甘菊。幾日憐槐已著花，一心咒筍莫成粥。羣兒笑翁窮百巧，我謂勝人飯重肉。羣兒笑翁不若人，我獨愛翁無事貧。君不見猛虎即人厭麋鹿，人還寢皮食其肉。濡須終與豕俱焦，飫肥食甘果非福。蟲蟻無知不足驚，橫目之民萬物靈。請食熊蹯楚千乘，立死山壁漢公卿。李翁作人有佳處，李翁作詩有佳句。雖無厚祿故人書，門外猶多長者車。我讀揚雄《逐貧賦》，斯人用意未全疏。

黃庭堅《登快閣》

痴兒了卻公家事，快閣東西倚晚晴。落木千山天遠大，澄江一道月分明。朱弦已為佳人絕，青眼聊因美酒橫。萬里歸船弄長笛，此心吾與白鷗盟。

東坡流輩能詩者，尚有清江三孔文仲，字經父；武仲，字常父；平仲，字毅父；新淦人。嘉祐、治平中，相繼登進士第。文仲仕至中書舍人。武仲至禮部侍郎。平仲至金部郎中。及文與可。名同，蜀人。第進士。仕至太常博士，集賢校理。元豐初，出守湖州，道卒。三孔詩文仲新奇，武仲幽峭，平仲夭矯孤警，在當日極負盛名。與可為東坡中表。東坡稱其有四絕：詩一，《楚辭》二，草書三，畫四也。然其餘藝，皆為畫名所掩。

孔武仲《瓜步阻風》

昨日焚香謁聖母，青山鞠躬如負弩。但乞天開萬里明，掃去浮雲戰風雨。謂宜言發即響報,豈知神不聽我語?門前白浪如銀山,江上狂風如怒虎。船痴艣硬不能拔,未免栖遲傍洲渚。輕盈但愛白鷗飛,顛頓可憐芳草舞。三江五湖歷已盡。勢合平夷反齟齬。上水歌呼下水愁,北船縈絆南船去。寄言南船莫雄豪,萬事低昂如桔橰。我當賣劍買牲牢,再掃靈宇陳肩尻,黃金壺樽沃香醪。神喜借以南風高,揚帆拍手笑爾曹。不知流落何江皋,荒洲寂寥聽怒號。

孔平仲《八月十六日玩月》

團團冰鏡吐清暉,今夜何如昨夜時?只恐月光無好惡,自憐人意有盈虧。風摩露洗非常潔,地闊天空是處宜。百尺曹亭吾獨有,更教玉笛倚欄吹。

文同《望雲樓》

巴山樓之東,秦嶺樓之北。樓上捲簾時,滿樓雲一色。

江西詩派之説,起自吕居仁。居仁,名本中,好問子,祖謙其孫也。居仁作《江西詩社宗派圖》,自山谷而下,列陳師道、潘大臨、字邠老,黃岡人。謝逸、字無逸,號溪堂,臨川人。洪芻、字駒父,朋之弟,靖康中,仕至諫議大夫。後謫沙門島以卒。饒節、字德操,撫州人。後爲僧,號倚松道人。陸放翁稱爲當時詩僧第一。僧祖可、徐俯、字詩川,分宜人。《獨醒雜識》謂汪藻之詩,得之徐俯,俯得之其舅黃庭堅。洪朋、字龜父,南昌人。山谷之甥。與弟芻、炎、羽號爲四洪。林敏修、敏功弟。洪炎、字玉父,元祐末進士。仕至秘書少監。汪革、字信民,臨川人。紹聖進士。李錞、韓駒、字子蒼。蜀仙井監人。政和中召試,賜進士出身,累除中書舍人,出知江州。李彭、字商老,建昌人。晁沖之、字叔用,號具茨,開封人。江端本、字之開,開封人。楊符、謝薖、逸弟,字幼槃,號竹友。夏倪、字均父,蘄人。林敏功、字子仁,蘄春人。潘大觀、字仲達,大臨弟。何顒、字人表。王直方、僧善權、高荷字子勉,自號還還先生,京西人,元祐太學生,晚爲童貫客,得蘭州通判以終。二十五人,而以己爲殿。其《序》云:"唐自李、杜之出,焜燿一世。後之言詩者,皆莫能及。至韓、柳、孟郊、張籍諸人,激昂奮厲終不能與前作者並。元和至國朝,歌詩之作,多依效舊文,未盡所趣。惟豫章始大而力振之,抑揚反復,盡兼衆體。而後學者,同作並和。雖體制或異,要皆所傳者一。予故録其名字,以遺來者。"《漁隱叢話》謂:"豫章自出機杼,別成一家。清新奇巧,是其所長。若言抑揚反復,盡兼衆體,則非也。元和至今,騷翁墨客,代不乏人。觀其英詞傑句,真能發明古人所不到處,卓然成立者甚衆。若言多依舊文,未盡所趣,又非也。所列二十五人,其間知名之士,有詩句傳於世,爲時所稱道者,止數人而已。其餘無聞矣。居仁此圖之作,選擇弗精,議論不公,予是以辯之。"劉後村亦云:"《宗派圖》中,如陳後山,彭城人;韓子蒼,陵陽人;潘邠老,黃州人;夏均父、二林,蘄人;晁叔用、江之開,開封人;李商老,南康人;祖可,京口人;高子勉,京西人;皆非江西人也。同時如曾文清,乃贛人,又與紫薇公以詩往還,而不入派,不知紫薇去取之意云何? 惜當日無人以此叩之。"案此圖爲居仁少日游戲之作,原不能據爲定評。然蘇、黃詩派,確能牢籠一代,而爲宋詩之特色,則不可誣也。此爲宋詩,其他皆與唐相出入。今錄居仁及《宗派圖》中人詩數首於下。

呂本中《讀書》

老去有餘業,讀書空作勞。時聞夜蟲響,每伴午雞號。久靜能忘病,因行得出遨? 胡爲有百苦,膏火自煎熬。

呂本中《海陵病中》

病知前路資糧少,老覺生平事業非。無數青山隔滄海,與誰同往卻同歸?

謝逸《寄隱居士》

處士骨相不封侯,卜居但得林塘幽。家藏玉唾幾千卷,手校韋編三十秋。相知四海孰青眼? 高卧一麈今白頭。襄陽耆舊節獨苦,只有龐公不入州。

韓駒《和李上舍冬日書事》

北風吹日晝多陰,日暮擁階黃葉深。倦鵲繞枝翻凍影,飛鴻摩月墮孤音。推愁不去如相覓,與老無期稍見侵,願借微官少年事,病來那復一分心?

晁冲之《書懷寄李相如》

秋風吹畦蔬,農事亦已闌。黃黃杞下菊,佳色尸冡間。我生復何如? 憔悴常照顏。清晨戴星出,薄暮及日還。骯臟二十載,老髮羞儒冠。天末有佳人,秀擢如芝蘭。憮然念夙昔,風流得餘歡。緬想薄柳姿,與君同歲寒。一別事瓦裂,令人氣如山。

江西流派衍於後者,則由曾吉甫以啓南渡四大家,其最著者也。曾幾,字吉甫,贛人,徙居河南,高宗時官浙西提刑。以忤秦檜去位。居上饒之茶山,自號茶山居士。吉甫詩風骨高騫,而含蓄深遠。昔人稱其介乎豫章、劍南之間。蓋有山谷之清新,而能變其生硬者。放翁爲吉甫墓誌,謂其詩以杜甫、黃庭堅爲宗。四大家者:曰尤、楊、范、陸。方回《尤袤詩跋》:"中興以來,言詩者,必曰尤、楊、范、陸。"尤袤,字延之,無錫人。光宗時,爲禮部尚書。楊萬里,字廷秀,號誠齋,吉水人。孝宗時,仕爲秘書監。范成大,字致能,號石湖居士,吳縣人。孝宗時參知政事。陸游,字務觀,號放翁,山陰人。孝宗時,除樞密院編修。後出知衢、嚴二州。尤詩平淡雋永,於律尤勝。惜所傳無多。楊詩才力最健,間雜俚語,殊見天機。石湖才調之健,不及誠齋,而亦無誠齋之粗豪。氣象闊大,不及放翁,而亦無放翁之科臼。蓋其初年，實沿溯中唐而下，故能追溯蘇、黃，約以婉峭，自成一家也。然四家之中，要以放翁爲第一；於七律，尤縱才力所至，爲古今所不及。

曾幾《謝人分餉洞庭柑》

黃柑分似得嘗新，坐我松江震澤濱。想見霜林三百顆，夢成羅帕一雙珍。流雲噀霧真成酒，帶葉連枝絕可人。莫向君家樊素口，瓠犀微齼遠山顰。

尤袤《入春半月未有梅花再用前韵》

立馬黃昏繞曲池，幾回踏雪問南枝。不應春到花猶未，定恐寒侵力不支。隴上已驚傳信晚，樽前只想弄妝遲。臨風不語空歸去，獨立無憀自咏詩。

楊萬里《辛亥元日送張德茂自建康移帥金陵》

西湖一別忽三年，白首相從豈偶然。到得我來君恰去，正當臘後與春前。醉餘犯雪追征帽，送了憑欄望去船。待把衣冠挂神武，看渠勳業上凌煙。

范成大《初歸石湖》

曉霧朝暾紺碧烘，橫塘西岸越城東。行人半出稻花上，宿鷺孤明菱葉中。信脚自能知舊路，驚心時復認鄰翁。當時手種斜橋柳，無限鳴蜩翠掃空。

陸游《黃州》

局促嘗悲類楚囚，遷流還嘆學齊優。江聲不盡英雄恨，天意無私草木秋。萬里羈愁添白髮，一帆寒日過黃州。君看赤壁終陳迹，生子何須似仲謀？

陸游《游山西村》

莫笑農家臘酒渾，豐年留客足雞豚。山重水復疑無路，柳暗花明又一村。簫鼓追隨春社近，衣冠簡樸古風存。從今若許閑乘月，拄杖無時夜叩門。

陸游《書憤》

早歲那知世事艱，中原北望氣如山。樓船夜雪瓜洲渡，鐵馬秋風大散關。塞上長城空自許，鏡中衰鬢已先斑。《出師》一表真名世，千載誰堪伯仲間？

陸游《新夏感事》

百花過盡綠陰成，漠漠爐煙睡晚晴。病起兼旬疏把酒，山深四月始

聞鶯。近傳下詔通言路，已卜餘年見太平。聖主不忘初政美，小儒惟有
涕縱橫。

自《宗派圖》出後，至宋末，而方回撰《瀛奎律髓》，選唐宋二代之詩，分爲四十九
類。所錄皆五七言近體，故名“律髓”。又有一祖三宗之説。一祖者杜陵；三宗者，山
谷、無己及陳簡齋也。陳與義，字去非，號簡齋，洛陽人。紹興時爲參政。簡齋生少晚，故
《宗派圖》不之及。然靖康以後，北宋詩人畧盡，而簡齋巋然獨存，實爲蘇、黄
一派之後勁。其詩雖亦學蘇、黄，而實以老杜爲師。故能“以簡嚴掃繁縟，以
雄渾代尖巧”，“第其品格，實在同時諸家之上”。劉後村語。惟長篇少弱耳。

陳與義《夏日集葆真池上以緑陰生晝静賦詩得静字》

清池不受暑，幽討起予病。長安車轍邊，有此荷萬柄。是身惟可懶，
共寄無盡興。魚游水底涼，鳥語林間静。談餘日亭午，樹影一時正。清
風不負客，意重百金贈。聊將兩鬢蓬，起照千丈鏡。微波喜摇人，小立待
其定。梁王今何許？柳色幾衰盛？人生行樂耳，詩律已其剩。邂逅一尊
酒，他年五君咏。重期踏月來，夜半嘯煙艇。

理學家謂文以載道，以華而無實爲大戒，於文尚不求其工，況於詩乎？然
理之所至，時或發之於詩，亦有別趣，如邵堯夫之《擊壤集》是也。《四庫提要》：“自
班固作《咏史詩》，始兆論宗。東方朔作《誡子詩》，始涉理路。沿及北宋，鄙唐人之不知道，於是以論理
爲本，以修詞爲末，而詩格於是乎大變，此集其尤著者也。朱國楨《涌幢小品》曰：‘佛語衍爲寒山詩，儒
語衍爲《擊壤集》，此聖人平易近人，覺世唤醒之妙用。’是亦一説。然北宋自嘉祐以前，厭五季佻薄之
弊，事事反樸還淳。其人品，率以光明豁達爲宗。其文章，亦以平實坦易爲主。故一時作者，往往衍
《長慶》餘風。邵子之詩，其源亦出自居易，而晚年絶意世事，不復以文字爲長。意所欲言，自抒胸臆，
原脱然於詩法之外。毀之者務以聲律繩之，固所謂繆傷海鳥，横斥山木。譽之者以爲風雅正傳，轉相
摹放，亦爲刻畫無鹽，唐突西子，失邵子之所以爲詩矣。況邵子之詩，不過不苦吟以求工，亦非以工爲
屬禁。如邵伯溫《聞見前録》所載《安樂窩》詩曰：‘半記不記夢覺後，似愁無愁情倦時。擁衾側卧未欲
起，簾外落花撩亂飛。’此雖置之江西派中，有何不可？而明人乃惟以鄙俚相高，又烏知邵子哉？”南渡
以後，理學家能爲歌詩者，以朱子之父喬年及劉屏山名子翬，字彦冲，崇安人。翰子，
子羽弟也。朱子以父遺命，嘗稟學焉。爲最著。屏山與吕居仁、曾茶山、韓子蒼游。詩境清遠，絶似
劉長卿。至朱子，則學力深厚，且游心漢、魏，一以雅正爲宗。固非凡艶所能儔，
尤非樸塞者所可擬矣。朱子嘗言：“欲抄取經史諸書所載韻語。及文選漢、魏古詞，以盡乎郭景
純、陶淵明之所作，自爲一編。而附於‘三百篇’、《楚辭》之後，以爲詩之根本準則。又於其下二等之中，
擇其近於古者，各爲一編，以爲之羽翼輿衞。其不合者，則悉去之，不使其接於耳目，入於胸次。要使方寸
之中，無一字世俗言語意思，則其詩不期於高遠而自高遠矣。”案此言頗能通觀古今，不徒別裁偽體也。

邵雍《插花吟》

頭上花枝照酒卮，酒卮中有好花枝。身經兩世太平日，眼見四朝全盛時。況復筋骸粗康健，那堪時節正芳菲。酒涵花影紅光溜，爭忍花前不醉歸？

朱松《答林康民見和梅花詩》

寒庵人家碧溪尾，一樹江梅卧清泚。仙姿不受凡眼污，風斂天香瘴煙裏。向來休沐偶無事，誰從我游二三子。彎碕曲徑一攜手，凍雀驚飛亂英委。班荆勸客小延佇，酌酒賦詩相料理。多情入骨憐風味，依倚橫斜嚼冰蕊。至今清夢挂殘月，强作短歌傳素齒。韻高常恨向難稱，賴有君詩清且美。天涯歲晚感鄉物，歸歟何時路千里。秔樓一笛雪漫空，回首江皋淚如洗。

劉子翬《聞筝》

月高夜鳴筝，聲從綺窗來。隨風更迢遞，縈云暫徘徊。餘音若可玩，繁弦互相催。不見理筝人，遥知心所懷。寧悲舊寵棄，豈念新期乖？含情鬱不發，寄曲宣餘哀。一彈飛霜零，再撫流光頹。每恨聽者希，銀甲生浮埃。幽幽孤鳳鳴，衆鳥聲難諧。盛年嗟不偶，況乃容華衰？道同符片諾，志異勞百媒。棲棲墻東客，亦抱凌雲才。

朱熹《六月十五詣水公庵雨作》

雲起欲爲雨，中川分晦明。才驚橫嶺斷，已覺疏林鳴。空際旱塵滅，虛堂涼思生。頹檐滴瀝餘，忽作流泉傾。況此高人居，地偏圍景清。芳馨雜峭蒨，俯仰同鮮榮。我來偶兹適，中懷澹無營。歸路綠泱漭，因之想巖耕。

朱熹《九日登天湖以菊花須
插滿頭歸分韻賦詩得歸字》

去歲瀟湘重九時，滿城寒雨客思歸。故山此日還佳節，黃菊清尊更晚暉。短髮無多休落帽，長風不斷且吹衣。相看下視人寰小，只合從今老翠微。

朱熹《泛舟》

昨夜江邊春水生，艨艟巨艦一毛輕。向來枉費推移力，此日中流自在行。

永嘉、永康兩派，較重文辭。永嘉後學，以文名者尤多。水心之學，於伊、洛最多異同；而其詩亦宗法晚唐，卓然自立於江西派之外。豪傑之士，固不隨風氣爲轉移哉！水心之後有四靈，徐照，字道輝，一字靈輝。徐璣，字文淵，一字致中，號靈淵。翁卷,字續古,一字靈舒。趙師秀,字紫芝,一字靈秀。皆永嘉人。人以其字號皆有靈字,稱之爲永嘉四靈。詩格皆清而不高,稍開《江湖集》一派矣。

葉適《游小園不值》

應嫌屐齒印蒼苔,十叩柴扉九不開。春色滿園關不住,一枝紅杏出墙來。

徐璣《春日游張提舉園池》

西野芳菲路,春風正可尋。山城依曲渚,古渡入修林。長日多飛絮,游人愛綠陰。晚來歌吹起,惟覺畫堂深。

趙師秀《巖居僧》

開扉在石層,盡日少人登。一鳥過寒木,數花搖翠藤。茗煎冰下水,香烓佛前燈。吾亦逃名者,何因似此僧?

《江湖集》者,宋末陳起所刻。起,字宗之,臨安人。設書肆於睦親坊。世所傳宋本書,稱"臨安陳道人家開雕"者是也。起亦能詩,一時江湖詩人,多與之善。乃匯所得,刊爲是書。在當時蓋隨得隨刻,故世所傳本,名稱猥多,卷帙多少亦不一。《四庫》據以著錄之本,凡九十五卷,六十二家。又據《永樂大典》所載,爲是本所無者,輯爲《江湖後集》,凡四十七家。又詩餘二人,都四十九家。其名俱見《四庫提要》。《提要》曰:方回《瀛奎律髓》曰:寶慶初,史彌遠廢立之際,錢塘書肆陳起宗之能詩。凡江湖詩人,俱與之善。刊《江湖集》以售。劉潛夫《南岳稿》亦與焉。宗之賦詩有云:秋雨梧桐皇子府,春風楊柳相公橋。本改劉屏山句也。或嫁秋雨春風句爲敖器之所作。言者并潛夫《梅詩》論列,劈《江湖集》板,二人皆坐罪,而宗之坐流配。於是詔禁士大夫作詩。紹定癸巳,彌遠死,詩禁乃解。今此本無劉克莊《南岳稿》。且彌遠死於紹定六年,而此本諸集,多載端平、淳祐、寶祐,紀年反在其後。又張端義《貴耳集》,自稱其《挽周晉仙詩》載《江湖集》中,而此本無端義詩。又周密《齊東野語》載寶慶間,李知孝爲言官,與曾極景建有隙,欲尋釁以報之。適極有春詩曰:九十日春晴日少,一千年事亂時多。刊之《江湖集》中。因復改劉子翬《汴京紀事》一聯云:秋雨梧桐皇子宅,春風楊柳相公橋,以爲指巴陵及史丞相。及劉潛夫《黃巢戰場詩》曰:未必朱三能跋扈,只緣鄭五欠經綸。皆指爲謗訕。同時被累者,如敖陶孫、周文璞、趙師秀,及刊詩陳起,皆不免焉。而此本無曾極詩,亦無趙師秀詩。且洪邁、姜夔,皆孝宗時人。而邁及吳淵,位皆通顯,尤不應列之江湖。疑原本殘闕,後人綴拾補綴,已非陳起之舊矣。又曰:起書刻非一時,版非一律。故諸家所藏,少或二十八家,多至六十四家。輾轉傳鈔、真贗錯雜,莫詳孰爲原本。今檢《永樂大典》所載,有《江湖集》,有《江湖前集》,有《江湖後集》,有《江湖續集》,有《中興江湖集》諸名。其接次刊刻之迹,畧可考見。案此書既係接次刊刻,而在當時又經一文字獄,固宜其傳本之錯雜也。《提要》謂"宋末詩格卑靡,所錄不必盡工。惟南渡後詩家,姓氏不顯者,多賴是書以傳"耳。今案宋之末造,蓋爲江西派窮而思變之時。四靈與江湖派皆是也。此未嘗非自然之勢,特兩派之才力,皆未能自振拔耳。今録陳起詩一首於下，以見所謂江湖派者之面目焉。

陳起《湖上即事》

波光山色雨盈盈，短策青鞋信意行。莎草煙開遥認鷺，柳條春蚤未藏鶯。誰家艷飲歌初歇？有客孤舟笛再横。風景無窮吟莫盡，且將酩酊樂浮生。

列名《江湖集》中者，劉克莊、戴復古，詩筆皆頗清健。戴復古，字式之，號石屏，天台人。克莊《冬日》詩云："晴窗早覺愛朝曦，竹外秋聲漸作威。命僕安排新暖閣，呼童熨帖舊寒衣。莱浮嫩緑酒初熟，橙切香黄蟹正肥。蓉菊滿園皆可羡，賞心從此莫相違。"復古《江村晚眺》云："江頭落日照平沙，潮退魚舠閣岸斜。白鳥一雙臨水立，見人驚起入蘆花。"皆有氣韻，與專學晚唐，力弱而不能自舉者異矣。又方秋崖，在宋末詩人中，詩亦清俊可喜。如《泊歇浦》云："人行秋色裏，雁落客愁邊。"《夢尋梅》云："馬蹄殘雪六七里，山觜有梅三四花。"乃真晚唐佳句。非貌似清新，而實陳陳相因者比也。戴氏爲放翁門人，方回極稱之，蓋非囿於江湖派者。

四靈、江湖，雖皆不能自振，而宋之亡，一二孤臣遺老，頗有雄奇之概，幽怨之思，足以抗手作家者，此則時會爲之也。宋末諸臣，精忠義烈最著者，當推文文山及謝疊山。文山詩學杜陵，渾灝流轉。《正氣》一歌，久爲世所傳誦，他作亦能稱是。疊山之作，則清寒淡遠，自饒逸致。遺民中如謝皋羽名翺，一字皋父，長溪人。自號晞髮道人。詩極奇崛，林霽山詩極纏綿，霽山，名景熙，平陽人。又有鄭所南、名思肖，字憶翁，連江人。真山民、汪元量等。雖詩格或異，而所感則同，不無危苦之辭，惟以悲哀爲主。其氣格，實非南宋末造江湖詩人所及云。元量，號水雲。宋亡，爲黄冠。往來匡廬、彭蠡間。山民始末不可考。或云：李生喬嘗嘆其不愧乃祖文忠西山。真德秀號西山，謚文忠，因疑爲德秀後。或又謂本名桂芳，括蒼人，嘗登進士第云。

文天祥《重陽》

風卷車塵弄曉寒，天涯流落寸心丹。去年醉與茱萸別，不把今年作健看。

謝枋得《慶全庵桃花》

尋得桃源好避秦，桃紅又是一年春。花飛莫遣隨流水，怕有漁郎來問津。

謝翺《秋夜詞》

愁生山外山，恨殺樹邊樹。隔斷秋月明，不使共一處。

林景熙《京口月夕書懷》

山風吹酒醒，秋入夜燈涼。萬事已華髮，百年多異鄉。遠城江氣白，高樹月痕蒼。忽憶憑樓處，淮天雁叫霜。

論詩論文之作，皆至宋而漸多。宋人詩話，傳於今者尤夥。其著者，如歐陽修之《六一詩話》、劉攽之《中山詩話》、陳師道之《後山詩話》、呂本中之《紫薇詩話》、葉夢得之《石林詩話》、楊萬里之《誠齋詩話》、周必大之《二老堂詩話》等。其採摭最富者，當推胡仔之《苕溪漁隱叢話》、魏慶之之《詩人玉屑》。胡書採摭北宋詩話，魏書採摭南宋詩話畧備。然多東鱗西爪之談，能確立一家宗旨者甚罕。有之者，其惟嚴羽之《滄浪詩話》乎？羽，字儀卿，一字丹邱，自號滄浪逋客，邵武人。案宋末，江西派之詩，發泄已盡，漸流於粗獷直率，寖至入於空滑，其道已窮。四靈江湖，又淺薄不足效。欲振起之，計惟有返諸渾厚超妙之境。此詩家之正路，亦當時主持風會者應有之義也。羽之論詩也，曰：“論詩如論禪。漢、魏、晉、盛唐之詩，第一義也。大曆已還，已落第二義矣。晚唐之詩，則聲聞闢支果也。”“禪道惟在妙悟。詩道亦在妙悟。孟襄陽學力下韓退之遠甚，而詩出退之上者，妙悟故也。”又曰：“詩有別材，非關書也。詩有別趣，非關理也。而古人未嘗不讀書，不窮理，所謂不涉理路，不落言筌者上也。詩者，吟咏情性也。盛唐詩人，惟在興趣。羚羊挂角，無迹可求。故其妙處，瑩澈玲瓏，不可湊泊。如空中之音，相中之色，水中之月，鏡中之象，言有盡而意無窮。近代諸公，作奇特解會。以文字爲詩，以議論爲詩，以才學爲詩。以是爲詩，夫豈不工？終非古人之詩也。”其於江西及四靈等，皆深致其不滿焉。案一種文字，皆有其初起及極盛之時，過此則其道已窮，不得不爲逾分之發泄。至於此，則菁華竭而真意灕矣。自六朝以前，皆可謂詩之初期。如旭日方升，未臻極盛。至於盛唐，而如日中天矣。中晚以降，不得不漸趨於薄者，勢也。厭其薄而更趨於別一途，舉昔人所蘊而不發者，而一泄無餘焉，則宋詩是也。既已發泄務盡，而又欲挽而返之於渾涵之境，於理於勢，皆有所不能。滄浪之論，非不正也。然率其道而行之，不爲明七子之貌襲，則爲王漁洋之神韻耳。然其説雖不能行，而分別詩境之高下，則確是不易之論。得其説而存之，於文學之批評，固不無裨益也。

81

五　宋代之詞曲

詩當分廣狹二義：狹義之詩，即向所謂詩者是；凡詞曲等皆在其外。廣義之詩，則凡可歌可謠者皆屬焉。合樂曰歌，徒歌曰謠。〇音樂本於人聲，歌即謠之配以樂器者耳。謠與誦實無區別。凡可誦者，即是可謠。故如詩與詞等，在今日雖不可歌，仍不得詆之爲死文學也。《史記》稱：“《詩》三百五篇，孔子皆弦歌之，以求合韶武雅頌之音。”《漢書》謂：“孟春之月，行人振木鐸徇於路以採詩。獻之太師。比其音律，以聞於天子。”《食貨志》。可見古之詩，皆可合樂。然至漢世，古樂已不爲人所好。雖有制氏雅樂，莫能用而別立樂府，採趙、代、秦、楚之謳，使李延年協其律，司馬相如等爲之辭。於是合樂之詩，一變而爲漢代之樂府。四言五言之詩，皆成爲文章之事。魏晉以降，漢世樂府，音律又漸失傳。而外國之樂輸入。唐時，乃有雅樂、清樂、燕樂之分。雅樂即古樂。清樂者，漢之樂府，及南朝長江一帶之歌曲，隋平陳得之，置清商署以總之者也。燕樂即外國輸入之樂。見沈括《夢溪筆談》。燕樂日盛，而雅樂、清樂，遂以式微。唐人絕句皆可歌，蓋猶是梁陳之舊。《唐書·樂志》：“平調、清調、瑟調，皆周房中曲遺聲，漢世謂之三調。”唐李白猶有《清平調》。然及宋世，則絕句之可歌者漸希；播諸管弦者，莫非長短句矣。《苕溪漁隱叢話》曰：“唐初歌舞辭，多是五言詩或七言詩，初無長短句。自中葉以後至五代，漸變成長短句。及本朝則盡爲此體。今所存止《瑞鷓鴣》、《小秦王》二闋，是七言八句詩，並七言絕句詩而已。《瑞鷓鴣》猶依字易歌；若《小秦王》，必須雜以虛聲，乃可歌耳。”詞牌有以甘州、涼州名者，足徵其出於燕樂，而爲來自外國之新聲也。《容齋隨筆》曰：“唐曲以州名者五：伊、涼、熙、石、渭是也。”此爲中國合樂之詩之又一變。而漢、魏以來之樂府，又變爲文章之事。王灼《碧雞漫志》曰：“隋取漢以來樂器歌章古調，并入清樂，餘波至李唐始絕。唐中葉雖有古樂府，而播在聲律則鮮矣。士大夫作者，不過以詩之一體自名耳。蓋隋以來，今之所謂曲子者漸興。至唐稍盛。今則繁聲淫奏，殆不可數。古歌變爲古樂府，古樂府變爲今曲子，其本一也。”

宋之詞，流衍而爲元、明、清三朝之曲。曲之盛也，傳播於山巔海涯。幾於有井水飲處，即有能歌之者。斯時宋人之詞，已不可歌，而變爲文章之事。

然詞曲異流同源。曲可歌，則詞之大宗雖亡，而其支子未絕也。乃自洪、楊以後，皮簧日盛，自宋詞累變之昆曲又微。今日好斯道者，雖猶欲輔弱扶微，然大勢所趨，恐終於不可復挽。自今以後，詞曲其又將脫離音樂，而成爲文章之事乎？世之篤舊者，恒指當日流傳之音樂爲鄙俗，而稱其垂絕者爲雅音。其喜新者，則又執可歌者爲活文學，而目與樂離者爲死文學。其實皆非也。詩本於聲，必聲變，詩乃能與之俱變。而聲變，詩即不得不隨之而變。聲之變，出於勢之自然而無如何；則詩之變，亦出於勢之自然而無如何。無所謂新者俗，舊者雅也。然社會事物，由簡趨繁。始焉出自民衆之謳吟、來自外國之歌曲者，及其既成爲當時之樂調，文人學士，遂能按其調而爲之辭，而辭與樂遂析爲兩事。迨其音律已佚，而辭句猶存；可歌之詩，雖有新者代興，而舊者仍係存爲文章之事，亦勢之出於自然而無足怪者也。雅俗之爭，死活之論，皆不免各執一端耳。

　　陳無己《後山叢談》云："文元賈公，居守北都。歐陽永叔使北還。公豫戒官妓，辦詞以勸酒。妓唯唯。復使都廳召而喻之，妓亦唯唯。公怪嘆，以爲山野。既燕，妓奉觴，歌以爲壽。永叔把盞側聽，每爲引滿。公復怪之，召問，所歌皆其詞也。"又《詩話》云："柳三變游東都南北二卷，作新樂府，骫骳從俗，天下咏之。遂傳禁中。仁宗頗好其詞。每對酒，必使侍妓歌之再三。三變聞之，作宮詞《醉蓬萊》，因内官達後宮，且求其助。仁宗聞而覺之，自是不復歌其詞矣。"蔡絛《鐵圍山叢談》云："宣和初，燕樂初成，八音告備。因作徵招角招。有曲名《黄河清慢》者，音調極韶美。晁次膺作此詞，天下無問遐邇大小，雖偉男髫女，皆争唱之。"元陸友《研北雜志》曰："小紅，范成大青衣也。有色藝。成大請老，姜夔詣之。一日，授簡徵新聲。夔製《暗香》、《疏影》兩曲。成大使二妓歌之，音節清婉。成大尋以小紅贈之。其夕，大雪。過垂虹，賦詩曰：'自喜新詞韻最嬌，小紅低唱我吹簫。曲終過盡松陵路，回首煙波十里橋。'夔喜自度曲，吹洞簫，小紅歌而和之。"此皆宋詞可歌之證也。此等證據尚多，今特畧引數則耳。一時代有一時代之文學。如唐之詩，宋之詞，元之曲，後人刻意爲之，才力未必遂遜其時之人，其所費之功力，或且倍蓰，然終不能至其境。無他，在其時則情文相生，天機與人工相湊泊；易一時則人力雖劬，天機終有所不逮也。此宋代之詞，所以獨有千古也。

　　宋代詞人之首出者，當推晏殊。字同叔，臨川人。七歲能屬文。真宗以神童召試，賜進士出身，仁宗時爲相。卒，字元獻。殊子幾道，字叔原，號小山。亦能爲詞。次則歐陽修。劉攽《中山詩話》，謂殊酷愛馮延巳詞，所作亦不減延巳，而歐公所作《蝶戀花》一闋，或與延巳所作相混。蓋皆承五代之餘風者也。至柳永出而詞乃一變。

晏殊《踏莎行》

小徑紅稀，芳郊綠遍，高臺樹色陰陰見。春風不解禁楊花，蒙蒙亂撲行人面。　翠葉藏鶯，珠簾隔燕，爐香靜逐游絲轉。一場愁夢酒醒時，斜陽卻照深深院。

晏幾道《臨江仙》

夢後樓臺高鎖，酒醒簾幕低垂。去年春恨卻來時。落花人獨立，微雨燕雙飛。　記得小蘋初見，兩重心字羅衣。琵琶弦上説相思。當時明月在，曾照彩雲歸。

歐陽修《蝶戀花》

庭院深深深幾許？楊柳堆煙，簾幕無重數。玉勒雕鞍游冶處，樓高不見章臺路。　雨橫風狂三月暮，門掩黃昏，無計留春住。淚眼問花花不語，亂紅飛過秋千去。

一種歌辭之初興，大抵與里巷謳吟相近。取徑極狹，而含意甚深。故能如大羹玄酒，味之不盡。一再傳後，文人學士，相率爲之。肆其才力之所至，拓境日恢，真意反日灕矣。此猶花之含蕊與盛開，絢爛極時，衰謝之機，即已潛伏。此文章升降之大原，不可不察也。詞境展拓，厥惟小令進爲慢詞。謂長調。張炎《樂府餘論》曰：“慢詞起仁宗朝。中原息兵，汴京繁庶。歌臺舞榭，競賭新聲。柳永以失意無俚，流連坊曲。遂盡取俚言俗語，編入詞中，以便伎人傳習。一時動聽，散播四方。其後蘇軾、秦觀、黃庭堅等，相繼有作，慢詞遂盛。”案小令專於比興，慢詞則兼有賦矣。此其拓境之所以日恢，亦其真意之所以日灕也。葉夢得《避暑錄話》謂：“嘗見一西夏歸朝官，言凡有井水飲處，即能歌柳詞。”其流傳則可謂廣矣。柳永，初名三變，字耆卿，崇安人。官至屯田員外郎，故世稱爲柳屯田。

柳永《八聲甘州》

對瀟瀟暮雨灑江天，一番洗清秋。漸霜風凄緊，關河冷落，殘照當樓。是處紅衰綠減，冉冉物華休。惟有長江水，無語東流。　不忍登高臨遠，望故鄉渺邈，歸思難收。嘆年來踪迹，何事苦淹留？想佳人妝樓長望，誤幾回、天際識歸舟。爭知我，倚闌干處，正恁凝愁。

與永並時者爲張先。字子野，烏程人，官至都官郎中。《古今詩話》：“有客謂子野曰：‘人皆謂公張三中，即心中事，眼中淚，意中人也。’公曰：‘何不目之爲張三影乎？’客不解。公曰：‘雲破月來花弄影；嬌柔懶起，簾押卷花影；柳徑無人，墮飛絮無影。’皆公得意句也。”故又有張三影之稱。三影詞甚秀，近柳永。

張先《青門引》

乍暖還輕冷，風雨晚來方定。庭軒寂寞近清明，殘花中酒，又是去年病。　樓頭畫角風吹醒，入夜重門静，那堪更被明月，隔墻送過秋千影？

東坡之詞，亦自成一派。《四庫提要》曰：“詞自晚唐五代以來，以清切婉麗爲宗。至柳永而一變，如詩家之有白居易。至軾而又一變，如文家之有韓愈。”此皆文章境界將變，而一二人會逢其適，非必其才力之果特異於衆人也。東坡詞最有名者，爲《念奴嬌》大江東去及《水調歌頭》明月幾時有兩首。《念奴嬌》一闋，殊近粗豪；《水調歌頭》一闋，則設想高奇，寄情幽渺，誠非他家所有，足見蘇公之本色也。

蘇軾《水調歌頭》

明月幾時有？把酒問青天。不知天上宫闕，今夕是何年。我欲乘風歸去，又恐瓊樓玉宇，高處不勝寒。起舞弄清影，何似在人間。　轉朱閣，低綺户，照無眠。不應有恨，何事偏向別時圓？人有悲歡離合，月有陰晴圓缺，此事古難全。但願人長久，千里共嬋娟。

《後山詩話》曰：“退之以文爲詩，子瞻以詩爲詞，如教坊雷大使之舞，雖極天下之工，要非本色。今代詞手，惟秦七、黄九耳，他人不能逮也。”山谷好以俗語入詞，《四庫提要》譏其“褻諢不可名狀。甚至用躐字屪字等，爲字書所不載”。案此等在當時，皆自有其趣味，此正詞之所以異於詩，不容以此爲難。然俗語之趣味，不在褻諢。褻諢之詞，在俗語文學中，亦爲下乘。山谷之詞，確有過於褻諢者。如《望遠行》、《少年心》等闋是。此等實不足法，不容以主張平民文學而右之也。詩詞可用俗語，俗語不皆可爲詩詞。試觀民間歌謠，用語亦有選擇，非凡出諸口者，皆可用爲歌謠可知。

黄庭堅《鼓笛令》

酒闌命友閑爲戲。打揭兒，非常愜意。各自輸贏只賭是。賞罰采，分明須記。　小五出來無事，卻跋翻和九底。若要十一花下死，那管十三，不如十二。

《坡仙集外紀》：“東坡問陳無己：‘我詞何如少游？’無己曰：‘學士小詞似詩，少游詩似小詞。’”此論殊的。淮海詩筆，較蘇、黄爲弱。詞則情韻兼勝，非蘇黄所能逮也。

秦觀《望海潮》

梅英疏淡，冰澌溶泄，東風暗換年華。金谷俊游，銅駝巷陌，新晴細履平沙。長記誤隨車。正絮翻蝶舞，芳思交加。柳下桃蹊，亂分春色到人家。

西園夜飲鳴笳，有華燈礙月，飛蓋妨花。蘭苑未空，行人漸老，重來事事堪嗟。煙暝酒旗斜。但倚樓極目，時見棲鴉。無奈歸心，暗隨流水到天涯。

同時能爲詞者，尚有晁補之、陳去非、李之儀、程垓。晁無咎詞神姿高秀，頗近東坡。去非《無住詞》僅十八闋，然亦頗峻拔。之儀《姑溪詞》，小令清婉，近於淮海。垓爲東坡中表，所傳《書舟詞》，長調亦頗豪縱云。李之儀，字端叔，無棣人，元豐進士。垓字正伯，眉山人。

程垓《水龍吟》

夜來風雨匆匆，故園定是花無幾。愁多怨極，等閑孤負，一年芳意。柳困桃慵，杏青梅小，對人容易。算好春長在，好花長見，元只是，人憔悴。　回首池南舊事，恨星星，不堪重記。如今但有，看花老眼，傷時清淚。不怕逢花瘦，只愁怕老來風味。待繁紅亂處，留雲借月，也須拼醉。

北宋詞人，負盛名者，尚有賀方回。名鑄，衛州人，孝惠皇后族孫，晚自號慶湖遺老。方回詞幽婉凄麗，山谷、文潛均極稱之。其《青玉案》詞，有"一川煙草，滿城風絮，梅子黃時雨"之句，爲時所傳誦。人因稱爲賀梅子。或謂方回詞意境不求甚深，讀者悅其輕倩，漸失"拙""大""重"三要。清代浙派之但事綺藻韻致，方回實開其源云。

賀鑄《小重山》

枕上闍門報五更，蠟鐙香炧冷。恨天明，雪蘋風轉移帆旌。橋頭燕，多謝伴人行。　臨鏡想傾城，兩尖眉黛淺，淚波橫。艷歌重記遺離羣。纏綿處，翻是斷腸聲。

北宋詞雖可歌，然詞人所作，亦未必盡協律。填詞之與知音，究爲二事也。惟周美成名邦彥，錢塘人，徽猷閣待制。妙解音律，《宋史》稱其"好音樂，能自度曲"。所製諸調，不獨平仄宜遵，即上去入三音，亦不容相混。當時有方千里者，嘗和美成之《清真詞》一卷。——按譜填腔，不敢稍有出入，足見其法度之謹嚴矣。美成長篇，鋪叙最工；短篇亦凄婉凝重，實北宋一大家也。

周邦彥《六醜》

正單衣試酒，恨客裏光陰虛擲。願春暫留，春歸如過翼，一去無迹。爲問家何在？夜來風雨，葬楚宮傾國。釵鈿墜處遺香澤，亂點桃蹊，輕翻柳陌。多情更誰追惜？但蜂媒蝶使，時叩窗槅。　東園岑寂，漸蒙籠暗碧。靜繞珍叢底，成嘆息。長條故惹行客。似牽衣待話，別情無極。殘英小,强簪巾幘。終不似一朵,釵頭顫裊,向人欹側。漂流處,莫趁潮汐。恐斷紅尚有相思字,何由見得。

周邦彥《滿庭芳·夏日溧水無想山作》

風老鶯雛,雨肥梅子,午陰嘉樹清圓。地卑山近,衣潤費爐煙。人静烏鳶自樂,小橋外,新緑濺濺。憑闌久,黄蘆苦竹,擬泛九江船。　年年,如社燕,漂流瀚海,來寄修椽。且莫思身外,長近尊前。憔悴江南倦客,不堪聽、急管繁弦。歌筵畔,先安枕簟,容我醉時眠。

周邦彥《少年游》

并刀如水,吴鹽勝雪,纖指破新橙。錦幄初温,獸香不斷,相對坐調笙。　低聲問:向誰行宿;城上已三更;馬滑霜濃,不如休去,直是少人行。

宋代爲詞學極盛之世,帝王、將相、釋子、羽流、婦人、孺子,無不解者。今爲衆所傳誦者,特其尤著者耳。諸帝王中,徽宗尤爲文采風流。雖爲荒淫亡國之君,其文學自不可没也。其於倚聲,實足與南唐二主媲美。世傳其《燕山亭》一詞,乃其遷北後作,促節曼聲,兩盡其妙。

宋徽宗《燕山亭》

裁剪冰綃,輕疊數重,冷淡胭脂匀注。新樣靚妝,艷溢香融,羞殺蕊珠宫女。易得凋零,更多少無情風雨。愁苦,問院落凄涼,幾番春暮。憑寄離恨重重,這雙燕何曾,會人言語。天遥地遠,萬水千山,知他故宫何處。怎不思量,除夢裏有時曾去。無據,和夢也新來不做。

北宋女詞人,則有李易安。易安名清照,自號易安居士,濟南人,格非女。嫁爲湖州守趙明誠妻,夫婦皆擅學問,長詩文,精金石,誠一代之才媛也。易安詩筆稍弱,詞則極婉秀。且亦妙解音律,所作詞,無一字不協律者,實倚聲之正宗,非徒以閨閣見稱也。

李清照《壺中天慢》

蕭條庭院,又斜風細雨,重門須閉。寵柳嬌花寒食近,種種惱人天氣。險韻詩成,扶頭酒醒,别是閑滋味。征鴻過盡,萬千心事難寄。　樓上幾日春寒,簾垂四面,玉闌干慵倚。被冷香消新夢覺,不許愁人不起。清露晨流,新桐初引,多少游春意。日高煙斂,更看今日晴未。

南宋大家,當首推辛稼軒。辛棄疾,字幼安,號稼軒居士,歷城人。耿京聚衆山東,棄疾爲掌書記,勸京奉表歸宋。張安國殺京降金。棄疾趨金營,縛以歸,獻俘行在。孝宗時,以大理少卿,出爲湖南安撫,治軍有聲。德祐時,追謚忠敏。世以與東坡并稱,謂之蘇、辛,其實稼軒非坡翁之倫也。東坡之詞,似山谷之詩,非不清俊,終非當家。稼軒則含豪邈然,字字協律。譚仲修評南唐後主簾外雨潺潺一首曰:"雄奇幽怨,乃兼二難。後起稼軒,稍儁父矣。"此自時代爲之。若以蘇、辛相較,則東坡不免稍有傖氣,稼軒則"端莊雜流麗,剛健含婀娜"矣。今錄其詞三首如下,以見一斑。

摸魚兒

更能消幾番風雨,匆匆春又歸去。惜春長怕花開早,何況落紅無數?春且住,見説道天涯芳草無歸路。怨春不語。算只有殷勤,畫檐蛛網,盡日惹飛絮。　長門事,准擬佳期又誤,蛾眉曾有人妒。千金縱買相如賦,脉脉此情誰訴?君莫舞,君不見玉環飛燕皆塵土。閑愁最苦。休去倚危闌,斜陽正在,煙柳斷腸處。

永遇樂·京口北固亭懷古

千古江山,英雄無覓,孫仲謀處。舞榭歌臺,風流總被雨打風吹去。斜陽草樹,尋常巷陌,人道寄奴曾住。想當年,金戈鐵馬,氣吞萬里如虎。　元嘉草草,封狼居胥,贏得倉皇北顧。四十三年,望中猶記,燈火揚州路。可堪回首?佛狸祠下,一片神鴉社鼓。憑誰問,廉頗老矣,尚能飯否?

菩薩蠻

鬱孤山下清江水,中間多少行人淚?西北是長安,可憐無數山。青山遮不住,畢竟東流去。江晚正愁餘,山深聞鷓鴣。

劉改之名過,廬陵人,有《龍洲詞》。當光、寧二宗時,以詩游歷江湖。嘗客稼軒,填詞亦善爲壯語。又有楊炎者,亦與稼軒相唱和。其排奡之氣,不及稼軒,而屏絕纖穠,自抒清俊,亦非凡艷可擬。此外葉夢得之《石林詞》,夢得,字少蘊,號石林,吳縣人。紹聖進士。徽宗時翰林學士。高宗時,數陳拒敵之策。嘗爲江東安撫大使。李彌遜之《筠溪樂府》,彌遜,字魯卿,吳縣人。大觀進士。亦皆豪放一派。葛勝仲字魯卿,丹陽人。紹聖進士。常與夢得唱和,其詞格亦相出入云。

劉過《賀新郎》

老去相如倦,向文君,説似而今,怎生消遣?衣袂京塵曾染處,空有香紅尚軟。料彼此魂消腸斷。一枕新涼眠客舍,聽梧桐疏雨秋風顫。燈暈冷,記初見。　樓低不放珠簾卷。晚妝殘,翠蛾狼藉,淚痕凝臉。人道愁來須殢酒,無奈愁深酒淺。但托意焦琴紈扇。莫鼓琵琶江上曲,怕荻花楓葉俱淒怨。雲萬疊，寸心遠。

葉夢得《賀新郎》

睡起啼鶯語。掩蒼苔，房櫳向晚，亂紅無數。吹盡殘花無人見，惟有垂楊自舞。漸暖靄初回輕暑。寶扇重尋明月影，暗塵侵上有乘鸞女。驚舊恨，遽如許。　江南夢斷橫江渚。浪粘天，葡萄漲綠，半空煙雨。無限樓前滄波意，誰採苹花寄取？但恨望蘭舟容與。萬里雲颿何時到，送孤鴻目斷千山阻。誰爲我，唱金縷。

南宋詞家，妙解音律者，無如姜白石。名夔，字堯章，鄱陽人。居吳興武康，與白石洞天爲鄰，自號白石道人。白石師誠齋弟子蕭千巖，詩亦古雅，然不如其詞之有名。宋代詞雖可歌，而皆無譜。以人人知之，不待此也。不意年湮代遠，歌譜竟因此失傳。惟白石曲調，多由自創，故皆自注譜。今所傳《白石道人歌曲》是也。惜皆用宋時俗字，又雜以節拍符號，今人仍不能解。然宋代歌譜，獨賴此篇之存。將來音樂大昌，安知不有懸解之士，據陳編而悟其法？則此書亦可寶矣。白石詞格高秀。張叔夏稱其“如野雲孤飛，去來無迹”。讀所製《暗香》、《疏影》二曲，寄意深遠，誠不愧此言也。

姜夔《暗香·石湖咏梅》

舊時月色，算幾番照我，梅邊吹笛。喚起玉人，不管清寒與攀摘。何遜而今漸老，都忘卻春風詞筆。但怪得，竹外疏花，香冷入瑶席。　江國，正寂寂。嘆寄與路遥，夜雪初積。翠尊易泣，紅萼無言耿相憶。長記曾攜手處，千樹壓西湖寒碧。又片片吹盡也，幾時見得。

姜夔《疏影》

苔枝綴玉，有翠禽小小，枝上同宿。客裏相逢，籬角黃昏，無言自倚修竹。昭君不慣胡沙遠，但暗憶江南江北。想佩環月夜歸來，化作此花幽獨。　猶記深宮舊事，那人正睡裏，飛近蛾綠。莫似春風，不管盈盈，早與安排金屋。還教一片隨波去，又卻怨玉龍哀曲。等恁時，重覓幽香，已入小窗橫幅。

白石而外，南宋詞家著稱者，爲吳文英、字君特，號夢窗，慶元人。史達祖、字邦卿，號梅溪，開封人。高觀國、字賓王，山陰人。王沂孫、字聖與，號碧山，會稽人。張炎、字叔夏，號玉田，又號樂笑翁。俊五世孫。家於臨安。宋亡，不仕。周密、字公謹，號草窗，又號蕭齋，濟南人。流寓吳興，亦號弁陽嘯翁。淳祐中，爲義烏令。宋亡，不仕。蔣捷字勝欲，號竹山，宜興人，德祐進士。宋亡，不仕。諸家。夢窗亦南宋大家，惟其詞頗重修飾，故沈嘉泰謂其“用事下語太晦處，人不能知”。張叔夏亦謂其詞“如七寶樓臺，拆下來不成片段”。然夢窗亦非不講氣格者，觀下錄兩詞可知。不得以偏有文采，没其所長也。

憶舊游·別黄澹翁

送人猶未苦，苦春隨人去天涯。片紅都飛盡，陰陰潤緑，暗裹啼鴉。賦情頓雪霜鬢，飛夢逐塵沙。嘆病渴凄涼，分香瘦減，兩地看花。　西湖斷橋路，想繫馬垂楊，依舊敬斜。葵麥迷煙處，問離巢孤燕，飛過誰家。故人爲寫深怨，空壁掃秋蛇。但醉上吴臺，殘陽草色歸思賒。

唐多令

何處合成愁？離人心上秋。縱芭蕉不雨也颼颼。都道晚涼天氣好，有明月，怕登樓。　年事夢中休。花空煙水流。燕醉歸客尚淹留。垂柳不縈裙帶住，漫長是，繫行舟。

詞至白石，而句琢字煉，始極其工。竹屋、高賓王詞，名《竹屋癡語》。梅溪，實其羽翼。玉田稱其“格調不凡，句法挺異。俱能特立清新之意，删削靡曼之辭”。其品格可想矣。然清代之高談北宋者頗薄之。謂白石脱胎稼軒，變雄健爲清剛，易馳驟以跌宕。看似高格，不耐細思。門徑淺狹，徒便摹仿。史、高二家，所造又視白石爲淺。至張叔夏，則把纜放船，更無闊手段。能換字而不能換意，專在字句上著工夫。較之前人，彌爲不逮矣。案文字後起彌工，亦以工故，漸失渾涵樸厚之意，此隨世運遷流，無可如何之事。就其時而論其詞，此諸人者，固亦卓然名家也。玉田、竹山、碧山、草窗，皆當革易之時，目覩陸沈之痛，故多激楚之音。以韻致論，碧山似最勝。以魄力論，玉田實最雄也。

高觀國《菩薩蠻》

春風吹緑湖邊草，春光依舊湖邊道。玉勒錦障泥，少年游冶時。煙明花似綉，且醉旗亭酒。斜日照花西，歸鴉花外啼。

史達祖《綺羅香·春雨》

做冷欺花，將煙困柳，千里偷催春暮。盡日冥迷、愁裏欲飛還住。驚粉重蝶宿西園，喜泥潤燕歸南浦。最妙他，佳約風流，鈿車不到杜陵路。　沈沈江上望極，還被春潮晚急，難尋官渡。隱約遥峰，和淚謝娘眉嫵。臨斷岸新緑生時，是落紅帶愁流處。記當日，門掩梨花，剪燈深夜語。

王沂孫《高陽臺》

殘雪庭除，輕寒簾影，霏霏玉管春葭。小帖金泥，不知春是誰家？相思一夜窗前夢，奈個人水隔天遮，但凄然，滿樹幽香，滿地横斜。　江南自是離愁苦,況游驄古道,歸雁平沙。怎得銀箋,殷勤與說年華?如今處處生芳草,縱憑高不見天涯。更消他,幾度東風,幾度飛花。

周密《解語花》

晴絲罥蝶,暖蜜酣蜂,重簾卷春寂寂。雨萼煙梢,壓闌干,花雨染衣紅濕。金鞍誤約,空極目天涯草色。閬苑玉簫人去後,惟有鶯知得。餘寒猶掩翠戶,梁燕乍歸,芳信未端的。淺薄東風,莫因循,輕把杏鈿狼藉。塵侵錦瑟,殘日紅窗春夢窄,睡起折枝無意緒,斜倚秋千立。

張炎《臺城路·庚辰秋九月
之北遇汪菊坡因賦此詞》

十年前事翻疑夢,重逢可憐俱老。水國春空,山城歲晚,無語相看一笑。荷衣換了。任京洛塵沙,冷凝風帽。見說吟情,近來不到謝池草。

歡游曾步翠窈。亂紅迷紫曲,芳意多少?舞扇招香,歌橈喚玉,猶憶錢塘蘇小。無端暗惱,又幾度留連,燕昏鶯曉。回首妝樓,甚時重去好?

張炎《高陽臺·西湖春感》

接葉巢鶯,平波卷絮,斷橋斜日歸船。能幾番游?看花又是明年。東風且伴薔薇住,到薔薇春已堪憐。更凄然,萬綠西泠,一抹荒煙。　當年燕子知何處?但苔深韋曲,草暗斜川。見說新愁,如今也到鷗邊。無心再續笙歌夢,掩重門淺醉閑眠。莫開簾,怕見飛花,怕聽啼鵑。

蔣捷《賀新郎》

夢冷黃金屋,嘆秦箏,斜鴻陣裏,素弦塵撲。化作嬌鶯飛歸去,猶認紗窗舊綠。正過雨前桃如菽,此恨難平君知否?似瓊臺涌起彈棋局。消瘦影,嫌明燭。　鴛樓碎瀉東西玉,問芳踪,何時再展,翠釵難卜。待把宮眉橫雲樣,描上生綃畫幅。怕不是新來妝束。彩扇紅牙今都在,恨無人解聽開元曲。空掩袖,倚寒竹。

南宋女子以詞鳴者,則有朱淑真。淑真,海寧人,自稱幽棲居士。所傳有《斷腸詞》一卷。前有記署一篇,稱其"匹偶非倫,弗遂素志,賦《斷腸集》十卷以自解"。則今所傳,實非完帙矣。詞極清俊。其《謁金門》一闋,實足與李易安之"簾卷西風,人比黃花瘦"抗衡也。

朱淑真《謁金門》

春已半,觸目此情無限。十二闌干閑倚遍,愁來天不管。　好是風和日暖,輸與鶯鶯燕燕。滿院落花簾不卷,斷腸芳草遠。

宋代詞家，大畧如此。至於總集，則有曾慥之《樂府雅詞》、黃昇之《花庵詞選》、周密之《絕妙好詞》。又有無名氏之《草堂詩餘》。《絕妙好詞》去取謹嚴，最爲世所稱道。然其廣羅遺佚，間詳作者生平，及其詞之本事，以備後人考核之資，則諸選之爲用一也。《草堂詩餘》所録甚雜，而元明之世盛行。故其時之詞，格調頗卑。至清代，浙派及常州派繼起，乃能復續兩宋名家之緒云。

因詞之發達，而其影響遂及於戲曲。我國現在所謂舊劇者，歌舞劇。皆合動作、言語、歌唱以演一事，其起原蓋亦甚古。張衡《西京賦》賦漢平樂觀角觝之戲曰："女娲坐而長歌，聲清暢而委蛇。洪崖立而指揮，被毛羽之襳𧘈。度曲未終，雲起雪飛。"則歌舞者飾爲古人形象。又曰："東海黃公，赤刀粤祝，冀厭白虎，卒不能救。"則敷衍故事矣。然未嘗合扮演與歌舞爲一也。合歌舞以演一故事者，當始於北齊，《舊唐書·音樂志》云："代面出於北齊。北齊蘭陵王長恭，才武而面美，常著假面以對敵。嘗擊周師金墉城下，勇冠三軍。齊人壯之，爲此舞，以效其指揮擊刺之容，謂之《蘭陵王入陳曲》。"《樂府雜録》、崔令欽《教坊記》畧同。又《教坊記》云："《踏搖娘》：北齊有人，名蘇鮑鼻，實不仕，而自號郎中。嗜飲酗酒。每醉，輒毆其妻。妻銜悲，訴於鄰里。時人弄之，丈夫著婦人衣，徐步入場。行歌。每一疊，旁人齊聲和之，云：踏搖和來踏搖娘，苦和來。以其且步且歌，故謂之踏搖。以其稱冤，故言苦。及其夫至，則作毆鬥之狀，以爲笑樂。"此則合歌舞以演故事，雖未足語於後世之劇，而實後世歌舞劇之所本矣。而其用詞曲以叙事，則實自宋人始，此不可謂非戲劇之一進化也。王國維《宋元戲曲史》云："宋人之詞，皆徒歌而不舞，其歌亦以一闋爲率。間有重疊一曲，以咏一事者。如歐陽公之《採桑子》，凡十一首。趙德麟之《商調蝶戀花》，凡十首。一述西湖之勝，一咏會真之事，亦皆徒歌不舞。其有歌舞相兼者，則謂之傳踏。亦作轉踏，纏達。北宋傳踏，率以一曲重疊歌之，以一首咏一事，若干首則咏若干事。間有合若干首以咏一事者，如《樂府雅詞》所載鄭僅之《調笑轉踏》，即其一例。"

鄭僅《調笑轉達》

良辰易失，信四者之難并。佳客相逢，實一時之盛會。用陳妙曲，上助清歡，女伴相將，調笑入隊。

秦樓有女字羅敷，二十未滿十五餘。金環約腕攜籠去，攀枝折葉城南隅。使君春思如飛絮，五馬徘徊芳草路。東風吹鬢不可親，日晚蠶饑欲歸去。歸去，攜籠女。南陌春愁三月暮，使君春思如飛絮，五馬徘徊頻駐。蠶饑日晚空留顧，笑指秦樓歸去。

石城女子名莫愁，家住石城西渡頭。拾翠每尋芳草路，採蓮時過綠蘋洲。五陵豪客青樓上，醉倒金壺待清唱。風高江闊白浪飛，急催艇子操雙槳。雙槳，小舟蕩。喚取莫愁迎疊浪，五陵豪客青樓上，不道風高江廣。千金難買傾城樣，那聽繞梁清唱。

綉户朱簾翠幕張，主人置酒宴華堂。相如年少多才調，消得文君暗斷腸。斷腸初認琴心挑，公弦暗寫相思調。從來萬曲不關心，此度傷心何草草。草草，最年少。繡戶銀屏人窈窕。瑤琴暗寫相思調，一曲關心多少？臨邛客舍成都道，苦恨相逢不早。此三曲分咏羅敷、莫愁、文君，尚有九曲咏九事，文多畧之。

新詞宛轉遞相傳，振袖傾鬟風露前。月落烏啼雲雨散，游人陌上拾花鈿。

此詞前爲句隊詞，次以一詩一曲相間，終以放隊詞。其後句隊詞變爲引子；曲前之詩，改用他曲；放隊詞變爲尾聲。元劇中正宮套曲體例，實自此出。又有所謂曲破者，裁大曲入破以後用之，亦借以演故事。如史浩《鄮峰真隱漫錄》之“劍舞”即是。其樂有聲無辭，舞者一象鴻門會之項伯，一象公孫大娘。舞之先，別由一人以儷語表明之。大曲之名，肇於南北朝，傳於宋者，爲胡樂大曲。其遍數至於數十，宋人裁截用之。大曲遍數既多，用以叙事自便。故宋人咏事多用焉。但其舉動皆有定則，欲以演一故事甚難。故現存宋人大曲，皆叙事體而非代言體。仍爲歌舞之一種，而非戲劇也。其創於宋世者，則有所謂諸宮調。爲孔三傳所創。王灼《碧雞漫志》云：“熙寧、元豐間，澤州孔三傳，始創諸宮調古傳。士大夫皆能誦之。”《夢粱錄》云：“説唱諸宮調。昨汴京有孔三傳，編成傳奇、靈怪，入曲説唱。”《東京夢華錄》紀崇、觀以來瓦舍技藝，有孔三傳、爰秀才諸宮調。《武林舊事》載諸色伎藝人，諸宮調傳奇有高郎婦等四人。《宋元戲曲史》云：“金董解元之《西厢》即此體。本書卷一《太平賺》曲云：‘比前賢樂府不中聽，在諸宮調裏卻著數。’其證一也。元凌雲翰《柘軒詞》，有《定風波》詞，賦《崔鶯鶯傳》云：‘翻殘金舊日諸宮調本，纔入時人聽。’其證二也。此書體例，求之古曲，無一相似，獨元王伯成《天寶遺事》，見於《雍熙樂府》《九宮大成》所選者，大致相同。而元鍾嗣成《錄鬼簿》於王伯成條下注云：‘有《天寶遺事諸宮調》行於世’，其證三也。”謂之諸宮調者，以其合若干宮調以咏一事也。大曲傳踏等，不過一曲，其同在一宮調可知。大曲傳踏等，用固有之曲以叙事，此則因叙事而制曲，其便於用，自不待言；宋金雜劇，後亦用之。《宋史·樂志》言“真宗不喜鄭聲，而或爲雜劇詞，未嘗宣佈於外”。《夢粱錄》二十云：“向者汴京教坊大使孟角球，曾做雜劇本子。董守誠撰四十大曲。”則北宋確有戲曲。惟其體裁如何，已不可知。《武林舊事》載官本雜劇，多至二百八十本。其中用大曲者百有三；法曲者四；諸宮調者二；普通詞調者三十有五。則南宋雜劇，殆皆以歌曲演之。然其中亦有北宋之作，如朱彧《萍洲可談》云：“王迥，美姿容，有才思，少年時不甚持重，間爲狎邪輩所誣，播入樂府。今《六幺》所歌《奇俊王家郎》者，乃迥也。元豐初，蔡持正舉之，可任監司，神宗忽云：‘此乃奇俊王家郎乎。’持正叩頭請罪。”趙彥衛《雲麓漫鈔》卷十云：“王迥，字子高。舊有周瓊姬事，胡徵之爲作傳，或用其傳作《六幺》。”而此所載，有王子高《六幺》一本，又有《三爺老大明樂》、《病爺老劍器》二本。爺老，疑即遼史之拽剌，乃北宋與遼盟聘時輸入之語也。○《遼史·百官志》走卒謂之“拽剌”。至元而變爲代言體；叙事全用科白，即成現在之戲曲已。宋人樂曲，不限一曲者，諸宮調之外，又有賺詞。亦見《宋元戲曲史》。○以上論戲曲，皆據《宋元戲曲史》中有關宋代者，撮叙大要。如欲詳其前後因果，宜參讀原書。

六　宋代之小説

　　駢散文與詩，皆爲宋代之貴族文學。詞雖可歌，其辭句亦不盡與口語相合。然當時自有以白話著書者。其大宗爲儒、釋二家之"語録"及"平話"。語録與文學無涉，而平話則爲平民文學之大宗。

　　白話文之興，由來甚久。近人《中國大文學史》曰："語録亦俗體文字之一種，其始不僅問學言理之語。宋倪思有《重明節館伴語録》一卷，蓋紹熙二年七月，金遣完顏衮、路伯達來賀重明節，思爲館伴，記問答之語，而成是書。馬永卿《懶真子》，載蘇老泉與二子同讀富鄭公《使北語録》。則知語録之名，北宋已有。蓋當時士夫，以奉使伴使，爲邦交大事，故有所語，必備録之，以上朝廷。後遂沿爲記録之一體。儒家因之，而有語録，《宋史・藝文志》所載《程頤語録》之類是也。釋家亦因之，《宋・志》所載《僧慧忠語録》之類是也。《宋・志》又有《朱宋卿、徐神翁語録》一卷，則道家亦襲其名矣。學者不知，譏宋儒誤襲釋家之名，是未詳考也。"又近人《中國小説史畧》曰："用白話作書者，實不始於宋。清光緒中，敦煌千佛洞藏經顯露，大抵運入英、法。中國亦拾其餘，藏京師圖書館。書爲宋初所藏，多佛經。而内有俗文體故事數種，蓋唐末五代人鈔。如《唐太宗入冥記》、《孝子董永傳》、《秋胡小説》，在倫敦博物館；《伍員入吳故事》在中國某氏；惜未能目覩，無以知其與後來小説之關係。以意度之，則俗文之興，當由二端：一爲娛心，一爲勸善。而尤以勸善爲大宗。故上列諸書，多關懲勸。京師圖書館亦尚有俗文《維摩》、《法華》等經，及《釋迦八相成道記》、《目蓮入地獄故事》也。"案語體文之興，其原有二：（一）求所記之逼真，（一）求盡人之能解。而此二者，實其所以成爲平民文學之由。蓋以古語道今情，終苦其不能盡達，故長於古典文學者，其想象力必極強。以其達意述事，皆與今人習用之語言異。必想象力極強，乃能知其所用古語中，苞含現代何等情景也。此種想象力，實非盡人所能具。故讀古文者，往往茫然不知其何謂，而其意味何在，更不必論矣。此白話文之所由興也。

　　語體文雖爲平民文學之良好工具。然其始起，僅以求所記之逼真，期盡人之能解，則尚未足語於文學；以文學不僅有其外形，必兼有其實質也。故真正之平民文學，必待諸平話之興。

　　平話即今人所謂白話小説。以白話爲小説，則成真正平民文學矣。以小説爲文學，而白話小説，則爲平民文學也。小説之作，其境必屬於虛構；而其所以虛構此境者，則由於美而不由於善；乃足爲真正之文學。我國此等作品，實至唐代始有之。胡應麟《筆叢》曰：“變異之談，盛於六朝。然多是傳録舛訛，未必盡幻設語。至唐人，乃作意好奇，假小説以寄筆端。”然仍與述故事、志異聞者夾雜。宋代此等書，作者亦夥。其最早者，當推徐鉉之《稽神録》。此書亦採入《太平廣記》。次則吳淑之《江淮異人録》。淑字正儀，丹陽人，鉉之婿也。南唐進士，歸宋，仕至職方員外郎。此書明人所作《劍俠傳》多採之。又次則張君房之《乘異記》，晁公武云：“志鬼神變怪之書。凡十一門，七十五事。”君房，安陸人。景德進士。即編《雲笈七籤》者。張師正之《括異記》，師正嘗擢甲科。熙寧中，爲寧州帥。王銍云，此書實魏泰所撰。泰尚有《志怪集》、《倦游録》，亦託名師正。詳見陳振孫《書録解題》、邵伯温《聞見録》。宋庠之《楊文公談苑》，楊億里人黃鑒所撰，本名《南陽談藪》，庠刪其重複，易此名。聶田之《祖異志》，秦再思之《洛中記異》，晁公武云：“記五代宋初讖應雜事。”畢仲詢之《幕府燕間録》，晁公武云：“記當代怪奇之事。”郭彖之《睽車志》等。彖，字次象，歷陽人，嘗知興國軍事。此書取《易》睽卦“載鬼一車”之語爲名。皆雜載怪異，兼有寓意之作者。其全係甄録舊聞者，當入野史類。純以勸懲爲旨者，亦不可謂之文學。舊時書目，皆以入小説，實非也。其託諸故事者：則有樂史之《緑珠傳》、《楊太真外傳》；樂史，字子正，撫州宜黃人。自南唐入宋，即撰《太平寰宇記》者。秦醇之《趙飛燕別傳》、《驪山記》、《温泉記》、《譚意歌傳》；前三篇託諸漢、唐，譚意歌則當時倡也。秦醇，字子復，一作子履，亳州譙人，此四篇爲其所作，見劉斧《青瑣高議》。尚有不知何人作之《大業拾遺記》，一名《隋遺録》。《開河記》、《迷樓記》、皆託隋煬事。《海山記》，名見《青瑣高議》。《梅妃傳》，跋謂“大中二年寫，藏朱遵度家。今惟予及葉少藴有之”。少藴，夢得字，則此書南渡後物也。其體皆仿唐人。而其收輯最廣者，則當推太宗時官纂之《太平廣記》，及洪邁所撰之《夷堅志》。甲至癸二百卷，支甲至支癸一百卷，三甲至三癸一百卷，四甲四乙二十卷，凡四百二十卷，陳振孫謂“其晚歲急於成書，妄人多取唐記中舊事，改竄首尾，別爲名字以投之。至有數卷者，亦不復刪潤，徑以入録”云。要之前代小説，實以記佚事、志怪異爲大宗。而寓意之作，則起於其後，而與之相雜。宋代士夫所作，固猶不越此範圍也。而白話小説，乃突起於平民社會之中。

　　平話之始，實由口説。《東坡志林》云：“王彭嘗云：涂巷中小兒薄劣，其家所厭苦，輒與錢，令聚坐聽説古話。至説三國事，聞劉玄德敗，頻蹙眉，有出涕者。聞曹操敗，即喜，唱快。"洪邁《夷堅志》謂："呂德卿偕其友出嘉令門外茶肆中坐，見幅紙用帖其尾云：今晚講説《漢書》。"郎瑛《七修類稿》云："小説起宋仁宗時。國家閑暇，日欲進一奇怪之事以娛之。故小説得勝頭回之後，即云話説趙宋某年云云。"《古今小説（見下）序》云："南宋供奉局，有説話人，如今説書之流。"《今古奇觀（見下）序》云："至有宋孝皇，以天下養太上。命侍從訪民間故事，日進一回，謂之説話人。而通俗演義，乃始盛行。"是宋時所謂説書者，宮禁及民間，俱有之也。或曰："唐段成式《酉陽雜俎》曰：'予太和末，因弟生日，觀雜戲。有市人小説，呼扁鵲作褊鵲字，上聲。'續集四貶誤。李商隱《驕兒詩》云：或謔張飛胡，或笑鄧艾吃。亦即宋時所謂説書者，"則唐時已有之矣。要不若宋之盛耳。

此等講説，有演前代之事者，亦有演當世之事者。孟元老《東京夢華録》卷五，謂當時京瓦技藝，有霍四究説三分，尹常賣五代史，此與《志林》、《夷堅志》所述，皆演前代之事者也。吳自牧《夢粱録》卷二十，謂有王六大夫，於咸淳間，敷衍《復華篇》及《中興名將傳》，聽者紛紛。此與《七修類稿》所述，皆演當代之事者也。《夢華録》舉其目：曰小説，曰合生，曰説諢話，曰説三分，曰説五代史。《夢粱録》則分爲四家：曰小説，一名銀字兒，如煙粉、靈怪、傳奇、公案、朴刀、杆棒、發迹、變態之事。曰談經，謂演説佛書。説參講者，謂賓主參禪悟道等事。又有説諢經者。曰講史書，謂講説歷代書史文傳，興廢戰争之事。曰合生，"與起今隨今相似，各佔一事也"。灌園耐得翁《都城紀勝》亦分説話爲四家：曰小説，曰説經説參，曰説史，曰合生。又分小説爲三科：一銀字兒，如煙粉，靈怪，傳奇。一説公案，如搏拳，提刀，趕棒，及發迹，變態之事。一説鐵騎兒，謂士馬，金皷之事。周密《武林舊事》六則，分四家：一演史，二説經諢經，三小説，四説諢話，而無合生。合生者，高承《事物紀原》九云："《唐書·武平一傳》：平一上書：比來妖伎胡人，於御坐之前，或言妃主情貌，或刊王公名質，咏歌舞蹈，名曰合生。始自王公，稍及閭巷，今人亦謂之唱題目云云。"則實兼有歌舞。《宋元戲曲史》謂金院本中，有所謂題目院本者，即唱題目之畧也。然則比而觀之，宋時説話，其流有五：（一）説史事者，如三分五代之類是；説本朝中興名將者，亦當屬此。（二）説無稽之事者，是曰小説。又分三類：（甲）煙粉，靈怪，傳奇。（乙）搏拳，刀槍，杆棒，發迹，變態。（丙）士馬，金皷。（三）談經説參，亦或雜以諢語，則所謂説諢經，蓋自唐以來，佛教盛行，故其勸懲警戒之言，亦爲人所樂聽也。（四）説諢話，古雜劇之類。（五）則合生也。宋時説話，頗多雜以談唱者。《堯山堂外紀》云："杭州瞽女，唱古今小説評話,謂之陶真。"《七修類稿》云:"閭閻淘真之本起,亦曰:'太祖、太宗、真宗帝,四祖神宗有道君。'國初瞿存齋過汴之詩,有'陌頭盲女無愁恨,能撥琵琶説趙家',皆指宋也。"案陸務觀詩曰:"斜陽衰柳趙家莊,負鼓盲翁正作場,身後是非誰管得,滿村聽説蔡中郎。"則雖鄉僻之地,亦有之矣。近人《元劇畧述》云:"金章宗時,有董解元者,作《西厢搊彈詞》,至今仍在。此詞唱時,手彈三弦,故曰搊彈,又曰《弦索西厢》,亦曰《諸調宮詞》。"此蓋今彈詞之祖,疑與古合生有關。又有雜以搬演者:一爲傀儡,一爲影戲。宋時傀儡,種類最繁。有懸絲傀儡、走綫傀儡、杖頭傀儡、藥發傀儡、肉傀儡、水傀儡等。見《東京夢華録》、《武林舊事》、《夢粱録》。《夢華録》載京瓦伎藝,有影戲,有喬影戲。《事物紀原》云:"宋朝仁宗時,市人有能談三國事者。或採其説,加緣飾,作影人。始爲魏、吳、蜀三分戰争之象。"《夢粱録》云:"凡傀儡,敷衍煙粉、靈怪、鐵騎、公案、史書、歷代君臣將相故事話本,或講史,或作雜劇,或如崖詞。大抵多虛少實。"又云:"有弄影戲者。元汴京初以素紙雕簇。自後人巧工精,以羊皮雕形,以彩色裝飾,不致損壞。案此種影戲,今日仍有之。其話本與講史書者頗同,大抵真假相半。公忠者雕以正貌,奸邪者刻以醜形,蓋亦寓褒貶於其間耳。"此則又與戲劇相出入矣。

　　説話在當時,雖有上述之分類,然至後世,則統名其書爲小説,蓋其所説,皆以娛情爲主,以文學論,性質實屬同科,故可統以一名也。《武林舊事》謂當時説小説者,有所謂雄辯社,則其人亦自有團結。《夢粱録》謂其人有話本,蓋其師師相傳之舊。此等原用爲説話之底本,非以供娛情者之目治,然歲月久而分化繁,遂亦成爲可以閱讀之書矣。此近世白話小説之緣起也。

　　《永樂大典》所收平話,今皆不傳。錢曾《也是園藏書目》卷十著録宋人詞話十六種,曰《燈花婆婆》,曰《種瓜張老》,曰《紫羅蓋頭》,曰《女報冤》,曰《風吹轎兒》,曰《錯斬崔寧》,曰《小亭兒》,曰《西湖三塔》,曰《馮玉梅團圓》,曰《簡帖和尚》,曰《李焕王五陳雨》,曰《小金錢》,曰《宣和遺事》,四卷。曰《煙粉小説》,四卷。曰《奇聞類記》,十卷。曰《湖海奇聞》,二卷。其中惟《宣和遺事》一種,黃丕烈刻入《士禮居叢書》中。最近繆荃孫避難滬上,聞親串妝奩中有舊鈔本書,類乎平話,假而得之。首行題《京本通俗小説》第幾卷,凡三册,皆有錢曾圖章,蓋亦也是園所藏,乃刻入《煙畫東堂小品》中。其書原若干卷不可知,今存者,自十卷至十六卷,卷爲一事:曰《碾玉觀音》,曰《菩薩蠻》,曰《西山一窟鬼》,曰《志誠張主管》,曰《拗相公》,曰《錯斬崔寧》,曰《馮玉梅團圓》。皆叙近事,或採之他説部,爲後來古今小説等所本。尚有《金主亮荒淫》兩種,以過穢襄未刻，後葉德輝刻之。

《宣和遺事》，衆皆知爲《水滸傳》所本。近人《中國小説史畧》云："書分前後二集，始於稱述堯舜，而終以高宗定都臨安，案年叙述，體裁甚似講史。惟節錄成書，末加融會，故先後文體，致爲參差。灼然可見其剽取之書，當有十種。前集先言歷代帝王荒淫之失者其一，蓋猶宋人講史之開篇。次叙王安石變法之禍者其二，亦北宋末士論之常套。次述安石引蔡京入朝，至童貫、蔡攸巡邊者其三。首一爲語體，次二爲文言，而並雜以詩者。其四，則梁山濼聚義本末。其五爲徽宗幸李師師家，曹輔進諫，及張天覺隱去。其六爲道士林靈素進用，及其死葬之異。其七爲臘月預賞元宵，及元宵看燈之盛。皆平話體。後集始自金人來運糧，至京城陷，爲第八種。又自金兵入城，帝后北行受辱，以至高宗定都臨安，爲第九、第十種。即取《南燼紀聞錄》及《續錄》，而小有删節。"案平話之始，大抵綴輯舊聞，裨講演者有所依據。其事實率多取自野史。至如何捏造增飾，以動聽者興味之處，則出於講演者所自爲。就今日最通行之《三國演義》觀之，猶可見此等遺迹。《三國演義》叙事，有極簡質，竟如史書者。惟關羽復歸劉備，及赤壁戰事之前後等，捏造增飾之處最多。蓋講説最多，逐漸增造者也。至此則漸成文學矣。故但就其底本觀之，頗有足資依據者。《三國演義》即如此。間有一二無據者，頗疑彼實有據，今日書闕有間，吾儕轉無從知之矣。即如《宣和遺事》，謂宋江收方臘有功，封節度使。舊本《水滸傳》皆同。至金人瑞始删其七十一回以後。俞萬春作《蕩寇志》，乃謂宋江等或死或誅。讀者遂多以舊説爲不經。然據近人所撰《宣和遺事考證》，則宋江平方臘，確有其事。《十朝綱要》："宣和三年，六月，辛丑，辛興宗與宋江破賊上苑洞。"《北盟會編》載《童貫別傳》謂："貫將劉延慶、宋江等討方臘。"楊仲良《長編紀事本末》："宣和三年，四月，戊子，童貫與王稟等分兵四圍包幫源洞。而王渙統領馬公直並裨將趙明、趙許、宋江次洞後。"而李師師下場，此書所述，亦較他書爲可信。《李師師外傳》云："金人破汴京，主帥欲得李師師。張邦昌踪迹之以獻，師師折金簪吞之死。"此蓋好事者所臆造。《宣和遺事》謂"師師嫁作商人婦，不知所終。"又引劉屏山"轠轂繁華事可傷，師師垂老過湖湘。縷衫檀板無顏色，一曲當年動帝王"一絶，謂爲師師所自作。案以此詩爲師師自作雖誤，然屏山之言，必有所據。則師師蓋嫁作商人婦，而流落於湖湘之間，其後事遂不可知也。則不惟可作文學書讀，抑且有裨考證矣。《小説史畧》謂："文中有吕省元《宣和講篇》及南儒《咏史詩》，省元南儒，皆元代語，則此書或出於元人；或宋時舊本，而元時又有增益，皆不可知。"案此書今本究成於何時難斷，然其内容，十九必出於宋人，則無疑矣。

宋代話本，傳於今者，又有《五代史平話》，梁、唐、晉、漢、周各二卷。缺梁、漢下卷。皆以詩起，以詩結。今本小説之首尾用詩詞者，蓋沿其體也。又有《大唐三藏法師取經記》，凡三卷。羅振玉從日本三浦將軍借印宋刊本。日本又

有一本，題《大唐三藏取經詩話》，名異而書實同。此書凡分十七章，今所見小
説之分章回者，當以此爲最古矣。章各有詩，故又題詩話也。卷末有一行，曰
中瓦子張家印。張家者，宋時臨安書鋪也，《中國小説史畧》云："元時張家或
亦無恙，則此書爲元人撰未可知。"然撰集即出元人，内容亦必宋代之遺矣。

　　宋代平話原本，或元刻本，存於今者，具如前述。其爲明人所輯刻者，則
有《古今小説》及《三言》。此四書今皆存於日本。今據日本鹽谷温所撰《明代
通俗短篇小説》一文，畧述其梗概如下。原文見日本《改造雜志現代支那號》。○日本内閣
文庫，又有元刊本平話。自《武王伐紂書》至《三國志》，凡五十種，惜未知其内容。

　　《古今小説》爲明代書賈天許齋所刻。其題言曰："小説如《三國》、《水滸
傳》，稱巨觀矣。其有一人一事，可資談笑者，猶雜劇之於傳奇，不可偏廢也。
本齋購得古今名人演義一百二十種，先以三分之一爲初刻"云云。又有綠天
館主人《序》，謂："南宋供奉局有説話人，如今説書之流。茂苑野史氏家藏古
今通俗小説甚富。因賈人之請，抽其可嘉惠里耳者，凡四十種，襃爲一刻。"則
此書實茂苑野史所藏也。其後版歸藝林衍慶堂。於是有三言之刻。三言者：
首曰《喻世明言》。今本僅二十四篇。其二十一與《古今小説》同，而三篇出於
《古今小説》之外。然此三篇，又二與《恒言》重，一與《通言》重。亦題《增補古今小説》。
次曰《警世通言》，刻於天啓甲子。次曰《醒世恒言》，刻於天啓丁卯。各四十
篇。《通言》有豫章無礙居士《序》，謂"出平平閣主人手授"。然《明言識語》
曰："綠天館初刻《古今小説》十種，見者侈爲奇觀，聞者爭爲擊節。而流傳未
廣，閣置可惜。今板歸本坊，重加校訂，刊誤補遺，題曰《喻世明言》"云云。
《恒言》亦有《識語》，曰："本坊重價購求《古今通俗演義》一百二十種。初刻爲
《喻世明言》，二刻爲《警世通言》。兹刻爲《醒世恒言》，並前刻共成完璧。"明
此三者，皆天許齋所輯之舊。平平閣主人蓋校訂之人，而非藏書之人也。此
書由來，當出茂苑野史，而其纂輯則出馮猶龍。三言遞嬗而爲《拍案驚奇》及
《今古奇觀》。《拍案驚奇》有即空觀主《序》。謂："宋元時有小説家一種，語多
俚近，意存勸諷。龍子猶所輯《喻世》諸言，頗存雅道，時著良規。"《今古奇觀》
有松禪老人《序》，謂墨憨增補《平妖》，窮工極變，不失本末。至所纂《喻世》、
《醒世》、《警世》諸言，舉世態人情之岐，備悲歡離合之致云云。《平妖》者，具
曰《三遂平妖傳》，記諸葛遂、馬遂、李遂平王則事。蓋亦宋代講本，馮氏爲之
增補者。前有張無咎《序》云："吾友龍子猶所補。"而首葉題名，則曰："馮猶龍
先生鑒定。"龍子猶者，馮猶龍之假姓名；墨憨齋則其別號也。猶龍，名夢龍，
長州人。崇禎中，由貢生選授壽寧知縣。著有《春秋衡要別本》、《春秋大全》、

《智囊》、《智囊補》、《古今談概》、《墨憨齋定本傳奇》三種：曰《量江記》，曰《新灌園》，曰《酒家傭》。《中國小説史畧》云："有《七樂齋詩稿》。朱彝尊《明詩綜》謂其善爲啓顏之辭，間入打油之調，不得爲詩家。然擅詞曲，有《雙雄記傳奇》，又刻《墨憨齋傳奇》定本十種。其中《萬事足》、《風流夢》、《新灌園》皆己作。又嘗勸沈德符以《金瓶梅》付書坊版行而不果。見《野獲編》卷二十五。"《三言》纂輯，蓋皆出其手。此《三言》中，存宋、元人作蓋不少。故《古今小説》綠天館主人《序》、《拍案驚奇》即空觀主《序》，皆引宋、元故事以爲言。據鹽谷溫所核，則《通言》、《恒言》與《京本通俗小説》同者甚多。《通言》第四卷《拗相公飲恨半山堂》，同《京本通俗小説》《拗相公》。第七卷《陳可常端陽遷化》，同《菩薩蠻》，第八卷《崔待詔生死冤家》同《碾玉觀音》。十二卷《范鰍童雙僮團圓》同《馮玉梅團圓》。十四卷《一窟鬼癩道人除怪》同《西山一窟鬼》。十六卷《張主管志誠脱奇禍》同《志誠張總管》。《恒言》第二十三《金海陵縱欲亡身》同《金主亮荒淫》。而三十三卷《十五貫戲言成巧禍》同《錯斬崔寧》。即其一證。馮氏殆保存宋代短篇小説之功臣矣。《拍案驚奇》爲即空觀主所輯。即空觀者，凌蒙初之別號。蒙初，烏程人。字稚成。著有《聖門傳詩嫡冢言》、《詩翼》、《詩逆》、《國門集》等書。此書初刻三十六卷。二刻三十九卷，附錄《宋公明鬧元宵雜劇》一卷。鹽谷溫謂《三言》及《拍案驚奇》兩刻，實爲短篇小説五大寶庫，足與長篇之四大奇書《三國演義》、《水滸傳》、《西游記》、《金瓶梅》對峙云。案宋代短篇小説，存於今畧無改動者，今日所知尚少。就即經後人改易，亦仍可想象其原形。更能分別其改易之甚與不甚，互相對勘，尤足見白話小説之朔，與後來之白話小説，同異如何，實可考小説進化之迹也。《三言》及《拍案驚奇》遞嬗而爲《今古奇觀》，爲現在極通行之書。鹽谷氏嘗就《今古奇觀》與《三言》等重複者，列舉其名。讀者未易得《三言》等書，取《今古奇觀》中此諸篇觀之，亦可想見宋代短篇小説之大概也。

《今古奇觀·三孝廉讓産立高名》《恒言》二

《兩縣令競義婚孤女》《恒言》一

《滕大尹鬼斷家私》《古今小説》十、《明言》三

《裴晉公義還原配》《古今小説》九、《明言》十三

《杜十娘怒沉百寶箱》《通言》三十二

《李謫仙醉草嚇蠻書》《通言》六

《賣油郎獨佔花魁》《恒言》三

《灌園叟晚逢仙女》《恒言》四

《轉運漢巧遇洞庭紅》《拍案驚奇》一

《看財奴刁賣冤家主》《拍案驚奇》三十五

《吳保安棄家贖友》《古今小説》八、《明言》二十一

《羊角哀捨命全交》《古今小説》七

《沈小霞相會出師表》《古今小説》四十

《宋金郎團圓破氈笠》《通言》二十二

《盧太學詩酒傲公侯》《恒言》二十九

《李汧公窮邸遇俠客》《恒言》三十

《蘇小妹三難新郎》《恒言》十一

《劉元普雙生貴子》《拍案驚奇》二十

《俞伯牙摔琴謝知音》《通言》一

《莊子休鼓盆成大道》《通言》二

《老門生三世報恩》《通言》十八

《鈍秀才一朝交泰》《通言》十七

《蔣興哥重會珍珠衫》《古今小説》一、《明言》四

《陳御史巧勘金釵鈿》《古今小説》二、《明言》二

《徐老僕義憤成家》《恒言》二十五

《蔡小姐忍辱報仇》《恒言》三十六

《錢秀才錯佔鳳凰儔》《恒言》七

　　筆記體文言小説，在古代實用以志瑣事，廣異聞，至唐乃有寓意之作，而仍與前二者相雜，宋代因之，説已見前。然宋小説亦有與唐異者。大抵唐小説崇尚詞采，而不甚借此以説理；其記事，亦不如宋小説之質。此由唐爲駢文盛行之時，宋爲散文盛行之時也。摹擬唐人之作，文體亦與唐同。如《綠珠傳》等是。然此等在宋代甚鮮。清代蒲松齡之《聊齋志異》爲唐小説體；紀昀之《閲微草堂筆記》，則宋小説體也。白話小説體與通行之《水滸傳》等同，但描寫不如後來之工耳。

　　白話小説進化之途有二：（一）則真實之言愈少，而捏造妝點之言愈增。如《五代史平話》開端之時，先述歷代興亡大畧，語皆真實。而獨於三國時云："劉季殺了項羽，立著國號曰漢。只因疑忌功臣，如韓王信，當作韓信。彭越，陳豨之徒，皆不免族滅誅夷。這三個功臣，抱屈銜冤，訴於天帝。天帝可憐見三個功臣無辜被戮，令他每三個，托生做三個豪傑出來。韓信去曹家托生，做著個曹操。彭越去孫家托生，做著個孫權，陳豨去那宗室家托生，做著個劉備。這三個分了他的天下。"則言甚荒唐矣。蓋由按照真事實講演，不足動聽者之興故也。此等趨勢，降而彌甚，而小説遂爲滿紙荒唐言矣。然此正小説之所以成爲文學也。（二）則口語之成分日減，目治之成分日增。小説原於口説，後乃變爲目治之物，前文亦已明之。口舌筆札，勢不能盡相符合。於是專供

目治之小説，與備説書人之用之底本，機勢亦日趨變異。如《碾玉觀音》一篇，欲叙咸安郡王游春，先舉昔人詩詞十餘首，次乃云：“説話的因甚説這春歸詞？紹興年間，行在有個關西延州延安府人，本身是三鎮節度使咸安郡王。當時怕春歸去，將帶著許多鈞眷游春。”其初之連舉詩詞，在口説時，蓋兼有吟誦之意味。至於目治，則令人悶損矣。故此等處，後來之小説遂漸少。又過於繁雜或細密之事，口不能叙。因聽者不易明，且易忘也。《三國演義》於東諸侯討卓時，列舉諸鎮之名。於孔明造木牛流馬，則詳述其制法。蓋以供説書者之參證而已，非徑以此向聽者陳説也。故古代小説中，此等繁雜細密處甚少。然至後世則漸多，如《蕩寇志》之奔雷車等是也。此可云小説與民衆相離日遠；亦因小説進化，所包含者愈廣，述事愈細，而文體益縝密也。小説進化之端甚多，此兩端，爲其犖犖大者。讀宋代小説，可以此觀之。

中國文學史選文

前　言

　　《中國文學史選文》原系一九二三至一九二五年間呂先生在江蘇省立第一師範學校任教時的講義，現存油印稿一册。先生講授中國文學史，分韻文和散文兩部分，《中國文學史選文》即中國文學史的散文部分，其韻文部分即本册中的《論詩》。講義由"選文"和"文評"兩部分組成，"文評"部分曾單獨輯出，收入華東師範大學出版社出版的《呂思勉遺文集》（一九九七年九月出版），全文后收入上海古籍出版的"呂思勉文集"《文學與文選四種》①（二〇一〇年六月出版）。此次將先生的《中國文學史選文》收入《呂思勉全集》重印出版，我們按原稿的順序，先"文評"後"選文"，有若干篇無文評的，也按原樣保留選文，除了訂正錯字、勘誤外，其他均未作改動。又新增了《中國文學史選文擬目》一篇，用作附錄。

李永圻　張耕華
二〇一四年八月

---

　　①　即呂先生的《宋代文學》、《論詩》、《中國文學史選文》和《國文選文》四種著述的合刊。

目　　録

本講義有兩種目的：其一須畧備各種文字體制，俾連結之即可當文體概論讀；其一則於古今諸大家———一時代之代表人物———須選授畧編，俾連結之，即可明文學變遷之概況，畧具文學史知識。全體分散文韻文兩部，散文全以時代爲次，韻文兼以時代及文體爲次①。

現定學生自讀之書有經十二種，子八種，史四種，故三代以前文不再講授，講授自秦漢始。既擇讀《史》《漢》，則馬、班之文，亦不再講授。

中國文學自西漢以前，駢散不分。東漢以後，漸趨偶儷，至齊梁而極。物窮則變，於是韓柳起而提倡古文，而散文興焉。散文既興，駢文仍不能廢，而駢散於是分途。駢文至後世，幾全供美術之用。然魏晉文字華腴而不繁縟，有安雅之美而無傷意之累，亦不可不畧知也。

李斯《諫逐客書》

臣告君之辭，或曰奏，或曰表，或曰疏，或曰議。有所駁則曰駁議。或曰上書，或曰封事，或曰箋，或曰啓，或曰札，後世則曰折。其稱不同，其實一也。總稱曰奏議類。諸名不限於臣告君，敵以下亦用之，然其名同，其實異矣。凡名異實同者，不得爲同類。

此篇爲戰國策士之辭，自"向使"以下，極意鋪張，所以求動聽也。於此可窺文賦之同原。

臣聞吏議逐客，竊以爲過矣。昔穆公求士，西取由余於戎，東得百里奚於宛，迎蹇叔於宋，來丕豹、公孫支於晉。此五子者，不產於秦，穆公用之，併國三十，遂霸西戎。孝公用商鞅之法，移風易俗，民以殷盛，國以富強，百姓樂用，諸侯親服，獲楚魏之師，舉地千里，至今治强。惠王用張儀之計，拔三川之地，西併巴蜀；北收上郡，南取漢中，包九夷，制鄢郢，東據成皋之險，割膏腴之壤。遂散六國之從，使之西面事秦，功施到今。昭王得范雎，廢穰侯，逐華陽，強公室，杜私門，蠶食諸侯，使秦成帝業。此四君者，皆以客之功。由此觀之，客何負於秦哉！向使四君卻客而不納，疏士而不用，是使國無富利之實，而秦無強大之名也。

今陛下致昆山之玉，有隨和之寶，垂明月之珠，服太阿之劍，乘纖離之馬，建翠鳳之旗，樹靈鼉之鼓。此數寶者，秦不生一焉，而陛下悅之何

---

① 　以下原有"秦漢文　散文一"字樣，因無下續，故删。

也？必秦國之所生然後可，則是夜光之璧不飾朝廷，犀象之器不爲玩好，而趙衛之女不充後宮，駿馬駃騠不實外廄，江南金錫不爲用，西蜀丹青不爲採。所以飾後宮充下陳娛心意悦耳目者，必出於秦然後可，則是宛珠之簪，傅璣之珥，阿縞之衣，錦綉之飾，不進於前，而隨俗雅化，佳冶窈窕，趙女不立於側也。

夫擊甕叩缶、彈箏搏髀，而歌呼嗚嗚快耳目者，真秦之聲也。鄭衛桑間韶虞武象者，異國之樂也。今棄擊甕而就鄭衛，退彈箏而取韶虞，若是者何也？快意當前，適觀而已矣。今取人則不然，不問可否，不論曲直，非秦者去，爲客者逐。然則是所重者在乎色樂珠玉，而所輕者在乎人民也。此非所以跨海内制諸侯之術也。

臣聞地廣者粟多，國大者人衆，兵强則士勇。是以泰山不讓土壤，故能成其大；河海不擇細流，故能就其深；王者不卻衆庶，故能明其德。是以地無四方，民無異國，四時充美，鬼神降福，此五帝三王之所以無敵也。今乃棄黔首以資敵國，卻賓客以業諸侯，使天下之士退而不敢西向，裹足不入秦，此所謂藉寇兵而賷盜糧者也。夫物不産於秦，可寶者多；士不産於秦，願忠者衆。今逐客以資敵國，損民以益仇，内自虛而外樹怨於諸侯，求國之無危，不可得也。

賈生《過秦論》上

論者，發抒意見、論列是非之謂，諸子百家之書，不以論名，其實皆論體也。漢人之書多直以論名者，如《論衡》、《鹽鐵論》等是。

議論之文，名目甚繁：意主論列是非者，曰論辨；明事理者曰辨；意在説明一事，或近於設説者，皆曰説；議論當世之務曰議；有所解釋，則或曰解，或曰釋；關於考證者曰考；推原立論者曰原；有所駁曰駁論；有所難曰難；繼續前人，推廣其意，或補所未備者曰續論，曰廣論；亦或直以簡牘言語之通名名之曰書，曰言，曰語，總稱爲論辨類。論史之作，《文選》特立一名曰史論，然後世此類甚多，選家多不分立。

後世論史之文，有與古異者。後世史籍已多，人可披覽，凡諸史事，無待詳陳，後世史論，叙事極簡。古則史書極少，前朝事實未必人人皆熟，欲有論著，不得不稍加叙述，故如此篇雖名爲論，實則叙事處甚多。此古今文體之異，因乎時勢者也。

論史之作，有專論一人一事者，有統論一朝，如此篇是。或上下數千年者，如柳子厚《封建論》。前者易作，後者非有學識筆力不辦也。

賈生之文，有兩種特色：一雄駿宏肆，一明切利害。《陳政事疏》兼具此兩種特色，因篇幅太長，不能講授。今選此篇，以見其文字之雄駿，而選晁錯文一篇，以見其明切利害焉。

秦孝公據殽函之固，擁雍州之地，君臣固守，以窺周室，有席捲天下，包舉宇內，囊括四海之意，併吞八荒之心。當是時也，商君佐之，內立法度，務耕織，修守戰之具，外連衡而鬥諸侯。於是秦人拱手而取西河之外。孝公既没，惠文武昭，蒙故業，因遺策，南取漢中，西舉巴蜀，東割膏腴之地，北收要害之郡。諸侯恐懼，會盟而謀弱秦，不愛珍器重寶肥饒之地，以致天下之士，合從締交，相與爲一。當此之時，齊有孟嘗，趙有平原，楚有春申，魏有信陵；此四君者，皆明智而忠信，寬厚而愛人，尊賢重士，約從離橫，兼韓、魏、燕、趙、宋、衛、中山之衆。於是六國之士，有寧越、徐尚、蘇秦、杜赫之屬爲之謀；齊明、周最、陳軫、召滑、樓緩、翟景、蘇厲、樂毅之徒通其意；吳起、孫臏、帶佗、兒良、王廖、田忌、廉頗、趙奢之倫制其兵。嘗以十倍之地，百萬之衆，叩關而攻秦。秦人開關而延敵，九國之師，遁巡而不敢進。秦無亡矢遺鏃之費，而天下諸侯已困矣。於是從散約解，爭割地而賂秦。秦有餘力而制其敝，追亡逐北，伏尸百萬，流血漂櫓；因利乘便，宰割天下，分裂河山，強國請服，弱國入朝。施及孝文王、莊襄王，享國之日淺，國家無事。

及至始皇，奮六世之餘烈，振長策而御宇內，吞二周而亡諸侯，履至尊而制六合，執敲撲以鞭笞天下，威振四海，南取百越之地以爲桂林、象郡；百越之君，俛首繫頸，委命下吏。乃使蒙恬北築長城而守藩籬，卻匈奴七百餘里，胡人不敢南下而牧馬，士不敢彎弓而報怨。於是廢先王之道，燔百家之言，以愚黔首。墮名城，殺豪俊，收天下之兵聚之咸陽，銷鋒鏑，鑄以爲金人十二，以弱天下之民。然後踐華爲城，因河爲池，據億丈之城，臨不測之谿以爲固。良將勁弩，守要害之處；信臣精卒，陳利兵而誰何？天下已定，始皇之心，自以爲關中之固，金城千里，子孫帝王萬世之業也。

始皇既没，餘威震於殊俗。然而陳涉，甕牖繩樞之子，甿隸之人，而遷徙之徒也，材能不及中庸，非有仲尼、墨翟之賢，陶朱、猗頓之富，躡足行伍之間，俛起阡陌之中，率罷散之卒，將數百之衆，轉而攻秦；斬木爲兵，揭竿爲旗，天下雲集而響應，贏糧而景從，山東豪俊，遂並起而亡秦族矣。

　　且夫天下非小弱也，雍州之地，殽函之固，自若也；陳涉之位，非尊於齊、楚、燕、趙、韓、魏、宋、衛、中山之君也；鋤耰棘矜，非銛於鉤戟長鎩也；謫戍之衆，非抗於九國之師也；深謀遠慮，行軍用兵之道，非及曩時之士也；然而成敗異變，功業相反。試使山東之國，與陳涉度長絜大，比權量力，則不可同年而語矣；然秦以區區之地，致萬乘之權，招八州而朝同列，百有餘年矣。然後以六合爲家，殽函爲宮，一夫作難而七廟隳，身死人手，爲天下笑者，何也？仁義不施，而攻守之勢異也。

晁錯《論守邊備塞書》

此晁氏文之明切利害者也。晁氏明於兵家言，故其言邊事，剖析利害，皆極詳盡，如指諸掌。此可見學問進步，則文亦隨之。今日一切科學之進步，又非古時比矣。苟能行文，不患無好材料也。此篇屬奏議類。

　　臣聞秦時北攻胡貉，築塞河上，南攻楊粵，置戍卒焉。其起兵而攻胡粵者，非以衞邊地而救民死也，貪戾而欲廣大也，故功未立而天下亂。且夫起兵而不知其勢，戰則爲人禽，屯則卒積死。夫胡貉之地，積陰之處也，木皮三寸，冰厚六尺，食肉而飲酪，其人密理，鳥獸毳毛，其性能寒。楊粵之地少陰多陽，其人疏理，鳥獸希毛，其性能暑。秦之戍卒不能其水土，戍者死於邊，輸者僨於道。秦民見行，如往棄市，因以謫發之，名曰"謫戍"。先發吏有謫及贅婿、賈人，後以嘗有市籍者，後又以大父母，父母嘗有市籍者，後入閭，取其左。發之不順，行者深怨，有背畔之心。凡民守戰至死而不降北者，以計爲之也。故戰勝守固則有拜爵之賞，攻城屠邑則得財鹵以富家室。能使其衆蒙矢石，赴湯火，視死如生。今秦之發卒也，有萬死之害，而亡銖兩之報，死事之後不得一算之復，天下明知禍烈及己也。陳勝行戍，至於大澤，爲天下先倡，天下從之如流水者，秦以威劫而行之之敝也。

　　胡人衣食之業不著於地，其勢易以擾亂邊竟。何以明之？胡人食肉飲酪，衣皮毛，非有城郭田宅之歸居，如飛鳥走獸於廣壄，美草甘水則止，草盡水竭則移。以是觀之，往來轉徙，時至時去，此胡人之生業，而中國之所以離南畝也。今使胡人數處轉牧行獵於塞下，或當燕代，或當上郡、北地、隴西,以候備塞之卒,卒少則入。陛下不救,則邊民絕望而有降敵之心;救之,少發則不足,多發,遠縣纔至,則胡又已去。聚而不罷,爲費甚大;罷之,則胡復入。如此連年,則中國貧苦而民不安矣。

陛下幸憂邊境,遣將吏發卒以治塞,甚大惠也。然令遠方之卒守塞,一歲而更,不知胡人之能,不如選常居者,家室田作,且以備之。以便爲之高城深塹,具藺石,佈渠答,復爲一城其內,城間百五十步。要害之處,通川之道,調立城邑,毋下千家,爲中周虎落。先爲室屋,具田器,乃募罪人及免徒復作令居之;不足,募以丁奴婢贖罪及輸奴婢欲以拜爵者;不足,乃募民之欲往者。皆賜高爵,復其家,予冬夏衣,廩食,能自給而止。郡縣之民得買其爵,以自增至卿。其亡夫若妻者,縣官買予之。人情非有匹敵,不能久安其處。塞下之民,禄利不厚,不可使久居危難之地。胡人入驅而能止其所驅者,以其半予之,縣官爲贖其民。如是,則邑里相救助,赴胡不避死。非以德上也,欲全親戚而利其財也。此與東方之戍卒不習地勢而心畏胡者,功相萬也。以陛下之時,徙民實邊,使遠方無屯戍之事,塞下之民,父子相保,亡繫虜之患,利施後世,名稱聖明,其與秦之行怨民,相去遠矣。

董仲舒《賢良策對一》

西京之文,江都最淳厚,深於經術之文也,劉子政、匡稚圭等文可以參看。制辭亦古質而深厚,凡西京諸詔令,可以參看。對策與奏議小別,然亦臣告君之辭。姚氏《古文辭類纂》以入奏議類而析爲下編,頗允當。

制曰:朕獲承至尊休德,傳之亡窮,而施之罔極,任大而守重,是以夙夜不皇康寧,永惟萬事之統,猶懼有闕。故廣延四方之豪儁,郡國諸侯公選賢良脩絜博習之士,欲聞大道之要,至論之極。今子大夫褒然爲舉首,朕甚嘉之。子大夫其精心致思,朕垂聽而問焉。

蓋聞五帝三王之道,改制作樂而天下洽和,百王同之。當虞氏之樂,莫盛於韶,於周莫盛於勺。聖王已没,鐘鼓筦弦之聲未衰,而大道微缺,陵夷至乎桀紂之行,王道大壞矣。夫五百年之間,守文之君,當塗之士,欲則先王之法以戴翼其世者甚衆,然猶不能反,日以仆滅,至後王而後止,豈其所持操或誖謬而失其統與?固天降命不可復反,必推之於大衰而後息與?烏虖!凡所爲屑屑,夙興夜寐,務法上古者,又將無補與?三代受命，其符安在？災異之變，何緣而起？性命之情，或夭或壽，或仁或鄙，習聞其號，未燭厥理。伊欲風流而令行，刑輕而姦改，百姓和樂，政事宣昭，何脩何飾而膏露降，百穀登，德潤四海，澤臻草木，三光全，寒暑平，受天之祐，享鬼神之靈，德澤洋溢，施虖方外，延及羣生？

子大夫明先聖之業，習俗化之變，終始之序，講聞高誼之日久矣，其明以諭朕。科別其條，勿猥勿并，取之於術，慎其所出。廼其不正不直，不忠不極，枉于執事，書之不泄，興于朕躬，毋悼後害。子大夫其盡心，靡有所隱，朕將親覽焉。

仲舒對曰：陛下發德音，下明詔，求天命與情性，皆非愚臣之所能及也。臣謹案《春秋》之中，視前世已行之事，以觀天人相與之際，甚可畏也。國家將有失道之敗，而天廼先出災害以譴告之，不知自省，又出怪異以警懼之，尚不知變，而傷敗廼至。以此見天心之仁愛人君而欲止其亂也。自非大亡道之世者，天盡欲扶持而全安之，事在彊勉而已矣。彊勉學問，則聞見博而知益明；彊勉行道，則德日起而大有功，此皆可使還至而立有效者也。《詩》曰"夙夜匪解"，《書》云"茂哉茂哉"，皆彊勉之謂也。

道者，所繇適於治之路也，仁義禮樂皆其具也。故聖王已沒，而子孫長久安寧數百歲，此皆禮樂教化之功也。王者未作樂之時，廼用先王之樂宜於世者，而以深入教化於民。教化之情不得，雅頌之樂不成，故王者功成作樂，樂其德也。樂者，所以變民風，化民俗也；其變民也易，其化人也著。故聲發於和而本於情，接於肌膚，臧於骨髓。故王道雖微缺，而筦弦之聲未衰也。夫虞氏之不爲政久矣，然而樂頌遺風猶有存者，是以孔子在齊而聞韶也。夫人君莫不欲安存而惡危亡，然而政亂國危者甚衆，所任者非其人，而所繇者非其道，是以政日以仆滅也。夫周道衰於幽厲，非道亡也，幽厲不繇也。至於宣王，思昔先王之德，興滯補弊，明文武之功業，周道粲然復興，詩人美之而作，上天祐之，爲生賢佐，後世稱誦，至今不絕。此夙夜不解行善之所致也。孔子曰"人能弘道，非道弘人"也。故治亂廢興在於己，非天降命不得可反，其所操持，誖謬失其統也。

臣聞天之所大奉使之王者，必有非人力所能致而自至者，此受命之符也。天下之人同心歸之，若歸父母，故天瑞應誠而至。《書》曰"白魚入于王舟，有火復于王屋，流爲烏"，此蓋受命之符也。周公曰"復哉復哉"，孔子曰"德不孤，必有鄰"，皆積善絫德之效也。及至後世，淫佚衰微，不能統理羣生，諸侯背畔，殘賊良民以爭壤土，廢德教而任刑罰。刑罰不中，則生邪氣；邪氣積於下，怨惡畜於上。上下不和，則陰陽繆盭而妖孽生矣。此災異所緣而起也。

臣聞命者天之令也，性者生之質也，情者人之欲也。或夭或壽，或仁或鄙，陶冶而成之，不能粹美，有治亂之所生，故不齊也。孔子曰："君子之德風，小人之德草，草上之風必偃。"故堯舜行德則民仁壽，桀紂行暴則民鄙夭。夫上之化下，下之從上，猶泥之在鈞，唯甄者之所爲；猶金之在鎔，唯冶者之所鑄。"綏之斯倈，動之斯和"，此之謂也。

臣謹案《春秋》之文，求王道之端，得之於正。正次王，王次春。春者，天之所爲也；正者，王之所爲也。其意曰，上承天之所爲，而下以正其所爲，正王道之端云爾。然則王者欲有所爲，宜求其端於天。天道之大者在陰陽。陽爲德，陰爲刑；刑主殺而德主生。是故陽常居大夏，而以生育養長爲事；陰常居大冬，而積於空虛不用之處。以此見天之任德不任刑也。天使陽出佈施於上而主歲功，使陰入伏於下而時出佐陽；陽不得陰之助，亦不能獨成歲。終陽以成歲爲名，此天意也。王者承天意以從事，故任德教而不任刑。刑者不可任以治世，猶陰之不可任以成歲也。爲政而任刑，不順於天，故先王莫之肯爲也。今廢先王德教之官，而獨任執法之吏治民，毋乃任刑之意與！孔子曰："不教而誅謂之虐。"虐政用於下，而欲德教之被四海，故難成也。

臣謹案《春秋》謂一元之意，一者萬物之所從始也，元者辭之所謂大也。謂一爲元者，視大始而欲正本也。《春秋》深探其本，而反自貴者始。故爲人君者，正心以正朝廷，正朝廷以正百官，正百官以正萬民，正萬民以正四方。四方正，遠近莫敢不壹於正，而亡有邪氣奸其間者。是以陰陽調而風雨時，羣生和而萬民殖，五穀孰而草木茂，天地之間被潤澤而大豐美，四海之內聞盛德而皆倈臣，諸福之物，可致之祥，莫不畢至，而王道終矣。孔子曰："鳳鳥不至，河不出圖，吾已矣夫！"自悲可致此物，而身卑賤不得致也。今陛下貴爲天子，富有四海，居得致之位，操可致之勢，又有能致之資，行高而恩厚，知明而意美，愛民而好士，可謂誼主矣。然而天地未應而美祥莫至者，何也？凡以教化不立而萬民不正也。

夫萬民之從利也，如水之走下，不以教化隄防之，不能止也。是故教化立而姦邪皆止者，其隄防完也；教化廢而姦邪並出，刑罰不能勝者，其隄防壞也。古之王者明於此，是故南面而治天下，莫不以教化爲大務。立太學以教於國，設庠序以化於邑，漸民以仁，摩民以誼，節民以禮，故其刑罰甚輕而禁不犯者，教化行而習俗美也。聖王之繼亂世也，掃除其迹而悉去之，復脩教化而崇起之。教化已明，習俗已成，子孫循之，行五六百歲尚未敗也。至周之末世，大爲亡道，以失天下。秦繼其後，獨不能改，又益甚之，重禁文學，不得挾書，棄捐禮誼而惡聞之，其心欲盡滅先聖之道，而顓爲自恣苟簡之治，故立爲天子十四歲而國破亡矣。自古以來，未嘗有以亂濟亂，大敗天下之民如秦者也。其遺毒餘烈，至今未滅，使習俗薄惡，人民嚚頑，抵冒殊扞，孰爛如此之甚者也。孔子曰："腐朽之木不可雕也，糞土之牆不可圬也。"今漢繼秦之後，如朽木糞牆矣，雖欲善治之，亡可奈何。法出而姦生，令下而詐起，如以湯止沸，抱薪救火，愈甚亡益也。竊譬之琴瑟不調，甚者必解而更張之，乃可鼓也；爲政而不行，甚者必變而更化之，乃可理也。當更張而不更張，雖有良工不能善調也；當更化而不更化，雖有大賢不能善治也。故漢得天下以來，常欲善治而至今不可善治者，失之於當更化而不更化也。古人有言曰："臨淵羨魚，不如退而結網。"今臨政而願治七十餘歲矣，不如退而更化，更化則可善治，善治則災害日去，福祿日來。《詩》云："宜民宜人，受祿于天。"爲政而宜於民者，固當受祿于天。夫仁誼禮知信五常之道，王者所當脩飭也。五者脩飭，故受天之祐，而享鬼神之靈，德施于方外，延及羣生也。

司馬長卿《難蜀父老》

此篇雖以難名，然與其《喻巴蜀檄》同，故《文選》同入之檄文類，《類纂》以隸詞賦類，似不甚安。凡上告下之詞，總稱曰詔令類，檄文亦屬焉。

有文人之文，有學人之文，此在漢世已肇其端矣。如董仲舒，如司馬遷，皆學人之文也。如司馬相如，如揚雄，則文人之文也。大抵當時所謂文者，專指詞賦一類言之，然長於詞賦者，雖作散文，亦有詞賦之意，選字煉句上。後來直向此途發展，此文之所以由散而入於駢也。

　　漢興七十有八載，德茂存乎六世，威武紛紜，湛恩汪濊，羣生霑濡，洋溢乎方外。於是乃命使西征，隨流而攘，風之所被，罔不披靡。因朝冉從駹，定莋存邛，畧斯榆，舉苞蒲，結軌還轅，東鄉將報，至于蜀都。耆老大夫搢紳先生之徒二十有七人，儼然造焉。辭畢，進曰：蓋聞天子之於夷狄也，其義羈縻勿絕而已。今罷三郡之士，通夜郎之塗，三年於茲，而功不竟，士卒勞倦，萬民不贍。今又接之以西夷，百姓力屈，恐不能卒業，此亦使者之累也。竊爲左右患之。且夫邛、筰、西僰之與中國並也，歷年茲多，不可記已。仁者不以德來，强者不以力并，意者殆不可乎！今割齊民以附夷狄，弊所恃以事無用，鄙人固陋，不識所謂。使者曰：烏謂此乎？必若所云，則是蜀不變服而巴不化俗也。僕尚惡聞若説。然斯事體大，固非觀者之所覯也。余之行急，其詳不可得聞已，請爲大夫粗陳其畧：

蓋世必有非常之人，然後有非常之事；有非常之事，然後有非常之功。非常者，固常人之所異也。故曰：非常之原，黎民懼焉，及臻厥成，天下晏如也。昔者洪水沸出，泛濫衍溢，民人升降移徙，崎嶇而不安。夏后氏戚之，乃堙洪塞源，決江疏河，灑沈澹災，東歸之於海，而天下永寧。當斯之勤，豈惟民哉。心煩於慮，而身親其勞，躬傶骿胝無胈，膚不生毛。故休烈顯乎無窮，聲稱浹乎於兹。

且夫賢君之踐位也，豈特委瑣握齪，拘文牽俗，循誦習傳，當世取説云爾哉？必將崇論閎議，創業垂統，爲萬世規。故馳騖乎兼容并包，而勤思乎參天貳地。且《詩》不云乎，"普天之下，莫非王土；率土之濱，莫非王臣"。是以六合之内，八方之外，浸淫衍溢，懷生之物有不浸潤於澤者，賢君恥之。今封疆之内，冠帶之倫，咸獲嘉祉，靡有闕遺矣。而夷狄殊俗之國，遼絶異黨之域，舟車不通，人迹罕至，政教未加，流風猶微。内之則犯義侵禮於邊境，外之則邪行橫作，放殺其上，君臣易位，尊卑失序，父老不辜，幼孤爲奴虜，係縲號泣，内鄉而怨，曰：蓋聞中國有至仁焉，德洋恩普，物靡不得其所，今獨曷爲遺己？舉踵思慕，若枯旱之望雨，戾夫爲之垂涕，況乎上聖，又焉能已？故北出師以討强胡，南馳使以誚勁越。四面風德，二方之君，鱗集仰流，願得受號者以億計。故乃關沬若，徼牂柯，鏤靈山，梁孫原，創道德之塗，垂仁義之統，將博恩廣施，遠撫長駕，使疏逖不閉，曶爽闇昧，得耀乎光明，以偃甲兵於此，而息討伐於彼。遐邇一體，中外禔福，不亦康乎？夫拯民於沈溺，奉至尊之休德，反衰世之陵夷，繼周氏之絶業，天子之急務也。百姓雖勞，又惡可以已哉？

且夫王者固未有不始於憂勤，而終於逸樂者也。然則受命之符，合在於此。方將增太山之封，加梁父之事，鳴和鸞，揚樂頌，上咸五，下登三。觀者未覩指，聽者未聞音，猶鷦明已翔乎寥廓之宇，而羅者猶視乎藪澤，悲夫！

於是諸大夫茫然喪其所懷來，失厥所以進，喟然並稱曰："允哉漢德，此鄙人之所願聞也。百姓雖勞，請以身先之。"敞罔靡徙，遷延而辭避。

東方曼倩《答客難》

《文選》以此文與揚子云《解嘲》、班孟堅《答賓戲》同列一類，謂之設論。其實古人文字設爲主客之辭者甚多，亦可入論辨類也。韓退之《進學解》，原出於此，然此三篇，皆歸於守正之義，退之則一味牢騷矣。

客難東方朔曰：“蘇秦、張儀，一當萬乘之主，而都卿相之位，澤及後世。今子大夫修先王之術，慕聖人之義，諷誦《詩》、《書》百家之言，不可勝數；著於竹帛，脣腐齒落，服膺而不釋。好學樂道之效，明白甚矣。自以智能海内無雙，則可謂博聞辯智矣。然悉力盡忠以事聖帝，曠日持久，官不過侍郎，位不過執戟，意者尚有遺行邪？同胞之徒，無所容居，其故何也？”

東方先生喟然長息，仰而應之曰：“是固非子之所能備。彼一時也，此一時也，豈可同哉？夫蘇秦、張儀之時，周室大壞，諸侯不朝，力政爭權，相禽以兵，并爲十二國，未有雌雄，得士者强，失士者亡，故談説行焉。身處尊位，珍寶充内，外有廩倉，澤及後世，子孫長享。今則不然。聖帝流德，天下震慴，諸侯賓服，連四海之外以爲帶，安於覆盂。天下平均，合爲一家。動發舉事，猶運之掌。賢不肖何以異哉？遵天之道，順地之理，物無不得其所。故綏之則安，動之則苦；尊之則爲將，卑之則爲虜；抗之則在青雲之上，抑之則在深泉之下；用之則爲虎，不用則爲鼠。雖欲盡節效情，安知前後？夫天地之大，士民之衆，竭精談説，並進輻湊者不可勝數。悉力募之，困於衣食，或失門户。使蘇秦、張儀與僕並生於今之世，曾不得掌故，安敢望常侍郎乎？傳曰：‘天下無害災，雖有聖人，無所施才；上下和同，雖有賢者，無所立功。’故曰時異事異。

“雖然，安可以不務修身乎哉？《詩》曰：‘鼓鐘於宫，聲聞於外。’‘鶴鳴於九皋，聲聞於天。’苟能修身，何患不榮？太公體行仁義，七十有二，乃設用於文、武，得信厥説；封於齊，七百歲而不絕。此士所以日夜孳孳，修學敏行而不敢怠也。辟若鶺鴒，飛且鳴矣。傳曰：‘天不爲人之惡寒而輟其冬，地不爲人之惡險而輟其廣，君子不爲小人之匈匈而易其行。天有常度，地有常形，君子有常行。君子道其常，小人計其功。《詩》云：“禮義之不愆，何卹人之言？”’故曰：‘水至清則無魚，人至察則無徒。冕而前旒，所以蔽明；黈纊充耳，所以塞聰。’明有所不見，聰有所不聞。舉大德，赦小過，無求備於一人之義也。'枉而直之，使自得之；優而柔之，使自求之；揆而度之，使自索之。'蓋聖人之教化如此，欲其自得之。自得之，則敏且廣矣。

"今世之處士，魁然無徒，廓然獨居。上觀許由，下察接輿，計同范蠡，忠合子胥，天下和平，與義相扶，寡偶少徒，固其宜也。子何疑於予哉？若夫燕之用樂毅，秦之任李斯，酈食其之下齊，説行如流，曲從如環；所欲必得，功若丘山，海內定，國家安：是遇其時也。子又何怪之邪？

"語曰：以管窺天，以蠡測海，以莛撞鐘。豈能通其條貫，考其文理，發其音聲哉？由是觀之，譬猶鼱鼩之襲狗，孤豚之咋虎，至則靡耳，何功之有？今以下愚而非處士，雖欲勿困，固不得已。此適足以明其不知權變，而終惑於大道也。"

劉子政《戰國策序》

西京之文，子政最春容閑雅，其後曾子固效之，序跋一類尤酷似。

序者，蓋編排一書前後次序，必有其義，如《易》之序卦是也。古人作序，皆居全書之末，並編入書內爲一篇。姚姬傳氏謂《莊子·天下篇》、《荀子》末篇皆是。《史記》之《太史公自序》、《漢書》之叙傳亦然。後人則多列卷端。其已有序而後叙之者，則謂之後序，繫於書末者謂之跋，亦曰跋尾、跋語。又古人叙皆自作，後世則多出於人，其自作者，乃別之曰自序焉。序者所以發明著書之義及其體例也。然有義例，委曲非一言可盡者，則條舉之爲例言，或稱凡例。大抵取其疏列明白而已，不甚措意於文辭。近人所謂發刊辭，亦叙之類，但作叙時，必全書已具，而發刊辭則在出版之先耳。發刊辭之作，皆所以宣佈宗旨，故有時亦以宣言代之，然其名異，其實同也。初有報章雜志時，宣佈宗旨之作，尚皆稱序，今則皆稱發刊辭矣。又有所謂題詞者，多以韻語爲之，間有作散文數十百字者，其變格也。序跋之文，三蘇以避家諱，故稱爲引。

序者緒也，即抽出頭緒之意，抽出頭緒，所以便讀者也。故凡考訂評論之作，亦可入序跋類，如書後，或稱題後，讀某書評某書之類是也。引而伸之，則書目之解題、提要，又近人之所謂讀書録，亦可入此類。

又有雖以序名，而非序跋類者，則贈序及雜記類中之序是也，見後。

周室自文、武始興，崇道德，隆禮義，設辟雍泮官庠序之教，陳禮樂弦歌移風之化。叙人倫，正夫婦，天下莫不曉然。論孝悌之義、惇篤之行，故仁義之道滿乎天下，卒致之刑措四十餘年。遠方慕義，莫不賓服，雅頌歌咏，以思其德。下及康、昭之後，雖有衰德，其綱紀尚明。及春秋時，已四五百載矣，然其餘業遺烈，流而未滅。五伯之起，尊事周室。五伯之後，時君雖無德，人臣輔其君者，若鄭之子産，晉之叔向，齊之晏嬰，挾君輔政，以并立於中國，猶以義相支持，歌説以相感，聘覲以相交，期會以相一，盟誓以相救。天子之命，猶有所行。會享之國，猶有所恥。小國得有所依，百姓得有所息。故孔子曰："能以禮讓爲國乎何有？"周之流化，豈不大哉！及春秋之後，衆賢輔國者既没，而禮義衰矣。孔子雖論《詩》、《書》，定《禮》、《樂》，王道粲然分明，以匹夫無勢，化之者七十二人而已，皆天下之俊也，時君莫尚之。是以王道遂用不興。故曰："非威不立，非勢不行。"

仲尼既没之後，田氏取齊，六卿分晉，道德大廢，上下失序。至秦孝公，捐禮讓而貴戰争，棄仁義而用詐譎，苟以取强而已矣。夫篡盗之人，列爲侯王；詐譎之國，興立爲强。是以轉相放效，後生師之，遂相吞滅，併大兼小，暴師經歲，流血滿野，父子不相親，兄弟不相安，夫婦離散，莫保其命，然道德絶矣。晚世益甚。萬乘之國七，千乘之國五，敵侔争權，盡爲戰國。貪饕無恥，競進無厭；國異政教，各自制斷；上無天子，下無方伯；力功争强，勝者爲右；兵革不休，詐偽並起。當此之時，雖有道德，不得施設。有設之强，負阻而恃固。連與交質，重約結誓，以守其國。故孟子、孫卿儒術之士，棄捐於世；而游説權謀之徒，見貴於俗。是以蘇秦、張儀、公孫衍、陳軫、代、厲之屬，主從橫短長之説，左右傾側。蘇秦爲縱，張儀爲橫。橫則秦帝，縱則楚王。所在國重，所去國輕。

然當此之時，秦國最雄，諸侯方弱，蘇秦結之，合六國爲一，以儐背秦。秦人恐懼，不敢窺兵於關中，天下不交兵者，二十有九年。然秦國勢便形利，權謀之士，咸先馳之。蘇秦始欲橫，秦弗有，故東合縱。及蘇秦死後，張儀連橫，諸侯聽之，西向事秦。是故始皇因四塞之固，據崤、函之阻，跨隴、蜀之饒，聽衆人之策，乘六世之烈，以蠶食六國，兼諸侯，并有天下。杖於謀詐之積，終無信篤之誠，無道德之教，仁義之化，以綴天下之心。任刑法以爲治，信小術以爲道，遂燔燒詩書，坑殺儒士，上小堯、舜，下邈三王。二世愈甚。惠不下施，情不上達。君臣相疑，骨肉相疏；化道淺薄，綱紀壞敗；民不見義，而懸於不寧。撫天下十四歲，天下大潰，詐偽之弊也。其比王德，豈不遠哉！孔子曰："導之以政，齊之以刑，民免而無恥；道之以德，齊之以禮，有恥且格。”夫使天下有所恥，故化可致也。苟以詐僞偷活取容，自上爲之，何以率下？秦之敗也，不亦宜乎！

戰國之時，君德淺薄，爲之謀策者，不得不因勢而爲資，據時而爲畫。故其謀，扶急持傾，爲一切之權，雖不可以臨國教化，兵革救急之勢也，皆高才秀士，度時君之所能行，出奇策異智，轉危爲安，易亡爲存，亦可喜。皆可觀。

揚子雲《諫不受單于朝書》

此篇亦屬奏議類。

此亦西漢時文人之文也，可與司馬長卿文參看。

臣聞六經之治，貴於未亂；兵家之勝，貴於未戰。二者皆微，然而大事之本，不可不察也。今單于上書求朝，國家不許而辭之，臣愚以爲漢與匈奴從此隙矣。本北地之狄，五帝所不能臣，三王所不能制，其不可使隙甚明。臣不敢遠稱，請引秦以來明之：

以秦始皇之强，蒙恬之威，帶甲四十餘萬，然不敢窺西河，乃築長城以界之。會漢初興，以高祖之威靈，三十萬衆困於平城，士或七日不食。時奇謀之士石畫之臣甚衆，卒其所以脱者，世莫得而言也。又高皇后常忿匈奴，羣臣庭議，樊噲請以十萬衆橫行匈奴中，季布曰：“噲可斬也，妄阿順指！”於是大臣權書遺之，然後匈奴之結解，中國之憂平。及孝文時，匈奴侵暴北邊，候騎至雍甘泉，京師大駭，發三將軍屯細柳、棘門、霸上以備之，數月乃罷。孝武即位，設馬邑之權，欲誘匈奴，使韓安國將三十萬衆徼於便墜，匈奴覺之而去，徒費財勞師，一虜不可得見，況單于之面乎！其後深惟社稷之計，規恢萬載之策，乃大興師數十萬，使衛青、霍去病操兵，前後十餘年。於是浮西河，絶大幕，破寘顏，襲王庭，窮極其地，追奔逐北，封狼居胥山，禪於姑衍，以臨瀚海，虜名王貴人以百數。自是之後，匈奴震怖，益求和親，然而未肯稱臣也。

且夫前世豈樂傾無量之費，役無罪之人，快心於狼望之北哉？以爲不壹勞者不久佚，不暫費者不永寧，是以忍百萬之師以摧餓虎之喙，運府庫之財填盧山之壑而不悔也。至本始之初，匈奴有桀心，欲掠烏孫，侵公主，乃發五將之師十五萬騎獵其南，而長羅侯以烏孫五萬騎震其西，皆至質而還。時鮮有所獲，徒奮揚威武，明漢兵若雷風耳。雖空行空反，尚誅兩將軍。故北狄不服，中國未得高枕安寢也。逮至元康、神爵之間，大化神明，鴻恩溥洽，而匈奴內亂，五單于爭立，日逐、呼韓邪攜國歸死，扶伏稱臣，然尚羈縻之，計不顓制。自此之後，欲朝者不拒，不欲者不強。何者？外國天性忿鷙，形容魁健，負力怙氣，難化以善，易隸以惡，其強難詘，其和難得。故未服之時，勞師遠攻，傾國殫貨，伏尸流血，破堅拔敵，如彼之難也；既服之後，慰薦撫循，交接賂遺，威儀俯仰，如此之備也。往時嘗屠大宛之城，蹈烏桓之壘，探姑繒之壁，藉蕩姐之場，艾朝鮮之旃，拔兩越之旗，近不過旬月之役，遠不離二時之勞，固已犁其庭，掃其閭，郡縣而置之，雲徹席捲，後無餘災。惟北狄爲不然，真中國之堅敵也，三垂比之懸矣，前世重之茲甚，未易可輕也。

今單于歸義，懷款誠之心，欲離其庭，陳見於前，此乃上世之遺策，神靈之所想望，國家雖費，不得已者也。奈何距以來厭之辭，疏以無日之期，消往昔之恩，開將來之隙！夫款而隙之，使有恨心，負前言，緣往辭，歸怨於漢，因以自絕，終無北面之心，威之不可，諭之不能，焉得不爲大憂乎？夫明者視於無形，聰者聽於無聲，誠先於未然，即蒙恬、樊噲不復施，棘門、細柳不復備，馬邑之策安所設，衛、霍之功何得用，五將之威安所震？不然，壹有隙之後，雖智者勞心於內，辯者軼擊於外，猶不若未然之時也。且往者圖西域，制車師，置城郭都護三十六國，費歲以大萬計者，豈爲康居、烏孫能逾白龍堆而寇西邊哉？乃以制匈奴也。夫百年勞之，一日失之，費十而愛一，臣竊爲國不安也。惟陛下少留意於未亂未戰，以遏邊萌之禍。

王仲任《非韓》（節錄）

此《論衡》之一篇也，屬論辨類。

後漢風氣務名而不務實，故當時政論之家，多主以刑名法術整齊之，魏武帝、諸葛孔明皆任法爲治，時勢之要求則然也。諸論政之家，以王仲任之《論衡》最爲世所稱，今舉一篇，以代表其餘。王符《潛夫論》、崔寔《政論》等可以參看。仲任可取處在思想，其文筆則不甚健。《論衡》一書以理勝，非以文勝。仲任思想，自是可取，然近人推崇似又太過。仲任之學，實出申韓，以此論治而救末流之弊則通，以此等見解推之以論一切事則病矣。近人推仲任，謂其能破除迷信也。然古之有學問者，何人嘗迷信哉！仲任論事精闢處甚多，固執可笑處亦不少。胡適之譏章實齋罵袁子才爲紹興師爺口吻,見所著《章實齋年譜》。若仲任者,則紹興師爺口吻之尤甚者也。凡觀古人之文,宜設身處地,細考其所處之時地及其所與言之人,並須察度其人性情學問如何,然後能真瞭解其言,不致偏護古人,亦不至厚誣古人。古今人之才智,不甚相遠,普通之事理,談學問者,亦多能見之,決無舉世皆愚陋,一二人獨明智之理也。此等方法,今人固恒言之,然往往自己便不能用,此好談方法而不肯問學之過也。孔子曰思而不學則殆。《論衡》全書,以此篇爲最佳,以韓非論事,本係執殺一面,而仲任還以執殺一面之語駁之,故其言多合理也。此外駁他家之語,則多"將活語作死語看",看似警快,實多勉強處。至其駁世俗迷信之語,則被駁之對方,本無價值也。

　　韓子之術,明法尚功。賢,無益於國不加賞;不肖,無害於治不施罰。貴功重賞,任刑用誅。故其論儒也,謂之"不耕而食",比之於一蠹,論有益與無益也,比之於鹿馬,馬之似鹿者千金,天下有千金之馬,無千金之鹿。鹿無益,馬有用也。儒者猶鹿,有用之吏猶馬也。夫韓子知以鹿馬喻,不知以冠履譬。使韓子不冠,徒履而朝,吾將聽其言也。加冠於首而立於朝,受無益之服,增無益之仕,言與服相違,行與術相反,吾是以非其言而不用其法也。煩勞人體,無益於人身,莫過跪拜。使韓子逢人不拜,見君父不謁,未必有賊於身體也。然須拜謁以尊親者,禮義至重,不可失也。故禮義在身,身未必肥;而禮義去身,身未必瘠而化衰。以謂有益,禮義不如飲食。使韓子賜食君父之前,不拜而用,肯爲之乎? 夫拜謁,禮義之效,非益身之實也。然而韓子終不失者,不廢禮義以苟益也。夫儒生,禮義也;耕戰,飲食也。貴耕戰而賤儒生,是棄禮義求飲食也。使禮義廢,綱紀敗,上下亂而陰陽繆,水旱失時,五穀不登,萬民饑死,農不得耕,士不得戰也。子貢去告朔之餼羊,孔子曰:"賜也,爾愛其羊,我愛其禮。"子貢惡費羊,孔子重廢禮也。故以舊防爲無益而去之,必有水災;以舊禮爲無補而去之,必有亂患。

　　儒者之在世,禮義之舊防也,有之無益,無之有損。庠序之設,自古有之。重本尊始,故立官置吏。官不可廢,道不可棄。儒生,道官之吏也,以爲無益而廢之,是棄道也。夫道無成效於人,成效者須道而成。然足蹈路而行,所蹈之路,須不蹈者。身須手足而動,待不動者。故事或無益而益者須之,無效而效者待之。儒生,耕戰所須待也,棄而不存,如何也? 韓子非儒,謂之無益有損,蓋謂俗儒無行操,舉措不重禮,以儒名而俗行,以實學而偶説,貪官尊榮,故不足貴。夫志潔行顯,不徇爵禄,去卿相之位若脱躧者,居位治職,功雖不立,此禮義爲業者也。國之所以存者,禮義也。民無禮義,傾國危主。今儒者之操,重禮愛義,率無禮之士,激無義之人。人民爲善,愛其主上,此亦有益也。聞伯夷風者,貪夫廉,懦夫有立志;聞柳下惠風者,薄夫敦,鄙夫寬。此上化也,非人所見。段干木闔門不出,魏文敬之,表式其閭,秦軍聞之,卒不攻魏。使魏無干木,秦兵入境,境土危亡。秦,强國也,兵無不勝,兵加於魏,魏國必破,三軍兵頓,流血千里。今魏文式闔門之士,卻强秦之兵,全魏國之境,濟三軍之衆,功莫大焉,賞莫先焉。齊有高節之士,曰狂譎、華士,二人昆弟也,義不降志,不仕非其主。太公封於齊,以此二子解沮齊衆,開不爲上用之路,同時誅之。韓子善之,以爲二子無益而有損也。夫狂譎、華士,段干木之類也,太公誅之,無所卻到;魏文侯式之,卻强秦而全魏。功孰大者?使韓子善干木闔門高節,魏文式之,是也;狂譎、華士之操,干木之節也,善太公誅之,非也。使韓子非干木之行,下魏文之式,則干木以此行而有益,魏文用式之道爲有功;是韓子不賞功、尊有益也。

論者或曰:"魏文式段干木之閭,秦兵爲之不至,非法度之功;一功特然,不可常行,雖全國有益,非所貴也。"夫法度之功者,謂何等也?養三軍之士,明賞罰之命,嚴刑峻法,富國强兵,此法度也。案秦之强,肯爲此乎?六國之亡,皆滅於秦兵。六國之兵非不鋭,士衆之力非不勁也,然而不勝,至於破亡者,强弱不敵,衆寡不同,雖明法度,其何益哉?使童子變孟賁之意,孟賁怒之,童子操刃與孟賁戰,童子必不勝,力不如也。孟賁怒,而童子修禮盡敬,孟賁不忍犯也。秦之與魏,孟賁之與童子也。魏有法度,秦必不畏,猶童子操刃,孟賁不避也。其尊士式賢者之閭,非徒童子修禮盡敬也。夫力少則修德,兵强則奮威。秦以兵强,威無不勝,卻軍還衆,不犯魏境者,賢干木之操,高魏文之禮也。夫敬賢,弱國之法度,力少之强助也。謂之非法度之功,如何?高皇帝議欲廢太子,吕后患之,即召張子房而取策,子房教以敬迎四皓而厚禮之,高祖見之,心消意沮,太子遂安。使韓子爲吕后議,進不過强諫,退不過勁力。以此自安,取誅之道也,豈徒易哉?夫太子敬厚四皓以消高帝之議,猶魏文式段干木之閭,卻强秦之兵也。

治國之道,所養有二:一曰養德,二曰養力。養德者,養名高之人,以示能敬賢;養力者,養氣力之士,以明能用兵。此所謂文武張設,德力具足者也。事或可以德懷，或可以力摧。外以德自立，内以力自備。慕德者不戰而服，犯德者畏兵而卻。徐偃王修行仁義，陸地朝者三十二國，强楚聞之，舉兵而滅之。此有德守，無力備者也。夫德不可獨任以治國，力不可直任以禦敵也。韓子之術不養德，偃王之操不任力。二者偏駁，各有不足。偃王有無力之禍，知韓子必有無德之患。

凡人稟性也，清濁貪廉，各有操行，猶草木異質，不可復變易也。狂譎、華士不仕於齊，猶段干木不仕於魏矣。性行清廉，不貪富貴，非時疾世，義不苟仕，雖不誅此人，此人行不可隨也。太公誅之，韓子是之，是謂人無性行，草木無質也。太公誅二子，使齊有二子之類，必不爲二子見誅之故，不清其身；使無二子之類，雖養之，終無其化。堯不誅許由，唐民不皆樔處；武王不誅伯夷，周民不皆隱餓；魏文侯式段干木之閭，魏國不皆闔門。由此言之，太公不誅二子，齊國亦不皆不仕。何則？清廉之行，人所不能爲也。夫人所不能爲，養使爲之，不能使勸；人所能爲，誅以禁之，不能使止。然則太公誅二子，無益於化，空殺無辜之民。賞無功，殺無辜，韓子所非也。太公殺無辜，韓子是之，以韓子之術殺無辜也。夫執不仕者，未必有正罪也，太公誅之。如出仕未有功，太公肯賞之乎？賞須功而加，罰待罪而施。使太公不賞出仕未有功之人，則其誅不仕未有罪之民，非也；而韓子是之，失誤之言也。且不仕之民，性廉寡欲；好仕之民，性貪多利。利欲不存於心，則視爵禄猶糞土矣。廉則約省無極，貪則奢泰不止；奢泰不止，則其所欲不避其主。案古簒畔之臣，希清白廉潔之人。貪，故能立功；驕，故能輕生。積功以取大賞，奢泰以貪主位。太公遺此法而去，故齊有陳氏劫殺之患。太公之術，致劫殺之法也；韓子善之，是韓子之術亦危亡也。

周公聞太公誅二子，非而不是，然而身執贄以下白屋之士。白屋之士，二子之類也，周公禮之，太公誅之，二子之操，孰爲是者？宋人有御馬者不進，拔佩刀而棄之於溝中；又駕一馬，馬又不進，又刀而棄之於溝。是者三。以此威馬，至矣，然非王良之法也。王良登車，馬無罷駑。堯、舜治世，民無狂悖。王良馴馬之心，堯、舜順民之意。人同性，馬殊類也。王良能調殊類之馬，太公不能率同性之士。然則周公之所下白屋，王良之馴馬也；太公之誅二子，宋人之刀馬也。舉王良之法與宋人之操，使韓子平之，韓子必是王良而非宋人矣。王良全馬，宋人賊馬也。馬之賊，則不若其全；然則民之死，不若其生。使韓子非王良，自同於宋人，賊善人矣。如非宋人，宋人之術與太公同。非宋人，是太公，韓子好惡無定矣。

治國猶治身也。治一身，省恩德之行，多傷害之操，則交黨疏絕，恥辱至身。推治身以況治國，治國之道當任德也。韓子任刑獨以治世，是則治身之人任傷害也。韓子豈不知任德之爲善哉？以爲世衰事變，民心靡薄，故作法術，專意於刑也。夫世不乏於德，猶歲不絕於春也。謂世衰難以德治，可謂歲亂不可以春生乎？人君治一國，猶天地生萬物。天地不爲亂歲去春，人君不以衰世屏德。孔子曰："斯民也，三代所以直道而行也。"

蔡伯喈《郭有道碑》

碑本宗廟麗牲之石，其後刻石紀功德者，亦謂之碑，立之於墓者，則稱墓碑。墓碑亦稱墓表，又稱靈表，亦稱墓碣，亦曰神道碑，又或但稱神碑，此皆立於墓上者。其入於壙中者，則稱墓誌銘。志者敘事之散文，銘則韻文也。有有志無銘者，亦有有銘無志者。古有志銘出兩手者。墓誌、墓銘與志銘同爲墓誌銘之畧稱，非必無銘者稱墓誌，無志者稱墓銘也。亦有稱壙志、壙銘者，又有稱葬志、葬銘者。志銘之意，本備墓被發掘，尚可知爲何如人，後世乃有權厝，亦作志銘者。凡墓誌銘大概志、銘俱有，碑則原則上無韻語。此類之文，總稱爲碑志類。志銘之體稍寬，碑則貴雍容閑雅。中郎之文，最可爲法。

先生諱泰，字林宗，太原界休人也。其先出自有周王季之穆，有虢叔者，實有懿德，文王咨焉。建國命氏，或謂之郭，即其後也。先生誕應天衷，聰睿明哲，孝友溫恭，仁篤慈惠。夫其器量弘深，姿度廣大，浩浩焉，汪汪焉，奥乎不可測已。若乃砥節厲行，直道正辭，貞固足以干事，隱括足以矯時。遂考覽六經，探綜圖緯。周流華夏，隨集帝學。收文武之將墜，拯微言之未絕。於時纓緌之徒，紳佩之士，望形表而影附，聆嘉聲而響和者，猶百川之歸巨海，鱗介之宗龜龍也。爾乃潛隱衡門，收朋勤海，童蒙賴焉，用祛其蔽。州郡聞德，虛己備禮，莫之能致。羣公休之，遂辟司徒掾，又舉有道，皆以疾辭。將蹈鴻涯之遐迹，紹巢許之絕軌，翔區外以舒翼，超天衢以高峙。稟命不融，享年四十有二，以建寧二年正月乙亥卒。

凡我四方同好之人，永懷哀悼，靡所置念。乃相與惟先生之德，以謀不朽之事。僉以爲先民既没，而德音猶存者，亦賴之於見述也。今其如何而闕斯禮！於是樹碑表墓，昭銘景行，俾芳烈奮於百世，令問顯於無窮。其辭曰：

於休先生，明德通玄。純懿淑靈，受之自天。崇壯幽浚，如山如淵。禮樂是悅，詩書是敦。匪惟擴華，乃尋厥根。宮墻重切，允得其門。懿乎其純，確乎其操。洋洋搢紳，言觀其高。栖遲泌丘，善誘能教。赫赫三事，幾行其招。委辭召貢，保此清妙。降年不永，民斯悲悼。愛勒茲銘，摛其光耀。嗟爾來世，是則是效。

魏文帝《典論》

此篇亦爲論辨類。

此篇所舉七人，世稱建安七子。文自東漢，日趨偶麗，詞日以麗，氣日以弱，然較諸齊梁，則自爲雅正，論文者以"漢魏"、"魏晉"爲一時代，良有由也。

文人相輕，自古而然。傅毅之於班固，伯仲之間耳，而固小之，與弟超書曰："武仲以能屬文爲蘭臺令史，下筆不能自休。"夫人善於自見，而文非一體，鮮能備善。是以各以所長，相輕所短。里語曰："家有獎帚，享之千金。"斯不自見之患也。

今之文人，魯國孔融文舉，廣陵陳琳孔璋，山陽王粲仲宣，北海徐幹偉長，陳留阮瑀元瑜，汝南應瑒德璉，東平劉楨公幹：斯七子者，於學無所遺，於辭無所假，咸以自騁騄騄於千里，仰齊足而並馳。以此相服，亦良難矣。蓋君子審己以度人，故能免於斯累，而作《論文》。

王粲長於辭賦，徐幹時有齊氣，然粲之匹也。如粲之《初征》、《登樓》、《槐賦》、《征思》，幹之《玄猿》、《漏卮》、《圓扇》、《橘賦》，雖張蔡不過也。然於他文未能稱是。琳瑀之章表書記，今之雋也。應瑒和而不壯。劉楨壯而不密。孔融體氣高妙，有過人者，然不能持論，理不勝詞，至於雜以嘲戲。及其所善，楊班儔也。

常人貴遠賤近，向聲背實，又患闇於自見，謂己爲賢。夫文，本同而末異。蓋奏議宜雅，書論宜理，銘誄尚實，詩賦欲麗。此四科不同，故能之者偏也；惟通才能備其體。文以氣爲主，氣之清濁有體，不可力強而致。譬諸音樂，曲度雖均，節奏同檢，至於引氣不齊，巧拙有素，雖在父兄，不能以移子弟。

蓋文章經國之大業，不朽之盛事。年壽有時而盡，榮樂止乎其身。

二者必至之常期,未若文章之無窮。是以古之作者,寄身於翰墨,見意於篇籍,不假良史之辭,不託飛馳之勢,而聲名自傳於後。故西伯幽而演《易》,周旦顯而製《禮》,不以隱約而弗務,不以康樂而加思。夫然,則古人賤尺璧而重寸陰,懼乎時之過已。而人多不強力,貧賤則懾於饑寒,富貴則流於逸樂,遂營目前之務,而遺千載之功。日月逝於上,體貌衰於下,忽然與萬物遷化,斯志士之大痛也!融等已逝。惟幹著論,成一家言。

孔文舉《薦禰衡表》

文舉之文,魏文帝謂其體氣高妙,而不能持論,最爲的評。

臣聞洪水橫流,帝思俾乂,旁求四方,以招賢俊。昔世宗繼統,將弘祖業,疇咨熙載,羣士響臻。陛下睿聖,纂承基緒,遭遇厄運,勞謙日昃。惟岳降神,異人並出。

竊見處士平原禰衡,年二十四,字正平,淑質貞亮,英才卓躒。初涉藝文,升堂覩奧,目所一見,輒誦於口,耳所暫聞,不忘於心,性與道合,思若有神。弘羊潛計,安世默識,以衡準之,誠不足怪。忠果正直,志懷霜雪,見善若驚,疾惡如仇。任座抗行,史魚厲節,殆無以過也。

鷙鳥累百,不如一鶚。使衡立朝,必有可觀。飛辯騁辭,溢氣坌涌,解疑釋結,臨敵有餘。昔賈誼求試屬國,詭係單于;終軍欲以長纓,牽致勁越。弱冠慷慨,前代美之。近日路粹、嚴象,亦用異才擢拜臺郎,衡宜與爲比。如得龍躍天衢,振翼雲漢,揚聲紫微,垂光虹蜺,足以昭近署之多士,增四門之穆穆。鈞天廣樂,必有奇麗之觀;帝室皇居,必蓄非常之寶。若衡等輩不可多得。《激楚》、《陽阿》,至妙之容,掌技者之所貪;飛兔、騕褭,絕足奔放,良樂之所急。臣等區區,敢不以聞。

陛下篤慎取士,必須效試,乞令衡以褐衣召見。無可觀采,臣等受面欺之罪。

陳孔璋《爲袁紹檄豫州》

檄文亦屬詔令類。

此篇文氣極壯,然自與西京文字不同,須從此處求之。

左將軍領豫州刺史郡國相守。蓋聞明主圖危以制變,忠臣慮難以立權。是以有非常之人,然後有非常之事;有非常之事,然後立非常之功。夫非常者,固非常人所擬也。

曩者强秦弱主,趙高執柄,專制朝權,威福由己,時人迫脅,莫敢正言,終有望夷之敗,祖宗焚滅,污辱至今,永爲世鑒。及臻呂后季年,產祿專政,内兼二軍,外統趙梁;擅斷萬機,決事省禁,下陵上替,海内寒心。於是絳侯朱虛興兵奮怒,誅夷逆暴,尊立太宗,故能王道興隆,光明顯融。此則大臣立權之明表也。

司空曹操祖父中常侍騰,與左悺、徐璜並作妖孽,饕餮放横,傷化虐民。父嵩,乞匄携養,因贓假位,輿金輦璧,輸貨權門,竊盜鼎司,傾覆重器。操贅閹遺醜,本無懿德,猋狡鋒協,好亂樂禍。幕府董統鷹揚,掃除凶逆;續遇董卓,侵官暴國。於是提劍揮鼓,發命東夏,收羅英雄,棄瑕取用,故遂與操同諮合謀,授以神師,謂其鷹犬之才,爪牙可任。至乃愚佻短略,輕進易退,傷夷折衂,數喪師徒。幕府輒復分兵命銳,修完補輯,表行東郡,領兗州刺史,被以虎文,獎蹙威柄,冀獲秦師一剋之報。而操遂承資跋扈,恣行凶忒,割剝元元,殘賢害善。故九江太守邊讓,英才俊偉,天下知名,直言正色,論不阿諂,身首被梟懸之誅,妻孥受灰滅之咎。自是士林憤痛,民怨彌重;一夫奮臂,舉州同聲,故躬破於徐方,地奪於呂布,彷徨東裔,蹈據無所。幕府惟强幹弱枝之義,且不登叛人之黨,故復援旌擐甲,席捲起征,金鼓響振,佈衆奔沮,拯其死亡之患,復其方伯之位。則幕府無德於兗土之民,而有大造於操也。

後會鑾駕返旆,羣虜寇攻。時冀州方有北鄙之警,匪遑離局,故使從事中郎徐勳就發遣操,使繕修郊廟,翊衛幼主。操便放志專行,脅遷當御省禁,卑侮王室,敗法亂紀,坐領三台,專制朝政,爵賞由心,刑戮在口,所愛光五宗,所惡滅三族,羣談者受顯誅,腹議者蒙隱戮,百僚鉗口,道路以目,尚書記朝會,公卿充員品而已。

故太尉楊彪,典歷二司,享國極位。操因緣眦睚,被以非罪,榜楚參並,五毒備至,觸情任忒,不顧憲綱。又議郎趙彦,忠諫直言,義有可納,是以聖朝含聽,改容加飾。操欲迷奪時明,杜絕言路,擅收立殺,不俟報聞。又梁孝王先帝母昆,墳陵尊顯,桑梓松柏,猶宜肅恭。而操帥將吏士,親臨發掘,破棺裸尸,掠取金寶,至令聖朝流涕,士民傷懷。操又特置發丘中郎將、摸金校尉,所過隳突,無骸不露。身處三公之位,而行桀虜之態，汚國害民，毒施人鬼。加其細緻慘苛，科防互設，罾繳充蹊，坑阱塞路，舉手掛網羅，動足觸機陷，是以兗、豫有無聊之民，帝都有吁嗟之怨。

歷觀載籍，無道之臣，貪殘酷烈，於操爲甚。幕府方詰外奸，未及整訓；加緒含容，冀可彌縫。而操豺狼野心，潛包禍謀，乃欲摧撓棟梁，孤弱漢室，除滅忠正，專爲梟雄。往者伐鼓北征公孫瓚，彊寇桀逆，拒圍一年。操因其未破，陰交書命，外助王師，内相掩襲，故引兵造河，方舟北濟。會其行人發露，瓚亦梟夷，故使鋒芒挫縮，厥圖不果。爾乃大軍過蕩西山，屠各左校，皆束手奉質，爭爲前登，犬羊殘醜，消淪山谷。於是操師震慴，晨夜逋遁，屯據敖倉，阻河爲固，欲以螗蜋之斧，禦隆車之隧。幕府奉漢威靈，折衝宇宙，長戟百萬，胡騎千羣，奮中黃育獲之士，騁良弓勁弩之勢，并州越太行，青州涉濟漯，大軍泛黃河而角其前，荆州下宛葉而掎其後。雷霆虎步，並集虜庭，若舉炎火以焫飛蓬，覆滄海以沃熛炭，有何不滅者哉！

又操軍吏士，其可戰者皆出自幽冀，或故營部曲，咸怨曠思歸，流涕北顧。其餘兗豫之民，及呂布張楊之餘衆，覆亡迫脅，權時苟從，各被創夷，人爲仇敵。若迴旆方徂，登高岡而擊鼓吹，揚素揮以啓降路，必土崩瓦解，不俟血刃。

方今漢室陵遲，綱維弛絕，聖朝無一介之輔，股肱無折衝之勢，方畿之内，簡練之臣，皆垂頭搨翼，莫所憑恃。雖有忠義之佐，脅於暴虐之臣，焉能展其節？又操持部曲精兵七百，圍守宫闕，外托宿衛，内實拘執，懼其篡逆之萌，因斯而作。此乃忠臣肝腦塗地之秋，烈士立功之會，可不勗哉！

操又矯命稱制，遣使發兵，恐邊遠州郡，過聽而給與，彊寇弱主，違衆旅叛，舉以喪名，爲天下笑，則明哲不取也。即日幽并青冀四州並進，書到荆州，便勒現兵，與建忠將軍協同聲勢。州郡各整戎馬，羅落境界，舉武揚威，並匡社稷：則非常之功，於是乎著。其得操首者，封五千户侯，賞錢五千萬。部曲偏裨將校諸吏降者，勿有所問。廣宜恩信，班揚符賞，佈告天下，咸使知聖朝有拘迫之難。如律令。

阮元瑜《爲曹公作書與孫權》

古人傳事多由口語。迨於後世，文字之爲用益廣，於是使命之外，兼資書牘，此書之所由昉也。古者簡質，臣之於君，君之於臣，平敵相與，及用諸外交上者，同謂之書而已。後世則天澤之分日嚴，臣之告君，別爲一體，雖以書名，不得不析之入奏議類。此外，凡下告上者，或曰上書，或曰奏記，或曰箋，或曰啓。平敵相與，除通稱書外，又有箋、啓、簡、亦作柬。札諸名，其實一也。如此篇爲用諸外交上者，其實質與尋常書牘稍異，形式則同。此項文字，原起口語，追求其朔，與口語非二物也。姚氏《古文辭類纂》總括之稱爲書說類，最妥。

書牘文字，大別有二：一以言情，須寄意綿邈，韻致高遠。一以論事，須洞切事情，而措詞婉妙。此篇可謂極後者之長，魏文稱元瑜書記翩翩，信不誣也。

離絕以來，於今三年，無一日而忘前好。亦猶姻媾之義，恩情已深；違異之恨，中間尚淺也。孤懷此心，君豈同哉！每覽古今所由改趣，因緣侵辱，或起瑕釁，心忿意危，用成大變。若韓信傷心於失楚，彭寵積望於無異，盧綰嫌畏於已隙，英布憂迫於情漏，此事之緣也。孤與將軍，恩如骨肉，割授江南，不屬本州，豈若淮陰捐舊之恨。抑遏劉馥，相厚益隆，寧放朱浮顯露之奏。無匡張勝貸故之變，匪有陰構賁赫之告，固非燕王淮南之釁也。而忍絕王命，明棄碩交，實爲佞人所構會也。夫似是之言，莫不動聽，因形設象，易爲變觀。示之以禍難，激之以恥辱，大丈夫雄心，能無憤發。昔蘇秦說韓，羞以牛後，韓王按劍作色而怒，雖兵折地割，猶不爲悔，人之情也。仁君年壯氣盛，緒信所嬖，既懼患至，兼懷忿恨，不能復遠度孤心，近慮事勢，遂賫見薄之決計，秉翻然之成議。加劉備相扇揚，事結釁連，推而行之。想暢本心，不願於此也。

孤之薄德，位高任重，幸蒙國朝將泰之運，蕩平天下，懷集異類，喜得全功，長享其福。而姻親坐離，厚援生隙，常恐海內多以相責，以爲老夫苞藏禍心，陰有鄭武取胡之詐，乃使仁君翻然自絕。以是忿忿，懷慚反側，常思除棄小事，更申前好，二族俱榮，流祚後嗣，以明雅素中誠之效。抱懷數年，未得散意。昔赤壁之役，遭離疫氣，燒舡自還，以避惡地，非周瑜水軍所能抑挫也。江陵之守，物盡穀殫，無所復據，徙民還師，又非瑜之所能敗也。荆土本非己分，我盡與君，冀取其餘，非相侵肌膚，有所割損也。思計此變，無傷於孤，何必自遂於此，不復還之。高帝設爵以延田橫，光武指河而誓朱鮪，君之負累，豈如二子？是以至情，願聞德音。

往年在譙，新造舟舡，取足自載，以至九江，貴欲觀湖渫之形，定江濱之民耳，非有深入攻戰之計。將恐議者大爲己榮，自謂策得，長無西患，重以此故，未肯迴情。然智者之慮，慮於未形；達者所規，規於未兆。是故子胥知姑蘇之有麋鹿，輔果識智伯之爲趙禽。穆生謝病，以免楚難；鄒陽北游，不同吳禍。此四士者，豈聖人哉？徒通變思深，以微知著耳。以君之明，觀孤術數，量君所據，相計土地，豈勢少力乏，不能遠舉，割江之表，宴安而已哉？甚未然也！若恃水戰，臨江塞要，欲令王師終不得渡，亦未必也。夫水戰千里，情巧萬端。越爲三軍，吳曾不禦；漢潛夏陽，魏豹不意。江河雖廣，其長難衛也。

凡事有宜，不得盡言，將修舊好而張形勢，更無以威脅重敵人。然有所恐，恐書無益。何則？往者軍逼而自引還，今日在遠而興慰納，辭遜意狹，謂其力盡，適以增驕，不足相動，但明效古，當自圖之耳。昔淮南信左吳之策，漢隗囂納王元之言，彭寵受親吏之計，三夫不寤，終爲世笑。梁王不受詭勝，竇融斥逐張玄，二賢既覺，福亦隨之。願君少留意焉。若能內取子布，外擊劉備，以效赤心，用復前好，則江表之任，長以相付，高位重爵，坦然可觀。上令聖朝無東顧之勞，下令百姓保安全之福，君享其榮，孤受其利，豈不快哉！若忽至誠以處徼幸，婉彼二人，不忍加罪，所謂小人之仁，大仁之賊，大雅之人，不肯爲此也。若憐子布，願言俱存，亦能傾心去恨，順君之情，更與從事，取其後善。但禽劉備，亦足爲效。開設二者，審處一焉。

聞荆楊諸將，並得降者，皆言交州爲君所執，豫章距命，不承執事，疫旱並行，人兵減損，各求進軍，其言云云。孤聞此言，未以爲悦。然道路既遠，降者難信，幸人之災，君子不爲。且又百姓國家之有，加懷區區，樂欲崇和，庶幾明德，來見昭副，不勞而定，於孤益貴。是故按兵守次，遣書致意。古者兵交，使在其中。願仁君及孤虛心回意，以應詩人補袞之嘆，而慎《周易》牽復之義。濯鱗清流，飛翼天衢，良時在茲，勖之而已。

曹子建《與吳季重書》

此書翰文之言情者也。子建才藻橫溢，勝於乃兄，而清麗哀婉，則子桓爲勝，蓋一得乎陽剛之美，一得乎陰柔之美者也。子桓亦有與季重書，參看自悟。

植白：季重足下。前日雖因常調，得爲密坐，雖燕飲彌日，其於別遠會稀，猶不盡其勞積也。若夫觴酌凌波於前，簫笳發音於後，足下鷹揚其體，鳳嘆虎視，謂蕭曹不足儔，衛霍不足侔也。左顧右眄，謂若無人，豈非吾子壯志哉！過屠門而大嚼，雖不得肉，貴且快意。當斯之時，願舉太山以爲肉，傾東海以爲酒，伐雲夢之竹以爲笛，斬泗濱之梓以爲箏，食若填巨壑，飲若灌漏卮，其樂固難量，豈非大丈夫之樂哉！然日不我與，曜靈急節，面有逝量之速，別有參商之闊。思欲抑六龍之首，頓羲和之轡，折若木之華，閉濛氾之谷。天路高邈，良久無緣，懷戀反側，如何如何！

得所來訊，文采委曲，曄若春榮，瀏若清風，申咏反復，曠若復面。其諸賢所著文章，想還所治，復申咏之也，可令憙事小吏諷而誦之。夫文章之難，非獨今也。古之君子，猶亦病諸。家有千里，驥而不珍焉；人懷盈尺，和氏無貴矣。夫君子而知音樂，古之達論，謂之通而蔽。墨翟不好伎，何爲過朝歌而迴車乎？足下好伎，值墨翟迴車之縣，想足下助我張目也。

又聞足下在彼，自有佳政。夫求而不得者有之矣，未有不求而得者也。且改轍易行，非良樂之御；易民而治，非楚鄭之政。願足下勉之而已矣。適對嘉賓，口授不悉。往來數相聞。曹植白。

陸士衡《辨亡論》上

此篇全學《過秦》，可以見古人之模仿。

昔漢氏失御，奸臣竊命，禍基京畿，毒遍宇內，皇綱弛頓，王室遂卑。於是羣雄蜂駭，義兵四合。吳武烈皇帝慷慨下國，電發荊南，權畧紛紜，忠勇伯世，威棱則夷羿震盪，兵交則醜虜授馘，遂掃清宗祊，蒸禋皇祖。於時雲興之將帶州，焱起之師跨邑，哮闞之羣風驅，熊羆之衆霧集。雖兵以義動，同盟戮力，然皆苞藏禍心，阻兵怙亂。或師無謀律，喪威稔寇，忠規武節，未有如此其著者也。

武烈既沒，長沙桓王逸才命世，弱冠秀髮。招攬遺老，與之述業。神兵東驅，奮寡犯衆。攻無堅城之將，戰無交鋒之虜。誅叛柔服，而江外底定；飭法修師，則威德翕赫。賓禮名賢，而張公爲之雄；交御豪俊，而周瑜爲之傑。彼二君子，皆弘敏而多奇，雅達而聰哲。故同方者以類附，等契者以氣集，江東蓋多士矣。將北伐諸華，誅鉏干紀。旋皇輿於夷庚，反帝坐乎紫闥。挾天子以令諸侯，清天步而歸舊物。戎車既次，羣凶側目，大業未就，中世而殞。用集我大皇帝，以奇踪襲逸軌，叡心因令圖。從政咨於故實，播憲稽乎遺風。而加之以篤固，申之以節儉，疇諮俊茂，好謀善斷。束帛旅於丘園，旌命交乎涂巷。故豪彥尋聲而響臻，志士睎光而景鷙。異人輻輳，猛士如林。於是張昭爲師傅，周瑜、陸公、魯肅、呂蒙之儔，入爲腹心，出爲股肱；甘寧、凌統、程普、賀齊、朱桓、朱然之徒，奮其威，韓當、潘璋、黃蓋、蔣欽、周泰之屬宣其力。風雅則諸葛瑾、張承、步騭，以名聲光國，政事則顧雍、潘濬、呂範、呂岱，以器任干職，奇偉則虞翻、陸績、張溫、張惇，以風義舉正，奉使則趙咨、沈珩以敏達延譽，術數則吳範、趙達，以機祥協德。董襲、陳武，殺身以衛主；駱統、劉基，强諫以補過。謀無遺諝，舉不失策。故遂割據山川，跨制荊吳，而與天下爭衡矣。

魏氏嘗藉戰勝之威，率百萬之師，浮鄧塞之舟，下漢陰之衆，羽楫萬計，龍躍順流，銳師千旅，虎步原隰，謨臣盈室，武將連衡，喟然有吞江滸之志，一宇宙之氣。而周瑜驅我偏師，黜之赤壁，喪旗亂轍，僅而獲免，收迹遠遁。漢王亦憑帝王之號，帥巴漢之民，乘危騁變，結壘千里，志報關羽之敗，圖收湘西之地。而我陸公亦挫之西陵，覆師敗績，困而後濟，絶命永安。續以濡須之寇，臨川摧鋭；蓬籠之戰，子輪不反。由是二邦之將，喪氣挫鋒，勢衄財匱，而吳莞然坐乘其弊。故魏人請好，漢氏乞盟，遂躋天號，鼎峙而立。西界庸益之郊，北裂淮漢之涘，東苞百越之地，南括羣蠻之表。於是講八代之禮，蒐三王之樂。告類上帝，拱揖羣後，虎臣毅卒，循江而守，長棘勁鍛，望祲而奮。庶尹盡規於上，四民展業於下。化協殊裔，風衍遐祈。乃俾一介行人，撫巡外域。巨象逸駿，擾於外閑，明珠瑋寶，耀於內府。珍瑰重迹而至，奇玩應響而赴。軺軒騁於南荒，衝輣息於朔野。齊民免干戈之患，戎馬無晨服之虞。而帝業固矣。

大皇既没，幼主莅朝，奸回肆虐。景皇聿興，虔修遺憲，政無大闕，守文之良主也。降及歸命之初，典刑未滅，故老猶存。大司馬陸公以文武熙朝，左丞相陸凱以審諤盡規，而施績、范慎以威重顯，丁奉、離斐以武毅稱，孟宗、丁固之徒爲公卿，樓玄、賀邵之屬掌機事，元首雖病，股肱猶存。爰逮末葉，羣公既喪，然後黔首有瓦解之患，皇家有土崩之釁。曆命應化而微，王師躡運而發。卒散於陣，民奔於邑。城池無藩籬之固，山川無溝阜之勢。非有公輸雲梯之械，智伯灌激之害，楚子築室之圍，燕人濟西之隊，軍未浹辰，而社稷夷矣。雖忠臣孤憤，烈士死節，將奚救哉？

夫曹劉之將，非一世所選，向時之師，無曩日之衆。戰守之道，抑有前符，險阻之利，俄然未改。而成敗貿理，古今詭趣，何哉？彼此之化殊，授任之才異也。

陸士衡《謝平原内史表》

此篇極悱惻婉摯，然豪邁之氣，自不可掩。

陪臣陸機言：今月九日，魏郡太守遣兼丞張含，齎板詔書印綬，假臣爲平原内史。拜受祗竦，不知所裁。臣機頓首頓首，死罪死罪。

臣本吳人，出自敵國，世無先臣宣力之效，才非丘園耿介之秀。皇澤廣被，惠濟無遠，擢自羣萃，累蒙榮進。入朝九載，歷官有六，身登三閣，官成兩宫。服冕乘軒，仰齒貴游，振景拔迹，顧邈同列。施重山嶽，義足灰没。遭國顛沛，無節可紀，雖蒙曠蕩，臣獨何顏！俛首頓膝，憂愧若厲。而横爲故齊王冏所見枉陷，誣臣與衆人共作禪文，幽執囹圄，當爲誅始。臣之微誠，不負天地，倉卒之際，慮有逼迫，乃與弟雲及散騎侍郎袁瑜、中書侍郎馮熊、尚書右丞崔基、廷尉正顧榮、汝陰太守曹武，思所以獲免，陰蒙避回，岐嶇自列。片言隻字，不關其間，事踪筆迹，皆可推校，而一朝翻然，更以爲罪。蕞爾之生，尚不足吝，區區本懷，實有可悲。畏逼天威，即罪惟謹，鉗口結舌，不敢上訴所天。莫大之釁，日經聖聽，肝血之誠，終不一聞，所以臨難慷慨，而不能不恨恨者，惟此而已。

重蒙陛下愷悌之宥，迴霜收電，使不隕越。復得扶老携幼，生出獄户，懷金拖紫，退就散輩。感恩惟咎，五情震悼，蹐天踏地，若無所容。不悟日月之明，遂垂曲照，雲雨之澤，播及朽瘁。忘臣弱才，身無足采，哀臣零落，罪有可察。苟削丹書，得夷平民，則塵洗天波，謗絶衆口，臣之始望，尚未至是。

猥辱大命，顯授符虎。使春枯之條，更與秋蘭垂芳；陸沈之羽，復與翔鴻撫翼。雖安國免徒，起紆青組，張敞亡命，坐致朱軒，方臣所荷，未足爲泰。豈臣蒙垢含吝，所宜忝竊；非臣毁宗夷族，所能上報。喜懼參并，悲慚哽結。拘守常憲，當便道之官，不得束身奔走，稽顙城闕。瞻係天衢，馳心輦轂，臣不勝屏營延仰。謹拜表以聞。

潘安仁《馬汧督誄》

人告鬼神之詞，姚氏《古文辭類纂》，曾氏《經史百家雜鈔》，皆總稱之曰哀祭類，其實二者，亦當區别。祭者如告天告廟之辭，迎神送神之曲，以及祝版釋奠之文皆是。哀則傷死之辭，如祭文哀辭等是也。誄者累列其生平行事以作謚，蓋猶後世之行狀，見《論語》皇疏。然亦有傷死之辭，如《禮記》載魯哀公誄孔子之詞是也。後世作誄者，意雖主於傷死，亦必鋪叙其家世、官階、才德、功績，蓋猶是累列生平行事之意。安仁以哀誄名，此篇整齊研煉，而仍極生動飛揚，可謂好整以暇矣。

惟元康七年秋九月十五日，晉故督守關中侯扶風馬君卒。嗚呼哀哉！初，雍部之內屬，羌反未殲，而編户之氓又肆逆焉。雖王旅致討，終於殄滅，而蜂蠆有毒，驟失小利，俾百姓流亡，頻於塗炭。建威喪元於好時，州伯宵遁乎大谿。若夫偏師禆將之殞首覆軍者，蓋以十數；剖符專城，紆青拖墨之司，奔走失其守者，相望於境。秦隴之僭，翬更爲魁，既已襲汧，而館其縣。子以眇爾之身，介乎重圍之里；率寡弱之衆，據十雉之城。羣氏如猬毛而起，四面雨射城中。城中鑿穴而處，負户而汲。木石將盡，樵蘇乏竭，芻菱罄絶。於是乎發梁棟而用之，芟以鐵鎖機關，既縱礧而又升焉。爨陳焦之麥，柿梧楠之松。用能薪芻不匱，人畜取給，青煙傍起，歷馬長鳴。凶醜駭而疑懼，乃闕地而攻。子命穴浚塹，實壺鐳瓶甀以偵之。將穿，響作，內焚積火薰之，潛氏殱焉。久之，安西之救至，竟免虎口之厄，全數百萬石之積，文契書於幕府。

聖朝疇咨，進以顯秩，殊以幢蓋之制。而州之有司，乃以私隸數口，穀十斛，考訊吏兵，以棰楚之辭連之。大將軍屢抗其疏，曰：“敦固守孤城，獨當羣寇，以少禦衆，載離寒暑，臨危奮節，保穀全城。而雍州從事，忌敦勳效，極推小疵，非所以褒獎元功。宜解敦禁劾假授。”詔書遽許，而子固已下獄發憤而卒也。朝廷聞而傷之，策書曰：“皇帝咨故督守關中侯馬敦，忠勇果毅，率屬有力，固守孤城，危逼獲濟。寵秩未加，不幸喪亡，朕用悼焉。今追贈牙門將軍印綬，祠以少牢。”魂而有靈，嘉兹寵榮。然絜士之聞穢，其庸致思乎？若乃下吏之肆其噤害，則皆妒之徒也。嗟乎！妒之欺善，抑亦覆首之仇也。語曰：“或戒其子，慎無爲善。”言固可以若是，悲夫！

昔乘丘之戰，縣賁父禦，魯莊公馬驚敗績。賁父曰：“他日未嘗敗績，而今敗績，是無勇也。”遂死之。圉人浴馬，有流矢在白肉。公曰：“非其罪也。”乃誄之。漢明帝時，有司馬叔持者，白日於都市手劍父仇，視死如歸。亦命史臣班固而爲之誄。然則忠孝義烈之流，慷慨非命而死者，綴辭之士，未之或遺也。天子既已策而贈之，微臣托乎舊史之末，敢闕其文哉？乃作誄曰：

知人未易，人未易知。嗟茲馬生，位末名卑。西戎猾夏，乃奮其奇。保此汧城，救我邊危。彼邊奚危？城小粟富。子以眇身，而裁其守。兵無加衛，墉不增築。婪婪羣狄，豺虎競逐。鞏更恣睢，潛跱官寺。齊萬虓闞，震驚臺司。聲勢沸騰，種落熇熾。旌旗電舒，戈矛林植。彤珠星流，飛矢雨集。惴惴士女，號天以泣。爨麥而炊，負戶以汲。累卵之危，倒懸之急。

馬生爰發，在險彌亮。精冠白日，猛烈秋霜。棱威可厲，懦夫克壯。霑恩撫循，寒士挾纊。蠢蠢犬羊，阻衆陵寡。潛隧密攻，九地之下。恆恆窮城，氣若無假。昔命懸天，今也惟馬。惟此馬生，才博智贍。偵以瓶壺，剔以長塹。銛未見鋒，火以起焰。薰尸滿窟，棓穴以斂。木石匱竭，其扞空虛。瞯然馬生，傲若有餘。刳梁爲礌，柿松爲芻。守不乏械，歷有鳴駒。哀哀建威，身伏斧質。悠悠烈將，覆軍喪器。戎釋我徒，顯誅我帥。以生易死，疇克不二。聖朝西顧，關右震惶。分我汧庾，化爲寇糧。實賴夫子，思謨彌長。咸使有勇，致命知方。

我雖末學，聞之前典。十世宥能，表墓旌善。思人愛樹，甘棠不翦。矧乃吾子，功深疑淺。兩造未具，儲隸蓋鮮。孰是勳庸，而不獲免？猾哉部司，其心反側。斵善害能，醜正惡直。牧人逶迤，自公退食。聞穢鷹揚，曾不戢翼。忘爾大勞，猜爾小利。苟莫開懷，於何不至？慨慨馬生，琅琅高致。發憤囹圄，没而猶視。嗚呼哀哉！

安平出奇，破齊克完。張孟運籌，危趙獲安。汧人賴子，猶彼談單。如何吝嫉，摇之筆端？傾倉可賞，矧云私粟？狄隸可頒，況曰家僕？剔子雙龜，貫以三木。功存汧城，身死汧獄。凡爾同圍，心焉摧剥。扶老攜幼，街號巷哭。嗚呼哀哉！

明明天子，旌以殊恩。光光寵贈，乃牙其門。司勳頒爵，亦兆後昆。死而有靈，庶慰冤魂。嗚呼哀哉！

阮嗣宗《達莊論》

此與下篇嵇叔夜《養生論》皆魏晉間談玄理之文。

伊單閼之辰，執徐之歲，萬物全興之時，季秋遥夜之月，先生徘徊翱翔，迎風而游，往遵乎赤水之上，來登乎隱坌之丘，臨乎曲轅之道，顧乎泱潺之州，恍然而止，忽然而休，不識囊之所以行，今之所以留，悵然而無樂，愀然而歸白素焉。平晝閑居，隱几而彈琴。

　　於是縉紳好事之徒相與聞之，共議擇辭合句，啓所常疑。乃闚鑒整飾，嚼齒先引，推年蹀躞，相隨俱進。奕奕然步，腦腦然視，投迹蹜階，趨而翔至。差肩而坐，恭袖而檢，猶豫相臨，莫肯先占。

　　有一人，是其中雄桀也，乃怒目擊勢而大言曰：“吾生乎唐虞之後，長乎文武之裔，游乎成康之隆，盛乎今者之世，誦乎六經之教，習乎吾儒之迹。被沙衣，冠飛翮，垂曲裾，揚雙鶂有日矣，而未聞乎至道之要，有以異之於斯乎？且大人稱之，細人承之。願聞至教，以發其疑。”先生曰：“何哉，子之所疑者？”客曰：“天道貴生，地道貴貞，聖人修之，以建其名，吉凶有分，是非有經，務利高勢，惡死重生，故天下安而大功成也。今莊周乃齊禍福而一死生，以天地爲一物，以萬類爲一指，無乃激惑以失貞，而自以爲誠者也？”

　　於是先生乃撫琴容與，愾然而嘆，俛而微笑，仰而流眄，噓噏精神，言其所見曰：

　　“昔人有欲觀於閬峰之上者，資端冕，服驊騮，至乎崑崙之下，没而不反。端冕者，常服之飾；驊騮者，凡乘之馬。非所以矯騰增城之上，游玄圃之中也。且燭龍之光，不照一堂之上；鍾山之口，不談曲室之內。今吾將墮崔巍之高，杜衍謾之流，言子之所由，幾其寤而獲及乎！天地生於自然，萬物生於天地。自然者無外，故天地名焉；天地者有內，故萬物生焉。當其無外，誰謂異乎？當其有內，誰謂殊乎？地流其燥，天抗其濕。月東出，日西入，隨以相從，解而後合；升謂之陽，降謂之陰。在地謂之理，在天謂之文。蒸謂之雨，散謂之風；炎謂之火，凝謂之冰。形謂之石，象謂之星；朔謂之朝，晦謂之冥；通謂之川，回謂之淵；平謂之土，積謂之山。男女同位，山澤通氣，雷風不相射，水火不相薄。天地合其德，日月順其光。自然一體，則萬物經其常。入謂之幽，出謂之章。一氣盛衰，變化而不傷。是以重陰雷電，非異出也；天地日月，非殊物也。故曰：自其異者視之，則肝膽楚越也；自其同者視之，則萬物一體也。

　　“人生天地之中，體自然之形。身者，陰陽之精氣也；性者，五行之正性也；情者，游魂之變欲也；神者，天地之所以馭者也。以生言之，則物無不壽；推之以死，則物無不夭。自小視之，則萬物莫不小；由大觀之，則萬物莫不大。殤子爲壽，彭祖爲夭。秋毫爲大，泰山爲小。故以死生爲一貫，是非爲一條也。

"別而言之，則鬚眉異名；合而說之，則體之一毛也。彼六經之言，分處之教也。莊周之云，致意之辭也。大而臨之，則至極無外；小而理之，則物有其制。夫守什五之數，審左右之名，一曲之說也。循自然，小天地者，寥廓之談也。凡耳目之任，名分之施，處官不易司，舉奉其身，非以絕手足，裂肢體也。然後世之好異者，不顧其本，各言我而已矣，何待於彼。殘生害性，還爲仇敵，斷割肢體，不以爲痛；目視色而不顧耳之所聞，耳聽聲而不待心之所思，心奔欲而不適性之所安，故疾疹萌則生意盡，禍亂作則萬物殘矣。

"至人者，恬於生而靜於死。生恬則情不惑，死靜則神不離，故能與陰陽化而不易，從天地變而不移。生究其壽，死循其宜，心氣平治，不消不虧。是以廣成子處崆峒之山，以入無窮之門；軒轅登崑崙之阜，而遺玄珠之根。此則潛身者易以爲活，而離本者難以永存也。馮夷不遇海若，則不以己爲小，雲將不失於鴻濛，則無以知其少。由斯言之，自是者不章，自建者不立，守其有者有據，持其無者無執。月弦則滿，日朝則襲，咸池不留暘谷之上，而懸車之後將入也。故求得者喪，爭明者失，無欲者自足，空虛者受實。夫山靜而谷深者，自然之道也。得之道而正者，君子之寶也。是以作智造巧者害於物，明著是非者危於身，修飾以顯潔者惑於生，畏死而榮生者失其真。故自然之理不得作，天地不泰而日月爭隨，朝夕失期而晝夜無分；競逐趨利，舛倚橫馳，父子不合，君臣乖離。故復言以求信者，梁下之誠也；克己以爲仁者，廓外之仁也。竊其雉經者，亡家之子也；刳腹割肌者，亂國之臣也；曜菁華，被沉瀅者，昏世之士也；履霜露，蒙塵埃者，貪冒之民也；潔己以尤世，修身以明洿者，誹謗之屬也；繁稱是非，背質追文者，迷罔之倫也；誠非媚悅，以容求孚，故被珠玉以赴水火者，桀紂之終也；含菽採薇，交餓而死，顏夷之窮也。是以名利之途開，則忠信之誠薄；是非之辭著，則醇厚之情爍也。

"故至道之極，混一不分，同爲一體，得失無聞。伏羲氏結繩，神農教耕，逆之者死，順之者生。又安知貪洿之爲罰，而貞白之爲名乎？使至德之要，無外而已。大均淳固，不貳其紀，清靜寂寞，空豁以俟，善惡莫之分，是非無所爭，故萬物反其所而得其情也。

"儒墨之後，堅白並起，吉凶連物，得失在心，結徒聚黨，辯說相侵。昔大齊之雄，三晉之士，嘗相與瞑目張膽，分別此矣，咸之爲百年之生難致，而日月之蹉無常，皆盛僕馬，修衣裳，美珠玉，飾帷墙。出媚君上，入欺父兄，矯屬才智，競逐縱橫，家以慧子殘，國以才臣亡，故不終其天年而夭，自割繫其於世俗也。是以山中之木，本大而莫相傷。吹萬數竅相和，忽焉自已。夫雁之不存，無其質而濁其文。死生無變，而龜之是寶，知吉凶也。故至人清其質而濁其文，死生無變而未始有之。

　　"夫別言者，壞道之談也；折變者，毀德之端也；氣分者，一身之疾也；二心者，一身之患也。故夫裝束馬軾者，行以離支；慮在成敗者，坐而求敵；逾阻攻險者，趙氏之人也；舉山填海者，燕楚之人也。莊周見其若此，故述道德之妙，叙無爲之本。寓言以廣之，假物以延之，聊娛無爲之心而逍遥於一世；豈將以希咸陽之門，而與稷下爭變也哉？

　　"夫善接人者，導焉而已，無所逆之。故公孟季子衣繡而見，墨子弗攻；中山子牟心在魏闕，而詹子不距。因其所以來，用其所以至，循而泰之，使自居之，發而開之，使自舒之。且莊周之書何足道哉！猶未聞夫太始之論，玄古之微言乎！直能不害於物而形以生，物無所毀而神以清，形神在我而道德成，忠信不離而上下平。兹客今談而同古，齊説而意殊，是心能守其本，而口發不相須也。"

　　於是二三子者，風摇波蕩，相視腦脉，亂次而退，蹧跌失迹。隨而望之，耳後頗亦以是，知其無實喪氣，而慚愧於衰僻也。

嵇叔夜《養生論》

世或有謂神仙可以學得，不死可以力致者，或云上壽百二十，古今所同，過此以往，莫非妖妄者。此皆兩失其情，請試粗論之。

　　夫神仙雖不目見，然記籍所載，前史所傳，較而論之，其有必矣。似特受異氣，禀之自然，非積學所能致也。至於導養得理，以盡性命，上獲千餘歲，下可數百年，可有之耳。而世皆不精，故莫能得之。何以言之？夫服藥求汗，或有弗獲；而愧情一集，渙然流離。終朝未餐，則囂然思食；而曾子衡哀，七日不饑。夜分而坐，則低迷思寢；内懷殷憂，則達旦不瞑。勁刷理鬢，醇醴發顔，僅乃得之；壯士之怒，赫然殊觀，植髮衝冠。由此言之，精神之於形骸，猶國之有君也。神躁於中，而形喪於外；猶君昏於上，國亂於下也。

　　夫爲稼於湯之世，偏有一溉之功者，雖終歸於燋爛，必一溉者後枯。

然則一溉之益，固不可誣也。而世常謂一怒不足以侵性，一哀不足以傷身，輕而肆之，是猶不識一溉之益，而望嘉穀於旱苗者也。是以君子知形恃神以立，神須形以存，悟生理之易失，知一過之害生。故修性以保神，安心以全身，愛憎不棲於情，憂喜不留於意，泊然無感，而體氣和平。又呼吸吐納，服食養身，使形神相親，表裏俱濟也。

夫田種者，一畝十斛，謂之良田，此天下之通稱也。不知區種可百餘斛。田種一也，至於樹養不同，則功收相懸。謂商無十倍之價，農無百斛之望，此守常而不變者也。且豆令人重，榆令人暝，合歡蠲忿，萱草忘憂，愚智所共知也。薰辛害目，豚魚不養，常世所識也。蝨處頭而黑，麝食柏而香，頸處險而癭，齒居晉而黃。推此而言，凡所食之氣，蒸性染身，莫不相應。豈惟蒸之使重而無使輕，害之使暗而無使明，薰之使黃而無使堅，芬之使香而無使延哉？故神農曰："上藥養命，中藥養性"者，誠知性命之理，因輔養以通也。而世人不察，惟五穀是見，聲色是耽。目惑玄黃，耳務淫哇。滋味煎其府藏，醴醪鬻其腸胃，香芳腐其骨髓，喜怒悖其正氣。思慮銷其精神，哀樂殃其平粹。

夫以蕞爾之軀，攻之者非一塗，易竭之身，而內外受敵，身非木石，其能久乎？其自用甚者，飲食不節，以生百病；好色不倦，以致乏絕；風寒所災，百毒所傷，中道夭於眾難，世皆知笑悼，謂之不善持生也。至於措身失理，亡之於微，積微成損，積損成衰，從衰得白，從白得老，從老得終，悶若無端。中智以下，謂之自然。縱少覺悟，咸嘆恨於所遇之初，而不知慎眾險於未兆。是由桓侯抱將死之疾，而怒扁鵲之先見，以覺痛之日，為病之始也。害成於微而救之於著，故有無功之治，馳騁常人之域，故有一切之壽。仰觀俯察，莫不皆然。以多自證，以同自慰，謂天地之理盡此而已矣。縱聞養性之事，則斷以所見，謂之不然。其次狐疑，雖少庶幾，莫知所由。其次，自力服藥，半年一年，勞而未驗，志以厭衰，中路復廢。或益之以畎澮而泄之以尾閭。欲坐望顯報者。或抑情忍欲，割棄榮願，而嗜好常在耳目之前，所希在數十年之後，又恐兩失，內懷猶豫，心戰於內，物誘於外，交賒相傾，如此復敗者。

夫至物微妙，可以理知，難以目識，譬猶豫章，生七年然後可覺耳。今以躁競之心，涉希靜之塗，意速而事遲，望近而應遠，故莫能相終。夫悠悠者既以未效不求，而求者以不專喪業，偏恃者以不兼無功，追術者以小道自溺；凡若此類，故欲之者萬無一能成也。善養生者則不然矣。清虛静泰，少私寡欲。知名位之傷德，故忽而不營，非欲而强禁也。識厚味之害性，故棄而弗顧，非貪而後抑也。外物以累心不存，神氣以醇白獨著，曠然無憂患，寂然無思慮。又守之以一，養之以和，和理日濟，同乎大順。然後蒸以靈芝，潤以醴泉，晞以朝陽，綏以五弦，無爲自得，體妙心玄，忘歡而後樂足，遺生而後身存。若此以往，恕可與羨門比壽，王喬争年，何爲其無有哉？

劉伯倫《酒德頌》

此游戲之作。

箴銘、贊頌，姚氏各別爲類，曾氏併入詞賦，於義似不甚安。頌，初用以刻石，後則不必入石；原則上有韻，然亦有不韻者，如王子淵《聖主得賢臣頌》是。贊亦有韻有不韻。

　　有大人先生，以天地爲一朝，萬期爲須臾。日月爲扃牖，八荒爲庭衢。行無轍迹，居無室廬。幕天席地，縱意所如。止則操卮執觚，動則挈榼提壺，唯酒是務，焉知其餘。有貴介公子，縉紳處士。聞吾風聲，議其所以。乃奮袂攘襟，怒目切齒。陳説禮法，是非鋒起。先生於是方捧罌承槽，銜杯漱醪。奮髯箕踞，枕麴藉糟。無思無慮，其樂陶陶。兀然而醉，豁爾而醒。静聽不聞雷霆之聲，熟視不覩泰山之形，不覺寒暑之切肌，利欲之感情。俯觀萬物，擾擾焉如江漢之載浮萍。二豪侍側，焉如蜾蠃之與螟蛉。

江應元《徙戎論》

此魏晉時論事之文最平實者。

　　夫夷、蠻、戎、狄，地在要荒，禹平九土而西戎即叙。其性氣貪婪，凶悍不仁。四夷之中，戎、狄爲甚。弱則畏服，强則侵叛。當其强也，以漢之高祖困於白登、孝文軍於霸上；及其弱也，以元、成之微而單于入朝。此其已然之效也！是以有道之君牧夷、狄也，惟以待之有備，禦之有常。雖稽顙執贄，而邊城不弛固守，强暴爲寇，而兵甲不加遠征。期令境内獲安，疆場不侵而已。

及至周室失統，諸侯專征，封疆不固，而利害異心。戎、狄乘間，得入中國。或招誘安撫以爲己用，自是四夷交侵，與中國錯居。及秦始皇併天下，兵威旁達，攘胡走越，當是時，中國無復四夷也。

漢建武中，馬援領隴西太守，討叛羌，徙其餘種於關中，居馮翊、河東空地。數歲之後，族類蕃息，既恃其肥强，且苦漢人侵之；永初之元，羣羌叛亂，覆没將守，屠破城邑，鄧騭敗北，侵及河内。十年之中，夷、夏俱斃，任尚、馬賢，僅乃克之。自此之後，餘燼不盡，小有際會，輒復侵叛，中世之寇，惟此爲大。魏興之初，與蜀分隔，疆埸之戎，一彼一此。武帝徙武都氏於秦川，欲以弱寇强國，扞禦蜀虜，此蓋權宜之計，非萬世之利也。今者當之，已受其斃矣。

夫關中土沃物豐，帝王所居，未聞戎、狄宜在此土也！非我族類，其心必異。而因其衰斃，遷之畿服，士庶玩習，侮其輕弱，使其怨恨之氣毒於骨髓；至於蕃育衆盛，則坐生其心。以貪悍之性，挾憤怒之情，候隙乘便，輒爲橫逆；而居封域之内，無障塞之隔，掩不備之人，收散野之積，故能爲禍滋蔓，暴害不測，此必然之勢，已驗之事也。當今之宜，宜及兵威方盛，衆事未罷，徙馮翊、北地、新平、安定界内諸羌，著先零、罕开、析支之地，徙扶風、始平、京兆之氐，出還隴右，著陰平、武都之界，虜其道路之糧，令足自致，各附本種，反其舊土，使屬國、撫夷就安集之，戎、晉不雜，並得其所，縱有猾夏之心，風塵之警，則絶遠中國，隔閡山河，雖有寇暴，所害不廣矣。

難者曰：氐寇新平，關中饑疫，百姓愁苦，咸望寧息；而欲使疲悴之衆，徙自猜之寇，恐勢盡力屈，緒業不卒，前害未及弭而後變復橫出矣！答曰：子以今者羣氐爲尚挾餘資，悔惡反善，懷我德惠而來柔附乎？將勢窮道盡，智力俱困，懼我兵誅以至於此乎？曰：無有餘力，勢窮道盡故也。然則我能制其短長之命，而令其進退由己矣。夫樂其業者不易事，安其居者無遷志。方其自疑危懼，畏怖促遽，故可制以兵威，使之左右無違也。迫其死亡流散，離逖未鳩，與關中之人，戶皆爲仇，故可遷遷遠處，令其心不懷土也。夫聖賢之謀事也，爲之於未有，治之於未亂，道不著而平，德不顯而成。其次則能轉禍爲福，因敗爲功，值困必濟，遇否能通。今子遭敝事之終而不圖更制之始，愛易轍之勤而遵覆車之軌，何哉？且關中之人百餘萬口，率其少多，戎、狄居半，處之與遷，必須口實。若有窮乏，糂粒不繼者，故當傾關中之穀以全其生生之計，必無擠於溝壑而不爲侵掠之害也！今我遷之，傳食而至，附其種族，自使相贍。而秦地之人得其半穀，此爲濟行者以廩糧，遺居者以積倉，寬關中之逼，去盜賊之原，除旦夕之損，建終年之益。若憚暫舉之小勞而忘永逸之弘策，惜日月之煩苦而遺累世之寇敵，非所謂能創業垂統，謀及子孫者也。

并州之胡，本實匈奴桀惡之寇也。建安中，使右賢王去卑誘質呼厨泉，聽其部落散居六郡。咸熙之際，以一部太強，分爲三率，泰始之初，又增爲四；於是劉猛內叛，連結外虜，近者郝散之變，發於穀遠。今五部之衆，戶至數萬，人口之盛，過於西戎；其天性驍勇，弓馬便利，倍於氐、羌。若有不虞風塵之慮，則并州之域可爲寒心。

正始中，毌丘儉討句驪，徙其餘種於滎陽。始徙之時，戶落百數；子孫孳息，今以千計。數世之後，必至殷熾。今百姓失職，猶或亡叛，犬馬肥充，則有噬齧，況於夷、狄，能不爲變！但顧其微弱，勢力不逮耳。

夫爲邦者，憂不在寡而在不安。以四海之廣，士民之富，豈須夷虜在內然後取足哉！此等皆可申諭發遣，還其本域，慰彼羇旅懷土之思，釋我華夏纖介之憂。惠此中國，以綏四方，德施永世，於計爲長也！

摯仲洽《太康頌》

此爲正式之頌文，辭甚典則。

於休上古，人之資始。四陬咸宅，萬國同軌。有漢不競，喪亂靡紀。畿服外叛，侯衛內圮。天難既降，時惟鞠凶。龍戰獸爭，分裂遐邦。備僭岷蜀，度逆海東。權乃緣間，割據三江。明明上帝，臨下有赫。乃宣皇威，致天之辟。奮武遼隧，罪人斯獲。撫定朝鮮，奄征韓貊。文既應期，席捲梁益。元愍委命，九夷重譯。邛、冉、哀牢，是焉底績。

我皇之登，二國既平。靡適不懷，以育羣生。吳乃負固，放命南冥。聲教未暨，弗及王靈。皇震其威，赫如雷霆。截彼江沔，荊舒以清。邈矣聖皇，參乾兩離。陶化以正，取亂以奇。耀武六旬，輿徒不疲。飲至數實，干旄無虧。洋洋四海，率禮和樂。穆穆宮廟，歌雍咏鑠。光天之下，莫匪帝畧。窮發反景，承正受朔。龍馬駬駬，風於華陽。弓矢櫜服，干戈戢藏。嚴嚴南金，業業餘皇。雄劍班朝，造舟爲梁。聖明有造，實代天工。天地不違，黎元時邕。三務斯協，用底厥庸。既遠其迹，將明其踪。喬山惟嶽，望帝之封。猗歟聖帝，胡不封哉！

摯仲洽《祀皋陶議》

古有大事,每令百僚會議,其著之簡牘者,則此項文字是也。屬奏議類。此項文字,以簡明而切於事理爲貴,如此篇者最可爲法。

案《虞書》,皋陶作士師,惟明克允,國重其功,人思其當。是以獄官禮其神,係者致其祭,功在繼獄之成,不在律令之始也。太學之設,義重太常,故祭於太學,是崇聖而從重也。律署之置,卑於廷尉,移祀於署,是去重而就輕也。律非正署,廢興無常,宜如舊祀於廷尉。又,祭用仲春,義取重生,改用孟秋,以應刑殺,理未足以相易。宜定新禮,皆如舊。

劉越石《勸進表》

辭氣瑰邁,上擬西京,東漢而後,已不可多得矣,況魏晉乎! 東漢而降,文字不難於清妍,而難於雄直,此等皆魏晉後有數文字也。

臣聞天生蒸人,樹之以君,所以對越天地,司牧黎元。聖帝明王監其若此,知天地不可以乏饗,故屈其身以奉之;知蒸黎不可以無主,故不得已而臨之。社稷時難,則戚藩定其傾;郊廟或替,則宗哲纂其祀。所以弘振遐風,式固萬世,三五以降,靡不由之。

臣琨臣磾,頓首頓首,死罪死罪。伏惟高祖宣皇帝肇基景命,世祖武皇帝遂造區夏,三葉重光,四聖繼軌,惠澤侔於有虞,卜年過於周氏。自元康以來,艱難繁興,永嘉之際,氛厲彌昏,宸極失御,登遐醜裔,國家之危,有若綴旒。賴先后之德、宗廟之靈,皇帝嗣建,舊物克甄。誕授欽明,服膺聰哲,玉質幼彰,金聲夙振。冢宰攝其綱,百辟輔其政,四海想中興之美,羣生懷來蘇之望。不圖天不悔禍,大災薦臻,國未忘難,寇害尋興。逆胡劉曜,縱逸西都,敢肆犬羊,陵虐天邑。臣奉表使還,乃承西朝,以去年十一月不守,主上幽劫,復沈虜庭,神器流離,再辱荒逆。臣每覽史籍,觀之前載,厄運之極,古今未有。苟在食土之毛,含血之類,莫不叩心絶氣,行號巷哭。況臣等荷寵三世,位廁鼎司,聞問震惶,精爽飛越,且悲且愬,五情無主,舉哀朔垂,上下泣血。

臣琨臣磾,頓首頓首,死罪死罪。臣聞昏明迭用,否泰相濟,天命無改，曆數有歸。或多難以固邦國，或殷憂以啓聖明。以齊有無知之禍，而小白爲五伯之長；晉有麗姬之難，而重耳主諸侯之盟。社稷靡安，必將有以扶其危；黔首幾絕，必將有以繼其緒。伏惟陛下，玄德通於神明，聖姿合於兩儀，應命世之期，紹千載之運。符瑞之表，天人有徵；中興之兆，圖識垂典。自京畿隕喪，九服崩離，天下囂然無所歸懷，雖有夏之遘夷羿，宗姬之離犬戎，蔑以過之。陛下撫寧江左，奄有舊吳，柔服以德，伐叛以刑，抗明威以攝不類，杖大順以肅宇内。純化既敷，則率土宅心；義風既暢，則遐方企踵。百揆時叙於上，四門穆穆於下。昔少康之隆，夏訓以爲美談；宣王之興，周詩以爲休咏。況茂勳格於皇天，清暉光於四海，蒼生顒然，莫不欣戴，聲教所加，願爲臣妾者哉！且宣皇之胤，惟有陛下，意兆攸歸，曾無與二。天祚大晉，必將有主，主晉祀者，非陛下而誰！是以邇無異言，遠無異望，謳歌者無不吟諷徽猷，獄訟者無不思於聖德。天地之際既交，華夷之情允洽。一角之獸，連理之木，以爲休徵者，蓋有百數。冠帶之倫，要荒之衆，不謀同辭者，動以萬計。是以臣等敢考天地之心，因函夏之趣，昧死上尊號。願陛下存舜禹至公之情，狹巢由抗矯之節，以社稷爲務，不以小行爲先；以黔首爲憂，不以克讓爲事。上以慰宗廟乃顧之懷，下以釋普天傾首之望。則所謂生繁華於枯荑，育豐肌於朽骨，神人獲安，無不幸甚。

臣琨臣磾，頓首頓首，死罪死罪。臣聞尊位不可久虛，萬機不可久曠。虛之一日，則尊位以殆；曠之浹辰，則萬機以亂。方今踵百王之季，當陽九之會，狡寇窺窬，伺國瑕隙，齊人波蕩，無所繫心，安可廢而不卹哉？陛下雖欲逡巡，其若宗廟何，其若百姓何？昔惠公虜秦，晉國震駭，呂郤之謀，欲立子圉。外以絶敵人之志，内以固圉境之情。故曰喪君有君，羣臣輯睦，好我者勸，惡我者懼。前事之不忘，後代之元龜也。陛下明並日月，無幽不燭，深謀遠猷，出自胸懷。不勝犬馬憂國之情，遲覯人神開泰之路。是以陳其乃誠，布之執事。臣等各忝守方任，職在遐外，不得陪列闕庭，與覿盛禮，踴躍之懷，南望罔極。謹上。

袁彦伯《三國名臣贊》

贊有二種，一史家所用，所以贊助讀史之人，使易明瞭本書之意義也，或褒或貶。一則專爲稱頌之詞，如此篇是也，與頌相類。凡贊亦以有韻爲正格。

　　夫百姓不能自治，故立君以治之；明君不能獨治，則爲臣以佐之。然則三五迭隆，歷代承基，揖讓之與干戈，文德之與武功，莫不宗匠陶鈞而羣才緝熙，元首經署而股肱肆力。雖遭罹不同，迹有優劣，至於體分冥固，道契不墜，風美所扇，訓革千載，其揆一也。故二八升而唐朝盛，伊呂用而湯武寧，三賢進而小白興，五臣顯而重耳霸。中古陵遲，斯道替矣。居上者不以至公理物，爲下者必以私路期榮，御圓者不以信誠率衆，執方者必以權謀自顯。於是君臣離而名教薄，世多亂而時不治。故蘧寧以之卷舒，柳下以之三黜，接輿以之行歌，魯連以之赴海。衰世之中，保持名節，君臣相體，若合符契。則燕昭、樂毅，古之流也。夫未遇伯樂，則千載無一驥。時值龍顏，則當年控三傑。漢之得賢，於斯爲貴。高祖雖不以道勝御物，羣下得盡其忠；蕭曹雖不以三代事主，百姓不失其業。靜亂庇人，抑亦其次。

　　夫時方顛沛，則顯不如隱；萬物思治，則默不如語。是以古之君子，不患弘道難，遭時難；遭時匪難，遇君難。故有道無時，孟子所以咨嗟；有時無君，賈生所以垂泣。夫萬歲一期，有生之通涂；千載一遇，賢智之嘉會。遇之不能無欣，喪之何能無慨？古人之言，信有情哉！余以暇日，常覽《國志》，考其君臣，比其行事，雖道謝先代，亦異世一時也。

　　文若懷獨見之明，而有救世之心，論時則民方塗炭，計能則莫出魏武。舉才不以標鑒，故久之而後顯；籌畫不以要功，故事至而後定。雖亡身明順，識亦高矣！

　　董卓之亂，神器遷逼。公達慨然，志在致命。由斯而談，故以大存名節。至如身爲漢隸，而迹入魏幕，源流趣舍，其亦文若之謂。所以存亡殊致，始終不同，將以文若既明，名教有寄乎？夫仁義不可不明，則時宗舉其致；生理不可不全，故達識攝其契。相與弘道，豈不遠哉！

　　崔生高朗，折而不撓，所以策名魏武，執笏霸朝者，蓋以漢主當陽，魏后北面者哉！若乃一旦進璽，君臣易位，則崔子所不與，魏武所不容。夫江湖所以濟舟，亦所以覆舟；仁義所以全身，亦所以亡身。然而先賢玉摧於前，來哲攘袂於後，豈非天懷發中，而名教束物者乎？

　　孔明盤桓，俟時而動，遐想管樂，遠明風流。治國以禮，民無怨聲，刑罰不濫，沒有餘泣。雖古之遺愛，何以加茲！及其臨終顧托，受遺作相，劉后授之無疑心，武侯處之無懼色，繼體納之無貳情，百姓信之無異辭，君臣之際，良可咏矣！

公瑾卓爾，逸志不羣。總角料主，則素契於伯符；晚節曜奇，則三分於赤壁。惜其齡促，志未可量。

子布佐策，致延譽之美，輟哭止哀，有翼戴之功。神情所涉，豈徒諝諤而已哉！然杜門不用，登壇受譏。夫一人之身，所照未異，而用舍之間，俄有不同，況沈迹溝壑，遇與不遇者乎！

夫詩頌之作，有自來矣。或以吟咏情性，或以紀德顯功，雖大指同歸，所托或乖。若夫出處有道，名體不滯，風軌德音，爲世作範，不可廢也。故復撰序所懷，以爲之贊云。

《魏志》九人，《蜀志》四人，《吳志》七人。荀彧字文若，諸葛亮字孔明，周瑜字公瑾，荀攸字公達，龐統字士元，張昭字子布，袁渙字曜卿，蔣琬字公琰，魯肅字子敬，崔琰字季珪，黃權字公衡，諸葛瑾字子瑜，徐邈字景山，陸遜字伯言，陳羣字長文，顧雍字元嘆，夏侯玄字泰初，虞翻字仲翔，王經字承宗，陳泰字玄伯。

火德既微，運纏《大過》。洪飆扇海，二溟揚波。虬虎雖驚，風雲未和。潛魚擇淵，高鳥候柯。赫赫三雄，並迴乾軸。競收杞梓，爭採松竹。鳳不及栖，龍不暇伏。谷無幽蘭，嶺無停菊。

英英文若，靈鑒洞照。應變知微，探賾賞要。日月在躬，隱之彌曜。文明映心，鑽之愈妙。滄海橫流，玉石同碎。達人兼善，廢己存愛。謀解時紛，功濟宇内。始救生人，終明風槩。

公達潛朗，思同蓍蔡。運用無方，動攝羣會。爰初發迹，遘此顛沛。神情玄定，處之彌泰。愔愔幕裏，算無不經。亹亹通韻，迹不暫停。雖懷尺璧，顧哂連城。知能拯物，愚足全生。

郎中溫雅，器識純素。貞而不諒，通而能固。恂恂德心，汪汪軌度。志成弱冠，道敷歲暮。仁者必勇，德亦有言。雖遇履虎，神氣恬然。行不修飾，名迹無愆。操不激切，素風愈鮮。

遴哉崔生，體正心直。天骨疏朗，墻宇高嶷。忠存軌迹，義形風色。思樹芳蘭，剪除荆棘。人惡其上，時不容哲。琅琅先生，雅杖名節。雖遇塵霧，猶振霜雪。運極道消，碎此明月。

景山恢誕，韻與道合。形器不存，方寸海納。和而不同，通而不雜。遇醉忘辭，在醒貽答。

長文通雅，義格終始。思戴元首，擬伊同恥。民未知德，懼若在己。嘉謀肆庭，讜言盈耳。玉生雖麗，光不逾把。德積雖微，道映天下。

淵哉泰初，宇量高雅。器範自然，標準無假。全身由直，迹洿必偽。處死匪難，理存則易。萬物波蕩，孰任其累？六合徒廣，容身靡寄。君親自然，匪由名教。敬授既同，情禮兼到。烈烈王生，知死不撓。求仁不遠，期在忠孝。玄伯剛簡，大存名體。志在高構，增堂及陛。端委虎門，正言彌啓。臨危致命，盡其心禮。

堂堂孔明，基宇宏邈。器同生民，獨稟先覺。標榜風流，遠明管樂。百六道喪，干戈迭用。苟非命世，孰掃雰霧？宗子思寧，薄言解控。

士元弘長，雅性內融。崇善愛物，觀始知終。喪亂備矣，勝涂未隆。先生標之，振起清風。綢繆哲後，無妄惟時。夙夜匪懈，義在緝熙。三畧既陳，霸業已基。

公琰殖根，不忘中正。豈曰模擬，實在雅性。亦既羈勒，負荷時命。推賢恭己，久而可敬。

公衡仲達，秉心淵塞。媚茲一人，臨難不惑。疇昔不造，假翮鄰國。進能徽音，退不失德。六合紛紜，民心將變。鳥擇高梧，臣須顧眄。

公瑾英達，朗心獨見。披草求君，定交一面。桓桓魏武，外托霸迹。志掩衡霍，恃戰忘敵。卓卓若人，曜奇赤壁。三光參分，宇宙暫隔。

子布擅名，遭世方擾。撫翼桑梓，息肩江表。王畧威夷，吳魏同寶。遂贊宏謨，匡此霸道。桓王之薨，大業未純。把臂托孤，惟賢與親。輟哭止哀，臨難忘身。成此南面，實由老臣。才爲世生，世亦須才。得而能任，貴在無猜。

昂昂子敬，拔迹草萊。荷檐吐奇，乃構雲臺。

子瑜都長，體性純懿。諫而不犯，正而不毅。將命公庭，退忘私位。豈無鶤鷂，固慎名器。

伯言矕矕，以道佐世。出能勤功，入亦獻替。謀寧社稷，妥紛挫銳。正以招疑，忠而獲戾。

元嘆邈遠，神和形檢。如彼白珪，質無塵點。立行以恒，匡主以漸。清不增潔，濁不加染。

仲翔高亮，性不和物。好是不羣，折而不屈。屢摧逆鱗，直道受黜。嘆過孫陽，放同賈屈。

詵詵衆賢，千載一遇。整轡高衢，驤首天路。仰揖玄流，俯弘時務。名節殊涂，雅致同趣。日月麗天，瞻之不墜。仁義在躬，用之不匱。尚想遺風，載揖載味。後生擊節，懦夫增氣。

陶淵明《自祭文》

祭文本以告死者,此等乃寓意之作也。

　　歲惟丁卯,律中無射。天寒夜長,風氣蕭索,鴻雁於征,草木黃落。陶子將辭逆旅之館,永歸於本宅。故人淒其相悲,同祖行於今夕。羞以嘉蔬,薦以清酌。候顏已冥,聆音愈漠。嗚呼哀哉! 茫茫大塊,悠悠高旻,是生萬物,余得爲人。自余爲人,逢運之貧,簞瓢屢罄,絺綌冬陳。含歡谷汲,行歌負薪,翳翳柴門,事我宵晨。春秋代謝,有務中園,載耘載籽,乃育乃繁。欣以素牘,和以七弦。冬曝其日,夏濯其泉。勤靡余勞,心有常閑。樂天委分,以至百年。惟此百年,夫人愛之,懼彼無成,愒日惜時。存爲世珍,歿亦見思。嗟我獨邁,曾是異茲。寵非己榮,涅豈吾緇? 捽兀窮廬,酣飲賦詩。識運知命,疇能罔眷,余今斯化,可以無恨。壽涉百齡,身慕肥遁,從老得終,奚所復戀! 寒暑愈邁,亡既異存,外姻晨來,良友宵奔,葬之中野,以安其魂。窅窅我行,蕭蕭墓門,奢恥宋臣,儉笑王孫。廓兮已滅,慨焉已遐,不封不樹,日月遂過。匪貴前譽,孰重後歌? 人生實難,死如之何! 嗚呼哀哉!

潘元茂《册魏公九錫文》

以下數篇,爲魏晉公牘,然皆高文典册之作也。

九錫文多陳陳相因,此其第一篇也,後來格式皆不外此。此篇亦屬詔令類。

　　制詔:使持節丞相領冀州牧武平侯:朕以不德,少遭閔凶,越在西土,遷於唐衛。當此之時,若綴旒然,宗廟乏祀,社稷無位,羣凶覬覦,分裂諸夏,一人尺土,朕無獲焉。即我高祖之命,將墜於地,朕用夙興假寐,震悼於厥心。曰:惟祖惟父,股肱先正,其孰卹朕躬。乃誘天衷,誕育丞相。保乂我皇家,弘濟於艱難,朕實賴之。今將授君典禮,其敬聽朕命:

　　昔者,董卓初興國難,羣後失位,以謀王室。君則攝進,首啓戎行,此君之忠於本朝也。後及黃巾,反易天常,侵我三州,延於平民。君又討之,剪除其迹,以寧東夏,此又君之功也。韓暹楊奉,專用威命,又賴君勳，克黜其難。遂建許都，造我京畿，設官兆祀，不失舊物，天地鬼神，於是獲乂。此又君之功也。袁術僭逆，肆於淮南，慴憚君靈，用丕顯謀，蘄陽之役，橋蕤授首，棱威南厲，術以殞潰，此又君之功也。迴戈東指，呂布就戮，乘軒將反，張揚沮毖，眭固伏罪，張繡稽服，此又君之功也。袁紹逆常，謀危社稷，憑恃其衆，稱兵内侮。當此之時，王師寡弱，天下寒心，莫有固志。君執大節，精貫白日，奮其武怒，運諸神策，致屆官渡，大殲醜類，俾我國家，拯於危墜。此又君之功也。濟師洪河，拓定四州，袁譚高干，咸梟其首。海盜奔迸，黑山順軌。此又君之功也。烏丸三種，崇亂二世，袁尚因之，逼據塞北，束馬懸車，一征而滅，此又君之功也。劉表背誕，不供貢職，王師首路，威風先逝，百城八郡，交臂屈膝，此又君之功也。馬超成宜，同惡相濟，濱據河潼，求逞所欲，殄之渭南，獻馘萬計，遂定邊城，撫和戎狄，此又君之功也。鮮卑丁令，重譯而至，箪於白屋，請吏帥職，此又君之功也。君有定天下之功，重以明德，班叙海内，宣美風俗，旁施勤教，卹慎刑獄。吏無苛政，民不回慝，敦崇帝族，援繼絶世，舊德前功，罔不咸秩。雖伊尹格於皇天，周公光於四海，方之蔑如也。

　　朕聞先王並建明德，胙之以土，分之以民，崇其寵章，備其禮物，所以蕃衛王室，左右厥世也。其在周成，管蔡不靖，懲難念功，乃使邵康公錫齊太公履，東至於海，西至於河，南至於穆陵，北至於無棣。五侯九伯，實得征之。世胙太師，以表東海。爰及襄王，亦有楚人，不供王職。又命晉文，登爲侯伯，錫以二輅，虎賁鈇鉞，秬鬯弓矢，大啓南陽，世作盟主。故周室之不壞，繫二國是賴。今君稱丕顯德，明保朕躬，奉答天命，導揚弘烈，綏爰九域，罔不率俾，功高乎伊周，而賞卑乎齊晉，朕甚恧焉。朕以眇身，托於兆民之上，永思厥艱，若涉淵水，非君攸濟，朕無任焉。今以冀州之河東、河内、魏郡、趙國、中山、巨鹿、常山、安平、甘陵、平原凡十郡，封君爲魏公，使使持節御史大夫慮，授君印綬册書，金虎符第一至第五，竹使符第一至第十，錫君玄土，苴以白茅，爰契爾龜，用建冢社。昔在周室，畢公毛公，入爲卿佐，周邵師保，出爲二伯，外内之任，君實宜之。其以丞相領冀州牧如故。今更下璽，肅將朕命，以允華夏，其上故傳武平侯印綬。今又加君九錫，其敬聽後命。以君經緯禮律，爲民軌儀。使安職業，無或遷志，是用錫君大輅戎輅各一，玄牡二駟。君勸分務本，嗇民昏作，粟帛滯積，大業惟興，是用錫君衮冕之服，赤舄副焉。君敦尚謙讓，俾民興行，少長有禮，上下咸和，是用錫君軒懸之樂，六佾之舞。君翼宣風化，爰發四方,遠人回面,華夏充實,是用錫君朱戶以居。君研其明哲,思帝所難,官才任賢,羣善必舉,是用錫君納陛以登。君秉國之均,正色處中,纖毫之惡,靡不抑退,是用錫君虎賁之士三百人。君糾虔天刑,章厥有罪,犯關干紀,莫不誅殛,是用錫君鈇鉞各一。君龍驤虎視,旁眺八維,捊討逆節,折衝四海,是用錫君彤弓一,彤矢百,玈弓十,玈矢千。君以溫恭爲基,孝友爲德,明允篤誠,感乎朕思,是用錫君秬鬯一卣,圭瓚副焉。魏國置丞相以下羣卿百僚,皆如漢初諸王之制。君往欽哉!敬服朕命。簡卹爾衆,時亮庶功,用終爾顯德,對揚我高祖之休命。

蜀漢先主《即位告天文》

此篇屬哀祭類——祭告。

三國中蜀漢文字最典則,孔明《出師表》人多知之,録下兩篇,以見其概。

建安二十六年夏四月丙午,皇帝臣備,敢用玄牡,昭告皇天上帝、后土神祇。漢有天下,曆數無疆。曩者王莽篡盜,光武皇帝震怒致誅,社稷復享。今曹操阻兵安忍,子丕載其凶逆,竊居神器。羣臣將士以爲社稷墮廢,備宜修之,嗣武二祖,龔行天罰。備惟否德,懼忝帝位,詢於庶民,外及蠻夷君長,僉曰天命不可以不答,祖業不可以久替,四海不可以無主,率土式望,在備一人。備畏天之威,又懼漢邦將湮於地。謹擇元日,與百僚登壇,受皇帝璽綬。修燔瘞,告類於大神。惟大神尚饗!祚於漢家,永綏四海。

後主《策丞相諸葛亮詔》

此以詔爲檄。

朕聞天地之道,福仁而禍淫;善積者昌,惡積者喪,古今常數也。是以湯、武脩德而王,桀、紂極暴而亡。曩者漢祚中微,網漏凶慝,董卓造難,震蕩京畿。曹操階禍,竊執天衡,殘剝海内,懷無君之心。子丕孤豎,敢尋亂階,盜據神器,更姓改物,世濟其凶。當此之時,皇極幽昧,天下無主,則我帝命隕越於下。昭烈皇帝體明叡之德,光演文武,應乾坤之運,出身平難,經營四方,人鬼同謀,百姓與能,兆民欣戴。奉順符讖,建位易號,丕承天序,補弊興衰,存復祖業,誕膺皇綱,不墜於地。萬國未定,早世遐殂。朕以幼沖,繼統鴻基,未習保傅之訓,而嬰祖宗之重。六合雍否,社稷不建,永惟所以,念在匡救,光載前緒,未有攸濟,朕甚懼焉。是以夙興夜寐,不敢自逸,每從菲薄以益國用,勸分務稿以阜民財,授方任能以參其聽,斷私降意以養將士。欲奮劍長驅,指討凶逆,朱旗未舉,而丕復隕喪,斯所謂不然我薪而自焚也。殘類餘醜,又支天禍,恣睢河、洛,阻兵未弭。諸葛丞相弘毅忠壯,忘身憂國,先帝托以天下,以勖朕躬。今授之以旄鉞之重,付之以專命之權,統領步騎二十萬衆,董督元戎,龔行天罰,除患寧亂,克復舊都,在此行也。昔項籍總一彊衆,跨州兼土,所務者大,然卒敗垓下,死於東城,宗族如焚,爲笑千載,皆不以義,陵上虐下故也。今賊效尤,天人所怨,奉時宜速,庶憑炎精祖宗威靈相助之福,所向必克。吳王孫權同卹災患,潛軍合謀,掎角其後。涼州諸國王各遣月支、康居胡侯支富、康植等二十餘人詣受節度,大軍北出,便欲率將兵馬,奮戈先驅。天命既集,人事又至,師貞勢並,必無敵矣。夫王者之兵,有征無戰,尊而且義,莫敢抗也,故鳴條之役,軍不血刃,牧野之師,商人倒戈。今旂麾首路,其所經至,亦不欲窮兵極武。有能棄邪從正,簞食壺漿以迎王師者,國有常典,封寵大小,各有品限。及魏之宗族、支葉、中外,有能規利害、審逆順之數,來詣降者,皆原除之。昔輔果絕親於智氏,而蒙全宗之福;微子去殷,項伯歸漢,皆受茅土之慶。此前世之明驗也。若其迷沈不反,將助亂人,不式王命,戮及妻孥,罔有攸赦。廣宣恩威,貸其元帥,弔其殘民。他如詔書律令,丞相其露布天下,使稱朕意焉。

《魏禪晉策》

此亦屬詔令類。

禪策格式,亦前後相因,但後者總不如前者之典則耳。

咨爾晉王:我皇祖有虞氏誕膺靈運,受終於陶唐,亦以命於有夏。惟三後陟配於天,而咸用光敷聖德。自茲厥後,天又輯大命於漢。火德既衰,乃眷命我高祖。方軌虞夏四代之明顯,我不敢知。惟王乃祖乃父,服膺明哲,輔亮我皇家,勳德光於四海。格爾上下神祇,罔不克順,地平天成,萬邦以乂。應受上帝之命,協皇極之中。肆予一人,祇承天序,以敬授爾位，曆數實在爾躬。允執其中，天禄永終。於戲！王其欽順天命。率循訓典，底綏四國，用保天休，無替我二皇之弘烈。

王子淵《僮約》

此篇係漢人之作，因可見古代契約格式，補録於此。

蜀郡王子淵，以事到湔，止寡婦楊惠舍。惠有夫時奴，名便了。子淵倩奴行酤酒。便了拽大杖，上夫冢巔曰：“大夫買便了時，但要守家，不要爲他人男子酤酒。”子淵大怒曰：“奴寧欲賣耶？”惠曰：“奴大忤人，人無欲者。”子淵即決買券云云。奴復曰：“欲使，皆上券，不上券，便了不能爲也。”子淵曰：“諾。”

券文曰：“神爵三年正月十五日，資中男子王子淵，從成都安志里女子楊惠買亡夫時户下髯奴便了，決賈萬五千。奴當從百役使，不得有二言。晨起早掃，食了洗滌。居當穿白縛帚，截竿繫斗。浚渠縛落，鋤園斫陌。杜埤地，刻大枷。屈竹作杷，削治鹿盧。出入不得騎馬載車，跂坐大呶，下床振頭。捶鈎刈芻，結葦躐纑。汲水絡，佐酣釀。織履作粗，黏雀張烏。結網捕魚，繳雁彈鳧。登山射鹿，入水捕龜。浚園縱魚，雁鶩百餘。驅逐鴟鳥，持梢牧猪，種薑養芋，長育豚駒。糞除堂廡，餧食馬牛，鼓四起坐，夜半益芻。二月春分，被堤杜疆，落桑皮棕，種瓜作瓠。別落披葱，焚槎發芋，壠集破封。日中早蔓，雞鳴起舂。調治馬驢，兼落三重。舍中有客，提壺行酤。汲水作餔，滌杯整桉，園中拔蒜，斷蘇切脯。築肉霍芋，膾魚炰鱉，烹茶盡具。已而蓋藏，關門塞竇，喂猪縱犬，勿與鄰里争鬥。奴但當飯豆飲水，不得嗜酒；欲飲美酒，唯得染唇漬口，不得傾盂覆斗。不得辰出夜入，交關俉偶。舍後有樹，當栽作船。上至江州，下到湔主。爲府掾求用錢，推訪惡販棕索。綿亭買席，往來都洛。當爲婦女求脂澤，販於小市，歸都擔枲。轉出旁蹉，牽犬販鵝。武都買茶，楊氏池中擔荷。往市聚，慎護奸偷。入市不得夷蹲旁卧，惡言醜罵。多作刀矛，持入益州，貨易羊牛。奴自教精慧，不得痴愚。持斧入山，斷轅裁轅。若有餘殘，當作俎几木屐，及犬彘盤。焚薪作炭，壘石薄岸。治舍蓋屋，削青代牘。日暮欲歸，當送乾柴兩三束。四月當披，九月當獲，十月收豆，檜麥窖芋。南安拾栗採橘，持車載轅。多取蒲苧，益作繩索。雨墮無所爲，當編蔣織薄。種植桃李，梨柿柘桑，三丈一樹，八尺爲行，果類相從，縱横相當。果熟收斂，不得吮嘗。犬吠當起，驚告鄰里，根門柱户，上樓擊鼓。荷盾曳矛，還落三周。勤心疾作，不得遨游。奴老力索，種莞織席。事訖休息，當春一石。夜半無事，浣衣當白。若有私錢，主給賓客，奴不得有奸私，事事當關白。奴不聽教，當笞一百。"

讀券文適訖，詞窮咋索。仡仡叩頭，兩手自搏。目淚下落，鼻涕長一尺："審如王大夫言，不如早歸黄土陌，丘蚓鑽額。早知當爾，爲王大人酤酒，真不敢作惡。"

傅季友《爲宋公至洛陽謁五陵表》

文至齊梁而一變，其源實宋之顏、鮑啓之，此宋初之文，猶極典則者也。

臣裕言：近振旅河湄，揚旌西邁，將届舊京，威懷司雍。河流迅疾，道阻且長，加以伊洛榛蕪，津途久廢，伐木通徑，淹引時月，始以今月十二日，次故洛水浮橋。山川無改，城闕爲墟，宫廟隳頓，鍾虡空列，觀宇之餘，鞠爲禾黍，廛里蕭條，雞犬罕音，感舊永懷，痛在心目。以其月十五日，奉謁五陵。墳塋幽淪，百年荒翳，天衢開泰，情禮獲申，故老掩涕，三軍凄感，瞻拜之日，憤慨交集。行河南太守毛修之等，既開翦荆棘，繕修毁垣，職司既備，蕃衞如舊。伏惟聖懷，遠慕兼慰，不勝下情。謹遣傳詔殿中中郎臣某奉表以聞。

傅季友《爲宋公修張良廟教》

漢世諸侯王之言爲教，長官下僚屬之言亦曰教，亦屬詔令類。

綱紀：夫盛德不泯，義存祀典，微管之嘆，撫事彌深。張子房道亞黄中，照鄰殆庶，風雲玄感，蔚爲帝師，夷項定漢，大拯横流，固以參軌伊望，冠德如仁。若乃神交圯上，道契商洛，顯默之際，窈然難究，淵流浩瀁，莫測其端矣。

途次舊沛，仁駕留城，靈廟荒頓，遺像陳昧，撫事懷人，永嘆實深。過大梁者，或仁想於夷門，游九京者，亦流連於隨會。擬之若人，亦足以云。可改構棟宇，修飾丹青，苹蘩行潦，以時致薦，抒懷古之情，存不刊之烈，主者施行。

顏延年《三月三日曲水詩序》

此應制頌颺之作也。李申耆曰隸事之富，始於士衡；織詞之縟，始於延年；詞事並繁，極於徐庾，而皆骨足以載之。初唐諸作，則惟恐肉之不勝也。

夫方策既載，皇王之迹已殊；鐘石畢陳，舞咏之情不一。雖淵流遂往，詳畧異聞，然其宅天衷，立民極，莫不崇尚其道，神明其位，拓世貽統，固萬葉而爲量者也。

有宋函夏，帝圖弘遠。高祖以聖武定鼎，規同造物；皇上以睿文承歷，景屬宸居。隆周之卜既永，宗漢之兆在焉。正體毓德於少陽，王宰宣哲於元輔。晷緯昭應，山瀆效靈。五方雜遝，四隩來暨。選賢建戚，則宅之於茂典；施命發號，必酌之於故實。大予協樂，上庠肆教。章程明密，品式周備。國容視令而動，軍政象物而具。箴闕記言，校文講藝之官，採遺於內；軺車朱軒，懷荒振遠之使，論德於外。楨榦素毳，並柯共穗之瑞，史不絕書；棧山航海，逾沙軼漠之貢，府無虛月。烈燧千城，通驛萬里。窮居之君，內首稟朔；卉服之酋，回面受吏。是以異人慕嚮，俊民間出；警蹕清夷，表裏悅穆。將徙縣中宇，張樂岱郊。增類帝之宮，飭禮神之館，涂歌邑誦，以望屬車之塵者久矣。

日躔胃維，月軌青陸。皇祇發生之始，後王布和之辰，思對上靈之心，以惠庶萌之願。加以二王於邁，出餞戒告，有詔掌故，爰命司曆，獻洛飲之禮，具上巳之儀。南除輦道，北清禁林，左關巖隥，右梁潮源。畧亭皋，跨芝廛，苑太液，懷曾山。松石峻垝，蔥翠陰煙，游泳之所攢萃，翔驟之所往還。於是離宮設衞，別殿周徹，旌門洞立，延帷接枑，閱水環階，引池分席。春官聯事，蒼靈奉涂。然後升秘駕，胤緹騎，摇玉鑾，發流吹，天動神移，淵旋雲被，以降於行所，禮也。

既而帝暉臨幄，百司定列，鳳蓋俄軫，虹旗委旆。肴蔌芬藉，觴醳泛浮。妍歌妙舞之容，衒組樹羽之器。三奏四上之調，六莖九成之曲。競氣繁聲，合變爭節。龍文飾轡，青翰侍御。華裔殷至，觀聽駭集。揚袂風山，舉袖陰澤。靚莊藻野，袨服縟川。故以殷賑外區，煥衍都內者矣。上膺萬壽，下祗百福。匝筵禀和，闔堂依德。情盤景遽，歡洽日斜。金駕總駟，聖儀載仁。悵鈞臺之未臨，慨鄡宮之不縣。方且排鳳闕以高游，開爵園而廣宴。並命在位，展詩發志。則夫誦美有章，陳信無愧者歟？

鮑明遠《河清頌》

明遠雕繢與延年同,而神采較壯。

臣聞善談天者,必徵像於人;工言古者,先考績於今。鴻、犧以降,遐哉邈乎,鏤山嶽,雕篆素,昭德垂勳,可謂多矣。而史編唐堯之功,載"格於上下";樂登文王之操,稱"於昭于天"。素狐玄玉,聿彰符命;樸牛大蟥,爰定祥曆,魚鳥動色,禾雄興讓,皆物不盈眦,而美溢金石。頌聲爲之而寢,詩人於是不作。庸非惑歟?

自我皇宋之承天命也,仰應龍木之精,俯協龜水之靈。君圖帝寶,粲爛瑰英,固以業光曩代,事華前德矣。聖上天飛踐極,迄茲二十有四載。道化周流,玄澤汪濊,地平天成,含生阜熙。文同軌通,表裏薦福。耀德中區,黎庶知讓,觀英遐外,夷貊懷惠。秩禮邲勤,散露臺之金;振民舒國,傾御邸之粟。約違迫脅,奢去甚泰。燕無留飲,畋不盤樂。物色異人,優游鯁直。顯靡失心,幽無怨魄。精炤日月,事洞天情。故不勞仗斧之使,號令不肅而自嚴;無辱鳳舉之事,靈怪不召而自彰。萬里神行,飆塵不起。農商野廬,邊城偃柝。冀馬南金,填委內府;馴象西爵,充羅外苑。阿紱纂組之饒,衣覆宗國;漁鹽杞梓之利,傍贍荒遐。士民殷富,繁軼五陵;宮宇宏麗,崇冠三川。閭閈有盈,歌吹無絕。朱輪疊轍,華冕重肩。豈徒世無窮人,民獲休息,朝呼韓、罷酤鐵而已哉!

是以嘉祥累仍,福應尤盛,青丘之狐,丹穴之鳥,栖阿閣,游禁園。金芝九莖,木禾六仞,秀銅池,發膏畝。宜以謁薦郊廟,和協律呂,煙霏霧集,不可勝紀。然而聖上猶夙興昧旦,若有望而未至,宏規遠圖,如有追而莫及,神明之眂,推而弗居也。是以琬碑鏐檢,盛典蕪而不治;朝神省方,大化抑而未許。崇文協律之士,蘊儛頌於外,坐朝陪宴之臣,懷揄揚於內。三靈仁眷,九壤注心,既有日矣。

歲宮乾維,月躔蒼陸,長河巨濟,異源同清,澄波萬壑,潔瀾千里。斯誠曠世偉觀,昭啓皇明者也。語曰:"影從表,瑞從德。"此其效焉。宣尼稱"鳳鳥不至,河不出圖"。《傳》曰:"俟河之清,人壽幾何?"皆傷不可見者也。然則古人所未見者,今殫見之矣。孟軻曰:"千載一聖,是旦暮也。"豈不信哉!

夫四皇六帝,樹聲長世,大寶也。澤浸羣生,國富刑清,鴻德也。製禮裁樂，惇風遷俗，文教也。誅簫羯黠，束顙絳闕，武功也。鳴鳥躍魚，滌穢河渠，至祥也。大寶鴻德，文教武功，其崇如此；幽明同贊，民祗與能，厥應如彼。唯天爲大，堯實則之，皇哉唐哉，疇與爲讓。

抑又聞之，勢之所覃者淺，則美之所傳者近；道之所感者深，則慶之所流者遠。是以豐功趨命，潤色滕策，盛德形容，藻被歌頌。察之上代，則奚斯、吉甫之徒，鳴玉鑾於前；視之中古，則相如、王褒之屬，馳金羈於後。絕景揚光，清埃繼路，班固稱漢成之世，奏御者千有餘篇，文章之盛，與三代同風。由是言之，斯迺臣子舊職，國家通議，不可輟也。臣雖不敏，敢不勉乎？乃作頌曰：

窺刊崩石，捃逸殘竹，巢風寂寥，羲埃綿遰。鉅生大年，瞻學淵聞，肇繡成景，粉繢顋軒。徒酖井科，未覿天河。亘古通今，明鮮晦多。千齡一見，書史登歌。

旋我皇駕，挨景方途，凌周躐殷，蹴唐轢虞，如彼七緯，累璧重珠。高祖撥亂，首物定靈。更開天地，再鑄羣生。帝御三傑，龍步八垌，朔南暨教，海北騰聲。淪深格高，泱遐洞冥。龜鼎遷宋，玄圭告成。

大明方徹，鴻光中微。聖命誰堪，皇曆攸歸。謀從筮協，神與民推。黃旗西暎，紫蓋東輝。納瑞螭玉，升政衡機。金輪豹飾，珠冕龍衣。正位北辰，垂拱南面。天下何思，日用罔倦。復禮歸仁，觀恒通變。一物有違，戚言毀膳。菲躬簡法，厚下安宅。謙德彌光，損道滋益。孝崇饗祀，勤隆耕藉。饘酎秋羊，封瑾春貉。嬰耄兼粱，鰥孤重帛。體由學染，俗以教遷。禮導刑清，樂愷風宣。分衢讓齒，折訟歸田。野旌伏彥，朝賞登賢。儒訓優柔，武節焱驚。文憲精弘，戎容犀利。樞鈐明審，程騞周備。吏礪平端，民羞幸覬。桴鼓凝埃，烽驛垂轡，銷我長劍，歸爲農器。

閫外水鄉，郭表炎國。隴首西南，渤尾東北。艴艴嶺丹，渾渾泉黑。移琛雲勉，轉隼邛僰，狼歌薦功，烏譚陳德。

治博化光，民阜財盛。斑白行謠，青綺高咏。雲表幽和，物章明慶。麗植雕質，蠢行藻性。仁草晨莩，德宿宵暎。海無隱颷，山有黃落。牛羊內首，閭戶外拓。瑞木朋生，祥禽輩作。薰風蕩閨，飴露流閣。器範神妙，劑調象藥。

匪直也斯，偉慶方臻。注彼四瀆，媚此雙川。伏靈遙紀，閟睨遐年。澄波崑嶽，鏡流葱山。泉室凝澱，水府清涓，俛瞰夷都，降眄驪淵。朱宮潛耀，紫閣陰鮮。

　　昔在爽德，王風不昌。迺溢迺竭，或壅或亡，絜源濫觴，曾是未央。先民永慨，大道悠長，云何其瑞，實鍾我皇。聞諸師說，天竦聽密，介焉如響，匪遠惟疾。矧是皇心，妙夫貞一，左右天經，户牖人術，污謨布簡，絲言盈室。穧有綿祀，清豈崇日。

　　一人之慶，吹萬禀和。靈根方固，修源重波。副睿貳哲，帝體皇柯。景雲蔚嶽，秀星駢羅，垂光九野，騰響四遐。輔車鼎足，槃石虎牙。世匹周室，基永漢家。

　　泰階既平，洪河既清，大人在上，區宇文明。樵夫議道，漁父濯纓，臣照作頌，鋪德樹聲。

鮑明遠《登大雷岸與妹書》

此等言情寫景之作，六朝人最好，後人爲之，終不免稍帶傖父氣矣。曾滌生好古文，而於書翰多取於南北朝以上，以此也。

　　吾自發寒雨，全行日少，加秋潦浩汗，山溪猥至，渡溯無邊，險徑游歷，棧石星飯，結荷水宿，旅客貧辛，波路壯闊，始以今日食時，僅及大雷。塗登千里，日逾十晨，嚴霜慘節，悲風斷肌，去親爲客，如何如何！向因涉頓，憑觀川陸；遨神清渚，流睇方曛；東顧五洲之隔，西眺九派之分，窺地門之絶景，望天際之孤雲。長圖大念，隱心者久矣！南則積山萬狀，負氣爭高，含霞飲景，參差代雄，凌跨長隴，前後相屬，帶天有匝，横地無窮。東則砥原遠隰，亡端靡際，寒蓬夕捲，古樹雲平。旋風四起，思鳥羣歸。靜聽無聞，極視不見。北則陂池潛演，湖脉通連。苧蒿攸積，菰蘆所繁。栖波之鳥，水化之蟲，智吞愚，彊捕小，號噪驚聒，紛乎其中。西則回江永指，長波天合。滔滔何窮，漫漫安竭！創古迄今，舳艫相接，思盡波濤，悲滿潭壑，煙歸八表，終爲野塵，而是注集，長寫不測，修靈浩蕩，知其何故哉！西南望廬山，又特驚異。基壓江潮，峰與辰漢相接。上常積雲霞，雕錦縟。若華夕曜，巖澤氣通，傳明散彩，赫似絳天。左右青靄，表裏紫霄。從嶺而上，氣盡金光，半山以下，純爲黛色。信可以神居帝郊，鎮控湘、漢者也。若潨洞所積，溪壑所射，鼓怒之所豗擊，涌澓之所宕滌，則上窮荻浦，下至狶洲，南薄鷀辰，北極雷澱，削長埤短，可數百里。其中騰波觸天，高浪灌日，吞吐百川，寫泄萬壑。輕煙不流，華鼎振澀。弱草朱靡，洪漣隴蹙。散渙長驚，電透箭疾。穿溢崩聚，坻飛嶺覆。回沫冠山，奔濤空谷，磝石爲之摧碎，碕岸爲之鼇落。仰視大火，俯聽波聲，愁魄脅息，心驚慄矣。至於繁化殊育，詭質怪章，則有江鵝、海鴨、魚鮫、水虎之類；豚首、象鼻、芒須、針尾之族；石蟹、土蚌、燕箕、雀蛤之儔，折甲、曲牙、逆鱗、反舌之屬。掩沙漲，被草渚，浴雨排風，吹瀯弄翩。夕景欲沈，曉霧將合，孤鶴寒嘯，游鴻遠吟，樵蘇一嘆，舟子再泣。誠足悲憂，不可說也。風久雷飆，夜戒前路，下弦內外，望達所届。寒暑難適，汝專自慎。夙夜戒護，勿我爲念。恐欲知之，聊書所覩。臨途草蹙，辭意不周。

蕭子良《言臺使表》

竟陵爲蕭齊文學之宗，當時收召文學之士甚多，梁武、王融、謝朓、任昉、沈約、陸倕、范雲、蕭琛，所謂竟陵八友也。而彥升、休文，最稱文章宗匠。

古有文筆之分，文近偶麗，主於修詞；筆以道俗，此等皆當時之筆也。

前臺使督逋切調，恒聞相望於道。及臣至郡，亦殊不疏。凡此輩使人，既非詳愼勤順，或貪險崎嶇，要求此役。朝辭禁門，情態即異；暮宿村縣，威福便行。但令朱鼓裁完，鈹槊微具，顧眄左右，叱咤自專。摘適宗斷族，排輕斥重，脅遏津堁，恐喝傳郵。破罔水逆，商旅半引，逼令到下，先過己船。浙江風猛，公私畏渡，脫舫在前，驅令俱發。呵麾行民，固其常理。侮折守宰，出變無窮。既瞻郭望境，便飛下嚴符，但稱行臺，未顯所督。先訶强寺，卻攝羣曹，開亭正檢，便振荊革。其次絳標寸紙，一日數至，徵村切里，俄刻十催。四鄉所召，莫辯枉直，孩老士庶，具令付獄。或尺布之逋，曲以當四；百錢餘稅，且增爲千。或誑應質作尚方，寄繫東冶，萬姓駭迫，人不自固。遂漂衣敗力，競致兼漿。值今夕酒諧肉飯，即許附申赦格；明日禮輕貸薄，便復不入恩科。筐貢微闕，棰捶肆情，風塵毀謗，隨忿而發。及其狛蒜轉積，鵝粟漸盈，遠則分鬻他境，近則托貿吏民。反請郡邑，助民申緩，回刺言臺，推信在所。如聞頃者令長守牧，離此每實，非復近歲。愚謂凡諸檢課，宜停遣使，密畿州郡，則指賜敕令，遙外鎮宰，明下條源，既各奉別旨，人競自馨。雖復臺使盈湊，會取正屬所辦，徒相疑僨，反更淹懈。

凡預衣冠，荷恩盛世，多以暗緩貽眚，少爲欺猾入罪。若類以宰牧乖政，則觸事難委，不容課逋上綱，偏覺非才。但睦促差降，各限一期。如乃事速應緩，自依違糾坐之。坐之之科，不必須重，但令必行，期在可肅。

且兩裝之船,充擬千緒;三坊寡役,呼訂萬計。每一事之發,彌晨方辦,粗計近遠,率遣一部,職散人領,無減二十,舟船所資,皆復稱是。長江萬里,費固倍之。較畧一年,脫得省者,息船優役,實爲不少。兼折奸減竊,遠近暫安。

王元長《永明九年策秀才文》五首

問秀才高第明經:朕聞神靈文思之君,聰明聖德之後,體道而不居,見善如不及。是以崆峒有順風之請,華封致乘雲之拜;或揚旌求士,或設簴待賢,用能敷化一時,餘烈千古。朕黍奉天命,恭惟永圖,審聽高居,載懷祇懼。雖言事必史,而象闕未箴,寤寐嘉猷,延佇忠實。子大夫選名昇學,利用賓王,懋陳三道之要,以光四科之首,鹽梅之和,屬有望焉。

又問:昔周宣惰千畝之禮,虢公納諫;漢文缺三推之義,賈生置言。良以食爲民天,農爲政本。金湯非粟而不守,水旱有待而無遷。朕式照前經,寶茲稼穡。祥正而青旗肅事,土膏而朱紘戒典。將使杏花菖葉,耕穫不愆;清甽泠風,述遵無廢。而釋耒佩牛,相沿莫反。兼貧擅富,浸以爲俗。若爰井開制,懼驚擾愚民,焉鹵可腴,恐時無史白。興廢之術,矢陳厥謀。

又問:議獄緩死,大《易》深規。敬法卹刑,《虞書》茂典。自萌俗澆弛,法令滋彰,肺石少不冤之人,棘林多夜哭之鬼。朕所以明發動容,昃食興慮。傷秋荼之密網,惻夏日之嚴威。永念畫冠,緬追刑厝。徒以百鍰輕科,反行季葉;四支重罰,爰創前古。訪游禽於絶澗,作霸秦基;歌《雞鳴》於闕下,稱仁漢牘。二途如爽,即用兼通,昌言所安,朕將親覽。

又問:聚人曰財,次政曰貨,泉流表其不匱,貿遷通其有亡。既龜貝積寢,緡繈專用,世代滋多,銷漏參倍。下貧無兼辰之業,中産闕淪歲之貲。惟瘼卹隱,無捨矜嘆。上帝溥臨,賜朕休寶,命邛斜之谷,開而出銅。且有後命,事茲鎔範,充都内之金,紹圜府之職。但赤側深巧學之患,榆莢難輕重之權。開塞所宜,悉心以對。

又問:治歷明時,紹遷革之運;改憲敕法,審刑德之原。分命顯於唐官,文條炳於鄒説。及嵎夷廢職,昧谷虧方,漢秉素祇之徵,魏稱黃星之驗。紛争空軫,疑論無歸。朕獲纂洪基,思弘至道。庶令日月休徵,風雨玉燭,克明之旨弗遠,欽若之義復還。於子大夫何如哉?其驪翰改色,寅丑殊建，别白書之。

謝玄暉《齊敬皇后哀策文》

惟永泰元年，秋九月朔日，敬皇后梓宫啓自先塋，將祔於某陵。其日，至尊親奉奠某皇帝，乃使兼太尉某設祖於行宫，禮也。翠帟舒皁，玄堂啓扉。俎徹三獻，筵卷六衣。哀子嗣皇帝，懷蜃衛而延首，想鷖輅而撫心。痛椒涂之先廓，哀長信之莫臨。身隔兩赴，時無二展。旋詔左言，光敷聖善。其辭曰：

帝唐遠胄，御龍遥緒。在秦作劉，在漢開楚。肇惟淑聖，克柔克令。清漢表靈，曾沙膺慶。爰定厥祥，徽音允穆。光華沼沚，榮曜中谷。敬始紘綖，教先穜稑。睿問川流，神襟蘭郁。

先德韜光，君道方被。于佐求賢，在謁無詖。顧史弘式，陳詩展義。厚下曰仁，藏往伊智。十亂斯俟，四教罔忒。思媚諸姑，貽我嬪則。化自公宫，遠被南國。軒曜懷光，素舒伫德。

閔予不祐，慈訓早違。方年沖藐，懷袖靡依。家臻寶業，身嗣昌暉。壽宫寂遠，清廟虚歸。嗚呼哀哉！

帝還明命，民神胥悦。乾景外臨，陰儀内缺。空悲故劍，徒嗟金穴。璋瓚奚獻，褘褕罔設。嗚呼哀哉。

馮相告祲，宸居長往。貽厥遠圖，末命是獎。懷豐沛之綢繆兮，背神京之弘敞。陋蒼梧之不從兮，遵鮒隅以同壤。嗚呼哀哉！

陳象設於園寢兮，映輿鋟於松楸。望承明而不入兮，度清洛而南游。繼池綍於通軌兮，接龍帷於造舟。回塘寂其已暮兮，東川澹而不流。嗚呼哀哉！

藉閟宫之遠烈兮，聞纘女之遐慶。始協德於苹蘩兮，終配祇而表命。慕方纏於賜衣兮，哀日隆於撫鏡。思寒泉之罔極兮，托彤管於遺咏。嗚呼哀哉！

任彦昇《齊竟陵文宣王行狀》

此篇屬傳狀類。傳本史官之事，但後世史官作傳，限於官階，則其人足傳而官爵不及者，私人不得不起而補其闕，而猶有持非史官不宜爲人作傳之論者，事不可行，於義亦不合也。但名公巨卿，史家既爲之列傳，即私人可不必再作，故表章此等人之勳業者，多見之碑銘，其有爲之作傳者，亦宜稱家傳以別之。狀，後世通稱行狀，亦稱事狀；述，後世亦通稱行述，又有稱事述、行述、事畧者，婦人多稱事畧。此爲乞文於人之作，而非徑以之傳其人，與傳相似而實不同也。

祖太祖高皇帝
父世祖武皇帝
南徐州南蘭陵郡縣都鄉中都里蕭公年三十五行狀。

公道亞生知，照鄰幾庶。孝始人倫，忠爲令德，公實體之，非毀譽所至。天才博贍，學綜該明。至若曲臺之禮，九師之易。樂分龍趙，詩析齊韓。陳農所未究，河間所未輯。有一於此，囷不兼綜者與！昔沛獻訪對於雲臺，東平齊聲於楊史，淮南取貴於食時，陳思見稱於七步，方斯蔑如也。

初，沈攸之跋扈上流，稱亂陝服。宋鎮西晉熙王、南中郎邵陵王，並鎮盆口。世祖毗贊兩藩，而任摠西伐。公時從於軍，鎮西府版寧朔將軍軍主，南中郎版補行參軍署法曹。於時景燭雲火，風馳羽檄；謀出股肱，任切書記。遷左軍邵陵王主簿記室參軍。既允焚林之求，實兼儀形之寄。刀筆不足宣功，風體所以弘益。除邵陵王友，又爲安南邵陵王長史。東夏形勝，關河重複，選衆而舉，敦悦斯在。除使持節、都督會稽東陽臨海永嘉新安五郡諸軍事、輔國將軍、會稽太守。

太祖受命，廣樹藩屏。公以高昭武穆，惟戚惟賢；封聞喜縣開國公，食邑千户。又奏課連最，進號冠軍將軍。越人之巫，覿正風而化俗；篁竹之酋，感義讓而失險。邪叟忘其西昃，龍丘狹其東皋。會武穆皇后崩，公星言奔波，泣血千里，水漿不入於口者，至自禹穴。逮衣裳外除，心哀內疚，禮屈於厭降，事迫於權奪，而茹戚肌膚，沈痛瘡距。故知鐘鼓非樂云之本，縗粗非隆殺之要。改授征虜將軍、丹陽尹。良家入徒，戚里內屬。政非一軌，俗備五方。公內樹寬明，外施簡惠，神皋載穆，轂下以清。

武皇帝嗣位，進封竟陵郡王，食邑加千户。復授使持節、都督南徐兗二州諸軍事、鎮北將軍、南徐州刺史。遷使持節侍中、都督南兗徐北兗青冀五州諸軍事、征北將軍、南兗州刺史。兗徐接壤，素漸河潤，未及下車，仁聲先洽。玉關靖柝，北門寢扄。朝旨以董司岳牧，敷興邦教，方任雖重，比此爲輕。征護軍將軍、兼司徒，侍中如故。又授車騎將軍、兼司徒，侍中如故。即授司徒，侍中又如故。上穆三能，下敷五典。闢玄闔以闡化，寢鳴鐘以體國。翼亮孝治，緝熙中教。奪金恥訟，蹊田自嘿。不雕其樸，用晦其明。聲化之有倫，繫公是賴。庠序肇興，儀形國胄；師氏之選，允師人範。以本官領國子祭酒，固辭不拜。八座初啓，以公補尚書令。式是敷奏，百揆時序。夫國家之道，互爲公私；君親之義，遞爲隱犯。公二極一致，愛敬同歸，亮誠盡規，謀猷弘遠矣。又授使持節、都督揚州諸軍事、揚州刺史，本官悉如故。舊惟淮海，今則神牧，編户殷阜，萌俗繁滋，不言之化，若門到户説矣。頃之，解尚書令，改授中書監，余悉如故。獻納樞機，絲綸允緝。武皇晏駕，寄深負圖。公仰惟國典，俛遵遺托，府擗天倫，踴絕於地。居處之節，復如居武穆之憂。

聖主嗣興，地居旦奭。有詔策授太傅，領司徒，餘悉如故。坐而論道，動以觀德；地尊禮絕，親賢莫貳。又詔加公入朝不趨，贊拜不名，劍履上殿。蕭傅之賢，曹馬之親，兼之者公也。復以申威重道，增崇德統，進督南徐州諸軍事，餘悉如故。並奏疏累上，身殁讓存。天不慭遺，梁岳頽峻，某年某月日薨，春秋三十有五。詔給溫明秘器，斂以袞章，備九命之禮，遣大鴻臚監護喪事，朝夕奠祭，太官供給，禮也。故以慟極津門，感充長樂，豈徒舂人不相，傾壝罷肆而已哉！乃下詔曰："襃崇庸德，前王之令典，追遠尊戚，沿情之所隆。故使持節都督揚州諸軍事、中書監、太傅、領司徒、揚州刺史、竟陵王、新除進督南徐州，體睿履正，神監淵邈。道冠民宗，具瞻惟允。肇自弱齡，孝友光備。爰及贊契，協昇景業。燮和臺曜，五教克宣。敷奏朝端，百揆惟穆。寄重先顧，任均負圖。諒以齊徽二南，同規往哲。方憑保祐，永翼雍熙。天不慭遺，奄見薨落。哀慕抽割，震動於厥心。今先遠戒期，龜謀襲吉。茂崇嘉制，式弘風猷。可追崇假黃鉞、侍中、都督中外諸軍事、太宰、領大將軍、揚州牧，綠綟綬，具九錫服命之禮。使持節、中書監、王如故。給九旒鸞輅，黃屋左纛，輼輬車，前後部羽葆鼓吹，挽歌二部，虎賁班劍百人，葬禮一依晉安平獻王孚故事。"

公道識虛遠，表裏融通，淵然萬頃，直上千仞。僕妾不覷其喜愠，近侍莫見其傾弛。他人之善，若己有之。民之不臧，公實貽恥。誘接恂恂，降以顏色，方於事上，好下規己，而廉於殖財，施人不倦。帝子儲季，令行禁止，國網天憲，眞諸掌握。未嘗鞠人於輕刑，錮人於重議。人有不及，内恕諸己。非意相干，每爲理屈。任天下之重，體生民之俊。華袞與縕緒同歸，山藻與蓬茨俱逸。良田廣宅，符仲長之言；邙山洛水，協應叟之志。丘園東國，錙銖軒冕。乃依林構宇，傍巖拓架。清猿與壺人爭旦，緹幕與素瀨交輝。置之虛室，人野何辨。高人何點，躡屩於鍾阿；征士劉虯，獻書於衡岳。贈以古人之服，弘以度外之禮，屈以好事之風，申其趨王之意。乃知大春屈己於五王，君大降節於憲後，致之有由也。其卉木之奇，泉石之美，公所製《山居四時序》，言之已詳。

文皇帝養德東朝，同符作者。爰造《九言》，實該百行。導衿襘於未萌，申炯戒於茲日。非直旦暮千載，故乃萬世一時也。命公注解，衛將軍王儉綴而序之。山宇初構，超然獨往，顧而言曰：死者可歸，誰與入室？尚想前良，俾若神對。乃命畫工，圖之軒牖。既而緬屬賢英，傍思才淑，匹婦之操，亦有取焉。有客游梁朝者，從容而進曰：未見好德，愚竊惑焉。即命刊削，投杖不暇。公以爲出言自口，驥騄不追；聽受一謬，差以千里。所造箴銘，積成卷軸，門階戶席，寓物垂訓。先是震於外寢，匠者以爲不祥，將加治葺。公曰：此天譴也，無所改修，以記吾過，且令戒懼不息。從諫如順流，虛己若不足。至於言窮藥石，若味滋旨；信必由中，貌無外悅。貴而好禮，怡寄典墳。雖牽以物役，孜孜無怠。乃撰《四部要畧》、《淨住子》，並勒成一家，懸諸日月。弘洙泗之風，闡迦維之化。大漸彌留，話言盈耳，黜殯之請，至誠懇惻。豈古人所謂立言於世，沒而不朽者歟！易名之典，請遵前烈。謹狀。

沈休文《齊故安陸昭王碑文》

公諱緬，字景業，南蘭陵人也。稷契身佐唐虞，有大功於天地。商武姬文，所以膺圖受箓。蕭曹扶翼漢祖，滅秦項以寧亂。魏氏乘時於前，皇齊握符於後。靈源與積石爭流；神基與極天比峻。祖宣皇帝，雄才盛烈，名蓋當時。考景皇帝，含道居貞，卷懷前代。公含辰象之秀德，體河嶽之上靈，氣蘊風雲，身負日月。立行可模，置言成範。英華外發，清明內昭。天經地義之德，因心必盡；簡久遠大之方，率由斯至。挹其源者游泳而莫測，懷其道者日用而不知。昭昭若三辰之麗於天，滔滔猶四瀆之紀於地。六幽允洽，一德無爽。萬物仰之而彌高，千里不言而斯應。若夫彈冠出仕之日，登庸莅事之年，軍麾命服之序，監督方部之數，斯固國史之所詳，今可得畧也。

水德方衰，天命未改。太祖龍躍俟時，作鎮淮泗。如仁夕惕之志，中夜九回；亹世拯亂之情，獨用懷抱。深圖密慮，衆莫能窺。公陪奉朝夕，從容左右，蓋同王子洛濱之歲，實惟辟彊內侍之年。起予聖懷，發言中旨。始以文學游梁，俄而入掌綸誥。蘭桂有芬，清暉自遠。帝出於震，日衣青光。方軌茅社，俾侯安陸；受瑞析圭，遂荒雲野。式掌儲命，帝難其人，公以宗室羽儀，允膺嘉選。協隆三善，仰敷四德。博望之苑載暉，龍樓之門以峻。獻替帷扆，實掌喉唇。奉待漏之書，衡如絲之旨。前暉後光，非止恒受。公以密戚上賢，俄而奉職，出納惟允，劍璽增華。伊昔帝唐，九官咸事，熊豹臨戴，納言是司。自此迄今，其任無爽。爰自近侍，式贊權衡。而皇情眷眷，慮深求瘼。

姑蘇奧壤，任切關河，都會殷負，提封百萬。全趙之袨服叢臺，方此爲劣；臨淄之揮汗成雨，曾何足稱。乃鴻騫舊吳，作守東楚。弘義讓以勖君子，振平惠以字小人。撫同上德，綏用中典。疑獄得情而弗喜，宿訟兩讓而同歸。雖春申之大啓封疆，鄧攸之緝熙萌庶，不能尚也。夏首藩要，任重推轂，衿帶中流，地殷江漢。南接衡巫，風雲之路千里；西通鄀鄧，水陸之涂三七。是惟形勝，閫外莫先。建麾作牧，明德攸在。乃暴以秋陽，威以夏日。澤無不漸，螻蟻之穴靡遺；明無不察，容光之微必照。由近而被遠，自己而及物。惠與八風俱翔，德與五才並運。遠無不懷，邇無不肅。邑居不聞夜吠之犬，牧人不覩晨飲之羊。譽表六條，功最萬里。還居近侍，兼饗戎秩。侯府寄隆，儲端任顯，東西兩晉，茲選特難。羊琇願言而匪獲，謝琰功高而後至。升降二官，令續斯俟；禁旅尊嚴，主器彌固。

禹穴神皋，地坼分陝，江左已來，常遞斯任。東渚巨海，南望秦稽。淵藪脅萃，藋蒲攸在。貨殖之民，千金比屋；邪鄽之內，雲屋萬家。刑政繁舛，舊難詳一。南山羣盜，未足云多；渤海亂繩，方斯易理。公下車敷化，風動神行，誠恕既孚，鉤距靡用。不待赭污之權，而奸渠必翦；無假里端之籍，而惡子咸誅。被以哀矜，孚以信順。南陽葦杖，未足比其仁；潁川時雨，無以豐其澤。公攬轡昇車，牧州典郡，感達民祇，非待期月。老安少懷，涂歌里咏，莫不歡若親戚，芬若椒蘭。麾斾每反，行悲道泣。攀車卧轍之戀，爭涂忘遠；去思一借之情，愈久彌結。

方城漢池，南顧莫重。北指崤潼，平涂不過七百；西接嶢武，關路曾不盈千。蠻陬夷徼，重山萬里。小則俘民畧畜，大則攻城剝邑。晉宋迄今，有切民患，烽鼓相望，歲時不息。椎埋穿掘之黨，阡陌成羣；傲法侮吏之人，曾莫禁御。累藩咸受其弊，歷政所不能裁。加以戎羯窺窬，伺我邊隙。北風未起，馬首便以南向；塞草未衰，嚴城於焉早閉。永明八載，疆場大駭。天子乃心北眷，聽朝不怡。揚旆漢南，非公莫可。於是驅馬原隰，卷甲遄征。威令首涂，仁風載路。軌躅清晏，車徒不擾。牛酒日至，壺漿塞陌。失義犬羊，其來久矣，徵賦嚴切，唯利是求；首鼠疆界，災蠹彌廣。公扇以廉風，孚以誠德，盡任棠置水之情，弘郭伋待期之信。金如粟而弗視，馬如羊而靡入。雛雉必懷，豚魚不爽。由是傾巢舉落，望德如歸；椎髻鬠首，日拜門闕；卉服滿塗，夷歌成韻。禮義既敷，威刑具舉，强民獷俗，反志遷情。風塵不起，囹圄寂寞。富商野次，宿秉停菑。蝝蝗弗起，豺虎遠迹。北狄懼威，關塞謐静。偵諜不敢東窺，駝馬不敢南牧。方欲振策燕趙，席捲秦代，陪龍駕於伊洛，侍紫蓋於咸陽。而遘疾彌留，欻焉大漸。耕夫釋耒，桑婦下機。參請門衢，並走羣望。維永明九年夏五月三十日辛酉薨，春秋三十有七。城府颯然，庶寮如實。男女老幼，大臨街衢，接響傳聲，不逾時而達於四境。夷羣戎落，幽遠必至，望城拊膺，震動郭邑，並求入奉靈櫬，藩司抑而不許。雖鄧訓致劓面之哀，羊公深罷市之慕，對而爲言，遠有慚德。神駕東還，號送逾境。奉觴莫以望靈，仰蒼天而自訴。震響成雷，盈塗咽水。

公臨危審正，載惟話言。楚囊之情，惟幾而彌固；衛魚之心，身亡而意結。二宮軫慟，遐邇同哀。追贈侍中領衛將軍，給鼓吹一部，諡曰昭侯。時皇上納麓在辰，登庸伊始，允副朝端，兼掌屯衛。聞凶哀震，感絕移時。因遘沈痁，綿留氣序。世祖日夜憂懷，備盡寬譬。勉膳禁哭，中使相望。上雖外順皇旨，內殷私痛，獨居不御酒肉，坐臥泣涕霑衣。若此移年，虞瘠改貌。天倫之愛，振古莫儔。及俯膺天眷，入纂絕業，分命懿親，臺牧並建。對繁弱以流涕，望曲阜而含悲。改贈司徒，因諡爲郡王，禮也。

惟公少而英明，長而弘潤。風標秀舉，清暉映世。學遍書部，特善玄言。鑾悅之麗，篆籀之則。窮六義於懷抱，究八體於毫端。弈思之微，秋儲無以競巧；取暌之妙，流睇未足稱奇。至公以奉上，鳴謙以接下。撫僚庶盡盛德之容，交士林忘公侯之貴。虛懷博約，幽關洞開。宴語談笑，情瀾不竭。譽滿天下，德冠生民。蓋百代之儀表，千年之領袖。曾不憗留，梁摧奄及。豈唯僑終蹇謝，興謠輟相而已哉！凡我僚舊，均哀共戚。怨天德之無厚，痛棠陰之不留。思所以克播遺塵，弊之穹壤，乃刊石圖徽，寄情銘頌。其辭曰：

天命玄鳥，降而生商。是開金運，祚始玉筐。三仁去國，五曜入房。

亦白其馬，侯服周王。

　　本枝派別，因菜命氏。涉徐而東，義均梁徙。自茲以降，懷青拖紫。崇基巖巖，長瀾瀰瀰。

　　惟聖造物，龍飛天步。載鼎載革，有除有布。高皇赫矣，仰膺乾顧。景皇蒸哉，實啓洪祚。

　　喬岳峻峙，命世興賢。膺期誕德，絕後光前。幾以成務，覺在民先。位非大寶，爵乃上天。

　　爰始濯纓，清猷浚發。升降文陛，逶迤魏闕。惠露沾吳，仁風扇越。涉夏逾漢，政成期月。

　　用簡必從，日新爲盛。在上哀矜，臨下莊敬。草木不夭，昆蟲得性。我有芳蘭，民胥攸咏。

　　羣夷蠢蠢，巖別嶂分。傾山盡落，其從如雲。挈妻荷子，負戴成羣。回首請吏，曾何足云！

　　昔聞天道，仁罔不遂。彼蒼如何，興山止簣？四牡方馳，六龍頓轡。斯民曷仰，邦國殄瘁。

　　齊殞晏平，行哭致禮。趙徂昌國，列邦揮涕。況我君斯，皇之介弟。哀感徒庶，慟興雲陛。

　　階毀留攢，川汜歸軸。競羞野奠，爭攀去轂。遵渚號追，臨波望哭。無絕終古，惟蘭與菊。

　　涂由帝渚，朱軒靡駕。東首堂園，即宮長夜。逝川無待，黃金難化。鐘石徒刊，芳猷永謝。

沈休文《上〈宋書〉表》

臣約言：臣聞大禹刊木，事炳虞書，西伯戡黎，功焕商典。伏惟皇基積峻，帝烈弘深，樹德往朝，立勳前代。若不觀風唐世，無以見帝媯之美；自非覩亂秦餘，何用知漢祖之業。是以掌言未記，爰動天情，曲詔史官，追述大典。臣實庸妄，文史多闕，以茲不才，對揚盛旨，是用夕惕載懷，忘其寢食者也。

　　臣約頓首死罪：竊惟宋氏南面，承歷統天，雖世窮八主，年減百載，而兵車亟動，國道屢屯，垂文簡牘，事數繁廣。若夫英主啓基，名臣建績，拯世夷難之功，配天光宅之運，亦足以勒銘鐘鼎，昭被方策。及虐後暴朝，前王罕二，國釁家禍，曠古未書，又可以式規萬葉，作鑒於後。

宋故著作郎何承天始撰《宋書》，草立紀傳，止於武帝功臣，篇牘未廣。其所撰志，唯《天文》、《律曆》，自此外，悉委奉朝請山謙之。謙之，孝建初，又被詔撰述。尋值病亡，仍使南臺侍御史蘇寶生續造諸傳，元嘉名臣，皆其所撰。寶生被誅，大明中，又命著作郎徐爰踵成前作。爰因何、蘇所述，勒爲一史，起自義熙之初，訖於大明之末。至於臧質、魯爽、王僧達諸傳，又皆孝武所造。自永光以來，至於禪讓，十餘年內，闕而不續，一代典文，始末未舉。且事屬當時，多非實錄，又立傳之方，取捨乖衷，進由時旨，退傍世情，垂之方來，難以取信。臣以謹更創立，製成新史，始自義熙肇號，終於昇明三年。桓玄、譙縱、盧循、馬、魯之徒，身爲晉賊，非關後代。吳隱、謝混、郗僧施，義止前朝，不宜濫入宋典。劉毅、何無忌、魏咏之、檀憑之、孟昶、諸葛長民，志在興復，情非造宋，今並刊除，歸之晉籍。

臣遠愧南、董，近謝遷、固，以閭閻小才，述一代盛典，屬辭比事，望古慚良，鞠躬跼蹐，靦汗亡厝。本紀列傳，繕寫已畢，合志表七十卷，臣今謹奏呈。所撰諸志，須成續上。謹條目錄，詣省拜表奉書以聞。

臣約誠惶誠恐，頓首頓首，死罪死罪。

江文通《爲蕭公讓九錫第二表》

文通文亦好藻繪，此尚其較清真者也。齊梁時代之文，當以休文爲第一，任彥昇次之。文通等雖工藻繪，殊欠典則矣。

臣公言：臣近屬心罄辭，寫情畢議，眇望神藻，鑒見丹襟。而帝闈以秘，論誥方明，中庶卷容，左右軫慮。臣以爲麗天秉經，君上之彝憲；儀地執緯，臣下之恒軌。故皇極載凝，庶士交慎。昔者重黎勤官，裁居炎冥之職；羲叔能任，方掌日月之序。至乎御龍勤夏，未聞冠俗之爵；大彭翼商，豈見超世之典？以古先哲後，如茲之慎賞。臣乃謬貽國寄，志在靜難。若夫野戰虹蜺，伏順者易見威；城攻鯨虺，奉國者理必全。雲氣薄蝕，下民咸貴其明；恃險與馬，舟中皆可異議。故昌邑有歸邸，吳楚無旋師。斯激芬揚蕤，物同其幸；焚惡去醜，世共其庇。實爲仰憑俯順之效，臣亦何力之有焉？竊謂祿爲十郡，必俟禹迹之勤；錫以九命，乃須周公之美。況呂梁不鑿，而器重玄珪，越裳未獻，而賦擬千乘。京闕識其崇貴，畿服知其忝冒。鏡前修而慚形，覿往德而聳慮。畏崖之請，取譬深水；審量之

169

祈，呈炤皦景。伏願陛下，遠牽雄範，近鑒英規，憑霞停詔，臨風輟恩，豈伊愚臣，方被昌化？具日遺氓，咸蒙其賴矣。

梁武帝《禁奢令》

夫在上化下，草偃風從，世之澆淳，恒由此作。自永元失德，書契未紀，窮凶極悖，焉可勝言。既而璇室外構，傾宮內積，奇技異服，殫所未見。上慢下暴，淫侈競馳。國命朝權，政移近習。販官鬻爵，賄貨公行。並甲第康衢，漸臺廣室。長袖低昂，等和戎之賜，珍羞百品，同伐冰之家。愚人因之，浸以成俗。驕艷競爽，夸麗相高。至乃市井之家，貂狐在御，工商之子，綈綉是襲。日入之次，夜分未反，昧爽之朝，期之清旦。聖明肇運，厲精惟始，雖曰纘戎，殆同創革。且淫費之後，繼以興師，巨橋鹿臺，凋罄不一。孤忝荷大寵，務在澄清，思所以仰述皇朝大帛之旨，俯厲微躬鹿裘之義，解而更張，斲雕爲樸。自非可以奉粢盛，修紱冕，習禮樂之容，繕甲兵之備，此外衆費，一皆禁絕。御府中署，量宜罷省。掖庭備御妾之數，大享絕鄭衛之音。其中有可以率先卿士，準的昐庶，菲食薄衣，請自孤始。加羣才並軌，九官咸事，若能人務退食，競存約己，移風易俗，庶基月有成。昔毛玠在朝，士大夫不敢靡衣偷食，魏武嘆曰："孤之法不如毛尚書。"孤雖德謝往賢，任重先達，實望多士得其此心，外可詳爲條格。

昭明太子《謝敕賚制旨大涅槃經講疏啓》

謝賜物小啓。

　　臣統啓：後閣應敕木佛子奉宣敕旨，垂賚制旨《大般涅槃經講疏》一部十帙，合目百一卷。寒鄉覯日，未足稱奇；採藥逢仙，曾何譬喜？臣伏以六爻所明，至賾窮於幾象；四書所總，施命止於域中。豈有牢籠因果，辨斯寶城之教；網羅真俗，開茲月滿之文？方當道洽大千，化均百億，雲彌識種，雨遍身田，豈復論唐帝龜書，周王策府？何待刊寢《盤盂》，屏黜《丘索》？甘露妙典，先降殊恩。揣己循愚，不勝荷慶！不任頂戴之至！謹奉啓謝聞。謹啓。

梁簡文帝《與僧正教》

此州伽藍支提基列，雖多設莊嚴，盛修供具，觀其外迹，必備華侈，在乎意地，實有未弘。何者？凡鑄金刻木，鏤漆圖瓦，蓋所以仰傳應身，遠注靈覺。羨龍瓶之始晨，追鶴林之餘慕。故祭神如在，敬神之道既極，去聖茲遠，懷聖之理必深。此土之寺，止乎應生之日，則暫列形像。自斯已後，封以篋笥，乃至棄服離身，尋炎去頂。或十尊五聖，共處一廚，或大士如來，俱藏一櫃。信可謂心與事背，貌是情非，增上意多，精進心少。昔塔里紅函，止傳舍利，象頭白傘，非謂全身。夫以畫像追陳，尚使吏民識敬，鎔金圖範，終令越主懷思。匹以龍阿，尚能躍鞘，方之虎兕，猶稱出柙。況復最大圓慈，無上善聚，聞名去煩，見形入道。而可慢此雕香，蘊斯木楢，緘匿玉毫，封印金掌。既殊羅閱，久入四天，又異祇洹，掩户三月。寶殿空臨，瓊階虛敞。密帷不開，非仲舒之曲學，紅壁長掩，似邠卿之避讎。且廣廈雲垂，崇甍鳥跂，若施之玉座，飾以金鈿，必不塵靄日姿，虧點月面。琉璃密窗，自可輕風難入，能須細網，足使飛燕不過。兼得虔敬之理必崇，接足之心彌重。可即宣敕，永使准行。

梁元帝《職貢圖序》

謹嚴得體。

　　竊聞職方氏掌天下之圖，四夷、八蠻、七閩、九貉，其所由來久矣。漢氏以來，南羌旅距，西域憑陵，創金城，開玉關，絕夜郎，討日逐。覩犀甲則建朱崖，聞葡萄則通大宛。以德懷遠，異乎是哉？

　　皇帝君臨天下之四十載，垂衣裳而賴兆民，坐巖廊而彰萬國，梯山航海，交臂屈膝，占雲望日，重譯至焉。自塞以西，萬八千里，路之狹者，尺有六寸。高山尋雲，深谷絕景。雪無冬夏，與白雲而共色；冰無早晚，與素石而俱貞。逾空桑而歷昆吾，度青邱而跨丹穴。炎風弱水，不革其心；身熱頭痛，不改其節。故以明珠翠羽之珍，細而弗有；龍文汗血之驥，卻而不乘。尼丘乃聖，猶有圖人之法；晉帝君臨，實聞樂賢之象。甘泉寫閼氏之形，後宮玩單于之圖。臣以不佞，推轂上游，夷歌成章，胡人遥集。款開蹶角，沿溯荊門，瞻其容貌，訊其風俗。如有來朝京輦，不涉漢南，別

171

加訪采，以廣聞見，名爲《貢職圖》云爾。

劉孝綽《昭明太子集序》

臣竊觀《大易》，重明之象著焉，抑又聞之，匕鬯之義存焉。故書有孟侯之名，記表元良之德，歷選前古，以洎夏周，可得而稱，啓誦而已。雖徹聖挺賢，光乎二代，高文精義，闃爾無聞，漢之顯宗，晉之肅祖。昔自春宮，益好儒術，或專經止於區易，或持論窮於貞假。子桓雖摛藻銅省，集講肅成，事在藩儲，理非皇貳，未有正位少陽，多才多藝者也。

　　粵我大梁之二十一載，盛德備乎東朝，若乃有縱自天，惟睿作聖，顯仁立孝，行於四海。如圭如璋，不因琢磨之義；爲臣爲子，寧待觀喻之言。惟性道難聞，而文章可見，故俯同志學，用晦生知。以弦誦之餘辰，總鄒魯之儒墨；遍絺綌於七閣，彈竹素於九流。地居上嗣，實副元首。皇帝衆拱巖廊，委咸庶績，時非從守，事或監撫。雖一日二日，攝覽萬機，猶臨書幌而不休，對欹案而忘怠。況復延納侍講，討論經紀，去聖滋遠，愈生穿鑿，枝分葉散，殊路偕馳。靈臺辟雍之疑，禋宗祭社之繆。明章申老之議，通顔理王之說。量核然否，剖析同異。察言抗論，窮理盡微。於時淹中稷下之生，金華石渠之士，莫不過衢樽而挹多少，見斗極而曉西東，與夫盡春卿之道，贊仲尼之宅，非賈誼於蘇林，問蕭何於棗據。區區前史，不亦恧歟。加以學貫總持，辨同無硋，五時密教，見猶鏡象，一乘紗旨，觀若掌珠。及在布金之園，處如龍之衆，開示有空，顯揚權實。是以遍動六地，普雨四花，豈直得解瓔須提，捨鉢瓶沙，騰曇言德，梵志依風而已哉。

　　若夫天文以爛然爲美，人文以煥乎爲貴。是以隆儒雅之大成，游雕蟲之小道，握牘持筆，思若有神，曾不斯須，風飛雷起。至於宴游西園，祖道清洛，三百載賦，該極連篇，七言致擬，見諸文學。博逸興咏，並命從游，書令視草，銘非潤色。七窮煒燁之說，表極遠大之才，皆喻不備體，詞不掩義，因宜適變，曲盡文情。

　　竊以屬文之體，鮮能周備。長卿徒善，既累爲遲，少孺雖疾，俳優而已。子淵淫靡，若女工之蠹；子雲侈靡，異詩人之則。孔璋詞賦，曹祖勘其修今；伯喈笑贈，摯虞知其頗古。孟堅之頌，尚有似贊之譏；士衡之碑，猶聞類賦之貶。深乎文者，兼而善之，能使典而不野，遠而不放，麗而不淫，約而不儉，獨擅衆美，斯文在斯。假使王朗報箋，卞蘭獻頌，猶不足以揄揚著述，稱贊才章，況在庸才，曾何仿佛。然承華肇建，濫齒時髦，居陪出從，逝將二紀。譬彼登山，徒仰峻極，同夫觀海，莫際波瀾。但職官書記，預聞盛藻，歌咏不足，敢忘編次。謹爲一帙十卷，第目如左。日昇松茂，與天地而偕長；壯思英詞，隨歲月而增廣。如其後録，以俟賢臣。

劉孝標《廣絶交論》

客問主人曰：朱公叔《絶交論》，爲是乎？爲非乎？主人曰：客奚此之問？客曰：夫草蟲鳴則阜螽躍，雕虎嘯而清風起。故絪緼相感，霧涌雲蒸；嚶鳴相召，星流電激。是以王陽登則貢公喜，罕生逝而國子悲。且心同琴瑟，言郁郁於蘭茝；道協膠漆，志婉孌於塤箎。聖賢以此鏤金版而鐫盤盂，書玉牒而刻鐘鼎。若乃匠人輟成風之妙巧，伯子息流波之雅引。范張款款於下泉，尹班陶陶於永夕。駱驛縱橫，煙霏雨散，巧歷所不知，心計莫能測。而朱益州汨彝叙，粵謨訓，捶直切，絶交游。比黔首以鷹鸇，媲人靈於豺虎。蒙有猜焉，請辨其惑。

　　主人聽然而笑曰：客所謂撫弦徽音，未達燥濕變響；張羅沮澤，不覩鴻雁雲飛。蓋聖人握金鏡，闡風烈，龍驤蠖屈，從道污隆。日月聯璧，贊亹亹之弘致；雲飛電薄，顯棣華之微旨。若五音之變化，濟九成之妙曲。此朱生得玄珠於赤水，謨神睿而爲言。至夫組織仁義，琢磨道德，驩其愉樂，卹其陵夷。寄通靈臺之下，遺迹江湖之上，風雨急而不輟其音，霜雪零而不渝其色，斯賢達之素交，歷萬古而一遇。逮叔世民訛，狙詐飆起，谿谷不能逾其險，鬼神無以究其變，競毛羽之輕，趨錐刀之末。於是素交盡，利交興，天下蚩蚩，鳥驚雷駭。然則利交同源，派流則異，較言其繆，有五術焉：

　　若其寵鈞董石，權壓梁竇，雕刻百工，鑪捶萬物。吐漱興雲雨，呼噏下霜露。九域聳其風塵，四海疊其熏灼。靡不望影星奔，藉響川騖，雞人始唱，鶴蓋成陰，高門旦開，流水接軫。皆願摩頂至踵，臚膽抽腸，約同要離焚妻子，誓殉荆卿湛七族。是曰勢交，其流一也。

　　富埒陶白，貲巨程羅，山擅銅陵，家藏金穴，出平原而聯騎，居里閈而鳴鐘。則有窮巷之賓，繩樞之士，冀宵燭之末光，邀潤屋之微澤；魚貫鳬躍，颯沓鱗萃，分雁鶩之稻粱，霑玉斝之餘瀝。銜恩遇，進款誠，援青松以示心，指白水而旌信。是曰賄交，其流二也。

陸大夫宴喜西都，郭有道人倫東國，公卿貴其籍甚，搢紳羨其登仙。加以頷頤蹙頞，涕唾流沫，騁黄馬之劇談，縱碧雞之雄辯，敘溫鬱則寒谷成暄，論嚴苦則春叢零葉，飛沈出其顧指，榮辱定其一言。於是有弱冠王孫，綺紈公子，道不掛於通人，聲未遒於雲閣，攀其鱗翼，丐其餘論，附駔驥之旄端，軼歸鴻於碣石。是曰談交，其流三也。

陽舒陰慘，生民大情；憂合驩離，品物恒性。故魚以泉涸而呴沫，鳥因將死而鳴哀。同病相憐，綴河上之悲曲；恐懼置懷，昭谷風之盛典。斯則斷金由於湫隘，刎頸起於苫蓋。是以伍員濯溉於宰嚭，張王撫翼於陳相。是曰窮交，其流四也。

馳騖之俗，澆薄之倫，無不操權衡，秉纖纊。衡所以揣其輕重，纊所以屬其鼻息。若衡不能舉，纊不能飛，雖顏冉龍翰鳳雛，曾史蘭薰雪白，舒向金玉淵海，卿雲黼黻河漢，視若游塵，遇同土梗，莫肯費其半菽，罕有落其一毛。若衡重錙銖，纊微影撇，雖共工之蒐慝，驩兜之掩義，南荆之跋扈，東陵之巨猾，皆爲匍匐逶迤，折枝舐痔，金膏翠羽將其意，脂韋便辟導其誠。故輪蓋所游，必非夷惠之室；苞苴所入，實行張霍之家。謀而後動，毫芒寡忒。是曰量交，其流五也。

凡斯五交，義同賈鬻，故桓譚譬之於闤闠，林回喻之於甘醴。夫寒暑遞進，盛衰相襲，或前榮而後悴，或始富而終貧，或初存而末亡，或古約而今泰，循環翻覆，迅若波瀾。此則殉利之情未嘗異，變化之道不得一。由是觀之，張陳所以凶終，蕭朱所以隙末，斷焉可知矣。而翟公方規規然勒門以箴客，何所見之晚乎？

因此五交，是生三釁：敗德殄義，禽獸相若，一釁也。難固易攜，仇訟所聚，二釁也。名陷饕餮，貞介所羞，三釁也。古人知三釁之爲梗，懼五交之速尤。故王丹威子以檟楚，朱穆昌言而示絕，有旨哉！有旨哉！

近世有樂安任昉，海内髦傑，早縮銀黄，夙昭民譽。道文麗藻，方駕曹王；英跱俊邁，聯横許郭。類田文之愛客，同鄭莊之好賢。見一善則盱衡扼腕，遇一才則揚眉抵掌。雌黄出其唇吻，朱紫由其月旦。於是冠蓋輻湊，衣裳雲合，輜軿擊轊，坐客恒滿。蹈其闈閾，若昇闕里之堂；入其隝隅，謂登龍門之阪。至於顧眄增其倍價，剪拂使其長鳴，彫組雲臺者摩肩，趨走丹墀者疊迹。莫不締恩狎，結綢繆，想惠莊之清塵，庶羊左之徽烈。及瞑目東粵，歸骸洛浦。穗帳猶懸，門罕漬酒之彦；墳未宿草，野絕動輪之賓。藐爾諸孤，朝不謀夕，流離大海之南，寄命嶂癘之地。自昔把臂之英，金蘭之友，曾無羊舌下泣之仁，寧慕郇成分宅之德。

嗚呼！世路險巇，一至於此！太行孟門，豈云嶄絕。是以耿介之士，疾其若斯，裂裳裹足，棄之長騖。獨立高山之頂，歡與麋鹿同羣，嫰嫰然絕其霧濁，誠恥之也，誠畏之也。

徐孝穆《爲貞陽侯重與王太尉書》

淵明頓首頓首。席威卿等還，枉此月十四日告，披覽未周，良深慨息。昔長平建策，猶聞蝕昴之徵；疏勒效忠，時致飛泉之感。豈在余涼德，書不盡言，遂使吾賢，猶迷所執？斯固銜哀掩淚，仍復披陳者也。

孤以庸薄，寧有霸圖，侯服於周，常懼盈滿。豈望身居黃屋，手御青綸，揖讓而對三靈，端委而朝百辟。詢諸圍牧，莫不皆知；援誓神明，故自無爽。但大齊仁義之道，關於至誠；鄰睦之懷，由於孝德。遂蒙殊獎，歸嗣本朝，拜首陳辭，敦誘彌廣。既而仇讎未殄，方憑大國之威；宗祏阽危，尤仰親仁之德。黽勉恩寄，號覘惟深，而敕喻分明，信誓殊重，乃云邦家有義，社稷無虞。凡廣陵、歷陽，皆許見還；白水、黃河，屢奉然諾。至於夏蕃衝要，控遏上流，且命強兵，爲我臨據。若其自有精甲，能捍醜徒，並用還梁，皆如前旨。以孤頻經忝竊，屢守淮沘，門生故吏，遍於江右。凡諸部曲，並使招攜，投赴戎行，前後雲集。霜戈雪戟，無非武庫之兵；龍甲犀渠，皆是雲臺之仗。文物以紀之，聲明以發之，斯實不世之隆恩，寧曰循常之恒禮。

明公固天所授，弘濟本朝，曲阜同功，營丘等烈。若夫伊尹庖廚賤宰，霍光階闥小臣，諸葛亮無應變之才，管夷吾非王者之相。論其世業，較彼勤勞，書契已來，但有明德。且程嬰之義，自古爲難；荀息之忠，良以喜慰。但先朝秉玉鏡之符，御金輪之寶。菩薩之化，行於十方；仁壽之功，沾於萬國。凶人侯景，遂殄邦家，何況於今，亦有吳會。江東如掌，差匪虛言；淮陽在面，方此非局。不稼不穡，多歷歲時；大東小東，全無機杼。關中醜虜，寧非冒頓之鋒；齊國強兵，便是軒轅之陣。西南當扼喉之勢，東北承撫背之機，首尾交侵，華夷俱騁。而沖人數歲，復子方賒，德未感於黎蒸，威不加於將帥。斯等怏怏，非少主臣，安肯碌碌，因人成事。

公之才具，雖復明允，勢何如於天監，時何若於大同？棄與國之隆恩，當滔天之猛寇，匡救之德，翻有未從，忠詐之謀，誰其相曉？臥薪待火，方此弗危；繫草從風，傳之非切。若能思其上策，審此英圖，見引軒獵之車，還向長安之邸。一則二則，唯在大賢；外相內相，終當相屈。正當攜諸舊吏，率我賓遊，朝服簪纓，直拜園寢。梁人望國，俱登赤馬之舟；齊師臨江，仍轉蒼鷹之斾。分袖南浦，揚鞭北風，民不疲勞，軍無怨讟。

如其執事，尚秉前言，將恐戎麾，便濟江表。何則？西浮夏首，已據咽喉；東進彭波，次指心腹。廣陵、京口，烽煙相望；魯柝聞邦，方之尚遠。胡桑對薊，比此爲遥；水陸爭前，龍虎交至。則揚都蕩定，功自齊師，江左臣民，非關梁國。豈不追慚後主崇寄之恩，還負齊朝親鄰之意？東門黃犬，固以長悲；南陽白衣，何可復得。立茲幼弱，非曰大勳；滅我宗祊，何所逃罳！

今復遣前吉州刺史馬嵩仁至彼，更具往懷，想不遠而復，無貽祗悔也。若英謨有在，方興祀夏之功；明監如達，便等過殷之嘆。存亡社稷，一在於公。臨紙崩號，不復多及。蕭淵明頓首頓首。

庾子山《哀江南賦》並序

粵以戊辰之年，建亥之月，大盜移國，金陵瓦解。余乃竄身荒谷，公私塗炭。華陽奔命，有去無歸。中興道銷，窮於甲戌。三日哭於都亭，三年囚於別館。天道周星，物極不反。傅燮之但悲身世，無處求生；袁安之每念王室，自然流涕。昔桓君山之志事，杜元凱之平生，並有著書，咸能自序。潘岳之文采，始述家風；陸機之辭賦，先陳世德。信年始二毛，即逢喪亂，藐是流離，至於暮齒。《燕歌》遠別，悲不自勝；楚老相逢，泣將何及！畏南山之雨，忽踐秦庭；讓東海之濱，遂餐周粟。下亭漂泊，高橋羈旅。楚歌非取樂之方，魯酒無忘憂之用。追爲此賦，聊以記言，不無危苦之辭，惟以悲哀爲主。

日暮途遠，人間何世！將軍一去，大樹飄零；壯士不還，寒風蕭瑟。荆璧睨柱，受連城而見欺；載書橫階，捧珠盤而不定。鍾儀君子，入就南冠之囚；季孫行人，留守西河之館。申包胥之頓地，碎之以首；蔡威公之淚盡，加之以血。釣臺移柳，非玉關之可望；華亭鶴唳，豈河橋之可聞。

孫策以天下爲三分，衆才一旅；項籍用江東之子弟，人惟八千。遂乃分裂山河，宰割天下。豈有百萬義師，一朝卷甲，芟夷斬伐，如草木焉？江、淮無涯岸之阻，亭壁無藩籬之固。頭會箕斂者，合從締交；鋤耰棘矜者，因利乘便。將非江表王氣，終於三百年乎？是知併吞六合，不免軹道之災；混一車書，無救平陽之禍。嗚呼！山嶽崩頹，既履危亡之運；春秋迭代，必有去故之悲。天意人事，可以淒愴傷心者矣！況復舟楫路窮，星漢非乘槎可上；風飆道阻，蓬萊無可到之期。窮者欲達其言，勞者須歌其事。陸士衡聞而撫掌，是所甘心；張平子見而陋之，固其宜矣。

温鵬舉《寒陵山寺碑》

北魏文學，温、邢最著，其後邢、魏齊名。

北朝文字，皆較南朝爲質，至其末造，庾子山歸北，乃相率而效之，然終不如南朝之藻麗也。

此紀功碑而托之佛寺，唐初鄧慈昭仁諸碑，皆效其體。

昔晉文尊周，績宣於踐土；齊桓霸世，威著於邵陵。並道冠諸侯，勳高天下。衣裳會同之所，兵車交合之處，寂寞銷沉，荒涼磨滅，言談者空知其名，遥遇者不識其地。然則樹銅表迹，刊石記功，有道存焉，可不尚與！

永安之季，數鐘百六，天災流行，人倫交喪。爾朱氏既絶彼天網，斷兹地紐。禄去王室，政出私門，銅馬競馳，金虎亂噬，九嬰暴起，十日並出，破璧毀珪，人物既盡，頭會箕斂，杼柚其空。

大丞相渤海王命世作宰，惟機成務，標格千刃，崖岸萬里。運鼎阿於襟抱，納山嶽於胸懷；擁玄雲以上騰，負青天而高引。鐘鼓嘈囋，上聞於天，旌旗繽紛，下盤於地。壯士懷以爭先，義夫憤而競起，兵接刃於斯場，車錯轂於此地。轟轟隱隱，若轉石之墜高崖；硠硠磕磕，如激水之投深谷。俄而霧捲雲除，冰離葉散，靡旗蔽日，亂轍滿野。楚師之敗於柏舉，新兵之退自昆陽，以此方之，未可同日。

既考兹沃壤，建此精廬。砥石礪金，瑩珠琢玉。經始等於佛功，製作同於造化。息心是歸，淨行攸處，神異畢臻，靈仙總萃。鳴玉鑾以來游，帶霓裳而至止。翔鳳紛已相嘳，飛龍蜿而俱躍。雖復高天銷於勁炭，大地淪於積水，固以傳之不朽，終亦記此無忘。

邢子才《請置學及修立明堂奏》

世室明堂，顯於周、夏；一黌兩學，盛自虞、殷。所以宗配上帝，以著莫大之嚴;宣佈下土,以彰則天之軌。養黄髮以詢哲言,育青衿而敷教典。用能享國長久,風徽萬祀者也。爰暨亡秦,改革其道,坑儒滅學,以蔽黔黎。故九服分崩,祚終二代。炎漢勃興,更修儒術。故西京有六學之義,東都有三本之盛。逮自魏、晉,撥亂相因,兵革之中,學校不絶。仰惟高祖孝文皇帝禀聖自天,道鏡今古,列校序於鄉黨,敦詩書於郡國。但經始事殷,戎軒屢駕,未遑多就,弓劍弗追。世宗統曆,聿遵先緒,永平之中,大興板築。續以水旱,戎馬生郊,雖逮爲山,還停一簣。而明堂禮樂之本,乃鬱荆棘之林;膠序德義之基,空盈牧豎之迹;城隍嚴固之重,闕磚石之功;墉構顯望之要,少樓榭之飾。加以風雨稍侵,漸致虧墜。非所謂追隆堂構,儀刑萬國者也。伏聞朝議以高祖大造區夏,道侔姬文,擬祀明堂,式配上帝。今若基址不修,乃同丘畎,即使高皇神享,闕於國陽,宗事之典,有聲無實。此臣子所以匪寧,億兆所以佇望也。

臣又聞官方授能,所以任事。事既任矣,酬之以禄。如此,則上無曠官之譏,下絶尸素之謗。今國子雖有學官之名,無教授之實,何異兔絲燕麥,南箕北斗哉?

昔劉向有言,王者宜興辟雍、陳禮樂以風天下。夫禮樂所以養人,刑法所以殺人,而有司勤勤,請定刑法,至於禮樂,則曰未敢。是敢於殺人,不敢於養人也。臣以爲當今四海清平,九服寧宴,經國要重,理應先營,脱復稽延,則劉向之言徵矣。但事不兩興,須有進退。以臣愚量,宜罷尚方雕靡之作,頗省永寧土木之功,並減瑶光材瓦之力,兼分石窟鐫琢之勞,及諸事役非世急者。三時農隙,修此數條。使辟雍之禮,蔚爾而復興;諷誦之音,焕然而更作。美榭高墉,嚴壯於外,槐宫棘寺,顯麗於中。更明古今,重遵鄉飲,敦進郡學,精課經業。如此則元、凱可得之於上序,游、夏可致之於下國,豈不休歟!

魏伯起《爲東魏檄梁文》

觀夫辰象麗天,山嶽鎮地;方以類聚,物以羣分。建之以邦國,樹之以君長。日月於是莫二,宇宙所以總一。雖五運相推,百王革命。此道之行,孰之能改。而皇家承統,光配彼天。義洽幽明,化周動植。崇文德以來遠,修禮讓以止訟。舞干戚於兩階,執玉帛於萬國。玄功潛運,至德旁通。百姓日用而不知,兆民受賜而無迹。唯彼吳越,獨阻聲教。匪民之咎,責有由焉。而元首懷止戈之心,上宰薄兵車之會。遂解縶南冠,喻以好睦。舟車遵溯,州陸同光。亭徼息奔走之勞,屯戍無逼卒之變。雖嘉謨長算,爰自我始。而罷兵息民,彼獲其利。

侯景豎子,本無事業。乃枉道於人間,遂乾沒於世上。嗚吠於爾朱之門,鎮守於普泰之日。曾無爲主之識,詎有挈瓶之智。既而投命義旗,歸身幕府。殊異雍齒,有類丁公。時逢寬政,得免大戮。棄其瑕穢,收其力用。預在行伍,參迹驅馳。及秦隴逋誅,每事經畧。以河南是空虛之地,漢陽非兵戰之衝。薄存犄角,聊示旗鼓。豈資實效,寄以游聲。軍機催勒,蓋維景任。總兵統旅,則有司存。而愚褊有積,驕憤遂甚。屢犯軍紀,自生疑貳。禍心潛構,翻成亂階。負恩棄德,罔卹天討。不義不暱,厚而必顚。委慈母似脫屣,棄寵弟如遺芥。龍鍾稚子,痛苦成行。變彼諸姬,破亡爲伍。滅伯春之婉轉,慕姜兒之爽言。不與狼虎同仁,而共豺狸等惡。及遠托關隴,依憑奸異。逆主定君臣之分,賊臣結兄弟之親。解其倒懸,仰人鼻息。豈曰無恩,終成難養。俄而易慮,躬擐干戈。釁暴惡盈,側首無托。以金陵逋逃之藪,江南統御之地,甘辭卑體,進熟圖身。讒言浮說,抑可知矣;叛豎投命,豈將擇音。而偏朝大小,幸災忘意。主荒於上,臣蔽於下。逐雀去草,曾不是圖。竊寶叛邑,椒蘭比好。人而無禮,其能國乎!亦既失信,不亡何待。

今帝道休明,皇猷允塞。四民樂業,百靈效祉。故丞相材標國楨,道潤時雨,義冠伊霍,勳蓋桓文。大君立德,世功世祿,作民舟楫,爲國棟梁。内外齊心,上下同德,蛟騰虎嘯,風生雲起。摩日則車懸轉舍,排山則龍門洞開。吞雲夢於胸中,運天下於掌内。雖有賊臣去國,亡卒出境,何異一毛之落牛體,雙鳧之飛海曲。彼既連結奸惡,斷絶鄰好。追兵保境,縱盜侵國。蓋物無定方,事無常勢。或乘利而受害,或因得而更失。是以吳侵齊境,遂致勾踐之師;趙納韓地,終有長平之役。矧乃鞭撻疲民,侵軼徐部;築壘擁川,捨信邀利。此而可忍,孰不可懷?

是以援乘麾旗之將,投石拔距之士。深衛偏主,信納亡叛。含怒作色,如赴私仇。意存涉血,義不旋踵。攻戰之利,實若有神。徵兵聚衆,依山傍水。舉螳螂之斧,被蚚蜋之甲,當窮轍以待輪,坐積薪而候燎。及其鋒刃蹔援,埃塵旦接,便已亡戟棄戈,土崩瓦解。貞陽以從子之親,爲戎首之任。非獨力屈道窮,亦將無路還蜀,兼亦挾子垂翅,俱在籠樊。將士以昧禍之心,爲助亂之事。皆掬指舟中,披甲鼓下。同宗異姓,累累相望。曲直既殊，强弱不等。父出子孤，自取其敗。違卜愎諫，何以辭責！雖復貪利苟得，背同即異。獲一人而失一國，見黃雀而忘深阱。食鈎吻以療饑，飲鴆毒以救渴。智者所不爲，仁者所不向。誠既往之難逮，猶將來之可追。

景以鄙俚之夫，遭風雲之會。位登三事，邑啓萬家。揣身量分，久當止足。而周章向背，離披不已。夫豈徒然，意亦可見。彼乃示之以利器，誨之以慢藏。使其勢得容奸，令其時堪乘便。既南風不競，天亡有徵。老賊奸謀，將復作矣。然則摧堅强者難爲功，拉枯朽者易爲力。計其雖非孫吳猛將，燕趙精兵，猶是久涉行陣，曾習軍旅。豈同輕剽之師，不比危脆之衆。距此則作氣不足，攻彼則爲勢有餘。恐尾大於身，踵粗於股。倔强不掉，狼戾難馴。呼之則反速而釁小，不征則叛遲而禍大。會應遥望廷尉，不肯爲臣。自據淮南，亦欲稱帝。但恐楚國亡猿，禍延林木。城門失火，殃及池魚。橫使漢江士子，荆揚人物，死亡矢石之下，支折露霧之中。

彼梁主操行無聞，輕險有素。工用其短，以少爲多。反復山淵，顛倒冠履。射爵論功，蕩舟稱力。年既老矣，耄又及之。政荒民流，禮崩樂壞。改換朝章，變易官品。雖世異漢朝，而事同新室。加以用舍乖方，立廢失所。矯情動衆，怖智驚愚。毒螫滿懷，妄敦戒業。躁競盈胸，謬治清淨。內恧鴟靡，外逞殘賊。人人厭苦，家家思亂。災異降於上，怨讟興於下。履霜有漸，堅冰且至。恃浮躁之風俗，任輕薄之子孫。朋黨路開，兵權在外。必將禍生骨肉，難起腹心。强弩衝城，長戟指闕。徒探雀鷇，無救府藏之虛。空伺熊蹯，詎延晷刻之命！外崩中潰，今實其時。

鷸蚌相危，我乘其弊。方使高旗舒旆，長轂啓行。迅騎追風，精甲耀日。四七並列，百萬爲羣。風飄雲動，星羅海運。以此赴敵，何敵不摧；以此攻城，何城不陷。猶爲岸上之虎，當作水中之龍。以轉石之形，爲破竹之勢。將使鍾山渡江，青蓋入洛。荆棘生建業之宮，麋鹿游姑蘇之館。但恐兵車之所轔轢，劍騎之所蹈踐，杞梓於焉傾折，竹箭以此摧殘。若吳之王孫，蜀之公子。順時以動，見機而作。面縛銜璧，肉袒牽羊。歸款軍門，委命下吏。當使焚櫬而出，拂席相待。必以楚材，將爲晉用。固乃喜得異度，實自利獲。士衡即援客卿之族，將加驃騎之號。斯蓋壯士封侯之日，丈夫立節之秋。冬冰可折，時不再來。先事預懷，有如皎日。王侯無種，工拙在人。凡百君子，勉求多福。若不改迷，坐待淪没。一旦暴骨草莽，流血成川。猶且不悟，噬臍何及。故宣往意，馳此簡書。檄之到彼，咸共申省。

李士恢《上隋高祖革文華書》

文自南北朝而後日趨於靡，後周時即欲革之，於是有蘇綽等之復古，然其爲文，徒效古人之形式，仍不達當時之真意，故卒不能行。至唐時，韓、柳出，用古人之文法而變其形式，而散文興焉。此項駢散分途之運動，蓋亦歷二三百年而後底於成也。

臣聞古先哲王之化民也，必變其視聽，防其嗜欲，塞其邪放之心，示以淳和之路。五教六行爲訓民之本，《詩》《書》《禮》《易》爲道義之門。故能家復孝慈，人知禮讓，正俗調風，莫大於此。其有上書獻賦，製誄鐫銘，皆以褒德序賢，明勳證理。苟非懲勸，義不徒然。降及後代，風教漸落。魏之三祖，更尚文詞，忽君人之大道，好雕蟲之小藝。下之從上，有同影響，競騁文華，遂成風俗。江左齊、梁，其弊彌甚，貴賤賢愚，唯務吟咏。遂復遺理存異，尋虛逐微，競一韻之奇，爭一字之巧。連篇累牘，不出月露之形，積案盈箱，唯是風雲之狀。世俗以此相高，朝廷據茲擢士。祿利之路既開，愛尚之情愈篤。於是間里童昏，貴遊總卝，未窺六甲，先製五言。至如羲皇、舜、禹之典，伊、傅、周、孔之説，不復關心，何嘗入耳。以傲誕爲清虛，以緣情爲勳績，指儒素爲古拙，用詞賦爲君子。故文筆日繁，其政日亂，良由棄大聖之軌模，構無用以爲用也。損本逐末，流偏華壤，遞相師祖，久而愈扇。

及大隋受命，聖道聿興，屏黜輕浮，遏止華僞。自非懷經抱質，志道依仁，不得引預搢紳，參廁纓冕。開皇四年，普詔天下，公私文翰，並宜實錄。其年九月，泗州刺史司馬幼之文表華豔，付所司治罪。自是公卿大臣咸知正路，莫不鑽仰墳集，棄絕華綺，擇先王之令典，行大道於茲世。如聞外州遠縣，仍踵敝風，選吏舉人，未遵典則。至有宗黨稱孝，鄉曲歸仁，學必典謨，交不苟合，則擯落私門，不加收齒；其學不稽古，逐俗隨時，作輕薄之篇章，結朋黨而求譽，則選充吏職，舉送天朝。蓋由縣令、刺史未行風教，猶挾私情，不存公道。臣既忝憲司，職當糾察。若聞風即劾，恐掛網者多，請勒諸司，普加搜訪，有如此者，具狀送臺。

王子安《上巳浮江宴序》

此初唐之文。

吾之生也有極，時之過也多緒。若夫遭主后之聖明，屬天地之貞觀，得猷畝之相保，以農桑爲業，而托形宇宙者，幸矣。況乃偃泊山水，遨遊風月，樽酒於其外，文墨於其間，則造化之於我得矣，太平之縱我多矣。茲以上巳芳節，雲開勝地，大江浩曠，羣山紛糾，出重城而振策，下長浦而方舟。林壑清其顧盼，風雲蕩其懷抱。於時序躔清律，運啓朱明，輕黃秀而郊戍青，落花盡而亭皋晚。丹鷺紫蝶，候芳晷而騰姿；早燕歸鴻，俟迅風而弄影。巖暄蕙密，野淑蘭滋，弱荷抽紫，疏萍泛綠。於是儼松舲於石嶼，停桂檝於璇潭；指林岸而長懷，出河州而極睇。妍妝袨服，香驚北渚之風；翠幬玄帷，彩綴南津之霧。若乃尋曲渚，歷迴溪，榜謳齊引，漁歌互起。飛沙濺石，湍流百勢；翠嶮丹崖，岡巒萬色。亦有銀鉤犯浪，掛頳於文竿；瓊餌乘波，耀錦鱗於畫網。鐘期在聽，玄雲白雪之琴；阮籍同歸，紫桂蒼梧之醴。既而遊盤興遠，景促時淹，野日照晴，山煙送晚。方披襟朗詠，餞斜光於碧岫之前；散髮高吟，對明月於青溪之下。客懷既暢，遊思遄征，視泉石而如歸，仁雲霞而有自。昔周川故事，初傳曲路之悲；江甸名流，始命山陰之筆。盍遵清轍，共抒幽襟，俾後之視今，亦猶今之視昔。一言均賦，六韻齊疏。誰知後來者難，輒以先成爲次。

駱賓王《兵部奏姚州破賊設蒙儉等露布》

露布者，別於封緘而言。獨斷制書皆璽封，唯敕令購令露布下州郡，《續漢志》李雲露布上書移副二府是也。元魏時，以戰伐有功，欲人聞之，乃書帛建於竹竿上，見《通典》。其後蓋不復然，故唐王緘沿用此制，至爲人所笑。

此篇亦屬奏議類。

臣聞七緯經天，星墟分張翼之野；八紘紀地，炎洲限建木之鄉。西距大秦，雜金行而布氣；南通交趾，枕銅柱以爲鄰。俗帶白狼，人習貪殘之性；河淪赤虺，川多風雨之妖。水積炎氛，山涵毒霧。竹浮三節，肇舉外域之源；木化九隆，頗爲中原之患。年將千紀，代歷百王，鄭純之化不追，孟獲之風逾熾。故三年疲衆，徒聞定笮之議；五月出師，未息渡瀘之役。然則大人拯物，上聖乘期，法乾坤以握樞，體剛柔而建極。知仁義不能禁暴，設刑網以勝殘；知揖讓不可濟時，用干戈而靖亂。

伏惟皇帝陛下，祥摛戴玉，拓地軸以登皇；道契書繩，掩天紘而踐帝。玄雲入戶，纂靈瑞於丹陵；蒼籙升壇，薦禎圖於翠渚。垂衣裳以朝萬國，崇玉帛而禮百神。昭儉防奢，露臺惜中人之產；宣風佈政，明堂法上帝之宮。致羣生於太和，登品物於仁壽，四神踐雪，五老飛星。君圃祥麟，樂班文於仙卉；女牀鳴鳳，韻歸昌於帝梧。四隩同文，五方異色。鄧林萬里，纔疏苑囿之基；曾城九重，未出池隍之域。六合照臨之地，候月歸琛；大鑪覆載之間，占風納贐。

蠢茲蠻貊，敢亂天常，橫赤磦以疏疆，背朱提而設險，山林萬仞，巖邑千尋。望秦阜以相傾，崤陵失四塞之阻；對梁山而錯峙，劍門成一簣之峰。自謂絕壤遐方，中外足以迷聲教；憑深負固，江山可以逃靈誅。不知玉弩垂芒，凶水無九嬰之沴；瑤階舞戚，洞庭有三苗之墟。臣等謬以散材，忝專分閫。自白招乘候，順秋帝以揚旌；絳節臨邊，通夜郎而解辮。雲開巂穴，斾轉邛川。峻岐折坂之危，盡忘襟帶；滇池漏江之固，曾莫籓籬。唯逆賊設蒙儉等，未革狼心，仍懷豕突，陸梁方命，旅拒偷生。城接祠雞，竟無希於改旦；山多神鹿，終未息於擇音。臣以大帝宣威，有征無戰；明王仗順，先德後刑。弘聖澤於中孚，緩天誅於大造。庶南薰解慍，仰雲闕以翔魂；東律變音，扣轅門而頓顙。而祝禽疎綱，徒開三面之恩；毒虺挺災，逾肆九頭之暴。乃鳩集餘衆，蟻結凶徒。儋耳椎髻之渠，千里霧合；鑿齒雕題之孼，一呼雲屯。凌石菌以開營，拒巖椒而峻壘。崇巒切漢，若登藏寶之山；絕壑憑霄，似瞰封泥之谷。

以前月十七日，連營佈陣，踞險揚兵，東西三十餘里，馬步二十餘萬。聚蚊蚋而成響，聲若雷霆；縱蛇豕以爲羣，氣衝宇宙。臣遣中郎將令狐智通等，擁拔山超海之師，當其步陣。遣銀州刺史李大志等，驅躍景騰雲之騎，乘其馬軍。遣巂州都督府長史行軍司馬梁待辟等，領勁卒三千，絕其飛走之路。遣臨源府果毅馬仁靜等，勒精兵九百，斷其潛伏之軍。臣率行軍長史韓餘慶等，負霜戈而直進，指雲陣以長驅。庶令斬馘七擒，戰士挾雷公之怒；伏屍百里，蠻夷識天子之威。於是三畧訓兵，五申誓衆。先登陷敵，無遺大樹之功；後拒亂行，必致曲梁之罰。楚人三戶，蜀郡五丁，氣擁玄雲，精貫白日。喑嗚則乾坤搖蕩，呼吸則林壑沸騰。列旗幟以雲

183

舒，似長虹之東指；橫劍鋒而電轉，疑大火之西流。刃接兵交，洞胸達腋，自辰踰午，魚爛土崩。沸殘息於層峰，更切守陴之哭；積圓顱於重阜，殆成京觀之封。唯賊帥夸千，未悟傾巢之兆，敢懷拒轍之心，獨率馬軍，憑川轉鬥。驚塵亂起，六合爲之寢光；殺氣相稽，四溟由是變色。副總管李大志，忠唯殉國，義則忘軀，臨危而貞節逾明，制敵而神機獨遠。丹誠自守，雖九死其如歸；白刃交前，豈三軍之可奪。投袂則妖徒霧廓，奉旗而逆黨冰摧。於是乘利追奔，因機深入。困獸猶鬥，如戰廩君之魂；窮鳥尚飛，如驚杜宇之魄。斬甲卒七千餘級，獲裝馬五千餘匹。僵尸蔽野，臨赤坂而非遙；流血灑途，視丹徼以何遠。首領和舍等，並計窮力屈，面縛軍門，寬其萬死之誅，弘以再生之路。唯蒙儉脫身鋌險，負命窮山，顧巢穴而靡依，延晷漏其何幾？況妖徒革面，徼外非復他人；部落離心，舟中皆爲敵國。瞻言梟首，指日可期，凡在歸降，隨事招撫。與之經始，復其故業。首丘懷戀，疑臨故國之墟；安堵知歸，似入新豐之市。

　　然後班師遡水，振旅禹山，建鴻勳於武功，暢玄猷於文教。庶荒陬襲中邦之禮，邊疆息外戶之虞。華封祝堯，兆皇基於千載；夷歌頌漢，美王澤於三章。宜與夫天帝前星，廣賜秦公之冊；坤元益地，遙開王母之圖。蓋亦有云，曾何足紀？斯並玄謨廣運，廟畧遐覃，一戎而荒景肅清，再鼓而邊隅底定。豈臣等提戈攬甲，克全百勝之功；仗節揚麾，能通九變之策。詣藁街而獻旅，大帝成規；聞林杜以勞旋，小臣何力？不勝慶快之至，謹遣行軍司馬朝散大夫守巂州都督府長史上柱國梁待辟奉露布以聞，軍資器械，別簿錄上。

張説之《東山記》

張説蘇頲之文，時稱燕許大手筆，雖尚沿駢儷之制，已稍變浮艷之風矣。

　　兵部尚書同中書門下三品修文館大學士韋公，體含真静，思協幽曠，雖翊亮廊廟，而緬懷林藪。東山之曲，有別業焉。嵐氣入野，榛煙出俗，石潭竹岸，松齋藥畹，虹泉電射，雲木虛吟，恍惚疑夢，閑關忘術。茲所謂丘壑夔龍，衣冠巢許。幸温泉之歲也，皇上聞而賞之。乃命掌舍設帟，金吾劃次，太官載酒，奉常抱樂，停輿輦於青靄，仁罕榆於紫氛，百神朝於谷中，千官飲乎池上。緹騎環山，朱旆焰野，縱觀空巷，途歌傳壑。是日即席拜公逍遥公，名其居曰清虛原幽栖谷。景移樂極，天子賦詩，王后帝女，宮嬪邦媛，歌焉和焉，以寵德也，加以中宮敦序，謂我諸兄，引内子於重帷，見兒童於行殿。家人之禮優，棠棣之詩作。於是實其筐筥，下以昭忠信之獻；賫其束帛，上以示慈惠之恩。朝野歡並，君臣義洽。夫飛翠華，歷茨嶺，至道之主也；紆紫綬，期赤松，素履之輔也。千載一時，難乎此遇。故兩曜合舍，衆星聚德，雅道光華，高風允塞，寒谷煦景，窮崖潤色。猗歟盛事，振古未有，篆之玄石，貽代厥後。

李遐叔《賀遂員外藥園小山池記》

言唐代古文者，必稱韓、柳。然八家之文，人多知之，今以限於時間，不更及。

李華與蕭穎士並稱蕭李。唐時之爲文者，燕許雖稍渾樸，猶沿儷體，至蕭李出而古文之規模始具。元結、次山。獨孤及至之。亦皆工爲散文。昌黎受知於穎士之子存，與獨孤及門人梁肅游，李華族子觀與愈同舉進士，相友善，亦能爲古文，以早卒未能大成。宗子翰文章爲愈所稱，故蕭、李、獨孤實韓、柳之先河也。

悦名山大川，欲以安身崇德，而獨往之士，勤勞千里，豪家之制，殫及百金，君子不爲也。賀遂公衣冠之鴻鵠，執憲起草，不塵其心，夢寐以青山白雲爲念。庭除有砥礪之材，礧碩之璞，立而象之衡巫；堂下有奮錘之坳，圩墢之凹，陂而象之江湖。種竹藝藥，以佐正性，華實相蔽，百有餘品。鑿井引汲，伏源出山，聲聞池中，尋寶而發。泉躍波轉而盈沼，支流脉散而滿畦。一夫蹋輪，而三江逼户，十指攢石，而羣山倚蹊。智與化侔，至人之用也。其間有書堂琴軒，置酒娛賓，卑痺而敞，若雲天尋丈，而豁如江漢，以小觀大，則天下之理盡矣，心目所自不忘乎。賦情遣辭，取興兹境，當代文士目爲詩圃。道在抑末敦元，可以扶教。趙郡李華舉其署而記之。

蕭茂挺《爲邵翼作上張兵部書》

月日。應武藝超絕舉某乙謹上書侍郎公執事：某汝潁儒家子，先人以文至尚書郎。今僕不肖，持七尺之軀，蹶張角力，爲褒衣者所不見禮。猶復決短策，希餘光，願以羸疲之形，忽微之氣，三寸之舌，百金之義，一朝而委諸執事,將納之耶?拒之耶?嗚呼!苟或拒之,士亦未易知也,試爲執事言之。僕幼聞《禮經》,長習篇翰,多舉大器,不求微旨。且尤好史臣之言,自秦漢迄於周隋,馳乎千餘載間,天人秘理,軍國奇畫,皆耳剽其論。而爲文未嘗不喜潤色,求官迺拙,莫能進取,顧人事所先,則天資所闕。雖欲從士大夫之後,高談抵掌,取當代名,其不可得也審矣。然每讀《太史公書》,竊慕穰苴、樂生之高義,常願一寘戎車之殿,指麾部分,爲天子干城。近臣不知,明主未識,徒欲奮決,孰爲引致?嗟乎!使古之二子復與僕同時於今,雖有敗晉强燕之謀,亦不能自達也明矣!所謂"論干戈於揖讓之代則悖"者,信哉!是以傴僂其形,慚沮其色,與披堅執銳之伍,以馳逐擊刺爲容。雖欲恥之,其可得已!侍郎亦不可謂僕無學而輕之。今聖主居安慮危,有備無患,以侍郎爲深寄,故專任簡稽之司,豈不欲旁求爪牙,式遏寇虐?故將七擒是擇,寧止百中爲奇。則孫子之謀,長於減竈;杜侯之力,曾不跨鞍。蓋古之有善陣不戰者,未聞以投石拔棘爲全軍也。侍郎懋袞之後,爲善是學,朝稱偉才,物飽宏議,固當纘韋平之業,爲社稷之臣。使小人得馳驅下風,計畫見用,比蕭何、韓信之事,顧不美乎?侍郎必不以僕爲狂,使待罪末品,參一旅之長,受偏師之任。羽書狎至,烽火交馳,察以時候,占其氣物,標利害之形,相山澤之險,乍聚乍散,一陰一陽,飆馳雷動,千變萬化,使兵不血刃,勢如川決。與夫褰一旗,斬一卒,崎嶇行陣之末,以微賞求名者,何其遠歟!如或人非廢言,事有可驗,又得出疆場之外,奉咫尺之書,因宜料敵,隨事制變,使千古忠臣之節,凜然復存,則蘇武虜中,尚能齧雪,傅生幕下,必斬樓蘭,此亦一奇也。侍郎又不可謂僕大言而疑之。以侍郎有卓立傑出之姿,虛心待士,貴不驕物,故小人越上下之分,持得失之端,私布之於侍郎,期不以衆人見遇也。侍郎用僕亦今日,否亦今日,屈伸待命,惟所進退。某再拜。

李習之《贈禮部尚書韓公行狀》

李翶、皇甫湜學於韓最著者。唐宋後之散文,質言之,則以魏晉而降之駢文不適於用,不切於事而改之耳。其義法取之於古,而其實則欲以周當日之用。夫徒求周當日之用,則作合於口語之白話可耳,然失之俗矣。一切墨守古人,雅則雅矣,然又不適於用也。故作散文之要,在能適合物情,盡達吾意而義法又不背於古,故其所最難者爲神與古會而盡脫其迹象。在唐代惟昌黎能之,柳州即不能盡化,李習之等益無論矣。

曾祖泰,皇任曹州司馬;祖濬素,皇任桂州長史;父仲卿,皇任秘書郎,贈尚書左僕射。公諱愈,字退之,昌黎人。生三歲,父歿,養於兄會舍。及長讀書,能記他生之所習。年二十五上進士第。汴州亂,詔以舊相東都留守董晉爲平章事、宣武軍節度使,以平汴州。晉辟公以行,遂入汴州,得試秘書省校書郎,爲觀察推官。晉卒,公從晉喪以出,四日而汴州亂,凡從事之居者皆殺死。武寧軍節度使張建封奏爲節度推官,得試太常寺協律郎,選授四門博士,遷監察御史。爲幸臣所惡,出守連州陽山令。政有惠於下,及公去,百姓多以公之姓以命其子。改江陵府法曹參軍,入爲權知國子博士。宰相有愛公文者,將以文學職處公,有爭先者,構公語以非之。公恐及難,遂求分司東都。權知三年,改真博士。入省爲分司都官員外郎,改河南縣令,日以職分辨於留守及尹,故軍士莫敢犯禁。入爲職方員外郎。華州刺史奏華陰縣令柳澗有罪,遂將貶之,公上疏請發御史辯曲直,方可處以罪,則下不受屈。既柳澗有犯,公由是復爲國子博士,改比部郎中、史館修撰,轉考功郎中,修撰如故。數月以考功知制誥。上將平蔡州,先命御史中丞裴公度使諸軍以視兵,及還,奏兵可用,賊勢可以滅,頗與宰相意忤。既數月,盜殺宰相,又害中丞不克,中丞微傷,馬逸以免,遂爲宰相,以主東兵。自安禄山起范陽、陷兩京,河南北七鎮節度使,身死則立其子,作軍士表以請,朝廷因而與之。及貞元季年,雖順地節將死,多即軍中取行軍副使將校以授之節,習以成故矣。朝廷之賢,恬然於所安,以苟不用兵爲貴,議多與裴丞相異。唯公以爲盜殺宰相,而遂息兵,其爲懦甚大,兵不可以息,以天下力取三州,尚何不可?與裴丞相議合,故兵遂用,而宰相有不便之者。月滿遷中書舍人,賜緋魚袋,後竟以他事改太子右庶子。

元和十三年秋,以兵老久屯,賊未滅,上命裴丞相爲淮西節度使以招討之,丞相請公以行,於是以公因本官兼御史中丞,賜三品服及魚,爲行軍司馬,從丞相居於郾城。公知蔡州精卒悉聚界上,以拒官軍,守城者率老弱,且不過千人,亟白丞相,請以兵三千人間道以入,必擒吳元濟。丞相未及行,而李愬自唐州文城壘提其卒以夜入蔡州,果得元濟。蔡州既平,布衣柏耆以計謁公,公與語奇之,遂白丞相曰:"淮西滅,王承宗膽破。可不勞用衆,宜使辯士奉相公書,明禍福以招之,彼必服。"丞相然之,公令柏耆口占爲丞相書,明禍福,使柏耆袖之,以至鎮州。承宗果大恐,上表請割德、棣二州以獻。丞相歸京師，公遷刑部侍郎。歲餘，佛骨自鳳翔至，傳京師諸寺，時百姓有燒指與頂以祈福者。公奏疏言，自伏羲至周文武時，皆未有佛，而年多至百歲，有過之者。自佛法入中國，帝王事之，壽不能長。梁武帝事之最謹，而國大亂，請燒棄佛骨。疏入，貶潮州刺史，移袁州刺史。百姓以男女爲人隸者，公皆計傭以償其直而出歸之。入遷國子祭酒。有直講，能說禮而陋於容，學官多豪族子，擯之不得共食。公命吏曰：“召直講來，與祭酒共食。”學官由此不敢賤直講。奏儒生爲學官，日使會講，生徒奔走聽聞，皆相喜曰：“韓公來爲祭酒，國子監不寂寞矣！”改兵部侍郎。鎮州亂，殺其帥田弘正，征之不克，遂以王庭湊爲節度使，詔公往宣撫。既行，衆皆危之。元稹奏曰：“韓愈可惜！”穆宗亦悔，有詔令至境觀事勢，無必於入。公曰：“安有受君命而滯留自顧？”遂疾驅入。庭湊嚴兵拔刃，弦弓矢以逆。及館，甲士羅於庭，公與庭湊、監軍使三人就位。既坐，庭湊言曰：“所以紛紛者，乃此士卒所爲，本非庭湊心。”公大聲曰：“天子以爲尚書有將帥材，故賜之以節，實不知公共健兒語，未嘗及大錯。”甲士前奮言曰：“先太史爲國打朱滔，滔遂敗走，血衣皆在。此軍何負朝廷，乃以爲賊乎？”公吿曰：“兒郎等且勿語，聽愈言。愈將爲兒郎已不記先太史之功與忠矣。若猶記得，乃大好。且爲逆與順、利與病，不能遠引古事，但以天寶來禍福爲兒郎等明之：安禄山、史思明、李希烈、梁崇義、朱滔、朱泚、吳元濟、李師道，復有若子若孫在乎？亦有居官者乎？”衆皆曰：“無。”又曰：“令公以魏博六州歸朝廷，爲節度使，後至中書令，父子皆授旌節，子與孫雖在童幼者亦爲好官，窮富極貴，寵榮耀天下，劉悟、李佑皆居大鎮；王承元年始十七亦伏節。此皆三軍耳所聞也。”衆乃曰：“田弘正刻此軍，故軍不安。”公曰：“然汝三軍亦害田令公身，又殘其家矣，復何道？”衆乃謹曰：“侍郎語是。”庭湊恐衆心動，遽麾衆散出，因泣謂公曰：“侍郎來，欲令庭湊何所爲？”公曰：“神策六軍之將，如牛元翼比者不少，但朝廷顧大體，不可以棄之耳，而尚書久圍之何也？”庭湊曰：“即出之。”公曰：“若真耳，則無事矣。”因與之宴而歸。而元翼果出，乃還，於上前盡奏與庭湊言及三軍語；上大悅曰：“卿直向伊如此道。”由是有意欲大用之。王武俊贈太師，呼太史者，燕趙人語也。轉吏部侍郎。凡令史皆不鎖廳出入，或問公，公曰：“人所以畏鬼者，以其不能見也。鬼如可見，則人不畏矣。選人不得見令史，故令史勢重；聽其出入，則勢輕。”改京兆尹兼御史大夫，特詔不就御史臺謁，後不得引爲例。六軍將

士皆不敢犯，私相告曰："是尚欲燒佛骨者，安可忤？"故賊盜止。遇旱，米
價不敢上。李紳爲御史中丞，械囚送府，使以尹杖杖之。公曰："安有
此？"使歸其囚。是時紳方幸，宰相欲去之，故以臺與府不協爲請，出紳爲
江西觀察使，以公爲兵部侍郎。紳既復留，公入謝，上曰："卿與李紳爭何
事？"公因自辯，數日復爲吏部侍郎。長慶四年得病，滿百日假。既罷，以
十二月二日卒於靖安里第。公氣厚性通，論議多大體，與人交始終不易，
凡嫁内外及交友之女無主者十人。幼養於嫂鄭氏。及嫂歿，爲之服朞以
報之。深於文章，每以爲自揚雄之後，作者不出。其爲文未嘗效前人之
言，而固與之並。自貞元末以至於兹，後進之士，其有志於古文者，莫不
視公以爲法。有集四十卷，小集十卷。及病，遂請告以罷，每與交友言
既，終以處妻子之語，且曰："某伯兄德行高，曉方藥，食必視《本草》，年止
於四十二。某疏愚，食不擇禁忌，位爲侍郎，年出伯兄十五歲矣。如又不
足，於何而足？且獲終於牖下，幸不至失大節，以下見先人，可謂榮矣！"
享年五十七。贈禮部尚書。謹具任官事迹如前，請牒考功下太常定諡，
並牒史館。謹狀。

皇甫持正《故吏部侍郎昌黎韓先生墓誌銘》

　　長慶四年八月，昌黎韓先生既以疾免吏部侍郎，書諭湜曰："死能令
我躬所以不隨世磨滅者惟子，以爲囑。"其年十二月丙子，遂薨。明年正
月，其孤昶，使奉功緒之録，繼訃以至。三月癸酉，葬河南河陽，乃哭而叙
銘其墓。其詳將揭之於神道碑云。先生諱愈，字退之。後魏安桓王茂六
代孫。祖朝散大夫、桂州長史諱叡素。父秘書郎、贈尚書、左僕射諱仲
卿。先生七歲好學，言出成文。及冠，恣爲書以傳聖人之道。人始未信。
既發不掩，聲震業光，衆方驚爆，而萃排之，乘危將顛，不懈益張，卒大信
於天下。先生之作，無圓無方，至是歸工，抉經之心，執聖之權，尚友作
者，跋邪觝異，以扶孔氏，存皇之極。知與罪，非我計。茹古涵今，無有端
涯；渾渾灝灝，不可窺校。及其酣放，豪曲快字，凌紙怪發，鯨鏗春麗，驚
耀天下。然而栗密窈眇，章妥句適，精能之至，入神出天。嗚呼極矣！後
人無以加之矣！姬氏以來，一人而已矣！始先生以進士三十有一仕歷
官，其爲御史、尚書郎、中書舍人，前後三貶，皆以疏陳治事，廷議不隨爲
罪。常愆佛老氏法潰聖人之隄，乃唱而築之。及爲刑部侍郎，遂章言憲

宗迎佛骨非是,任爲身恥,震怒天顏。先生處之安然,就貶八千里海上。嗚呼! 古所謂非苟知之亦允蹈之者耶? 吳元濟反,吏兵久屯無功,國涸將疑,衆懼汹汹。先生以右庶子兼御史中丞行軍司馬,宰相軍出潼關,請先乘遽至汴,感說都統,師乘遂和,卒擒元濟。王庭湊反,圍牛元翼於深。救兵十萬,望不敢前。詔擇庭臣往諭,衆慄縮,先生勇行。元稹言於上曰:"韓愈可惜。"穆宗悔,馳詔無徑入。先生曰:"止,君之仁,死,臣之義。"遂至賊營,麾其衆責之。賊悝汗伏地,乃出元翼。《春秋》美臧孫辰告糴於齊,以爲急病。校其難易,孰爲宜褒? 嗚呼先生! 真古所謂大臣者耶? 還拜京兆尹,斂禁軍帖旱糴,黜倖臣之銛。再爲吏部侍郎。薨年五十七,贈禮部尚書。先生與人洞朗軒闢,不施戟級。族姻友舊不自立者,必待我,然後衣食嫁娶喪葬。平居雖寢食,未嘗去書;息以爲枕,飧以飴口,講評孜孜,以磨諸生;恐不完美,游以詼笑嘯歌,使皆醉義忘歸。嗚呼! 可謂樂易君子,鉅人長者矣! 夫人高平郡君范陽盧氏,孤前進士昶,婿左拾遺李漢、集賢校理樊宗懿,次女許嫁陳氏,三女未笄。銘曰:

　　惟天有道,在我先生。萬頸胥延,坐廟以行;令望絕邪,痌此四方。惟聖有文,乖微歲千。先生起之,焊役於前。曠義滂仁,耿照充天。有如先生,而合亘年。按我章書,經紀大環。啥不時施,昌極後昆。噫嘻永歸,奈知之悲!

陸敬輿《興元元年奉天改元大赦詔》

唐宋時公牘,多用駢文曲達健舉,當推宣公第一,宋歐蘇一派本之。

　　門下:致理興化,必在推誠;忘己濟人,不吝改過。朕嗣守丕構,君臨萬方,失守宗祧,越在草莽。不念率德,誠莫追於既往;永言思咎,期有復於將來。明徵厥初,以示天下。惟我烈祖,邁德庇人,致俗化於和平,拯生靈於塗炭,重熙積慶,垂二百年。伊爾卿尹庶官,洎億兆之衆,代受亭育,以迄于今。功存于人,澤垂于後。肆予小子,獲纘鴻業,懼德不嗣,罔敢怠荒。然以長于深宮之中,暗于經國之務,積習易溺,居安忘危,不知稼穡之艱難,不察征戍之勞苦。澤靡下究,情不上通。事既壅隔,人懷疑阻。猶昧省己,遂用興戎。徵師四方,轉餉千里,賦車籍馬,遠近騷然,行齎居送,衆庶勞止。或一日屢交鋒刃,或連年不解甲胄。祀奠乏主,室家靡依。生死流離,怨氣凝結。力役不息,田萊多荒。暴命峻於誅求,疲甿空於杼軸。轉死溝壑，離去鄉閭。邑里丘墟，人煙斷絕。天譴於上，而朕不悟；人怨於下，而朕不知。馴致亂階，變興都邑。賊臣乘釁，肆逆滔天，曾莫愧畏，敢行凌逼。萬品失序，九廟震驚。上辱於祖宗，下負于黎庶。痛心靦貌，罪實在予。永言愧悼，若墜深谷。賴天地降佑，神人叶謀，將相竭誠，爪牙宣力，屏逐大盜，載張皇維。將弘永圖，必布新令。朕晨興夕惕，惟念前非。乃者公卿百寮，累抗章疏，猥以徽號，加于朕躬，固辭不獲，俯遂輿議。昨因內省，良用瞿然。體陰陽不測之謂神，與天地合德之謂聖。顧惟淺昧，非所宜當。文者所以成化，武者所以定亂。今化之不被，亂是用興，豈可更徇羣情，苟膺虛美，重余不德，祇益懷慚。自今以後，中外所上書奏，不得更稱聖神文武之號。

夫人情不常，繫于時化；大道既隱，亂獄滋豐。朕既不能弘德導人，又不能一法齊衆，苟設密網，以羅非辜，爲之父母，實增愧悼。今上元統曆，獻歲發生，宜革紀年之號，式敷在宥之澤，與人更始，以答天休。可大赦天下，改建中五年爲興元元年。

自正月一日昧爽以前，大辟罪已下，罪無輕重，已發覺、未發覺，已結正、未結正，繫囚見徒常赦所不原者，咸赦除之。李希烈、田悅、王武俊、李納等，有以忠勞，任膺將相；有以勳舊，繼守藩維，朕撫馭乖方，信誠靡著，致令疑懼，不自保安。兵興累年，海內騷擾，皆由上失其道，下罹其災。朕實不君，人則何罪？屈己弘物，予何愛焉？庶懷引慝之誠，以洽好生之德。其李希烈、田悅、王武俊、李納及所管將士官吏等，一切並與洗滌，各復爵位，待之如初。仍即遣使，分道宣諭。朱滔雖與賊泚連坐，路遠未必同謀。朕方推以至誠，務欲弘貸，如能效順，亦與維新。其河南、河北諸軍兵馬，並宜各於本道自固封疆，勿相侵軼。朱泚大爲不道，棄義蔑恩，反易天常，盜竊名器，暴犯陵寢，所不忍言，獲罪祖宗，朕不敢赦。其應被朱泚協從將士、官吏、百姓及諸色人等，有遭其扇誘，有迫以兇威，苟能自新，理可矜宥。但官軍未到京城以前，能去逆效順，及散歸本軍本道者，並從赦例原免，一切不問。天下左降官，即與量移近處；已量移者，更與量移。流人配隸，及藩鎮效力，並緣罪犯與諸使驅使官，兼別敕諸州縣安置，及得罪人家口未得歸者，一切放還。應先有痕累禁錮，及返逆緣坐，承前恩赦所不該者，並宜洗雪。亡官失爵放歸勿齒者，量加收叙，未復資者更與進叙。人之行業，或未必兼。構大廈者方集於羣材，建奇功者不限於常檢。苟在適用，則無棄人。況黜免之徒，沉鬱既久，朝過夕改，仁何遠哉？流移降黜，亡官失爵，配隸人等，有才能著聞者，特加録用，勿拘常例。

諸軍使諸道赴奉天及進收京城將士等，或百戰摧敵，或萬里勤王，扞固全城，驅除大憝。濟危難者其節著，復社稷者其業崇。我圖爾功，特加彝典，錫名疇賦，永永無窮，宜並賜名奉天定難功臣。身有過犯，遞減罪三等。子孫有過犯，遞減罪二等。當户應有差科使役，一切蠲免。其功臣已後雖衰老疾患，不任軍旅，當分糧賜，並宜全給。身死之後，十年内仍回給家口。其有食實封者，子孫相繼，代代無絶。其餘叙録，及功賞條件，待收京日，並準去年十月十七日十一月十四日敕處分。諸道諸軍將士等，久勤扞禦，累著功勳，方鎮克寧，惟爾之力。其應在行營者，並超三資與官，仍賜勳五轉。不離鎮者，依資與官，賜勳三轉。其累加勳爵，仍許回授周親。内外文武官，三品已上賜爵一級，四品已下各加一階，仍並賜勳兩轉。見危致命，先哲攸貴；掩骼薶胔，禮典所先。雖效用而或殊，在惻隱而何間？諸道兵士有死王事者，各委所在州縣給遞送歸，本管官爲葬祭。其有因戰陣殺戮，及擒獲伏辜，暴骨原野者，亦委所在逐近便收葬。應緣流貶及犯罪未葬者，並許其家各據本官品以禮收葬。

自頃軍旅所給，賦役繁興，吏因爲姦，人不堪命，咨嗟怨苦，道路無聊，汔可小康，與之休息。其墊陌及稅間架、竹木、茶漆、榷鐵等諸色名目，悉宜停罷。京畿之内，屬此寇戎，攻劫焚燒，靡有寧室，王師仰給，人以重勞，特宜減放今年夏稅之半。朕以兇醜犯闕，遽用于征，爰度近郊，息駕兹邑，軍儲克辦，師旅攸寧，式當襃旌，以志吾過。其奉天宜升爲赤縣，百姓並給復五年。尚德者，教化之所先；求賢者，邦家之大本。永言兹道，夢想勞懷。而澆薄之風趨競不息，幽棲之士寂寞無聞，蓋誠所未孚，故求之不至。天下有隱居行義，才德高遠，晦跡丘園，不求聞達者，委所在長吏具姓名聞奏，當備禮邀致。諸色人中有賢良方正，能直言極諫，及博通墳典，達於教化，並洞識韜鈐，堪任將帥者，委常參官及所在長吏聞薦。天下孤老，鰥寡煢獨，不能自活者，並委州縣長吏量事優卹。其有年九十已上者，刺史縣令就門存問。義夫節婦，孝子順孫，旌表門閭，終身勿事。

大兵之後，内外耗竭，貶食省用，宜自朕躬。當節乘輿之服御，絶宫室之華飾，率已師儉，爲天下先。諸道貢獻，自非供宗廟軍國之用，一切並停。應内外官有冗員，及百司有不急之費，委中書門下即商量條件，停減聞奏。布澤行賞，仰惟舊章。今以餘孽未平，帑藏空竭，有乖慶賜，深愧於懷。

赦書有所未該者，委所司類例條件聞奏。敢以赦前事相言告者，以其罪罪之。亡命山澤，挾藏軍器，百日不首，復罪如初。赦書日行五百里，布告遐邇，咸使聞知。

李義山《上尚書范相公啓》

《唐書》本傳，商隱與温庭筠、段成式皆以儷偶繁縟相尚，號三十六體，以三人皆第十六。商隱之文則受之令狐楚者，此篇乃其較清秀者。

某啓：仰蒙仁恩，俯賜手筆，將虛右席，以召下材。承命恐惶，不知所措。某幸承舊族，蚤預儒林。鄴下詞人，夙蒙推獎；洛陽才子，濫被交游。而時亨命屯，道泰身否。成名逾於一紀，旅宦過於十年。恩舊凋零，路岐淒愴。薦禰衡之表，空出人間；嘲揚子之書，僅盈天下。去年遠從桂海，來返玉京。無文通半頃之田，乏元亮數間之屋。隘傭蝸舍，危托燕巢。春畹將游，則蕙蘭絕徑；秋庭欲掃，則霜露霑衣。免調天官，獲升甸壤。歸惟卻掃，出則卑趨。仰燕路以長懷，望梁園而結慮。尚書道光士範，德冠民宗。愷悌之化既流，鎮靜之功方懋。竊思上國投刺，東都及門。惟交抵掌之談，遂辱知心之契。載惟浮泛，頻涉光陰。豈期咫尺之書，終訪蓬蒿之宅？感義增氣，懷仁識歸。便當焚游趙之簦，毀入秦之屬，束書投筆，仰副嘉招。謁謝未閒，下情無任感戀之至。謹啓。

楊大年《謝賜衣表》

趙宋文學可分駢散兩派，初承晚唐餘緒，崇尚駢儷，徐鉉、楊億等最爲有名。其後柳開倡爲古文，蘇舜卿、穆修等繼之，范仲淹、宋祁、司馬光、劉敞、劉攽亦能爲古文，而三蘇、歐、曾及王介甫最工。理學一派，亦能爲散文，如周、程、張、朱等是也。南渡後承散文之緒者，朱子最醇實，而永嘉、永康二派近雜霸。永嘉派以葉適、陳傅良爲巨擘，其學亦出於程而精於史，故熟於成敗利鈍，典章經制。永康一派以陳亮稱首，其學出呂祖謙，祖謙本好談史，故二派實相近也。駢文則汪藻、洪適、洪遵、洪邁、周必大、王安中、樓鑰等咸稱作家。

臣某言：今月十六日，翰林藝學郤俊至，伏蒙聖慈賜臣敕書一道，紫綺純綿旋襴一領，並賜屯駐本城諸軍員僚初冬衣襖者。解衣之賜，猥及于下臣；挾纊之仁，更均于列校。光生郡邸，喜動轅門。臣某中謝。伏以崇文廣武聖明仁孝皇帝陛下誕膺元符，恭臨大寶，惠必先於逮下，志惟在於愛人。鳥獸氄毛，甫及嚴凝之候；衣裳在笥，爰推賜予之恩。在渙汗之所沾，雖容光而必照。如臣者，任叨符竹，地僻甌吳。奉漢詔之六條，方深祇畏；分齊官之三服，忽荷頒宣。纂組極於纖華，純綿加於麗密。璽書下降，竊窺雲漢之文；驛騎來臨，更重皇華之命。但曳履而增惕，實被服以難勝，矧於戎行，亦膺天寵。干城雖久，曾無汗馬之勞；守土何功，獨懼濡鶺之刺。仰瞻宸極，唯誓糜捐。臣與軍校等無任感天荷聖、歡呼蹈舞、激切屏營之至。

尹師魯《諫時政疏》

尹洙學於穆修，與歐陽修同爲古文者。凡古文，以平易而能古雅爲貴，宋時宋祁、劉敞等皆有艱澀之病，此歐、曾等之所以爲貴也。歐與宋同學韓，而一僻澀一平易。此篇殊有雍容之度。

　　四月日，朝奉郎、守太子中允、集賢校理、新差通判秦州軍州事、上騎都尉、賜緋魚袋臣尹洙，昧死再拜上疏皇帝陛下：臣聞漢文帝盛德之主，賈誼論當時事勢，猶云"可爲痛哭"；孝武帝外攘四夷，以强主威，徐樂、嚴安尚以陳勝亡秦、六卿篡晉爲誡。二帝不以危亂滅亡爲諱，故子孫保天下者十餘世。秦二世時，關東盜起，或以反者聞，二世怒，下吏。或曰"逐捕今盡，不足憂"，乃悅。隋煬帝時，四方兵興，左右近臣皆隱賊數，不以實聞。或言賊多者，輒被詰責。二帝以危亂滅亡爲諱，故秦、隋之宗社，數年爲墟。陛下視今日天下之治，孰與漢文？威制四夷，孰與漢武？國家基本仁德，陛下慈孝愛民，誠萬萬於秦、隋。至於西有不臣之虜，北有强大之鄰，非特閭巷盜賊之勢也。自西虜叛命者四年，旁塞數擾，内地疲遠輸，兵久於外，而休息無期。卒有乘弊而起，兵法所謂"智者不能善其後"。當此之時，陛下當夙夜憂懼，所以慮事變而塞禍源也。陛下延訪邊事，容納直言，前世人主勤勞寬大，未有能遠過者也。然未知以宗廟爲憂、危亡爲懼，此賤臣所以感憤於邑而不已。何者？今命令數更，恩寵過濫，賜與不節，此三者戒之慎之，在陛下所行耳，非有難動之勢也。陛下因循不革，弊壞日甚，臣是以謂陛下未以宗廟爲憂，危亡爲懼者以此。夫命令者，人主所以垂信於天下也。異時民間聞朝廷降一令，皆竦視之；今則不然，皆相與竊語，以爲不久當更，既而信然。此命令日輕於下也。命令輕則朝廷不尊矣。又聞羣臣有獻忠謀者，陛下始甚聽之，後復一人沮之，則陛下意移矣。忠言者以陛下信之不能終，頗自絀其謀，以爲無益。此命令數更之弊也。夫爵賞，陛下所持之柄也。近時外戚內臣，以及士人，或因緣以求，恩澤從中下，謂之"內降"。臣聞唐氏衰政，或母后專制，或妃主擅朝，樹恩私黨，名爲"斜封"。今陛下威柄自出，外戚內臣賢而才者，當與大臣公議而進之，何必襲斜封之弊哉？且使大臣從之，則壞陛下綱紀；不從，則沮陛下德音。壞綱紀，忠臣所不忍爲；沮德音，則威柄日輕。臣又聞盡公不阿，朝廷所以責大臣；今乃自以私昵撓之，而欲責大臣之守正不私，難矣。此恩寵過濫之弊也。夫賜與者，國家所以勸功也。比年以來，嬪御及伶官、太醫之屬，賜與過厚。人間傳言：內帑金帛，皆祖宗累朝積聚，陛下用之不甚愛卹，今之所存無幾。疏遠之人，誠不能詳內府豐匱之數，但見取於民者日煩，即知畜於公帑者不厚。臣亦知國家自西方用兵，用度寖廣，帑藏之積，未必皆爲賜予所費。然下民不可家至而戶曉，獨見陛下行事感動耳。往歲聞邊將王珪以力戰賜金，則無不悅服；或見優人所得過厚，則往往憤嘆，人情不可不察。此賜予不節之弊也。臣所論三事，皆人人所共知，近臣從諛而不言，以至今日。方今非獨夷狄之爲患，朝政日弊而陛下不寤，人心日危而陛下不知，故臣願先正於內以正於外，然後忠謀漸進，綱紀漸舉，國用漸足，士心漸奮，夷狄之患庶乎息矣。伏惟陛下深察秦、隋惡聞忠言所以亡，遠法漢主不諱危亂所以存，日新盛德，與民更始，則非獨賤臣幸甚，實亦天下幸甚。干犯鈇鉞，臣無任戰汗激切俟命之至。臣洙昧死再拜上疏。

朱元晦《大學章句序》

晦翁文學南豐，醇實而少病其弱。

《大學》之書，古之大學所以教人之法也。蓋自天降生民，則既莫不與之以仁、義、禮、智之性矣。然其氣質之稟或不能齊，是以不能皆有以知其性之所有而全之也。一有聰明睿智，能盡其性者出於其間，則天必命之，以爲億兆之君師，使之治而教之，以復其性。此伏羲、神農、黃帝、堯、舜所以繼天立極，而司徒之職、典樂之官所由設也。三代之隆，其法浸備，然後王宮國都以及閭巷莫不有學。人生八歲，則自王公以下至於庶人之子弟，皆入小學，而教之以灑掃應對進退之節，禮、樂、射、御、書、數之文。及其十有五年，則自天子之元子衆子，以至公卿大夫元士之適子，與凡民之俊秀，皆入大學，而教之以窮理正心、修己治人之道。此又學校之教大小之節所以分也。夫以學校之設其廣如此，教之之術其次第節目之詳又如此，而其所以爲教，則又皆本之人君躬行心得之餘，不待求之民生日用彝倫之外，是以當世之人無不學；其學焉者，無不有以知其性分之所固有、職分之所當爲，而各俛焉以盡其力。此古昔盛時所以治隆於上、俗美於下，而非後世之所能及也。及周之衰，賢聖之君不作，學校之政不修，教化陵夷，風俗頹敗。時則有若孔子之聖，而不得君師之位以行其政教，於是獨取先王之法，誦而傳之，以詔後世。若《曲禮》、《少儀》、《内則》、《弟子職》諸篇，固小學之支流餘裔。而此篇者，則因小學之成功以著大學之明法，外有以極其規模之大，而内有以盡其節目之詳者也。三千之徒，蓋莫不聞其説，而曾氏之傳獨得其宗，於是作爲傳義，以發其意。及孟子没，而其傳泯焉，則其書雖存，而知者鮮矣。自是以來，俗儒記誦詞章之習，其功倍於小學而無用；異端虛無寂滅之教，其高過於大學而無實。其他權謀術數，一切以就功名之説，與夫百家衆技之流，所以惑世誣民、充塞仁義者，又紛然雜出乎其間，使其君子不幸而不得聞大道之要，其小人不幸而不得蒙至治之澤，晦盲否塞，反覆沈痼，以及五季之衰而壞亂極矣。天運循環，無往不復。宋德隆盛，治教休明，於是河南程氏兩夫子出，而有以接乎孟氏之傳，實始尊信此篇而表章之。既又爲之次其簡編，發其歸趣，然後古者大學教人之法、聖經賢傳之指粲然復明於世。雖以熹之不敏，亦幸私淑而與有聞焉。顧其爲書，猶頗放失，是以忘其固陋，采而輯之。間亦竊附己意，補其闕畧，以俟後之君子。極知僭踰，無所逃罪。然於國家化民成俗之意，學者修己治人之方，則未必無小補云。淳熙己酉二月甲子，新安朱熹序。

葉正則《論四屯駐大兵》

　　敢問四大兵者，知其爲今日之深患乎？使知其爲深患，豈有積五十年之久而不求所以處此者？然則亦不知而已矣。自靖康破壞，維揚倉卒,海道艱難,杭、越草創,天下遠者命令不通,近者橫潰莫制。國家無明具之威信以驅使強悍,而諸將自誇雄豪,劉光世、張俊、吳玠兄弟、韓世忠、岳飛,各以成軍雄視海內。其玩寇養尊,無若劉光世;其任數避事,無若張俊。當是時也,廩稍惟其所賦,功勳惟其所奏,將校之祿多於兵卒之數,朝廷以轉運使主餽餉,隨意誅剝,無復顧惜,志意盛滿,仇疾互生,而上下同以爲患矣。及張浚收光世兵柄,制馭無策,呂祉以疏,俊趣之,一旦殺帥,卷甲而遁。其後秦檜慮不及遠,急於求和,以屈辱爲安者,蓋憂諸將之兵未易收,浸成疽贅,則非特北方不可取,而南方亦未易定也。故約諸軍支遣之數,分天下之財、特命朝臣以總領之,以爲喉舌出內之要。諸將之兵盡隸御前,將帥雖出於軍中,而易置皆由於人主,以示臂指相使之勢。向之大將,或殺或廢,惕息俟命,而後江左得以少安。故知其爲深患者,若此而已。雖然,以秦檜之慮不及遠也,不止以屈辱爲安,而直以今之所措置者爲大功,疲盡南方之財力以養此四大兵,惴惴然常有不足之患,檜猶坐視而不卹也。檜久於其位,老疾而死,後來者習見而不復知,但以爲當然。故朝廷以四大兵爲命而困民財,四都副統制因之而侵刻兵食,內臣貴倖因之而握制將權,蠹弊相承,無甚於此。而況不戰既久,老成消耗,新補惰偷,堪戰之兵十無四五,氣勢懦弱。加以役使回易,交跌債負,家小日增,生養不足,怨嗟嗷嗷聞於中外。昔祖宗竭天下之財以養天下之兵,固前世之所無有;而今日竭南方之財以養四屯駐之兵,又祖宗之所無有也。夫以地言之,則北爲重,以財言之,則南爲多。運吾之多財,兵強士飽,事力雄富,以此取地於北,不必智者而後知其可爲也。今奈何盡耗於三十萬之疲卒,襲五六十年之積弊,以爲庸將、腐閹賣鬻富貴之地,則陛下之遠業,將安所託乎?陛下誠奮然欲大有爲於天下,擴不可掩抑之素志,以謀夫不同覆載者之深仇,必自是始。使兵制定而減州縣之供餽,以蘇息窮民,種植基本。於是屬其兵使必鬭,屬其將使不懼,一再當虜而勝負決矣。兵以少而後強,財以少而後富,其說甚簡,其策甚要,其行之甚易也。

蘇子瞻《乞常州居住表》

歐蘇一派駢文頗借散文行氣,生動則生動矣,然在宋四六中不爲正宗。

　　臣軾言:臣聞聖人之行法也,如雷霆之震草木,威怒雖甚,而歸於欲其生；人主之罪人也，如父母之譴子孫，鞭撻雖嚴，而不忍致之死。臣漂流棄物，枯槁餘生，泣血書詞，呼天請命。願回日月之照，一明葵藿之心。此言朝聞，夕死無憾。臣軾誠惶誠恐，頓首頓首。臣昔者嘗對便殿，親聞德音。似蒙聖知，不在人後。而狂狷妄發，上負恩私。既有司皆以爲可誅，雖明主不得而獨赦。一從吏議，坐廢五年。積憂薰心，驚齒髮之先變；抱恨刻骨，傷皮肉之僅存。近者蒙恩量移汝州，伏讀訓詞，有"人材實難，弗忍終棄"之語。豈獨知免於縲紲，亦將有望於桑榆。但未死亡，終見天日。豈敢復以遲暮爲嘆，更生僥覦之心。但以祿廩久空，衣食不繼。累重道遠，不免舟行。自離黃州，風濤驚恐，舉家重病，一子喪亡。今雖已至泗州，而資用罄竭，去汝尚遠，難於陸行。無屋可居，無田可食，二十餘口，不知所歸，饑寒之憂，近在朝夕。與其強顏忍恥，干求於衆人；不若歸命投誠，控告於君父。臣有薄田在常州宜興縣，粗給饘粥，欲望聖慈，許於常州居住。又恐罪戾至重，未可聽從便安，輒叙微勞，庶蒙恩貸。臣先任徐州日，以河水浸城，幾至淪陷。臣日夜守捍，偶獲安全，曾蒙朝廷降勅獎諭。又嘗選用沂州百姓程棐，令購捕凶黨，致獲謀反妖賊李鐸、郭進等一十七人，亦蒙聖恩保明放罪。皆臣子之常分，無涓埃之可言。冒昧自陳，出於窮迫。庶幾因緣僥倖，功過相除。稍出羈囚，得從所便。重念臣受性剛褊，賦命奇窮。既獲罪於天，又無助於下。怨仇交積，罪惡橫生。羣言或起於愛憎，孤忠遂陷於疑似。中雖無愧，不敢自明。向非人主獨賜保全，則臣之微生豈有今日。伏惟皇帝陛下聖神天縱，文武生知。得天下之英才，已全三樂；躋斯民於仁壽，不棄一夫。勃然中興，可謂盡善。而臣抱百年之永嘆，悼一飽之無時。貧病交攻，死生莫保。雖鳧雁飛集，何足計於江湖；而犬馬蓋帷，猶有求於君父。敢祈仁聖，少賜矜憐。臣見一面前去，至南京以來聽候朝旨。干冒天威，臣無任。

秦少游《賀元會表》

此宋四六中之最綺麗者。

十三月爲正，前既稽於夏道；二千石上壽，仍參用於漢儀。盛旦載逢，彝章具舉。中賀。伏惟皇帝陛下財成天地，參並神明。命羲和之二官，謹《春秋》之五始。調和元氣，撫御中區。肆屬春王之朝，肇修元會之禮。難人呼旦，庭燎有光。外則虎賁羽林嚴宿衛之列，內則謁者御史肅班行之容。漏未盡而車輅陳,蹕既鳴而鼓鐘作。應龍高舉,雲氣畢從;北極上臨,星宿咸拱。受四海之圖籍,拜萬國之衣冠。歲月日時,於焉先正;聲明文物,粲爾可觀。邁康王酆宮之朝,拚高帝長樂之事。藹頌聲而並作,鬱協氣以橫流。臣比遠天光,遽更年籥。職拘藩國,莫瞻龍袞之升;心折宸居,但想獸樽之列。

汪彥章《爲隆祐太后告天下詔》

比以敵國興師,都城失守。祲纏宮闕,既二帝之蒙塵;誣及宗祏,謂三靈之改卜。衆恐中原之無統,姑令舊弼以臨朝。雖義形于色,而以死爲辭;然事迫於危,而非權莫濟。內以拯黔首將亡之命,外以舒鄰國見逼之威。遂成九廟之安,坐免一城之酷。乃以衰癃之質,起於閒廢之中,迎置宮闈,進加位號,舉欽聖已行之典,成靖康欲復之心。永言運數之屯,坐視邦家之覆,撫躬獨在,流涕何從?緬惟藝祖之開基,實自高穹之眷命。歷年二百,人不知兵;傳序九君,世無失德。雖舉族有北轅之釁,而溥天同左袒之心。乃眷賢王,越居近服,已徇羣情之請,俾膺神器之歸。繇康邸之舊藩,嗣我朝之大統。漢家之厄十世,宜光武之中興;獻公之子九人,惟重耳之尚在。茲爲天意,夫豈人謀?尚期中外之恊心,共定安危之至計。庶臻小愒,同底丕平。用敷告於多方,其深明於吾意。

洪景伯《花信亭上梁文》

上梁文始於宋,蓋古者"發"之意。

歷載買山,方策勳於此日;羣芳得地,有報喜之祥風。乃作新亭,用酬勝槩。盤洲老人酷好行樂,雅知倦游。治盤洲百畝之園,費中戶十家之產。物非容易而盡獲,事或艱難而晚成。東閣西樓,僅有一牛鳴之隔;左花右竹,幾乎兩蝸角之爭。弗蒂芥於胸中,若羈縻於化外。灰心久矣,唾手得之。胡越爲一家,無爾界此疆之異;雲夢吞九澤,合遠山近水之奇。草木皆知,燕雀相賀。畫棟侈丹青之飾,雕闌呈紅紫之妍。四時攜酒,則親朋足以娛嬉;千里命駕,則故舊斯焉款曲。野無青草,擁春徑之名葩;鞠有黃華,送秋林之清馥。閱冬蔮夏,敷之相繼;任朝榮暮,落之自然。已架虹梁,須吟繭紙。

元裕之《雷希顏墓誌銘》

金代詩文，皆以遺山爲第一，其人生值離亂，故其文多慷慨鳴之者。

　　南渡以來，天下稱宏傑之士三人，曰高廷玉獻臣、李純甫之純、雷淵希顏。獻臣雅以奇節自負，名士喜從之游，有衣冠龍門之目。衛紹王時，公卿大臣多言獻臣可任大事者。紹王方重吏員，輕進士，至謂“高廷玉人材非不佳，恨其出身不正耳”。大安末，自左右司郎官出爲河南府治中，卒以高材爲尹所忌，瘐死雒陽獄中。之純以薊州軍事判官上書論天下事，道陵奇之，詔參淮上軍，仍驛遣之。泰和中，朝廷無事，士大夫以宴飲爲常，之純於朋會中，或堅坐深念，咄咄嗟唶，若有旦夕憂者。或問之故，之純曰：“中原以一部族待朔方兵，然竟不知其牙帳所在。吾見華人爲所魚肉去矣！”聞者訕笑之曰：“四方承平餘五六十年，百歲無狗吠之警。渠不以時自娛樂，乃妖言耶？”未幾，北方兵動。之純從軍還，知大事已去，無復仕進意，蕩然一放於酒，未嘗一日不飲，亦未嘗一飲不醉。談笑此世，若不足玩者。貞祐末，嘗召爲右司都事，已而擯不用。希顏正大初拜監察御史。時主上新即大位，宵衣旰食，思所以弘濟艱難者爲甚力。希顏以爲天子富於春秋，有能致之資，乃拜章言五事，大畧謂精神爲可養，初心爲可保，人君以進賢、退不肖爲職，不宜妄費日力，以親有司之事。上嘉納焉。庚寅之冬，朔方兵突入倒迴谷，勢甚張。平章芮公逆擊之，突騎退走，填壓谿谷間，不可勝算，乘勢席卷，則當有謝玄淝水之勝。諸將相異同，欲釋勿追。奏至，廷議亦以爲勿追便。希顏上書，以破朝臣孤注之論，謂機不可失，小勝不足保，天所與不得不取。引援深切，灼然易見。而主兵者沮之，策爲不行。後京兆、鳳翔報北兵狼狽而西，馬多不暇入銜。數日後，知無追兵，乃聚而攻鳳翔，朝廷始悔之，至今以一日縱敵，爲當國者之恨。凡此三人者，行輩相及，交甚歡，氣質亦畧相同。而希顏以名義自檢，彊行而必致之，則與二子爲絕異也。蓋自近朝，士大夫始知有經濟之學。一時有重名者非不多，而獨以獻臣爲稱首。獻臣之後，士論在之純，之純之後在希顏，希顏死，遂有人物渺然之嘆。三人者皆無所遇合，獨於希顏尤嗟惜之云。希顏別字季默，渾源人。考諱思，大定末仕爲同知北京路轉運使事。希顏，其暮子也。崇慶二年，中黃裳榜進士乙科，釋褐涇州録事。不赴，換東平府録事。以勞績，遥領東阿縣令。調徐州觀察判官。召爲荆王府文學，兼記室參軍，轉應奉翰林文字、同知制誥、兼國史院編修官。考滿，再任。俄拜監察御史，以公事免。用宰相侯莘卿薦，除太學博士，還應奉，終於翰林修撰，累官太中大夫。娶侯氏。子男二人：公孫，八歲；宜翁，四歲。女二人：長嫁進士陳某，其幼在室。初，希顏在東平。東平，河朔重兵處也。驕將、悍卒倚外寇爲重，自行臺以下，皆務爲摩拊之。希顏蒞官，所以自律者甚嚴。出入軍中，偃然不爲屈，故頗有誣譖者。不數月，閭巷間家有希顏畫像。雖大將，亦不敢以新進書生遇之。嘗爲户部高尚書唐卿所辟，權遂平縣事。時年少氣銳，擊豪右，發奸伏，一縣畏之，稱爲神明。及以御史巡行河南，得贓吏尤不法者，榜掠之，有至四五百者。道出遂平，百姓相傳“雷御史至”，豪猾望風遁去。蔡下一兵與權貴有連，脱役遁田間，時以藥毒殺民家馬牛，而以小直脅取之。希顏捕得，數以前後罪，立杖殺之。老幼聚觀，萬口稱快，馬爲不得行。然亦坐是失官。希顏三歲喪父，七歲養於諸兄。年十四五，貧無以爲資，乃以冑子入國學，便能自樹立如成人。不二十，游公卿間，太學諸人莫敢與之齒。渡河後，學益博，文益奇，名益重。爲人軀幹雄偉，髥張口哆，顏渥丹，眼如望羊。遇不平，則疾惡之氣見於顏間，或嚼齒大罵不休。雖痛自摧折，猝亦不能變也。食兼三四人，飲至數斗不亂。杯酒淋漓，談謔間作。辭氣縱橫，如戰國游士；歌謡慷慨，如關中豪傑；料事成敗，如宿將；能得小人根株窟穴，如古能吏；其操心危，慮患深，則又似夫所謂孤臣孽子者。平生慕孔融、田疇、陳元龍之爲人，而人亦以古人期之。故雖其文章號一代不數人，而在希顏，仍爲餘事耳。希顏年四十六，以八年辛卯八月二十有三日暴卒，後二日，葬戴樓門外三王寺之西若干步。好問與太原王仲澤哭之，因謂仲澤言：“星殞有占，山石崩有占，水斷流有占，斯人已矣！瞻烏爰止，不知於誰之屋耳。”其十月，北兵由漢中道襲荆襄，京師戒嚴。銘曰：

維季默父起营平，弱齡飛騫振厥聲。備具文武任公卿，百出其一世已驚。紫髥八尺傾漢庭，前有趙張恥自名。目中之敵無遁情，太息流涕請進兵。拚聰不及馳迅霆，一日可復齊百城。天網四面開鯢鯨，砥柱不捄洪濤傾。望君佐王正邦經，或當著言垂日星。一債不起誰使令？如秦而帝寧勿生！不然亦當蹈東溟，元精炯炯賦子形。溘焉寧與一物并，千年紫氣欝上征。知有龍劍留泉扃，何以驗之石有銘。

201

宋景濂《平江漢頌》

有明一代，文凡數變，劉基、宋濂爲開國時文臣，而劉不如宋。_{劉文票健而宋}特雍容。其後三楊以臺閣體稱，文皆平正而流於膚廓。三楊者楊士奇、楊榮、楊溥。前七子者李夢陽、_{獻吉。}何景明、_{仲默。}徐楨卿、_{昌谷。}邊貢、_{廷實。}康海、_{對山。}王九思、_{敬夫。}王廷相。_{子衡。}後七子者李攀龍、_{于鱗。}王世貞、_{鳳洲。}謝榛、_{元美。}宗臣、_{子相。}梁有譽、_{公實。}徐中行、_{子與。}吳國倫，_{明卿。}文規秦漢，詩仿盛唐，其弊也有形式而無精神。反對之者爲唐順之、茅坤等一派，而歸有光功力最深，爲清代桐城派所祖。

此文大體合度，間有俗句耳。

天命皇帝，爲億兆生民主，旌麾所向，悉臣悉庭。初以一旅之師興濠、泗間，遂撫淮南，平江東，攻浙東西下之。版圖所入，方數千里。定都江左，發政施仁，戴白之叟、垂髫之童涵泳至化，皞皞熙熙，如承平時。于時陳友諒據有江漢之地，僭居大號，賊殺其主。飭修蒙衝，虐駈烝黎，如蹈水火。不自度力，又集蜂蟻之衆，直窺豫章，三月不解。皇赫斯怒，乃召羣臣於庭而告之曰："陳虜不道，敢屢予侮。昔者蕩搖我邊方，侵軼我姑熟，偵伺我金陵，賴爾一二鄰臣之力，攻而敗之。予亦親覆其穴巢，中宵竄走，假息武昌。予不忍追殲之，冀其悔禍以自逭於天刑。癸卯之夏，乃復圍我豫章，是其凶德無厭，自取殄滅。此天亡之時，天之明威，予不敢不順。唯爾熊羆之臣、不二心之士尚弼予，以成厥功。"羣臣曰："都！"於是右丞臣達、參知政事臣遇春、帳前親兵都指揮使臣國勝、同知樞密院事臣永忠、同知樞密院事臣通海備厥戎器，簡厥師徒以俟。

七月癸酉，上躬擐甲胄，禡纛龍江，帥樓船數百，蔽江而上。陳虜大譽，解圍而逃。丁亥，與我師遇鄱陽湖之康郎山。戊子，上分舟師爲十二屯，命達、遇春、永忠突入虜陣。呼聲動天地，矢鋒雨集，炮聲雷鎝，波濤起立，飛火照耀，百里之內，水色盡赤。焚溺死者動一二萬，流屍如蟻，滿望無際。己丑，焚僞平章舟，刈戮餘二千。辛卯，復酣戰。虜將張定邊素號梟猛，上親禦之，將士皆死戰。歷一二時，遇春等左右夾擊，殺士卒無算。張中矢百餘而退，潛保鞋山，不敢吐氣。我師亦移據湖口，扼彼喉衿，列柵南北江岸，置火筏中流，水陸嚴戒，以候其發。八月，虜食盡，遣舟五百艘掠糧都昌，又爲我大將所獲。壬戌，虜計窮，冒死突出，將上趨九江。上命諸將一時俱合，其大戰如戊子。自辰達酉，督戰益急，友諒中飛矢，斃於舟中。癸亥，降其衆五萬。上命釋之，不戮一人。

凱歌而旋。舳艫相銜，旌旗飛翻，不疾不徐，委蛇而來。萬姓歡迎，俯伏道左，山川草木皆有喜氣，告廟，飲至行賞論功，賜遇春田若干，永忠田若干，其餘將士賚金繒有差。臣稽在昔，曹操治水軍八十萬來攻孫權，而周瑜、黃蓋敗之於赤壁；符堅發長安戎卒六十餘萬、騎二十七萬以侵晉，而謝玄、謝石敗之於淝水。然赤壁不過一焚而走，淝水亦不過軍亂而奔，初未嘗大戰也。史臣且書之，以爲千古美談。矧今湖口之捷，血戰累日，天地爲之晦冥，日月爲之無光，山河爲之震盪，其神功駿烈，炳耀鏗鏦，與天無極，較之二國，未足多讓，而歌咏不作，非甚闕典歟？臣謹備著其事，撰爲頌詞一通，以流鴻績於無窮，以俟太史氏之采錄云。其詞曰：

天眷有德，實惟哲皇。肆其神畧，以靖寇攘。義旄東指，罔敢弗恭。風烈虎嘯，雲游龍驤。長淮既歸，江左攸屬。浙之東西，樹侯置牧。乃建國家，以奠南服，以懷中原，以控西蜀。蠢爾小醜，敢讎大邦。集其兇頑，鋒蝟斧螗。輕涉我疆，以跳以踉。亦既剪劉，僵骸覆江。洴齊六軍，直傾其穴。釋而勿誅，俾自懲刷。闒胡不然？復豕而咥。翹其蟲臂，當吾車轍。皇用震怒，歷告在廷。是決不悛，命將往征。爾選舟師，爾整甲兵。漕爾糇糧，各馨爾誠。搖光在申，夷則之月，禡牙江賓，皇秉巨鉞。以誓以戒，以速其發。紀律精明，飇火奮激。旗旐揚揚，艅艎將將。矛戈洸洸，鎧胄明明。載怒載屬，載飛載颺。雄威所吞，已無荊湘。既與虜逢，大呼衝擊。藥騰藜駁，星流火戞。虐燄電奔，巨轟雷劈。殺氣冥蒙，不辨咫尺。矢鋒所貫，什伍聯聯。縱橫交紐，命陽弗顚。攢梃湊馳，筍束蝟編。流尸塞川，舟行弗前。虜魄既褫，扶創而逸。聚於湖奧，僅存喘息。我方植柵，江之南北。火筏在流，掩蔽如翼。越歷四旬，飛走途窮。將冒萬死，以絕其衝。我師見之，千艫如龍。似兔之走，而鷹之從。酣戰六時，由辰達酉。僕姑一發，殪此酋首。貫睛及顱，仆若枯柳。大憨既除，餘不能醜。遞相告言：我誠不振。我革我頑，我歸至仁。誰謂培塿，可高巑岏？再拜稽首，來降來臣。皇曰俞哉！汝俘予受。宥汝弗劉，予汝父母。汝凍予衣，汝饑予哺。昔何昏迷？今始撒蔀。奏凱而旋，騎吹鬱摇。形於樂歌，節以鐲鐃。飲至於廟，頒賞於朝。帛堆其家，肉登其庖。都人聚觀，舉手加額。或嘆或謠，有聲嘖嘖。干戈相尋，匪一朝夕。自今升平，可坐而筴。惟皇神武，動則克之。羣策盡屈，四方式之。惟皇寬慈，降則釋之。義聲動溢，疇能敵之。惟皇明斷，遇事即決。洞見千里，不隔一髮。所以西征，成此駿烈。小大畢朝，孰敢肆孽？在昔赤壁，洎乎合淝，事以幸集，尚傳策書。況茲之功，俊偉赫熹。揆古無讓，可無咏詩？臣雖微賤，文字是職。對揚皇休，並獻臣臆。三代以還，用仁興國。皇宜尊行，永作民極。

李獻吉《禹廟碑》

此前七子之文也，好古而不解訓詁，不真知古文義例，故易流爲俗體。

李子遊於禹廟之臺，覽長河之防，孤城故宮，平沙四漫，退眄故流，北盡碣石，九派湮淤，雲草浩浩。於是愴然而悲曰："嗟乎！予於是知王霸之功也！霸之功驟，久之疑。王之功忘，久之思。昔者禹之治水也，導川爲陸，易氒爲寧；地以之平，天以之成；去巢就廬，而粒而畊：生生至今者，固其功也，所謂萬世永賴者也。然問之畊者弗知，粒者弗知，廬者弗知，陸者弗知。故曰'王之功忘'。譬之天生物而物忘之，泳者忘其川，棲者忘其枝，民者忘其聖人，非忘之也，不知之也；不知自忘。及其菑也，號呼而祈卹，於是智者則指之所從來，而廟者興矣！河盟津東也，壖曠肆悍，勢猶建瓴；隄堰一決，數郡魚鼈。於是昏墊之民，匍匐詣廟，稽首號曰：'王在！吾奚役斯！'所謂思也。故不忘不大。不思不深。深莫如地，大莫如王，天之道也！霸者非不功也；然不能使之不忘，而不能使之不疑。何也？不忘者小，小則近，近則淺，淺則疑，如秦穆賜食善馬肉者酒是也。夫天下未聞有廟桓文者也！故曰'予觀禹廟而知王霸之功也'。"或問湯文不廟。李子曰："聖人各有其至；堯仁舜孝，禹功湯義；文王之忠，周公之才，孔子之學，是也。夫功者，切於菑者也。大梁以菑故，是故獨廟禹。"是時監察御史潭州王子會按江南，登臺四顧，乃亦愴然而悲曰："嗟乎！余於是而知功之言徵也！吾少也覽，嘗躡州城，眺滄渤，南目大梁之墟。乃今歷三河，攬淮泗，極洪流而盡滔滔，使非有神者主之，桑而海者久矣！尚能粒耶！畊耶！廬耶！能氒者寧耶！川者陸耶！嗟乎！予於是而知功之言徵也！所謂'微禹吾其魚'者耶！所謂'美載勤而不德'者耶！"於是飭所司葺其廟，而屬李子碑焉。王子，名淶，以嘉靖元年春，按江南，明年秋，代去。乃李子則爲迎送神辭三章，俾祭者歌之以侑神焉。其辭曰：

天門兮顯闔！赫赫兮雲吐！窈黃屋兮陸離！靈總總兮上下！羌若
來兮儵不見！不見兮奈何！望美人徒怨苦，橫四海兮怒波！絙絃兮鐺
鼓，神不來兮誰怒！執河伯兮顯戮，飭陽侯兮清路。靈電靁兮來至，風冷
冷兮堂戶。舞我兮我醑，尸既飽兮顏酡。惠我人兮乃土乃粒，日云暮兮
尸奈何！風九河兮濤暮雲，暳暳兮昏雨。王駕鳳兮驂文魚，龍翼翼兮兩
旗。悵佳期兮難屢，心有愛兮易離。愛君兮思君，肴芳兮酒芬！君歸來
兮庇吾民！

史憲之《覆多爾袞書》

此文乃侯朝宗所撰。

清初侯方域、魏禧並稱，其文皆有才氣而不純大雅。敘事文時類小說。
汪堯峰琬。平正而稍弱。

　　大明國督師、兵部尚書兼東閣大學士史可法頓首，謹啟大清國攝政
王殿下：南中向接好音，法隨遣使問訊吳大將軍，未敢遽通左右；非委隆
誼於草莽也，誠以大夫無私交，《春秋》之義。今當倥傯之際，忽捧琬琰之
章，真不啻從天而降也。循讀再三，殷殷至意。若以逆賊尚稽天討，為貴
國憂，法且感且愧。懼左右不察，謂南中臣民偷安江左，竟忘君父之讎，
敬惟殿下一詳陳之。我大行皇帝敬天法祖，勤政愛民，真堯舜之主也。
以庸臣誤國，致有三月十九日之變。法待罪南樞，救援無及。師次江上，
凶問突來，地坼天崩，山枯海竭。嗟乎！人孰無君，雖肆法於市朝，以為
泄泄者之戒，亦奚足謝先帝於地下哉？爾時南中臣民，哀痛如喪考妣，無
不捬膺切齒，欲悉東南之甲，立翦兇仇。而二三老臣，謂國破君亡，宗社
為重，相與迎立今上，以繫中外人心。今上非他，神宗之孫，光宗猶子，而
大行皇帝之兄也。名正言順，天與人歸。五月朔日，駕臨南都，萬姓夾道
歡呼，聲聞數里。羣臣勸進，今上悲不自勝，讓再讓三，僅允監國。迨臣
民伏闕屢請，始以十五日正位南都。從前鳳集河清，瑞應非一；告廟之
日，紫雲如蓋，祝文升霄，萬目共瞻，欣傳盛事。越數日，命法視師江北，
刻日西征。忽傳我大將軍吳三桂借兵貴國，破走逆成，殿下入都，即為我
先皇帝后發喪成禮，掃清宮闕，撫輯羣黎，且罷薙髮之令，示不忘本朝。
此等舉動，振古鑠今，凡為大明臣子，無不長跪北向，頂禮加額，豈但如明
諭所云感恩圖報已乎！謹於八月，薄治筐篚，遣使犒師，兼欲請命鴻裁，

連兵西討，是以王師既發，復次江淮。乃辱明誨，引《春秋》大義來相詰責，善哉乎推言之！然此文爲列國君薨，世子應立，有賊未討，不忍死其君之一説耳。若夫天下共主，身殉社稷，青宮皇子，慘變非常，而猶牽拘不即位之文，坐昧大一統之義，中原鼎沸，倉猝出師，將何以維繫人心，號召忠義？紫陽《綱目》，踵事《春秋》，其間特書，如莽移漢鼎，光武中興；丕廢山陽，昭烈踐祚；懷愍亡國，晉元嗣基；徽欽蒙塵，宋高續統，是皆於國仇未翦之日，亟正位號，《綱目》未嘗斥爲自立，率以正統予之。甚至如玄宗幸蜀，太子即位靈武，議者疵之，亦未嘗不許以行權，幸其光復舊物也。本朝傳世十六，正統相承，自治冠帶之族，繼絕存亡，仁恩遐被。貴國昔在先朝，夙膺封號，載在盟府，甯不聞乎？今痛心本朝之難，驅除亂逆，可謂大義復著於《春秋》矣。昔契丹和宋，止歲輸以金繒；回紇助唐，原不利其土地。況貴國篤念世好，兵以義動，萬代瞻仰，在此一舉。若乃乘我蒙難，棄好崇讐，規此幅員，爲德不卒，是以義始而以利終，爲賊人所竊笑也。貴國豈其然？往先帝軫念湯池，不忍盡戮，勦撫互用，貽誤至今。今上天縱英明，刻刻以復讐爲念。廟堂之上，和衷體國；介冑之士，飲泣枕戈；忠義民兵，願爲國死。竊以爲天亡逆闖，當不越於斯時矣。語云："樹德務滋，除惡務盡。"今逆賊未伏天誅，諜知捲土西秦，方圖報復；此不獨本朝不共戴天之恨，抑亦貴國除惡未盡之憂。伏乞堅同仇之誼，全始終之德，合師進討，問罪秦中，共梟逆賊之頭，以洩敷天之憤。則貴國義聞，照耀千秋；本朝圖報，惟力是視。從此兩國世通盟好，傳之無窮，不亦休乎！至於牛耳之盟，則本朝使臣，久已在道，不日抵燕，奉盤盂以從事矣。法北望陵廟，無涕可揮；身蹈大戮，罪應萬死；所以不即從先帝於地下者，實爲社稷之故。傳云："竭股肱之力，繼之以忠貞。"法處今日，鞠躬致命，克盡臣節，所以報也。惟殿下實昭鑒之。弘光甲申九月十五日。

姚姬傳《覆魯絜非書》

清時所謂桐城派者，始於方苞，劉大櫆承之，姚鼐又承之。錢魯斯受業大櫆，以其師説，稱頌於張惠言、惲敬，惠言、敬從之，又有陽湖派之目焉。兩派名家畧見王先謙所選《續古文辭類纂》。迄於曾國藩。國藩而後，張裕釗、吳汝綸較工。此派門徑頗隘，自謂正宗，實則近承歸震川，遠法八家耳。而義法謹嚴。此篇論文極精。

桐城姚鼐頓首，絜非先生足下：相知恨少，晚遇先生。接其人，知爲君子矣；讀其文，非君子不能也。往與程魚門、周書昌嘗論古今才士，惟爲古文者最少。苟爲之，必傑士也，況爲之專且善如先生乎！辱書引義謙而見推過當，非所敢任。鼐自幼迄衰，獲侍賢人長者爲師友，剟取見聞，加臆度爲説，非真知文、能爲文也，奚辱命之哉？蓋虛懷樂取者，君子之心；而誦所得以正於君子，亦鄙陋之志也。

鼐聞天地之道，陰陽剛柔而已。文者，天地之精英，而陰陽剛柔之發也。惟聖人之言，統二氣之會而弗偏。然而《易》、《詩》、《書》、《論語》所載，亦間有可以剛柔分矣。值其時其人，告語之體，各有宜也。自諸子而降，其爲文無弗有偏者。其得於陽與剛之美者，則其文如霆，如電，如長風之出谷，如崇山峻崖，如決大川，如奔騏驥；其光也，如杲日，如火，如金鏐鐵；其於人也，如馮高視遠，如君而朝萬衆，如鼓萬勇士而戰之。其得於陰與柔之美者，則其文如升初日，如清風，如雲，如霞，如煙，如幽林曲澗，如淪，如漾，如珠玉之輝，如鴻鵠之鳴而入寥廓；其於人也，漻乎其如嘆，邈乎其如有思，暖乎其如喜，愀乎其如悲。觀其文，諷其音，則爲文者之性情形狀，舉以殊焉。

且夫陰陽剛柔，其本二端，造物者糅，而氣有多寡進絀，則品次億萬，以至於不可窮，萬物生焉。故曰：“一陰一陽之爲道。”夫文之多變，亦若是已。然而偏勝可也，偏勝之極，一有一絶無，與夫剛不足爲剛，柔不足爲柔者，皆不可以言文。今夫野人孺子聞樂，以爲聲歌弦管之會爾；苟善樂者聞之，則五音十二律，必有一當，接於耳而分矣。夫論文者，豈異於是乎？宋朝歐陽、曾公之文，其才皆偏於柔之美者也。歐公能取異己者之長而時濟之，曾公能避所短而不犯。觀先生之文，殆近於二公焉。抑人之學文，其功力所能至者，陳理義必明當，布置取舍、繁簡廉肉不失法，吐辭雅訓，不蕪而已。古今至此者，蓋不數數得，然尚非文之至。文之至者，通乎神明，人力不及施也。先生以爲然乎？

惠寄之文，刻本固當見與，抄本謹封還。然抄本不能勝刻者。諸體中，書、疏、贈序爲上，記事之文次之，論辨又次之。鼐亦竊識數語於其間，未必當也。《梅崖集》果有逾人處，恨不識其人。郎君、令甥皆美才，未易量，聽所好恣爲之，勿拘其途可也。於所寄文，輒妄評説，勿罪！勿罪！秋暑惟體中安否？千萬自愛。七月朔日。

汪容甫《黄鶴樓銘》

清代駢文作者甚多，南城曾燠所選《駢體正宗》，名家畢具。或法漢魏六朝，或規初唐，宋元以來面目又一變矣。大率專法漢魏者最高，容甫先生尤其純粹以精者也。

江出峽，東至於巴邱，沅、湘二水入焉。又東至於夏口，漢水入焉。於是西自岷山，西南自牂牁，南自桂嶺，西北自嶓冢，五水所經半天下，皆匯於是，以注於海。而江夏黄鵠山當其衝，江環其三面，再折而後東，故地形稱險焉。縣因山爲城，山之西有磯，起於江中，石立如植，激水逆行恒數里，於形爲尤險。其上爲樓，咸取於山以爲名，始自孫吳，酈氏著之，《齊》、《梁》二書，並載其迹。於後樓之興廢，史莫能紀。

乾隆元年，大學士史文靖總督湖廣，乃更其制。自山以上，直立十有八丈，其形正方，四望如一。高壯閎麗，稱其山川。歷年六十，堅密如新。其下則水師蒙衝在焉，歲以十月都試，吳戈犀甲，蔽川燿日。江以西，商旅百貨之所湊，道路晝夜行不休，著籍户八百萬，公私舟楫，列檣成林。南北二郊，原隰沃衍，禾黍彌望，無高山深林之蔽。桴鼓一鳴，上下百里若示諸掌，奸宄無所匿其迹。惟江夏自宋立郢州以來，代爲重鎮。國家疆理天下，慎固封守，常以尚書、侍郎鎮撫其地，及司道之所治。百城冠蓋，四至趨風。馹路劇驂，軺軒之使，不日則月。西南際海，屬國以百數，終王受吏，累譯來庭，往反上都，皆道於此。守土之吏，率會於兹樓，以飲食之禮，親其僚友。不降階序，而民風稽事胥可知也。

洎夫王臣咨諏，每懷靡及。舌人體委，懷柔遠人。治官涖民，禮賓詰戎。邦之大事，於是乎咸在。外以設險，内以經國，地勢然也。其有逐臣羇客，登高作賦，感物造端，可興可怨。丹邱羽人，雲水棲遊，徜徉乎其地，均足以發抒文采，增成故實。沅始釋褐，文靖以元老在朝，先後序同，歲爲衣冠盛事。蒙恩揚歷，兹繼其武。既欣踐於勝地，且感遺構，乃爲銘曰：

海有神山，河惟底柱。巨靈爰闢，列仙攸處。樂哉斯邱，曾城之顚。上標崇觀，下俯大川。柱天不傾，障江欲迴。山增比岳，水激成雷。都會是程，蠻荆斯控。光映鳥斿，勢吞雲夢。四野底平，八窗洞屬。登若馮虛，望惟極目。朱衣行水，毛人墮城。夢有先兆，神或不經。大別西踞，樊口東趨。神禹明德，黃武伯圖。川逝無停，人往不作。我紀茲游，思同民樂。

龔璱人《平均篇》

龔、自珍。魏源。齊名，其學術與近代改革之業，關係極大，文皆奇肆，而龔文尤優於魏。定庵長於理想，其文字以此等包括古今之議論文爲佳。近人專選其《説居庸關》、《王仲瞿墓銘》等則謬矣。

龔子曰：有天下者，莫高於平之之尚也，其遂初乎！降是，安天下而已；又降是，與天下安而已；又降是，食天下而已。最上之世，君民聚釀然。三代之極其猶水。君取盂焉，臣取勺焉，民取巵焉。降是，則勺者下侵矣，巵者上侵矣。又降，則君取一石，民亦欲得一石，故或涸而踣。石而浮，則不平甚，涸而踣，則又不平甚。有天下者曰：吾欲爲遂初，則取其浮者而抿之乎？不足者而注之乎？則纍然喙之矣。大暑計之，浮不足之數相去愈遠，則亡愈速，去稍近，治亦稍速。千萬載治亂興亡之數，直以是券矣。人心者，世俗之本也；世俗者，王運之本也。人心亡，則世俗壞；世俗壞，則王運中易。王者欲自爲計，盍爲人心世俗計矣。有如貧相軋，富相耀；貧者阽，富者安；貧者日愈傾，富者日愈壅。或以羨慕，或以憤怨，或以驕汰，或以嗇吝，澆漓詭異之俗，百出不可止，至極不祥之氣，鬱於天地之間，鬱之久乃必發爲兵燧，爲疫癘，生民噍類，靡有孑遺，人畜悲痛，鬼神思變置。其始，不過貧富不相齊之爲之爾。小不相齊，漸至大不相齊；大不相齊，即至喪天下。嗚呼！此貴乎操其本源，與隨其時而劑調之。上有五氣，下有五行，民有五醜，物有五才，消焉息焉，淳焉決焉，王心而已矣。是故古者天子之禮：歲終，太師執律而告聲，月終，太史候望而告氣。東無陼水，西無陼財，南無陼粟，北無陼土，南無陼民，北無陼風，王心則平，聽平樂，百僚受福。其《詩》有之曰："秉心塞淵，騋牝三千。"王心誠深平，畜產且騰躍衆多，而況於人乎？又有之曰："皇之池，其馬歕沙，皇人威儀。"其次章曰："皇之澤，其馬歕玉，皇人受穀。"言物産蕃庶，故人得肆威儀，茹內衆善，有善名也。太史告曰：東有陼水，西有陼財，南有陼粟，北有陼土，南有陼民，北有陼風，王心則不平，聽傾樂，乘欹車，握偏衡，百僚受戒，相天下之積重輕者而變易之。其《詩》有之曰："相其陰陽，觀其流泉。"又曰："度其夕陽。"言營度也。故積財粟之氣滯，滯多霧,民聲苦,苦傷惠;積民之氣淫,淫多雨,民聲嚚,嚚傷禮義;積土之氣坉,坉多日,民聲濁,濁傷智;積水積風,皆以其國瘥昏:官所掌也。且夫繼喪亡者,福祿之主;繼福祿者,危迫之主。語百姓曰:爾懼兵燹乎?則將起其高曾於九京而問之。懼荒饑乎?則有農夫在。上之繼福祿之盛者難矣哉!龔子曰:可以慮矣!可以慮,可以更,不可以驟。且夫唐、虞之君,分一官,事一事,如是其諄也,民固未知貿遷,未能相有無,然君已懼矣。曰:後世有道吾民於富者,道吾民於貧者,莫如我自富貧之,猶可以收也。其《詩》曰:"不識不知,順帝之則。"夫堯固甚慮民之識知,莫如使民不識知,則順我也。水土平矣,男女生矣,三千年以還,何底之有?彼富貴至不急之物,賤貧者猶且筋力以成之,歲月以靡之,舍是則賤貧且無所託命。然而五家之堡必有肆,十家之邨必有賈,三十家之城必有商,若服妖之肆,若食妖之肆,若翫好妖之肆,若男子呻唔求爵祿之肆,若盜聖賢市仁義之肆,若女子鬻容之肆,肆有魁,賈有梟,商有賢桀,其心皆欲併十家、五家之財而有之,其智力雖不逮,其號既然矣。然而有天下者更之,則非號令也。有四抳四注:抳之天,抳之地,注之民;抳之民,注之天,注之地;抳之天,注之地;抳之地,注之天。其《詩》曰:"抳彼注兹,可以餴饎";"豈弟君子,民之父母。"有三畏:畏旬、畏月、畏歲。有四不畏:大言不畏,細言不畏,浮言不畏,挾言不畏。而乃試之以至難之法,齊之以至信之刑,統之以至澹之心。龔子曰:有天下者,不十年幾於平矣。

越七年,乃作《農宗篇》,與此篇大指不同,並存之,不追改,使備一,聊自考也。乙未冬自記。

國文選文

前　　言

　　《國文選文》三種，我們分別擬題爲《國文選文》（一）、《國文選文》（二）和《基本國文選文》，都是吕思勉先生爲教授國文課時所編的講義。《國文選文》（一）是一九二〇至一九二二年間在瀋陽高等師範學校任教時所編的"國文史地部國文講義"，現存瀋陽高師的鉛印稿一册。《國文選文》（二）編於一九二三、一九二四年間，是吕先生任教江蘇省立第一師範學校所用的國文講義，現存油印稿一册。《基本國文選文》寫於一九三七至一九三八年間，是吕先生在光華大學授課時的講義，也現存油印稿一册，系先生所親筆刻寫。三種《國文選文》在體例上都是選録若干中國古代的文學名篇，選文後是吕先生的"評述"或"講解"，分有文體、分段、文字研究等欄目。三種《國文選文》的"評述"、"講解"部分，曾分别輯出編入《吕思勉遺文集》（一九九七年九月出版，有删節），完整的《國文選文》三種收入上海古籍出版社"吕思勉文集"《文學與選文四種》①（二〇一〇年六月出版）。

　　此次我們將三種《國文選文》收入《吕思勉全集》重新刊印，按原稿重新做了整理校對和補正。《國文選文》因受課時的限制，所選的國文數量、篇目與目録不盡相同；少許選文篇目相同，但評述不同；《基本國文選文》選國文七篇，現存的油印稿上僅有"講解"而無選文，現都補上選文原文；也有少許有選文無"評述"，現仍保留之；都按原稿先後順序編排，除訂正錯字、刊誤之外，其餘均照原稿付印。

李永圻　　張耕華

二〇一四年八月

---

　　①　即吕先生的《宋代文學》、《論詩》、《中國文學史選文》和《國文選文》四種著述的合刊。

目　　録

國 文 選 文 (一)

姚姬傳《李斯論》

蘇子瞻謂李斯以荀卿之學亂天下，是不然。秦之亂天下之法，無待於李斯，斯亦未嘗以其學事秦。

當秦之中葉，孝公即位，得商鞅，任之。商鞅教孝公燔《詩》《書》，明法令，設告坐之過，而禁遊宦之民。因秦國地形便利，用其法，富強數世，兼併諸侯，迄至始皇。始皇之時，一用商鞅成法而已，雖李斯助之，言其便利，益成秦亂，然使李斯不言其便，始皇固自為之而不厭。何也？秦之甘於刻薄而便於嚴法久矣，其後世所習以為善者也。

斯逆探始皇、二世之心，非是不足以中侈君而張吾之寵。是以盡捨其師荀卿之學，而為商鞅之學；掃去三代先王仁政，而一切取自恣肆以為治，焚《詩》《書》，禁學士，滅三代法而尚督責。斯非行其學也，趨時而已。設所遭值非始皇、二世，斯之術將不出於此，非為仁也，亦以趨時而已。

君子之仕也，進不隱賢。小人之仕也，無論所學識非也，即有學識甚當，見其君國行事悖謬無義，疾首顰蹙於私家之居，而孜孜導譽於朝廷之上。知其不義而勸為之者，謂天下將諒我之無可奈何於吾君，而不吾罪也；知其將喪國家而為之者，謂當吾身容可以免也。且夫小人雖明知世之將亂，而終不以易目前之富貴，而以富貴之謀，貽天下之亂，固有終身安享榮樂，禍遺後人，而彼宴然無與者矣。嗟乎！秦未亡而斯先被五刑、夷三族也，其天之誅惡人，亦有時而信也邪？《易》曰："眇能視，跛能履；履虎尾，咥人凶。"其能視且履者，幸也，而卒於凶者，蓋其自取邪？

且夫人有為善而受教於人者矣，未聞為惡而必受教於人者也。荀卿述先王而頌言儒效，雖間有得失，而大體得治世之要。而蘇氏以李斯之害天下，罪及於卿，不亦遠乎？

行其學而害秦者，商鞅也；捨其學而害秦者，李斯也。商君禁遊宦，而李斯諫逐客，其始之不同術也，而卒出於同者，豈其本志哉！宋之世，王介甫以平生所學，建熙寧新法。其後章惇、曾布、張商英、蔡京之倫，曷嘗學介甫之學邪？而以介甫之政促亡宋，與李斯事頗相類。夫世言法術之學，足亡人國，固也。吾謂人臣善探其君之隱，一以委曲變化從世好者，其爲人尤可畏哉！尤可畏哉！

【文體】

此篇爲論辨文。近人論者或云議論之文不切實用，學校教授，宜專力於記敘事物之文，其說頗謬。夫文字所以代語言，語言所以達意思，人不能無剖析名理辨別是非之言，與其不能無敘述事物之言一也，則安得訾議論之文爲無用邪？況欲敘事者，必先明於其事之是非，欲記物者，亦必先明於其物之性質，天下固無但有客觀全無主觀之文字也。

【分段】

凡研究昔人文字者，第一須將其段落分清，乃有著手之處。蓋說話必有條理次序，如議論之文，或先泛論其理，然後舉出證據，或先臚列證據，然後說明其理。又如說條理繁多之話，或先逐項分述，然後加以結束，或先舉其總綱，然後逐項分說。其由淺入深者，則逐層推勘，愈勘愈深；由深及淺者，則先揭示定論，然後逐層解釋。其爲法不同，而要之必有法度，不可紊亂，特文之工者，往往變化無端，其綫索不易窺見耳。故必能將古人之文字，逐層剖解，然後能知其用意之所在，亦必能將古人之文字，逐層剖解，然後能知其用法之妙也。

此篇可分四段，第一段自起至“未嘗以其學事秦”總起。

第二段自“當秦之中葉”至“其後世所習以爲善者也”，承“秦亂天下之法無待於李斯”。

第三段自“斯逆探始皇二世之心”至“不亦遠乎”，承“斯亦未嘗以其學事秦”。其中又可分三小段，（一）自“斯逆探始皇二世之心”至“亦以趨時而已”，言李斯之所以事秦者，爲商鞅之學，而非荀卿之學，其所以如此者，乃出於趨時。（二）自“君子之仕也”至“蓋其自取邪”，推論小人趨時者之用心，而因慨嘆趨時之小人，每以一身富貴之謀，貽天下以亂而彼宴然不與其禍。（三）自“且夫人有爲善”至“不亦遠乎”，更言荀卿之學，斷不至於禍天下，以證明李斯之所以事秦者，非荀卿之學。

第四段自“行其學而害秦者”至完，總束全篇，結出作意。其中亦可分兩小段，（一）自“行其學而害秦者”至“與李斯事頗相類”總束上兩段。（二）自“夫世言法術之學”至完，則全篇作意所在也。

此文若更詳列爲圖則如下：

商君禁遊宦臣，而李斯諫逐客，其始不同術也，而卒出於同者，豈其本志哉！宋之時，王介甫學，建熙寧新法，其後章惇、曾布、張商英、蔡京之倫，曷嘗非介甫之徒邪？而以介甫之政促亡宋，與李斯相類。夫世言法術之學，足以入國，固也。吾謂人臣善探其君之隱，一以委曲變化從世好者，其為人尤可畏哉！尤可畏哉！

捨其學而善探君者，李斯也。

當秦之中葉，孝公即位，得商鞅，任之。商鞅教孝公燔《詩》《書》，明法令，設告坐之過，而禁遊宦之民。因秦國地形便利，用其法，富強數世，兼併諸侯，迄至始皇。始皇之時，一用商鞅成法而已，雖李斯建議，益成秦亂，然使李斯不言其便，始皇固自為之而不厭。何也？秦之甘於刻薄而便於嚴法久矣。其後世所習聞以為善者也。

行其學而善者，商鞅，秦者、商鞅也；

斯逆探始皇、二世之心，非是不足以中侈君而張吾之寵。是以盡捨其師荀卿之學，而為商鞅之學；掃去三代先王仁政，而一切取自恣肆以為治。焚《詩》《書》，禁學士，滅三代法而尚督責，斯非行其學也，趨時而已。使二世之術不出於此，非為仁也，亦以趨時而已。君子之仕也，進不隱賢。

無論所學識非也。

知其不義而勸之為者，謂天下將諾我之無可柰何於吾君，而不吾非也。

知其將喪國家而為之謀者，謂當吾身可以免也。

即有學識甚當，見其君行事悖謬於其私家之居，疾首蹙額於朝廷之上。

小人之仕也，

且夫小人雖明知世之將亂，而終不以易目前之富貴，而以富貴急吾謀，天下之亂。

固終身安享榮祿，禍遺後人，而彼宴然無與焉者矣。

嗟乎！秦之亡而斯先被五刑夷三族也，其天之誅惡人，亦有時而信也邪？

《易》曰：眇能視，跛能履，履虎尾，咥人凶。其能視且履者，幸也，而卒於凶者，蓋其自取邪？

且夫人有為善而受教於人者矣，未聞為惡而必受教於人者也。荀卿述先王而頌言儒效，雖間有得失，而大體得治世之要。而蘇氏以李斯之害天下，罪及於荀卿，不亦遠乎？

秦之亂天下之法，無待於李斯，

斯亦未嘗以其學事秦。

蘇子瞻謂李斯以荀卿之學亂天下，是不然。

【文字研究】

凡論史之文有兩種：（一）意在考見古事之真相，而論列其是非者。（二）意欲説明一種道理，而借史事以爲之資料者，如蘇子瞻之《荀卿論》，特欲明高談異論足以激成禍天下之舉，初非欲以李斯之亂天下，府獄荀卿。此文之意，亦只欲言人臣善探其君之隱，一以委曲變化從世好者，其可畏甚於法術之學，非欲爲荀卿辯護，駁斥子瞻也。凡讀古人論史之文者，此理必不可不知。或曰欲説明一種道理，則竟直陳其理可矣，何必借資古事作爲史論邪？答曰：其故有二：（一）則托諸空言，不如見諸行事之深切著明也，借資古事，作爲史論，則不啻舉出一有力之證舉矣。然則何不竟作説理之文，舉古事以爲證，而必作爲史論乎？曰（二）立言之法，諷諭善於教訓，即孔子所謂法語之言，巽語之言也。文學與非文學、純文學與雜文學之分，其別皆在乎此。作爲史論，陳古刺今，則屬於諷諭；作爲説理之文，而借古事以爲證，則成爲教訓矣。

散文之妙，在於變化錯綜。如此文之第一段與第三段中之第一小段，本互相對待，然第三段中，卻多出第二第三兩小段。又如第三段中，以君子之仕與小人之仕對舉，而論君子之仕，僅“進不隱賢”四字，論小人之仕，乃長至二百餘字。又如推論小人之心理，知其不義而勸爲之與知其將喪國家而爲之兩層，本相平列，而下文忽就知其將喪國家而勸爲之，更推進一層，謂彼即明知及身不能幸免，而仍不以易目前之富貴。凡此皆文字錯綜處。自“即有學識甚當”以下，皆推論小人之用心也。而“固有終身安享榮樂”以下，忽慨嘆及於小人以富貴之謀，貽天下之亂，而己不被其禍。此爲文字變化處。此等錯綜變化，爲整齊也。_{錯綜變化中，仍有一定之規則，故亦爲一種之整齊。}

第一段數語，須看其整齊簡括。

“雖李斯助之”以下數語，謂之補筆。蓋上文叙述商鞅所爲之事，斷定始皇之時一用商鞅成法，“則秦之亂天下之法，無待於李斯”業經説明，然“李斯助之，言其便利”自是事實，故必補出此數語，理由乃覺充足也。

“斯逆探始皇二世之心”須看其接筆之挺拔簡浄。_{此接筆即第二段之起筆。}

“始皇之時，一用商鞅成法而已，雖李斯助之，言其便利，益成秦亂，然使李斯不言其便，始皇固自爲之而不厭”，“盡捨其師荀卿之學而爲商鞅之學”，“斯非行其學也，趨時而已。設所遭值，非始皇二世之術，將不出於此，非爲仁也，亦以趨時而已”此等句，皆全篇筋節之處，須看其用筆之明顯，此等處含糊一毫不得，稍含糊游移，便晦矣。自“且夫小人雖明知世之將亂”至“不亦遠乎”連用兩“且夫”，提挈文氣，極爲疏宕，前路文氣堅勁，故此處不得不用疏宕之筆，此疏密相間之法也。

“行其學而害秦者，商鞅也。捨其學而害秦者，李斯也”，須看其總束之謹嚴明顯。

“商君禁遊宦，而李斯諫逐客，章惇、曾布、張商英、蔡京之倫，未嘗學介甫之學，而以介甫之政促亡宋”，連舉兩證據，凡議論之文，必能舉出證據，乃覺其有力而可信，唯證據必須確切，否則反足以減殺其說之效力也。

“夫世言法術之學”以下結出作意，此乃將事實逐層推論明白，然後說出主意之法，亦即於篇末結出主意之法也。

惲子居《西楚都彭城論》

　　自淮陰侯斥項王不居關中而都彭城，史家亦持此說，後之言地利者祖之，以爲項王失計，無有大於此者。惲子居曰：項王之失計，在不救雍、塞、翟三王而東擊齊，不在都彭城。何也？項王立沛公爲漢王，王巴蜀漢中，而三分關中，王章邯於雍，司馬欣於塞，董翳於翟，所以距塞漢王也；夫三人之非漢王敵，不必中人以上知之，項王起江東，敗秦救趙，遂霸諸侯，業雖不終，見豈必出中人下哉！吾嘗深推其故，而知項王都彭城，蓋以通三川之險也，通三川，蓋以救三秦之禍也，以彭城控三川，即以三川控三秦，是故都彭城者，項王不得不然之計也。

　　何以知其然也？乃者項王自王，蓋九郡焉，自淮以北，爲泗水，爲薛，爲郯，爲琅邪，爲陳，皆故楚地，爲碭，爲東郡，皆故梁地，是時彭越未國，地屬西楚，自淮以南爲會稽，會稽之分爲吳，《灌嬰傳》“得吳守”是也，亦故楚地；九郡者，項王所手定也，軍以手定之地，不患其不安，民於手定之地，不患其不習，國於手定之地，則諸侯不得以地大而指爲不均，據天下三分之一以爭中原於腹心之間，此三代以來未有之勢也。彭城者，居九郡之中，舉天下南北之脊，關外之形勝必爭之地也，故曰都彭城者，項王不得不然之計也。

　　雖然，項王之不取關中，何也？曰：項王非不取關中也。乃者漢王先入關，義帝之約，固宜王者也，項王聽韓生之說而都之，關中之人安乎不安乎？關外諸侯無異議乎？項王所手定之九郡，將以之分王乎？抑自制乎？度其勢必自制之矣，自制之而一旦有警，其將去關中自將而東乎？關中者，固漢王所手定也，捨己所手定之九郡，而奪他人所手定之關中，既奪他人所手定之關中，又不分己所手定之九郡，一旦自將而東，天下之人安乎不安乎？是故關中者，項王所必取之地也，取之而名不順，勢不便，則緩取之，取之而名不順，勢不便，且召天下之兵，則以棄之者取之。何以知其然也？乃者陳涉首難，諸侯各收其地而王之矣。三王，秦之人也，以秦之地付三王，此秦漢之際諸侯之法也。使三王者據全秦之勝，扼全蜀之衝，包南山之塞，窒棧道之陘，終身爲西楚藩衛，則朝貢徵發，何求而不可。若其以百戰之燼，生降之虜，寄仇讐之號令，驅鄉黨之儔匹，一有擾動，西楚廢其主，刈其民，若燎毛射縞耳，指揮既定，人心自固。誠如是也，漢王不得援前說以爭秦，諸侯不得指前說以責楚，名與勢皆順便矣，所謂緩取之也，所謂以棄之者取之也。是故不付之張耳、臧荼者，不以關外之將相制關中也，不付之共敖、黥布者，不以西楚之將相制關中也，陽示天下以大公，而陰利三王之易取，是故三秦者，項王之寄地也。其告韓生曰："富貴不歸故鄉，如衣錦夜行，人誰見之。"此項王之設辭也，非項王之本計也。

雖然，關中，重地也，取關中，重計也，其取之之次第奈何？曰：項王之計，不急於收三秦之地也，急於阻漢王之東而已。何以知其然也？乃者項王之所忌，唯漢王也，是故未爲取秦之謀，先爲救秦之策。三川者，救秦之要道也，以瑕丘、申陽據三川，而北函谷南武關絜其要領矣，以司馬卬輔三川之北，而函谷之軍無阻矣，以韓成夾三川之南，而武關之軍無留矣，二王皆趙臣，趙睦於楚，故道通，韓成不睦於楚，不使之國而楚制之，故道亦通；道通矣，然而西楚之都，不能朝發夕至，則猶之乎未通也，彭城者，去函谷千有餘里，去武關亦千有餘里，輕騎數日夜可叩關；北收燕趙之卒，南引荆邨之師，關外可厚集其勢，關中可迭批其隙，漢王一搖足，則章邯先乘之，司馬欣、董翳疊乘之，西楚傾天下之力而急乘之，漢何患不斃！秦何患不全！漢王且不能保巴蜀漢中，豈能移尺寸與楚争一日之利！故曰，以彭城控三川，即以三川控三秦，都彭城者，項王不得不然之計也。

不意四月諸侯就封，五月而田榮反齊，是月而陳餘反趙，六月而彭越反梁，西楚之勢，不能即日西兵，而漢王已於五月破章邯，八月降司馬欣、董翳矣；蓋項王止策漢王，而田榮、陳餘、彭越三人，非其所忌，故有此意外之變，此則項王之失計也。然使當日者，不受漢間東兵擊齊，舉三楚之士，分兩路捷走争秦，其時申陽、司馬卬未敗，韓成已廢，兵行無人之境，函谷破,武關必降,武關破,函谷亦不守,淮陰侯挾新造之漢與旋定之秦,以當百戰必勝之卒,勝負之計,必不如垓下以三十萬當十萬之數矣;如是則三秦可復,三秦復則三川益固,九郡益張,齊、趙、燕三國,有不折而入於楚者哉!而卒棄之不爲,此則項王之失計也。故曰在不救雍、塞、翟三王而東擊齊,不在都彭城也。

夫爭戰之事,一日千變。古人身親其事,凡所設施,必非偶然,不可以成敗輕量也。後世如六朝之割裂,如五季之紊亂,草澤英雄,崛起一時,必有異人之識,兼人之力,爲衆所不及者。天下大器,置都大事,曾是項王而漫付之;吾故推其所以然,以明得失之實。如必以項王爲慮不及此,彼亞父者,亦非不審於計者也。

【文體】

此篇亦議論文,而與前篇異。前篇爲意欲說明一種道理,而借古事以資發揮者,此篇則意在考核古事之真相,而辨明其是非得失者也。凡議論之文,須(一) 推勘事理,(二) 或考核事實者,皆可以此爲式。又爲作長篇論文之法。

【分段】

此篇可分六段。第一段自起至"是故都彭城者,項王不得不然之計也",爲總起。"項王之失計,在不救雍塞翟三王而東擊齊,不在都彭城","吾嘗深推其故,而知項王都彭城,蓋以通三川之險也。通三川蓋以救三秦之禍也。彭城控三川,即以三川控三秦,是故都彭城者,項王不得不然之計也"爲一篇主意。

第二段自"何以知其然也"至"故曰都彭城者,項王不得不然之計也",言項王所以不得不都彭城之故。

第三段自"雖然項王之不取關中何也?"至"非項王之本計也",言項王之於關中不得不緩取之,不得不以棄之者取之。

第四段自"雖然關中重地也"至"都彭城者,項王不得不然之計也",言以彭城控三川,即以三川控三秦。惟三秦不容急取,而項王又不得不都彭城,則不得不以彭城控三川,以三川控三秦,故第二第三第四三段,實一大段而分爲三小段者也。此一大段第二第三第四三小段言項王之失計,不在於都彭城。

第五段自"不意四月,諸侯就封"至"不在都彭城也"言項王之失在不救雍塞翟三王而東擊齊。

第六段自"夫争戰之事"至完，回應起段作結。

【文字研究】

凡作長文，最貴法密，法密者有總有分，總括之語確能包舉分疏之語，分疏之語確不出乎總括之語之外，如此篇以"項王之失計，在不救雍塞翟三王而東擊齊，不在都彭城"，以彭城控三川，即三川控三秦爲一篇主意。下文以第二第三第四三段説明以彭城控三川，以三川控三秦，以見都彭城之非失計，以第五段説明不救雍塞翟三王而東擊齊，正與此意相背，故爲失計。全篇中無一語出於主意之外者，所立主意，亦更無未經説明之憾，所謂法密也。昔人所謂曲折入微，盛水不漏者也。

又措語須針鋒相對，則法易密。如此文言項王都彭城之利曰："軍於手定之地，不患其不安，民於手定之地，不患其不習，國於手定之地，則諸侯不得以地大而指爲不均"。下文言關中之不可急取，則曰"關中之人安乎不安乎……天下之人安乎不安乎"，即與此緊相針對。"漢王不得援前説以争秦，諸侯不得舉前事以責楚"亦然，所謂法密也。

又措詞須深相承接，亦爲法密之一端，如上文云以"瑕丘申陽據三川……而武關之軍無留矣"，云"彭城者……輕騎數日夜可叩關"，下文云"舉三楚之士……函谷亦不守"是也。凡文字有（一）有總起而無總結者，先總後分。（二）有總結而無總分者，先分後總。（三）有全體平列者。亦有（四）既有總起又有總結者，作長文往往用此法，如此篇以第六段回應前段是也。第一段第六段皆頗長，蓋作長文必如此，體勢乃能相稱，若作短文，則起結亦宜較短也。

"自淮陰侯斥項王……無有大於此者"數語爲題之來路。凡作論文，必先將所論之事叙明，然其叙述貴乎簡潔，不可支蔓，如項王不都關中一問題，古來議論者甚多，乃以始發其論之淮陰侯，載之史籍之史家及祖述此論之後之言地利者，三項括之是也。

"惲子居曰"以下説出主意。凡作論文，最好於叙述所論之事之後，即將主意説出，如此方覺深湊，否則易流於鬆懈，作長篇論文者尤要。

"乃者項王之自王……灌嬰傳得吳守是也"，此段中含有考據，然文中不宜過於支蔓，故但撮舉大畧，而其詳則見之自記中，即夾注之法也。夾注之體，最能使綱目分明，故其法創自班固，後人卒不能廢。

"據天下三分之一……至必争之地也"，此等吃緊處，看其措語之有力。

"是故關中者……則以棄之者取之"，於推論之中，作提挈總束之語，眉目乃清,作長篇文,最宜注意。

"扼全蜀之衝,包南山之塞,窒棧道之隘"、"百戰之燼,生降之虜"、"寄仇讎之號令,驅鄉黨之儔匹"、"廢其主,刈其民"多作偶語,凡長篇文中,必有此等處,文氣乃覺凝重。"軍於手定之地……必爭之地也",一段勢較凝重,"乃者漢王先入關……天下之人安乎不安乎",一段勢較流走,此處又用凝重之筆,乃文字整散疏密相間之法也。

"是故不付之張耳臧荼者……不以西楚之將相制關中也",即上文"秦漢之際,諸侯之法"之注脚也。然置之上文,則文勢易懈,故於此處補述之,下文又疊用一"是故",又舉出"其告韓生曰"一證據,即覺其波瀾壯闊。

"關外可厚集其勢……西楚傾天下之力而急乘之"總承"以彭城控三川,以三川控三秦","三秦復而三川益固,九郡益張"亦然,"齊趙燕三國有不折而入於楚者哉"並申言齊之無待於擊,以見擊齊之爲失計,意義極周匝,文法亦極完密。

"如必以項王爲慮不及此",兩句於正意之外,忽生一餘波,所以舒其氣也。

王介甫《給事中孔公墓誌銘》

宋故朝請大夫、給事中、知鄆州軍州事、兼管內河堤勸農同羣牧使、上護軍、魯郡開國侯、食邑一千六百戶、實封二百戶、賜紫金魚袋孔公者,尚書工部侍郎、贈尚書吏部侍郎諱勖之子,兗州曲阜縣令、襲封文宣公、贈兵部尚書諱仁玉之孫,兗州泗水縣主簿諱光嗣之曾孫,而孔子之四十五世孫也。

其仕當今天子天聖、寶元之間,以剛毅諒直,名聞天下。嘗知諫院矣,上書請明肅太后歸政天子,而廷奏樞密使曹利用、上御藥羅崇勳罪狀。當是時,崇勳操權利,與士大夫爲市;而利用悍強不遜,內外憚之。嘗爲御史中丞矣,皇后郭氏廢,引諫官、御史伏閣以爭,又求見上,皆不許,而固爭之,得罪然後已。蓋公事君之大節如此。此其所以名聞天下,而士大夫多以公不終於大位,爲天下惜者也。

公諱道輔,字厚濟。初以進士釋褐,補寧州軍事推官。年少耳,然斷獄議事,已能使老吏憚驚。遂遷大理寺丞,知兗州仙源縣事,又有能名。其後嘗直史館,待制龍圖閣,判三司理欠憑由司,登聞檢院,吏部流內銓,糾察在京刑獄,知許、徐、兗、鄆、泰五州,留守南京,而兗、鄆御史中丞皆

225

再至。所至官治，數以爭職不阿，或絀或遷，而公持一節以終身，蓋未嘗自絀也。

其在兗州也，近臣有獻詩百篇者，執政請除龍圖閣直學士。上曰："是詩雖多，不如孔某一言。"乃以公爲龍圖閣直學士。於是人度公爲上所思，且不久於外矣。未幾，果復召以爲中丞。而宰相使人說公稍折節以待遷，公乃告以不能。於是又度公且不得久居中，而公果出。初，開封府吏馮士元坐獄，語連大臣數人，故移其獄御史。御史劾士元罪，止於杖，又多更赦。公見上，上固怪士元以小吏與大臣交私，污朝廷，而所坐如此，而執政又以謂公爲大臣道地，故出知鄆州。

公以寶元二年如鄆，道得疾，以十二月壬申卒於滑州之韋城驛，享年五十四。其後詔追復郭皇后位號，而近臣有爲上言公明肅太后時事者，上亦記公平生所爲，故特贈公尚書工部侍郎。

公夫人金城郡君尚氏，尚書都官員外郎諱賓之女。生二男子：曰淘，今爲尚書屯田員外郎；曰宗翰，今爲太常博士，皆有行治世其家。累贈公金紫光禄大夫、尚書兵部侍郎，而以嘉祐七年十月壬寅，葬公孔子墓之西南百步。

公廉於財，樂振施，遇故人子，恩厚尤篤。而尤不好鬼神機祥事。在寧州，道士治真武像，有蛇穿其前，數出近人，人傳以爲神。州將欲視驗以聞，故率其屬往拜之，而蛇果出，公即舉笏擊蛇殺之，自州將以下皆大驚，已而又皆大服，公由此始知名。然余觀公數處朝廷大議，視禍福無所擇，其智勇有過人者，勝一蛇之妖，何足道哉！世多以此稱公者，故余亦不得而畧也。銘曰：

展也孔公，維志之求。行有險夷，不改其輈。權强所忌，讒諂所仇。考終厥位，寵禄優優。維皇好直，是錫公休。序行納銘，爲識諸幽。

【文體】
此篇屬碑志類。叙事之文志銘最多佳者，以其體較傳狀少寬也。

【分段】
此篇可分七段，第一段"宋故朝請大夫……而孔子之四十五世孫也"，叙官爵世系。

第二段"其仕當今天子……爲天下惜者也"，先叙其請歸政爭廢后兩事，以見其事君大節。

第三段"公諱道輔……蓋未嘗自絀也"，總叙其生平歷官。

第四段"其在兗州也……故出知鄆州"，特叙其爲上所思而入及爲執政所擠而出。

第五段"公以寶元二年如鄆……故特贈公尚書工部侍郎"，叙卒官及卒後特贈。

第六段"公夫人……西南百步"叙妻子及身後追贈葬地。

第七段"公廉於財……不得而畧也"，補叙其生平爲人。

【文字研究】

凡叙事文必有一條理系統，條理系統既得，而後（一）詳畧及（二）先後次序之法，從此生焉。條理系統無定法，要在即所叙之事而推求之。如此篇孔道輔乃一諫臣，其生平最重要之事，厥惟諫諍，而諫諍之中，又以請歸政、爭廢后兩事爲大，故特提出另叙，提前先叙。以見其爲人，此外則但叙其爲上所思及其不能從宰相之説，以見其不能大用之由，其餘則皆可從畧，此即先後詳畧之法也。

第二段所叙之事，爲全篇綱領所在，此一段得力，則其餘皆迎刃而解矣，故文亦以全力赴之。"其仕當今天子天聖、寶元之間"、"嘗知諫院矣"、"嘗爲御史中丞矣"，須看其提筆之軒爽。"以剛毅諒直，名聞天下"、"當是時……内外憚之"，須看其措語之簡質有力。"蓋公事君……爲天下惜者也"，須看其結束之明了。此力爭上游之法也。

第三段歷叙其生平經歷而稱之之語，不過"年少耳……已能使老吏憚驚"、"又有能名"、"所至官治"數語，而更以"數以爭職不阿……蓋未嘗自絀也"數語總括之，此即簡畧之法。凡文字須有簡畧之處，詳叙處乃見精神，猶畫家之有疏密濃淡也。

"於是人度公……以爲中丞"、"於是又度公……而公果出"，須看其眉目之清醒。

君主專制時代，表彰不見用之直臣最難。蓋抹煞其直固不可，表彰太過，則其君有拒諫之嫌，故必以"人度公爲上所思"、"上亦記公生平所爲"等數語斡旋之，銘詞不言上之不能用，而反以"考終厥位，寵祿優游"爲皇之所錫，亦此意。

擊蛇一事爲道輔知名之始，且時人多以此稱之，故不能不叙。然此篇於道輔生平，但叙其直諫大節，其餘之事畧去者多矣。反詳叙此瑣事，則嫌詳畧不稱，故必以"然余觀公……亦不得而畧也"數語斡旋之。

歐陽永叔《徂徠石先生墓誌銘》

徂徠先生姓石氏，名介，字守道，兗州奉符人也。徂徠，魯東山，而先生非隱者也，其仕嘗位於朝矣。魯之人不稱其官而稱其德，以爲徂徠魯之望，先生魯人之所尊，故因其所居山，以配其有德之稱，曰徂徠先生者，魯人之志也。

先生貌厚而氣完，學篤而志大，雖在畎畝，不忘天下之憂，以謂“時無不可爲，爲之無不至。不在其位，則行其言。吾言用，功利施於天下，不必出乎己；吾言不用，雖獲禍咎，至死而不悔”。其遇事發憤，作爲文章，極陳古今治亂成敗以指切當世，賢愚善惡，是是非非，無所諱忌。世俗頗駭其言，由是謗議喧然，而小人尤嫉惡之，相與出力必擠之死。先生安然不惑不變，曰：“吾道固如是，吾勇過孟賁矣。”不幸遇疾以卒。既卒，而奸人有欲以奇禍中傷大臣者，猶指先生以起事，謂其詐死而北走契丹矣，請發棺以驗。賴天子仁聖，察其誣，得不發棺，而保全其妻子。

先生世爲農家，父諱丙，始以仕進，官至太常博士。先生年二十六，舉進士甲科，爲鄆州觀察推官、南京留守推官。御史臺辟主簿，未至，以上書論赦罷不召。秩滿遷某軍節度掌書記，代其父官於蜀，爲嘉州軍事判官。丁内外艱去官，垢面跣足，躬耕徂徠之下，葬其五世未葬者七十喪。服除，召入國子監直講。

是時，兵討元昊久無功，海内重困，天子奮然思欲振起威德，而進退二三大臣，增置諫官御史，所以求治之意甚銳。先生躍然喜曰：“此盛事也。雅頌吾職，其可已乎？”乃作《慶曆聖德詩》以襃貶大臣，分別邪正，累數百言。詩出，太山孫明復曰：“子禍始於此矣。”明復，先生之師友也。其後所謂奸人作奇禍者，乃詩之所斥也。

先生自閑居徂徠，後官於南京，常以經術教授。及在太學，益以師道自居，門人弟子從之者甚衆。太學之興，自先生始，其所爲文章，曰某集者若干卷，曰某集者若干卷。其斥佛、老、時文，則有《怪說》《中國論》，曰：“去此三者，然後可以有爲。”其戒奸臣、宦、女，則有《唐鑒》，曰：“吾非爲一世監也。”其餘喜怒哀樂，必見於文。其辭博辯雄偉，而憂思深遠。其爲言曰：“學者，學爲仁義也。惟忠能忘其身，惟篤於自信者，乃可以力行也。”以是行於己，亦以是教於人。所謂堯、舜、禹、湯、文、武、周公、孔子、孟軻、揚雄、韓愈氏者，未嘗一日不誦於口；思與天下之士，皆爲周、孔之徒，以致其君爲堯、舜之君，民爲堯、舜之民，亦未嘗一日少忘於心。至其違世驚衆，人或笑之，則曰：“吾非狂痴者也。”是以君子察其行，而信其言，推其用心而哀其志。

先生直講歲餘，杜祁公薦之天子，拜太子中允。今丞相韓公又薦之，乃直集賢院。又歲餘，始去太學，通判濮州。方待次於徂徠，以慶曆五年七月某日卒於家，享年四十有一。友人廬陵歐陽修哭之以詩，以謂待彼謗焰熄，然後先生之道明矣。先生既歿，妻子凍餒不自勝。今丞相韓公與河陽富公，分俸買田以活之。後二十一年，其家始克葬先生於某所。

將葬，其子師訥與其門人姜潛、杜默、徐遁等來告曰：“謗焰熄矣，可以發先生之光矣。敢請銘。”某曰：“吾詩不云乎‘子道自能久’也，何必吾銘？”遁等曰：“雖然，魯人之欲也。”乃爲之銘曰：

徂徠之巖巖，與子之德兮，魯人之所瞻。汶水之湯湯，與子之道兮，逾遠而彌長。道之難行兮，孔孟亦云遑遑。一世之屯兮，萬世之光。曰：吾不有命兮，安在夫桓魋與臧倉？自古聖賢皆然兮，噫！子雖毀其何傷！

【文體】

此篇亦碑志類。

【分段】

此篇可分三段，第一段“徂徠先生……而保全其妻子”渾舉其生平。又可分爲兩小段，（一）“徂徠魯東山……魯人之志也”，述其爲魯人所尊，兼釋徂徠先生四字之由來。（二）“先生貌厚而氣完……而保全其妻子”，渾舉其志事及遭際。

第二段“先生世爲農家……葬先生於某所”，詳叙其生平之事與前段相對，前段爲虛籠，此段爲實叙也。又可分四小段，（一）“先生世爲農家……召入國子監直講”，叙家世科第仕進至官國子監直講止。（二）“是時兵討元昊……乃詩之所斥也”，叙其作慶曆聖德詩。（三）“先生自閑居徂徠……推其用心而哀其志”，叙其① 教授，② 著述，③ 言論，④ 立心，⑤ 行事。（四）“先生直講歲餘……葬先生於某所”，叙① 直講以後歷官，② 卒葬，③ 及身後之事。

第三段“將葬……乃爲之銘”述作銘之意。

【文字研究】

凡叙事之文，須從兩方面措意，（一）爲事之外形，謂事之見於外，爲衆所共見者，如人有言可聞，有行動可見是也。（一）爲其事之内容，則其事之所以然，如言有所由言，動有所由動是也。前者可謂爲事之物質方面，後者可謂爲事之精神方面。叙事之文有但描寫其外形而内容自見者，所謂"直書其事而是非自見"也，此等處兼寫其内容，則失之拙。有必抉發其内容而其事之真相始見者，若但叙其外形，則又索然無味矣。蓋人之行事，有可據外形，以測定其内容者，亦有不能者。前者但叙述其行爲即可，後者必兼寫其心理也。表章個人之作，其人（一）有有事功可見者，（二）有無事功可見者，前者但叙述其事實即可，後者必能舉出其人之心理，乃有精神也。

此篇即屬於後一類，其得力之處，在於謀篇之善。蓋石介生平無甚實事可見，欲表章其人，必能將其心理傳出，而人之心理，無從逐事鋪叙，亦無從隨處解釋，故必撮作一段，總叙於前，此等處看似虚籠，其實爲叙事最重要之處。蓋叙述固兼有形無形兩方面言之也。

"徂徠魯東山……魯人之志也"，此數語看似閑筆，然此篇既以徂徠先生稱介，則此數語，即爲文之緊要關鍵，入手即叙正文字緊湊之處。此數語須看其用筆之宕逸。"以爲時無不可爲……吾勇過孟賁矣"，渾舉其生平志事，此等處措語貴簡而精，一冗沓便無味矣。

作慶曆聖德詩，乃石介生平最有關係之事，又其生平居官政績可見者，惟在教授，二者皆其處國子監時事，故即於此下叙之，而其所以教人者，即其平時所以存之於心，宣之於口，筆之於書，而見之於躬行者也。故其言論著述，宅心行己，亦於此並叙焉。

"是時兵討元昊……"看其起法之簡净平正。

"太山孫明復曰"之"太山"兩字叙明孫明復之籍貫，"先生之師友也"句，叙明明復與石介之關係，此等處雖小節，卻不可漏，否則鶻突矣。

"先生自閑居徂徠，後官於南京，嘗以經術教授"，此語爲補叙法，亦爲並叙法，凡事之相類者，若逐處分叙，則復緟可厭，能以類歸併，則眉目清醒矣。

"太學之興，自先生始"，此等句法，最爲謹嚴簡净，八字中可包涵無數事實，若必詳叙之，則累千言萬語，仍可傷於挂漏。此等句法，我國史籍中最多，所謂史筆也。乃叙事文最工處，宜留意學步。

"其所爲文章，曰某集者，若干卷，曰某集者，若干卷"，總叙其所著之書。"其斥佛、老時文……吾非爲一世監也"，從其所著書全體中，特提出兩種詳論之。"其餘喜怒哀樂，必見其文"，又總論其所著之書。以上皆從其著述之内容立論。"其辭博辯雄偉，而憂深思遠"，則從其文辭一方面立論。"其爲言曰……乃可以力行也”，則又因其著述而推及於其言之全，著述者言之一端。
“以是行於己”五字，因言而及其行，“亦以是教於人”句，因其行己而及其教
人。“所謂堯舜……少忘於心”，又合其宅心及教人者言之，凡此皆行之於己
者也。“至其違世驚衆……吾非狂痴者也”，則述其對於流俗之態度，而更以
“是以君子察其行而信其言，惟其用心而哀其志”二語總束之。此段文字可謂
極錯綜變化之妙，須看其在理論上無絲毫錯雜凌亂之弊。

　　“察其行而信其言，推其用心而哀其志”十五字總束全段，筆力千鈞，此等
處非真有力量者不辦。凡錯綜變化之文字，必有簡勁有力之語以束之，觀此
段可見。

　　方望溪評此文云“筆陣酣姿，辭繁而不懈”，最能得此文妙處，讀此文者，
須從此體會。

柳子厚《始得西山宴游記》

　　自余爲僇人，居是州，恒惴栗。其隙也，則施施而行，漫漫而游。日
與其徒上高山，入深林，窮回溪，幽泉怪石，無遠不到。到則披草而坐，傾
壺而醉；醉則更相枕以卧，意有所極，夢亦同趣。覺而起，起而歸。以爲
凡是州之山有異態者，皆我有也，而未始知西山之怪特。

　　今年九月二十八日，因坐法華西亭，望西山，始指異之。遂命僕過湘
江，緣染溪，斫榛莽，焚茅茷，窮山之高而止。攀援而登，箕踞而遨，則凡
數州之土壤皆在衽席之下。其高下之勢，岈然窪然，若垤若穴，尺寸千
里，攢蹙累積，莫得遁隱。縈青繚白，外與天際，四望如一，然後知是山之
特出，不與培塿爲類。悠悠乎與灝氣俱而莫得其涯，洋洋乎與造物者游
而不知其所窮。引觴滿酌，頹然就醉，不知日之入，蒼然暮色，自遠而至，
至無所見，而猶不欲歸。心凝形釋，與萬化冥合，然後知吾向之未始游，
游於是乎始，故爲之文以志。是歲，元和四年也。

【文體】
此篇爲雜記類中記景物之文。

【分段】
此篇可分兩段，第一段“自余爲僇人……之怪特”，叙未得西山之前。
第二段“今年九月……元和四年也”，叙既得西山後之宴游。又可分四小

段：（一）“今年九月……而止”，叙得山之始末。（二）“攀援而登……爲類”，叙登山所見之情景。（三）“悠悠乎……游於是始”，叙在山宴游時之感情。（四）“故爲之文……四年也”，結出作文之意及年歲。

【文字研究】

西山之景，異於他山者，在其所登者高，所見者遠，故欲狀其景物，必須與他山相比較，乃能見其佳處。文之意，即在於此。故從未得西山時叙起，“以爲凡是州之山有異態者，皆我有也”、“然後知是山之怪特，不與培塿爲類”、“然後知吾向之未始游，游於是乎始”三句爲全篇關節。記景物文佳處，全在“用字之當”、“造句之工”，乃能“狀難狀之景”、“達難顯之情”。如此文“意有所極，夢亦同趣”八字，形容閑適之狀，極爲精妙。“其高下之勢……四望如一”狀登高所見之景尤工。“其高下之勢，岈然窪然，若垤若穴”，言登高則所見之物皆小。岈然者，僅見其若垤，窪然者，僅見其若穴也。“尺寸千里”，登高則所見之地廣，而其面積亦若縮小者然。“攢蹙累積，莫得遁隱”者，登高則所見之物，縮小其距離，亦若變近，故若攢蹙，若累積也。莫得遁隱，言所見之物，仍不減少也。“縈青繚白，外與天際，四望如一”之“縈青繚白”，猶今人言“一道青一道白”，此遠望目力所極之地如此。

柳子厚《至小丘西小石潭記》

　　從小丘西行百二十步，隔篁竹，聞水聲，如鳴佩環，心樂之。伐竹取道，下見小潭，水尤清冽。全石以爲底，近岸，卷石底以出，爲坻，爲嶼，爲嵁，爲巖。青樹翠蔓，蒙絡搖綴，參差披拂。

　　潭中魚可百許頭，皆若空游無所依。日光下澈，影布石上，怡然不動；俶爾遠逝，往來翕忽，似與游者相樂。

　　潭西南而望，斗折蛇行，明滅可見。其岸勢犬牙差互，不可知其源。

　　坐潭上，四面竹樹環合，寂寥無人，凄神寒骨，悄愴幽邃。以其境過清，不可久居，乃記之而去。

　　同游者：吳武陵，龔古，余弟宗玄。隸而從者，崔氏二小生：曰恕己，曰奉壹。

【文體】

此篇亦爲雜記類中記景物之文。

【分段】

此篇可分五段。第一段“從小丘西……參差披拂”，記得潭之由並總叙其構造形勢。

第二段“潭中魚可……游者相樂”，下望潭中之景。

第三段“潭西南……不可知其源”，記西南望之景。

第四段“坐潭上……乃記之而去”，記居潭上時之情感。

第五段“同游者……曰奉壹”，記同游之人。

【文字研究】

此篇記近觀之景，須看其刻畫之工細。“全石以爲底……參差披拂”，此數語總寫潭之構造及其形狀，須看其用筆之簡净。“皆若空游……游者相樂”，此數語須看其狀物之工。俶，《爾雅》釋詁作也，今俗語猶有之以狀物自静而之動之態，觀此等處，可悟必用字精確，而後文乃能工。

蘇子瞻《志林·平王》

太史公曰：學者皆稱周伐紂，居洛邑。其實不然。武王營之，成王使召公卜居之，居九鼎焉。而周復都豐、鎬。至犬戎敗幽王，周乃東徙於洛。

蘇子曰：周之失計，未有如東遷之謬也。自平王至於亡，非有大無道者也。髭王之神聖，諸侯服享，然終以不振，則東遷之過也。昔武王克商，遷九鼎於洛邑，成王、周公復增營之。周公既殁，蓋君陳、畢公更居焉。以重王室而已，非有意於遷也。周公欲葬成周，而成王葬之畢，此豈有意於遷哉？

今夫富民之家，所以遺其子孫者，田宅而已。不幸而有敗，至於乞假以生可也，然終不敢議田宅。今平王舉文、武、成、康之業而大棄之，此一敗而鬻田宅者也。夏、商之王，皆五六百年，其先王之德無以過周，而後王之敗亦不減幽、厲。然至於桀、紂而後亡，其未亡也，天下宗之，不如東周之名存而實亡也。是何也？則不鬻田宅之效也。

盤庚之遷也，復殷之舊也。古公遷於岐，方是時，周人如狄人也，逐水草而居，豈所難哉？衛文公東徙渡河，恃齊而存耳。齊遷臨淄，晉遷於絳、於新田，皆其盛時，非有所畏也。其餘避寇而遷都，未有不亡；雖不即亡，未有能復振者也。

春秋時，楚大饑，羣蠻畔之。申息之北門不啓，楚人謀徙於阪高。

蔿賈曰："不可。我能往，寇亦能往。"於是乎以秦人、巴人滅庸，而楚始大。蘇峻之亂，晉幾亡矣，宗廟宮室，盡爲灰燼。温嶠欲遷都豫章，三吳之豪欲遷會稽。將從之矣，獨王導不可，曰："金陵，王者之都也。王者不以豐儉移都。若弘衛文大帛之冠，何適而不可？不然，雖樂土爲墟矣。且北寇方強，一旦示弱，竄於蠻越，望實皆喪矣。"乃不果遷，而晉復安。賢哉導也，可謂能定大事矣。嗟夫！平王之初，周雖不如楚之强，顧不愈於東晉之微乎？使平王有一王導，定不遷之計，收豐、鎬之遺民，而修文、武、成、康之政，以形勢臨東諸侯，齊、晉雖強，未敢貳也，而秦何自霸哉！

魏惠王畏秦，遷於大梁。楚昭王畏吳，遷於郢。頃襄王畏秦，遷於陳。考烈王畏秦，遷於壽春。皆不復振，有亡徵焉。東漢之末，董卓劫帝遷於長安，漢遂以亡。近世李景遷於豫章，亦亡。故曰：周之失計，未有如東遷之謬也。

【文體】

此篇亦論辨文。

【分段】

此篇全篇銜接，如一筆書，幾於無可畫分。須分之，則可爲三段。第一段"太史公曰……未有能復振者也"，其中又可分四小段，（一）"太史公曰……周乃東遷於洛"，叙明來歷。（二）"蘇子曰……此豈有意於遷哉"，斷定周之失計。（三）"今夫富民之家……則不鬻田宅之效也"，説明失計之原理。（四）"盤庚之遷也……未有能復振者也"，雜引古事以證成其義。

第二段"春秋時……而秦何自霸哉"，引晉楚之事爲證，以見周之可以不遷，以證明其失計。

第三段"魏惠王畏秦……未有如東遷之謬也"，更引遷而致亡者爲證，以足其意。

【文字研究】

此篇雜引衆事以成文，可見讀史者，當貫串古今，方有論事之識，不當區區計校一事之得失，又可見文字之貴於詞少而意多。

"蘇子曰周之失計，未有如東遷之謬者也"，亦用開口即斷定之法，末句更作照應，以清眉目。"自平王至於亡……則東遷之過也"，證明周之亡，確由東遷，須看其接筆之源。"今夫富民之家……而鬻田宅者也"，爲全篇主意。雜引史事，不可無綫索以貫穿之，否則如滿屋散錢矣。即借喻言以作總意，可見其用筆之妙。

此篇須看其用筆之飄忽，如風雨雜沓，不可方物。東坡早年文字，有策士習氣，體勢往往失之冗長，文字亦有過於矜才使氣之處。晚年之作，至爲奇肆於夷，猶淡蕩之中，寓縱橫馳驟之妙，論者稱其"心手相忘，獨立千秋"，信不誣也。此等文字能熟讀之，識其用筆之法，下筆自無沾滯之病。

吳南屛《京師寄家人書》

八月二十八日，書與念謀兄弟知之：在京師惟聞南中賊勢甚急，又聞人傳説秋禾旱傷，日夕驚憂，恐吾鄉里聞事即未可測。得來信，乃知吾近地被旱頗輕，郡城駐軍防堵，而鄉里安定如常。然邇者賊遂由閒道趨攻長沙，此豈意料所及乎？省城未知可保與否，以勢言之，何至遂破。果遂破者，天下事尚可爲哉！賊始自粵犯湖南，衆不過數千，官軍數萬，大帥坐擁觀望，不敢迎擊。賊得旁逸橫出，又聲言無殺害平民，散鄉民防堵者之心。所入州縣非力攻取之也，直徑行，莫之有阻耳。官軍隨賊尾追，以收復爲名而因爲淫掠者，比比也。南中來者言，賊所過，官軍嘗後之一兩日至，則其地一空。人畏官軍，都不忌賊，賊以故徑千里得至於此。賊之用兵，可謂狡而亦輕脱無慮甚矣。彼其計慮間，且以提兵大帥爲何等人乎。前程督走回長沙，官吏必大懲創城中之人，勢不得不同命共守。而聞駱中丞搜戮奸謀頗盡，鮑提督先到，此差可恃者。惟是官兵素驕惰怯戰，所募勇軍尤難制御，稍不得意慮反爲賊，城事特未可知耳。若賊遂破長沙，岳郡防堵之師，亦將望風駭散，能禦而覆之湖中耶，且賊又將由間道走平江、通城，而達武昌也。雖然賊本衆故自無多，不過糾呼邪黨，以張聲勢，亦是未經戰陳之徒，攻城日久，外援皆至，勢必退竄。此時有能兵者聚而殲之，其隘東南數歲之禍可一朝息也。然如此者豈所望於今之爲兵者哉？直保城可冀耳。熊兒得母尚在城中，吾不爲憂疑，必能自脱也。近計與李次青偕歸，既而熟思之，歸須四十來日，期賊得勢則湖湘道阻，歸亦何爲？否則無庸歸，兼恐道路多虞，以是中止。次青亦未果行。吾夜酒後發憤爲詩自遣悶，及與人贈答相語，以賊録之爲鳴劍詞云，吾今年正月初四日出門時豈意有此情事耶噫！

【文字研究】

此篇即通常家信也，拉雜書寫，並無段落可分。凡文字必能隨筆抒寫，然後意無不達，而適於用，故大忌爲一定格式所拘。同一隨筆抒寫，何以或成文或不成文，此則視乎其意之如何，即文字之實質如何，不關形式。語曰："出辭氣，斯遠鄙倍矣。"人必先無鄙倍之心，然後無鄙倍之語。此謂無鄙倍之語存於腦中，非謂無鄙倍之語出諸口也。夫腦筋中本無鄙倍之語，則作文時，即欲求鄙倍，亦安得鄙倍之語而用之？若此者，雖以俗語成文，其文亦雅。若思想未離乎鄙倍，即用雅詞塗澤其文，亦必俗不可耐。不然俗手而作之文字，其所用之詞，何嘗特異於名大家哉？

蘇子瞻《練軍實》

三代之兵，不待擇而精。其故何也？兵出於農，有常數而無常人，國有事，要以一家而備一正卒，如斯而已矣。是故老者得以養，疾病者得以爲閑民，而役於官者，莫不皆其壯子弟。故其無事而田獵，則未嘗發老弱之民；師行而饋糧，則未嘗食無用之卒。使之足輕險阻，而手易器械，聰明足以察旗鼓之節，强銳足以犯死傷之地，千乘之衆而人人足以自捍，故殺人少而成功多，費用省而兵卒强。蓋春秋之時，諸侯相併，天下百戰。其經傳所見謂之敗績者，如城濮、鄢陵之役，皆不過犯其偏師而獵其游卒，斂兵而退，未有僵尸百萬，流血於江河，如後世之戰者，何也？民各推其家之壯者以爲兵，則其勢不可得而多殺也。

及至後世，兵民既分，兵不得復而爲民，於是始有老弱之卒。夫既已募民而爲兵，其妻子屋廬，既已托於營伍之中，其姓名既已書於官府之籍，行不得爲商，居不得爲農，而仰食於官，至於衰老而無歸，則其道誠不可以棄去，是故無用之卒，雖薄其資糧，而皆廩之終身。凡民之生，自二十以上至於衰老，不過四十餘年之間；勇銳强力之氣，足以犯堅冒刃者，不過二十餘年。今廩之終身，則是一卒凡二十年無用而食於官也。自此而推之，養兵十萬，則是五萬人可去也；屯兵十年，則是五年爲無益之費也。民者，天下之本；而財者，民之所以生也。有兵而不可使戰，是謂棄財；不可使戰而驅之戰，是謂棄民。臣觀秦、漢之後，天下何其殘敗之多耶？其弊皆起於分民而爲兵。兵不得休，使老弱不堪之卒，拱手而就戮。故有以百萬之衆而見屠於數千之兵者。其良將善用，不過以爲餌，委之啖賊。嗟夫！三代之衰，民之無罪而死者其不可勝數矣。

今天下募兵至多。往者陝西之役，舉籍平民以爲兵，加之明道、寶元之間，天下旱蝗，以及近歲青、齊之饑，與河朔之水災，民急而爲兵者，日以益衆。舉籍而按之，近歲以來，募兵之多，無如今日者。然皆老弱不教，不能當古之十五；而衣食之費，百倍於古。此甚非所以長久而不變者也。凡民之爲兵者，其類多非良民。方其少壯之時，博弈飲酒，不安於家，而後能捐其身。至其少衰而氣沮，蓋亦有悔而不可復者矣。臣以謂：五十以上，願復爲民者，宜聽；自今以往，民之願爲兵者，皆三十以下則收，限以十年而除其籍。民三十而爲兵，十年而復歸，其精力思慮，猶可以養生送死，爲終身之計。使其應募之日，心知其不出十年，而爲十年之計，則除其籍而不怨。以無用之兵終身坐食之費，而爲重募，則應者必衆。如此，縣官長無老弱之兵，而民之不任戰者，不至於無罪而死。彼皆知其不過十年而復爲平民，則自愛其身而重犯法，不至於叫呼無賴以自棄於凶人。今夫天下之患，在於民不知兵。故兵常驕悍，而民常怯，盜賊攻之而不能禦，戎狄掠之而不能抗。今使民得更代而爲兵，兵得復還而爲民，則天下之知兵者衆，而盜賊戎狄將有所忌。然猶有言者，將以爲十年而代，故者已去而新者未教，則緩急有所不濟。夫所謂十年而代者，豈其舉軍而并去之？有始至者，有既久者，有將去者，有當代者，新故雜居而教之，則緩急可以無憂矣。

【文體】

此篇爲奏議文。近人選本凡例或云詔令奏議與現在國體不合，故概不選錄。此謬論也。選錄文字，不徒模仿其格式，兼當注意其美的方面。美的方面，大要有二：（一）曰勢力，（二）曰音調。勢力求其雄厚，音調求其和諧，昔人所謂有聲有色。奏議文字，則勢力之最爲雄厚者也。

分段：此篇可分三段。第一、二段中，又可分爲四小段，今列表對照如下：（一）言其辦法。（二）（三）推言其利。（四）則舉史事以證之也。

第三段又可分爲四小段：（一）"今天下募兵至多……而不變者也。"述今制之失。（二）"凡民爲之兵者……而不可復者矣。"述今制可變之原理。（三）"臣以謂……將有所忌。"述自擬之辦法及其利益。（四）"然猶言者……可以無憂矣。"復設爲問難而解釋之。

（一）三代之兵不待擇而精，其故何也？兵出於農，有常數，而無常人，國有事，要以一家而備一正卒，如斯而已矣。	（二）是故老者得以養，疾病者得以爲閑民，而役於官者，莫不皆其壯子弟。	（三）故其無事而田獵，則未嘗發老弱之民，兵行而饋糧，則未嘗食無用之卒，使之足輕險阻而手易器械，聰明足以察旗鼓之節，強銳足以犯死傷之地，故其殺人少，而成功多，費用省，而兵卒強。	（四）蓋春秋之時，諸侯相併，天下百戰，其經傳所見，謂之敗績者，如城濮、鄢陵之役，皆不過犯其偏師，而獵其游卒，斂兵而退，未有僵尸百萬，流血於江河，如後世之戰者，何也，民各推其家，壯者以爲兵，則其勢不得而多殺也。
（一）及至後世，兵民既分，兵不得復而爲民，於是始有老弱之卒。	（二）夫既已募民而爲兵，其妻子屋廬既已托於營伍之中，而其姓名既已書於官府之籍，行不得爲商，居不得爲農，至於衰老而無歸，則其道誠不可以棄去，是故無用之卒，雖薄其資糧，而皆廩之終身。	（三）凡民之生，自廿以上至於衰老，不過四十餘年之間，勇銳強力之氣，足以犯堅冒刃者，不過二十餘年。今廩之終身，則是一卒凡二十年無用，而食於官也。自此而推之，養兵十萬，則是五萬人可去也。屯兵十年，則是五年爲無益之費也。民者，天下之本，而財者，民之所以生也。有兵而不可使戰，是謂棄財。不可使戰而驅之戰，是謂棄民。	（四）臣觀秦漢之後，天下何其殘敗之多邪？其弊皆起於分民而爲兵，兵不得休，使老弱不堪之卒，拱手而就戮，故有以百萬之衆，而見屠於數千之兵者，其良將善用，不過以爲餌，委之噉賊。嗟夫！三代之衰民之無罪而死者，其不可勝數矣。

【文字研究】

凡讀文字，須先知其全篇主意之所在，乃易於著手研究。可觀其布置及起伏照應之法。如此篇以民兵與募兵相比較，其正意謂民兵之利在於兵出於民，亦可復還爲民，故其兵強，民不至無罪而死，而費用亦省。募兵之制則反是。又兵民相合，則天下知兵者衆，則其餘意也。而應募之人，至於少衰而氣沮，未嘗不願復而爲民，則爲募兵可變爲民兵之原理。凡此皆通身筋節也。

讀此文須看其明爽駿快處，全篇無一模糊之字，無一游移之句，故覺其勢力雄厚。

讀此文須看其簡煉處，全篇不過一千零三十五字，而說理之富，引證及叙述事實之多，劣手爲之，雖二千言不能盡也。惟其文簡，是以力厚。凡文之簡煉者，其氣必凝重，而氣之凝重者，必多偶語，故此文偶句甚多。

"足輕險阻……犯死傷之地"四句，須看其句法之簡省，句法之所以能簡省者，以"輕"字"易"字等用字之精也。

"夫既以募民而爲兵……誠不可以棄去"，推原立論，以見無用之卒，廩之終身，實由立法之失，可見募兵之制，不得不改。文字中此等推原立論處，最爲顯豁動目，此等處蘇最長，非徒其文字駿爽，亦由其見理明透也。

“凡民之生……五年而爲無益之費也。”須看其計算之明畫,凡文字最忌顢頇,故遇有能以數字顯所説之理處,必須計算明白,此層在今日尤要。惟上文計算明白,故“民者天下之本……是爲棄民”,覺其斷制之有力。

“嗟夫! 三代之衰……其不可勝數矣。”此句宕逸有神,因一路文氣嚴重,不得不有此宕逸之句,以疏其氣也。

“凡民之爲兵者……而不可復者矣。”此亦推原立論顯豁呈露之處。

“臣以爲五十以上……以自棄於凶人。”須看其結束之周密,措詞之簡省。

蘇子瞻《倡勇敢》

臣聞戰以勇爲主,以氣爲決。天子無皆勇之將,而將軍無皆勇之士,是故致勇有術。致勇莫先乎倡,倡莫善乎私。此二者,兵之微權。英雄豪傑之士,所以陰用而不言於人,而人亦莫之識也。臣請得以備言之。

夫倡者,何也? 氣之先也。有人人之勇怯,有三軍之勇怯。人人而較之,則勇怯之相去,若莛與楹。至於三軍之勇怯,則一也。出於反覆之間,而差於毫厘之際,故其權在將與君。人固有暴猛獸而不操兵,出入於白刃之中而色不變者;有見虺蜴而卻走,聞鐘鼓之聲而戰栗者。是勇怯之不齊至於如此。然閭閻之小民,爭鬥戲笑,卒然之間而或至於殺人。當其發也,其心翻然,其色勃然,若不可以已者,雖天下之勇夫,無以過之。及其退而思其身,顧其妻子,未始不惻然悔也。此非必勇者也。氣之所乘,則奪其性而忘其故。故古之善用兵者,用其翻然勃然於未悔之間,而其不善者,沮其翻然勃然之心,而開其自悔之意,則是不戰而先自敗也。故曰致勇有術。

致勇莫先乎倡。均是人也,皆食其食,皆任其事,天下有急,而有一人焉,奮而爭先,而致其死,則翻然者衆矣。弓矢相及,劍楯相交,勝負之勢,未有所決,而三軍之士,屬目於一夫之先登,則勃然者相繼矣。天下之大,可以名劫也;三軍之衆,可以氣使也。諺曰:“一人善射,百夫決拾。”苟有以發之,及其翻然勃然之間而用其鋒,是之謂倡。

倡莫善乎私。天下之人,怯者居其百,勇者居其一,是勇者難得也。捐其妻子,棄其身以蹈白刃,是勇者難能也。以難得之人,行難能之事,此必有難報之恩者矣。天子必有所私之將,將軍必有所私之士,視其勇者而陰厚之。人之有異材者,雖未有功,而其心莫不自異。自異而上不異之，則緩急不可以望其爲倡。故凡緩急而肯爲倡者，必其上之所異也。昔漢武帝欲觀兵於四夷，以逞其無厭之求，不愛通侯之賞，以招勇士，風告天下，以求奮擊之人，卒然無有應者。於是嚴刑峻法，致之死地，而聽其以深入贖罪，使勉強不得已之人，馳騖於死亡之地。是故其將降，而兵破敗，而天下幾至於不測。何者？先無所異之人，而望其爲倡，不已難乎？私者，天下之所惡也。然而爲己而私之，則私不可用；爲其賢於人而私之，則非私無以濟。蓋有無功而可賞，有罪而可赦者，凡所以愧其心而責其爲倡也。

天下之禍，莫大於上作而下不應。上作而下不應，則上亦將窮而自止。方西戎之叛也，天子非不欲赫然誅之，而將帥之臣，謹守封畧，外視內顧，莫有一人先奮而致命，而士卒亦循循焉莫肯盡力。不得已而出，爭先而歸，故西戎得以肆其猖狂，而吾無以應，則其勢不得不重賂而求和。其患起於天子無同憂患之臣，而將軍無腹心之士。西師之休，十有餘年矣，用法益密，而進人益難，賢者不見異，勇者不見私，天下務爲奉法循令，要以如式而止。臣不知其緩急將誰爲之倡哉？

【文體】

此篇亦奏議文。

【分段】

此篇可分五段。第一段"臣聞……備言之"總起。第二段"夫倡者何也……故曰致勇有術。"釋致勇有術。第三段"致勇莫先乎倡……是之謂倡。"釋致勇莫先乎倡。第四段"倡莫善乎私……而責其爲倡也。"釋倡莫善乎私。第五段"天下之禍……誰爲之倡哉？"述當時之情形，以見致勇之術，不可不講。

【文字研究】

此篇爲說理之文，須看其明白曉暢，善狀難顯之情。凡論事之文，必須能說出原理，方覺動目。而說理之文，又須能就事實方面立論，方覺顯豁。如"人固有暴猛獸……而忘其故"，"均是人也……則勃然者相繼矣"，皆設事以明之是也。

"致勇有術""致勇莫先乎倡""倡莫善乎私"三語爲一篇主意。而勇由於氣，以今語言之，即所謂精神方面。而非徒在物質方面，則其所以可致之原理也。故通篇於氣字，處處點醒。

"人之有異材者……不可以望其爲倡"此爲倡莫善乎私之原理。探原立論與前篇"凡民之爲兵者……而不可復者矣"同一筆法。

"致勇莫先乎倡……是之爲倡""倡莫乎私……必其上之所異也"署相對偶，而"昔漢武帝……不已難乎""私者……而責其爲倡也"兩小段，則爲第四段中獨有者，以倡致勇，責專在將，以私爲倡，責兼在君。此篇爲君主言之，故措詞有詳署也。

"私者……則非私無以濟"爲文字中自圓其説之處，蓋此之所謂私者，原不含偏私之意。然私字向爲人所偏惡，易起誤解，故必加以説明。凡文字中所用之名詞，有含義混淆，易起誤解者，爲須剖析清楚，此層在今日新舊思想混淆之際尤甚，科學地用一名詞，必先下一定義，正以此也。

此文措語精妙處，必須留意學步。如"出於反覆之間……在將與君"、"氣之所乘，則奪其性而忘其故"、"用其翻然勃然……開其自悔之意"、"以難得之人……難報之恩比矣"，均極顯豁呈露。"天下之人……可以氣使也"十八字造語尤精。"天下之禍……窮而自止"數語，善狀難顯之情。"循循焉……爭先而歸"等語，形容入妙，使人解頤。

《練軍實》、《創勇敢》兩篇爲東坡少年文字，看其明白爽快，前篇論事，此篇説理。

觸讋説趙太后

趙太后新用事。秦急攻之。趙氏求救於齊。齊曰："必以長安君爲質，兵乃出。"太后不肯，大臣強諫。太后明謂左右："有復言令長安君爲質者，老婦必唾其面。"

左師觸讋願見。太后盛氣而揖之。入而徐趨，至而自謝，曰："老臣病足，曾不能疾走，不得見久矣。竊自恕。恐太后玉體之有所郄也，故願望見。"太后曰："老婦恃輦而行。"曰："日食飲得無衰乎?"曰："恃鬻耳。"曰："老臣今者殊不欲食。乃自強步，日三四里，少益嗜食，和於身。"曰："老婦不能。"太后之色少解。

左師公曰："老臣賤息舒祺，最少，不肖。而臣衰，竊愛憐之。願令補黑衣之數，以衛王宮。沒死以聞。"太后曰："敬諾。年幾何矣?"對曰："十五歲矣。雖少，願及未填溝壑而托之。"太后曰："丈夫亦愛憐其少子乎?"對曰："甚於婦人。"太后曰："婦人異甚。"對曰："老臣竊以爲媼之愛燕后，賢於長安君。"曰："君過矣。不若長安君之甚。"左師公曰："父母之愛子，則爲之計深遠。媪之送燕后也,持其踵,爲之泣,念悲其遠也。亦哀之矣。已行,非弗思也。祭祀必祝之,祝曰:'必勿使反。'豈非計久長有子孫相繼爲王也哉?"太后曰:"然。"左師公曰:"今三世以前,至於趙之爲趙,趙王之子孫侯者,其繼有在者乎?"曰:"無有。"曰:"微獨趙,諸侯有在者乎?"曰:"老婦不聞也。""此其近者禍及身,遠者及其子孫。豈人主之子孫則必不善哉? 位尊而無功,奉厚而無勞,而挾重器多也。今媪尊長安君之位,而封以膏腴之地,多予之重器,而不及今令有功於國,一旦山陵崩,長安君何以自托於趙? 老臣以媪爲長安君計短也,故以爲其愛不若燕后。"太后曰:"諾。恣君之所使之。"

　　於是爲長安君約車百乘,質於齊。齊兵乃出。

　　子義聞之曰:人主之子也,骨肉之親也,猶不能恃無功之尊,無勞之奉,以守金玉之重也,而況人臣乎?

【文體】

此篇屬書説類,而亦記事文也。

【分段】

自起至齊兵乃出皆記事。子義聞之曰,則別爲一段,猶史家之有論贊也。

【文字研究】

文字本所以代語言,故文字之妙,本與語言無異。語言之妙者記載之,即成絶世妙文。但古者文字之用未廣,陳説使令多以口語行之,故其時嫻於詞令之士極多,後世則此等處,往往代之以筆札,故文詞雖工而嫻於辭令之士則少也。

記事之文,非能於其事有所加也,能曲盡其事而已。若於其事有所加,是失其事之真相也,是變亂事實也,是其言僞而不誠,是佞人也。世之評記事文者,往往曰欲寫某一人,則故立某一人以爲之陪襯;欲寫某一事,則故設某一事以爲之張本。又曰欲寫某人之智,則故甚某人之愚以形容之;欲寫某人之仁,則倍寫某人之暴,以襯托之。此乃金聖嘆批小説之法,豈可施之作文邪? 或曰誠如子言,事之本有意味者則可矣。事之本無意味者,其事即無記載之價值,其文即可以不作。猶之議論文,其事本無議論之價值者,其文即可以不作,豈可故甚其詞,以聳聽耶?

凡記事本貴曲盡其真相,於事之外,誠不可以有所加,而於其事之真相,亦不可以有所漏。如此篇之目的,在記左師之善諫,以爲諫者法。而左師之善諫，正於太后之拒諫見之，故必詳寫太后之詞色，以見左師之諫由漸而入，曰“太后明謂左右，有復言令長安君爲質者，老婦必唾其面”，曰“太后盛氣而揖之”，曰“太后之色少解”及以下所記太后之言詞皆是也。此中“太后之色少解”六字，最易漏去，然設漏去此六字，則其記載不完全，而其事實之真相，不可見矣。此等處最宜注意“太后曰：敬諾，年幾何矣。”以下太后之意已解，觀其言即可知其漸入左師之諫，惟當左師托舒祺時，太后之意之解，尚不能於言詞見之，而必於其顏色窺之，欲托舒祺之說，實爲左師說詞之始，蓋窺太后之色少解，然後進之。使是時太后之色尚不解，則左師必更以他說進，而不遽以托舒祺之說進矣。故此六字，必不可漏也。

　　左師之諫，所謂婉諫也。須看其措詞之婉曲處，蓋以前諸大臣皆強諫而不效，故左師易一法以進也。故“大臣強諫”四字，亦爲緊要關目。自“父母之愛子”以下，措詞之婉曲，尤爲易見。“老臣以媪爲長安君之計短也，故以其愛不若燕后”此兩句收束明白而詞氣亦充足。古人奏議中，恒有此等收束之語，皆取其明白也。此等處去冗贅一問耳，宜留意辨別。

　　詞令之工，至春秋戰國而極，而戰國策士游說之詞尤佳。大抵其進說，必揣度其所說之人，與其所陳說之事，度其言之可入，然後進之，故其言無不切中事理，易於動聽者。能熟讀《戰國策》，可悟出無數作文之法。如此篇觀左師之立言，則可悟行文婉曲之法，觀其言之以漸而入，則可悟出作文層次之法是也，蓋文字與語言，原非二事也。《國策》本縱橫家之書，不宜歸入史部。

　　“子義聞之曰”一段，猶史家之有論贊。凡記事文之論贊，往往不從正面着筆，非如俗儒所云故從側面立論，以求文字之奇也。蓋正面人皆知之，無待於論，若更論之，則贅詞也。如此篇記載之目的，原以見左師之善諫，然左師之善諫，讀此文者，誰不知之，何待更爲陳論乎？《左氏》記君子論泄冶之詞，亦是此法。

魯仲連説辛垣衍

　　秦圍趙之邯鄲。魏安釐王使將軍晉鄙救趙，畏秦，止於蕩陰，不進。魏王使客將軍辛垣衍間入邯鄲，因平原君謂趙王曰：“秦所以急圍趙者，前與齊閔王爭強爲帝，已而復歸帝，以齊故。今齊閔王益弱，方今惟秦雄天下。此非必貪邯鄲，其意欲求爲帝。趙誠發使尊秦昭王爲帝，秦必喜，罷兵去。”平原君猶豫未有所決。

　　此時魯仲連適游趙，會秦圍趙。聞魏將欲令趙尊秦爲帝，乃見平原君曰：“事將奈何矣？”平原君曰：“勝也何敢言事？百萬之衆折於外，今又內圍邯鄲而不去，魏王使客將軍辛垣衍令趙帝秦。今其人在是，勝也何敢言事？"魯仲連曰："始吾以君爲天下之賢公子也，吾乃今然後知君非天下之賢公子也。梁客辛垣衍安在？吾請爲君責而歸之。"平原君曰："勝請爲紹介而見之於先生。"平原君遂見辛垣衍曰："東國有魯連先生，其人在此，勝請爲紹介而見之於將軍。"辛垣衍曰："吾聞魯連先生，齊國之高士也。衍，人臣也，使事有職。吾不願見魯連先生也。"平原君曰："勝已泄之矣。"辛垣衍許諾。

魯連見辛垣衍而無言。辛垣衍曰："吾視居此圍城之中者，皆有求於平原君者也。今吾視先生之玉貌，非有求於平原君者，曷爲久居此圍城之中而不去也？"魯連曰："世以鮑焦無從容而死者，皆非也。今衆人不知，則爲一身。彼秦，棄禮義上首功之國也。權使其士，虜使其民。彼則肆然而爲帝，過而遂正於天下，則連有赴東海而死耳，吾不忍爲之民也。所爲見將軍者，欲以助趙也。"辛垣衍曰："先生助之奈何？"魯連曰："吾將使梁及燕助之，齊、楚固助之矣。"辛垣衍曰："燕則吾請以從矣。若乃梁，則吾乃梁人也，先生惡能使梁助之耶？"魯連曰："梁未覩秦稱帝之害故也。使梁覩秦稱帝之害，則必助趙矣。"辛垣衍曰："秦稱帝之害將奈何？"魯仲連曰："昔齊威王嘗爲仁義矣，率天下諸侯而朝周。周貧且微，諸侯莫朝，而齊獨朝之。居歲餘，周烈王崩，諸侯皆吊，齊後往。周怒，赴於齊曰：'天崩地坼，天子下席。東藩之臣田嬰齊後至，則斮之。'威王勃然怒曰：'叱嗟，而母婢也。'卒爲天下笑。故生則朝周，死則叱之，誠不忍其求也。彼天子固然，其無足怪。"

辛垣衍曰："先生獨未見夫僕乎？十人而從一人者，寧力不勝、智不若耶？畏之也。"魯仲連曰："嗚呼！梁之比於秦，若僕耶？"辛垣衍曰："然。"魯仲連曰："然則吾將使秦王烹醢梁王。"辛垣衍怏然不悅，曰："嘻！亦太甚矣，先生之言也。先生又惡能使秦王烹醢梁王？"魯仲連曰："固也，待吾言之。昔者鬼侯、鄂侯、文王，紂之三公也。鬼侯有子而好，故入之於紂，紂以爲惡，醢鬼侯；鄂侯爭之急，辯之疾，故脯鄂侯；文王聞之，喟然而嘆，故拘之於牖里之庫百日，而欲令之死。曷爲與人俱稱帝王，卒就脯醢之地也？齊閔王將之魯，夷維子執策而從，謂魯人曰：'子將何以待吾君？'魯人曰：'吾將以十太牢待子之君。'夷維子曰：'子安取禮而來待吾君？彼吾君者，天子也。天子巡狩，諸侯避舍，納管鍵，攝衽抱几，視膳於堂下。天子已食，乃退而聽朝也。'魯人投其籥，不果納。不得入於魯。

將之薛,假塗於鄒。當是時,鄒君死。閔王欲入弔,夷維子謂鄒之孤曰:
'天子弔,主人必將倍殯柩,設北面於南方,然後天子南面弔也。'鄒之羣
臣曰:'必若此,吾將伏劍而死。'故不敢入於鄒。鄒、魯之臣,生則不能事
養,死則不得飯含,然且欲行天子之禮於鄒、魯之臣不果納。今秦萬乘之
國,梁亦萬乘之國。俱據萬乘之國,交有稱王之名,覩其一戰而勝,欲從
而帝之,是使三晉之大臣,不如鄒、魯之僕妾也。且秦無已而帝,則且變
易諸侯之大臣。彼將奪其所謂不肖,而子其所謂賢;奪其所憎,而與其所
愛。彼又將使其子女讒妾爲諸侯妃姬,處梁之宮,梁王安得晏然而已乎?
而將軍又何以得故寵乎?"

　　於是辛垣衍起,再拜,謝曰:"始以先生爲庸人,吾乃今日而知先生爲
天下之士也。吾請去,不敢復言帝秦。"

　　秦將聞之,爲卻軍五十里。適會公子無忌奪晉鄙軍以救趙,擊秦,秦
軍引而去。

　　於是平原君欲封魯仲連。魯仲連辭讓者三,終不肯受。平原君乃置
酒,酒酣,起前,以千金爲魯連壽。魯連笑曰:"所貴於天下之士者,爲人
排患釋難解紛亂而無所取也。即有所取者,是商賈之人也。仲連不忍爲
也。"遂辭平原君而去,終身不復見。

【文體】

此篇亦屬書說類而亦記事文也。

【分段】

　　此篇可分三段:第一段"秦圍趙之邯鄲……辛垣衍許諾"爲文之來路。第
二段"魯連見辛垣衍……秦軍引而去"爲文之正面。第三段"於是平原君……
終身不復見"爲文之去路。

【文字研究】

　　此篇之妙,與小說無異。蓋辛垣衍庸人,其所戀者禄位耳。魯連所以動
之者,只在"且秦無已而帝……而將軍何以得故寵乎"數語,然此數語非能見
辛垣衍而直陳之也。須看其曲曲折折,說出此數語,辛垣衍拒之愈深,而魯連
之所以進其說者,其法愈妙,卒能自達其說處。

　　辛垣衍挾帝秦之說而來,其於不帝秦之說,蓋早存一深閉固拒之見,故魯
連欲見之而衍不願見。其言曰:"魯連先生,齊國之高士也。衍人臣也,使事
有職。"所謂"高士"乃不負責任之代名,"使事有職"則謂予奉梁王之命而來,

但知帝秦，至其事之利害然否，則出於權限之外，非吾所得而議也。及平原君强之，然後不得已而見。既見魯連，必仍有深閉固拒之色，而魯連亦無言，蓋此時無從説起也。“吾觀居此圍城之中者……曷爲久居此圍城之中而不去也”貌爲敷衍之詞，其意則謂汝居此無益，何不速去耳。夫其意至欲逐魯連速去，則其説之無從進審矣。然戰國説士，他人不開口則已，一開口必能乘間抵隙而入，此以見游説之術，亦必習之有素，然後能之，非偶然也。仲連乃引一鮑焦之事以答之，謂吾之所爲，不止一身，非以居圍城之中爲憂者。而“所爲見將軍者，欲以助趙也”之正意，遂於此説出。辛垣衍雖甚不悦，然表面上固不得不敷衍之。乃問曰“先生助之奈何”，魯連則曰“吾將使梁及燕助之”，牽定一梁，使辛垣衍不得不問，迨其既問，遂説出秦稱帝之害，然辛垣衍之拒魯連如故也。於是明言帝秦之議，由於畏秦。蓋魯連一策士，不能戰不能守，告以帝秦之謀，由於實力之不敵，則其詞必窮矣。斯時與魯連之意，相去愈遠，魯連乃以“梁之比於秦若僕”激之，激之而辛垣衍仍不動，乃更以“吾將使秦王烹醢梁王”激之，斯時辛垣衍心雖不動，表面上不得不做出不悦之色，而仲連遂以紂脯醢鬼鄂二侯，拘囚文王之説進。蓋前此所引齊威王之事，乃言帝人者之失其虚名，而此所引，則言帝人者之受其實禍。夫説至帝人者之受其實禍，則與所欲説之正意相近矣。而“秦無已而帝”以下數語，遂怡然涣然而出。蓋辛垣衍之拒魯連，本言帝秦之舉，出於實力不逮，無可如何，虚名更不能顧慮，而仲連即以帝秦必兼受實禍答之，實仍針鋒相對也。

　　言語與文字，本非二事，故言語之妙，與文字之妙無異。戰國策士言語之至妙者也。故觀戰國策士之言，可悟出無數作文之法。戰國策士之進説也，必視其所説者爲何如人，然後以何説當之，則知吾輩作文，亦必觀所告者爲何如人，然後作何如語矣。此所謂切於事情，然後其文字乃有效，一也。其進説也，必有其所欲説之正意，然往往不能直陳，於是必曲折引證，反覆譬喻，乃克將其正意説出。而作文層次及引證譬喻之法，於此可悟矣，二也。其進説也，往往爲所説者所拒，然輾轉駁辨，必達吾之説而後已。其駁辨之説，無不針鋒相對，愈出愈妙者，而辨難之法以及説理之文，愈出而愈奇之法，可以悟焉矣，三也。又《戰國策》記事之文，亦妙絶天下。如《觸讋説趙太后》篇“太后之色少解”及此篇“魯連見辛垣衍而無言”二句，俱從無字句處記載出當時情形，使讀者如身入其中，目擊其事。有“太后之色少解”句，然後左師之説，皆乘太后之意既解而進，躍然紙上；有“魯連見辛垣衍而無言”句，然後辛垣衍深閉固拒之情及魯連乘間抵隙，以入其説之術，亦可一覽瞭然矣。此記事文緊要關目也。

記事之詳畧,有一定法度。如此篇之意,在記魯連之說辛垣衍,故於魯連說衍之詞,記錄極詳,即二人詞色之間,亦詳加記載,蓋正意所在也。而魯連之說平原君,則非此篇所欲記,故僅述其大畧而止。其詞曰"吾始以君爲天下之賢公子也,吾乃今然後知君非天下之賢公子也。梁客辛垣衍安在?吾請爲君責而歸之",豈有不論帝秦之可否,拒秦之利害,而貿然責平原以非賢公子,欲爲責辛垣衍而歸之之理,平原君亦何能聽此鶻突之詞,即爲之紹介於辛垣衍。蓋魯連之對平原君必有詳論帝秦之可否,拒秦之能否之語,然或非記述者所聞,或雖聞之,而軍國秘謀,不便形諸記載,或記此事者,亦說士之流,其意僅在記載魯連游說之妙,以資揣摩,而其謀國及拒敵之詞,則非所重,故雖知之而未嘗記載,或別爲專篇記載之,而其書已亡,皆未可知。而世之論者,顧或謂秦之退軍,別有其故,初非懾於魯連之一言,以此文"秦將聞之,爲卻軍五十里"之語,悉將秦軍退卻之事,歸功於魯連爲過。夫秦軍當日或實力已屈,僅恃趙魏之憚其虛聲而欲帝之,不復爲禦敵之謀,故敢逼城而軍。及聞帝秦之謀已罷,則拒敵之計必決,故遂引軍而退。原未嘗云趙人別無禦敵之方,秦軍別無退卻之故,徒懾於魯連之一言,而遂甘心退卻也。至其不於趙人禦敵之謀,秦人退軍之故,詳加記述者,則記載當日兩軍之情事,自別有其人,即欲兼記之,亦當別作專篇,固非此篇之所當及也。凡此皆作文之體例也。此之不知,而挾鄉曲陋儒之眼光,以評論古人之文,而因及於當日之情事,則非徒文字之不明,而史實有爲之淆亂者矣。曩嘗見某筆記謂《左傳》載鉏麑數語,何人聞之,實爲千古疑案云云。夫《左傳》之記此事,但欲以見趙宣子之不忘恭敬,鉏麑之勇於就義耳,即此數語,已足見此二者而有餘,其他無關本旨,設更記之,即成贅詞,故皆可以刪削。《左傳》之記趙宣子假寐,乃以見其不忘恭敬,非以見鉏麑之乘其假寐而往賊之也。宣子爲國正卿,豈得一人假寐,左右無侍候之人,且傳又未言宣子始終假寐,至鉏麑欲往賊之,而尚未寤也。鉏麑之語,安得無人聞之。此等評論,真乃不值一笑。然記事文之詳畧之法,卻於此可見。古人作文,所以記載極詳,能使當時之情事歷歷如繪,而自與小說不同者,正以其記事必有關係,苟無關係之事,即無一語羼入也。

舊時評文之語,有所謂"急來緩受"者,其說雖陋,亦可見言語之妙,如"曷爲久居此圍城之中而不去","秦稱帝之害將奈何","先生又惡能使秦王烹醢梁王"等句,語意皆極急迫,而答引鮑焦、齊威王、鬼侯、鄂侯、文王事,語意皆極寬緩是也。然"所爲見將軍者,欲以助趙也"、"誠不忍其求也"、"彼天子固然其無足怪"、"是使三晉之大臣,不如鄒魯之僕妾也",收束到原意仍極分明,此等處若忘去收束,則游騎無歸矣。於此可悟語意拓開之處,下文必有緊峭之收束語;意不能拓開,則局促而不舒展,而文章無千巖萬壑之觀;收束不能緊密，則意思不顯，而人將不知其所云之爲何矣。"吾將使梁及燕助之"，"梁未覩秦稱帝之害故耳"，則須看其接筆之緊峭。

"今秦萬乘之國……而將軍又何以得故寵乎"一段爲全篇正意所在，須看其聚精會神處。"是使三晉之大臣，不如鄒魯之僕妾也"一句，先將上意收足，然後説出"且秦無已而帝"一層，仍將"彼又將使其子女讒妾爲諸侯妃姬"作一陪襯，然後説出"而將軍又何以得故寵乎"一句，即覺其筆力千鈞矣。於此可見文章蓄勢之法，可悟如何則可以免於中庸。

此文惟第二段爲文之正面，故記載特詳。第一段第三段皆取足以説明文之來路去路而止，故記載極簡。第一段辛垣衍因平原君謂趙王之語及魯連、平原君二人問答之語，須玩其簡净而明白，"此時魯仲連適游趙……乃見平原君"叙法極簡潔明爽，夷維子對魯人鄒人之語，叙法亦詳畧不同，所以避呆板也。

《觸聾説趙太后》、《魯仲連説辛垣衍》兩篇爲《戰國策》之文，看其叙事之妙。

曾子固《列女傳目録序》

劉向所叙《列女傳》凡八篇，事具《漢書》向列傳。而《隋書》及《崇文總目》皆稱向《列女傳》十五篇，曹大家注。以《頌義》考之，蓋大家所注，離其七篇爲十四，與《頌義》凡十五篇，而益以陳嬰母及東漢以來凡十六事，非向書本然也。蓋向舊書之亡久矣。嘉祐中，集賢校理蘇頌始以《頌義》爲篇次，復定其書爲八篇，與十五篇者並藏於館閣。而《隋書》以《頌義》爲劉歆作，與向列傳不合。今驗《頌義》之文，蓋向之自叙。又《藝文志》有向《列女傳頌圖》，明非歆作也。自唐之亂，古書之在者少矣，而《唐志》録《列女傳》凡十六家，至大家注十五篇者，亦無録，然其書今在，則古書之或有録而亡，或無録而在者，亦衆矣。非可惜哉！今校讎其八篇及十五篇者已定，可繕寫。

初，漢承秦之敝，風俗已大壞矣，而成帝後宮趙衛之屬尤自放。向以謂王政必自内始，故列古女善惡所以致興亡者，以戒天子。此向述作之大意也。其言太任之娠文王也，目不視惡色，耳不聽淫聲，口不出敖言。又以謂古之人胎教者皆如此。夫能正其視聽言動者，此大人之事，而有道者之所畏也。顧令天下之女子能之，何其盛也！以臣所聞，蓋爲之師傅保姆之助，《詩》、《書》圖史之戒，珩璜琚瑀之節，威儀動作之度，其教之者雖有此具，然古之君子，未嘗不以身化也。故“家人”之義歸於反身，二《南》之業本於文王，夫豈自外至哉？世皆知文王之所以興，能得内助，而不知其所以然者，蓋本於文王之躬化，故内則后妃有《關雎》之行，外則羣臣有二《南》之美，與之相成。其推而及遠，則商辛之昏俗，江漢之小國，兔罝之野人，莫不好善而不自知，此所謂身修故家國天下治者也。後世自問學之士，多徇於外物而不安其守，其室家既不見可法，故競於邪侈，豈獨無相成之道哉？士之苟於自恕，顧利冒恥而不知反已者，往往以家自累故也。故曰“身不行道，不行於妻子”，信哉！如此人者，非素處顯也，然去二《南》之風，亦已遠矣，況於南鄉天下之主哉？向之所述，勸戒之意，可謂篤矣。

　　然向號博極羣書，而此傳稱《詩》《芣苢》、《柏舟》、《大車》之類，與今序《詩》者之説尤乖異，蓋不可考。至於《式微》之一篇，又以謂二人之作。豈其所取者博，故不能無失歟？其言象計謀殺舜及舜所以自脱者，頗合於《孟子》，然此傳或有之，而《孟子》所不道者，蓋亦不足道也。凡後世諸儒之言經傳者，固多如此，覽者採其有補，而擇其是非可也。故爲之序論以發其端云。

【文體】

此篇屬序跋類。

【分段】

此篇凡分三段。第一段，從“劉向所叙”至“……可繕寫”，又可分爲四小段，（一）從“劉向所叙”到“並藏於館閣”，述此書有八篇十五篇兩本，八篇已忘，至蘇頌乃復輯出。（二）從“而隋以頌義爲劉歆作”到“明非歆作也”，考定頌義爲劉向所作。（三）從“自唐之亂”到“非可惜哉”，以現存之本與《唐志》所録相校，如古書之有録而亡，無録而在者甚衆爲可惜。（四）從“今校讐其八篇”到“可繕寫”述現在之校理。

　　第二段，自“初漢承秦之敝”至“可謂篤矣”，仍分三小段，（一）自“初漢承秦之敝”至“此向述作之大意也”，原劉向所以作此書之意。（二）自“其言太任之娠文王也”，至“況於南鄉天下之主哉”，就書中之一端立論，暢發躬化之意。自“此所謂身修，故家國天下治者也”，以上爲正面。而自“後世自學問之士”以下爲反面。（三）自“向之所述”至“可謂篤矣”歸到本題，以結束本段。

第三段，自"然向號博極羣書"至"以發其端云"，評論此書之内容。

【文字研究】

第一段頭緒極繁，須看其叙次之簡潔明净。

第二段中先用第一小段説明劉向此書之作意，本在陳戒天子，以見此書實爲天子所宜觀覽。次乃用第二小段更進一層，劉向言王政必自内始，女言善惡，足以致興亡，此則言女之善惡，責仍在於天子之一身，須看其層次之井然；"初漢承秦之敝"須看其起筆之簡净。

"向之所述，勸戒之意，可謂篤矣。"此三句爲收到本題之法。蓋前此所説，謂之推論。文字中用推論之法，大抵係從近處推到遠處，小處推到大處，言者聽者均忘卻本題，説話使無歸束，故必須（1）或於推論之先揭明宗旨，（2）或於推論之間，時時將本旨提醒，（3）或於推論之末，依舊歸到本題。此三句即第三法也。

凡氣息深厚之文，必多偶儷排比之句，如此文中之"師傅保姆之助，詩書圖史之戒，珩璜踽瑀之節，威儀動作之度"，"家人之義歸於反身，二南之業本於文王"，"内則后妃有《關雎》之行，外則羣臣有二《南》之美"，"商辛之昏俗，江漢之小國，兔罝之野人"等句是也。

"然古之君子，未嘗不以躬化也"，須看其轉筆之深厚。"此所謂身修，故家國天下治者也"，須看其結筆之凝重。

文有以簡爲貴者，亦有以繁爲貴者。大抵數語可了之處，本無繁言之價值，繁言之不徒無味，且易因此而致誤會，則必以簡爲貴。至於一篇主旨所在，不憚反復詳言，則雖繁而不厭其復，且愈繁，則其勢力愈厚。如此篇"家人之義，歸於反身；二南之業，本於文王，夫豈自外至哉"之下，又接"世皆知文王之所以興，能得内助，而不知其所以然者，蓋本於文王之躬化"云云，即其一例。此等處須玩其酣暢淋漓之妙。

自"以臣所聞"至"此所謂身修，故家國天下治者也"，皆陳古者人君之德，以勸誘其君，至反面頗難着筆，故從士一方面立論，然後轉到"南鄉天下之主"，須看其措詞之得體。

此書之作意，在陳戒天子，使之化導宮闈，原不以書中之小疵廢，然因書中一節之誤，遂并其全書而棄之者，世間往往有之，故不憚詳爲臚列而申之曰："採其有補，而擇其是非可也"，其用意正與前段一貫。

第一段爲叙跋文字，叙述校理古書之式。第二段爲借所序之書，發抒議論之式。第三段爲評論其書之内容之式。

南豐序跋文字，第一須領料其氣度之雍容大雅。

劉子政《論起昌陵疏》

臣聞《易》曰："安不忘危，存不忘亡，是以身安而國家可保也。"故賢聖之君，博觀終始，究極事情，而是非分明。王者必通三統，明天命所授者博，非獨一姓也。孔子論《詩》，至於"殷士膚敏，祼將於京"，喟然嘆曰："大哉天命！善不可不傳於子孫，是以富貴無常；不如是，則王公其何以戒慎，民萌何以勸勉？"蓋傷微子之事周，而痛殷之亡也。雖有堯、舜之聖，不能化丹朱之子；雖有禹、湯之德，不能訓末孫之桀、紂。自古及今，未有不亡之國也。昔高皇帝既滅秦，將都雒陽，感寤劉敬之言，自以德不及周而賢於秦，遂徙都關中，依周之德，因秦之阻。世之長短，以德爲效，故常戰栗，不敢諱亡。孔子所謂"富貴無常"，蓋謂此也。孝文皇帝居霸陵，北臨厠，意凄愴悲懷，顧謂羣臣曰："嗟乎！以北山石爲椁，用紵絮斫陳漆其間，豈可動哉？"張釋之進曰："使其中有可欲，雖錮南山猶有隙；使其中無可欲，雖無石椁，又何戚焉？"夫死者無終極，而國家有廢興，故釋之之言爲無窮計也。孝文寤焉，遂薄葬，不起山墳。

《易》曰："古之葬者，厚衣之以薪，藏之中野，不封不樹。後世聖人易之以棺椁。"棺椁之作，自黃帝始。黃帝葬於橋山，堯葬濟陰，丘壠皆小，葬具甚微。舜葬蒼梧，二妃不從。禹葬會稽，不改其列。殷湯無葬處。文、武、周公葬於畢，秦穆公葬於雍橐泉宮祈年館下，樗里子葬於武庫，皆無丘壠之處。此聖帝明王賢君智士遠覽獨慮無窮之計也。其賢臣孝子亦承命順意而薄葬之，此誠奉安君父，忠孝之至也。夫周公，武王弟也，葬兄甚微。孔子葬母於防，稱古墓而不墳，曰："丘，東西南北之人也，不可不識也。"爲四尺墳，遇雨而崩。弟子修之，以告孔子，孔子流涕曰："吾聞之，古者不修墓。"蓋非之也。延陵季子適齊而反，其子死，葬於嬴、博之間，穿不及泉，斂以時服，封墳掩坎，其高可隱，而號曰："骨肉歸復於土，命也，魂氣則無不之也。"夫嬴、博去吳千有餘里，季子不歸葬。孔子往觀曰："延陵季子於禮合矣。"故仲尼孝子，而延陵慈父，舜、禹忠臣，周公弟弟，其葬君親骨肉皆微薄矣，非苟爲儉，誠便於體也。宋桓司馬爲石椁，仲尼曰："不如速朽。"秦相呂不韋集知畧之士，而造《春秋》，亦言薄葬之義，皆明於事情者也。

　　逮至吳王闔閭,違禮厚葬,十有餘年,越人發之。及秦惠文、武、昭、嚴襄五王,皆大作丘隴,多其瘞臧,咸盡發掘暴露,甚足悲也。秦始皇帝葬於驪山之阿,下錮三泉,上崇山墳,其高五十餘丈,周回五里有餘。石椁爲游館,人膏爲燈燭,水銀爲江海,黃金爲鳧雁。珍寶之臧,機械之變,棺椁之麗,宮館之盛,不可勝原。又多殺宮人,生薶工匠,計以萬數。天下苦其役而反之,驪山之作未成,而周章百萬之師至其下矣。項籍燔其宮室營宇,往者咸見發掘。其後牧兒亡羊,羊入其鑿,牧者持火照求羊,失火燒其臧椁。自古至今,葬未有盛如始皇者也,數年之間,外被項籍之災,內離牧竪之禍,豈不哀哉!

　　是故德彌厚者葬彌薄,知愈深者葬愈微。無德寡知,其葬愈厚,邱隴彌高,宮廟甚麗,發掘必速。由是觀之,明暗之效,葬之吉凶,昭然可見矣。

　　周德既衰而奢侈,宣王賢而中興,更爲儉宮室,小寢廟,詩人美之,《斯干》之詩是也,上章道宮室之如制,下章言子孫之衆多也。及魯嚴公刻飾宗廟,多築臺囿,後嗣再絶,《春秋》刺焉。周宣如彼而昌,魯、秦如此而絶,是則奢儉之得失也。

　　陛下即位,躬親節儉,始營初陵,其制約小,天下莫不稱賢明。及徙昌陵,增埤爲高,積土爲山,發民墳墓,積以萬數,營起邑居,期日迫卒,功費大萬百餘。死者恨於下,生者愁於上,怨氣感動陰陽,因之以饑饉,物故流離以十萬數,臣甚惽焉。以死者爲有知,發人之墓,其害多矣;若其無知,又安用大?謀之賢知則不說,以示衆庶則苦之。若苟以說愚夫淫侈之人,又何爲哉?陛下慈仁篤美甚厚,聰明疏達蓋世,宜弘漢家之德,崇劉氏之美,光昭五帝、三王,而顧與暴秦亂君,競爲奢侈,比方丘隴,說愚夫之目,隆一時之觀,違賢知之心,亡萬世之安,臣竊爲陛下羞之。唯陛下上覽明聖黃帝、堯、舜、禹、湯、文、武、周公、仲尼之制,下觀賢知穆公、延陵、樗里、張釋之之意。孝文皇帝,去墳薄葬,以儉安神,可以爲則;秦昭、始皇,增山厚臧,以侈生害,足以爲戒。初陵之橅,宜從公卿大臣之議,以息衆庶。

【文體】
此篇爲奏議文。

【分段】
此篇可分三大段。第一段自"臣聞《易》曰"至"不起山墳"。又分爲二小段,(一)自"臣聞《易》曰"至"未有不亡之國也",論國無不亡之理,故不可以不戒慎。(二)自"昔高皇帝既滅秦"至"不起山墳"引本朝之事爲證。

第二段自"《易》曰"至"是則奢儉之得失也"。又分爲兩小段,(一)自"《易》曰"至"昭然可見矣",歷舉古來葬之厚薄吉凶以爲鑒戒。其中又可分爲二段:(甲)自"《易》曰"至"皆明於事情者也",言薄葬之義。(乙)自"逮至吳王闔閭"至"豈不哀者",言厚葬之禍。(甲)段中自"《易》曰"至"誠便於體也",歷舉古來薄葬之事。自黃帝至樗里子爲自制薄葬之義之人;自"夫周公武王弟也"以下,爲薄葬其親之人。以"此聖帝明主賢君智士遠覽獨慮無窮之計也,其賢臣孝子,亦承命順意而薄葬之,此誠奉安君父,忠孝之至也"二句,承上啓下。自"宋桓司馬爲石椁"至"皆明於事情者也",舉古人論薄葬之義之語。(乙)段中自"逮至吳王闔閭"至"甚足悲也"爲一段,僅列舉其人,以資鑒戒。自"秦始皇帝"至"豈不哀者"爲一段,以始皇之葬爲自古迄今,未有之盛,故特詳舉其事,以資鑒戒也。"是故德彌厚者葬彌薄,知愈深者葬愈微,無德寡知葬愈厚,邱隴彌高,宮廟甚麗,發掘必速,由是觀之,明暗之效,葬之吉凶,昭然可見矣。"數語第二段中第一小段之總結束。第二段爲全篇之中堅,此一小段又第二段中之正文也。

(二)自"周德既衰而奢侈"至"是則奢儉之得失也",論奢儉之效并及於後嗣,爲第二段中之餘義。

第三段自"陛下即位"至"以息衆庶",又分爲二小段。(一)"陛下即位"至"臣竊爲陛下羞之",述當時之害。(二)"唯陛下上覽明聖"至"以息衆庶"述希望之意,兼總結全篇。

【文字研究】

凡奏議文字有數種優點:(一)曰切直。如此篇列舉厚葬之禍,明言發掘之慘,又聳之以奢儉之效及於後嗣,所謂切也。直言自古及今,未有不亡之國,死者無終極,而國家有廢興,見墳墓之終不可保,所謂直也。(二)曰詳明。全篇議論,皆繁而不殺,徵引故事,不厭其多,皆所以力求詳明也。具此二美,自然足以動人,此之謂文字之勢力。故奏議文之體制,今雖不用,而其文字,卻深足取法,欲爲覺世之文者,不可不多讀古人奏議文字也。

凡文字於叙事或徵引之中,夾入議論或解釋者,皆所以求其明顯也。如此篇"孔子所謂富貴無常,蓋謂此也","夫死者無終極,而國家有廢興,故釋之之言,爲無窮計也","夫嬴博去吳千有餘里,季子不歸葬","自古及今,葬未有盛如秦始皇者也,數年之間,外被項籍之災,內罹竪牧之禍,豈不哀哉","上章道宮室之如制，下章言子孫之衆多也”等句皆是。

“又何戚焉”之下，本可直接“孝文寤焉”，而將“夫死者無終極”數語插入其間，此爲於叙事中插入議論之式，所謂夾議夾叙法也。

“其賢臣孝子，亦承命順意而薄葬之，此誠奉安君父忠孝之至也”，此句承上啓下，極其便捷須看。

“使其中有可欲，雖錮南山，猶有隙，使其中無可欲，雖無石椁，又何戚焉！”“以死者爲有知，發人之墓，其害多矣。若其無知，又安用大”等句，比較明顯而要言不煩。漢人文字，此等處甚多，最宜仿效。

漢人奏議文字，總束之處，最爲清晰。如此篇“此聖帝明王，賢君智士，遠覽獨慮，無窮之計也”，總束黄帝、堯、舜、禹、湯、文、武、周公、秦穆公、樗里子諸人。以“是故德彌厚者葬彌薄，知愈深者葬愈微，無德寡知，其葬愈厚，邱隴彌高，宮廟甚麗，發掘必速”，總束黄帝至秦始皇之事。以“惟陛下上覽明聖黄帝、堯、舜、禹、湯、文、武、周公、仲尼之制，下覽賢知穆公、延陵、樗里、張釋之之意，孝文皇帝去墳薄葬，以儉安神，可以爲則。秦昭始皇增山厚藏，以侈生害，足以爲戒”，總束全篇，皆極其謹嚴周密，凡以求其明顯也。

讀此文第一須領畧其風韻及氣度，姚薑塢謂“子政之文，如覿古之君子，右徵角，左宮羽，趨以採齊，行以肆夏，規矩揖揚，玉聲鏘鳴之容”，又謂“諫昌陵疏渾融遒逸，當爲第一”，可謂知言。

合曾子固《列女傳目録序》觀之，可知南豐之文出於子政，看其雍容厚重。

班昭《爲兄超求代書》

妾同産兄西域都護定遠侯超，幸得以微功特蒙重賞，爵列通侯，位二千石，天恩殊絶，誠非小臣所當被蒙。超之始出，志捐軀命，冀立微功，以自陳效。會陳睦之變，道路隔絶，超以一身，轉側絶域，曉譬諸國，因其兵衆，每有攻戰，輒爲先登，身被金夷，不避死亡。賴蒙陛下神靈，且得延命沙漠，至今積三十年。骨肉生離，不復相識。所與相隨時人士衆，皆已物故。超年最長，今且七十。衰老被病，頭髮無黑，兩手不仁，耳目不聰明，扶杖乃能行。雖欲竭盡其力，以報塞天恩，迫於歲暮，犬馬齒索。蠻夷之性，悖逆侮老，而超旦暮入地，久不見代，恐開奸宄之源，生逆亂之心。而公卿大夫，咸懷一切，莫肯遠慮。如有卒暴，超之氣力，不能從心，便爲上損國家累世之功，下棄忠臣竭力之用，誠可痛也。故超萬里歸誠，自陳苦急，延頸逾望，三年於今，未蒙省録。妾竊聞古者十五受兵，六十還之，亦有休息不任職也。緣陛下以至孝理天下，得萬國之歡心，不遺小國之臣，況超得備侯伯之位，故敢觸死，爲超求哀，乞超餘年。一得生還，復見闕庭，使國永無勞遠之慮，西域無倉卒之憂，超得長蒙文王葬骨之恩，子萬哀老之惠。《詩》云：“民亦勞止，汔可小康。惠此中國，以綏四方。”超有書與妾生訣，恐不復相見。妾誠傷超以壯年竭忠孝於沙漠，疲老則便捐死於曠野，誠可哀憐。如不蒙救護，超後有一旦之變，冀幸超家得蒙趙母、衛姬先請之貸。

【文體】

此篇亦奏議類。

【分段】

此篇可分四段，第一段自“妾同産兄”至“所當被蒙”，先謝知遇之恩；第二段自“超之始出”至“犬馬齒索”，述超立功西域之始末及當時在西域之情形。第三段自“蠻夷之性”至“哀老之惠”。此又可分兩小段，（一）“蠻夷之性”至“未蒙省録”，述超得代而未能得代之事。（二）自“妾竊聞”至“哀老之惠”，述爲超求代之正意。第四段自“《詩》云”至“先請之貸”。仍分兩小段，（一）“《詩》云”至“誠可哀憐”，述自己上書之意。（二）“如不蒙救護”至“先請之貸”，前及超不得代，則後有衰敗，請宥其家屬。

【文字研究】

此篇爲東漢文字，婉約深至，已開魏晉之先聲，須看其無一語不婉約。

第二段中陳述超之立功及衰老情形，極爲凄惻，其妙尤在“賴蒙陛下神靈，且得延命沙漠”、“雖欲竭盡其力……犬馬齒索”等句。

第三段中陳述超宜得代之理，不從班超一方面説，卻從國家一方面立論，故覺其得體。

“乞超餘年，一得生還，復見闕庭”尤覺其措詞之凄惻。“使國家……哀老之惠”總束上文，仍不背當時奏議文字格式。

陳承祚《上諸葛氏集表》

臣壽等言：臣前在著作郎，侍中領中書監濟北侯臣荀勗、中書令關内侯臣和嶠奏，使臣定故蜀丞相諸葛亮故事。亮毗佐危國，負阻不賓，然猶存録其言，耻善有遺，誠是大晉光明至德，澤被無疆，自古以來，未之有倫也。輒刪除複重，隨類相從，凡爲二十四篇，篇名如右。

亮少有逸羣之才，英霸之器，身長八尺，容貌甚偉，時人異焉。遭漢末擾亂，隨叔父玄避難荊州，躬耕於野，不求聞達。時左將軍劉備以亮有殊量，乃三顧亮於草廬之中；亮深謂備雄姿傑出，遂解帶寫誠，厚相結納。及魏武帝南征荊州，劉琮舉州委質，而備失勢衆寡，無立錐之地。亮時年二十七，乃建奇策，身使孫權，求援吳會。權既宿服仰備，又覩亮奇雅，甚敬重之，即遣兵三萬人以助備。備得用與武帝交戰，大破其軍，乘勝克捷，江南悉平。後備又西取益州。益州既定，以亮爲軍師將軍。備稱尊號，拜亮爲丞相，錄尚書事。及備殂沒，嗣子幼弱，事無巨細，亮皆專之。於是外連東吳，內平南越，立法施度，整理戎旅，工械技巧，物究其極，科教嚴明，賞罰必信，無惡不懲，無善不顯，至於吏不容奸，人懷自厲，道不拾遺，彊不侵弱，風化肅然也。當此之時，亮之素志，進欲龍驤虎視，苞括四海，退欲跨陵邊疆，震蕩宇內。又自以爲無身之日，則未有能蹈涉中原、抗衡上國者，是以用兵不戢，屢耀其武。然亮才於治戎爲長，奇謀爲短，理民之幹，優於將畧。而所與對敵，或值人傑，加衆寡不侔，攻守異體，故雖連年動衆，未能有克。昔蕭何薦韓信，管仲舉王子城父，皆忖己之長，未能兼有故也。亮之器能政理，抑亦管、蕭之亞匹也，而時之名將無城父、韓信，故使功業陵遲，大義不及邪？蓋天命有歸，不可以智力爭也。青龍二年春，亮帥衆出武功，分兵屯田，爲久駐之基。其秋病卒，黎庶追思，以爲口實。至今梁、益之民，咨述亮者，言猶在耳，雖《甘棠》之詠召公，鄭人之歌子產，無以遠譬也。孟軻有云：“以逸道使民，雖勞不怨；以生道殺人，雖死不怨。”信矣！

論者或怪亮文彩不豔，而過於丁寧周至。臣愚以爲咎繇大賢也，周公聖人也，考之《尚書》，咎繇之謨畧而雅，周公之誥煩而悉。何則？咎繇與舜、禹共談，周公與羣下矢誓故也。亮所與言，盡衆人凡士，故其文指不得及遠也。然其聲教遺言，皆經事綜物，公誠之心，形於文墨，足以知其人之意理，而有補於當世。

伏惟陛下邁蹤古聖，蕩然無忌，故雖敵國誹謗之言，咸肆其辭而無所革諱，所以明大通之道也。謹錄寫上詣著作。

【文體】

此篇亦奏議類。

【分段】

此篇可分四段,第一段自"臣壽等言"至"篇名如右",述校定此書之始末。第二段自"亮少有"至"信矣",叙述亮之生平。又分三小段,(一)"亮少有"至"風化安然也",述亮出處及輔佐蜀漢先後主之事;(二)"當此之時"至"智力爭也",推論亮用兵心事及其未能成功之由;(三)"青龍二年"至"信矣",述亮之死及其遺愛。第三段自"論者或怪"至"有補於當世",評論此集之內容。第四段"伏維陛下"至"上詣著作"述上表之意。

【文字研究】

此篇爲魏晉之文,須玩其詞旨之嫻雅。

此文全篇精神均在第二段中。其第一小段撮述亮生平大畧,須看其叙述之得要。蓋亮品節之高,在於不求聞達,而其有大功於先主,則求援孫權,實爲其第一事。當時非與孫權協力,則先主殆矣。故特著之曰"亮時年二十七",曰"乃建奇策",曰"又覩亮奇雅,甚敬重之",以見先主與權之聯合,亮實有大功。先主在日,一切事尚未屬亮,故但云"益州既定,以亮爲軍師將軍","備稱尊號,拜亮丞相錄尚書事",以見其倚畀之專,任職之要。及先主既殂,則全蜀治績,皆出亮一人。"於是外連東吳"至"風化肅然也",須看其叙述之簡括。第二小段叙述亮與魏之交涉,此段爲措詞最難處,而亦爲全篇精采所在。蓋亮所與對敵者爲司馬宣王,褒亮則於宣王有礙,貶亮又非作者所欲也,故不得不以婉曲之筆達之,須看其措詞之善。

隋文帝《討突厥詔》

往者魏道衰敝,禍難相尋,周、齊抗衡,分割諸夏。突厥之虜,俱通二國。周人東慮,恐齊好之深;齊氏西虞,懼周交之厚。謂虜意輕重,國逐安危,非徒並有大敵之憂,思減一邊之防。竭生民之力,供其來往,傾府庫之財,棄於沙漠,華夏之地,實爲勞擾。猶復劫剝烽戍,殺害吏民,無歲月而不有也。惡積禍盈,非止今日。朕受天明命,子育萬方,愍臣下之勞,除既往之弊。以爲厚斂兆庶,多惠豺狼,未嘗感恩,資而爲賊,違天地之意,非帝王之道。節之以禮,不爲虛費,省徭薄賦,國用有餘。因入賊之物,加賜將士,息道路之民,務於耕織。清邊制勝,成策在心。凶醜愚暗,未知深旨,將大定之日,比戰國之時,乘昔世之驕,結今時之恨。近者盡其巢窟,俱犯北邊。朕分置軍旅,所在邀截,望其深入,一舉滅之。而遠鎮偏師，逢而摧剪，未及南上，遽已奔北，應弦染鍔，過半不歸。且彼渠帥，其數凡五，昆季爭長，父叔相猜，外示彌縫，内乖心腹，世行暴虐，家法殘忍。東夷諸國，盡挾私仇，西戎羣長，皆有宿怨。突厥之北，契丹之徒，切齒磨牙，常伺其便。達頭前攻酒泉，其後于闐、波斯、挹怛三國一時即叛。沙鉢畧近趣周槃，其部内薄孤、束紇羅尋亦翻動。往年利稽察大爲高麗、靺鞨所破，娑毗設又爲紇支可汗所殺。與其爲鄰，皆願誅剿。部落之下，盡異純民，千種萬類，仇敵怨偶，泣血拊心，銜悲積恨。圓首方足，皆人類也，有一於此，更切朕懷。彼地咎徵妖作，年將一紀，乃獸爲人語，人作神言，云其國亡，訖而不見。每冬雷震，觸地火生，種類資給，惟藉水草。去歲四時，竟無雨雪，川枯蝗暴，卉木燒盡，饑疫死亡，人畜相半。舊居之所，赤地無依，遷徙漠南，偷存晷刻。斯蓋上天所忿，驅就齊斧，幽明合契，今也其時。故選將治兵，嬴糧聚甲，義士奮發，壯夫肆憤，願取名王之首，思撻單于之背，雲歸霧集，不可數也。東極滄海，西盡流沙，縱百勝之兵，横萬里之衆，亘朔野之追躡，望天崖而一掃。此則王恢所説，其猶射癰，何敵能當，何遠不服！但皇王舊迹，北止幽都，荒遐之表，文軌所棄。得其地不可而居，得其民不忍皆殺，無勞兵革，遠規溟海。諸將今行，義兼含育，有降者納，有違者死。異域殊方，被其擁抑，放聽復舊。廣闢邊境，嚴治關塞，使其不敢南望，永服威刑。卧鼓息烽，暫勞終逸，制御夷狄，義在斯乎！何用侍子之朝，寧勞渭橋之拜。普告海内，知朕意焉。

【文體】

此篇爲詔令文。

【分段】

全篇凡分五段，第一段"往者魏道"至"非止今日"，述前代與突厥之交涉。第二段"朕受天明令"至"過半不歸"，述現今對待突厥之政策。第三段"且彼渠仲"至"更切朕懷"，述突厥之内相乖離及屬國之怨叛。第四段"彼地咎徵妖作"至"今也其時"，述突厥中之災異。第五段"故選將治兵"至"知朕意焉"，又分兩小段，（一）"故選將治兵"至"何遠不服"，鋪張兵力之盛。（二）"但皇王舊迹"至"知朕意焉"，申明用兵之宗旨，但在攘斥夷狄，以安中夏，無意於窮兵黷武，所以安民心也。

【文字研究】

此篇爲隋唐時公文，即後世四六所由昉也。凡作駢文，忌於堆砌字句，妄加塗澤，濫用故實，其明白曉暢，須一如散文，要之當以意遣詞，不可以詞害意，讀此文可見其法。

第一段與第二段，須看其語語相針對。"惡積禍盈，非止今日"二語用以結束第一段，有力。"違天地之意，非帝王之道"二語，用以自占地步，亦有力。

"朕分置軍旅，所在邀截，望其深入，一舉滅之，而遠鎮偏師，逢而摧剪，未及南上，遽已奔北，應弦染鍔，過半不歸"不言勒兵待敵，未能大獲克捷，而轉言突厥之易敗。"圓首方足，皆人類也，有一於此，更切朕懷"不言突厥內相乖離、屬國怨叛之可乘，而反以振救其人爲言。下文"諸將今行，義兼含育，有降者納，有叛者死，異域殊方，被其擁抑，放聽復舊"，即據此說，皆措詞得體處。"彼地咎徵妖作"以下一段，須看措詞之曲達。"斯蓋上天所忿，驅就齊斧，幽明合契，今也其時"四句，總束前段，有力。

姚姬傳《覆魯絜非書》

桐城姚鼐頓首，絜非先生足下：

相知恨少，晚遇先生。接其人，知爲君子矣；讀其文，非君子不能也。往與程魚門、周書昌嘗論古今才士，惟爲古文者最少。苟爲之，必傑士也，況爲之專且善如先生乎！辱書引義謙而見推過當，非所敢任。鼐自幼迄衰，獲侍賢人長者爲師友，剟取見聞，加臆度爲說，非真知文、能爲文也，奚辱命之哉？蓋虛懷樂取者，君子之心；而誦所得以正於君子，亦鄙陋之志也。

鼐聞天地之道，陰陽剛柔而已。文者，天地之精英，而陰陽剛柔之發也。惟聖人之言，統二氣之會而弗偏。然而《易》《詩》《書》《論語》所載，亦間有可以剛柔分矣。值其時其人，告語之體，各有宜也。自諸子而降，其爲文無弗有偏者。其得於陽與剛之美者，則其文如霆，如電，如長風之出谷，如崇山峻崖，如決大川，如奔騏驥；其光也，如杲日，如火，如金鏐鐵；其於人也，如馮高視遠，如君而朝萬衆，如鼓萬勇士而戰之。其得於陰與柔之美者，則其文如升初日，如清風，如雲，如霞，如煙，如幽林曲澗，如淪，如漾，如珠玉之輝，如鴻鵠之鳴而入寥廓；其於人也，漻乎其如嘆，邈乎其如有思，暖乎其如喜，愀乎其如悲。觀其文，諷其音，則爲文者之性情形狀，舉以殊焉。且夫陰陽剛柔，其本二端，造物者糅，而氣有多寡進絀，則品次億萬，以至於不可窮，萬物生焉。故曰："一陰一陽之爲道。"

夫文之多變，亦若是已。然而偏勝可也，偏勝之極，一有一絶無，與夫剛不足爲剛，柔不足爲柔者，皆不可以言文。今夫野人孺子聞樂，以爲聲歌弦管之會爾；苟善樂者聞之，則五音十二律，必有一當，接於耳而分矣。夫論文者，豈異於是乎？宋朝歐陽、曽公之文，其才皆偏於柔之美者也。歐公能取異己者之長而時濟之，曽公能避所短而不犯。觀先生之文，殆近於二公焉。抑人之學文，其功力所能至者，陳理義必明當，布置取捨、繁簡廉肉不失法，吐辭雅訓，不蕪而已。古今至此者，蓋不數數得，然尚非文之至。文之至者，通乎神明，人力不及施也。先生以爲然乎？

惠寄之文，刻本固當見與，抄本謹封還。然抄本不能勝刻者。諸體中，書、疏、贈序爲上，記事之文次之，論辨又次之。鼐亦竊識數語於其間，未必當也。《梅崖集》果有逾人處，恨不識其人。郎君、令甥皆美才，未易量，聽所好恣爲之，勿拘其途可也。於所寄文，輒妄評説，勿罪！勿罪！秋暑惟體中安否？千萬自愛。七月朔日。

【文體】

此篇屬書牘類。

【分段】

此篇可分三段。第一段"相知恨少"至"亦鄙陋之志也"，以歉詞起。

第二段"鼐聞天地之道"至"先生以爲然乎"論文。其中又可分二小段，（一）"鼐聞天地之道……豈異於是乎"爲第一小段。第一小段有（1）自"舉以殊焉"以上言文之美，不外陰陽剛柔二端；（2）"且夫陰陽剛柔"至"皆不可以言文"言偏勝之極與似是而非之非；（3）"今夫野人"以下，總結上文。（二）"宋朝歐陽"至"先生以爲然乎"爲第二小段，又有（1）論絜非之文；（2）因論作文之功力。第二段中之第一小段，乃全篇之中堅也。

第三段"惠寄之文"至"七月朔日"，雜述所欲言作結。

【文字研究】

桐城門徑，少嫌狹隘。此派中人，功力多有可觀，根柢或嫌淺薄，然此篇論文之語則甚精。論文者每謂文之美，在神理氣味聲色……之間，而鄙言文法。論者或疑此等説法於教授爲不宜，全不言文法固非，然若但求定法而於神理氣味聲色……方面不能領會，則其人之學文，必無入處。不但所作之文，決無能佳之理，即讀他人之文，亦決不能真瞭解。何者？譬如聽人説話，決非但聽其話而已，種種説話時之姿態，如聲音之高低快慢，容貌之和平激烈等，必能一一領會，然後能知人之真意思。文字之所謂神理氣味聲色……即説話時此等達意之輔佐條件也。所異者聽人説話時,此等條件可兼用耳目等官領畧,讀文字則全靠以想象之力得之爾,此作文所以較説話爲難,亦瞭解他人文字,所以較瞭解他人之言語爲難也。故"觀其文,諷其音,則爲文者之性情形狀,舉以殊焉",實爲學文之概要語。

"其得於陽與剛之美者"至"愀乎其如悲"一段,疊舉事物爲譬。凡文之美者,不外能以一種刺激,使人起一種想象,此爲用"譬",用"證"等之一種原理。此一段文字,須看其造句之錯落,若一平板,則不成文字矣。此其理由,全在誦讀時之音調上,猶之説話句子,何以須如此長短,捨"口之發音"、"耳之聽音"以外,亦無他種理由可説也。故欲求瞭解文字,誦讀之功,必不能廢。

此篇文極醇雅。桐城派中,前有姬傳,後有伯言,功力皆極深至。

司馬子長《六國表序》

太史公讀《秦記》,至犬戎敗幽王,周東徙洛邑,秦襄公始封爲諸侯,作西時用事上帝,僭端見矣。《禮》曰:天子祭天地,諸侯祭其域内名山大川。今秦雜戎翟之俗,先暴戾,後仁義,位在藩臣而臚於郊祀,君子懼焉。及文公逾隴,攘夷狄,尊陳寶,營岐、雍之間,而穆公修政,東竟至河,則與齊桓、晉文中國侯伯侔矣。是後陪臣執政,大夫世禄,六卿擅晉權,征伐會盟,威重於諸侯。及田常殺簡公而相齊國,諸侯晏然弗討,海内争於戰攻矣。三國終之,卒分晉,田和亦滅齊而有之,六國之盛自此始。務在彊兵併敵,謀詐用而從衡短長之説起。矯稱蜂出,誓盟不信,雖置質剖符猶不能約束也。秦始小國,僻遠,諸夏賓之,比於戎翟,至獻公之後,常雄諸侯。論秦之德義,不如魯、衛之暴戾者;量秦之兵,不如三晉之彊也。然卒併天下,非必險固便、形勢利也,蓋若天所助焉。或曰:東方物所始生,西方物之成孰。夫作事者必於東南,收功實者常於西北,故禹興於西羌,湯起於亳,周之王也以豐鎬伐殷,秦之帝用雍州興,漢之興自蜀漢。

秦既得意,燒天下詩書,諸侯史記尤甚,爲其有所刺譏也。詩書所以復見者,多藏人家,而史記獨藏周室,以故滅。惜哉,惜哉!獨有《秦記》,又不載日月,其文畧不具。然戰國之權變,亦有可頗採者,何必上古?秦取天下多暴,然世異變,成功大。傳曰"法後王",何也?以其近己而俗變相類,議卑而易行也。學者牽於所聞,見秦在帝位日淺,不察其終始,因舉而笑之,不敢道,此與以耳食無異,悲夫!余於是因《秦記》,踵《春秋》

之後，起周元王，表六國時事，訖二世，凡二百七十年，著諸所聞興壞之端。後有君子，以覽觀焉。

【文體】

此篇爲序跋文。

【分段】

此篇可分兩大段。第一段"太史公讀秦記"至"漢之興自蜀漢"。又分爲三小段，（一）"太史公讀秦記"至"中國侯伯侔矣"，述秦之終。（二）"是後陪臣執政"至"猶不能約束也"，述風氣之大變。（三）"秦始小國"至"漢之興自蜀漢"，研究秦所以倂天下之故。

第二段"秦既得意"至"以覽觀焉"。又分爲三小段，（一）"秦既得意"至"其文署不具"，述史記之滅。（二）"然戰國之權變"至"悲夫"，述戰國權變之可採及不敢道秦事之非。（三）"余於是因秦記"至"以覽觀焉"，述作表之意。

【文字研究】

古人文字形式，往往與後世不同，而其實質則無不同，後人不知古今言語之異，則往往至於（1）誤會，（2）曲解。如此篇深情遠韻，論者多奉爲神韻之宗，然於其真意所在，或多誤解。其實其用意與後世文字無異。第一段中之第（一）（二）小段，言觀東周之事，多分爲春秋戰國兩時期，猶今人云，讀某朝歷史多分爲某某幾時期也。其第（三）小段，則研究秦所以倂天下之故。蓋秦倂天下，在今人視之，自不以爲異，然在史公時，則歷史上統一未滿百年，前此皆分裂之時代也。其視秦倂天下爲一大事，而羣起研究其原因，自無足怪。"非必險固便"至"漢之興自蜀漢"，即述當時論者之說：（一）謂秦倂天下之原因，由於險固便，形勢利；（二）謂爲天所助；（三）謂作事者必於東南，收功實者當於西北，猶今人文字謂對於某事，學者之議論，凡有甲乙丙三派也。

"序者，緒也，若繭之抽緒"，相之有序，蓋慮讀者猝不能得其綱要，而因爲之抽出頭緒，猶贊之義，助於佐，所以佐助讀者，使之易明也。故作序跋文字，若（一）妄發議論，（二）佚說作者，而於讀者毫無裨益，均爲無謂而失其本意，欲副序之名，必真能抽出頭緒，使讀者易明而後可。如此篇先述讀東周歷史，區分時代之法。次論秦所以倂天下之故，臚舉當時論者之說，而自己不輕下判語，乃實能副序之義者也，須看其叙述得妥處。

讀史公文字，須領署其紆徐爲妍處，文字之妙，皆須在音調中領署，有史公之紆徐，然後有史公之神韻。

"非必險固便"至"漢之興自蜀漢"，臚舉當時論者之種種說，或署或詳，須看其錯落有致。

"故禹興於西羌"至"漢之興自蜀漢"似駢非駢,似散非散,須看其句法之變化。太史公自序"遷生龍門,耕牧河山之陽,二十而南游江淮,上會稽,探禹穴,窺九嶷,浮於沅湘,北涉汶泗,講業齊魯之都,觀孔子之遺風,鄉射鄒嶧,阨困鄱薛彭城,適梁楚以歸,於是遷仕爲郎中,奉使西征巴蜀以南,南畧邛、筰、昆明,還報命,是歲天子始建泰山之封,而太史公留滯周南,不得與從事,而子遷適使反,見父於河洛之間"一段,其妙與此同。其中"年十歲,則誦古文"七字,乃妄人竄入。

"無異變,成功大"等句,須觀其造句之簡括。

《史記·伯夷列傳》

夫學者載籍極博,猶考信於六藝。《詩》《書》雖缺,然虞夏之文可知也。堯將遜位,讓於虞舜,舜禹之間,岳牧咸薦,乃試之於位,典職數十年,功用既興,然後授政。示天下重器,王者大統,傳天下若斯之難也。而説者曰堯讓天下於許由,許由不受,恥之逃隱。及夏之時,有卞隨、務光者。此何以稱焉?太史公曰:余登箕山,其上蓋有許由冢云。孔子序列古之仁聖賢人,如吳太伯、伯夷之倫詳矣。余以所聞由、光義至高,其文辭不少概見,何哉?

孔子曰:"伯夷、叔齊,不念舊惡,怨是用希。""求仁得仁,又何怨乎!"余悲伯夷之意,覩軼詩可異焉。其傳曰:

伯夷、叔齊,孤竹君之二子也。父欲立叔齊,及父卒,叔齊讓伯夷。伯夷曰:"父命也。"遂逃去。叔齊亦不肯立而逃之。國人立其中子。於是伯夷、叔齊聞西伯昌善養老,盍往歸焉。及至,西伯卒,武王載木主,號爲文王,東伐紂。伯夷、叔齊叩馬而諫曰:"父死不葬,爰及干戈,可謂孝乎?以臣弑君,可謂仁乎?"左右欲兵之。太公曰:"此義人也。"扶而去之。武王已平殷亂,天下宗周,而伯夷、叔齊恥之,義不食周粟,隱於首陽山,採薇而食之。及餓且死,作歌。其辭曰:"登彼西山兮,採其薇矣。以暴易暴兮,不知其非矣。神農、虞、夏忽焉沒兮,我安適歸矣?于嗟徂兮,命之衰矣!"遂餓死於首陽山。由此觀之,怨邪非邪?

或曰:"天道無親,常與善人。"若伯夷、叔齊,可謂善人者非邪?積仁絜行如此而餓死!且七十子之徒,仲尼獨薦顏淵爲好學。然回也屢空,糟穅不厭，而卒蚤夭。天之報施善人，其何如哉？盜蹠日殺不辜，肝人之肉，暴戾恣睢，聚黨數千人，橫行天下，竟以壽終。是遵何德哉？此其尤大彰明較著者也。若至近世，操行不軌，專犯忌諱，而終身逸樂，富厚累世不絕。或擇地而蹈之，時然後出言，行不由徑，非公正不發憤，而遇禍災者，不可勝數也。余甚惑焉，儻所謂天道，是邪非邪？

　　子曰"道不同不相爲謀"，亦各從其志也。故曰"富貴如可求，雖執鞭之士，吾亦爲之。如不可求，從吾所好"。"歲寒，然後知松柏之後凋"。舉世混濁，清士乃見。豈以其重若彼，其輕若此哉？

　　"君子疾沒世而名不稱焉。"賈子曰："貪夫徇財，烈士徇名，夸者死權，衆庶馮生。""同明相照，同類相求。""雲從龍，風從虎，聖人作而萬物覩。"伯夷、叔齊雖賢，得夫子而名益彰。顏淵雖篤學，附驥尾而行益顯。巖穴之士，趣舍有時若此，類名堙滅而不稱，悲夫！閭巷之人，欲砥行立名者，非附青雲之士，惡能施於後世哉？

【文體】

此篇爲傳記體。

【分段】

此篇可分三段。第一段"夫學者"至"何哉"，述許由等不見稱於孔子，文辭又不少概見之可疑。

第二段"孔子曰"至"怨邪非邪"，據逸詩傳述伯夷叔齊之事。

第三段"或曰"至"其輕若此哉"，又分三小段，（一）"或曰"至"是邪非邪"，言天道無親，常與善人之說，不可信。（二）"子曰"至"其輕若此哉"，言天與善人之說，雖不可信，而善人仍不肯爲惡之故。（三）"君子疾沒世"至"施於後世哉"，言士之不肯爲惡者，或亦由於好名，然仍多堙沒不稱者爲可悲。

【文字研究】

此篇形式，亦與後世文字大異。如後世文字，則宜以第（二）段爲第（一）段，爲傳之正文，而第（一）、第（三）段皆爲論贊，第一段又宜置於第（三）段中第（一）小段之下、第（二）小段之上，則其整齊聯貫矣。然史公所以如此作者，（一）則此篇本非爲伯夷作傳，無所謂叙伯夷之事爲正文，而他事皆爲余意。（二）則古人文字本不如後世之整齊也。然因亦藝不及許由等，許由等文辭，亦不少概見，而及孔子論夷齊之語及逸詩，因孔子"又何怨乎"之語，而推論及於第三段中之第一二小段，又因"舉世混濁，清士乃見"之語，而推及於"疾沒世而名不稱"及"烈士徇名"之說，因致概於"巖穴之士"、"名堙滅而不稱"者之多,其意亦自聯貫,特不若後世文字之整齊耳。於此可悟言語排列之次序不同者,其實質仍無不同。研究各種排列之次序,而求其至當,即所謂篇法也。

漢文帝後二年《遺匈奴書》

皇帝敬問匈奴大單于無恙。使當户、且渠雕渠難,郎中韓遼,遺朕馬二匹,已至,敬受。先帝制,長城以北,引弓之國,受令單于。長城以内,冠帶之室,朕亦制之。使萬民耕織射獵衣食,父子毋離,臣主相安,居無暴虐。今聞渫惡民,貪降其趣,背義絶約,忘萬民之命,離兩主之歡,然其事已在前矣。書云:“二國已和親,兩主歡説,寢兵休卒養馬,世世昌樂,翕然更始。”朕甚嘉之!聖者日新,改作更始,使老者得息,幼者得長,各保其首領,而終其天年。朕與單于,俱由此道,順天卹民,世世相傳,施之無窮,天下莫不咸嘉使。

漢與匈奴鄰敵之國,匈奴處北地寒,殺氣早降,故詔吏遺單于秫蘖、金帛、綿絮它物,歲有數。今天下大安,萬民熙熙,獨朕與單于爲之父母,朕追念前事,薄物細故,謀臣計失,皆不足以離昆弟之歡。朕聞天不頗覆,地不偏載,朕與單于皆捐細故,俱蹈大道也。墮壞前惡,以圖長久,使兩國之民,若一家子。元元萬民,下及魚鱉,上及飛鳥,跂行、喙息、蠕動之類,莫不就安利,避危殆。故來者不止,天之道也。俱去前事,朕釋逃虜民,單于毋言章尼等。朕聞古之帝王,約分明而不食言。單于留志,天下大安。和親之後,漢過不先。單于其察之!

【文體】

此篇屬詔令類。

【分段】

此篇凡分兩大段。第一段“皇帝敬問”至“天下莫不咸嘉”。又分三小段,(一)“使當户且渠”至“敬受”謝匈奴贈遺;(二)“先帝制”至“然其事已在前矣”,述前此和親之約及後此失和之事;(三)“書云”至“天下莫不咸嘉”,述單于書詞且稱美之。此一大段就匈奴來書立言。

第二段“漢與匈奴”至“單于其察之”。又分三小段,(一)“漢與匈奴”至“歲有數”,述贈遺之約;(二)“今天下大安”至“單于毋言章尼等”,述自己願和之意及於彼此勿追逃人;(三)“臣聞古之帝王”至“單于其察之”中,述自己守信之意。此一大段乃自述己意。

【文字研究】

漢人文字，無不爾雅深厚，然其實質仍與後世同，所異者其形式耳。如此篇（一）前引"先帝制，長城以北，引弓之國，受令單于，長城以内，冠帶之室，朕亦制之"，所以定兩國之境界，且此爲兩國未失和以前之原約，今既言和，則理當恢復也。（二）曰"今聞渫惡民，貪降其趨，背義絕約，忘萬民之命，離兩主之歡，然其事已在前矣"，曰"聖者日新，改作更始"，曰"朕追念前事，薄物細故，謀臣計失，皆不足以離昆弟之歡"，曰"朕與單于皆捐細故，俱蹈大道"，曰"墮壞前惡，以圖長久"，言前此懸案，一概消除也。（三）曰"匈奴處北地寒，殺氣早降，故詔吏遺單于秫糵、金帛、綿絮他物，歲有數"，定贈遺之數也當時漢於匈奴，本歲有贈遺，此書特申明之，言仍前辦理也。（四）曰"朕釋逃虜民，單于毋言章尼等"，以當時兩國曾有互索逃人之事，今特改定辦法也。其"順天卹民"、"天不頗覆，地不偏載"等語，則當時兩國同認之公理，故根據之以立言，猶今交涉之必憑國際法也。觀其文字之爾雅深厚，而實質仍與今同，可知外交文字，今古不異其實一切文字皆如此，形式雖異，實質仍同。觀其實質與今同，而文字仍極爾雅深厚，便可知作文求美之法也。

起句乃當時外交文書之式，匈奴遺漢書起句亦云"天所立匈奴大單于敬問皇帝無恙"也。

司馬長卿《諭巴蜀檄》

告巴蜀太守：蠻夷自擅，不討之日久矣。時侵犯邊境，勞士大夫。陛下即位，存撫天下，安集中國，然後興師出兵。北征匈奴，單于怖駭，交臂受事，屈膝請和。康居西域，重譯納貢，稽首來享。移師東指，閩越相誅；右吊番禺，太子入朝。南夷之君，西僰之長，常效貢職，不敢惰怠，延頸舉踵，喁喁然皆鄉風慕義，欲爲臣妾，道里遼遠，山川阻深，不能自致。夫不順者已誅，而爲善者未賞，故遣中郎將往賓之，發巴、蜀之士各五百人以奉幣帛，衛使者不然，靡有兵革之事，戰鬥之患。今聞其乃發軍興制，驚懼子弟，憂患長老，郡又擅爲轉粟運輸，皆非陛下之意也。當行者或亡逃自賊殺，亦非人臣之節也。

夫邊郡之士，聞烽舉燧燔，皆攝弓而馳，荷兵而走，流汗相屬，惟恐居後，觸白刃，冒流矢，議不反顧，計不旋踵，人懷怒心，如報私仇。彼豈樂

死惡生，非編列之民而與巴、蜀異主哉？計深慮遠，急國家之難，而樂盡
人臣之道也。故有剖符之封，析圭而爵，位爲通侯，居列東第。終則遺顯
號於後世，傳土地於子孫，事行甚忠敬，居位甚安佚，名聲施於無窮，功烈
著而不滅。是以賢人君子，肝腦塗中原、膏液潤野草而不辭也。今奉幣
役至南夷，即自賊殺，或亡逃抵誅，身死無名，謚爲至愚，恥及父母，爲天
下笑。人之度量相越，豈不遠哉！然此非獨行者之罪也，父兄之教不先，
子弟之率不謹，寡廉鮮恥，而俗不長厚也。其被刑戮，不亦宜乎！

　　陛下患使者有司之若彼，悼不肖愚民之如此，故遣信使，曉諭百姓以
發卒之事，因數之以不忠死亡之罪，讓三老、孝弟以不教誨之過。方今田
時，重煩百姓，已親見近縣，恐遠所溪谷山澤之民不遍聞，檄到，亟下縣
道，咸諭陛下意。毋忽！

【文體】

此篇屬詔令類。

【分段】

此篇三段。第一段"告巴蜀太守"至"亦非人臣之節也"，言（一）通西南夷
出於義不容己；（二）并無用兵之事；（三）使者及郡守辦理不善，非朝廷之意。

　　第二段"夫邊郡之士"至"不亦宜乎"。又分爲三小段，（一）"夫邊郡之士"
至"人臣之道也"，言邊郡之士之忠義。（二）"故有剖符之封"至"而不辭也"，
歆之以爵賞。（三）"今奉幣役"至"不亦宜乎"，責巴蜀之民。

　　第三段"陛下患使者"至"毋忽"。又分爲兩小段，（一）"陛下患使者"至
"不教誨之過"，總束上兩段。（二）"方今田時"至"毋忽"，述發檄文之意。

【文字研究】

凡讀文字，須從事理上着想。如此篇，因巴蜀之民，幾於激變，急圖以此
一檄靖之，其措詞頗難。於人民之無事自擾，全不加以責備，勢固有所不能，
然責之太急，又必至於激變也。看其（一）先述朝廷之通西南夷，出於萬不得
已，以平民氣。次述使者郡縣之辦理不善，皆非朝廷之意，以安民心，然後及
於責讓之辭。（二）而於責讓之中，仍是誘掖獎勸之意多，嚴詞詰責之處少，故
厚譽邊羣之士而薄責巴蜀之民，歆之以爵賞，而不怵之以威刑。（三）而於責
讓三老、孝弟力田處，又帶着爲子弟開脫，皆足見其措詞之妙。讀此文，須看
其鋪張揚屬之處，如首段述朝廷之事西南夷，出於義不容己，次段述邊郡之士
之忠義及其顯耀富厚皆是也。

　　凡文中吃緊之字句，最宜注意。如此篇"蠻夷自擅，不討之日久矣，時侵

犯邊境，勞士大夫”，則見當時用兵四夷，實係防患，并非黷武，“陛下即位，存撫天下，安集中國，然後興師出兵”，則見蠻夷雖有應討之理，政府仍極顧卹民力，曰“夫不順者已誅，而爲善者未賞”，則發使入西南夷，理由更爲充足。此外如“遣中郎將往賓之”之“賓”字及“奉幣帛衛使者不然”，“靡有兵革之事，戰鬥之患”等句，皆於事實大有關係，此等處設漏畧，抑或誤用游移不確定及反對方面之字句，不但文不足觀，於事實且生障礙矣。學作公牘文字，此爲最要關鍵，不可不知其實他種文字亦如此。

“當行者或亡逃自賊殺，亦非人臣之節也”，“其被刑戮，不亦宜乎”等句，須看其用筆之輕妙。

末段中之第一小段，總束全篇，凡漢人公牘文字，皆係如此。

左氏《邲之戰》

厲之役，鄭伯逃歸，自是楚未得志焉。鄭既受盟於辰陵，又徵事於晉。十二年春，楚子圍鄭。旬有七日，鄭人卜行成，不吉。卜臨於大宮，且巷出車，吉。國人大臨，守陴者皆哭。楚子退師，鄭人修城，進復圍之，三月克之。入自皇門，至於逵路。鄭伯肉袒牽羊以逆，曰：“孤不天，不能事君，使君懷怒以及敝邑，孤之罪也。敢不唯命是聽。其俘諸江南以實海濱，亦唯命。其翦以賜諸侯，使臣妾之，亦唯命。若惠顧前好，徼福於厲、宣、桓、武，不泯其社稷，使改事君，夷於九縣，君之惠也，孤之願也，非所敢望也。敢布腹心，君實圖之。”左右曰：“不可許也，得國無赦。”王曰：“其君能下人，必能信用其民矣，庸可幾乎？”退三十里而許之平。潘尪入盟，子良出質。

夏六月，晉師救鄭。荀林父將中軍，先縠佐之。士會將上軍，郤克佐之。趙朔將下軍，欒書佐之。趙括、趙嬰齊爲中軍大夫。鞏朔、韓穿爲上軍大夫。荀首、趙同爲下軍大夫。韓厥爲司馬。

及河，聞鄭既及楚平，桓子欲還，曰：“無及於鄭而剿民，焉用之？楚歸而動，不後。”隨武子曰：“善。會聞用師，觀釁而動。德刑政事典禮不易，不可敵也，不爲是征。楚軍討鄭，怒其貳而哀其卑，叛而伐之，服而捨之，德刑成矣。伐叛，刑也；柔服，德也。二者立矣。昔歲入陳，今茲入鄭，民不罷勞，君無怨讟，政有經矣。荆尸而舉，商農工賈不敗其業，而卒乘輯睦，事不奸矣。蒍敖爲宰，擇楚國之令典，軍行，右轅，左追蓐，前茅慮無，中權，後勁，百官象物而動，軍政不戒而備，能用典矣。其君之舉也，內姓選於親，外姓選於舊；舉不失德，賞不失勞；老有加惠，旅有施捨；君子小人，物有服章；貴有常尊，賤有等威；禮不逆矣。德立，刑行，政成，事時，典從，禮順，若之何敵之？見可而進，知難而退，軍之善政也。兼弱攻昧，武之善經也。子姑整軍而經武乎，猶有弱而昧者，何必楚？仲虺有言曰：‘取亂侮亡。’兼弱也。《汋》曰：‘於鑠王師，遵養時晦。’耆昧也。《武》曰：‘無競惟烈。’撫弱耆昧以務烈所，可也。”彘子曰：“不可。晉所以霸，師武臣力也。今失諸侯，不可謂力。有敵而不從，不可謂武。由我失霸，不如死。且成師以出，聞敵強而退，非夫也。命爲軍帥，而卒以非夫，唯羣子能，我弗爲也。”以中軍佐濟。

知莊子曰：“此師殆哉。《周易》有之，在《師》之《臨》，曰：‘師出以律，否臧凶。’執事順成爲臧，逆爲否，衆散爲弱，川壅爲澤，有律以如己也，故曰律。否臧，且律竭也。盈而以竭，夭且不整，所以凶也。不行之謂《臨》，有帥而不從，臨孰甚焉！此之謂矣。果遇，必敗，彘子尸之。雖免而歸，必有大咎。”韓獻子謂桓子曰：“彘子以偏師陷，子罪大矣。子爲元帥，師不用命，誰之罪也？失屬亡師，爲罪已重，不如進也。事之不捷，惡有所分，與其專罪，六人同之，不猶愈乎？”師遂濟。

楚子北師次於邲。沈尹將中軍，子重將左，子反將右，將飲馬於河而歸。聞晉師既濟，王欲還，嬖人伍參欲戰。令尹孫叔敖弗欲，曰：“昔歲入陳，今茲入鄭，不無事矣。戰而不捷，參之肉其足食乎？”參曰：“若事之捷，孫叔爲無謀矣。不捷，參之肉將在晉軍，可得食乎？”令尹南轅反旆，伍參言於王曰：“晉之從政者新，未能行令。其佐先縠剛愎不仁，未肯用命。其三帥者專行不獲，聽而無上，衆誰適從？此行也，晉師必敗。且君而逃臣，若社稷何？”王病之，告令尹，改乘轅而北之，次於管以待之，晉師在敖、�之間。

鄭皇戌使如晉師，曰：“鄭之從楚，社稷之故也，未有貳心。楚師驟勝而驕，其師老矣，而不設備，子擊之，鄭師爲承，楚師必敗。”彘子曰：“敗楚服鄭，於此在矣，必許之。”欒武子曰：“楚自克庸以來，其君無日不討國人而訓之，於民生之不易，禍至之無日，戒懼之不可以怠。在軍，無日不討軍實而申儆之，於勝之不可保，紂之百克，而卒無後。訓之以若敖、蚡冒，篳路藍縷，以啓山林。箴之曰：‘民生在勤，勤則不匱。’不可謂驕。先大夫子犯有言曰：‘師直爲壯，曲爲老。’我則不德，而徼怨於楚，我曲楚直，不可謂老。其君之戎，分爲二廣，廣有一卒，卒偏之兩。右廣初駕，數及日中；左則受之，以至於昏。內官序當其夜，以待不虞，不可謂無備。子良，鄭之良也。師叔，楚之崇也。師叔入盟，子良在楚，楚、鄭親矣。來勸我戰，我克則來，不克遂往，以我卜也，鄭不可從。”趙括、趙同曰：“率師以來，唯敵是求。克師得屬，又何俟？必從彘子。”知季曰：“原、屛，咎之徒也。”趙莊子曰：“欒伯善哉，實其言，必長晉國。”

楚少宰如晉師，曰：“寡君少遭閔凶，不能文。聞二先君之出入此行也，將鄭是訓定，豈敢求罪於晉？二三子無淹久。”隨季對曰：“昔平王命我先君文侯曰：‘與鄭夾輔周室，毋廢王命。’今鄭不率，寡君使羣臣問諸鄭，豈敢辱候人？敢拜君命之辱。”彘子以爲諂，使趙括從而更之，曰：“行人失辭。寡君使羣臣遷大國之迹於鄭，曰：‘無辟敵。’羣臣無所逃命。”

楚子又使求成於晉，晉人許之，盟有日矣。楚許伯御樂伯，攝叔爲右，以致晉師。許伯曰：“吾聞致師者，御靡旌摩壘而還。”樂伯曰：“吾聞致師者，左射以菆，代御執轡，御下兩馬，掉鞅而還。”攝叔曰：“吾聞致師者，右入壘，折馘、執俘而還。”皆行其所聞而復。晉人逐之，左右角之。樂伯左射馬而右射人，角不能進。矢一而已。麋興於前，射麋麗龜。晉鮑癸當其後，使攝叔奉麋獻焉，曰：“以歲之非時，獻禽之未至，敢膳諸從者。”鮑癸止之，曰：“其左善射，其右有辭，君子也。”既免。晉魏錡求公族未得，而怒，欲敗晉師。請致師，弗許。請使，許之。遂往，請戰而還。楚潘黨逐之，及熒澤，見六麋，射一麋以顧獻曰：“子有軍事，獸人無乃不給於鮮，敢獻於從者。”叔黨命去之。趙旃求卿未得，且怒於失楚之致師者。請挑戰，弗許。請召盟，許之。與魏錡皆命而往。郤獻子曰：“二憾往矣，弗備必敗。”彘子曰：“鄭人勸戰，弗敢從也。楚人求成，弗能好也。師無成命，多備何爲。”士季曰：“備之善。若二子怒楚，楚人乘我，喪師無日矣。不如備之。楚之無惡，除備而盟，何損於好？若以惡來，有備不敗。且雖諸侯相見，軍衞不徹，警也。”彘子不可。士季使鞏朔、韓穿帥七覆於敖前，故上軍不敗。趙嬰齊使其徒先具舟於河，故敗而先濟。

潘黨既逐魏錡，趙旃夜至於楚軍，席於軍門之外，使其徒入之。楚子爲乘廣三十乘，分爲左右。右廣雞鳴而駕，日中而說。左則受之，日入而說。許偃御右廣，養由基爲右。彭名御左廣，屈蕩爲右。乙卯，王乘左廣以逐趙旃。趙旃棄車而走林，屈蕩搏之，得其甲裳。晉人懼二子之怒楚師也，使軘車逆之。潘黨望其塵，使騁而告曰：“晉師至矣。”楚人亦懼王

之入晉軍也,遂出陳。孫叔曰:"進之。寧我薄人,無人薄我。《詩》云:
'元戎十乘,以先啟行。'先人也。《軍志》曰:'先人有奪人之心',薄之
也。"遂疾進師,車馳卒奔,乘晉軍。桓子不知所爲,鼓於軍中曰:"先濟者
有賞。"中軍、下軍爭舟,舟中之指可掬也。

　　晉師右移,上軍未動。工尹齊將右拒卒以逐下軍。楚子使唐狡與蔡
鳩居告唐惠侯曰:"不穀不德而貪,以遇大敵,不穀之罪也。然楚不克,君
之羞也,敢借君靈以濟楚師。"使潘黨率游闕四十乘,從唐侯以爲左拒,以
從上軍。駒伯曰:"待諸乎?"隨季曰:"楚師方壯,若萃於我,吾師必盡,
不如收而去之。分謗生民,不亦可乎?"殿其卒而退,不敗。王見右廣,將
從之乘。屈蕩戶之,曰:"君以此始,亦必以終。"自是楚之乘廣先左。

　　晉人或以廣隊不能進,楚人惄之脫扃,少進,馬還,又惄之拔旆投衡,
乃出。顧曰:"吾不如大國之數奔也。"

　　趙旃以其良馬二,濟其兄與叔父,以他馬反,遇敵不能去,棄車而走
林。逢大夫與其二子乘,謂其二子無顧。顧曰:"趙傁在後。"怒之,使下,
指木曰:"尸女於是。"授趙旃綏,以免。明日以表尸之,皆重獲在木下。

　　楚熊負羈囚知罃。知莊子以其族反之,厨武子禦,下軍之士多從之。
每射,抽矢,菆,納諸厨子之房。厨子怒曰:"非子之求而蒲之愛,董澤之
蒲,可勝既乎?"知季曰:"不以人子,吾子其可得乎? 吾不可以苟射故
也。"射連尹襄老,獲之,遂載其尸。射公子穀臣,囚之。以二者還。

　　及昏,楚師軍於邲,晉之餘師不能軍,宵濟,亦終夜有聲。

　　丙辰,楚重至於邲,遂次於衡雍。潘黨曰:"君盍築武軍,而收晉尸以
爲京觀。臣聞克敵必示子孫,以無忘武功。"楚子曰:"非爾所知也。夫
文,止戈爲武。武王克商,作《頌》曰:'載戢干戈,載櫜弓矢。我求懿德,
肆於時夏,允王保之。'又作《武》,其卒章曰:'耆定爾功。'其三曰:'鋪時
繹思,我徂惟求定。'其六曰:'綏萬邦,屢豐年。'夫武,禁暴、戢兵、保大、
定功、安民、和衆、豐財者也,故使子孫無忘其章。今我使二國暴骨,暴
矣;觀兵以威諸侯,兵不戢矣。暴而不戢,安能保大? 猶有晉在,焉得定
功? 所違民欲猶多,民何安焉? 無德而强爭諸侯,何以和衆? 利人之幾,
而安人之亂,以爲己榮,何以豐財? 武有七德,我無一焉,何以示子孫?
其爲先君宫,告成事而已。武非吾功也。古者明王伐不敬,取其鯨鯢而
封之,以爲大戮,於是乎有京觀,以懲淫慝。今罪無所,而民皆盡忠以死
君命,又可以爲京觀乎?"祀於河,作先君宫,告成事而還。

【文體】

此篇爲史志中敘事之文,曾滌生《經史百家雜鈔》謂之叙記類。

【分段】

此文可分六段。第一段“厲之役”至“子良出質”,叙楚之克鄭。

第二段“夏六月”至“師遂濟”,叙晉師之前進及其帥之不和。

第三段“楚子北師”至“敖、鄗之間”,叙楚師之前進。

第四段“鄭皇戌”至“故敗而先濟”,述兩軍既前進以後戰事以前之事。此中又分爲三小段,(一)“鄭皇戌”至“必長晉國”述晉鄭之交涉;(二)“楚少宰”至“無所逃命”,述兩軍之使命;(三)“楚子又使”至“故敗而先濟”,述兩軍致師之事。

第五段“潘黨既逐”至“終夜有聲”,叙戰事。

第六段“丙辰”至“告成事而還”叙戰後之事。

【文字研究】

叙繁複之事最難,而其要則(一)不漏,(二)不亂,四字足以盡之。此篇叙晉楚鄭三國之事,頭緒極繁,而能使讀者於當日情形,瞭如指掌,不漏爲之也。頭緒極繁,而安置極妥,眉目瞭然,不亂之法也。

凡叙事最貴使神情畢肖,爲此篇叙鄭伯、楚子、荀林父、隨武子、欒武子、知莊子、彘子、趙括、趙旃、孫叔、伍參,一人有一人之情形,一人有一人之口氣,委宛則極委宛,大度則極大度,庸弱則極庸弱,深謀則極深謀,粗率則極粗率,負氣則極負氣,持重則極持重,勇悍則極勇悍,可謂盡狀物之能事。

文有以繁複爲妙者,“敢不惟令是聽”意已足矣,而下必加以“其俘諸江南……使臣妾之亦惟令”。“若重顧前好”,“使改事君”九字意本已足,而“若惠顧前好”之下必加以“徼福於厲、宣、桓、武,不泯其社稷”兩句,“使改事君”之下,必加以“夷於九縣”四字。“君之惠也,孤之願也”意已盡矣,而其下必加以“非所敢望也”十二字,皆益繁複益委宛,即益見其能下人也。

鄭伯之言極委宛,而“不可許也,得國無教”,“其君能下人……庸可幾乎”語皆簡括,此文字疏密相間之法。

隨武子之言,極其典重,凡典重之辭,必以整齊之形式出之,故德刑政事典禮,徑分六項,而其中“伐數列……二者立矣”十二字爲錯出之肉,“何必楚”之下,又錯出“仲虺有言曰……以務烈所可也”一段,文能如此,便不板滯。

“次於管以待之,晉師在敖鄗之間”叙明兩軍所處地點,以結束上文之進兵,領起下文戰事。

用兵貴好整以暇,作文亦然。此戰本因趙旃致師而起,乃於"與魏錡皆命而往之"下叙"郤獻子曰……故敗而先濟"一段,以見晉軍內部之情形,然後接叙"趙旃夜至於楚軍……使其徒人之"之事,而於其上又能補出"潘黨既逐魏錡"一句,以見趙旃之逐楚軍,即爲此日夜間之事,其下又能補叙"楚子爲乘廣……屈蕩爲右"一節,然後叙述楚子之逐趙旃,"晉人懼二子"以下,又將趙旃事按下,至"趙旃以其良馬二"下,乃更補叙趙旃之事,一事隔作數段,而眉目仍極分明。又如楚子使"唐狡與蔡鳩居告唐惠侯"一節,正義謂乃戰前之事也,而補叙於此。"士季使鞏朔、韓穿師七覆於敖前"乃上軍之所以不敗也,而先叙於前。此等處須玩其布置之妥帖,能知此,則雖叙極繁雜之事,亦不虞其凌亂矣。

凡一件大事中,一二小節最能見得其精神,如叙"王見右廣將從之乘屈蕩户",則可見楚將士之奮勇效力。叙"晉人或以廣隊不能進"一節,則可見晉人遁逃慌迫之情形,而楚人雅容閑暇,不待迫敵而制勝有餘之情形,亦可見矣《公羊》詔是彼也,莊王還師而佚晉寇,《左氏》務與《公羊》相反,故不提及此層,然此等處,仍露出馬脚,以此見《公羊》之可信也。"舟中之指可掬也"只七字,而晉師紛亂之情形畢見。"宵濟亦終夜有聲"亦只七字,而晉人師多而不能用,與楚人未嘗窮追之情形,亦畢見。下接"楚重至於邲,遂次於衡雍"以楚師之嚴整,益形晉師之紛亂,此等處皆有繪影繪聲之妙。

"楚熊負羈囚知罃"一節,乃爲後來之事作張本。

"今我使二國暴骨"以下十餘句,須看其整齊變化,"其爲先君宮,告成事而已,武非吾功也"二句極宕逸。"古者明王伐不敬"一接極挺勁,"於是乎有京觀,以懲淫慝","又何以爲京觀乎"等句,又極搖曳多姿,此其音調之所以美也。凡學《左》、《國》之風度,當從此等處留意。

凡叙事也,能叙出其所以然,乃覺有精神。叙戰事,必使讀者能知其所以勝敗。此篇於兩軍勝敗之故,可謂瞭如指掌,而其叙晉軍內部情形,則出之伍參口中,叙楚軍內部情形,多出之晉人口中,則不惟見兩軍勝敗之故,兼可見兩軍中智謀之士,皆能鬥敵,其審矣。此亦叙事扼要之處也。

《漢書·李廣蘇建傳》

李廣,隴西成紀人也。其先曰李信,秦時爲將,逐得燕太子丹者也。廣世世受射。孝文十四年,匈奴大入蕭關,而廣以良家子從軍擊胡,用善射，殺首虜多，爲郎，騎常侍。數從射獵，格殺猛獸。文帝曰："惜廣不逢時，令當高祖世，萬户侯豈足道哉！"

景帝即位，爲騎郎將。吴楚反時，爲驍騎都尉，從太尉亞夫戰昌邑下，顯名。以梁王授廣將軍印，故還，賞不行。爲上谷太守，數與匈奴戰。典屬國公孫昆邪爲上泣曰："李廣材氣，天下亡雙，自負其能，數與虜確，恐亡之。"上乃徙廣爲上郡太守。

匈奴（入）〔侵〕上郡，上使中貴人從廣勒習兵擊匈奴。中貴人者將數十騎從，見匈奴三人，與戰。射傷中貴人，殺其騎且盡。中貴人走廣，廣曰："是必射雕者也。"廣乃從百騎往馳三人。三人亡馬步行，行數十里。廣令其騎張左右翼，而廣身自射彼三人者，殺其二人，生得一人，果匈奴射雕者也。已縛之上山，望匈奴數千騎，見廣，以爲誘騎，驚，上山陳。廣之百騎皆大恐，欲馳還走。廣曰："我去大軍數十里，今如此走，匈奴追射，我立盡。今我留，匈奴必以我爲大軍之誘，不我擊。"廣令曰："前！"未到匈奴陳二里所，止，令曰："皆下馬解鞍！"騎曰："虜多如是，解鞍，即急，奈何？"廣曰："彼虜以我爲走，今解鞍以示不去，用堅其意。"有白馬將出護兵。廣上馬，與十餘騎奔射殺白馬將，而復還至其百騎中，解鞍，縱馬卧。時會暮，胡兵終怪之，弗敢擊。夜半，胡兵以爲漢有伏軍於傍欲夜取之，即引去。平旦，廣乃歸其大軍。後徙爲隴西、北地、雁門、雲中太守。

武帝即位，左右言廣名將也，由是入爲未央衛尉，而程不識時亦爲長樂衛尉。程不識故與廣俱以邊大守將屯。及出擊胡，而廣行無部曲行陳，就善水草頓舍，人人自便，不擊（刀）〔刁〕斗自衛，莫府省文書，然亦遠斥候，未嘗遇害。程不識正部曲行伍營陳，擊（刀）〔刁〕斗，吏治軍簿至明，軍不得自便。不識曰："李將軍極簡易，然虜卒犯之，無以禁；而其士亦佚樂，爲之死。我軍雖煩擾，虜亦不得犯我。"是時漢邊郡李廣、程不識爲名將，然匈奴畏廣，士卒多樂從，而苦程不識。不識孝景時以數直諫爲太中大夫，爲人廉，謹於文法。

後漢誘單于以馬邑城，使大軍伏馬邑傍，而廣爲驍騎將軍，屬護軍將軍。單于覺之，去，漢軍皆無功。後四歲，廣以衛尉爲將軍，出雁門擊匈奴。匈奴兵多，破廣軍，生得廣。單于素聞廣賢，令曰："得李廣必生致之。"胡騎得廣，廣時傷，置兩馬間，絡而盛（之）卧。行十餘里，廣陽死，睨其傍有一兒騎善馬，暫騰而上胡兒馬，因抱兒鞭馬南馳數十里，得其餘軍。匈奴騎數百追之，廣行取兒弓射殺追騎，以故得脱。於是至漢，漢下廣吏。吏當廣亡失多,爲虜所生得,當斬,贖爲庶人。

數歲,與故潁陰侯屏居藍田南山中射獵。嘗夜從一騎出,從人田間飲。還至亭,霸陵尉醉,呵止廣,廣騎曰:"故李將軍。"尉曰:"今將軍尚不得夜行,何故也!"宿廣亭下。居無何,匈奴入遼西,殺太守,敗韓將軍。韓將軍後徙居右北平,死。於是上乃召拜廣爲右北平太守。廣請霸陵尉與俱,至軍而斬之,上書自陳謝罪。上報曰:"將軍者,國之爪牙也。《司馬法》曰:'登車不式,遭喪不服,振旅撫師,以征不服;率三軍之心,同戰士之力,故怒形則千里竦,威振則萬物伏;是以名聲暴於夷貉,威棱憺乎鄰國。'夫報忿除害,捐殘去殺,朕之所圖於將軍也;若乃免冠徒跣,稽顙請罪,豈朕之指哉!將軍其率師東轅,彌節白檀,以臨右北平盛秋。"廣在郡,匈奴號曰"漢飛將軍",避之,數歲不入界。

廣出獵,見草中石,以爲虎而射之,中石沒矢,視之,石也。他日射之,終不能入矣。廣所居郡聞有虎,常自射之。及居右北平射虎,虎騰傷廣,廣亦射殺之。

石建卒,上召廣代爲郎中令。元朔六年,廣復爲將軍,從大將軍出定襄。諸將多中首虜率爲侯者,而廣軍無功。後三歲,廣以郎中令將四千騎出右北平,博望侯張騫將萬騎與廣俱,異道。行數百里,匈奴左賢王將四萬騎圍廣,廣軍士皆恐,廣乃使其子敢往馳之。敢從數十騎直貫胡騎,出其左右而還,報廣曰:"胡虜易與耳。"軍士乃安。爲圜陳外鄉,胡急擊,矢下如雨。漢兵死者過半,漢矢且盡。廣乃令持滿毋發,而廣身自以大黃射其裨將,殺數人,胡虜益解。會暮,吏士無人色,而廣意氣自如,益治軍。軍中服其勇也。明日,復力戰,而博望侯軍亦至,匈奴乃解去。漢軍罷,弗能追。是時廣軍幾沒,罷歸。漢法,博望侯後期,當死,贖爲庶人。廣軍自當,亡賞。

初,廣與從弟李蔡俱爲郎,事文帝。景帝時,蔡積功至二千石。武帝元朔中,爲輕車將軍,從大將軍擊右賢王,有功中率,封爲樂安侯。元狩二年,代公孫弘爲丞相。蔡爲人在下中,名聲出廣下遠甚,然廣不得爵邑,官不過九卿。廣之軍吏及士卒或取封侯。廣與望氣王朔語云:"自漢擊匈奴,廣未嘗不在其中,而諸妄校尉已下,材能不及中,以軍功取侯者數十人。廣不爲後人,然終無尺寸功以得封邑者,何也?豈吾相不當侯邪?"朔曰:"將軍自念,豈嘗有恨者乎?"廣曰:"吾爲隴西守,羌嘗反,吾誘降者八百餘人,詐而同日殺之,至今恨獨此耳。"朔曰:"禍莫大於殺已降，此乃將軍所以不得侯者也。”

廣歷七郡太守，前後四十餘年，得賞賜，輒分其麾下，飲食與士卒共之。家無餘財，終不言生產事。爲人長，猿臂，其善射亦天性，雖子孫他人學者莫能及。廣訥口少言，與人居，則畫地爲軍陳，射闊狹以飲。專以射爲戲。將兵乏絕處見水，士卒不盡飲，不近水，不盡餐，不嘗食。寬緩不苛，士以此愛樂爲用。其射，見敵，非在數十步之內，度不中不發，發即應弦而倒。用此，其將數困辱，及射猛獸，亦數爲所傷云。

元狩四年，大將軍票騎將軍大擊匈奴，廣數自請行。上以爲老，不許；良久乃許之，以爲前將軍。

大將軍青出塞，捕虜知單于所居，乃自以精兵走之，而令廣併於右將軍軍，出東道。東道少回遠，大軍行，水草少，其勢不屯行。廣辭曰：“臣部爲前將軍，今大將軍乃徙臣出東道，且臣結髮而與匈奴戰，乃今一得當單于，臣願居前，先死單于。”大將軍陰受上指，以爲李廣數奇，毋令當單于，恐不得所欲。是時公孫敖新失侯，爲中將軍，大將軍亦欲使敖與俱當單于，故徙廣。廣知之，固辭。大將軍弗聽，令長史封書與廣之莫府，曰：“急詣部，如書。”廣不謝大將軍而起行，意象慍怒而就部，引兵與右將軍食其合軍出東道。惑失道，後大將軍。大將軍與單于接戰，單于遁走，弗能得而還。南絕幕，乃遇兩將軍。廣已見大將軍，還入軍。大將軍使長史持糒醪遺廣，因問廣、食其失道狀，曰：“青欲上書報天子失軍曲折。”廣未對。大將軍長史急責廣之莫府上簿。廣曰：“諸校尉亡罪，乃我自失道。吾今自上簿。”

至莫府，謂其麾下曰：“廣結髮與匈奴大小七十餘戰，今倖從大將軍出接單于兵，而大將軍徙廣部行回遠，又迷失道，豈非天哉！且廣年六十餘，終不能復對刀筆之吏矣！”遂引刀自刭。百姓聞之，知與不知，老壯皆爲垂泣。而右將軍獨下吏，當死，贖爲庶人。

廣三子，曰當戶、椒、敢，皆爲郎。上與韓嫣戲，嫣少不遜，當戶擊嫣，嫣走，於是上以爲能。當戶蚤死，乃拜椒爲代郡太守，皆先廣死。廣死軍中時，敢從票騎將軍。廣死明年，李蔡以丞相坐詔賜冢地陽陵當得二十畝，蔡盜取三頃，頗賣得四十餘萬，又盜取神道外壖地一畝葬其中，當下獄，自殺。敢以校尉從票騎將軍擊胡左賢王，力戰，奪左賢王旗鼓，斬首多，賜爵關內侯，食邑二百戶，代廣爲郎中令。頃之，怨大將軍青之恨其父，乃擊傷大將軍，大將軍匿諱之。居無何，敢從上雍，至甘泉宮獵，票騎將軍去病怨敢傷青,射殺敢。去病時方貴倖,上爲諱,云鹿觸殺之。居歲餘,去病死。

敢有女爲太子中人,愛幸。敢男禹有寵於太子,然好利,亦有勇。嘗與侍中貴人飲,侵陵之,莫敢應。後愬之上,上召禹,使刺虎,縣下圈中,未至地,有詔引出之。禹從落中以劍斫絕絫,欲刺虎。上壯之,遂救止焉。而當户有遺腹子陵,將兵擊胡,兵敗,降匈奴。後人告禹謀欲亡從陵,下吏死。

陵字少卿,少爲侍中建章監。善騎射,愛人,謙讓下士,甚得名譽。武帝以爲有廣之風,使將八百騎,深入匈奴二千餘里,過居延視地形,不見虜,還。拜爲騎都尉,將勇敢五千人,教射酒泉、張掖以備胡。數年,漢遣貳師將軍伐大宛,使陵將五校兵隨後。行至塞,會貳師還。上賜陵書,陵留吏士,與輕騎五百出敦煌,至鹽水,迎貳師還,復留屯張掖。

天漢二年,貳師將三萬騎出酒泉,擊右賢王於天山。召陵,欲使爲貳師將輜重。陵召見武臺,叩頭自請曰:“臣所將屯邊者,皆荊楚勇士奇材劍客也,力扼虎,射命中,願得自當一隊,到蘭干山南以分單于兵,毋令專鄉貳師軍。”上曰:“將惡相屬邪!吾發軍多,毋騎予女。”陵對:“無所事騎,臣願以少擊衆,步兵五千人涉單于庭。”上壯而許之,因詔彊弩都尉路博德將兵半道迎陵軍。博德故伏波將軍,亦羞爲陵後距,奏言:“方秋匈奴馬肥,未可與戰,臣願留陵至春,俱將酒泉、張掖騎各五千人並擊東西浚稽,可必禽也。”書奏,上怒,疑陵悔不欲出而教博德上書,乃詔博德:“吾欲予李陵騎,云‘欲以少擊衆’。今虜入西河,其引兵走西河,遮鉤營之道。”詔陵:“以九月發,出遮虜鄣,至東浚稽山南龍勒水上,徘徊觀虜,即亡所見,從浞野侯趙破奴故道抵受降城休士,因騎置以聞。所與博德言者云何?具以書對。”陵於是將其步卒五千人出居延,北行三十日,至浚稽山止營,舉圖所過山川地形,使麾下騎陳步樂還以聞。步樂召見,道陵將率得士死力,上甚說,拜步樂爲郎。

陵至浚稽山,與單于相直,騎可三萬圍陵軍。軍居兩山間,以大車爲營。陵引士出營外爲陳,前行持戟盾,後行持弓弩,令曰:“聞鼓聲而縱,聞金聲而止。”虜見漢軍少,直前就營。陵搏戰攻之,千弩俱發,應弦而倒。虜還走上山,漢軍追擊,殺數千人。單于大驚,召左右地兵八萬餘騎攻陵。陵且戰且引,南行數日,抵山谷中。連戰,士卒中矢傷,三創者載輦,兩創者將車,一創者持兵戰。陵曰:“吾士氣少衰而鼓不起者,何也?

軍中豈有女子乎?"始軍出時,關東羣盜妻子徙邊者隨軍爲卒妻婦,大匿車中。陵搜得,皆劍斬之。明日復戰,斬首三千餘級。引兵東南,循故龍城道行,四五日,抵大澤葭葦中,虜從上風縱火,陵亦令軍中縱火以自救。南行至山下,單于在南山上,使其子將騎擊陵。陵軍步鬥樹木間,復殺數千人,因發連弩射單于,單于下走。是日捕得虜,言:"單于曰:'此漢精兵,擊之不能下,日夜引吾南近塞,得毋有伏兵乎?'諸當戶君長皆言'單于自將數萬騎擊漢數千人不能滅,後無以復使邊臣,令漢益輕匈奴。復力戰山谷間,尚四五十里得平地,不能破,乃還。'"

　　是時陵軍益急,匈奴騎多,戰一日數十合,復傷殺虜二千餘人。虜不利,欲去,會陵軍候管敢爲校尉所辱,亡降匈奴,具言"陵軍無後救,射矢且盡,獨將軍麾下及成安侯校各八百人爲前行,以黄與白爲幟,當使精騎射之即破矣"。成安侯者,潁川人,父韓千秋,故濟南相,奮擊南越戰死,武帝封子延年爲侯,以校尉隨陵。單于得敢大喜,使騎並攻漢軍,疾呼曰:"李陵、韓延年趣降!"遂遮道急攻陵。陵居谷中,虜在山上,四面射,矢如雨下。漢軍南行,未至鞮汗山,一日五十萬矢皆盡,即棄車去。士尚三千餘人,徒斬車輻而持之,軍吏持尺刀,抵山入陿谷。單于遮其後,乘隅下壘石,士卒多死,不得行。昏後,陵便衣獨步出營,止左右:"毋隨我,丈夫一取單于耳!"良久,陵還,大息曰:"兵敗,死矣!"軍吏或曰:"將軍威震匈奴,天命不遂,後求道徑還歸,如浞野侯爲虜所得,後亡還,天子客遇之,況於將軍乎!"陵曰:"公止! 吾不死,非壯士也。"於是盡斬旌旗,及珍寶埋地中,陵嘆曰:"復得數十矢,足以脱矣。今無兵復戰,天明坐受縛矣! 各鳥獸散,猶有得脱歸報天子者。"令軍士人持二升糒,一半冰,期至遮虜鄣者相待。夜半時,擊鼓起士,鼓不鳴。陵與韓延年俱上馬,壯士從者十餘人。虜騎數千追之,韓延年戰死。陵曰:"無面目報陛下!"遂降。軍人分散,脱至塞者四百餘人,陵敗處去塞百餘里。

　　邊塞以聞,上欲陵死戰,召陵母及婦,使相者視之,無死喪色。後聞陵降,上怒甚。責問陳步樂,步樂自殺。羣臣皆罪陵,上以問太史令司馬遷,遷盛言:"陵事親孝,與士信,常奮不顧身以殉國家之急。其素所畜積也,有國士之風。今舉事一不幸,全軀保妻子之臣隨而媒糵其短,誠可痛也! 且陵提步卒不滿五千,深輮戎馬之地,抑數萬之師,虜救死扶傷不暇,悉舉引弓之民共攻圍之。轉鬥千里,矢盡道窮,士張空拳,冒白刃,北首爭死敵,得人之死力,雖古名將不過也。身雖陷敗,然其所摧敗亦足暴於天下。彼之不死，宜欲得當以報漢也。"初，上遣貳師大軍出，財令陵爲助兵，及陵與單于相值，而貳師功少。上以遷誣罔，欲沮貳師，爲陵游說，下遷腐刑。

久之，上悔陵無救，曰："陵當發出塞，乃詔彊弩都尉令迎軍。坐預詔之，得令老將生奸詐。"乃遣使勞賜陵餘軍得脫者。

陵在匈奴歲餘，上遣因杅將軍公孫敖將兵深入匈奴迎陵。敖軍無功還，曰："捕得生口，言李陵教單于爲兵以備漢軍，故臣無所得。"上聞，於是族陵家，母弟妻子皆伏誅。隴西士大夫以李氏爲愧。

其後，漢遣使使匈奴，陵謂使者曰："吾爲漢將步卒五千人橫行匈奴，以亡救而敗，何負於漢而誅吾家？"使者曰："漢聞李少卿教匈奴爲兵。"陵曰："乃李緒，非我也。"李緒本漢塞外都尉，居奚侯城，匈奴攻之，緒降，而單于客遇緒，常坐陵上。陵痛其家以李緒而誅，使人刺殺緒。大閼氏欲殺陵，單于匿之北方，大閼氏死乃還。

單于壯陵，以女妻之，立爲右校王，衛律爲丁靈王，皆貴用事。衛律者，父本長水胡人，律生長漢，善協律都尉李延年，延年薦言律使匈奴。使還，會延年家收，律懼並誅，亡還降匈奴。匈奴愛之，常在單于左右。陵居外，有大事，乃入議。

昭帝立，大將軍霍光、左將軍上官桀輔政，素與陵善，遣陵故人隴西任立政等三人俱至匈奴招陵。立政等至，單于置酒賜漢使者，李陵、衛律皆侍坐。立政等見陵，未得私語，即目視陵，而數數自循其刀環，握其足，陰諭之，言可還歸漢也。後陵、律持牛酒勞漢使，博飲，兩人皆胡服椎結。立政大言曰："漢已大赦，中國安樂，主上富於春秋，霍子孟、上官少叔用事。"以此言微動之。陵墨不應，孰視而自循其髮，答曰："吾已胡服矣！"有頃，律起更衣，立政曰："咄，少卿良苦！霍子孟、上官少叔謝女。"陵曰："霍與上官無恙乎？"立政曰："請少卿來歸故鄉，毋憂富貴。"陵字立政曰："少公，歸易耳，恐再辱，奈何！"語未卒，衛律還，頗聞餘語，曰："李少卿賢者，不獨居一國。范蠡偏游天下，由余去戎入秦，今何語之親也！"因罷去。立政隨謂陵曰："亦有意乎？"陵曰："丈夫不能再辱。"

陵在匈奴二十餘年，元平元年病死。

蘇建，杜陵人也，以校尉從大將軍青擊匈奴，封平陵侯。以將軍築朔方。後以衛尉爲游擊將軍，從大將軍出朔方。後一歲，以右將軍再從大將軍出定襄，亡翕侯，失軍當斬，贖爲庶人。其後爲代郡太守，卒官。有三子：嘉爲奉車都尉，賢爲騎都尉，中子武最知名。

武字子卿，少以父任，兄弟並爲郎，稍遷至栘中廄監。時漢連伐胡，數通使相窺觀，匈奴留漢使郭吉、路充國等，前後十餘輩。匈奴使來，漢亦留之以相當。天漢元年，且鞮侯單于初立，恐漢襲之，乃曰："漢天子我丈人行也。"盡歸漢使路充國等。武帝嘉其義，乃遣武以中郎將使持節送匈奴使留在漢者，因厚(帑)〔賂〕單于，答其善意。武與副中郎將張勝及假吏常惠等募士斥候百餘人俱。既至匈奴，置幣遺單于。單于益驕，非漢所望也。

方欲發使送武等，會緱王與長水虞常等謀反匈奴中。緱王者，昆邪王姊子也，與昆邪王俱降漢，後隨浞野侯没胡中。及衞律所將降者，陰相與謀劫單于母閼氏歸漢。會武等至匈奴，虞常在漢時素與副張勝相知，私候勝曰："聞漢天子甚怨衞律，常能爲漢伏弩射殺之。吾母與弟在漢，幸蒙其賞賜。"張勝許之，以貨物與常。後月餘，單于出獵，獨閼氏子弟在。虞常等七十餘人欲發，其一人夜亡，告之。單于子弟發兵與戰。緱王等皆死，虞常生得。

單于使衞律治其事。張勝聞之，恐前語發，以狀語武。武曰："事如此，此必及我。見犯乃死，重負國。"欲自殺，勝、惠共止之。虞常果引張勝。單于怒，召諸貴人議，欲殺漢使者。左伊秩訾曰："即謀單于，何以復加？宜皆降之。"單于使衞律召武受辭，武謂惠等："屈節辱命，雖生，何面目以歸漢！"引佩刀自刺。衞律驚，自抱持武，馳召醫。鑿地爲坎，置熅火，覆武其上，蹈其背以出血。武氣絶，半日復息。惠等哭，輿歸營。單于壯其節，朝夕遣人候問武，而收繫張勝。

武益愈，單于使使曉武。會論虞常，欲因此時降武。劍斬虞常已，律曰："漢使張勝謀殺單于近臣，當死，單于募降者赦罪。"舉劍欲擊之，勝請降。律謂武曰："副有罪，當相坐。"武曰："本無謀，又非親屬，何謂相坐？"復舉劍擬之，武不動。律曰："蘇君，律前負漢歸匈奴，幸蒙大恩，賜號稱王，擁衆數萬，馬畜彌山，富貴如此。蘇君今日降，明日復然。空以身膏草野，誰復知之！"武不應。律曰："君因我降，與君爲兄弟。今不聽吾計，後雖欲復見我，尚可得乎？"武罵律曰："女爲人臣子，不顧恩義，畔主背親，爲降虜於蠻夷，何以女爲見？且單于信女，使決人死生，不平心持正，反欲鬥兩主，觀禍敗。南越殺漢使者，屠爲九郡；宛王殺漢使者，頭縣北闕；朝鮮殺漢使者，即時誅滅。獨匈奴未耳。若知我不降明，欲令兩國相攻,匈奴之禍從我始矣。"

律知武終不可脅,白單于。單于愈益欲降之,乃幽武置大窖中,絕不飲食。天雨雪,武臥齧雪與旃毛並咽之,數日不死,匈奴以爲神。乃徙武北海上無人處,使牧羝,羝乳乃得歸。別其官屬常惠等,各置他所。

武既至海上,廩食不至,掘野鼠去中實而食之。杖漢節牧羊,臥起操持,節旄盡落。積五六年,單于弟於靬王弋射海上。武能網紡繳,檠弓弩,於靬王愛之,給其衣食。三歲餘,王病,賜武馬畜服匿穹廬。王死後,人眾徙去。其冬,丁令盜武牛羊,武復窮厄。

初,武與李陵俱爲侍中,武使匈奴明年,陵降,不敢求武。久之,單于使陵至海上,爲武置酒設樂,因謂武曰:"單于聞陵與子卿素厚。故使陵來說足下,虛心欲相待。終不得歸漢,空自苦亡人之地,信義安所見乎?前長君爲奉車,從至雍棫陽宮,扶輦下除,觸柱折轅,劾大不敬,伏劍自刎,賜錢二百萬以葬。孺卿從祠河東后土,宦騎與黃門駙馬爭舩,推墮駙馬河中溺死,宦騎亡,詔使孺卿逐捕不得,惶恐飲藥而死。來時,大夫人已不幸,陵送葬至陽陵。子卿婦年少,聞已更嫁矣。獨有女弟二人,兩女一男,今復十餘年,存亡不可知。人生如朝露,何久自苦如此!陵始降時,忽忽如狂,自痛負漢,加以老母繫保宮,子卿不欲降,何以過陵?且陛下春秋高,法令亡常,大臣亡罪夷滅者數十家,安危不可知,子卿尚復誰爲乎?願聽陵計,勿復有云。"武曰:"武父子亡功德,皆爲陛下所成就,位列將,爵通侯,兄弟親近,常願肝腦塗地。今得殺身自效,雖蒙斧鉞湯鑊,誠甘樂之。臣事君,猶子事父也,子爲父死亡所恨。願勿復再言。"陵與武飲數日,復曰:"子卿壹聽陵言。"武曰:"自分已死久矣!王必欲降武,請畢今日之驩,效死於前!"陵見其至誠,喟然嘆曰:"嗟乎,義士!陵與衛律之罪上通於天。"因泣下霑衿,與武決去。陵惡自賜武,使其妻賜武牛羊數十頭。

後陵復至北海上,語武:"區脫捕得雲中生口,言太守以下吏民皆白服,曰上崩。"武聞之,南鄉號哭,歐血,旦夕臨。

數月,昭帝即位。數年,匈奴與漢和親。漢求武等,匈奴詭言武死。後漢使復至匈奴,常惠請其守者與俱,得夜見漢使,具自陳道。教使者謂單于,言天子射上林中,得雁,足有繫帛書,言武等在某澤中。使者大喜,如惠語以讓單于。單于視左右而驚,謝漢使曰:"武等實在。"於是李陵置酒賀武曰:"今足下還歸,揚名於匈奴,功顯於漢室,雖古竹帛所載,丹青所畫，何以過子卿！陵雖駑怯，令漢且貰陵罪，全其老母，使得奮大辱之積志，庶幾乎曹柯之盟，此陵宿昔之所不忘也。收族陵家，爲世大戮，陵尚復何顧乎？已矣！令子卿知吾心耳。異域之人，壹別長絶！”陵起舞，歌曰：“徑萬里兮度沙幕，爲君將兮奮匈奴。路窮絶兮矢刃摧，士衆滅兮名已隤。老母已死，雖欲報恩將安歸！”陵泣下數行，因與武決。單于召會武官屬，前以降及物故，凡隨武還者九人。

武以(元始)〔始元〕六年春至京師。詔武奉一太牢謁武帝園廟，拜爲典屬國，秩中二千石，賜錢二百萬，公田二頃，宅一區。常惠、徐聖、趙終根皆拜爲中郎，賜帛各二百匹。其餘六人老歸家，賜錢人十萬，復終身。常惠後至右將軍，封列侯，自有傳。武留匈奴凡十九歲，始以彊壯出，及還，鬚髮盡白。

武來歸明年，上官桀子安與桑弘羊及燕王、蓋主謀反。武子男元與安有謀，坐死。

初桀、安與大將軍霍光爭權，數疏光過失予燕王，令上書告之。又言蘇武使匈奴二十年不降，還乃爲典屬國，大將軍長史無功勞，爲搜粟都尉，光顓權自恣。及燕王等反誅，窮治黨與，武素與桀、弘羊有舊，數爲燕王所訟，子又在謀中，廷尉奏請逮捕武。霍光寢其奏，免武官。

數年，昭帝崩，武以故二千石與計謀立宣帝，賜爵關內侯，食邑三百户。久之，衛將軍張安世薦武明習故事，奉使不辱命，先帝以爲遺言。宣帝即時召武待詔宦者署，數進見，復爲右曹典屬國。以武著節老臣，令朝朔望，號稱祭酒，甚優寵之。

武所得賞賜，盡以施予昆弟故人，家不餘財。皇后父平恩侯、帝舅平昌侯、樂昌侯、車騎將軍韓增、丞相魏相、御史大夫丙吉皆敬重武。武年老，子前坐事死，上閔之，問左右：“武在匈奴久，豈有子乎？”武因平恩侯自白：“前發匈奴時，胡婦適産一子通國，有聲問來，願因使者致金帛贖之。”上許焉。後通國隨使者至，上以爲郎。又以武弟子爲右曹。武年八十餘，神爵二年病卒。

甘露三年，單于始入朝。上思股肱之美，乃圖畫其人於麒麟閣，法其形貌，署其官爵姓名。唯霍光不名，曰大司馬大將軍博陸侯姓霍氏，次曰衛將軍富平侯張安世，次曰車騎將軍龍頟侯韓增，次曰後將軍營平侯趙充國，次曰丞相高平侯魏相，次曰丞相博陽侯丙吉，次曰御史大夫建平侯杜延年，次曰宗正陽城侯劉德，次曰少府梁丘賀，次曰太子太傅蕭望之，次曰典屬國蘇武。皆有功德,知名當世,是以表而揚之,明著中興輔佐,列於方叔、召虎、仲山甫焉。凡十一人,皆有傳。自丞相黃霸、廷尉于定國、大司農朱邑、京兆尹張敞、右扶風尹翁歸及儒者夏侯勝等,皆以善終,著名宣帝之世,然不得列於名臣之圖,以此知其選矣。

贊曰:李將軍恂恂如鄙人,口不能出辭,及死之日,天下知與不知皆爲流涕,彼其中心誠信於士大夫也。諺曰:"桃李不言,下自成蹊。"此言雖小,可以喻大。然三代之將,道家所忌,自廣至陵,遂亡其宗,哀哉!孔子稱"志士仁人,有殺身以成仁,無求生以害仁","使於四方,不辱君命",蘇武有之矣。

【文體】

此篇屬傳記體。

【分段】

此篇可分爲(1) 李廣、(2) 李陵、(3) 蘇武三傳觀之。(1)爲《史記》原文,(2)(3)則皆孟堅所撰,事迹連貫,實仍一傳也。《李廣傳》可分六段,第一段"李廣"至"雲中太守",述廣在景帝以前之經歷。第二段"武帝即位"至"謹於文法",述李廣、程不識爲當時兩名將。第三段"後漢誘單于"至"廣軍自當,亡賞",述武帝時廣禦匈奴事。第四段"初,廣與從"至"數爲所傷云",綜述廣之生平。第五段"元狩四年"至"贖爲庶人"述廣從衛、霍擊匈奴及自殺。第六段"廣三子"至"下吏死"述廣之後人。

《李陵傳》可分五段,第一段"陵字少卿"至"復留屯張掖",述陵擊匈奴前之經歷。第二段"天漢二年"至"去塞百餘里",述陵以步卒出擊匈奴之事。此中又分兩小段,(一)"天漢二年"至"步樂爲郎",述漢武令李陵出塞,(二)"陵至浚稽山"至"去塞百餘里",述陵與匈奴戰事。第三段"邊塞以聞"至"以李氏爲愧",述陵敗降,武帝之措置。第四段"其後,漢遣使"至"乃入議",述陵在匈奴中事。第五段"昭帝立"至"病死",述霍光上官桀遣使招陵及陵之結局。

《蘇武傳》可分四段,第一段"蘇建"至"最知名",述蘇建。第二段"武字子卿"至"武復窮厄",述武使匈奴及不降。此中又可分三小段,(一)"武字子卿"至"非漢所望也",述武使匈奴;(二)"方欲發使"至"收係張勝",述緱王虞常之變;(三)"武益愈"至"武復窮厄",述武不降匈奴。第三段"初,武與李陵"至"鬚髮盡白",述李陵與武之關係及武之歸漢。此中又可分三小段。(一)"初,武與李陵"至"數十頭",述李陵勸武降。(二)"後陵復至"至"還者九人",述匈奴歸武及李陵與武決。(三)"武以始元"至"鬚髮盡白"述武之歸漢。第四段

283

"武來歸明年"至"病卒"，述武歸漢後事。第五段"甘露三年"至"知其選矣"，述麒麟閣畫像。

【文字研究】

叙事之文，弘爲巨製，皆在史傳中，《史》、《漢》爲史傳中之最工者。此篇李廣傳係録史公原文，李陵、蘇武傳則係孟堅所撰，合班馬之巨著於一簡，允足以資揣摩也。

古人之文，有近於口語不加修飾者，亦有畧事修飾者。以《史》、《漢》相較，則史公之文於口語爲近，而孟堅修飾之功較多。即就此篇比較觀之，亦可見也《漢書》用《史記》處，往往於其字句畧加修整，較其同易，尤易悟入。

然有一端，古人名著，總與後世文人所作不同者，則文之與言，古人所作總較接近是也。文生於情，一時代之人，有一時代人之感情，必不能以異時代之語達之。後世文人胸中所懷之感情，其須以當時之言語達之，亦與古人無異，然至下筆時，則必譯爲古語而後可，於是困難萬狀，作文乃成爲一艱苦之事，非復大多數人所能，而究其所作，則總帶幾分死氣，有幾分隔膜，不及古人文字之活潑畢真，有真性情而能感動人也。此非必後人之才智不逮古人，良由其所操工具不若古人之便易耳。即如此篇，凡載各人口語處，無一不活潑生動，神氣畢肖。如李廣傳中"廣曰我去大軍"至"用堅其意"一段，"廣解曰，臣部爲前將軍"至"先死單于"一段，"廣曰諸校尉亡罪"至"刀筆之吏矣"一段，蘇武傳中"單于使陵至海上"至"與武決去"一段，其口響逼真，與《水滸》、《紅樓夢》等白話小説無異，特人不能潛心觀玩，不之覺耳。讀古人名著，必須從此等處留意，方易悟入。文字必與口語接近固然，然又不可先之於鄙，鄙非用字造句，夾雜不純之僞。字句夾雜不純，固不免於鄙，然但務修飾，選擇字句，亦未必遂能免於鄙。文以意爲主，用意及感情皆高尚，出辭氣自然遠於鄙倍矣，故雅僞非古今之謂，辭之雅者，有時土語亦可入，文辭之鄙者，即見古書，亦須删剟。

史公文近口語處，如"廣乃從百騎往馳三人"、"而廣身自射彼三人者"、"廣上馬與十餘騎奔射殺白馬將，而復還至其百騎中，解鞍，縱馬卧"等句。"三人"、"彼三人者"等字皆不用代名詞，"至其百騎中"字亦不删，皆可爲證。此等處看似累贅，然亦極爲清晰。"至其百騎中"自與下文"廣乃歸其大軍"相對，如删此百字，便無此醒目矣。又如"及出擊胡"至"不得自便"與下"不識曰"至"虜亦不得犯我"語多複重，自過求簡净者觀之，必謂可删而并爲一。然上爲太史公語，下爲程不識之言，不欲其相混，故寧少犯複而並存之也。然此等處，自各以其時代之言語爲基礎，不得妄效古人以爲質。

古人文中亦有夾句，當施以——或（ ）記號，則眉目清醒。如《李廣傳》中"不識孝景時"至"謹於文法"、"軍中服其勇也"、"韓將軍後徙居右北平死"；《李陵傳》中"成安侯者"至"以校尉隨陵"、"李緒本漢"至"常坐陵上"、"衛律者"至"亡還降匈奴"是也，此等處古人亦必有記號，所謂章句也。至後傳鈔刻印時刪失之爾。"秦時爲將，逐得太子丹者也"此等彩著之事，古人文中，恒時時提出，以醒人眉目。如左氏記事，往往以一大事標年曰"會於某某之歲"，亦此法也。

"廣世世受射"，李廣以善射名，入手處即著此句，亦足使眉目清醒。

"惜廣不逢時"至"豈足道哉"，語簡而意長，且極跌宕。

"將軍者"至"右北平盛秋"此一詔，詞采斐然，中多協韻之句，儼有辭賦之意，漢時詔令爾雅深厚多如此。

"自漢擊匈奴"至"以得封邑者何也"，語氣極急，"豈吾相不當侯邪"乃爲緩語，以舒其氣。古人用一"也"字一"邪"字相應，語氣恒如此亦有時並用"也"字，或並用"邪"字，然語氣仍一急一緩。下文"將軍自念，豈嘗有恨者乎"，亦仍以緩語受之。作文能知此義，神理乃能吻合，音調方覺圓美。

《李廣傳》中"於是至漢"，《蘇武傳》中"於是李陵置酒賀武"，凡漢人用"於是"字多能使上下情事密接，且使其語意鄭重。《李陵傳》之第二段敘戰事極工，"軍居兩山間"至"殺數千人"，生氣迥出。"始軍出時"至"大匿車中"，補敘清晰，"是日捕得虜"至"不能破乃還"敘捕虜之言，尤爲詳盡，而局勢不病於鬆懈，以其安插得宜也。凡敘事文之工者，無不能好整以暇，若頭緒稍多，便手忙腳亂，無法安插，則技斯拙矣。"昏後陵便衣"至"遂降"寫陵軍敗情形，尤覺慘淡如繪。

"遷盛言陵"至"以報漢也"，即取太史公報任安書中語。古人遇此等處，多以簡煉出之，撮述原文之意如《國語》周襄王拒晉文公請隨之辭，《左氏》約爲"王章也，未有代德而有二王，亦叔父之所惡也"十八字是也。惟此處原文已極簡煉，故即直取之。

叙事之文，以直書其事，使人自見其是非，及但叙事之外表，使人自見其內容爲正格，然亦有時不拘，如"陰諭之言，可還歸漢也"、"以此言微動之"是也，此可見古人作文，恒力求明白易曉。

李陵勸蘇武一段，慷慨嗚咽，而絮絮如老嫗，情文相生，天下之至文也。話甚瑣屑拉雜，然"單于聞陵"至"安所見乎"，先總述來意，"前長君"至"存亡不可知"，雜述武家中事，以"人生如朝露，何久自苦如此"作一頓，乃接"陵始降時”云云，又以“子卿不欲降，何以遇陵”回顧前言，然後接“且陛下春秋高”另起一波，末乃以“願聽陵計，勿復有云”總束之，步驟仍一，然不亂也。文有以繁爲貴者，如“陵送葬至陽陵”等無關緊要之事，亦不得漏。有以簡爲貴者，如“嗟乎義士！陵與衛律之罪，上通於天”，言簡而義深，“丈夫不能再辱”，辭約而意盡。凡以肖其神理而已。李陵之降，漢族其家，孟堅亦深爲不平，且深信陵必有志報漢者，然前文皆隱約其詞，未嘗明言。至“陵雖駑怯”以下一段，乃大縱，所謂千里來龍，到此結穴也。必能此等布局之法，文字乃有奇偉之觀。

韓退之《試大理評事王君墓誌銘》

君諱適，姓王氏。好讀書，懷奇負氣，不肯隨人後舉選。見功業有道路可指取有，名節可以戾契致，困於無資地，不能自出，乃以干諸公貴人，借助聲勢。諸公貴人既志得，皆樂熟軟媚耳目者，不喜聞生語，一見輒戒門以絕。

上初即位，以四科募天下士。君笑曰：“此非吾時邪？”即提所作書，緣道歌吟，趨直言試。既至，對語驚人，不中第，益困。久之，聞金吾李將軍，年少喜事，可撼，乃踏門告曰：“天下奇男子王適，願見將軍白事。”一見語合意，往來門下。盧從史既節度昭義軍，張甚，奴視法度士，欲聞無顧忌大語。有以君生平告者，即遣客鉤致。君曰：“狂子不足以共事。”立謝客。李將軍由是待益厚，奏爲其衛冑曹參軍，充引駕仗判官，盡用其言。將軍遷帥鳳翔，君隨往。改試大理評事，攝監察御史、觀察判官。櫛垢爬癢，民獲蘇醒。

居歲餘，如有所不樂，一旦載妻子入閿鄉南山不顧。中書舍人王涯、獨孤郁，吏部郎中張惟素，比部郎中韓愈，日發書問訊，顧不可強起，不即薦。明年九月疾病，輿醫京師，某月某日卒，年四十四。十一月某日，即葬京城西南長安縣界中。

曾祖爽，洪州武寧令。祖微，右衛騎曹參軍。父嵩，蘇州昆山丞。妻上谷侯氏，處士高女。

高固奇士，自方阿衡太師，世莫能用吾言。再試吏，再怒去，發狂投江水。初，處士將嫁其女，懲曰：“吾以齟齬窮，一女憐之，必嫁官人，不以與凡子。”君曰：“吾求婦氏久矣，惟此翁可人意，且聞其女賢，不可以失。”即謾謂媒嫗：吾明經及第，且選即官人，侯翁女幸嫁，若能令翁許我，請進百金爲嫗謝。諾許，白翁，翁曰："誠官人耶？取文書來！"君計窮吐實，嫗曰："無苦，翁大人不疑人欺我，得一卷書，粗若告身者，我袖以往，翁見未必取視，幸而聽我行其謀。"翁望見文書銜袖，果信不疑，曰："足矣。"以女與王氏。生三子，一男二女，男三歲夭死，長女嫁亳州永城尉姚侹，其季始十歲。銘曰：

　　鼎也不可以柱車，馬也不可使守閭。佩玉長裾，不利走趨。祗繫其逢，不繫巧愚。不諧其須，有銜不袪。鑽石埋辭，以列幽墟。

凡文之至者，必能自造句，自造詞類，所謂惟古於詞必已出。降而不能，乃剿襲也。必如此方足以盡狀天下之事物。此義在古典主義文學中，惟韓公能之耳。讀此文須從此處著眼。

王介甫《泰州海陵縣主簿許君墓誌銘》

　　君諱平，字秉之，姓許氏。余嘗譜其世家，所謂今泰州海陵縣主簿者也。君既與兄元相友愛稱天下，而自少卓犖不羈，善辨說，與其兄俱以智略爲當世大人所器。寶元時，朝廷開方略之選，以招天下異能之士，而陝西大帥范文正公、鄭文肅公爭以君所爲書以薦。於是得召試爲太廟齋郎，已而選泰州海陵縣主簿。貴人多薦君有大才，可試以事，不宜棄之州縣。君亦常慨然自許，欲有所爲，然終不得一用其智能以卒。噫，其可哀也已！

　　士固有離世異俗，獨行其意，罵譏、笑侮、困辱而不悔。彼皆無衆人之求，而有所待於後世者也，其齟齬固宜。若夫智謀功名之士，窺時俯仰，以赴勢物之會，而輒不遇者，乃亦不可勝數。辨足以移萬物，而窮於用說之時；謀足以奪三軍，而辱於右武之國。此又何說哉？嗟乎，彼有所待而不悔者，其知之矣。

　　君年五十九。以嘉祐某年某月某甲子，葬真州之楊子縣甘露鄉某所之原。夫人李氏。子男瓌，不仕；璋，真州司戶參軍；琦，太廟齋郎；琳，進士。女子五人，已嫁者二人，進士周奉先、泰州泰興縣令陶舜元。銘曰：

　　有拔而起之，莫擠而止之。嗚呼許君！而已於斯。誰或使之？

劉海峰云，以議論行序事，而感嘆深摯，跌蕩昭朗，荊公此等志文最可愛。

姚姬傳云，按《宋史·許元傳》，元固趨勢之士，平蓋亦非君子，故介甫語含譏刺。勉案此可見古人之直道及其視文字之重，若一味作諛墓之文，則風斯下矣。亭林譏蔡中郎爲無行，而身盡絕酬應文字，包安吳於傳狀碑志之類，以幣求者，必拒之。古人高行，可以爲法。

賈生《諫放民私鑄疏》

法使天下公得顧租，鑄銅錫爲錢，敢雜以鉛鐵爲它巧者，其罪黥。然鑄錢之情，非淆雜爲巧，則不可得贏；而淆之甚微，爲利甚厚。夫事有召禍，而法有起奸。今令細民人操造幣之勢，各隱屏而鑄作，因欲禁其厚利微奸，雖黥罪日報，其勢不止。乃者民人抵罪，多者一縣百數，及吏之所疑，榜笞奔走者甚衆。夫縣法以誘民，使入陷阱，孰積於此？曩禁鑄錢，死罪積下；今公鑄錢，黥罪積下。爲法若此，上何賴焉？

又民用錢，郡縣不同：或用輕錢，百加若干；或用重錢，平稱不受。法錢不立，吏急而壹之乎，則大爲煩苛，而力不能勝。縱而弗呵乎，則市肆異用，錢文大亂。苟非其術，何鄉而可哉？

今農事棄捐，而採銅者日蕃，釋其耒耨，冶熔炊炭，奸錢日多，五穀不爲多。善人怵而爲奸邪，願民陷而之刑戮，刑戮將甚不詳，奈何而忽？國知患此，吏議必曰禁之。禁之不得其術，其傷必大。令禁鑄錢，則錢必重。重則其利深，盜鑄如雲而起，棄市之罪，又不足以禁矣。

奸數不勝，而法禁數潰，銅使之然也。故銅布於天下，其爲禍博矣。

今博禍可除，而七福可致也。何謂七福？上收銅勿令布，則民不鑄錢，黥罪不積，一矣。僞錢不蕃，民不相疑，二矣。採銅鑄作者，反於耕田，三矣。銅畢歸於上，上挾銅積，以御輕重，錢輕則以術斂之，重則以術散之，貨物必平，四矣。以作兵器，以假貴臣，多少有制，用別貴賤，五矣。以臨萬貨，以調盈虛，以收奇羨，則官富實，而末民困，六矣。制吾棄財，以與匈奴逐爭其民，則敵必懷，七矣。

故善爲天下者，因禍而爲福，轉敗而爲功。今久退七福而行博禍，臣誠傷之。

此漢人文字之最簡，而含義最富者也，須看其簡而明。

司馬子長《報任安書》

太史公牛馬走司馬遷再拜言。

少卿足下：曩者辱賜書，教以慎於接物，推賢進士爲務。意氣勤勤懇懇，若望僕不相師，而用流俗人之言。僕非敢如此也。僕雖罷駑，亦嘗側聞長者之遺風矣。顧自以爲身殘處穢，動而見尤，欲益反損，是以獨鬱悒而無誰語。諺曰："誰爲爲之？孰令聽之？"蓋鍾子期死，伯牙終身不復鼓琴。何則？士爲知己者用，女爲說己者容。若僕大質已虧缺矣，雖材懷隨、和，行若由、夷，終不可以爲榮，適足以見笑而自點耳。書辭宜答，會東從上來，又迫賤事，相見日淺，卒卒無須臾之閒，得竭指意。今少卿抱不測之罪，涉旬月，迫季冬，僕又薄從上上雍，恐卒然不可諱，是僕終已不得舒憤懣以曉左右，則長逝者魂魄私恨無窮。請略陳固陋。闕然久不報，幸勿爲過。

僕聞之：修身者，智之符也；愛施者，仁之端也；取與者，義之表也；恥辱者，勇之決也；立名者，行之極也。士有此五者，然後可以托於世，而列於君子之林矣。故禍莫憯於欲利，悲莫痛於傷心，行莫醜於辱先，詬莫大於宮刑。刑餘之人，無所比數，非一世也，所從來遠矣！昔衛靈公與雍渠同載，孔子適陳；商鞅因景監見，趙良寒心；同子參乘，袁絲變色：自古而恥之。夫中材之人，事有關於宦豎，莫不傷氣，而況於慷慨之士乎？如今朝廷雖乏人，奈何令刀鋸之餘，薦天下豪儁哉！

僕賴先人緒業，得待罪輦轂下，二十餘年矣。所以自惟：上之不能納忠效信，有奇策材力之譽，自結明主；次之又不能拾遺補闕，招賢進能，顯巖穴之士；外之不能備行伍，攻城野戰，有斬將搴旗之功；下之不能積日累勞，取尊官厚祿，以爲宗族交游光寵。四者無一遂，苟合取容，無所短長之效，可見如此矣。鄉者僕亦嘗厠下大夫之列，陪奉外廷末議，不以此時引綱維，盡思慮，今已虧形爲掃除之隸，在闒茸之中，乃欲仰首伸眉，論列是非，不亦輕朝廷、羞當世之士邪？嗟乎，嗟乎！如僕尚何言哉！尚何言哉！

且事本末未易明也。僕少負不羈之才，長無鄉曲之譽。主上幸以先人之故，使得奏薄技，出入周衛之中。僕以爲戴盆何以望天？故絕賓客之知，忘室家之業，日夜思竭其不肖之才力，務壹心營職，以求親媚於主上。而事乃有大謬不然者夫。

僕與李陵，俱居門下，素非相善也。趨捨異路，未嘗銜杯酒接殷勤之餘歡。然僕觀其爲人，自奇士，事親孝，與士信，臨財廉，取與義，分別有讓，恭儉下人，常思奮不顧身，以徇國家之急。其素所蓄積也，僕以爲有國士之風。夫人臣出萬死不顧一生之計，赴公家之難，斯已奇矣。今舉事一不當，而全軀保妻子之臣，隨而媒蘖其短，僕誠私心痛之！且李陵提步卒不滿五千，深踐戎馬之地，足歷王庭，垂餌虎口，橫挑強胡。抑億萬之師，與單于連戰十有餘日，所殺過半當，虜救死扶傷不給。旃裘之君長咸震怖，乃悉征其左右賢王，舉引弓之民，一國共攻而圍之。轉鬥千里，矢盡道窮，救兵不至，士卒死傷如積。然陵一呼勞軍，士無不起躬流涕，沬血飲泣，張空弮，冒白刃，北向爭死敵者。陵未沒時，使有來報，漢公卿王侯皆奉觴上壽。後數日，陵敗書聞，主上爲之食不甘味，聽朝不怡。大臣憂懼，不知所出。僕竊不自料其卑賤，見主上慘愴怛悼，誠欲效其款款之愚，以爲李陵素與士大夫絕少分甘，能得人死力，雖古之名將，不能過也。身雖陷敗，彼觀其意，且欲得其當而報漢。事已無可奈何，其所摧敗，功亦足以暴於天下矣。僕懷欲陳之，而未有路。適會召問，即以此指，推言陵之功，欲以廣主上之意，塞睚眦之辭。未能盡明，明主不深曉，以爲僕沮貳師，而爲李陵游説。遂下於理。拳拳之忠，終不能自列，因爲誣上，卒從吏議。家貧，貨賂不足以自贖。交游莫救，左右親近不爲一言。身非木石，獨與法吏爲伍，深幽囹圄之中，誰可告訴者？此正少卿所親見，僕行事豈不然邪？李陵既生降，隤其家聲；而僕又佴之蠶室，重爲天下觀笑。悲夫悲夫！事未易一二爲俗人言也。

僕之先人，非有剖符丹書之功，文史星曆，近乎卜祝之間，固人主所戲弄，倡優畜之，流俗之所輕也。假令僕伏法受誅，若九牛亡一毛，與螻蟻何以異？而世俗又不與能死節者次比，特以爲智窮罪極，不能自免，卒就死耳。何也？素所自樹立使然也。人固有一死，死有重於泰山，或輕於鴻毛，用之所趨異也。太上不辱先，其次不辱身，其次不辱理色，其次不辱辭令，其次詘體受辱，其次易服受辱，其次關木索、被箠楚受辱，其次剔毛髮、嬰金鐵受辱，其次毀肌膚、斷肢體受辱，最下腐刑極矣！傳曰：刑不上大夫。此言士節不可不勉勵也。猛虎在深山，百獸震恐；及在檻穽之中，搖尾而求食，積威約之漸也。故士有畫地爲牢，勢不可入；削木爲吏，議不可對：定計於鮮也。今交手足，受木索，暴肌膚，受榜箠，幽於圜墙之中。當此之時，見獄吏則頭槍地，視徒隸則心惕息。何者？積威約之勢也。及已至是，言不辱者，所謂强顏耳，曷足貴乎？且西伯，伯也，拘於羑里；李斯，相也，具於五刑；淮陰，王也，受械於陳；彭越、張敖，南面稱孤，繫獄抵罪；絳侯誅諸吕，權傾五伯，囚於請室；魏其，大將也，衣赭衣，關三木；季布爲朱家鉗奴；灌夫受辱於居室。此人皆身至王侯將相，聲聞鄰國，及罪至罔加，不能引決自裁，在塵埃之中。古今一體，安在其不辱也！由此言之，勇怯，勢也；强弱，形也。審矣！曷足怪乎？夫人不能早裁繩墨之外，已稍陵遲至於鞭棰之間，乃欲引節，斯不亦遠乎！古人所以重施刑於大夫者，殆爲此也。

夫人情莫不貪生惡死，念父母，顧妻子，至激於義理者不然，乃有所不得已也。今僕不幸早失父母，無兄弟之親，獨身孤立。少卿視僕於妻子何如哉？且勇者不必死節，怯夫慕義，何處不勉焉。僕雖怯懦欲苟活，亦頗識去就之分矣，何至自湛溺縲絏之辱哉？且夫臧獲婢妾，猶能引決，況僕之不得已乎？所以隱忍苟活、幽於糞土之中而不辭者，恨私心有所不盡，鄙陋没世而文采不表於後世也。

古者富貴而名磨滅，不可勝記，惟倜儻非常之人稱焉。蓋文王拘而演《周易》；仲尼厄而作《春秋》；屈原放逐，乃賦《離騷》；左丘失明，厥有《國語》；孫子臏脚，《兵法》修列；不韋遷蜀，世傳《吕覽》；韓非囚秦，《説難》、《孤憤》。《詩》三百篇，大抵賢聖發憤之所爲也。此人皆意有所鬱結，不得通其道，故述往事，思來者。及如左丘明無目，孫子斷足，終不可用，退而論書策，以舒其憤，思垂空文以自見。僕竊不遜，近自托於無能之辭，網羅天下放失舊聞，畧考其行事，綜其終始，稽其成敗興壞之紀。上計軒轅，下至於兹，爲十表、本紀十二、書八章、世家三十、列傳七十，凡百三十篇。亦欲以究天人之際，通古今之變，成一家之言。草創未就，會遭此禍，惜其不成，是以就極刑而無慍色。僕誠已著此書，藏之名山，傳之其人，通邑大都。則僕償前辱之責，雖萬被戮，豈有悔哉？然此可爲智者道，難爲俗人言也。

且負下未易居，下流多謗議。僕以口語遇遭此禍，重爲鄉里所戮笑以污辱先人，亦何面目復上父母之丘墓乎？雖累百世，垢彌甚耳！是以腸一日而九回，居則忽忽若有所亡，出則不知其所往。每念斯恥，汗未嘗不發背沾衣也。身直爲閨閣之臣，寧得自引深藏巖穴邪？故且從俗浮沈，與時俯仰，以通其狂惑。今少卿乃教以推賢進士，無乃與僕私心刺謬乎？今雖欲自雕琢，曼辭以自飾，無益於俗，不信，只足取辱耳。要之死日，然後是非乃定。書不能悉意，畧陳固陋。謹再拜。

【考訂】

太史公牛馬走，司馬遷再拜言。漢書無此十二字，鼐疑太史公"公"字乃"令"字，《文選》傳本誤耳。……若望僕不相師而用，……"而用"《漢書》作"用而"。……是以獨鬱悒而無《文選》作"與"。誰語。……士爲知己者《漢書》無"者"字。用……僕又薄從上上《文選》少一"上"字。雍，……薦天下豪雋《文選》作"俊"。哉！……夫僕與李陵，俱居門下，鼐按李陵少爲侍中，侍中得入宮門，故謂之門下，太史公蓋亦入宮門者，故俱屬門下。素非《文選》有"能"字。相善也。……僕觀其爲人，自《文選》有"守"字。奇士，……隨而媒蘗"蘗"依《李陵傳》。其短，……無不起躬《文選》有"自"字。流涕，沫血飲泣，張空拳，《文選》作"拳"。冒白刃，北首爭死敵者。《漢書》無"者"字。……見主上慘愴《漢書》作"凄"。怛悼，……以爲李陵素與士大夫絕少分甘，《漢書》作"絕甘分少"。能得人《漢書》有"之"字。死力，……雖古之《漢書》無"之"字。名將，不能《漢書》無"能"字。過也……功亦足以暴於天下矣。《漢書》無"矣"字。……推言陵之《漢書》無"之"字。功，……明主不深《文選》無"深"字。曉，……交游莫救，《文選》有"視"字。……此正《文選》作"真"。少卿所親見，僕行事豈不然耶！《文選》作"乎"。……僕又佴之《漢書》作"茸以"。蠶室，重爲天下觀笑，悲夫悲夫，事未易一二爲俗人言也。此下自恥辱引入立名，如江河之上，風起水涌，怒濤萬變，而卒輸於海，天下之至奇也。……倡優畜之，《文選》作"所蓄"。……與螻蟻何以《漢書》無"以"字。異？……素所自樹立使然也。《漢書》無"也"字。……其次剔《漢書》作"鬄"。毛髮……不可不勉《漢書》無"勉"字。屬也。……及在檻穽之"及"字下《漢書》有"其"字。……故士有畫地爲牢，勢不可《漢書》無"可"字。……拘於《漢書》無"於"字。羑《漢書》作"牖"。里，李斯相也，具於《漢書》無"於"字。五刑；……衣赭衣，《漢書》無"衣"字。……不能引決自裁，《漢書》作"財"字。……曷足怪乎？夫《漢書》作"且"。人不能早自裁繩墨之外，已《文選》作"以"。稍陵遲《漢書》作"夷"。……念父母，《漢書》作"親戚"。……早失父母，《漢書》作"二親"。……僕雖怯懦，《漢書》作"耎"。欲苟活，……幽於《漢書》作"函"，無"於"字。糞土之中而不辭者，恨私心有所不盡，鄙陋《漢書》無"陋"字。没世而文采不表於後世《漢書》無"世"字。也。古者富貴而名磨《漢書》作"摩"。滅，不可勝記，惟倜儻"倜"《漢書》作"俶"。非常之人稱焉。蓋文王《漢書》作"西伯"。拘而演《周易》，仲尼厄而作《春秋》，屈原放逐，乃賦《離騷》，左丘失明，厥有《國語》，孫子臏脚，《兵法》修列，不韋遷蜀，世傳《呂覽》，韓非囚秦，《説難》、《孤憤》，《詩》三百篇，大抵聖賢發憤之所爲《漢書》有"作"字。

也。……乃如左丘明……《漢書》無“明”字。……暑考其行事，《漢書》無“暑”字。綜其終始，《漢書》無此句。稽其成敗興壞之紀。《漢書》作“理”。上計軒轅，下至於兹，爲十表，本紀十二，書八章，世家三十，列傳七十，自上計軒轅至此，凡二十六字，《漢書》無。……且負《漢書》作“貧”。下未易居，下流多謗議，……則不知其所《漢》有“如”字。往。……寧得自引深藏《漢》有“於”字。巖穴邪？……無乃與僕私心刺《漢》作“之私指”。謬乎？今雖欲自雕琢《漢書》作“瑑”。曼辭以自辭，……《漢》作“解”。……

【文體】

此篇屬書説類。

【分段】

此篇可分五段，第一段“太史公”至“幸勿爲過”，總言報書之意。第二段“僕聞之”至“尚何言哉”，答來書言推賢進士。第三段“且事本末”至“一二爲俗人言也”，述己獲罪之事。第四段“僕之先人”至“難爲俗人言也”，言忍辱著書之意，其中又可分兩小段，（一）“僕之先人”至“不表於後世也”，自述忍辱之故。（二）“古者富貴”至“難爲俗人言也”，言欲著書之事。第五段“且負下未易居”至“故暑陳固陋”總結。

【文字研究】

凡長篇文字(一)貴氣盛。韓子所謂“氣盛則言之短長與聲之高下皆宜”是也。必氣盛，然後惟所投之，無不如志。（二）貴局勢堂皇，包蘊弘富，如建章宫千門萬户而起伏，然應之之法，仍自一絲不亂，此篇真其極則也。

首段甚長，惟如此長篇，乃能有此長起筆，亦惟如此長篇，故起段非長，則不能領起下文也。可知文字體勢最貴相稱。“修身者”至“行之極也”、“上之不能”至“交游光寵”，“太上不辱先”至“極矣”，此文中用此等排句甚多，長篇必如此，氣乃厚重。“昔衛靈公”至“袁絲變色”、“且西伯伯也”至“受辱居室”、“蓋文王拘”至“所爲作也”，六朝以前人引用故事，亦大概用此等排句，詳叙者甚少。“刑餘之人”至“所從來遠矣”、“如今朝廷”至“薦天下豪儁哉”，須玩其聲情之激越。“向者僕亦”至“羞當世之士邪”，正答來書“推賢薦士”之意，畢以“嗟乎嗟乎”至“尚何言哉”慨嘆作結，以完文氣，然後以“且事本末未易明也”領起下段。凡長篇文字，此等筋節處，最須清楚。“而事乃有大謬不然者夫”夫字上屬。此處作一頓，下叙李陵事“然僕觀其爲人”至“國士之風”，述陵平時。“且陵提步卒”至“暴於天下矣”叙陵戰功。而以“夫人臣出萬死”至“私人痛之”作轉捩，述陵戰功一段有聲有色。“身雖陷敗”至“而報漢”自是正意，轉以“事已無可奈何”至“暴於天下矣”透過一句，故覺文氣酣暢。“然陵一呼”

至"爭死敵者"長句，"以爲李陵"至"暴於天下矣"，即對上之辭也，先敘於前，然後以"即以此指"至"塞睚眦之辭"指明之，眉目更覺清楚。"此正少卿"至"豈不然邪"，總束上所敘事，下再以"李陵既生降"至"一二爲俗人言也"，述己意結之，所謂長文筋節也。

"何也？素所自樹立使然也"須玩其搏抗之有力，有此等有力之句，然後須得起"人固有一死"句。

"傳曰：刑不上大夫"接法挺勁，"故士有畫地爲牢"、"今交手足"兩層，皆順遞而下。"當此之時"作一小提，"何也？積威約之勢也"小一回顧，"及以至此"至"曷足貴乎"再一停頓慨嘆，然後"且西伯伯也"別起一波，"由此言之"至"曷作怪乎"再作一頓，又用"夫人不能"至"不亦遠乎"一提，然後用"古人所以"至"殆爲此也"回應上文，氣愈直，章愈曲。"夫人情莫不"、"且勇者不必"、"且夫臧獲"又三作提絜，然後跌到"所以隱忍"至"於後世也"。所謂如江河之上，風起水涌，怒濤萬變，而卒輸於海也。上文既如此千回百折，乃跌到本意，則下文非用極沈摯爽朗之筆，不能提起，"古者富貴"至"之人稱焉"二十一字，須玩其筆力千鈞。"惜其不成，是以就極刑而無慍色"説出自己意思，已極明顯矣。必又以"僕誠已著"至"豈有悔哉"足之，如此乃覺酣暢之極，毫髮無遺憾，仍用"然此可爲"至"俗人言也"回應到上文，可謂曲折入微，盛水不漏矣。

末段但復述上意，"今少卿乃教以"至"剌謬乎"，仍顧及原書。凡作長篇，最忌游騎無歸，前後精神不能收攝，故必須層層照應到。

凡文字之美，有兩方面，一曰勢力，一曰音調，勢力取其雄厚，音調務求諧和，此文於此兩者，均臻極點，允宜熟讀萬遍。

樂毅《報燕惠王書》

臣不佞，不能奉承王命，以順左右之心。恐傷先王之明，有害足下之義，故遁逃走趙。今足下使人數之以罪，臣恐侍御者不察先王之所以畜幸臣之理，又不白臣之所以事先王之心，故敢以書對。

臣聞賢聖之君，不以祿私親，其功多者賞之，其能當者處之。故察能而授官者，成功之君也；論行而結交者，立名之士也。臣竊觀先王之舉也，見有高世主之心，故假節於魏，以身得察於燕。先王過舉，廁之賓客之中，立之羣臣之上，不謀父兄，以爲亞卿。臣竊不自知，自以爲奉令承教，可幸無罪，故受命而不辭。

先王命之曰："我有積怨深怒於齊，不量輕弱，而欲以齊爲事。"臣曰："夫齊，霸國之餘業，而驟勝之遺事也。練於甲兵，習於戰攻。王若欲伐之，必與天下圖之，與天下圖之，莫若結於趙。且又淮北宋地，楚、魏之所欲也。趙若許，而約四國攻之，齊可大破也。"先王以爲然，具符節，南使臣於趙。顧反命，起兵擊齊。以天之道，先王之靈，河北之地，隨先王而舉之濟上。濟上之軍，受命擊齊，大敗齊人。輕卒銳兵，長驅至國。齊王遁而走莒，僅以身免。珠玉財寶，車甲珍器，盡收入於燕。齊器設於寧臺，大呂陳於元英，故鼎反乎磨室，薊丘之植，植於汶篁。自五霸以來，功未有及先王者也。先王以爲慊於志，故裂地而封之，使得比小國諸侯。臣竊不自知，自以爲奉命承教，可幸無罪，是以受命不辭。

臣聞賢聖之君，功立而不廢，故著於《春秋》；蚤知之士，名成而不毀，故稱於後世。若先王之報怨雪恥，夷萬乘之强國，收八百歲之蓄積，及至棄羣臣之日，餘教未衰。執政任事之臣，修法令，慎庶孽，施及乎萌隸，皆可以教後世。

臣聞之：善作者不必善成，善始者不必善終。昔伍子胥説聽於闔閭，而吳王遠迹至郢。夫差弗是也，賜之鴟夷而浮之江。吳王不寤先論之可以立功，故沈子胥而不悔；子胥不早見主之不同量，是以至於入江而不化。夫免身立功，以明先王之迹，臣之上計也；離毀辱之誹謗，墮先王之名，臣之所大恐也。臨不測之罪，以幸爲利，義之所不敢出也。

臣聞古之君子，交絶不出惡聲。忠臣去國，不潔其名。臣雖不佞，數奉教於君子矣。恐侍御者之親左右之説，不察疏遠之行，故敢獻書以聞。惟君王之留意焉。

【文體】

此篇亦書説類。

【分段】

此篇可分四段。第一段"臣不佞……故敢以書對"言報書之意。第二段"臣聞賢聖之君……是以受命不辭"，述己之事燕昭。第三段"臣聞賢聖之君……義之所不敢出也"。述己對燕惠之意。第四段"臣聞古之……留意焉"，總述書意作結。

【文字研究】

此篇以"先王之所以畜幸臣之理"，"臣之所以事先王之心"二語爲柱意，

“故察能而授官者”承“先王之所以畜幸臣之理”言，“論行而結交者”承“臣之所以事先王之心”言，此段備陳己與燕昭之關係，妙在説得極詳盡，而無一自伐之語。“臣聞賢聖之君……故稱於後世”仍承上柱意，言“若先王……皆可以教後世”，先叙述先王之立功，則下文將説及惠王廢其功矣，妙在至此便縮住，不再説下，然此層若竟不説，則於自己所以遁逃之故，又説不明白，乃借子胥闔閭間之事爲喻，此昔人所謂“風喻”，所以避“斥言”，以今語譬之，則可謂文字中之緩衝法也。“夫免身立功……義之所不敢出也”，乃暢述己對燕惠之意，而書意遂盡。

此文之妙，全從“氣度”、“風格”中領會，而要領會其氣度風格，則又必須從音調中求之。凡文字之妙，其精微之處，恒在音調中，猶聽人説話，必須合其聲色姿勢，然後可喻其意也。

此文第二段音調較凝煉，第三段音調較酣恣，先斂而後肆也。“以天之道，先王之靈”此等揚挈停頓之法，“珠玉財寶……植於汶篁”此等酣姿紆徐之筆，最宜深玩。

江統《徙戎論》

夫夷、蠻、戎、狄，地在要荒，禹平九土而西戎即叙。其性氣貪婪，凶悍不仁，四夷之中，戎、狄爲甚。弱則畏服，强則侵叛。當其强也，以漢之高祖困於白登、孝文軍於霸上；及其弱也，以元、成之微而單于入朝。此其已然之效也！是以有道之君牧夷、狄也，惟以待之有備，御之有常。雖稽顙執贄，而邊城不弛固守。强暴爲寇，而兵甲不加遠征。期令境内獲安，疆場不侵而已。

及至周室失統，諸侯專征，封疆不固，而利害異心。戎、狄乘間，得入中國，或招誘安撫以爲己用，自是四夷交侵，與中國錯居。及秦始皇併天下，兵威旁達，攘胡走越。當是時，中國無復四夷也。

漢建武中，馬援領隴西太守，討叛羌，徙其餘種於關中，居馮翊、河東空地。數歲之後，族類蕃息，既恃其肥强，且苦漢人侵之；永初之元，羣羌叛亂，覆没將守，屠破城邑，鄧騭敗北，侵及河内。十年之中，夷、夏俱敝，任尚、馬賢，僅乃克之。自此之後，餘燼不盡，小有際會，輒復侵叛，中世之寇，惟此爲大。魏興之初，與蜀分隔，疆場之戎，一彼一此。武帝徙武都氐於秦川，欲以弱寇强國，扞禦蜀虜，此蓋權宜之計，非萬世之利也。

今者當之，已受其斃矣。夫關中土沃物豐，帝王所居，未聞戎、狄宜在此土也！非我族類，其心必異。而因其衰敝，遷之畿服，士庶玩習，侮其輕弱，使其怨恨之氣毒於骨髓；至於蕃育衆盛，則坐生其心。以貪悍之性，挾憤怒之情，候隙乘便，輒爲橫逆；而居封域之內，無障塞之隔，掩不備之人，收散野之積，故能爲禍滋蔓，暴害不測，此必然之勢，已驗之事也。當今之宜，宜及兵威方盛，衆事未罷，徙馮翊、北地、新平、安定界內諸羌，著先零、罕开、析支之地，徙扶風、始平、京兆之氐，出還隴右，著陰平、武都之界。廩其道路之糧，令足自致，各附本種，反其舊土，使屬國、撫夷就安集之，戎、晉不雜，並得其所，縱有猾夏之心，風塵之警，則絕遠中國，隔閡山河，雖有寇暴，所害不廣矣。

難者曰：氐寇新平，關中饑疫，百姓愁苦，咸望寧息；而欲使疲悴之衆，徙自猗之寇，恐勢盡力屈，緒業不卒，前害未及弭而後變復橫出矣！答曰：子以今者羣氐爲尚挾餘資，悔惡反善，懷我德惠而來柔附乎？將勢窮道盡，智力俱困，懼我兵誅以至于此乎？曰：無有餘力，勢窮道盡故也。然則我能制其短長之命，而令其進退由己矣。夫樂其業者不易事，安其居者無遷志。方其自疑危懼，畏怖促遽，故可制以兵威，使之左右無違也。迫其死亡流散，離遏未鳩，與關中之人，戶皆爲仇，故可遏遷遠處，令其心不懷土也。夫聖賢之謀事也，爲之於未有，治之於未亂，道不著而平，德不顯而成。其次則能轉禍爲福，因敗爲功，值困必濟，遇否能通。今子遭斃事之終而不圖更制之始，愛易轍之勤而遵覆車之轍，何哉？

且關中之人百餘萬口，率其少多，戎、狄居半，處之與遷，必須口實。若有窮乏，穀粒不繼者，故當傾關中之穀以全其生生之計，必無擠於溝壑而不爲侵掠之害也！今我遷之，傳食而至，附其種族，自使相贍。而秦地之人得其半穀，此爲濟行者以廩糧，遺居者以積倉，寬關中之逼，去盜賊之原，除旦夕之損，建終年之益。若憚暫舉之小勞而忘永逸之弘策，惜日月之煩苦而遺累世之寇敵，非所謂能創業垂統，謀及子孫者也。

并州之胡，本實匈奴桀惡之寇也。建安中，使右賢王去卑誘質呼厨泉，聽其部落散居六郡。咸熙之際，以一部太強，分爲三率，泰始之初，又增爲四；於是劉猛內叛，連結外虜，近者郝散之變，發於穀遠。今五部之衆，戶至數萬，人口之盛，過於西戎；其天性驍勇，弓馬便利，倍於氐、羌；若有不虞風塵之慮，則并州之域可爲寒心。

正始中，毌丘儉討句驪，徙其餘種於滎陽。始徙之時，戶落百數；子孫孳息，今以千計。數世之後，必至殷熾。今百姓失職，猶或亡叛，犬馬肥充，則有噬嚙，況於夷、狄，能不爲變！但顧其微弱，勢力不逮耳。

夫爲邦者，憂不在寡而在不安。以四海之廣，士民之富，豈須夷虜在內然後取足哉！此等皆可申論發遣，還其本域，慰彼羈旅懷土之思，釋我華夏纖介之憂。惠此中國，以綏四方，德施永世，於計爲長也！

魏晉南北朝文字，瑰偉之氣，自不逮韓柳以下，然其論事翔實，而無詞勝於理之弊，則反過之，近人或謂作議論之文，當以六朝人爲法式，以此也。

"夫夷蠻戎狄……疆場不侵而已"，論御戎狄之道。

"及至周室失統……無復四夷也"，論述周秦。

"漢建武中……非萬世之利也"，述漢魏之世，氐、羌得居關中。

"今者當之……所害不廣矣"，言氐、羌之敝，宜徙於外。

"難者曰……何哉"言羣氏勢窮，兵威可制。

"且關中之人……謀及子孫者也"，述秦地之人，得其半穀。

"并州之胡……於計爲長也"，論并州之胡，滎陽之夷，皆宜并徙。

揚子雲《諫不許單于朝書》

臣聞六經之治，貴於未亂；兵家之勝，貴於未戰。二者皆微，然而大事之本，不可不察也。今單于上書求朝，國家不許而辭之，臣愚以爲漢與匈奴從此隙矣。夫北地之狄，五帝所不能臣，三王所不能制，其不可使隙甚明。臣不敢遠稱，請引秦以來明之。

以秦始皇之强，蒙恬之威，帶甲四十餘萬，然不敢窺西河，乃築長城以界之。會漢初興，以高祖之威靈，三十萬衆，困於平城，士或七日不食。時奇譎之士、石畫之臣甚衆，卒其所以脱者，世莫得而言也。又高皇后常忿匈奴，羣臣庭議，樊噲請以十萬衆橫行匈奴中，季布曰："噲可斬也，妄阿順指！"於是大臣權書遺之，然後匈奴之結解，中國之憂平。及孝文時，匈奴侵暴北邊，候騎至雍甘泉，京師大駭，發三將軍屯細柳、棘門、霸上以備之，數月乃罷。孝武即位，設馬邑之權，欲誘匈奴，使韓安國將三十萬衆，微於便地，匈奴覺之而去，徒費財勞師，一虜不可得見，況單于之面乎？其後深惟社稷之計，規恢萬載之策，乃大興師數十萬，使衛青、霍去病操兵，前後十餘年，於是浮西河，絕大幕，破寘顏，襲王庭，窮極其地，追奔逐北，封狼居胥山，禪於姑衍，以臨瀚海，虜名王貴人以百數。自是之後，匈奴震怖，益求和親，然而未肯稱臣也。

且夫前世豈樂傾無量之費，役無罪之人，快心於狼望之北哉？以爲不壹勞者不久佚，不暫費者不永寧，是以忍百萬之師以摧餓虎之喙，運府庫之財，填盧山之壑，而不悔也。至本始之初，匈奴有桀心，欲掠烏孫，侵公主，乃發五將之師十五萬騎獵其南，而長羅侯以烏孫五萬騎震其西，皆至質而還。時鮮有所獲，徒奮揚威武，明漢兵若雷風耳。雖空行空反，尚誅兩將軍。故北狄不服，中國未得高枕安寢也。

逮至元康、神爵之間，大化神明，鴻恩溥洽，而匈奴內亂，五單于爭立，日逐、呼韓邪攜國歸死，扶伏稱臣，然尚羈縻之，計不顓制。自此之後，欲朝者不拒，不欲者不强。何者？外國天性忿鷙，形容魁健，負力怙氣，難化以善，易隸以惡，其强難詘，其和難得。

故未服之時，勞師遠攻，傾國殫貨，伏尸流血，破堅拔敵，如彼之難也；既服之後，慰薦撫循，交接賂遺，威儀俯仰，如此之備也。往時常屠大宛之城，蹈烏桓之壘，探姑繒之壁，籍蕩姐之場，艾朝鮮之旃，拔兩越之旗，近不過旬月之役，遠不離二時之勞，固已犁其庭，掃其閭，郡縣而置之，雲徹席卷，後無餘災。惟北狄爲不然，眞中國之堅敵也，三垂比之懸矣，前世重之茲甚，未易可輕也。

今單于歸義，懷款誠之心，欲離其庭，陳見於前，此乃上世之遺策，神靈之所想望，國家雖費，不得已者也。奈何距以來厭之辭，疏以無日之期，消往昔之恩，開將來之隙！夫款而隙之，使有恨心，負前言，緣往辭，歸怨於漢，因以自絕，終無北面之心，威之不可，諭之不能，焉得不爲大憂乎？夫明者視於無形，聽者聽於無聲。誠先於未然，即蒙恬、樊噲不復施，棘門、細柳不復備，馬邑之策安所設，衛、霍之功何得用，五將之威安所震？不然，壹有隙之後，雖智者勞心於內，辯者轂擊於外，猶不若未然之時也。且往者圖西域，制車師，置城郭都護三十六國，費歲以大萬計者，豈爲康居、烏孫能逾白龍堆而寇西邊哉？乃以制匈奴也。夫百年勞之，一日失之，費十而愛一，臣竊爲國不安也。唯陛下少留意於未亂未戰，以遏邊萌之禍。

此篇爲西京文字，漸開東京風氣者。

"臣聞六經之治……未肯稱臣也"，述秦漢匈奴之强。

"且夫前世……未得高枕安寢也"，論未服時，攻伐之難。

"逮至元康……其和難得"，述既服後，慰撫之備。

"故未服之時……以遏邊萌之禍"，結束。

劉琨《勸進表》

建興五年三月癸未朔十八日辛丑，使持節散騎常侍都督河北并冀幽三州諸軍事、領護軍匈奴中郎將、司空、并州刺史、廣武侯臣琨，使持節侍中都督冀州諸軍事、撫軍大將軍、冀州刺史、左賢王、渤海公臣磾，頓首死罪，上書。

臣琨臣磾，頓首頓首，死罪死罪。臣聞天生蒸人，樹之以君，所以對越天地，司牧黎元。聖帝明王監其若此，知天地不可以乏饗，故屈其身以奉之；知蒸黎不可以無主，故不得已而臨之。社稷時難，則戚籓定其傾；郊廟或替，則宗哲纂其祀。所以弘振遐風，式固萬世，三五以降，靡不由之。

臣琨臣磾，頓首頓首，死罪死罪。伏惟高祖宣皇帝肇基景命，世祖武皇帝遂造區夏，三葉重光，四聖繼軌，惠澤侔於有虞，卜年過於周氏。自元康以來，艱難繁興，永嘉之際，氛厲彌昏，宸極失御，登遐醜裔，國家之危，有若綴旒。賴先後之德、宗廟之靈，皇帝嗣建，舊物克甄。誕授欽明，服膺聰哲，玉質幼彰，金聲夙振。冢宰攝其綱，百辟輔其政，四海想中興之美，羣生懷來蘇之望。不圖天不悔禍，大災薦臻，國未忘難，寇害尋興。逆胡劉曜，縱逸西都，敢肆犬羊，陵虐天邑。臣奉表使還，乃承西朝，以去年十一月不守，主上幽劫，復沈虜庭，神器流離，再辱荒逆。臣每覽史籍，觀之前載，厄運之極，古今未有。苟在食土之毛，含血之類，莫不叩心絕氣，行號巷哭。況臣等荷寵三世，位厠鼎司，聞問震惶，精爽飛越，且悲且惋，五情無主，舉哀朔垂，上下泣血。

臣琨臣磾，頓首頓首，死罪死罪。臣聞昏明迭用，否泰相濟，天命無改，曆數有歸。或多難以固邦國，或殷憂以啓聖明。以齊有無知之禍，而小白爲五伯之長；晉有麗姬之難，而重耳主諸侯之盟。社稷靡安，必將有以扶其危；黔首幾絕，必將有以繼其緒。伏惟陛下，玄德通於神明，聖姿合於兩儀，應命世之期，紹千載之運。符瑞之表，天人有徵；中興之兆，圖讖垂典。自京畿隕喪，九服崩離，天下囂然無所歸懷，雖有夏之遘夷羿，宗姬之離犬戎，蔑以過。陛下撫寧江左，奄有舊吳，柔服以德，伐叛以刑，抗明威以攝不類，杖大順以肅宇内。純化既敷，則率土宅心；義風既暢，則遐方企踵。百揆時叙於上，四門穆穆於下。昔少康之隆，夏訓以爲美談；宣王之興，周詩以爲休咏。況茂勳格於皇天，清暉光於四海，蒼生顒然，莫不欣戴，聲教所加，願爲臣妾者哉！且宣皇之胤，惟有陛下，意兆攸歸，曾無與二。天祚大晉，必將有主，主晉祀者，非陛下而誰！是以邇無異言，遠無異望，謳歌者無不吟諷徽猷，獄訟者無不思於聖德。天地之際既交，華夷之情允洽。一角之獸，連理之木，以爲休徵者，蓋有百數。冠帶之倫，要荒之衆，不謀同辭者，動以萬計。是以臣等敢考天地之心，因函夏之趣，昧死上尊號。願陛下存舜禹至公之情，狹巢由抗矯之節。以社稷爲務，不以小行爲先；以黔首爲憂，不以克讓爲事。上以慰宗廟乃顧之懷，下以釋普天傾首之望。則所謂生繁華於枯荑，育豐肌於朽骨，神人獲安，無不幸甚。

臣琨臣磾，頓首頓首，死罪死罪。臣聞尊位不可久虛，萬機不可久曠。虛之一日，則尊位以殆；曠之浹辰，則萬機以亂。方今踵百王之季，當陽九之會，狡寇窺窬，伺國瑕隙，齊人波蕩，無所繫心，安可廢而不卹哉？陛下雖欲逡巡，其若宗廟何，其若百姓何？昔惠公虜秦，晉國震駭，呂卻之謀，欲立子圉。外以絶敵人之志，内以固疆境之情。故曰喪君有君，羣臣輯睦，好我者勸，惡我者懼。前事之不忘，後代之元龜也。陛下明并日月，無幽不燭，深謀遠猷，出自胸懷。不勝犬馬憂國之情，遲覩人神開泰之路。是以陳其乃誠，布之執事。臣等各忝守方任，職在遐外，不得陪列闕庭，與覩盛禮，踴躍之懷，南望罔極。

謹上。臣琨謹遣兼左長史右司馬臣温嶠、主簿臣郗聞訓，臣磾遣散騎常侍征虜將軍清河太守領右長史高平亭侯臣榮劭、輕車將軍關内侯臣郭穆奉表。臣琨臣磾等，頓首頓首，死罪死罪。

此篇爲魏晉後文字仍有雄直之氣者。

【分段】

"建興五年……靡不由之"，言宗社當有主者。

"臣琨……上下泣血"，聞懷愍之難。

"臣琨……無不幸甚"，言元帝親賢，宜嗣大統。

"臣琨……南望罔極"，言立君，以定民志。

"謹上……死罪死罪"，結束。

陸贄《奉天請罷瓊林大盈二庫狀》

右臣聞：作法於涼，其弊猶貪；作法於貪，弊將安救！示人以義，其患猶私；示人以私，患必難弭。故聖人之立教也，賤貨而尊讓，遠利而尚廉。天子不問有無，諸侯不言多少。百乘之室，不畜聚斂之臣。夫豈皆能忘其欲賄之心哉！誠懼賄之生人心而開禍端，傷風教而亂邦家耳。是以務鳩斂而厚其帑櫝之積者，匹夫之富也；務散發而收其兆庶之心者，天子之富也。天子所作，與天同方：生之長之，而不恃其爲；成之收之，而不私其有。付物以道，混然忘情。取之不爲貪，散之不爲費。以言乎體則博大，以言乎術則精微。亦何必撓廢公方，崇聚私貨，降至尊而代有司之守，辱萬乘以效匹夫之藏。虧法失人，誘姦聚怨，以斯制事，豈不過哉！

今之瓊林、大盈，自古悉無其制，傳諸耆舊之説，皆云創自開元。貴臣貪權，飾巧求媚，乃言：“郡邑貢賦所用，盍各區分。稅賦當委之有司，以給經用；貢獻宜歸乎天子，以奉私求。”玄宗悦之，新是二庫，蕩心侈欲，萌柢於茲。迨乎失邦，終以餌寇。《記》曰：“貨悖而入，必悖而出。”豈非其明效歟？

陛下嗣位之初，務遵理道，敦行約儉，斥遠貪饕。雖内庫舊藏，未歸太府，而諸方曲獻，不入禁闈。清風肅然，海内丕變。議者咸謂漢文卻馬，晉武焚裘之事，復見於當今。近以寇逆亂常，鑾輿外幸，既屬憂危之運，宜增儆勵之誠。臣昨奉使軍營，出由行殿，忽覩右廊之下，牓列二庫之名，慺然若驚，不識所以。何則？天衢尚梗，師旅方殷，瘡痛呻吟之聲，噢咻未息，忠勤戰守之效，賞賚未行，而諸道貢珍，遽私別庫，萬目所視，孰能忍懷。

竊揣軍情，或生觖望，試詢候館之吏，兼采道路之言，果如所虞，積憾已甚，或忿形謗讟，或醜肆謳謠，頗含思亂之情，亦有悔忠之意。是知旺俗昏鄙，識昧高卑，不可以尊極臨，而可以誠義感。頃者六師初降，百物無儲，外扞兇徒，内防危堞，晝夜不息，迨將五旬，凍餒交侵，死傷相枕，畢命同力，竟夷大艱。良以陛下不厚其身，不私其欲，絶甘以同卒伍，輟食以啗功勞。無猛制而人不攜，懷所感也；無厚賞而人不怨，悉所無也。今者攻圍已解，衣食已豐，而謡讟方興，軍情稍阻，豈不以勇夫恒性，嗜貨矜功，其患難既與之同憂，而好樂不與之同利，苟異恬默，能無怨咨？此理之常，固不足怪。

《記》曰“財散則民聚，財聚則民散”，豈非其殷鑒歟！衆怒難任，蓄怨終泄，其患豈徒人散而已，亦將慮有構姦鼓亂，干紀而強取者焉！夫國家作事，以公共爲心者，人必樂而從之；以私奉爲心者，人必咈而叛之。故燕昭築金臺，天下稱其賢；殷紂作玉杯，百代傳其惡；蓋爲人與爲己殊也。周文之囿百里，時患其尚小；齊宣之囿四十里，時病其太大；蓋同利與專利異也。爲人上者，當辨察茲理，洒濯其心，奉三無私，以壹有衆；人或不率，於是用刑。然則宣其利而禁其私，天子所恃以理天下之具也。捨此不務，而壅利行私，欲人無貪，不可得已。今茲二庫，珍幣所歸，不領度支，是行私也；不給經費，非宣利也；物情離怨，不亦宜乎！

　　智者因危而建安，明者矯失而成德。以陛下天姿英聖，儻加之見善必遷，是將化蓄怨爲銜恩，反過差爲至當，促殄遺孽，永垂鴻名，易如轉規，指顧可致。然事有未可知者，但在陛下行與否耳。能則安，否則危；能則成德，否則失道；此乃必定之理也。願陛下慎之惜之！陛下誠能近想重圍之殷憂，追戒平居之專欲，器用取給，不在過豐，衣食所安，必以分下。凡在二庫貨賄，盡令出賜有功，坦然布懷，與衆同欲。是後納貢，必歸有司，每獲珍華，先給軍賞，瓌異纖麗，一無上供。推赤心於其腹中，降殊恩於其望外。將卒慕陛下必信之賞，人思建功；兆庶悦陛下改過之誠，孰不歸德。如此則亂必靖，賊必平，徐駕六龍，旋復都邑，興行墜典，整緝棼綱。乘輿有舊儀，郡國有恒賦，天子之貴，豈當憂貧！是乃散其小儲而成其大儲也，損其小寶而固其大寶也。舉一事而衆美具，行之又何疑焉！吝少失多，廉賈不處；溺近迷遠，中人所非；況乎大聖應機，固當不俟終日。不勝管窺願效之至。謹陳冒以聞。謹奏。

【分段】

"右臣聞作法於涼……豈不過哉"，言天子不畜私財。"今之瓊林大盈……豈非其明效歟"，言開元始置二庫。"陛下嗣位之初……孰能忍懷"，言大難未平，不宜遽私二庫。

"竊揣軍情……固不足怪"，言軍情離怨。

"記曰……不亦宜乎"，言所以致離怨之理。

"智者因危而建安……冒以聞謹奏"，請改過散財。

【文字研究】

文字之崇尚偶儷，至唐而極，然皆清辯滔滔，絕無以詞害意之病，近人公文亦好用偶語，然頗借詞藻，故實塗飾矣。

國 文 選 文（二）

擬中等學校熟誦文及選讀書目

凡研究一種學問，必有一定之途轍可循，此不易之理也。獨今之言國文者不然。過高其説者，往往謂文章之妙，可以會意，不可以言傳。而其過求淺近者，則又航絶流斷港，而終不能至於海。此無他，未知今日學校所授之國文，其性質若何也。

文字本所以代語言，故兩者決無相離之理。然言語不能無遷變，而一國之大，其民智又不能無高下殊，智有高下，斯其語有淺深，此又事之無可如何者也。吾國自昔崇古，一切學術，無不以古人爲依歸。凡研究學術之人，自無一不通古語。其人而既通古語矣，則其發爲語言，自亦不免藉古語以爲用。猶今歐西各國人，有通希臘羅馬文者，時亦用以著書也，然此固非不治學術之人所能知也。職是故，上層社會言語之遷變，遂與普通社會異其途。古語之已廢於普通社會者，猶存諸上層社會，而上層社會因變遷而新增之言語，則非普通社會所能知，普通社會因變遷而新增之言語，又非上層社會所樂道，而文與語遂日趨分離矣。然此既廢於普通社會之語言，在上層社會固猶日藉以爲用。然則今日之所謂文言，實仍爲通行於現社會之一種言語，特非人人皆能之，又非矢諸口入諸耳而已。

或曰：文字既所以代語言，自貴與語言相合。今之所謂國文者，仍爲通行於現社會之一種語言，則既聞命矣。然此特上層社會之人，藉以爲用耳。普通社會之人，不能盡解也。而普通社會之人，所用之語，則上層社會之人無弗能知。然則今者徑廢所謂國文，而以俗語代之，可乎？曰：不可。一國之民智，不能無高下之殊，其所用之語言，即不能無淺深之異，予既言之矣。強智識程度較低之人，使操智識程度較高之語言，勢固有所不能，強智識程度較高之人，使操智識程度較低之語言，理亦有所不可。何則？其意將格不達也。夫言語者，思想之表象，而彼我之情愫所由互通也。故一國之高等言語，實爲其國人高等之思想所寄，由此而互相傳習焉。此高等思想，則國家所恃以建立也。今欲廢棄高等之言語，無論其不能也。苟其能之，則是摧棄一國高等之思想，而破壞其建國之精神也。夫國於世界，不徒貴橫的統一，亦且貴縱的統一，有橫的統一而後其勢力厚，有縱的統一而後其根柢深。我國人自昔崇古，學士大夫之言語，多以古人爲標準，致與普通社會之人相去日遠，誠不能無少病，然以此故，而今人與古人其關係乃極密切，以全國土地之廣，種族之錯雜，交通之不便，而所謂上層社會之言語，轉因其以古人爲標準，故其變遷少，而彼此少差殊，俾全國有知識之人，常得相集爲一體，其庸多矣。況前此高等之思想，悉寄於是，今既無以爲代，而顧欲一舉而廢棄之，是使全國之人，皆下喬而入幽也，嗚乎！明乎此，則今日之所謂國文，其不可不肄習審矣。所當研究者，肄習之法耳。夫欲研究一種學問，必有其一定之途轍，而欲知其途轍，則又必先知其物之性質，此不易之理也。今者舉國之人，皆言研究國文，皆言教授國文，而國文之性質若何，顧無一人焉能真知之者，又何怪其愈言教授，而其教授愈不得法邪！蓋自魏晉以降，崇尚文詞，舉國相師，蒸爲習尚，久之而學術與文字，遂至并爲一談，寖假而又并文學與文字爲一談。凡教人肄習文字者，其意無不即視爲研究文學。夫文學者，美術之一種。而文字者，則現社會人所用之一種高等語言也。人之美術思想，固可以言語表之，然非必盡以言語表之也。言語之爲用，固可藉以表示美術思想，然亦非盡用之以表示美術思想也。故文學者，美術之一種。惟從事於美術之人，乃有事焉。至於普通學子之肄習國文，則不過授之以一種高等語言，俾其與昔人所傳之思想，可以直接，而與今人之抱此等思想者，可以互通。猶之教英語者，欲以讀英國人之書，學日本語者，欲以與日本人通意耳，非欲使之爲文學家也。且即欲使人爲文學家，亦必先使之通普通之語言而後可。未有普通之語言尚未能操，而顧能用其語言以達其美術思想者。此理之易明，而無待於再計者也。

　　然則教授國文之道可知已，教授國文者，教授現社會所通行之高等語言也。惟其如是，故其所授者，必確爲是物而後可，其過高焉，而出於現社會所通行之高等語言以上，過低焉，而不及乎現社會所通行之高等語言，均非教授國文之道也。今試就中國現社會所有之文字，即其與語言離合之遠近，而大別爲三種焉。

一、通俗文　與現今普通之語言，相去最近，即欲使之全然相合，亦無不可，如近人所撰之白話書報是。

一、普通文　介乎通俗文與古文之間，所以通彼我之郵者也，如公牘書札是。

一、古文　與現今普通之言語，相去最遠。如三代兩漢之書，唐宋八家之文是也。

然同一古文，其中又有區別，蓋語言之遷變出於自然，中國之高等言語，其遷變能與普通語言異其途，亦初非能不遷變也。職是故，有古人極通行之言語，而在今日，則因其非必要而删之者，又有古人未嘗有之語言，而現今社會中人，因時勢之需要，從而新增焉者。漢魏之文卒不能同乎先秦，唐宋之文卒不能同於漢魏，明清之文又不能同於唐宋，以是故也。論者徒嘆時勢逐流，後人之文字，卒不古若，而不知言語變遷之公例，實使之然也。職是故，同一古文之中，又當分爲普通與特別二種。普通之古文，凡治學術之人，皆當有事焉。特別之古文，則惟治一種學術之人用之。其種類可分爲二。一爲文學的，治文學之人用之，如詞章家之研索《騷》、《選》是也。一爲考古的，專以考見古代社會之情形爲事者用之，如經學家之講求名物訓詁是也。故特別的古文，亦可稱爲專門的古文，自此以外，則皆爲普通的古文。今日學校所教授之國文，即是物也。

此普通古文之教授，當在何時，亦爲一問題。予則謂當在中學。蓋人操語之淺深，視乎知識之高下，而知識之高下，視乎年齡之長幼。人當在國民學校及高等小學時，年齡尚幼，知識程度尚低，無操此等語言之必要。且以知識程度，爲年齡所限故，即强授之以古文，亦必不能解。至中等學校，則年齡漸長，知識程度漸高，一切學術之研究，皆將於是肇其端，非通較深之語，勢必不給於用也。故予謂今者國民學校，宜純授學生以通俗文，至高等小學，則授之以普通文，至中學乃授之以古文。此其事之可行與否？自爲別一問題，今姑勿論。今所欲論者，則中等學校以上，教授國文之法而已。

教授國文之法，所首宜致謹者，即爲選材。蓋既曰教授高等語言矣，則其所教者，必確爲是物，自無疑義。今之教授者，或過求高深，至以專門的古文授之。其人而爲治專門之學者歟？則習之非其時。其人而非治專門之學者歟？則得之無所用。是以已死之古語授人也。其過求淺近者，又或不守定法，抉破藩籬，致所授者仍爲普通文。前者之弊，承昔時私塾之餘風者多犯之。後者之弊，則摭拾現今教育學之理論者多犯之。要之其所授者，皆非現社會之高等語言也。夫曰教授是物也，而其所教授也，實非是物，則更無是非得失之可論矣。此其宜審者一也。

凡言語之所以構成，不外三法。一曰稱名。一種事物在此種言語中，稱之爲何名者，在彼中言語中，則當稱爲何名，文字中謂之字法，如桌椅在通俗文及普通文中，均可言桌椅，於古文中則當云几席是也。一爲綴法，合各種稱名而聯綴之，其次第當如何，在文字中謂之句法。如古文中我來自東，王來自商。在普通文及通俗文，均當作某從某處來是也。一爲語言排列之次序，在文字中謂之篇法。如以古文普通文通俗文三者互譯，其次第決不能不變更是也。言語固無死法可執，欲用一種語言者，亦非但執死法可能。然既曰教授國文矣，則教者不容不教，而學者於此三者，亦決不容不學，此又理之至易明者也。今之教授國文者，或執文章之妙可以意會不可以言傳之説，於此三者，一無所授。或又不知文學與文字之別，致所授雖多，絶非文法。一無所授者無論矣。所授雖多，而絶非文法，是亦與未授等也。此其宜審者二也。

文法之講授，既已明矣，所謂國文教授者，遂由此而畢乃事乎？曰非然也。所謂文法者，其多實不可勝授，且其法將日出而不窮，教者之所授，不過舉示其例而已。而其博涉之而能自知之，能自用之，則仍賴乎學者之自習，欲求學者之自習，則必領導之，使從美的方面入，所謂知之者不如好之者，好之者不如樂之者也。且普通言語之爲用，未有能與美的方面全然分離者。今人多云文字有應用與美術之分，此亦自其大體別之耳。其實應用文字，未有全不須美者也。特其所需之美，與所謂美術文字者，性質不同耳。普通文字之所謂美，可從兩方面觀察之，一曰勢力，一曰音調。勢力宜於雄厚，音調求其和諧，具是兩者，而後言語之用乃全。昔人稱文字之美，每曰有聲有色。所謂聲者，音調之謂，所謂色者，勢力之謂也。職是故，選授文字，不徒求其字法、句法、篇法之完善也，當兼求其聲色可誦。古人之文，盡有平正無疵，操縱合度，而其聲色不足稱，亦非其至者。凡此者皆非選授文字之至焉也。此其宜審者三也。

明是三者，則於學校中教授文字之道，思過半矣。凡選授之文，求其熟誦。熟誦者，所以反覆其字法、句法、篇法，使之極熟，而領署其勢力及音調之美於無形之中也。然猶不但此，學文之道，猶之學語。凡學語者，必求其多所聞，多所聞，然後能出之於口而無扞格，此引而置之莊獄之間之法也。若某種思想當用某種之言語達之，生平未之前聞，而欲其出之於口，此必不能得之數也。學校中所能熟誦之文字，其數有限，即使誦之極熟，而於所謂某種思想當以某種言語達之者，從未見過者實尚多，如是而欲以之讀書，而無不通，以之達意，而無不達，仍爲必不可得之事。故學校中於熟誦之文以外，又宜定一種書目，使之自行閱看，以廣其見聞，見聞既廣，然後某種思想，當達以某種言語，某種言語，宜出以某種形式，悉通貫焉而無扞格矣。此其宜審者四也。

凡治一種學問，必有其一定之途轍可循，有一定之途轍可循，而後目的地可期其至。向之言教授國文者，誤於未知國文之性質若何，故不知其目的地。目的地且不知，遑論途轍？以上所論，自謂其目的地以及其所循之途轍，均已不誤。所當研究者，循此途轍，以達此目的地，其所需之時間何若耳。向者扶牀入塾之子，朝夕誦習，無非國文，中人之資，至弱冠而後通，其所需之時間，不爲不多矣。此固由其所由之途轍，未能盡合，不免多耗時間，然亦決無多耗至五六倍之理。今中等學校，以每日授課一時計，一星期僅得六時，至多抵昔人之一日耳。年以四十星期計，僅抵昔人之一月又十日，是四年畢業其肄習國文之時間，僅抵昔人之五個月又十日也。加以他種學術間接裨益於國文者計之，至多亦不過一年。更以國民學校及高等小學之所肄習，各作一年計之，亦不過三年耳。如此而欲求其國文之通，是覆一簣之土，而冀成九成之山也。今之論者，每咨嗟太息於學校生徒國文成績之不良，或歸咎於教授之未善，或歸咎於學生之不肯用心，而不知以今學校肄習國文之時間，而欲望其國文之通，本爲必不可能之事也。如吾之所計，則中等學校生徒，每日宜以兩時之功，肄習國文，一小時用之以誦及作，一小時用之於閱讀，誦與作即在教室中爲之，閱讀則於教室以外自爲之。吾所定熟誦國文之目，一星期之間，僅求其熟誦三百字左右，年以三十六星期計，除去作文及講授時間，恢恢乎其有餘地矣。閱讀之書，不能限定其多少。姑以予所經歷者計之。予幼時誦四子書時，日授十行，行十七字，每一分鐘而誦一遍，以一小時計之，則可誦萬又二百字矣。朗誦較閱讀爲遲。吾讀四子書時，其程度尚不及今日之中等學校生徒，而生徒讀書漸多，其閱讀亦必漸速。今即皆弗論，即以予誦四子書所需時間爲標準計之，每小時至少亦可讀萬字，年以三百日計，即可得三百萬言，四年可得千二百萬言，所熟誦者既得五萬言以外，所涉獵者，至少又得千二百萬言。如是而謂中等學校卒業之生徒，其國文尚不能通順，吾不信也，而況乎其所熟誦及閱讀者，尚決不止此數也。

熟誦文目

第一年

篇　　名	星期	選　錄　要　旨
韓退之《原毀》	二	此篇取其格局整齊，爲論辯文字入手之法。
歐陽永叔《朋黨論》	二	姚姬傳云：歐公之論，平直詳切，陳悟君上，此爲最宜。案昔時陳悟君上之體，今多可取之以開示公衆，且便於初學之規範。
蘇子瞻《留侯論》	二	以下三篇，皆專論一人一事之式。
蘇子瞻《志林·范增》	二	東坡《志林》，均筆勢高妙，非初學所能領悟，惟此篇格局整齊，便於規範。
蘇明允《管仲論》	二	由大蘇之暢達，進之以老泉之勁悍。
蘇子瞻《練軍實》	三	子瞻少年文字，取其氣勢之盛，惟仍取其指陳切實者，其空論抵巇者不取。
蘇子瞻《倡勇敢》	三	上篇主於論事，此篇主於說理。
蘇子瞻《方山子傳》	一	由東坡議論之文，引而進之於敘事之文。此等敘事文，蹊徑淺近，易於效法。
韓退之《圬者王承福傳》	二	敘事文兼有論斷，且有興會。
蘇子瞻《石鐘山記》	二	由東坡敘事之文，引而進之於記景物之文。
歐陽永叔《豐樂亭記》	二	由東坡記遊之作，進以歐公雜記，俾識歐文之情韻。
歐陽永叔《瀧岡阡表》	三	由歐公雜記，引進之以敘事之文。
蘇子由《六國論》	二	此篇爲縱論形勢之法。
蘇子瞻《策斷》中	三	選錄之意，與《練軍實》、《倡勇敢》二篇同。而此二篇蹊徑畧高，故後授之。
蘇子瞻《策斷》下	三	此篇取其筆勢變化。
蘇子瞻《日喻》	一	贈序文之式，取其說理之精，設喻之妙。
韓退之《答陳商書》	一	由前篇進以韓公書說之文。取其說喻之奇，以博其趣。

第二年

篇　　名	星期	選　錄　要　旨
蘇子由《三國論》	二	以下兩篇，取其筆勢之勁悍。
蘇明允《衡論》御將	三	
柳子厚《桐葉封弟辯》	一	以下二篇，爲柳州議論之文，取其謹嚴精悍。
柳子厚《駁復仇議》	二	
韓退之《諱辯》	二	由柳州之謹嚴，進以昌黎之瘦硬，爲反覆辯論之法。
柳子厚《種樹郭橐駝傳》	二	由柳州論議之文，引進之於敘事之文。
曾子固《越州趙公救菑記》	二	記敘之文，取其謹嚴簡净。

續　表

篇　　名	星期	選　録　要　旨
柳子厚《始得西山宴遊記》	一	由柳州叙事之文，引而進之以記景物之文。
柳子厚《鈷鉧潭西小丘記》	一	
柳子厚《至小丘西小石潭記》	一	
歐陽永叔《送楊寘序》	一	以下二篇，爲贈序中善狀物態者。因柳州遊記而進之。
韓退之《送高閑上人序》	一	
歐陽永叔《釋秘演詩集序》	一	由歐公贈序，更進之以此篇，俾識歐文之精韻。
韓退之《張中丞傳後序》	三	由首篇更進以此篇，俾博識序跋文之體制，且爲叙事兼議論之式。
歐陽永叔《張子野墓誌銘》	二	以下二篇，爲歐公叙事文之善於言情者，由前授歐公之文引進之。
歐陽永叔《黃夢升墓誌銘》	二	
歐陽永叔《祭石曼卿文》	一	由歐公志銘，引而進之以哀祭之文。
王介甫《祭高郎中主簿文》	一	更進授以此篇，俾識荆公文奇崛之氣。
王介甫《贈光禄少卿趙君墓誌銘》	二	因進授以荆公志銘，俾知叙事文中，有此高境。
王介甫《給事中孔公墓誌銘》	三	此篇爲叙事文提絜綱領之法，且取其氣之蕭颯。
韓退之《送董邵南序》	一	以下三篇，取其寄意深遠，筆勢雄渾，爲含蓄不盡之法。
韓退之《送王秀才含序》		
韓退之《伯夷頌》		

第三年

篇　　名	星期	選　録　要　旨
蘇子瞻《志林·始皇扶蘇》	三	東坡晚年之作，心手相忘，獨立千載，論辯文最高之境。其論文均貫穿今古，雜引衆事而成，並可增論古之識。
柳子厚《論語辨》二首	二	上篇爲序跋文，兼考證之式，下篇取其立論能見其大，且筆意若秋雲之遠，可望而不可即。
王介甫《周禮義序》	一	宏深肅括之法。
曾子固《列女傳目録序》	二	南豐文之最高者，須法其氣度雍容。
韓退之《爭臣論》	三	此篇取其風格。
韓退之《原道》	四	辯論文變化錯綜之法。
韓退之《尚書庫部郎中鄭君墓誌銘》	一	由韓公論辯，引而進之於叙事之文，須領畧其雋才逸興及奇崛之氣。
韓退之《試大理評事王君墓誌銘》	一	

續　表

篇　　名	星期	選　錄　要　旨
歐陽永叔《徂徠先生墓誌銘》	三	筆陳酣恣，詞繁而不懈，歐公志銘之極作，由前二篇進授之，俾知歐文之源出於韓，而面目各異。
王介甫《臨川吳子善墓誌銘》	一	因進授以荊公志銘，俾知荊公亦法韓，而其面目又與歐異。此篇爲敘述庸德庸行之人之法。
王介甫《泰州海陵縣主簿許君墓銘》	一	法其筆勢高渾。
蘇子瞻《表忠觀碑》	三	以下二篇，因志銘引進之，以備體制。此篇須法其雋朗。
韓退之《柳州羅池廟碑》	二	此篇須法其古雅。
柳子厚《與李翰林建書》	二	書翰文言情之式。
王介甫《論本朝百年無事札子》	四	荊公之文，皆責難陳善，雄渾深厚，有泰山巖巖，壁立萬仞氣象，誠不愧爲重臣碩儒之言。《上皇帝書》等，篇幅太長，非學校所能熟誦，授以此下二篇，畧見一斑。
王介甫《度支廳壁題名記》	一	此篇所言，爲極精之生計學理，須看其文字之高簡雄渾。

第四年

篇　　名	星期	選　錄　要　旨
賈生《過秦論上》	三	賈生之文，取其雄駿宏肆。
晁錯《言兵事書》	三	晁氏治申商家言，法其鷙悍而明切事情。
路長君《尚德緩刑書》	三	此篇取其沈摯。
揚子雲《諫不受單于朝書》	三	此篇取其風格。
劉子政《論起昌陵疏》	三	此篇法其氣度。
漢文帝十三年《除肉刑詔》	一	以下二篇，爲詔令文字之式，選錄之以備體格。漢世詔令皆文章爾雅，訓詞深厚，後世公牘文章之佳者，其原皆出於此，不得以體制相異而廢之也。
後二年《遺匈奴書》	二	此篇兼爲外交文字之式。
司馬長卿《喻巴蜀檄》		司馬長卿之文，姚薑塢謂其雲興水溢，有渾茫駿邁之氣。所謂觀揚班之作，而後知相如文句句欲活者也。
蘇季子說齊宣王	一	以下四篇，爲《戰國策》之文。讀此篇須看其設色妍麗，昔人所謂不着色之艷，惟《左》、《國》有之。
觸詟說趙太后	二	以下二篇，爲說辭之極則，兼有敘事之長。
魯仲連說辛垣衍	三	
樂毅《報燕惠王書》	二	此篇雍容大雅，有古大臣風度，爲書翰文之極則。後世奏議，亦多出於此。
司馬子長《六國表序》	一	子長史序，寄意高遠，筆勢雄奇，固非初學所能效法。然文中有此最高之境，不可不知，故於末年授之。

篇　名	星期	選　錄　要　旨
司馬子長《漢興以來諸侯王年表序》	二	此篇兼爲序跋文,提綱絜領之法。
班孟堅《貨殖列傳序》	二	由子長之雄奇高遠,進以孟堅之縝密,以博其體。
司馬子長《報任安書》	五	學校所授文字,限於時間,長篇極少。此篇之氣,如長江大河,而起伏曲折離合之法畢具,正如建章宫千門萬户,務須熟讀萬遍,庶作長篇文時不至氣怯。

　　選讀之文,第一年至第三年專取材於唐宋八家,第四年則取兩漢文爲主,而間及於《戰國策》。蓋吾國之文字,嘗數變矣。而周以前之文,不惟非今人所能效爲,實亦非今人所能全解。如《周易》《道德經》《墨子》之經上下篇等是也。東周以降,世變日亟,至戰國之際而極。三代以前之世界,遂變而爲秦漢以後之世界。吾國今日高等言語之淵源,實直接受諸此。凡諸先秦古書中,其平易易解者,大抵此時人所自撰。其結解者,則傳之自古者也。而其與今人之言語,尤相切近者,則實始於戰國之際。試觀《左傳》、《國語》與《戰國策》,同一善於詞令,然《戰國策》中詞令,今人言語,往往似之。《左》、《國》所載詞令,則今人言語,似之者絕少,可知矣。秦漢文字,皆承戰國而漸變,其體勢不甚相殊。東京而後,文乃日趨於豐縟,普通言語與文學,漸有并爲一談之機,至齊梁之際而極。自唐以後,乃有駢散之分,駢文專務華藻,與實際之言語,相去愈遠,遂專成爲美術品。故學校之所教授,不得不以散文爲斷。授散文必托始於唐宋者,以其去今近,爲學生所易解。授唐宋後之散文,必取其專門名家爲文詞者,以如是,其體例乃謹嚴,而合乎教授普通古文之旨,否則仍恐有一時代一地方之方言羼入,不免於教授已死古語之誚;或仍與普通文及通俗文界限不清也。其專取八家者,以唐宋後能文之人太多,取之不勝取,而八家爲最著,後之治散文者,多取法焉。能讀八家,則已造乎元明清諸家之源,於元明清諸家之文,無弗能解矣。且學生之誦習文字,必求其於美的方面,有所領會,而求其於美的方面有所領會,則其所授者不宜過雜,必以一家之文字,反覆授之,然後入之乃深,入之既深,而自有所得,則以觀諸家,皆可由是而推之矣。此目所選諸文,排列之次序,必取其體制及格調相類者,連續授之,亦以此也。其上溯之兩漢及戰國時而止,則以今人文字直接之淵源,實出於此。自此以上,雖治普通的古文者不能盡廢,然已非中等學校生徒初治古文者所能盡解矣。此循序漸進之法也。

或謂他種學問，皆可行遠自邇，登高自卑，獨國文則不然，斷宜取法乎上。蓋後世之文字，其源皆導自古文，苟不通最古之書，則閱後世之書，皆不知作何語也。此亦不然，文字之難通與易通，究以與語言相去遠近爲標準。不然，何以向之讀書者，日誦四子五經，而及其解讀書，仍從淺近小說白話等書始乎？此以形式方面言之也。以實質言，無論如何博雅之人，於先代故實斷不能一一記憶，讀後世之書，必有不知其中事物之來歷者。然亦無害其爲能解。即如《史記》、兩《漢》，其中包含百家學說最多。讀是書者，似非先通經子之學不可。然向者讀書之程序，何以又多先《史》、《漢》而後經、子乎？或謂入手之初，即讀唐宋之文，將先入爲主，終其身而不能變，此又不然。吾所擬選讀文目，不過謂初學古時，以此入手，非使其終身誦之也。若謂先入爲主，即終身不得變，則向之扶牀入塾者，無不授以四書五經，可謂先入矣。何以長而作文不患似經書乎？況吾之所云，固以教授普通之高級國語，非欲以造就專門之文學家也。即終其身不曉唐宋人文字之範圍，又何害焉？而況其決無此理乎？

辨別文章之體制，此治文學者所有事，非教授高級國語所亟也。自學校中選授國文之目的言之，大別爲議論記敘言情，議論文中更分爲論理論事；記敘文中，分爲敘事記物；言情文中分爲有韻無韻，足矣。言情之文，多近於美術的，故此目所選較少，議論敘事二者，則所授之數畧相等。而論事之文，多於說理；敘事之文，又多於記物，此其大校也。今之論者，或謂作文當求切實用，故議論文宜少授，而記敘事物之文宜多授，此亦皮相之譚。文字之合乎實用與否，以其與語言相合與否爲標準，不以所載之事物爲標準。有是意，即能宣之於口，而筆之於書，其文字與語言之責盡矣。苟其所言者而不切於實際焉，是其人之思想，先不合於實際，而非其文字語言之咎也。所惡於今之議論文者，謂其徒撫拾古人之陳言，而非其心所欲言耳。此科舉時代之遺習則然。苟教之者，深明乎學校所授者，實爲現行之高級艱深語言，一一責之以自達其意，何至於是。苟教之者而爲鄉曲陋儒也，并國語與文學爲一談，而離語言與事實爲二物，雖使之日操筆爲記敘事物之文，其剽竊古人之文，亦猶其作議論文耳，而又何取焉？予謂教授文字者，不徒不當以議論文爲戒也，並當多授之，且先授之以議論文。蓋文字究以議論爲難，記敘事物爲易，先其難者，則其易者不煩言而解。且古人議論之文，其聲色多顯著，美的方面，易於領會。而記敘事物之文，則較高簡難學故也。教學者作文，必先自昔人之所謂氣勢二字入，使其蓬蓬勃勃不能自已，然後彼自覺其樂趣而自趨之，不至師勞功半，又從而尤之矣。

　　姚姬傳氏之《古文辭類纂》，分類凡十有三。曾文正公之《經史百家雜鈔》，分類凡十有一。今以此目，按諸姚氏所選，惟詞賦箴銘頌贊之類無之；以其爲文學家所有事，非習普通之高等言語者所急也。按諸曾氏所選，則無典志叙記之文，以其篇幅太巨，非學校生徒所能誦習也。其自唐宋八家上溯至戰國爲止，畧與姚氏同，而與曾氏大異，以史傳之文太巨，經子之文，多深奥難解，非中等學校生徒所知，苟選録焉，將蹈侵入專門的古文範圍之咎也。然此目雖不注重於文章體制，而各種體制，實亦畧備。苟教者能善爲指示，而學者能自行隅反焉，則亦可以畧識措詞之體要，不至召支離滅裂之譏矣。

　　選授之目的，既在或取其説理，或取其叙事，或取其叙物，或取其記物，或取其言情，則觀其適當與否，即當從其文字之内容求之，而不當徒泥其體制。近人選本凡例，有謂詔令奏議體制與現今政體不符，故概不録入。又有謂碑銘傳狀，乃酬應之作，非實用所急，故均不選授者。此真耳食之譚。不知奏議文字，多明暢鋭達，其勢力之雄厚，他種文字，莫與爲比。説理論事之文，可以牖啓初學者，無過於此。志銘傳狀之類，其叙事亦多可法。若概以爲體制不合而棄之，則今日之詔令呈文，前此竟何所有？將悉授以民國以來之公牘乎？抑譯諸法美瑞士而後授之乎？志銘傳狀之叙事，皆不可法，則作叙事文者將何所法？其悉授以史傳之宏篇乎？抑竟授以分章分節新體之傳記邪？則何不但讀歷史博物教科書，何必更授所謂國文者乎？要之，今之仰首伸眉，論列是非者，十之八九皆皮相耳食之徒、盲從附和之士。無一人焉，苟稍用心以致思於事理者。豈徒教育爲然？流俗波靡，至如是，吁可畏也。

　　選讀書目，視選誦文目，界限稍寬，如學語然，凡以求其多所聞而已。今列其目如下：

集類一

　　《昌黎集》《河東集》《文忠集》《南豐集》《嘉祐集》《東坡集》《欒城集》《臨川集》

集類二

　　《荆川集》《震川集》《壯悔堂集》《寧都三魏集》《望溪集》《惜抱軒集》《大云山房集》《茗柯集》《柏梘山房集》《曾文正公集》

集類三

　　《切問齋文鈔》《經世文編》

集類四

　　《古文辭類纂》《駢體文鈔》《經史百家雜鈔》

史類一

　　《國語》《戰國策》

史類二

　　《史記》《漢書》《後漢書》《三國志》

史類三

　　《資治通鑑》《通鑑記事本末》

子類一

　　《荀子》《老子》《莊子》《列子》《墨子》《管子》《韓非子》《孫子》《呂氏春秋》

子類二

　　《新書》《新序》《説苑》《法言》《鹽鐵論》《論衡》《潛夫論》《淮南子》

經類

　　《詩》《尚書》《儀禮》《禮記》《周禮》

　　《周易》《春秋左氏傳》《公羊傳》《穀梁傳》

大約第一二年閲集類，第三年閲史類，第四年閲經子。

　　集類中仍以唐宋八家爲主，取其與誦讀之文相聯絡也。其次序，宜先大小蘇，次老蘇，次歐公，次南豐，次半山，次柳州，而最後及於昌黎。明清諸家，則各從其所好涉獵焉。

　　總集如《昭明文選》等，乃肄習文學所有事，非習國語所需也。近人評選之本，率多俗陋，不可法。故但取《類纂》、《經史百家雜鈔》、《駢體文鈔》三種。《類纂》取其義例之善。《經史百家雜鈔》取其源流之備。《駢體文鈔》雖近美文，然學生中或有性好文學者，可涉獵焉以博其趣。此編所選，固華而不縟，與習高等國文之旨，尚不甚相遠也。其列《切問齋文鈔》、《經世文編》兩種者，取其有益文字，兼俾實學，若學生中有性好經世之學者，可以《經世文編》爲主《切問齋文鈔》已包於是書中，本目所以兼採之，取其卷帙較少也。專讀之，而八家及明清諸家專集皆以爲涉獵之資焉。其後世人所選《經世文續編》、《三編》等，體例未善。近人所編輯諸書，究有較《經世文編》更爲切用者，然於文事無益，故皆不取。此目所列，固以肄習國文爲主，非以之言學問也。

　　史類之中，《國語》、《國策》，宜全讀一過，以其卷帙無多，而於文事極有益也。四史通鑑，皆不能全讀，則可以選讀之。其選讀之法，一去其複緟者，如《史記》則專取《項羽本紀》等太史公所自撰。而其網羅古籍而成者，則置之。

《漢書》則去其與《史記》複緟者。《後漢》、《三國》，又互去其複緟者，此一法也。然猶不能盡也，則有以文字爲標準，而選擇之法，如《經史百家雜鈔》之例，則所取者有限矣，此二法也。然所列諸書，決非學生所能盡解也，則可去其難讀者，而取其易讀者。如《史記》，則去《天官書》，讀《漢書》，則去《律曆志》是也。此三法也。其選取之法，或由教師示以目錄，或令學生各分讀幾册。摘其宜讀者，則令同學之人遍讀焉；其不必讀者則去之，皆可。讀書之目的，既爲肄習文字起見，則遇正文能粗解處，注均可不讀。表志等排列事實者，亦可以不讀。讀經子亦宜以此法施之。此等讀書之法，雖不足以語於學問，究於四部舊籍，畧涉津涯。其人而有志舊學，固可爲門徑之門徑。其人而無意舊學，亦不至茫無所聞。較之徒讀俗陋之古文選本，淺薄之近出書籍者，相去遠矣。特已非絕無聞見之鄉曲學究，根柢淺薄之新教育家所知。又非拘牽門面之學問家所肯出之於口者耳。凡閱書皆宜出之自力，爲教師者，雖可偶備質問，助析疑義，而斷不可操刀代斲，大加輔助。即答問亦宜極少。閱者既以涉獵爲主，盡可不求甚解。大致能明白者即置之，必實不能通者，然後從事於考求焉，考查不能得，亦即姑置之。所謂看書如攻城畧地，但求其速也。質而言之，只求其每日能有一小時，一小時中能粗枝大葉閱過一二萬字，則積以四年之久，國文自無不通之理，以後特以閱書，自不患其不解耳。今之學生閱書之事絕少，閱讀中國古籍，尤爲絕無僅有之事，以致於閱書之法，全無所知，以爲閱一書，亦必如聽教師之講解教科書，至字字明白而可也。於是惰者偶一翻閱，遇不能通處，輒棄去。其勤者，則字字請益教師，語語查閱字典，卒至不能終卷而後已。皆由未知讀書必出之以漸，初讀書時，必經過觸目荊棘之一境故也。爲教師者，宜時時詔告之。

蘇子瞻《倡勇敢》

　　臣聞戰以勇爲主，以氣爲決。天子無皆勇之將，而將軍無皆勇之士，是故致勇有術。致勇莫先乎倡，倡莫善乎私。此二者，兵之微權。英雄豪傑之士，所以陰用而不言於人，而人亦莫之識也。臣請得以備言之。

　　夫倡者，何也？氣之先也。有人人之勇怯，有三軍之勇怯。人人而較之，則勇怯之相去，若莛與楹。至於三軍之勇怯，則一也。出於反覆之間，而差於毫厘之際，故其權在將與君。人固有暴猛獸而不操兵，出入於白刃之中而色不變者；有見虺蝪而卻走，聞鐘鼓之聲而戰栗者。是勇怯之不齊至於如此。然閭閻之小民,爭鬥戲笑,卒然之間而或至於殺人。當其發也,其心翻然,其色勃然,若不可以已者,雖天下之勇夫,無以過之。及其退而思其身,顧其妻子,未始不惻然悔也。此非必勇者也。氣之所乘,則奪其性而忘其故。故古之善用兵者,用其翻然勃然於未悔之間,而其不善者,沮其翻然勃然之心,而開其自悔之意,則是不戰而先自敗也。故曰致勇有術。

致勇莫先乎倡。均是人也,皆食其食,皆任其事,天下有急,而有一人焉,奮而爭先,而致其死,則翻然者衆矣。弓矢相及,劍楯相交,勝負之勢,未有所決,而三軍之士,屬目於一夫之先登,則勃然者相繼矣。天下之大,可以名劫也;三軍之衆,可以氣使也。諺曰:"一人善射,百夫決拾。"苟有以發之,及其翻然勃然之間而用其鋒,是之謂倡。

倡莫善乎私。天下之人,怯者居其百,勇者居其一,是勇者難得也。捐其妻子,棄其身以蹈白刃,是勇者難能也。以難得之人,行難能之事,此必有難報之恩者矣。天子必有所私之將,將軍必有所私之士,視其勇者而陰厚之。人之有異材者,雖未有功,而其心莫不自異。自異而上不異之,則緩急不可以望其爲倡。故凡緩急而肯爲倡者,必其上之所異也。昔漢武帝欲觀兵於四夷,以逞其無厭之求,不愛通侯之賞,以招勇士,風告天下,以求奮擊之人,卒然無有應者。於是嚴刑峻法,致之死地,而聽其以深入贖罪,使勉強不得已之人,馳驟於死亡之地。是故其將降,而兵破敗,而天下幾至於不測。何者?先無所異之人,而望其爲倡,不已難乎?私者,天下之所惡也。然而爲己而私之,則私不可用;爲其賢於人而私之,則非私無以濟。蓋有無功而可賞,有罪而可赦者,凡所以愧其心而責其爲倡也。

天下之禍,莫大於上作而下不應。上作而下不應,則上亦將窮而自止。方西戎之叛也,天子非不欲赫然誅之,而將帥之臣,謹守封疆,外視內顧,莫有一人先奮而致命,而士卒亦循循焉莫肯盡力。不得已而出,爭先而歸,故西戎得以肆其猖狂,而吾無以應,則其勢不得不重賂而求和。其患起於天子無同憂患之臣,而將軍無腹心之士。西師之休,十有餘年矣,用法益密,而進人益難,賢者不見異,勇者不見私,天下務爲奉法循令,要以如式而止。臣不知其緩急將誰爲之倡哉?

此篇爲大蘇説理之文,須看其明白曉暢,善狀難顯之情。致勇有術,致勇莫先乎倡,倡莫善乎私,三語爲一篇主意。全篇分爲五段,自起至"臣請得以備言之”爲第一段。自“夫倡者何也”至“故曰致勇有術”爲第二段。自“致勇莫前乎倡”至“是之爲倡”爲第三段。自“倡莫善乎私”至“凡所以愧其心而責其爲倡也”爲第四段。自“天下之禍”至完爲第五段。

第一段總起，此段中“致勇有術，致用莫先乎倡，倡莫善乎私”三語爲全篇立案。而起四語則言勇必待致，且有可致之道，爲致勇有術之根原，須看其層次皆到，無一閒語。

第二段釋致勇有術。“夫倡者何也”至“故其權在將與君”，言三軍之勇，所恃者氣，故有可致之道。以下設喻以明之，自“人固有暴猛獸而不操兵”，至“至於如此”，承“人人而較之，則勇怯之相去若梃與楹”言。自“然閭閻之小民”至“則奪其性而忘其故”，承“出於反覆之間，而差於毫厘之際”言。故“古之善用兵者”以下乃正言其用之之術。天下事有大者難知，小者易明者；亦有小者難察，大者易見者。故設譬之法，或以小事喻大事，或以大事喻小事。如此段論三軍之勇怯，而就一人之勇怯設説以明之，乃以小事喻大事之例也。勇之所以可致者，以其恃氣而非徒恃勇也。此爲通篇筋節，故文中之於氣字，處處點醒，如此段開口即云氣之先也，下文又云氣之所乘，凡文字中緊要關目，均須如此着筆，方覺顯豁。

第三段釋致勇莫先乎倡。“均是人也”至“則勃然者相繼矣”，亦設喻以明之，猶上一段“人固有暴猛獸而不操兵”至“則奪其性而忘其故”。“天下之大”四句言倡之原理，猶上一段“夫倡者何也”至“故其權在將與君”。諺曰以下，説倡之正面，猶上一段“故古之善用兵者”以下。“天下之大，可以名劫也，三軍之衆，可以氣使也”十八字，須玩其造句之精。此處仍提醒氣字。

第四段釋倡莫善乎私。自“天下之人”至“此必有難報之恩者矣”，説私之原理。“天子必有所私之將”至“必其上之所異也”，説私之正面，“人之有異材者”數語，又説明私之原理，前一小段從私之一方面言，於此處隨筆補出。“昔漢武帝”至“不已難乎”，引史事以明之。前兩段所舉之事，皆爲假設，此段所引之事，則爲實有。“私者”至“非私無以濟”，釋疑。蓋私字爲天下之所惡，故説明此之所謂私者與彼之所謂私者不同。“蓋有無功而可賞”以下，説明私之之術，以結清本段。

第五段述當時情勢，以見致勇之術，不可不講，此篇之所謂作也。“天下之禍”至“上亦將窮而自止”，説無勇者之害。“方西戎之叛也”至“將軍無腹心之士”，説已往之事，以見時無勇者，由於莫爲之倡，而莫爲之倡，由於天子及將軍，未賞有所私。“西師之休”以下説明當時情形，以見致勇之術，不可不亟講。

天子之所用者將，將軍之所用者士。天子之所以能赫然征討，以有可恃之將。將軍之所以能戰勝攻取，以有可恃之士也。故通篇以天子與將軍對舉。第一段即云天子無皆勇之將，而將軍無皆勇之士。第四段又云，天子必有所私之將，將軍必有所私之士。第五段又云，其患起於天子無同憂患之臣，而將軍無腹心之士。凡此皆其提挈清醒處。而"自異而上不異之"，"天下之禍，莫大於上作而下不應"之"上"字，則通指天子與將軍言。

蘇子瞻《志林・范增》

漢用陳平計，間疏楚君臣。項羽疑范增與漢有私，稍奪其權。增大怒曰："天下事大定矣！君王自爲之。願賜骸骨歸卒伍。"歸未至彭城，疽發背死。

蘇子曰：增之去善矣。不去，羽必殺增。獨恨其不早耳。然則當以何事去？增勸羽殺沛公，羽不聽，終以此失天下。當於是去邪？曰：否。增之欲殺沛公，人臣之分也；羽之不殺，猶有人君之度也。增曷爲以此去哉？《易》曰："知幾其神乎？"《詩》曰："相彼雨雪，先集維霰。"增之去，當於羽殺卿子冠軍時也。

陳涉之得民也，以項燕、扶蘇。項氏之興也，以立楚懷王孫心；而諸侯叛之也，以弒義帝。且義帝之立，增爲謀主矣。義帝之存亡，豈獨爲楚之盛衰，亦增之所與同禍福也。未有義帝亡，而增獨能久存者也。羽之殺卿子冠軍也，是弒義帝之兆也。其弒義帝，則疑增之本也，豈必待陳平哉？物必先腐也，而後蟲生之；人必先疑也，而後讒入之。陳平雖智，安能間無疑之主哉？

吾嘗論義帝，天下之賢主也。獨遣沛公入關，而不遣項羽；識卿子冠軍於稠人之中，而擢以爲上將：不賢而能如是乎？羽既矯殺卿子冠軍，義帝必不能堪，非羽弒帝，則帝殺羽，不待智者而後知也。增始勸項梁立義帝，諸侯以此服從，中道而弒之，非增之意也。夫豈獨非其意，將必力爭而不聽也。不用其言，而殺其所立，羽之疑增，必自是始矣。

方羽殺卿子冠軍，增與羽比肩而事義帝，君臣之分未定也。爲增計者，力能誅羽則誅之，不能則去之，豈不毅然大丈夫也哉？增年已七十，合則留，不合則去，不以此時明去就之分，而欲依羽以成功名，陋矣！雖然，增，高帝之所畏也。增不去，項羽不亡。嗚呼！增亦人傑也哉！

【文體】

此篇爲議論文，專論一人一事一式。

【文字研究】

凡論古之文，皆有爲而作，所謂陳古以鑒今，非欲空論古人之得失也。此意讀子瞻《志林》，最爲易見。如此篇之意，蓋欲發明知幾其神之理，戒輕欲依人，以成功名之非。而特借范增以發之也。全篇之意，在論增當以羽殺卿子冠軍之時去，以明知幾之理。增何以當於羽殺卿子冠軍時去，以義帝爲增之所與同禍福，羽之弒義帝，爲疑增之本，而其殺卿子冠軍，則弒義帝之兆也。此爲此篇之正意。然史載羽之疑增，由於陳平之間，非將此說辨去，則吾說不伸。又增勸項羽殺沛公，羽不聽，讀史者多以此爲羽之大失計，必有謂增當於是時去者，故又必將此說辨去。且增當鴻門之會，勸羽殺沛公，羽不聽之時去，尚不足爲知幾，則所謂知幾者，其理真微矣。此兩層爲旁意。凡旁意有與正意相發明，必補足之，而正意始完者。有與正意相反背，必駁去之，而正義始明者。如此兩段，則辨去旁意，而正意益顯之例也。

【分段】

全篇分爲五段。自起至"疽發背死"爲第一段。自"蘇子曰"至"當於羽殺卿子冠軍時也"爲第二段。自"陳涉之得民也"至"豈能間無疑之主哉"爲第三段。自"吾嘗論義帝"至"必自此始矣"爲第四段。自"方羽殺卿子冠軍時"至完爲第五段。

第一段叙事。凡議論文，專論一人一事者，可將其人之生平，或其事之始末，大畧叙述。此篇可以爲式。

第二段説出本意。此段又當分爲二層，（一）斷定增去之善，獨恨其去之之時之非。（二）乃研究其當去之時，因即將增當於勸羽殺沛公不聽時去一意，隨手辨去。須看其布置之善。凡議論文全篇作意或於篇首即行揭出，或於叙事之後即行揭出，最爲顯明。

第三段説明義帝爲增之所與同禍福，羽之殺卿子冠軍，爲弒義帝之兆，其弒義帝，則疑增之本，故增當以此時去。因即將羽之疑增，由於陳平之間一説駁去。又義帝之存亡，非獨增所與禍福，亦爲楚之盛衰，此意亦必須補足，方爲周匝，故亦於此段補出。

第四段，又可分爲兩小段。自"吾嘗論義帝"至"不待智者而後知也"，論羽之殺卿子冠軍，爲弒義帝之兆。自"增始勸項梁立義帝"至"必自此始矣"，論羽之弑義帝，爲疑增之本。此兩意必於前段總絜，而此另作一段分論之，所以使局勢緊湊也。

第五段，亦可分爲二小段。自"方羽殺卿子冠軍時"至"陋矣"，推論當時事勢，以見增自有可去之道，然而不去者，蓋其意實欲依羽以成功名，因此一念，乃昧於知幾之理，全篇之正意也。"雖然"以下，所以表明增之爲人，以見增之誤，惟在依羽以成功名之一念。論其人，則自爲人傑，以增之不愧爲人傑，徒以一念之誤，遂至憤死，卒無所成，則知幾之理之不可昧，依人以成功名之念之不可有，審矣。看似與正意無關，實則互相發明也。

歐陽永叔《豐樂亭記》

修既治滁之明年，夏，始飲滁水而甘。問諸滁人，得於州南百步之近。其上豐山，聳然而特立；下則幽谷，窈然而深藏；中有清泉，滃然而仰出。俯仰左右，顧而樂之。於是疏泉鑿石，闢地以爲亭，而與滁人往游其間。

滁於五代干戈之際，用武之地也。昔太祖皇帝嘗以周師破李景兵十五萬於清流山下，生擒其將皇甫暉、姚鳳於滁東門之外，遂以平滁。修嘗考其山川，按其圖記，升高以望清流之關，欲求暉、鳳就擒之所，而故老皆無在者，蓋天下之平久矣。自唐失其政，海內分裂，豪傑並起而爭，所在爲敵國者，何可勝數！及宋受天命，聖人出而四海一，嚮之憑恃險阻，剗削消磨，百年之間，漠然徒見山高而水清，欲問其事，而遺老盡矣。今滁介於江、淮之間，舟車商賈、四方賓客之所不至。民生不見外事，而安於畎畝衣食，以樂生送死；而孰知上之功德，休養生息，涵煦百年之深也？

修之來此，樂其地僻而事簡，又愛其俗之安閑。既得斯泉於山谷之間，乃日與滁人仰而望山，俯而聽泉。掇幽芳而蔭喬木，風霜冰雪，刻露清秀，四時之景，無不可愛。又幸其民樂其歲物之豐成，而喜與予游也。因爲本其山川，道其風俗之美，使民知所以安此豐年之樂者，幸生無事之時也。夫宣上恩德，以與民共樂，刺史之事也，遂書以名其亭焉。

【文體】

此篇爲記叙景物之文。

【分段】

全篇分爲三段。自起至“而與滁人往游其間”爲第一段。自“滁於五代”至“百年之深也”爲第二段。自“修之來此”至完，爲第三段。

第一段記作亭之時之地及其地之景物，與築亭之事，須看其措詞之簡括。

第二段就題而發感想，爲此篇之正意。凡作此等文字，最忌照題敷衍，絕無意義；又忌空發議論，與題無涉。蓋絕無意義，則區區一亭，本不足記，其文可以不作。若空發議論，則亦本無可作而强作之之類也。如此篇之意，在幸其時之太平無事，以發揮所以名亭之意。然若泛述五代之離亂，及宋興以後之太平，則此等感想，何處不可發，何必因豐樂亭而始發乎？今觀此文，先述太祖破南唐之兵，禽皇甫暉、姚鳳之事，以見五代時戰争之亟。次乃因太祖之戰役，升高以望清流之關，因暉、鳳之就禽，欲訪遺老，以求其地，皆就本地方生情，然後因遺老之盡，想及天下之平，仍合到滁州當時情形，則絕非空發議論矣。此所謂切題也。蓋天下之平久矣，須看其轉接之妙。歐文號稱有情韻，此篇尤極怡然涣然。然此等處仍極有氣勢也。

第三段述所以名亭之意，爲全篇結束。讀此文，須看其有情韻處。此等文，若一迂腐，則索然乏味，亦並無矜才使氣之餘地也。

歐陽永叔《釋秘演詩集序》

予少以進士游京師，因得盡交當世之賢豪。然猶以謂國家臣一四海，休兵革，養息天下以無事者四十年，而智謀雄偉非常之士，無所用其能者，往往伏而不出，山林屠販，必有老死而世莫見者，欲從而求之不可得。其後得吾亡友石曼卿。曼卿爲人，廓然有大志。時人不能用其材，曼卿亦不屈以求合，無所放其意，則往往從布衣野老，酣嬉淋漓，顛倒而不厭。予疑所謂伏而不見者，庶幾狎而得之。故嘗喜從曼卿游，欲因以陰求天下奇士。

浮屠秘演者，與曼卿交最久，亦能遺外世俗，以氣節相高，二人歡然無所間。曼卿隱於酒，秘演隱於浮屠，皆奇男子也。然喜爲歌詩以自娛，當其極飲大醉，歌吟笑呼，以適天下之樂，何其壯也！一時賢士，皆願從其游，予亦時至其室。十年之間，秘演北渡河，東之濟、鄆，無所合，困而歸。曼卿已死，秘演亦老病。嗟夫！二人者，予乃見其盛衰，則予亦將老矣夫！

曼卿詩辭清絕，尤稱秘演之作，以爲雅健有詩人之意。秘演狀貌雄傑，其胸中浩然，既習於佛，無所用，獨其詩可行於世，而懶不自惜。已老，胠其橐，尚得三四百篇，皆可喜者。曼卿死，秘演漠然無所嚮，聞東南多山水，其巔崖崛嵂，江濤洶湧，甚可壯也，遂欲往游焉。足以知其老而志在也。於其將行，爲叙其詩，因道其盛時以悲其衰。

【文體】

此篇爲序跋文。又爲文字中寄寓感慨之式。

【分段】

全篇分爲三段。自起至“欲因以陰求天下奇士”爲第一段。自“浮圖秘演者”至“則予亦將老矣夫”爲第二段。自“曼卿詩詞清絕”至完爲第三段。

第一段中又可分爲兩小段，自起至“其後得吾友石曼卿”爲第一小段，言太平之世，智謀雄偉之士，往往伏於山林屠販。自“曼卿爲人”以下，爲第二小段。言從曼卿以求天下奇士。

第二段“浮圖秘演者”至“皆奇男子也”，叙述秘演之爲人。“當其極飲大醉”以下，叙述己與曼卿、秘演三人之盛衰，以寓感慨。而以“然喜爲歌詩以自娛”一句爲之轉捩。則予亦將老矣夫，俗本多以“矣”字斷句，“夫”字屬下句，大謬。

第三段亦可分二小段，自“曼卿詩辭清絕”至“皆可喜者”，述秘演之詩。自曼卿死以下，述作序之由。

通篇作意，在表明曼卿、秘演，皆爲奇士，以見其不用之可惜，而兼爲國家惜之意，自在言外。歐公之文，最長於言情，尤長於道朋友之盛衰離合，此篇所寄慨者大，故文特雄奇。茅順甫云：多慷慨嗚咽之音，命意最曠而逸，得司馬子長之神髓矣。

王介甫《給事中孔公墓誌銘》

宋故朝請大夫、給事中、知鄆州軍州事、兼管内河堤勸農同羣牧使、上護軍、魯郡開國侯、食邑一千六百户、實封二百户、賜紫金魚袋孔公者，尚書工部侍郎、贈尚書吏部侍郎諱勖之子，兗州曲阜縣令、襲封文宣公、贈兵部尚書諱仁玉之孫，兗州泗水縣主簿諱光嗣之曾孫，而孔子之四十五世孫也。

其仕當今天子天聖、寶元之間，以剛毅諒直，名聞天下。嘗知諫院矣，上書請明肅太后歸政天子，而廷奏樞密使曹利用、上御藥羅崇勳罪狀。當是時，崇勳操權利，與士大夫爲市；而利用悍強不遜，内外憚之。嘗爲御史中丞矣，皇后郭氏廢，引諫官、御史伏閤以争，又求見上，皆不許，而固争之，得罪然後已。蓋公事君之大節如此。此其所以名聞天下，而士大夫多以公不終於大位，爲天下惜者也。

公諱道輔，字厚濟。初以進士釋褐，補寧州軍事推官。年少耳，然斷獄議事，已能使老吏憚驚。遂遷大理寺丞，知兖州仙源縣事，又有能名。其後嘗直史館，待制龍圖閣，判三司理欠憑由司，登聞檢院，吏部流内銓，糾察在京刑獄，知許、徐、兖、鄆、泰五州，留守南京，而兖、鄆御史中丞皆再至。所至官治，數以争職不阿，或絀或遷，而公持一節以終身，蓋未嘗自絀也。

其在兖州也，近臣有獻詩百篇者，執政請除龍圖閣直學士。上曰：“是詩雖多，不如孔某一言。”乃以公爲龍圖閣直學士。於是人度公爲上所思，且不久於外矣。未幾，果復召以爲中丞。而宰相使人説公稍折節以待遷，公乃告以不能。於是又度公且不得久居中，而公果出。初，開封府吏馮士元坐獄，語連大臣數人，故移其獄御史。御史劾士元罪，止於杖，又多更赦。公見上，上固怪士元以小吏與大臣交私，污朝廷，而所坐如此，而執政又以謂公爲大臣道地，故出知鄆州。

公以寶元二年如鄆，道得疾，以十二月壬申卒於滑州之韋城驛，享年五十四。其後詔追復郭皇后位號，而近臣有爲上言公明肅太后時事者，上亦記公平生所爲，故特贈公尚書工部侍郎。

公夫人金城郡君尚氏，尚書都官員外郎諱賓之女。生二男子：曰淘，今爲尚書屯田員外郎；曰宗翰，今爲太常博士，皆有行治世其家。累贈公金紫光禄大夫、尚書兵部侍郎，而以嘉祐七年十月壬寅，葬公孔子墓之西南百步。

公廉於財，樂振施，遇故人子，恩厚尤篤。而尤不好鬼神機祥事。在寧州，道士治真武像，有蛇穿其前，數出近人，人傳以爲神。州將欲視驗以聞，故率其屬往拜之，而蛇果出，公即舉笏擊蛇殺之，自州將以下皆大驚，已而又皆大服，公由此始知名。然余觀公數處朝廷大議，視禍福無所擇，其智勇有過人者，勝一蛇之妖，何足道哉！世多以此稱公者，故余亦不得而畧也。銘曰：

展也孔公，維志之求。行有險夷，不改其輈。權強所忌，讒諂所仇。

考終厥位,寵禄優優。維皇好直,是錫公休。序行納銘,爲識諸幽。

【文體】

此篇爲叙事文。

【分段】

此篇共分六段。第一段自起至“孔子之四十五孫也”。叙孔公先世。

第二段自“其仕”至“爲天下惜者也”,叙諫諍三事。

第三段自“公諱道輔”至“蓋未嘗自絀也”,叙其歷史。

第四段自“其在兖州也”至“故出知鄆州”,叙其見思於君,見扼執政。

第五段自“公以寶元二年”至“西南百步”,叙妻子卒葬。

第六段自“公廉於財”至“不得而畧也”,叙其人性行。

【文字研究】

凡作叙事文,第一須知詳畧去取,有取去,有所畧,而後其所詳所取者,乃見精神。如此篇,孔道輔蓋以諫諍名,故篇中專叙其諫諍之處,而其他皆所畧。將其諫諍三事及其見思於君,見沮於執政,皆特作一段詳叙之,而生平歷史,則僅并作一段畧叙。諫諍而外,稱述之詞,不過“年少耳,然斷獄議事,已能使老吏憚驚”,“又有能名”,“所至官治”,數語而已。其生平爲人,亦分開另作一段,不使與叙其諫諍之處相雜。凡此皆提綱挈領之法也。第二段及第四段爲全篇精神所在。第二段起第三句,須看其提筆之軒爽。“嘗知諫院矣”至“得罪然後已”,須看其叙事之簡勁。“蓋公”以下四句,須看其結筆之凝重。“其在兖州也”至“而公果出”,亦用對偶式,與上“嘗知諫院矣”,“嘗爲御史中丞矣”同法,皆取其簡勁嚴重也。

王介甫《本朝百年無事札子》

臣前蒙陛下問及,本朝所以享國百年天下無事之故。臣以淺陋,誤承聖問,迫於日晷,不敢久留,語不及悉,遂辭而退。竊惟念聖問及此,天下之福,而臣遂無一言之獻,非近臣所以事君之義,故敢昧冒而粗有所陳。

伏惟太祖躬上智獨見之明,而周知人物之情僞,指揮付托,必盡其材,變置施設,必當其務。故能駕馭將帥,訓齊士卒,外以扞夷狄,内以平中國。於是除苛賦,止虐刑,廢强横之藩鎮,誅貪殘之官吏。躬以簡儉爲天下先,其於出政發令之間,一以安利元元爲事。太宗承之以聰武,真宗守之以謙仁,以至仁宗、英宗,無有逸德。此所以享國百年而天下無事也。

　　仁宗在位，歷年最久。臣於時實備從官，施爲本末，臣所親見，嘗試爲陛下陳其一二，而陛下詳擇其可，亦足以申鑒於方今。伏惟仁宗之爲君也，仰畏天，俯畏人，寬仁恭儉，出於自然。而忠恕誠愨，終始如一，未嘗妄興一役，未嘗妄殺一人。斷獄務在生之，而特惡吏之殘擾。寧屈己棄財於夷狄，而終不忍加兵。刑平而公，賞重而信。納用諫官御史，公聽並觀，而不蔽於偏至之讒。因任衆人耳目，拔舉疏遠，而隨之以相坐之法。蓋監司之吏，以至州縣，無敢暴虐殘酷，擅有調發，以傷百姓。自夏人順服，蠻夷遂無大變，邊人父子夫婦得免於兵死，而中國之人安逸蕃息，以至今日者，未嘗妄興一役，未嘗妄殺一人，斷獄務在生之，而特惡吏之殘擾，寧屈己棄財於夷狄，而不忍加兵之效也。大臣貴戚、左右近習，莫敢強橫犯法，其自重慎，或甚於閭巷之人。此刑平而公之效也。募天下驍雄橫猾以爲兵，幾至百萬，非有良將以禦之，而謀變者輒敗。聚天下財物，雖有文籍，委之府史，非有能吏以鉤考，而斷盜者輒發。凶年饑歲，流者塡道，死者相枕，而寇攘者輒得。此賞重而信之效也。大臣貴戚、左右近習，莫能大擅威福，廣私貨賂，一有姦慝，隨輒上聞。貪邪橫猾，雖間或見用，未嘗得久。此納用諫官御史，公聽並觀，而不蔽於偏至之讒之效也。自縣令京官以至監司臺閣，升擢之任，雖不皆得人，然一時之所謂才士，亦罕蔽塞而不見收舉者。此因任衆人之耳目、拔舉疏遠，而隨之以相坐之法之效也。升遐之日，天下號慟，如喪考妣，此寬仁恭儉出於自然，忠恕誠愨，終始如一之效也。

　　然本朝累世因循末俗之弊，而無親友羣臣之議，人君朝夕與處，不過宦官女子，出而視事，又不過有司之細故，未嘗如古大有爲之君，與學士大夫討論先王之法，以措之天下也。一切因任自然之理勢，而精神之運有所不加，名實之間有所不察。君子非不見貴，然小人亦得厠其間。正論非不見容，然邪說亦有時而用。以詩賦記誦求天下之士，而無學校養成之法。以科名資歷敘朝廷之位，而無官司課試之方。監司無檢察之人，守將非選擇之吏。轉徙之亟，既難於考績，而游談之衆，因得以亂真。交私養望者多得顯官，獨立營職者或見排沮。故上下偷惰，取容而已。雖有能者在職，亦無以異於庸人。農民壞於縣役，而未嘗特見救卹，又不爲之設官，以修其水土之利。兵士雜於疲老，而未嘗申敕訓練，又不爲之擇將，而久其疆場之權。宿衛則聚卒伍無賴之人，而未有以變五代姑息羈縻之俗。宗室則無教訓選舉之實，而未有以合先王親疏隆殺之宜。其於理財,大抵無法,故雖儉約而民不富,雖憂勤而國不強。賴非夷狄昌熾之時,又無堯湯水旱之變,故天下無事,過於百年。雖曰人事,亦天助也。蓋累聖相繼,仰畏天,俯畏人,寬仁恭儉,忠恕誠慤,此其所以獲天助也。伏惟陛下躬上聖之質,承無窮之緒,知天助之不可常恃,知人事之不可怠終,則大有爲之時,正在今日。臣不敢輒廢將明之義,而苟逃諱忌之誅。伏惟陛下幸赦而留神,則天下之福也。取進止。

王介甫《度支副使廳壁題名記》

三司副使,不書前人名姓。嘉祐五年,尚書戶部員外郎呂君沖之,始問之衆史,而自李紘已上至查道,得其名,自楊偕以上,得其官,自郭勸已下,又得其在事之歲時,於是書石而鑱之東壁。

夫合天下之衆者財,理天下之財者法,守天下之法者吏也。吏不良,則有法而莫守;法不善,則有財而莫理。有財而莫理,則阡陌閭巷之賤人,皆能私取予之勢,擅萬物之利,以與人主爭黔首,而放其無窮之欲,非必貴強桀大而後能。如是而天子猶爲不失其民者,蓋特號而已耳。雖欲食蔬衣弊,憔悴其身,愁思其心,以幸天下之給足,而安吾政,吾知其猶不行也。然則善吾法,而擇吏以守之,以理天下之財,雖上古堯、舜猶不能毋以此爲先急,而況於後世之紛紛乎?

三司副使,方今之大吏,朝廷所以尊寵之甚備。蓋今理財之法,有不善者,其勢皆得以議於上而改爲之,非特當守成法,吝出入,以從有司之事而已。其職事如此,則其人之賢不肖,利害施於天下如何也!觀其人,以其在事之歲時,以求其政事之見於今者,而考其所以佐上理財之方,則其人之賢不肖,與世之治否,吾可以坐而得矣。此蓋呂君之志也。

歐陽永叔《徂徠石先生墓誌銘》

徂徠先生姓石氏,名介,字守道,兗州奉符人也。徂徠,魯東山,而先生非隱者也,其仕嘗位於朝矣。魯之人不稱其官而稱其德,以爲徂徠魯之望,先生魯人之所尊,故因其所居山,以配其有德之稱,曰徂徠先生者,魯人之志也。

先生貌厚而氣完，學篤而志大，雖在畎畝，不忘天下之憂，以謂"時無不可爲，爲之無不至。不在其位，則行其言。吾言用，功利施於天下，不必出乎己；吾言不用，雖獲禍咎，至死而不悔"。其遇事發憤，作爲文章，極陳古今治亂成敗以指切當世，賢愚善惡，是是非非，無所諱忌。世俗頗駭其言，由是謗議喧然，而小人尤嫉惡之，相與出力必擠之死。先生安然不惑不變，曰："吾道固如是，吾勇過孟賁矣。"不幸遇疾以卒。既卒，而奸人有欲以奇禍中傷大臣者，猶指先生以起事，謂其詐死而北走契丹矣，請發棺以驗。賴天子仁聖，察其誣，得不發棺，而保全其妻子。

先生世爲農家，父諱丙，始以仕進，官至太常博士。先生年二十六，舉進士甲科，爲鄆州觀察推官、南京留守推官。御史臺辟主簿，未至，以上書論赦罷不召。秩滿遷某軍節度掌書記，代其父官於蜀，爲嘉州軍事判官。丁内外艱去官，垢面跣足，躬耕徂徠之下，葬其五世未葬者七十喪。服除，召入國子監直講。是時，兵討元昊久無功，海内重困，天子奮然思欲振起威德，而進退二三大臣，增置諫官御史，所以求治之意甚鋭。先生躍然喜曰："此盛事也。雅頌吾職，其可已乎？"乃作《慶曆聖德詩》以褒貶大臣，分別邪正，累數百言。詩出，太山孫明復曰："子禍始於此矣。"明復，先生之師友也。其後所謂奸人作奇禍者，乃詩之所斥也。

先生自閑居徂徠，後官於南京，常以經術教授。及在太學，益以師道自居，門人弟子從之者甚衆。太學之興，自先生始，其所爲文章，曰某集者若干卷，曰某集者若干卷。其斥佛、老、時文，則有《怪說》、《中國論》，曰："去此三者，然後可以有爲。"其戒奸臣、宦、女，則有《唐鑒》，曰："吾非爲一世監也。"其餘喜怒哀樂，必見於文。其辭博辯雄偉，而憂思深遠。其爲言曰："學者，學爲仁義也。惟忠能忘其身，惟篤於自信者，乃可以力行也。"以是行於己，亦以是教於人。所謂堯、舜、禹、湯、文、武、周公、孔子、孟軻、揚雄、韓愈氏者，未嘗一日不誦於口；思與天下之士，皆爲周、孔之徒，以致其君爲堯、舜之君，民爲堯、舜之民，亦未嘗一日少忘於心。至其違世驚衆，人或笑之，則曰："吾非狂痴者也。"是以君子察其行，而信其言，推其用心而哀其志。

先生直講歲餘，杜祁公薦之天子，拜太子中允。今丞相韓公又薦之，乃直集賢院。又歲餘，始去太學，通判濮州。方待次於徂徠，以慶曆五年七月某日卒於家，享年四十有一。友人廬陵歐陽修哭之以詩，以謂待彼謗焰熄，然後先生之道明矣。

　　先生既歿，妻子凍餒不自勝。今丞相韓公與河陽富公，分俸買田以活之。後二十一年，其家始克葬先生於某所。將葬，其子師訥與其門人姜潛、杜默、徐遁等來告曰：“謗焰熄矣，可以發先生之光矣。敢請銘。”某曰：“吾詩不云乎‘子道自能久’也，何必吾銘?”遁等曰：“雖然，魯人之欲也。”乃爲之銘曰：

　　徂徠之巖巖，與子之德兮，魯人之所瞻。汶水之湯湯，與子之道兮，逾遠而彌長。道之難行兮，孔孟亦云遑遑。一世之屯兮，萬世之光。曰：吾不有命兮，安在夫桓魋與臧倉?自古聖賢皆然兮，噫！子雖毀其何傷！

【文體】

此篇亦敘事文，敘述一人一事之式。

【分段】

第一段自起至“而保全其妻子”。此段中又分爲三小段，（一）起五句，敘述其名字籍貫。（二）“徂徠魯東山”至“魯人之志也”，敘述魯人之尊信，以見其爲民望。（三）“先生貌厚而氣完”至“而保全其妻子”，渾括其生平志事。

第二段亦分爲二小段，（一）“先生世爲農家”至“召入國子監直講”，敘其科第及服官至直講。（二）“是時兵討元昊”至“乃詩之所斥也”，敘述其以慶曆聖德詩，見忌於時。

第三段“先生自閑居徂徠”至“推其用心而哀其志”，敘其著述和教育。

第四段“先生直講歲餘”至完，敘述其直講以後之歷官，暨卒葬，及作志銘之意。

此文之精神，全在第一段及第三段。第一段先渾括其人之大畧，然後以下分段敘述，與荆公孔道輔志同法。凡傳無大功業而志節可稱、學術卓絶之士，須將其志行及學術，曲曲敘出，敘述之語，必須扼要而有精神，此篇可以爲法。

司馬子長《六國表序》

　　太史公讀《秦記》，至犬戎敗幽王，周東徙洛邑，秦襄公始封爲諸侯，作西畤用事上帝，僭端見矣。《禮》曰：天子祭天地，諸侯祭其域内名山大川。今秦雜戎翟之俗，先暴戾，後仁義，位在藩臣而臚於郊祀，君子懼焉。及文公逾隴，攘夷狄，尊陳寶，營岐、雍之間，而穆公修政，東竟至河，則與齊桓、晉文中國侯伯侔矣。

是後陪臣執政，大夫世禄，六卿擅晉權，征伐會盟，威重於諸侯。及田常殺簡公而相齊國，諸侯晏然弗討，海内争於戰攻矣。三國終之，卒分晉，田和亦滅齊而有之，六國之盛自此始。務在彊兵併敵，謀詐用而從衡短長之説起。矯稱蜂出，誓盟不信，雖置質剖符猶不能約束也。

秦始小國，僻遠，諸夏賓之，比於戎翟，至獻公之後，常雄諸侯。論秦之德義，不如魯、衛之暴戾者；量秦之兵，不如三晉之彊也。然卒併天下，非必險固便、形勢利也，蓋若天所助焉。或曰：東方物所始生，西方物之成孰。夫作事者必於東南，收功實者常於西北，故禹興於西羌，湯起於亳，周之王也以豐鎬伐殷，秦之帝用雍州興，漢之興自蜀漢。

秦既得意，燒天下詩書，諸侯史記尤甚，爲其有所刺譏也。詩書所以復見者，多藏人家，而史記獨藏周室，以故滅。惜哉，惜哉！獨有《秦記》，又不載日月，其文畧不具。然戰國之權變，亦有可頗採者，何必上古？秦取天下多暴，然世異變，成功大。傳曰“法後王”，何也？以其近己而俗變相類，議卑而易行也。學者牽於所聞，見秦在帝位日淺，不察其終始，因舉而笑之，不敢道，此與以耳食無異，悲夫！余於是因《秦記》，踵《春秋》之後，起周元王，表六國時事，訖二世，凡二百七十年，著諸所聞興壞之端。後有君子，以覽觀焉。

【文體】

此篇亦序跋文之式。此篇形式與後世文字大異，而實質仍同，讀之可以見古今文字之遷變。

【分段】

全篇凡分四段。第一段自起至“則與齊桓晉文中國侯伯侔矣”，述秦之起源及其强盛。

第二段“是後陪臣執政”至“猶不能約束也”，述六國之起源及其時之風氣。

第三段“秦始小國”至“漢之興自蜀漢”，述秦併天下，並研究其所以然之故。

第四段“秦既得意”至完，述此表之所由作。

此四段亦可併作兩大段，第一第二第三三段，皆論六國之事，第四段則論六國表之所由作也。六國皆滅於秦，七國之中，秦爲最要，故特作一段叙述之，其餘六國，則併作一段。秦併天下，變封建之世爲郡縣之世，此在後人習焉不察，在當時之人視之，則固非常之變也。當此世變之初，必有起而研究者。此文第三段，即列舉當時論秦併天下之諸説，（一）險固便，形勢利。（二）

天所助。(三)作事必於東南,收功實者常於西北。至史公自己,則未下斷語也。第四段之要旨,凡有二端:(一)諸侯史記已亡,獨有秦記。(二)戰國之權變,亦有頗可采者。蓋史公作史記,六國之事,多采之於私家之書,並無列國之史以爲根據。

【文字研究】

古人文字形式,多與後世不同,此就字法句法篇法三者,皆可見之,欲明古人文字之真意,必於此三者,皆能通知其例然後可。然釋古書之字義,當用古人之訓詁,知之者極多,而釋古文之篇法,亦必明於古人言語之次序,而不當以後世之篇法臆測之,則知之者甚少。即如《史記》,向來論文字者,皆奉爲神韻之宗,然其書實由雜鈔眾説而成,並非出於一手,故其文字往往不免駁雜,其形式遂多奇異,後人不知,妄生曲解。今就諸家評本觀之,凡其所大書特書,指爲古人神妙之處,實多(一)漢時文字與今不同處,(二)或史公抄撮眾説駁雜處也。此等處,在古人有章句之學,皆設爲種種符號以明之。今章句已亡,則其符號不可見。而傳寫又不免錯亂誤謬,故多不可解。鑿空説,真乃至愚之事也。不知讀古書之義例,而妄生曲解,貽誤非淺。今舉此篇及《伯夷列傳》二篇以見例。此二篇如是,他篇之難解者,皆當以是推之。《史記》一書如此,他古書之難解者,亦當以是推之。要而言之,欲明文法,必先畧通清代諸小學家讀古書之法。即文法亦爲一科學,欲研究文法,亦必用科學的法則也。文明書局所刊桐城吳氏文法教科書,評《史記》《韓非子》各半冊,在近今古文評本中,可稱第一佳本。然其評此篇,則極可笑,由其不用科學的法則,而妄生穿鑿也。

《史記・伯夷列傳》

夫學者載籍極博,猶考信於六藝。《詩》《書》雖缺,然虞夏之文可知也。堯將遜位,讓於虞舜,舜禹之間,岳牧咸薦,乃試之於位,典職數十年,功用既興,然後授政。示天下重器,王者大統,傳天下若斯之難也。而説者曰堯讓天下於許由,許由不受,恥之逃隱。及夏之時,有卞隨、務光者。此何以稱焉? 太史公曰:余登箕山,其上蓋有許由冢云。孔子序列古之仁聖賢人,如吳太伯、伯夷之倫詳矣。余以所聞由、光義至高,其文辭不少概見,何哉?

孔子曰:"伯夷、叔齊,不念舊惡,怨是用希。""求仁得仁,又何怨乎!"余悲伯夷之意,覩軼詩可異焉。其傳曰:

　　伯夷、叔齊，孤竹君之二子也。父欲立叔齊，及父卒，叔齊讓伯夷。伯夷曰："父命也。"遂逃去。叔齊亦不肯立而逃之。國人立其中子。於是伯夷、叔齊聞西伯昌善養老，盍往歸焉。及至，西伯卒，武王載木主，號爲文王，東伐紂。伯夷、叔齊叩馬而諫曰："父死不葬，爰及干戈，可謂孝乎？以臣弑君，可謂仁乎？"左右欲兵之。太公曰："此義人也。"扶而去之。武王已平殷亂，天下宗周，而伯夷、叔齊恥之，義不食周粟，隱於首陽山，采薇而食之。及餓且死，作歌。其辭曰："登彼西山兮，采其薇矣。以暴易暴兮，不知其非矣。神農、虞、夏忽焉没兮，我安適歸矣？于嗟徂兮，命之衰矣！"遂餓死於首陽山。

　　由此觀之，怨邪非邪？

　　或曰："天道無親，常與善人。"若伯夷、叔齊，可謂善人者非邪？積仁絜行如此而餓死！且七十子之徒，仲尼獨薦顏淵爲好學。然回也屢空，糟糠不厭，而卒蚤夭。天之報施善人，其何如哉？盜蹠日殺不辜，肝人之肉，暴戾恣睢，聚黨數千人橫行天下，竟以壽終。是遵何德哉？此其尤大彰明較著者也。若至近世，操行不軌，專犯忌諱，而終身逸樂，富厚累世不絶。或擇地而蹈之，時然後出言，行不由徑，非公正不發憤，而遇禍災者，不可勝數也。余甚惑焉，儻所謂天道，是邪非邪？

　　子曰"道不同不相爲謀"，亦各從其志也。故曰"富貴如可求，雖執鞭之士，吾亦爲之。如不可求，從吾所好"。"歲寒，然後知松柏之後凋"。舉世混濁，清士乃見。豈以其重若彼，其輕若此哉？

　　"君子疾没世而名不稱焉。"賈子曰："貪夫徇財，烈士徇名，夸者死權，衆庶馮生。""同明相照，同類相求。""雲從龍，風從虎，聖人作而萬物覩。"伯夷、叔齊雖賢，得夫子而名益彰。顏淵雖篤學，附驥尾而行益顯。巖穴之士，趣舍有時若此，類名堙滅而不稱，悲夫！閭巷之人，欲砥行立名者，非附青雲之士，惡能施於後世哉？

【文體】

此篇爲傳記體，其形式亦與現今文字大異。

【分段】

全篇意旨可分爲三：（一）叙伯夷叔齊之事。（二）言天道無親，常與善人之説不可信。然明知報施不可恃，而終不肯爲惡者，由於各從其志。（三）言士不肯爲惡者，或亦由於好名，然名之傳否不可知，爲可悲。（一）乃傳之正文，（二）（三）皆其論贊也。其用意亦與後世文字無異，特其排列之次序，全與後世文不同，此自古今言語之遷變耳。紛紛曲説，均無當也。今爲整理之，亦如後世文字之形式，則如下：

（一）"其傳曰"至"遂餓死於首陽山"。據逸詩傳，叙伯夷叔齊之事，爲傳之正文。

（二）"或曰天道無親"至"是邪非邪"。言天道無親，常與善人之説不可信，於古則舉顏淵、盜跖二人，於近世亦舉二種人以爲證。

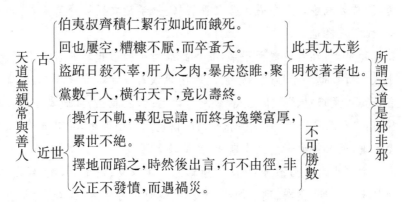

"子曰道不同"至"從吾所好"。言報施之理，雖不可信，而仍不肯爲惡者，由於各有其志，引孔子之言以爲證。"子曰：伯夷叔齊不念舊惡，怨是用希，求仁得仁，又何怨乎！"由此觀之，怨邪非邪？斷定伯夷叔齊，雖餓死而不怨，所謂各從其志也。

（三）"歲寒"至"名不稱焉"，言士之不肯爲惡者，或亦由於好名。"賈子曰"至"悲夫"，言相稱必出於同類之人，故雖有賢士，無聖人稱之者，其名亦不顯，伯夷、顏淵乃見稱於夫子而名顯之證也。"夫學者載籍極博"至"不少概見何哉"，舉許由卞隨務光，爲不見稱於夫子而名不顯之證。"閭巷之人"至"惡能聲施於後世哉"，悲得名之難。

蘇子瞻《荀卿論》

　　嘗讀《孔子世家》，觀其言語文章，循循莫不有規矩，不敢放言高論，言必稱先王，然後知聖人憂天下之深也。茫乎不知其畔岸，而非遠也；浩乎不知其津涯，而非深也。其所言者，匹夫匹婦之所共知；而所行者，聖人有所不能盡也。嗚呼！是亦足矣。使後世有能盡吾説者，雖爲聖人無難；而不能者，不失爲寡過而已矣。

　　子路之勇，子貢之辨，冉有之智，此三者，皆天下之所謂難能而可貴者也。然三子者，每不爲夫子之所悅。顏淵默然不見其所能，若無以異於衆人者，而夫子亟稱之。

且夫學聖人者，豈必其言之云爾哉？亦觀其意之所向而已。夫子以爲後世必有不足行其說者矣，必有竊其說而爲不義者矣，是故其言平易正直，而不敢爲非常可喜之論，要在於不可易也。

昔者常怪李斯事荀卿，既而焚滅其書，大變古先聖王之法，於其師之道，不啻若寇讐。及今觀荀卿之書，然後知李斯之所以事秦者，皆出於荀卿，而不足怪也。

荀卿者，喜爲異說而不讓，敢爲高論而不顧者也。其言愚人之所驚，小人之所喜也。子思、孟軻，世之所謂賢人君子也。荀卿獨曰：“亂天下者，子思、孟軻也。”天下之人，如此其衆也；仁人義士，如此其多也。荀卿獨曰：“人性惡。桀、紂，性也；堯、舜，僞也。”由是觀之，意其爲人，必也剛愎不遜，而自許太過。彼李斯者，又特甚者耳。

今夫小人之爲不善，猶必有所顧忌。是以夏、商之亡，桀、紂之殘暴，而先王之法度、禮樂、刑政，猶未至於絶滅而不可考者，是桀、紂猶有所存而不敢盡廢也。彼李斯者，獨能奮而不顧，焚燒夫子之六經，烹滅三代之諸侯，破壞周公之井田，此亦必有所恃者矣。彼見其師歷詆天下之賢人，自是其愚，以爲古先聖王皆無足法者，不知荀卿特以快一時之論，而不自知其禍之至於此也。其父殺人報讐，其子必且行劫。荀卿明王道，述禮樂，而李斯以其學亂天下，其高談異論有以激之也。

孔、孟之論，未嘗異也，而天下卒無有及者。苟天下果無有及者，則尚安以求異爲哉？

【文體】

此篇亦論說文。

全篇之意，在戒高論異說之非。蓋剛愎不遜，自許太過之人，往往喜爲高論異說，以取快於一時，其言亦未嘗大悖於理也。然人之法之，不惟其言，而惟其意之所閜，勢之所激，變本加厲，其患有不可勝言者，特借荀卿發之。古人論史之文，大抵欲借以闡明一種道理，垂爲鑒戒，非欲議論古人之得失也。其用意，蓋與吾人作一說理之文，而引起古事以爲證相同。然則曷不徑作一說理之文，引古事以爲證，而必以論史形式出之乎？曰文學之爲用，不在教而在感，故其立說也，不貴諫而貴諷。自作一說理之文，而引古事以爲證，諫之類也。借史論之形式出之，諷之類也。文學之妙，全在乎此，不可不知。

【分段】

全篇分爲兩大段，自起至“要在於不可易也”爲一段。自此以下，又爲一段。

第一段，此段中又可分爲三小段。自起至“不失爲寡過而已矣”爲第一小段，述聖人立說之平正。“子路之勇”至“夫子亟稱之”，爲聖人之好平正，舉出一證據。“且夫學聖人者”至“要在於不可易也”，述聖人立言，所以必須平易之故。此段關節，在“然後知聖人憂天下之深，茫乎不知其畔岸，而非遠也，浩乎不知其津涯，而非深也”與“且夫學聖人者，豈必其言之云爾哉！亦觀其意之所向而已”數句，蓋學聖人者，不惟其言而惟其意，此聖人之所以不敢高論異說，而其不敢爲高論異說，正其憂天下之深且遠也。

第二段，此段又可分爲四小段。自“昔者嘗怪李斯”至“而不足怪也”，說明李斯之學，出於荀卿。“荀卿者”至“又特甚者耳”，斷定荀卿之爲人。“今夫小人之爲不善”至“有以激之也”，暢論高談異論之爲禍，全篇作意也。“孔孟之論”至完，回應前段，爲全篇結筆。

全篇精神，全在“今夫小人之爲不善”一段。須看其委婉曲折，意無不盡。而“此亦必有所恃者矣”、“不知荀卿特以快一時之論，而不自知其禍之至於此也”、“高談異論，有以激之也”等句，仍復深切著明。

姚姬傳《李斯論》

蘇子瞻謂李斯以荀卿之學亂天下，是不然。秦之亂天下之法，無待於李斯，斯亦未嘗以其學事秦。

當秦之中葉，孝公即位，得商鞅，任之。商鞅教孝公燔《詩》《書》，明法令，設告坐之過，而禁游宦之民。因秦國地形便利，用其法，富強數世，兼併諸侯，迄至始皇。始皇之時，一用商鞅成法而已，雖李斯助之，言其便利，益成秦亂，然使李斯不言其便，始皇固自爲之而不厭。何也？秦之甘於刻薄而便於嚴法久矣，其後世所習以爲善者也。

斯逆探始皇、二世之心，非是不足以中侈君而張吾之寵。是以盡捨其師荀卿之學，而爲商鞅之學；掃去三代先王仁政，而一切取自恣肆以爲治，焚《詩》《書》，禁學士，滅三代法而尚督責。斯非行其學也，趨時而已。設所遭值非始皇、二世，斯之術將不出於此，非爲仁也，亦以趨時而已。

君子之仕也，進不隱賢。小人之仕也，無論所學識非也，即有學識甚當,見其君國行事悖謬無義,疾首蹙頞於私家之居,而矜夸導譽於朝廷之上。知其不義而勸爲之者,謂天下將諒我之無可奈何於吾君,而不吾罪也;知其將喪國家而爲之者,謂當吾身容可以免也。且夫小人雖明知世之將亂,而終不以易目前之富貴,而以富貴之謀,貽天下之亂,固有終身安享榮樂,禍遺後人,而彼宴然無與者矣。嗟乎!秦未亡而斯先被五刑、夷三族也,其天之誅惡人,亦有時而信也邪?《易》曰:"眇能視,跛能履;履虎尾,咥人凶。"其能視且履者,幸也,而卒於凶者,蓋其自取邪?

　　且夫人有爲善而受教於人者矣,未聞爲惡而必受教於人者也。荀卿述先王而頌言儒效,雖間有得失,而大體得治世之要。而蘇氏以李斯之害天下,罪及於卿,不亦遠乎?

　　行其學而害秦者,商鞅也;捨其學而害秦者,李斯也。商君禁游宦,而李斯諫逐客,其始之不同術也,而卒出於同者,豈其本志哉!宋之世,王介甫以平生所學,建熙寧新法。其後章惇、曾布、張商英、蔡京之倫,曷嘗學介甫之學邪?而以介甫之政促亡宋,與李斯事頗相類。夫世言法術之學,足亡人國,固也。吾謂人臣善探其君之隱,一以委曲變化從世好者,其爲人尤可畏哉! 尤可畏哉!

【文體】

此篇亦議論文。

全篇之意,在言人臣善探其君之隱,一以委曲變化從世好者之可畏。特備李斯以發之,非欲駁蘇子之論也。

此篇之妙,在於局勢之變化,蓋全篇之意,原欲言人臣善探其君之隱,一以委曲變化從世好者之可畏,非欲駁蘇子瞻之論也。然既借此爲題,則於李斯以荀卿之學亂天下之說,自不得不辨白清楚,因李斯未嘗以荀卿之學亂天下,而推見其亂天下,實由於棄荀卿之學,因李斯棄荀卿之學以亂天下,而推見其棄荀卿之學之心,實由於趨時,則委曲變化以從世好者之可畏,躍然見矣。此全篇之作法也。篇中爲荀卿辯護處,分(甲)秦之亂天下之法,無待於李斯,(乙)斯亦未嘗以其學事秦,(丙)人有爲善而受教於人者,未聞爲惡而必受教於人者也三層。

自(一)"當秦之中葉"至"其後世所習以爲善者也",承秦之亂天下之法,無待於李斯言。(二)自"斯逆探始皇、二世之心"至"亦以趨時而已",承斯未嘗以其學事秦言。(三)自"荀卿述先王"至"不亦遠爾",承人有爲善而受教於人,未聞爲惡而必受教於人言。(四)自"行其學而害秦者"至"與李斯事頗相類”，復總承“秦之亂天下之法，無待於李斯，斯亦未嘗以學事秦”言。凡此皆就題面上立論，證明蘇子瞻謂李斯以荀卿之學亂天下之說之非，而李斯之亂天下，實由於棄荀卿之學，其棄荀卿之學，實由於趨時，亦即由此可見焉。(五)“君子之仕也”至“蓋其自取邪”一段，則推論小人委曲變化，以從世好之心理。(六)“夫世言法術之學”至完，則結出其可畏，乃全篇正意所在也。設使以(一)、(二)、(三)、(四)、(五)、(六)順序排列之，則索然無味矣，此篇法之變化也。一段之中，用筆亦自有變化處。如“君子之仕也”一段，推論小人之心理，分爲(一)“天下將諒我之無可奈何於吾君，而不吾罪”，(二)“謂當吾身容可以免”二層，而“且夫小人”以下，則但承“謂當吾身容可以免”一層更端發議，於“天下將諒我之無可奈何於吾君而不吾罪”一層，則不復措議，是也，此即用筆變化處。

凡天下之理，簡單複雜，各自不同，宣之於口，筆之於書，則簡單者詞必少，複雜者詞必多，勢使然也。若必求其裁對整齊，則非將較繁之理，刪減其詞，較單純之理，勉強敷衍不可矣。此文章板滯之所以不適於用，而必求其能錯綜變化也。

凡文字既說正面，又說反面者，往往復緟可厭，惟須鄭重分明之語則不然。如此篇於“李斯助之，言其便利，益成秦亂”之下，必又申之曰“然使李斯不言其便，始皇固自爲之而不厭”，於“斯非行其學也，趨時而已”以下，亦必申之曰“設所遭值非始皇二世，斯之術將不出於此”是也。

《左傳‧宋楚泓之戰》

楚人伐宋以救鄭。宋公將戰，大司馬固諫曰：“天之棄商久矣，君將興之，弗可赦也已。”弗聽。冬十一月己巳朔，宋公及楚人戰於泓。宋人既成列，楚人未既濟。司馬曰：“彼衆我寡，及其未既濟也，請擊之。”公曰：“不可。”既濟而未成列，又以告。公曰：“未可。”既陳而後擊之，宋師敗績。公傷股，門官殲焉。

國人皆咎公。公曰：“君子不重傷，不禽二毛。古之爲軍也，不以阻隘也。寡人雖亡國之餘，不鼓不成列。”子魚曰：“君未知戰。勍敵之人隘而不列，天贊我也。阻而鼓之，不亦可乎？猶有懼焉。且今之勍者，皆吾敵也。雖及胡耇，獲則取之，何有於二毛？明恥教戰，求殺敵也，傷未及死，如何勿重？若愛重傷，則如勿傷；愛其二毛，則如服焉。三軍以利用也，金鼓以聲氣也，利而用之，阻隘可也，聲盛致志，鼓儳可也。”

此篇爲左氏之文，須看其簡勁有味。

子魚駁宋公之言，凡分三層。自“君未知戰”至“猶有懼焉”，就當時戰争事勢立論。“且今之勍者”至“則如服焉”，駁君子不重傷不禽二毛。“三軍以利用也”至“鼓儳可也”，駁不以阻隘。寥寥數語，而曲折層次畢到，讀此，便知詞約意盡之法。

《左傳·晉楚邲之戰》

厲之役，鄭伯逃歸，自是楚未得志焉。鄭既受盟於辰陵，又徼事於晉。十二年春，楚子圍鄭。旬有七日，鄭人卜行成，不吉。卜臨於大宫，且巷出車，吉。國人大臨，守陴者皆哭。楚子退師，鄭人修城，進復圍之，三月克之。入自皇門，至於逵路。鄭伯肉袒牽羊以逆，曰：“孤不天，不能事君，使君懷怒以及敝邑，孤之罪也。敢不唯命是聽。其俘諸江南以實海濱，亦唯命。其翦以賜諸侯，使臣妾之，亦唯命。若惠顧前好，徼福於厲、宣、桓、武，不泯其社稷，使改事君，夷於九縣，君之惠也，孤之願也，非所敢望也。敢佈腹心，君實圖之。”左右曰：“不可許也，得國無赦。”王曰：“其君能下人，必能信用其民矣，庸可幾乎？”退三十里而許之平。潘尪入盟，子良出質。

夏六月，晉師救鄭。荀林父將中軍，先縠佐之。士會將上軍，郤克佐之。趙朔將下軍，欒書佐之。趙括、趙嬰齊爲中軍大夫。鞏朔、韓穿爲上軍大夫。荀首、趙同爲下軍大夫。韓厥爲司馬。

及河，聞鄭既及楚平，桓子欲還，曰：“無及於鄭而剿民，焉用之？楚歸而動，不後。”隨武子曰：“善。會聞用師，觀釁而動。德刑政事典禮不易，不可敵也，不爲是征。楚軍討鄭，怒其貳而哀其卑，叛而伐之，服而捨之，德刑成矣。伐叛，刑也；柔服，德也。二者立矣。昔歲入陳，今兹入鄭，民不罷勞，君無怨讟，政有經矣。荆尸而舉，商農工賈不敗其業，而卒乘輯睦，事不奸矣。蔿敖爲宰，擇楚國之令典，軍行，右轅，左追蓐，前茅慮無，中權，後勁，百官象物而動，軍政不戒而備，能用典矣。其君之舉也，内姓選於親，外姓選於舊；舉不失德，賞不失勞；老有加惠，旅有施捨；君子小人，物有服章；貴有常尊，賤有等威；禮不逆矣。德立，刑行，政成，事時,典從,禮順,若之何敵之?見可而進,知難而退,軍之善政也。兼弱攻昧,武之善經也。子姑整軍而經武乎,猶有弱而昧者,何必楚?仲虺有言曰:'取亂侮亡。'兼弱也。《汋》曰:'於鑠王師,遵養時晦。'耆昧也。《武》曰:'無競惟烈。'撫弱耆昧以務烈所,可也。"彘子曰:"不可。晉所以霸,師武臣力也。今失諸侯,不可謂力。有敵而不從,不可謂武。由我失霸,不如死。且成師以出,聞敵強而退,非夫也。命爲軍帥,而卒以非夫,唯羣子能,我弗爲也。"以中軍佐濟。

知莊子曰:"此師殆哉。《周易》有之,在《師》之《臨》,曰:'師出以律,否臧凶。'執事順成爲臧,逆爲否,衆散爲弱,川壅爲澤,有律以如己也,故曰律。否臧,且律竭也。盈而以竭,夭且不整,所以凶也。不行之謂《臨》,有帥而不從,臨孰甚焉!此之謂矣。果遇,必敗,彘子尸之。雖免而歸,必有大咎。"韓獻子謂桓子曰:"彘子以偏師陷,子罪大矣。子爲元帥,師不用命,誰之罪也?失屬亡師,爲罪已重,不如進也。事之不捷,惡有所分,與其專罪,六人同之,不猶愈乎?"師遂濟。

楚子北師次於郔。沈尹將中軍,子重將左,子反將右,將飲馬於河而歸。聞晉師既濟,王欲還,嬖人伍參欲戰。令尹孫叔敖弗欲,曰:"昔歲入陳,今茲入鄭,不無事矣。戰而不捷,參之肉其足食乎?"參曰:"若事之捷,孫叔爲無謀矣。不捷,參之肉將在晉軍,可得食乎?"令尹南轅反旆,伍參言於王曰:"晉之從政者新,未能行令。其佐先縠剛愎不仁,未肯用命。其三帥者專行不獲,聽而無上,衆誰適從?此行也,晉師必敗。且君而逃臣,若社稷何?"王病之,告令尹,改乘轅而北之,次於管以待之,晉師在敖、鄗之間。

鄭皇戌使如晉師,曰:"鄭之從楚,社稷之故也,未有貳心。楚師驟勝而驕,其師老矣,而不設備,子擊之,鄭師爲承,楚師必敗。"彘子曰:"敗楚服鄭,於此在矣,必許之。"欒武子曰:"楚自克庸以來,其君無日不討國人而訓之,於民生之不易,禍至之無日,戒懼之不可以怠。在軍,無日不討軍實而申儆之,於勝之不可保,紂之百克,而卒無後。訓之以若敖、蚡冒,篳路藍縷,以啓山林。箴之曰:'民生在勤,勤則不匱。'不可謂驕。先大夫子犯有言曰:'師直爲壯,曲爲老。'我則不德,而徼怨於楚,我曲楚直,不可謂老。其君之戎,分爲二廣,廣有一卒,卒偏之兩。右廣初駕,數及日中;左則受之,以至於昏。内官序當其夜,以待不虞,不可謂無備。子良,鄭之良也。師叔,楚之崇也。師叔入盟,子良在楚,楚、鄭親矣。來勸我戰，我克則來，不克遂往，以我卜也，鄭不可從。”趙括、趙同曰：“率師以來，唯敵是求。克師得屬，又何俟？必從彘子。”知季曰：“原、屏，咎之徒也。”趙莊子曰：“欒伯善哉，實其言，必長晉國。”

楚少宰如晉師，曰：“寡君少遭閔凶，不能文。聞二先君之出入此行也，將鄭是訓定，豈敢求罪於晉？二三子無淹久。”隨季對曰：“昔平王命我先君文侯曰：‘與鄭夾輔周室，毋廢王命。’今鄭不率，寡君使羣臣問諸鄭，豈敢辱候人？敢拜君命之辱。”彘子以爲諂，使趙括從而更之，曰：“行人失辭。寡君使羣臣遷大國之迹於鄭，曰：‘無辟敵。’羣臣無所逃命。”

楚子又使求成於晉，晉人許之，盟有日矣。楚許伯御樂伯，攝叔爲右，以致晉師。許伯曰：“吾聞致師者，御靡旌摩壘而還。”樂伯曰：“吾聞致師者，左射以菆，代御執轡，御下兩馬，掉鞅而還。”攝叔曰：“吾聞致師者，右入壘，折馘、執俘而還。”皆行其所聞而復。晉人逐之，左右角之。樂伯左射馬而右射人，角不能進。矢一而已。麋興於前，射麋麗龜。晉鮑癸當其後，使攝叔奉麋獻焉，曰：“以歲之非時，獻禽之未至，敢膳諸從者。”鮑癸止之，曰：“其左善射，其右有辭，君子也。”既免。

晉魏錡求公族未得，而怒，欲敗晉師。請致師，弗許。請使，許之。遂往，請戰而還。楚潘黨逐之，及熒澤，見六麋，射一麋以顧獻曰：“子有軍事，獸人無乃不給於鮮，敢獻於從者。”叔黨命去之。趙旃求卿未得，且怒於失楚之致師者。請挑戰，弗許。請召盟，許之。與魏錡皆命而往。郤獻子曰：“二憾往矣，弗備必敗。”彘子曰：“鄭人勸戰，弗敢從也。楚人求成，弗能好也。師無成命，多備何爲。”士季曰：“備之善。若二子怒楚，楚人乘我，喪師無日矣。不如備之。楚之無惡，除備而盟，何損於好？若以惡來，有備不敗。且雖諸侯相見，軍衛不徹，警也。”彘子不可。士季使鞏朔、韓穿帥七覆於敖前，故上軍不敗。趙嬰齊使其徒先具舟於河，故敗而先濟。

潘黨既逐魏錡，趙旃夜至於楚軍，席於軍門之外，使其徒入之。楚子爲乘廣三十乘，分爲左右。右廣雞鳴而駕，日中而説。左則受之，日入而説。許偃御右廣，養由基爲右。彭名御左廣，屈蕩爲右。乙卯，王乘左廣以逐趙旃。趙旃棄車而走林，屈蕩搏之，得其甲裳。晉人懼二子之怒楚師也，使軘車逆之。潘黨望其塵，使騁而告曰：“晉師至矣。”楚人亦懼王之入晉軍也，遂出陳。孫叔曰：“進之。寧我薄人，無人薄我。《詩》云：‘元戎十乘，以先啓行。’先人也。《軍志》曰：‘先人有奪人之心’，薄之也。”遂疾進師，車馳卒奔，乘晉軍。桓子不知所爲，鼓於軍中曰：“先濟者有賞。”中軍、下軍爭舟，舟中之指可掬也。

晉師右移，上軍未動。工尹齊將右拒卒以逐下軍。楚子使唐狡與蔡鳩居告唐惠侯曰：“不穀不德而貪，以遇大敵，不穀之罪也。然楚不克，君之羞也，敢借君靈以濟楚師。”使潘黨率游闕四十乘，從唐侯以爲左拒，以從上軍。駒伯曰：“待諸乎？”隨季曰：“楚師方壯，若萃於我，吾師必盡，不如收而去之。分謗生民，不亦可乎？”殿其卒而退，不敗。王見右廣，將從之乘。屈蕩戶之，曰：“君以此始，亦必以終。”自是楚之乘廣先左。

晉人或以廣隊不能進，楚人惎之脱扃，少進，馬還，又惎之拔旆投衡，乃出。顧曰：“吾不如大國之數奔也。”

趙旃以其良馬二，濟其兄與叔父，以他馬反，遇敵不能去，棄車而走林。逢大夫與其二子乘，謂其二子無顧。顧曰：“趙傁在後。”怒之，使下，指木曰：“尸女於是。”授趙旃綏，以免。明日以表尸之，皆重獲在木下。

楚熊負羈囚知罃。知莊子以其族反之，厨武子御，下軍之士多從之。每射，抽矢，菆，納諸厨子之房。厨子怒曰：“非子之求而蒲之愛，董澤之蒲，可勝既乎？”知季曰：“不以人子，吾子其可得乎？吾不可以苟射故也。”射連尹襄老，獲之，遂載其尸。射公子穀臣，囚之。以二者還。

及昏，楚師軍於邲，晉之余師不能軍，宵濟，亦終夜有聲。

丙辰，楚重至於邲，遂次於衡雍。潘黨曰：“君盍築武軍，而收晉尸以爲京觀。臣聞克敵必示子孫，以無忘武功。”楚子曰：“非爾所知也。夫文，止戈爲武。武王克商，作《頌》曰：‘載戢干戈，載櫜弓矢。我求懿德，肆於時夏，允王保之。’又作《武》，其卒章曰：‘耆定爾功。’其三曰：‘鋪時繹思，我徂惟求定。’其六曰：‘綏萬邦，屢豐年。’夫武，禁暴、戢兵、保大、定功、安民、和衆、豐財者也，故使子孫無忘其章。今我使二國暴骨，暴矣；觀兵以威諸侯，兵不戢矣。暴而不戢，安能保大？猶有晉在，焉得定功？所違民欲猶多，民何安焉？無德而强爭諸侯，何以和衆？利人之幾，而安人之亂，以爲己榮，何以豐財？武有七德，我無一焉，何以示子孫？其爲先君宫，告成事而已。武非吾功也。古者明王伐不敬，取其鯨鯢而封之，以爲大戮，於是乎有京觀，以懲淫慝。今罪無所，而民皆盡忠以死君命，又可以爲京觀乎？”祀於河，作先君宫，告成事而還。

【文體】

此《左傳》敘事文之最佳者也。

【分段】

全篇當分爲六段觀之。第一段自起至“子良出質”，敘楚之克鄭。卜臨於太宮，且巷出車。賈逵云，陳於街巷，示雖困不降，必欲戰也_{杜注非}。楚子以鄭人之大臨而退師，聽其修城，然後進圍之。至於三月而卒克之，可見楚師之强，哀鄭人之窮而退師，聞鄭伯之詞而退舍許平，可見楚子之有禮。鄭伯告楚子之詞，極其委宛曲折，可見其能下人。鄭距楚遠，距晉近，楚圍之百二十餘日，而晉救猶後至，則其怠慢亦可見矣。

第二段，自“夏六月晉師救鄭”，至“師遂濟”，敘晉軍之前進，及其師之不和。隋武子之言，極其知彼知己，雍容大雅。彘子之言，則極其鹵莽滅裂，且强悍不遜之色見於面，以及桓子之不能令其下，韓獻子之惟圖免罪卸責，知莊子之咨嗟嘆息於旁而無可如何，色色畢見。

第三段，自“楚子北師次於郔”，至“晉師在敖鄗之間”，敘楚師之前進。“沈尹將中軍，子重將左，子反將右”三句，先列敘楚國之軍師，與上段列舉晉國之軍師同，凡《左傳》敘戰事皆爲此。此段敘述楚人之軍謀，令尹之持重，伍參之勇武，皆躍然紙上。“次於管以待之，晉師在敖鄗之間”二句，又敘明晉楚二軍既前進後所駐扎之地，以見其相持之情形。凡敘述戰事，此等處最爲緊要。

第四段，自“鄭皇戌使如晉師”，至“故上軍不敗”，述二軍既前進後戰事以前之事。此段中又可分爲三小段。

（甲）自“鄭皇戌使如晉師”，至“必長晉國”，敘述鄭人之外交。[①]

杜子美《前出塞九首》

　　戚戚去故里，悠悠赴交河。公家有程期，亡命嬰禍羅。君已富土境，開邊一何多。棄絶父母恩，吞聲行負戈。

　　出門日已遠，不受徒旅欺。骨肉恩豈斷，男兒死無時。走馬脱轡頭，手中挑青絲。捷下萬仞岡，俯身試搴旗。

　　磨刀嗚咽水，水赤刃傷手。欲輕腸斷聲，心緒亂已久。丈夫誓許國，憤惋復何有。功名圖麒麟，戰骨當速朽。

---

① 此文未完，以下散佚。

送徒既有長，遠戍亦有身。生死向前去，不勞吏怒嗔。路逢相識人，附書與六親。哀哉兩決絕，不復同苦辛。

迢迢萬餘里，領我赴三軍。軍中異苦樂，主將寧盡聞。隔河見胡騎，倏忽數百羣。我始爲奴僕，幾時樹功勳。

挽弓當挽強，用箭當用長。射人先射馬，擒賊先擒王。殺人亦有限，列國自有疆。苟能制侵陵，豈在多殺傷。

驅馬天雨雪，軍行入高山。逕危抱寒石，指落曾冰間。已去漢月遠，何時築城還。浮雲暮南征，可望不可攀。

單于寇我壘，百里風塵昏。雄劍四五動，彼軍爲我奔。虜其名王歸，繫頸授轅門。潛身備行列，一勝何足論。

從軍十餘年，能無分寸功。衆人貴苟得，欲語羞雷同。中原有鬥爭，況在狄與戎。丈夫四方志，安可辭固窮。

第一首，叙初發時辭別室家之情。第二首，述離家漸久之情狀。第三首，述途中之感觸。第四首，憤送使者之逼迫。第五首，到軍中後之情形。第六首，自述對於軍事之感想。第七首，言戍守。第八首，言戰陳。第九首，言從軍之功以後之事。九首皆記爲從戎者之言。次序銜接，只如一首，此所謂章法也。

此等詩不啻以言情而兼叙事。凡古人作詩，言情者多，叙事者少，至唐而一變。少陵尤長於此，故論者以詩史稱之也。怨而不怒四字，實爲詩家本旨。如"走馬脫轡頭，手中挑青絲。捷下萬仞岡，俯身試搴旗"，"丈夫誓許國，憤惋復何有。功名圖麒麟，戰骨當速朽"，皆極寫輕生之意，彌見哀痛之情。不怨主將之不卹士卒，而曰"軍中異苦樂，主將寧盡聞"，不怨戰勝之無賞，而曰"潛身備行列，一勝何足論"，不責無功者冒功，而曰"衆人貴苟得，欲語羞雷同"，不怨朝廷爵賞之不均，而曰"丈夫四方志，安可辭固窮"，皆是此意。

又凡沈痛之語，即當極其沈痛，如云"哀哉兩決絕，不復同苦辛"。所同者不過苦辛之境。民生已極可哀，況復並此而不可得乎。所謂加一培寫法也。

白樂天《新樂府・縛戎人》

達窮民之情也。

縛戎人，縛戎人，耳穿面破驅入秦。天子矜憐不忍殺，詔徙東南吳與越。黄衣小使録姓名，領出長安乘遞行。身被金瘡面多瘠，扶病徒行日一驛；朝餐飢渴費盃盤，夜臥腥臊污床席。忽逢江水憶交河，垂手齊聲嗚咽歌。其中一虜語諸虜：爾苦非多我苦多。同伴行人因借問，欲說喉中氣憤憤。自云鄉管本涼原，大曆年中没落蕃。一落蕃中四十載，遺著皮裘繫毛帶。唯許正朝服漢儀，斂衣整巾潛淚垂；誓心密定歸鄉計，不使蕃中妻子知。暗思幸有殘筋力，更恐年衰歸不得。蕃候嚴兵鳥不飛，脫身冒死奔逃歸。晝伏宵行經大漠，雲陰月黑風沙惡；驚藏青塚寒草疏，偷渡黃河夜冰薄。忽聞漢軍鼙鼓聲，路傍走出再拜迎；游騎不聽能漢語，將軍遂縛作蕃生。配向江南卑濕地，定無存卹空防備。念此吞聲仰訴天，若爲辛苦度殘年！涼原鄉井不得見，胡地妻兒虛棄捐！没蕃被囚思漢土，歸漢被劫爲蕃虜：早知如此悔歸來，兩地寧如一處苦？縛戎人，戎人之中我苦辛。自古此冤應未有，漢心漢語吐蕃身！

白樂天《新樂府·上陽白髮人、新豐折臂翁、 繚綾、井底引銀瓶、隋堤柳》

上陽白髮人

天寶五載已後，楊貴妃專寵，後宮人無復進幸矣。六宮有美色者，輒置別所，上陽是其一也。貞元中尚存焉。

上陽人，紅顏暗老白髮新。綠衣監使守宮門，一閉上陽多少春。玄宗末歲初選入，入時十六今六十。同時採擇百餘人，零落年深殘此身。憶昔吞悲別親族，扶入車中不教哭；皆云入内便承恩，臉似芙蓉胸似玉。未容君王得見面，已被楊妃遙側目。妒令潛配上陽宮，一生遂向空房宿。秋夜長，夜長無寐天不明；耿耿殘燈背壁影，蕭蕭暗雨打窗聲。春日遲，日遲獨坐天難暮；宮鶯百囀愁厭聞，梁燕雙栖老休妒。鶯歸燕去長悄然，春往秋來不記年。唯向深宮望明月，東西四五百迴圓。今日宮中年最老，大家遙賜尚書號。小頭鞋履窄衣裳，青黛點眉眉細長；外人不見見應笑，天寶末年時世粧。上陽人，苦最多：少亦苦，老亦苦。少苦老苦兩如何？君不見昔時呂向《美人賦》；又不見今日上陽白髮歌！

新豐折臂翁

新豐老翁八十八，頭鬢眉鬚皆似雪，玄孫扶向店前行，左臂憑肩右臂折。問翁臂折來幾年？兼問致折何因緣？翁云貫屬新豐縣，生逢聖代無征戰；慣聽梨園歌管聲，不識旗槍與弓箭。無何天寶大徵兵，戶有三丁點一丁。點得驅將何處去？五月萬里雲南行。聞道雲南有瀘水，椒花落時瘴煙起；大軍徒涉水如湯，未過十人二三死。村南村北哭聲哀，兒別爺娘夫別妻。皆云前後征蠻者，千萬人行無一迴。是時翁年二十四，兵部牒中有名字。夜深不敢使人知，偷將大石鎚折臂。張弓簸旗俱不堪，從茲始免征雲南。骨碎筋傷非不苦，且圖揀退歸鄉土。臂折來來六十年，一肢雖廢一身全。至今風雨陰寒夜，直到天明痛不眠。痛不眠，終不悔，且喜老身今獨在。不然當時瀘水頭，身死魂飛骨不收；應作雲南望鄉鬼，萬人塚上哭呦呦。老人言，君聽取。君不聞：開元宰相宋開府，不賞邊功防黷武？又不聞：天寶宰相楊國忠，欲求恩幸立邊功？邊功未立生人怨，請問新豐折臂翁。

繚　綾

繚綾繚綾何所似？不似羅綃與紈綺；應似天台山上月明前，四十五尺瀑布泉。中有文章又奇絕，地鋪白煙花簇雪。織者何人衣者誰？越溪寒女漢宮姬。去年中使宣口勑，天上取樣人間織。織爲雲外秋雁行，染作江南春水色。廣裁衫袖長製裙，金斗熨波刀剪紋。異彩奇文相隱映，轉側看花花不定。昭陽舞人恩正深，春衣一對直千金；汗沾粉汙不再著，曳土踏泥無惜心。繚綾織成費功績，莫比尋常繒與帛。絲細繅多女手疼，扎扎千聲不盈尺。昭陽殿裏歌舞人，若見織時應也惜！

井底引銀瓶

井底引銀瓶，銀瓶欲上絲繩絕。石上磨玉簪，玉簪欲成中央折。瓶沉簪折知奈何？似妾今朝與君別！憶昔在家爲女時，人言舉動有殊姿：嬋娟兩鬢秋蟬翼，宛轉雙蛾遠山色。笑隨戲伴後園中，此時與君未相識。妾弄青梅憑短牆，君騎白馬傍垂楊。牆頭馬上遙相顧，一見知君即斷腸。知君斷腸共君語，君指南山松栢樹。感君松栢化爲心，暗合雙鬟逐君去。到君家舍五六年，君家大人頻有言：聘則爲妻奔是妾，不堪主祀奉蘋蘩。終知君家不可住，其奈出門無去處！豈無父母在高堂？亦有親情滿故鄉。潛來更不通消息，今日悲羞歸不得。爲君一日恩，悞妾百年身。寄言癡小人家女，慎勿將身輕許人！

隋　堤　柳

隋堤柳，歲久年深盡衰朽。風飄飄兮雨蕭蕭，三株兩株汴河口。老枝病葉愁殺人，曾經大業年中春。大業年中煬天子，種柳成行夾流水：西自黃河東至淮，綠影一千三百里。大業末年春暮月，柳色如煙絮如雪。南幸江都恣佚遊，應將此柳繫龍舟。紫髯郎將護錦纜，青娥御史直迷樓。海內財力此時竭,舟中歌笑何日休?上荒下困勢不久,宗社之危如綴旒。煬天子,自言福祚長無窮,豈知皇子封酇公。龍舟未過彭城閣,義旗已入長安宮。蕭牆禍生人事變,晏駕不得歸秦中。土墳數尺何處葬?吳公臺下多悲風。二百年來汴河路,沙草和煙朝復暮。後王何以鑒前王?請看隋堤亡國樹!

蘇子瞻《表忠觀碑》

熙寧十年十月戊子,資政殿大學士右諫議大夫知杭州軍州事臣抃言:"故吳越國王錢氏墳廟及其父祖妃夫人子孫之墳,在錢塘者二十有六,在臨安者十有一,皆蕪廢不治,父老過之,有流涕者。謹按故武肅王鏐,始以鄉兵破走黃巢,名聞江淮。復以八都兵討劉漢宏,併越州,以奉董昌,而自居於杭。及昌以越叛,則誅昌而併越,盡有浙東西之地。傳其子文穆王元瓘。至其孫忠顯王仁佐,遂破李景兵,取福州。而仁佐之弟忠懿王俶,又大出兵攻景,以迎周世宗之師。其後卒以國入覲。三世四王,與五代相終始。天下大亂,豪傑蜂起,方是時,以數州之地盜名字者,不可勝數。既覆其族,延及於無辜之民,罔有孑遺。而吳越地方千里,帶甲十萬,鑄山煑海,象犀珠玉之富,甲於天下,然終不失臣節,貢獻相望於道。是以其民至於老死不識兵革,四時嬉游歌鼓之聲相聞,至於今不廢,其有德於斯民甚厚。皇宋受命,四方僭亂以次削平。而蜀、江南負其嶮遠,兵至城下,力屈勢窮,然後束手。而河東劉氏,百戰守死以抗王師,積骸爲城,釃血爲池,竭天下之力,僅乃克之。獨吳越不待告命,封府庫,籍郡縣,請吏於朝。視去其國,如去傳舍,其有功於朝廷甚大。昔竇融以河西歸漢,光武詔右扶風脩理其父祖墳塋,祠以太牢。今錢氏功德,殆過於融,而未及百年,墳廟不治,行道傷嗟,甚非所以勸獎忠臣慰答民心之義也。臣願以龍山廢佛祠曰妙因院者爲觀,使錢氏之孫爲道士曰自然者居之。凡墳廟之在錢塘者以付自然,其在臨安者以付其縣之淨土寺僧曰道微,歲各度其徒一人,使世掌之。籍其地之所入,以時脩其祠宇,封殖其草木,有不治者,縣令丞察之,甚者易其人,庶幾永終不墜,以稱朝廷待錢氏之意。臣抃昧死以聞。"制曰:"可。其妙因院改賜名曰表忠觀。"銘曰:

天目之山,苕水出焉。龍飛鳳舞,萃於臨安。篤生異人,絶類離羣。奮挺大呼,從者如雲。仰天誓江,月星晦蒙。强弩射潮,江海爲東。殺宏誅昌,奄有吳越。金券玉册,虎符龍節。大城其居,包絡山川。左江右湖，控引島蠻。歲時歸休，以燕父老。曄如神人，玉帶毵馬。四十一年，寅畏小心。厥篚相望，大貝南金。五朝昏亂，罔堪托國。三王相承，以待有德。既獲所歸，弗謀弗咨。先王之志，我維行之。天胙忠孝，世有爵邑。允文允武，子孫千億。帝謂守臣，治其祠墳。毋俾樵牧，愧其後昆。龍山之陽，巋焉新宮。匪私於錢，唯以勸忠。非忠無君，非孝無親。凡百有位，視此刻文。

柳子厚《駁復讎議》

臣伏見天后時，有同州下邽人徐元慶者，父爽爲縣吏趙師韞所殺，卒能手刃父讎，束身歸罪。當時諫臣陳子昂建議誅之而旌其閭，且請編之於令，永爲國典。臣竊獨過之。

臣聞禮之大本，以防亂也，若曰無爲賊虐，凡爲子者殺無赦；刑之大本，亦以防亂也，若曰無爲賊虐，凡爲理者殺無赦。其本則合，其用則異，旌與誅莫得而並焉。誅其可旌，茲謂濫，黷刑甚矣；旌其可誅，茲謂僭，壞禮甚矣。果以是示於天下，傳於後代，趨義者不知所以向，違害者不知所以立，以是爲典可乎？

蓋聖人之制，窮理以定賞罰，本情以正褒貶，統於一而已矣。嚮使刺讞其誠僞，考正其曲直，原始而求其端，則刑禮之用，判然離矣。何者？若元慶之父，不陷於公罪，師韞之誅，獨以其私怨，奮其吏氣，虐於非辜，州牧不知罪，刑官不知問，上下蒙冒，籲號不聞；而元慶能以戴天爲大恥，枕戈爲得禮，處心積慮，以衝讎人之胸，介然自克，即死無憾，是守禮而行義也。執事者宜有慚色，將謝之不暇，而又何誅焉？其或元慶之父，不免於罪，師韞之誅，不愆於法，是非死於吏也，是死於法也。法其可讎乎？讎天子之法，而戕奉法之吏，是悖驁而凌上也。執而誅之，所以正邦典，而又何旌焉？

且其議曰：“人必有子，子必有親，親親相讎，其亂誰救？”是惑於禮也甚矣。禮之所謂讎者，蓋以冤抑沉痛，而號無告也；非謂抵罪觸法，陷於大戮。而曰“彼殺之，我乃殺之”，不議曲直，暴寡脅弱而已。其非經背聖，不以甚哉！《周禮》：“調人掌司萬人之讎。”凡殺人而義者，令勿讎，讎之則死。“有反殺者，邦國交讎之。”又安得親親相讎也？《春秋公羊傳》曰：“父不受誅，子復讎可也。父受誅，子復讎，此推刃之道。復讎不除害。"今若取此以斷兩下相殺,則合於禮矣。且夫不忘讎,孝也;不愛死,義也。元慶能不越於禮,服孝死義,是必達理而聞道者也。夫達理聞道之人,豈其以王法爲敵讎者哉? 議者反以爲戮,黷刑壞禮,其不可以爲典,明矣。

請下臣議,附於令,有斷斯獄者,不宜以前議從事。謹議。

柳子厚《論語辨二篇》

上　篇

或問曰:儒者稱《論語》孔子弟子所記,信乎? 曰:未然也。孔子弟子,曾參最少,少孔子四十六歲。曾子老而死。是書記曾子之死,則去孔子也遠矣。曾子之死,孔子弟子畧無存者矣。吾意曾子弟子之爲之也。何哉? 且是書載弟子必以字,獨曾子、有子不然。由是言之,弟子之號之也。

然則有子何以稱子? 曰:孔子之殁也,諸弟子以有子爲似夫子,立而師之。其後不能對諸子之問,乃叱避而退,則固嘗有師之號矣。今所記獨曾子最後死,余是以知之。蓋樂正子春、子思之徒與爲之爾。或曰:孔子弟子嘗雜記其言,然而卒成其書者,曾氏之徒也。

下　篇

堯曰:"咨,爾舜! 天之曆數在爾躬,四海困窮,天祿永終。"舜亦以命禹,曰:"余小子履,敢用玄牡,敢昭告於皇天后土,有罪不敢赦。萬方有罪,罪在朕躬。朕躬有罪,無以爾萬方。"

或問之曰:《論語》書記問對之辭爾。今卒篇之首,章然有是,何也?

柳先生曰:《論語》之大,莫大乎是也。是乃孔子常常諷道之辭云爾。彼孔子者,覆生人之器者也。上之堯、舜之不遭,而禪不及己;下之無湯之勢,而己不得爲天吏。生人無以澤其德,日視聞其勞死怨呼,而己之德涸然無所依而施,故於常常諷道云爾而止也。此聖人之大志也,無容問對於其間。弟子或知之,或疑之不能明,相與傳之。故於其爲書也,卒篇之首,嚴而立之。

柳子厚《始得西山宴游記》

自余爲僇人,居是州,恒惴慄。其隙也,則施施而行,漫漫而游,日與其徒上高山，入深林，窮回溪，幽泉怪石，無遠不到。到則披草而坐，傾壺而醉；醉則更相枕以臥，意有所極，夢亦同趣。覺而起，起而歸。以爲凡是州之山有異態者，皆我有也，而未始知西山之怪特。

　　今年九月二十八日，因坐法華西亭，望西山，始指異之。遂命僕過湘江，緣染溪，斫榛莽，焚茅茷，窮山之高而止。攀援而登，箕踞而遨，則凡數州之土壤，皆在袵席之下。其高下之勢，岈然窪然，若垤若穴，尺寸千里，攢蹙累積，莫得遁隱。縈青繚白，外與天際，四望如一，然後知是山之特出，不與培塿爲類。悠悠乎與灝氣俱而莫得其涯，洋洋乎與造物者游而不知其所窮。引觴滿酌，頹然就醉，不知日之入，蒼然暮色，自遠而至，至無所見，而猶不欲歸。心凝形釋，與萬化冥合，然後知吾向之未始游，游於是乎始，故爲之文以志。是歲，元和四年也。

【選讀宗旨】

爲記游記景物文字之式。

【文體】

此篇屬雜記類。

【分段】

此篇凡分二段。第一段自起至"而未始知西山之怪特"，述前此之游覽。第二段自"今年九月二十八日"至完，述得西山後之宴游。

【文字研究】

凡記游之文，以(一)寫景(二)言情爲主，多發議論，已非正式，若發議論而涉於陳腐，則下乘矣。

此篇寫景言情之妙，全在凡數州之土壤以下數行，"則凡數州之土壤，皆在袵席之下"，言登高則所見者廣，且視遠若近也。"其高下之勢，岈然窪然，若垤若穴"，言所居者高，則視物皆小也。"尺寸千里，攢蹙累積，莫得遁隱"，言視物雖小，而又無所不見，狀一覽無餘之妙也。此皆諦觀之景。"縈青繚白，外與天際，四望如一"則爲概觀之景。縈青繚白，猶言一道青一道白也。以上寫所見之景，以下乃言當此景之情。"悠悠乎與灝氣俱，而莫得其涯，洋洋乎與造物者游，而不知其所窮，引觴滿酌，頹然就醉，不知日之入，蒼然暮色，自遠而至，至無所見，而猶不欲歸，心凝形釋，與萬化冥合"諸語是也。須設身處地，想象其所處之境，冥會其當景之情，然後能知其文字之妙。凡狀物之詞，最難精確，故讀古人記景之文，於其用字造句之法，必須細參，又必畧通訓詁，真知字義，然後能知其用字造句之妙也。

全篇之意，在言西山之高，登山則所見甚廣，與他處一丘一壑不同耳。故第一段先記前此之所游，爲之張本，次段中"然後知是山之特出，不與培塿爲類""然後知吾向之未始游，游於是乎始"，皆仍結到原意，所爲章法也。凡一地方，必有其特別之景物，作記游之文者，當於其所獨具之景物則詳之，於其與他處相同者則畧之，如此篇但述登高望遠之景是也。若舉所見者，一概筆之無遺，則無味矣。觀於名山大川者，必不記一草一木，一丘一壑，亦此理也。記游之文，須得閒適之趣，如"意有所極，夢亦同趣"等，須玩其造句之妙。

從始得字着意，人皆知之，蒼勁秀削，一歸元化，人巧既盡，渾一天工矣。此篇領起後諸小記。

柳子厚《至小丘西小石潭記》

從小丘西行百二十步，隔篁竹，聞水聲，如鳴佩環，心樂之。伐竹取道，下見小潭。水尤清冽，全石以爲底，近岸，卷石底以出，爲坻，爲嶼，爲嵁，爲巖。青樹翠蔓，蒙絡搖綴，參差披拂。潭中魚可百許頭，皆若空游無所依。日光下澈，影佈石上，怡然不動；俶爾遠逝，往來翕忽，似與游者相樂。潭西南而望，斗折蛇行，明滅可見。其岸勢犬牙差互，不可知其源。

坐潭上，四面竹樹環合，寂寥無人，凄神寒骨，悄愴幽邃。以其境過清，不可久居，乃記之而去。

同游者：吳武陵，龔古，余弟宗玄。隸而從者，崔氏二小生：曰恕己，曰奉壹。

【選讀宗旨】

爲記游記景物文字之式。

【文體】

此篇屬雜記類。

【分段】

全篇可分數小段，(一) 自起至"下見小潭"，述得此潭之由。(二) 自"水尤清冽"，至"不可知其源"，詳記潭上之景物。(三) 自"坐潭上"，至"乃記之而去"，總結其情景，且記去之之由。(四) 自"同游者"至完，記同游之人。

【文字研究】

起筆承《鈷鉧潭西小丘記》來，柳州游記合諸篇如一篇，亦所謂章法也。

此篇中狀物極工之句,摘出如下,必須細玩。"隔篁竹,聞水聲,如鳴珮環","潭中魚可百許頭,皆若空游無所依,日光下澈,影佈石上,怡然不動,俶爾遠逝,往來翕忽,似與游者相樂","斗折蛇行,明滅可見"。

"四面竹樹環合,寂寥無人,淒神寒骨,悄愴幽邃"四句,寫景言情亦極工。蓋前段分狀其物,而此數語,則總寫其景,兼述當景之情,以作結束也。

歐陽永叔《峴山亭記》

蕭按:"歐公此文神韻縹緲,如所謂吸風飲露、蟬蛻塵埃者,絕世之文也。而'其人謂誰'二句,則實近俗調,爲文之疵類。"劉海峰欲刪此二句,而易下"二子相繼於此"爲"羊叔子、杜元凱相繼於此"。

峴山臨漢上,望之隱然,蓋諸山之小者。而其名特著於荊州者,豈非以其人哉。其人謂誰? 羊祜叔子、杜預元凱是已。方晉與吳以兵爭,常倚荊州以爲重,而二子相繼於此,遂以平吳而成晉業,其功烈已蓋於當世矣。至於風流餘韻,藹然被於江漢之間者,至今人猶思之,而於思叔子也尤深。蓋元凱以其功,而叔子以其仁,二子所爲雖不同,然皆足以垂於不朽。余頗疑其反自汲汲於後世之名者,何哉?

傳言叔子嘗登茲山,慨然語其屬,以謂此山常在,而前世之士皆已湮滅於無聞,因自顧而悲傷。然獨不知茲山待己而名著也。元凱銘功於二石,一置茲山之上,一投漢水之淵。是知陵谷有變而不知石有時而磨滅也。豈皆自喜其名之甚而過爲無窮之慮歟? 將自待者厚而所思者遠歟?

山故有亭,世傳以爲叔子之所游止也。故其屢廢而復興者,由後世慕其名而思其人者多也。熙寧元年,余友人史君中輝以光禄卿來守襄陽。明年,因亭之舊,廣而新之,既周以回廊之壯,又大其後軒,使與亭相稱。君知名當世,所至有聲,襄人安其政而樂從其游也。因以君之官,名其後軒爲光禄堂;又欲紀其事於石,以與叔子、元凱之名並傳於久遠。君皆不能止也,乃來以記屬於余。

余謂君如慕叔子之風,而襲其遺迹,則其爲人與其志之所存者,可知矣。襄人愛君而安樂之如此,則君之爲政於襄者,又可知矣。此襄人之所敬書也。若其左右山川之勝勢,與夫草木雲煙之杳靄,出没於空曠有無之間,而可以備詩人之登高,寫《離騷》之極目者,宜其覽考自得之。至於亭屢廢興,或自有記,或不必究其詳者,皆不復道。

熙寧三年十月二十有二日，六一居士歐陽修記。

歐陽永叔《本論》中

佛法爲中國患千餘歲。世之卓然不惑而有力者莫不欲去之。已嘗去矣，而復大集。攻之暫破而愈堅，撲之未滅而愈熾，遂至於無可奈何。是果不可去耶？蓋亦未知其方也。

夫醫者之於疾也，必推其病之所自來而治其受病之處。病之中人，乘乎氣虛而入焉；則善醫者不攻其疾而務養其氣，氣實則病去，此自然之效也。故救天下之患者，亦必推其患之所自來而治其受患之處。佛爲夷狄，去中國最遠，而有佛固已久矣。堯舜三代之際，王政修明，禮義之教充於天下。於此之時，雖有佛，無由而入。及三代衰，王政闕，禮義廢，後二百餘年而佛至乎中國。由是言之，佛所以爲吾患者，乘其闕廢之時而來，此其受患之本也。補其闕，修其廢，使王政明而禮義充，則雖有佛，無所施於吾民矣。此亦自然之勢也。

昔堯舜三代之爲政，設爲井田之法，籍天下之人，計其口而皆授之田。凡人之力能勝耕者，莫不有田而耕之，斂以什一，差其征賦，以督其不勤，使天下之人力皆盡於南畝，而不暇乎其他。然又懼其勞且息而入於邪僻也，於是爲制牲牢酒醴以養其體，絃匏俎豆以悅其耳目，於其不耕休力之時而教之以禮。故因其田獵而爲蒐狩之禮，因其嫁娶而爲婚姻之禮，因其死葬而爲喪祭之禮，因其飲食羣聚而爲鄉射之禮。非徒以防其亂，又因而教之，使知尊卑長幼，凡人之大倫也。故凡養生送死之道皆因其欲而爲之制。飾之物采而文焉，所以悅之使其易趣也；順其性情而節焉，所以防之使其不過也。然猶懼其未也，又爲立學以講明之。故上自天子之郊，下至鄉黨，莫不有學。擇民之聰明者而習焉，使相告語而誘勸其愚惰。嗚呼，何其備也！

蓋堯舜三代之爲政如此。其慮民之意甚精，治民之具甚備，防民之術甚周，誘民之道甚篤。行之以勤，而被於物者洽；浸之以漸，而入於人者深。故民之生也，不用力乎南畝，則從事於禮樂之際；不在其家，則在乎庠序之間。耳聞目見，無非仁義；樂而趣之，不知其倦。終身不見異物，又奚暇夫外慕哉？故曰雖有佛無由而入者，謂有此具也。

及周之衰，秦併天下，盡去三代之法，而王道中絕。後之有天下者，不能勉強；其爲治之具不備，防民之漸不周，佛於此時乘間而出。千有餘歲之間佛之來者日益衆，吾之所爲者日益壞。井田最先廢，而兼并游惰之奸起；其後所謂蒐狩、婚姻、喪祭、鄉射之禮，凡所以教民之具，相次而盡廢。然後民之奸者有暇而爲他，其良者泯然不見禮義之及己。夫奸民有餘力，則思爲邪僻；良民不見禮義，則莫知所趣。佛於此時乘其隙，方鼓其雄誕之說而牽之，則民不得不從而歸矣。又況王公大人往往倡而驅之，曰：“佛是真可歸依者。”然則吾民何疑而不歸焉？幸而有一不惑者，方艴然而怒曰：“佛何爲者？吾將操戈而逐之。”又曰：“吾將有說以排之。”夫千歲之患，遍於天下，豈一人一日之可爲？民之沈酣，入於骨髓，非口舌之可勝。然則將奈何？曰：莫若修其本以勝之。

昔戰國之時，楊墨交亂，孟子患之，而專言仁義。故仁義之說勝，則楊墨之學廢。漢之時，百家並興，董生患之，而退修孔氏。故孔氏之道明而百家息。此所謂“修其本以勝之”之效也。

今八尺之夫，被甲荷戟，勇蓋三軍；然而見佛則拜，聞佛之說則有畏慕之誠者，何也？彼誠壯佼，其中心茫然無所守而然也。一介之士，眇然柔懦，進趨畏怯；然而聞有道佛者，則義形於色，非徒不爲之屈，又欲驅而絕之者，何也？彼無他焉，學問明而禮義熟，中心有所守以勝之也。然則禮義者，勝佛之本也。今一介之士知禮義者尚不能爲之屈；使天下皆知禮義，則勝之矣。此自然之勢也。

韓退之《伯夷頌》

士之特立獨行，適於義而已，不顧人之是非，皆豪傑之士，信道篤而自知明者也。一家非之，力行而不惑者，寡矣；至於一國一州非之，力行而不惑者，蓋天下一人而已；若至於舉世非之，力行而不惑者，則千百年乃一人而已耳。若伯夷者，窮天地亘萬世而不顧者也。昭乎日月不足爲明，崒乎泰山不足爲高，巍乎天地不足爲容也！

當殷之亡、周之興，微子賢也，抱祭器而去之；武王、周公聖人也，率天下之賢士與天下之諸侯而往攻之：未嘗聞有非之者也。彼伯夷、叔齊者，乃獨以爲不可。殷既滅矣，天下宗周，彼二子者獨恥食其粟，餓死而不顧。由是而言，夫豈有求而爲哉？信道篤而自知明也。

今世之所謂士者，凡一人譽之，則自以爲有餘；凡一人沮之，則自以爲不足。彼獨非聖人，而自是如此。夫聖人乃萬世之標準也。余故曰：若伯夷者，特立獨行，窮天地亘萬世而不顧者也。雖然，微二子，亂臣賊子接迹於後世矣。

蘇明允《樂論》

禮之始作也，難而易行，既行也，易而難久。天下未知君之爲君，父之爲父，兄之爲兄，而聖人爲之君父兄。天下未有以異其君父兄，而聖人爲之拜起坐立。天下未肯靡然以從我拜起坐立，而聖人身先之以恥。嗚呼！其亦難矣。天下惡夫死也久矣，聖人招之曰：來，吾生爾。既而其法果可以生天下之人，天下之人視其向也如此之危，而今也如此之安，則宜何從？故當其時雖難而易行。既行也，天下之人視君父兄，如頭足之不待別白而後識，視拜起坐立如寢食之不待告語而後從事。雖然，百人從之，一人不從，則其勢不得遽至乎死。天下之人，不知其初之無禮而死，而見其今之無禮而不至乎死也，則曰聖人欺我。故當其時雖易而難久。嗚呼！聖人之所恃以勝天下之勞逸者，獨有死生之説耳。死生之説不信於天下，則勞逸之説將出而勝之。勞逸之説勝，則聖人之權去矣。酒有鴆，肉有堇，然後人不敢飲食。藥可以生死，然後人不敢以苦口爲諱。去其鴆，徹其堇，則酒肉之權固勝於藥。

聖人之始作禮也，其亦逆知其勢之將必如此也，曰：告人以誠，而後人信之。幸今之時吾之所以告人者，其理誠然，而其事亦然，故人以爲信。吾知其理，而天下之人知其事，事有不必然者，則吾之理不足以折天下之口，此告語之所不及也。告語之所不及，必有以陰驅而潛率之。於是觀之天地之間，得其至神之機，而竊之以爲樂。雨，吾見其所以濕萬物也；日，吾見其所以燥萬物也；風，吾見其所以動萬物也。隱隱鈜鈜而謂之雷者，彼何用也？陰凝而不散，物癉而不遂，雨之所不能濕，日之所不能燥，風之所不能動，雷一震焉而疑者散，癉者遂。曰雨者，曰日者，曰風者，以形用；曰雷者，以神用。用莫神於聲，故聖人因聲以爲樂。爲之君臣、父子、兄弟者，《禮》也；禮之所不及，而《樂》及焉。正聲入乎耳，而人皆有事君、事父、事兄之心，則禮者固吾心之所有也，而聖人之説又何從而不信乎？

附録一：國文目録(散文之部)

蘇子瞻《練軍實》(奏議)	
蘇子瞻《倡勇敢》(奏議)	以上兩篇爲東坡少年文字,看其明白爽快,前篇論事,此篇説理。
觸晉説趙太后(書説)	
魯仲連説辛垣衍(書説)	以上兩篇爲《戰國策》之文,看其叙事之妙。
柳子厚《駁復仇議》(奏議)	子厚之文,看其雋傑廉悍。
王介甫《給事中孔公墓誌銘》(碑志)	誌銘體較傳狀稍寬,叙事言情景多佳作,昌黎而外,以宋歐、王爲最工,今各選一篇,以見大畧。
歐陽永叔《徂徠先生墓誌銘》(碑志)	
柳子厚《始得西山宴游記》(雜記)	游記,記景物之文,以子厚爲最,今選兩篇以示其例。
柳子厚《至小丘西小石潭記》(雜記)	
柳子厚《論語辨》(序跋)	此書後之式。
韓退之《伯夷頌》(論辨)	此篇及前篇,皆看其高情遠韻,用筆之含蓄。
王介甫《度支副使廳壁題名記》(雜記)	前兩篇爲短篇之情韻深遠者,此篇則短篇文之精簡者。
歐陽永叔《峴山亭記》(雜記)	此歐文,看其風韻。
歐陽永叔《本論》(論辨)	此論辨文之平易切實者,現今通俗文字可仿之。
蘇明允《樂論》(論辨)	此老蘇之文也,看其骨幹之堅勁筆勢之震蕩飄忽。
蘇子瞻《志林·平王》(論辨)	此大蘇晚年之文也,有手心相忘之妙,縱筆所之無不合度,所謂文成法立者也。
蘇子由《商論》(論辨)	三蘇中小蘇文最平易而行徐委婉。
蘇子瞻《日喻贈吳彦律》(贈序)	贈序之文易於空衍無味,昔人論者,謂雖昌黎此類文亦不佳。蓋酬應之作其難工有如此。要之,此類文字,自有作意者易佳,全然酬應者難好。今舉一篇示例。子瞻文字冰雪聰明,看此篇可知其文字之佳,由其見理之透也。
蘇子瞻《方子傳》(傳狀)	傳狀文中之最易效法者。
柳子厚《種樹郭橐駝傳》(傳狀)	此傳狀文中之有爲而作者。
韓退之《贈太傅董公行狀》(傳狀)	此正式之傳狀文。
韓退之《試大理評事王君墓誌銘》(碑誌)	此韓文之有奇氣者,並可見其詞必己出之妙。
曾子固《越州趙公救菑記》(雜記)	記事文,看其法度。

曾子固《列女傳目録序》（序跋）	南豐文字，看其雍容厚重。
劉子政《論起昌陵疏》（奏疏）	合前篇觀之，可知南豐之文出於子政。
韓退之《張中丞傳後序》（序跋）	序跋文兼叙事考證者。
王介甫《詩義序》（序跋）	序跋之謹嚴簡質者。
歐陽永叔《唐書·藝文志序》（序跋）	歐文看其風度。
司馬子長《六國表序》（序跋）	《史記》看其神韻。
司馬子長《報任安書》（書説）	長編之法。長編限於時間不能多授，舉此一篇爲例。
樂毅《報燕惠王書》（書説）	此篇氣度風神兩臻絶頂，書翰之極則也。
賈生《過秦論》（論辨）	漢文之最雄駿者。
柳子厚《封建論》（論辨）	以上兩篇爲論辨中之大文，觀之可知好發空論之非。
賈生《諫放民私鑄疏》（奏議）	漢文最精簡者。
晁錯《論守備邊塞書》（奏議）	賈、晁之文，最明切利害。
路長君《尚德緩刑書》（奏議）	漢文最深厚者。
揚子雲《諫不許單于朝書》（奏議）	司馬長卿、揚子雲之文，皆長於詞令而設色奇麗，漢時文人之文也。
司馬長卿《諭巴蜀檄》（詔令）	
漢文帝《十三年除肉刑詔》（詔令）	漢時詔令，看其爾雅深厚。
漢文帝《後二年遺匈奴書》（詔令）	此外交文字也。

附錄二：國文目錄

中國文學自西漢以前，駢散不分。東漢以后，漸趨偶儷，至齊梁而極。物窮則變，於是韓、柳起而提倡古文，而散文興焉。散文既興，駢文仍不能廢而駢散於是分途。駢文至后世幾全供美術上之用。然魏晉文字華腴而不繁縟，有安雅之美而無傷意之累，亦不可不略知也。今仍就《經史百家雜抄》選講若篇，其應自行閱讀者，隨時指定。

江統《徙戎論》卷二

班固《漢書·貨殖列傳序》卷八

蜀漢后主《策丞相諸葛亮詔》卷十

陳琳《爲袁紹檄豫州》卷十

傅亮《爲宋公修張良廟教》卷十

陸贄《擬奉天改元大赦制》卷十

高堂隆《諫明帝疏》卷十二

劉琨《勸進表》卷十二

蘇軾《上皇帝書》卷十三

阮瑀《爲曹公作書與孫權》卷十四

魏文帝《與朝歌令吳質書》卷十四

邱遲《與陳伯之書》卷十四

漢昭烈帝《成都即位告天書》卷十六

潘岳《馬汧督誄》卷十六

《三國志·諸葛亮傳》卷十九

蔡邕《郭有道碑》卷二十

謝玄《淝水破秦之戰》卷二十五

《漢書·地理志》卷二十五

基本國文選文

揚子雲《諫不許單于朝書》

　　臣聞六經之治，貴於未亂；兵家之勝，貴於未戰。二者皆微，然而大事之本，不可不察也。今單于上書求朝，國家不許而辭之，臣愚以爲漢與匈奴從此隙矣。

　　本北地之狄，五帝所不能臣，三王所不能制，其不可使隙甚明。臣不敢遠稱，請引秦以來明之：

　　以秦始皇之強，蒙恬之威，帶甲四十餘萬，然不敢窺西河，乃築長城以界之。會漢初興，以高祖之威靈，三十萬衆困於平城，士或七日不食。時奇譎之士石畫之臣甚衆，卒其所以脫者，世莫得而言也。又高皇后常忿匈奴，羣臣庭議，樊噲請以十萬衆橫行匈奴中，季布曰："噲可斬也，妄阿順指！"於是大臣權書遺之，然後匈奴之結解，中國之憂平。及孝文時，匈奴侵暴北邊，候騎至雍甘泉，京師大駭，發三將軍屯細柳、棘門、霸上以備之，數月乃罷。孝武即位，設馬邑之權，欲誘匈奴，使韓安國將三十萬衆徼於便墜，匈奴覺之而去，徒費財勞師，一虜不可得見，況單于之面乎！

　　其後深惟社稷之計，規恢萬載之策，乃大興師數十萬，使衛青、霍去病操兵，前後十餘年。於是浮西河，絕大幕，破寘顏，襲王庭，窮極其地，追奔逐北，封狼居胥山，禪於姑衍，以臨瀚海，虜名王貴人以百數。自是之後，匈奴震怖，益求和親，然而未肯稱臣也。且夫前世豈樂傾無量之費，役無罪之人，快心於狼望之北哉？以爲不壹勞者不久佚，不暫費者不永寧，是以忍百萬之師以摧餓虎之喙，運府庫之財填盧山之壑而不悔也。

　　至本始之初，匈奴有桀心，欲掠烏孫，侵公主，乃發五將之師十五萬騎獵其南,而長羅侯以烏孫五萬騎震其西,皆至質而還。時鮮有所獲,徒奮揚威武,明漢兵若雷風耳。雖空行空反,尚誅兩將軍。故北狄不服,中國未得高枕安寢也。

逮至元康、神爵之間,大化神明,鴻恩溥洽,而匈奴內亂,五單于爭立,日逐、呼韓邪攜國歸死,扶伏稱臣,然尚羈縻之,計不顓制。自此之後,欲朝者不拒,不欲者不強。何者?外國天性忿鷙,形容魁健,負力怙氣,難化以善,易隸以惡,其強難詘,其和難得。故未服之時,勞師遠攻,傾國殫貨,伏尸流血,破堅拔敵,如彼之難也;既服之後,慰薦撫循,交接賂遺,威儀俯仰,如此之備也。往時嘗屠大宛之城,蹈烏桓之壘,探姑繒之壁,籍蕩姐之場,艾朝鮮之旃,拔兩越之旗,近不過旬月之役,遠不離二時之勞,固已犁其庭,埽其閭,郡縣而置之,雲徹席卷,後無餘災。惟北狄為不然,真中國之堅敵也,三垂比之懸矣,前世重之茲甚,未易可輕也。

今單于歸義,懷款誠之心,欲離其庭,陳見於前,此乃上世之遺策,神靈之所想望,國家雖費,不得已者也。奈何距以來厭之辭,疏以無日之期,消往昔之恩,開將來之隙!夫款而隙之,使有恨心,負前言,緣往辭,歸怨於漢,因以自絕,終無北面之心,威之不可,諭之不能,焉得不為大憂乎?夫明者視於無形,聽者聽於無聲,誠先於未然,即蒙恬、樊噲不復施,棘門、細柳不復備,馬邑之策安所設,衛、霍之功何得用,五將之威安所震?不然,壹有隙之後,雖智者勞心於內,辯者毄擊於外,猶不若未然之時也。且往者圖西域,制車師,置城郭都護三十六國,費歲以大萬計者,豈為康居、烏孫能逾白龍堆而寇西邊哉?乃以制匈奴也。夫百年勞之,一日失之,費十而愛一,臣竊為國不安也。惟陛下少留意於未亂未戰,以遏邊萌之禍。

【講解】

漢時所謂文學者,其涵義甚廣,大率等於現在所謂讀書人,其人實可分為三種:(一)有學問而並不講究做文章的,如董仲舒、司馬遷等是。(二)會做文章而沒有學問的,如東方朔、枚皋等是。(三)會做文章,又有學問的,當推揚子雲為第一。西漢人的散文,現在看了,雖是絕世的妙文,然在當時,則不過如今較深的白話,或淺近文言而已,並不以為是文學作品。當時所謂文學作品,大抵指詞賦言之。漢人如賈誼、劉向等,亦非不能為辭賦,然到做起散文來,則仍率其為白話或淺近文言之舊,並不將辭賦的字眼句法等,夾雜進去。司馬相如、揚雄則不然。他們做散文，也是要用幾個字眼，修飾修飾句子的，循此趨勢前進，就漸漸變成駢文了，所以漢魏體的駢文，雖漸成於東漢之世，而其端，實開於西京之末。

辭賦較之散文，自然與語言相去較遠，所以參用辭賦之意，以作散文的，其語調，不能如以口語爲本的散文生動。從美術上論，變化要少些，但語氣凝重的文字，亦可取以爲法。

此篇凡分三段，（一）自起至"臣愚以爲漢與匈奴自此隙矣"爲起筆。（二）"本北地之狄"至"未易可輕也"，爲此文之中堅，其中亦可分爲（甲）"本北地之狄"至"請引秦以來以明之"爲總起。（乙）"以秦始皇之威"至"況單于之面乎"述未用兵於匈奴前之事。（丙）"其後深維社稷之計"至"填盧山之壑而不悔也"，述漢武之征匈奴。（丁）"至本始之初"至"中國未得高枕安寢也"，述宣帝時用兵之事。（戊）"逮至元康神爵之間"至"未易可輕也"述匈奴降伏後之事，其中（丙）（戊）兩段，最爲緊要，故述之特詳，而（戊）段中自"外國天性忿鷙"以下，實兼論（丙）（戊）兩段。（三）自"今單于歸義"以下爲末段。先說出本意，自"誠先於未然"以下用反筆，將上文所說的話，一一提挈到，亦與劉向《諫起昌陵疏》同，此乃漢人奏議通式。而"且往者圖西域"以下，則又另起一波，此所謂"山重水複疑無路，柳暗花明又一村"，看到以爲完了之時，忽又奇峰突起，自亦足以引人入勝，此亦揚子雲有意爲文，所以有此佈置，如使董仲舒、劉向等爲之，就未必如此了。

此篇第二段中的（丙）（戊）兩小段，爲全篇精彩所在，試看其堆疊許多辭句，這就是參用辭賦之法處。文章的好尚，隨時代而不同。我們現在，看了此等參用辭賦之法的文章，未必較純以口語爲基的爲美，或且不及其生動變化，但在當時的人，有辭賦的好尚，則看了這種文字，一定覺得其較爲美麗的。文字的漸趨於駢儷，實由此而起。但雖然如此，此篇離語言，究竟還不遠的。如"其後深惟社稷之計"至"虜名王貴人以百數"，詳析叙述，厚集其力，而以"自是之後，匈奴震怖，益求和親，然而未肯稱臣也"束住其下，再用"且夫前世"一段一提，即覺其絕不平衍。又如"往時嘗屠大宛之城"一段，用排句極多，而下文"三垂比之懸矣，前世重之茲甚"兩句，則語調極宕逸，如此，上文就不覺得板重了。凡駢文做得愈好的，其語氣必愈生動，愈是讀近於駢儷的文章，愈要注意其波瀾激宕之處，不可單從排比處着眼，就是此理。"徒費財勞師，一虜不可得見，況單于之面乎"，照普通的說話，只要說"況單于乎"就夠了，而此必加"之面"二字，就是有意修飾句子，以求其動的目的。"使衛青、霍去病操兵"，操兵就是手裏拿着兵器；衛青、霍去病都是大將，決不是拿着弓箭刀槍去上陣的，説"使衛青、霍去病操兵"，正和現在説使某總司令掮槍，某總指揮放炮一樣，這也是有意修飾句子。"忍百萬之師，以摧餓虎之喙，運府庫之財，填盧山之壑"，在普通語言裏，不過"費財勞師"四字，"屠大宛之城"六句，照普通言語説起來，亦不過滅掉或征服某某國罷了，亦是此理。

董仲舒《對賢良策一》

　　制曰：朕獲承至尊休德，傳之亡窮，而施之罔極，任大而守重，是以夙夜不皇康寧，永惟萬事之統，猶懼有闕。故廣延四方之豪儁，郡國諸侯公選賢良脩絜博習之士，欲聞大道之要，至論之極。今子大夫襃然爲舉首，朕甚嘉之。子大夫其精心致思，朕垂聽而問焉。蓋聞五帝三王之道，改制作樂而天下洽和，百王同之。當虞氏之樂，莫盛於韶，於周莫盛於勺。聖王已没，鐘鼓筦弦之聲未衰，而大道微缺，陵夷至虖桀紂之行，王道大壞矣。夫五百年之間，守文之君，當塗之士，欲則先王之法以戴翼其世者甚衆，然猶不能反，日以仆滅，至後王而後止，豈其所持操或誖謬而失其統與？固天降命不可復反，必推之於大衰而後息與？烏虖！凡所爲屑屑，夙興夜寐，務法上古者，又將無補與？三代受命，其符安在？災異之變，何緣而起？性命之情，或夭或壽，或仁或鄙，習聞其號，未燭厥理。伊欲風流而令行，刑輕而姦改，百姓和樂，政事宣昭，何脩何飾而膏露降，百穀登，德潤四海，澤臻草木，三光全，寒暑平，受天之祜，享鬼神之靈，德澤洋溢，施虖方外，延及羣生？子大夫明先聖之業，習俗化之變，終始之序，講聞高誼之日久矣，其明以諭朕。科別其條，勿猥勿併，取之於術，慎其所出。殹其不正不直，不忠不極，枉於執事，書之不泄，興於朕躬，毋悼後害。子大夫其盡心，靡有所隱，朕將親覽焉。

　　仲舒對曰：陛下發德音，下明詔，求天命與情性，皆非愚臣之所能及也。

　　臣謹案《春秋》之中，視前世已行之事，以觀天人相與之際，甚可畏也。國家將有失道之敗，而天迺先出災害以譴告之，不知自省，又出怪異以警懼之，尚不知變，而傷敗迺至。以此見天心之仁愛人君而欲止其亂也。自非大亡道之世者，天盡欲扶持而全安之，事在彊勉而已矣。彊勉學問，則聞見博而知益明；彊勉行道，則德日起而大有功，此皆可使還至而立有效者也。《詩》曰"夙夜匪解",《書》云"茂哉茂哉",皆彊勉之謂也。

道者,所繇適於治之路也,仁義禮樂皆其具也。故聖王已没,而子孫長久安寧數百歲,此皆禮樂教化之功也。王者未作樂之時,廼用先王之樂宜於世者,而以深入教化於民。教化之情不得,雅頌之樂不成,故王者功成作樂,樂其德也。樂者,所以變民風,化民俗也;其變民也易,其化人也著。故聲發於和而本於情,接於肌膚,臧於骨髓。故王道雖微缺,而筦弦之聲未衰也。夫虞氏之不爲政久矣,然而樂頌遺風猶有存者,是以孔子在齊而聞韶也。

夫人君莫不欲安存而惡危亡,然而政亂國危者甚衆,所任者非其人,而所繇者非其道,是以政日以仆滅也。夫周道衰於幽厲,非道亡也,幽厲不繇也。至於宣王,思昔先王之德,興滯補弊,明文武之功業,周道粲然復興,詩人美之而作,上天祐之,爲生賢佐,後世稱誦,至今不絕。此夙夜不解行善之所致也。孔子曰:"人能弘道,非道弘人"也。故治亂廢興在於己,非天降命不得可反,其所操持,誖謬失其統也。

臣聞天之所大奉使之王者,必有非人力所能致而自至者,此受命之符也。天下之人同心歸之,若歸父母,故天瑞應誠而至。《書》曰:"白魚入於王舟,有火復於王屋,流爲烏",此蓋受命之符也。周公曰:"復哉復哉",孔子曰:"德不孤,必有鄰",皆積善絫德之效也。及至後世,淫佚衰微,不能統理羣生,諸侯背畔,殘賊良民以爭壤土,廢德教而任刑罰刑。罰不中,則生邪氣;邪氣積於下,怨惡畜於上。上下不和,則陰陽繆盭而妖孽生矣。此災異所緣而起也。

臣聞命者天之令也,性者生之質也,情者人之慾也。或夭或壽,或仁或鄙,陶冶而成之,不能粹美,有治亂之所生,故不齊也。孔子曰:"君子之德風,小人之德草,草上之風必偃。"故堯舜行德則民仁壽,桀紂行暴則民鄙夭。夫上之化下,下之從上,猶泥之在鈞,唯甄者之所爲;猶金之在鎔,唯冶者之所鑄。"綏之斯俫,動之斯和",此之謂也。

臣謹案《春秋》之文,求王道之端,得之於正。正次王,王次春。春者,天之所爲也;正者,王之所爲也。其意曰,上承天之所爲,而下以正其所爲,正王道之端云爾。然則王者欲有所爲,宜求其端於天。天道之大者在陰陽。陽爲德,陰爲刑;刑主殺而德主生。是故陽常居大夏,而以生育養長爲事;陰常居大冬,而積於空虚不用之處。以此見天之任德不任刑也。天使陽出佈施於上而主歲功,使陰入伏於下而時出佐陽;陽不得陰之助，亦不能獨成歲。終陽以成歲爲名，此天意也。王者承天意以從事，故任德教而不任刑。刑者不可任以治世，猶陰之不可任以成歲也。爲政而任刑，不順於天，故先王莫之肯爲也。今廢先王德教之官，而獨任執法之吏治民，毋乃任刑之意與！孔子曰：“不教而誅謂之虐。”虐政用於下，而欲德教之被四海，故難成也。

臣謹案《春秋》謂一元之意，一者萬物之所從始也，元者辭之所謂大也。謂一爲元者，視大始而欲正本也。《春秋》深探其本，而反自貴者始。故爲人君者，正心以正朝廷，正朝廷以正百官，正百官以正萬民，正萬民以正四方。四方正，遠近莫敢不壹於正，而亡有邪氣奸其間者。是以陰陽調而風雨時，羣生和而萬民殖，五穀孰而草木茂，天地之間被潤澤而大豐美，四海之內聞盛德而皆徠臣，諸福之物，可致之祥，莫不畢至，而王道終矣。孔子曰：“鳳鳥不至，河不出圖，吾已矣夫！”自悲可致此物，而身卑賤不得致也。今陛下貴爲天子，富有四海，居得致之位，操可致之勢，又有能致之資，行高而恩厚，知明而意美，愛民而好士，可謂誼主矣。然而天地未應而美祥莫至者，何也？凡以教化不立而萬民不正也。

夫萬民之從利也，如水之走下，不以教化隄防之，不能止也。是故教化立而姦邪皆止者，其隄防完也；教化廢而姦邪並出，刑罰不能勝者，其隄防壞也。古之王者明於此，是故南面而治天下，莫不以教化爲大務。立太學以教於國，設庠序以化於邑，漸民以仁，摩民以誼，節民以禮，故其刑罰甚輕而禁不犯者，教化行而習俗美也。聖王之繼亂世也，掃除其迹而悉去之，復脩教化而崇起之。教化已明，習俗已成，子孫循之，行五六百歲尚未敗也。至周之末世，大爲亡道，以失天下。秦繼其後，獨不能改，又益甚之，重禁文學，不得挾書，棄捐禮誼而惡聞之，其心欲盡滅先聖之道，而顓爲自恣苟簡之治，故立爲天子十四歲而國破亡矣。自古以來，未嘗有以亂濟亂，大敗天下之民如秦者也。其遺毒餘烈，至今未滅，使習俗薄惡，人民嚚頑，抵冒殊扞，孰爛如此之甚者也。孔子曰：“腐朽之木不可雕也，糞土之牆不可圬也。”今漢繼秦之後，如朽木糞牆矣，雖欲善治之，亡可奈何。法出而姦生，令下而詐起，如以湯止沸，抱薪救火，愈甚亡益也。竊譬之琴瑟不調，甚者必解而更張之，乃可鼓也；爲政而不行，甚者必變而更化之，乃可理也。當更張而不更張，雖有良工不能善調也；當更化而不更化，雖有大賢不能善治也。故漢得天下以來，常欲善治而至今不可善治者，失之於當更化而不更化也。古人有言曰：“臨淵羨魚，不如退而結網。"今臨政而願治七十餘歲矣,不如退而更化,更化則可善治,善治則災害日去,福禄日來。《詩》云:"宜民宜人,受禄於天。"爲政而宜於民者,固當受禄於天。夫仁誼禮知信五常之道,王者所當脩飭也。五者脩飭,故受天之祐,而享鬼神之靈,德施於方外,延及羣生也。

【講解】

此篇要看其樸茂。何謂樸茂?樸,就是現在俗話的"坯"字,凡人工所成之器,必加修飾,譬如木器,雕刻繪畫,固然是一種修飾,即但做到面平滑而形整齊,也已經是一種修飾。坯子則不然,毫無人工所加之美。然自然之物,亦自有其美,這種美,在現在的白話文裏和淺近文言裏,是很容易的。只要文章的内容充實,又做得熟,寫起來,能够氣盛言宜,不至於格格不吐,就可以有這種美。修飾不但指字面,即語調亦然,須注意。茂是"草木盛貌",凡草木盛時,必定一望無際,更無空缺之處,也不覺得有什麽疏密,使人起一種豐富充實之感。豐富充實,也就是一種美。凡文章有意修飾的,往往加意佈置,或詳或畧,惟無意爲文者不然,看去到處一律,正像一望無際的森林和草原,使人起偉大樸實的感覺,所以樸和茂兩種美,總是連帶的。近代的文章,康有爲和董仲舒最相像。

策是提出問題,使被策者回答,這種文體,後世考試,還是有的,但其實質卻有些兩樣。後世考試的策,是考者自以爲程度高,以被考者爲程度低,提出問題,使其回答,以覘其學識,與學校中教師考試學生相像。漢朝的策問,是策問者自以爲程度低,認被策問者爲程度高,請教他,和學校中學生請問教師相像。所以被策問的人,並不限於被選舉的人,如河間獻王入朝,亦對策三十餘事。此點不可不知。此係馬端臨説,見《文獻通考·選舉考》。

制曰以下,爲皇帝策問之辭。自"朕獲承至尊休德"至"朕垂聽而問焉",説明策問之意。以下提出問題。(甲)自"蓋聞五帝三皇之道"至"或悖謬而失其統與",問何以前王政治之具仍在,而後世陵夷衰微,終至滅亡,究係治法不合,抑係天命不可復反?(乙)三代受命,其符安在?災異之變,何緣而起?(丙)"性命之情,或夭或壽,或仁或鄙"之故。(丁)如何纔可以風流令行,刑輕奸改,臻於至治?自"子大夫明先聖之業"以下,乃勖其善對,提出(子)"科别其條,勿猥勿并",(丑)"取之於術,慎其所出"兩端,又告以(寅)"枉於執事,書之不泄"以安其心。

對辭亦即依着所問的次序,(一)自"陛下發德音"至"皆非愚臣之所及也"

爲歉辭。（二）自"臣謹案春秋之中"至"其所操持,悖謬失其統也",對（甲）問。其中又分爲三小段,自"臣謹案春秋之中"至"皆强勉之謂也"爲第一小段;自"道者"至"是以孔子在齊而聞韶也"爲第二小段,策問中"當虞氏之樂,莫甚於韶"云云,本是叙述之辭,並非所問的話,依理,這幾句本不消回答,然仲舒之意,注重於教化,所以於此,特加發揮。"夫人君莫不欲安存"至"其所操持悖謬失其統也"爲第三小段。（三）自"臣聞天之所大奉"至"此災異所緣而起也",對（乙）問。（四）"臣聞命者"至"此之謂也"對（丙）問。自此至完對（丁）問。亦分"臣謹案春秋之文"至"故難成也",爲第一小段;"臣謹案春秋謂一元之意"至"而萬民不正也"爲第二小段;自"夫萬民之從利也"至完,爲第三小段。

　　樸茂的文字,雖係隨筆抒寫,非如有意爲文者流,注意於先後佈置疏密詳畧,以求其文之工.然文成法立,只要依着説話自然的條理,此等妙處,亦即自然存在。如此篇策問中,固天降命,不可復反,必推之於大衰而後息。這一層意思是最要不得的,懷着這個意見,就要生出夙興夜寐又將無補的結果來,而流於委心任運了。所以一開口,便把他駁掉,這就是評文之家,所謂"力争上游"。（乙）（丙）兩問是比較不關重要的,所以對辭亦較平淡,而對（甲）（丁）兩問,則著力,這就是評文之家,所謂疏密濃淡之法。極言教化之要,是第五段的正意,然第（二）段中之（第二點）以及第三段中"廢德教而任刑罰"等語,業已透露其意了。前文業經提及,則後文説及處,自不覺其突兀,而且有徐徐引入之妙。此等道理原是有的,所以向來的批評家所用的名詞和成語,原不能謂其盡屬無理。或者最初批評的人,本來是内行,後來外行的人,卻襲用其語而不知其意義了。他們的毛病,乃在不知此係説話自然的條理,善爲文者,不過能遵循之,而以爲都是有意求工,硬想出來的法子,於是不知在天然的條理上用工夫,硬要無中生有,想出善於行文的法子來,這就使學者不求事理,不講學問,專於文字上求工,其結果"皮之不存,毛將焉附"了。所以求文字之工,其根本並不在於文字上,至少初學之時,專向文字上去求是無效的。文字緊要之處,必須聚精會神以赴之。如此文自"故爲人君者,正心以正朝廷"至"而王道終矣"一段,便是此等處文字,亦自然會有色彩,不消有意渲染的。文章到厚集其力處,自然易成駢語,因爲厚集其力,則語氣必簡勁。簡勁則虛字必少,而句之長短易齊,句之長短既齊,自然易成對偶之故。如此文"陰陽調而風雨時"一段便是。所以文章的駢散,亦是成於言語的自然。凡文字中緊要之語,必須鄭重出之。如此篇自"今陛下貴爲天子"至"而美祥莫至者"一段,厚集其力,然後轉出"凡以教化不立而萬民不正也"兩語是。文章中重要之語,有時可以繁複出之,如

"夫萬民之從利也,如水之走下,不以教化隄防之,不能止也",意甚明白。然又承之曰:"是故教化立而奸邪皆止者,其隄防完也;教化廢而奸邪並出,刑罰不能勝者,其隄防壞也","琴瑟不調甚者",必反言之曰,"當更張而不更張,雖有良工不能善調也;當更化而不更化,雖有大賢不能善治也"皆是。此等處看似累贅,而不嫌其累贅,看似拙笨,而不嫌其拙笨,即因其當繁而繁之故。重要的話,有時厚集其力,先説了許多話,然後把他鄭重的説出來,如前所言"凡以教化不立而萬民不正也"兩句是。有時用鄭重的筆把他先提出來,如"聖王之繼亂世也,掃除其迹而悉去之,復修教化而崇起之"三語是。此等處切忌軟弱無力,此處一不着力,下文"竊譬之琴瑟不調"云云,亦都沒有力量了。惟此處有力,然後讀到下文,覺得淋漓盡致,極其酣暢。

"臣謹案春秋之中","中"字當作"正"字講,春秋之中,就是春秋的正道;並不是春秋這部書裏頭的意思。"視萬世已行之事","行"字是"往"字的意思,"已行"就是"以往",《史記》自序,"我欲托之空言,不如見之行事之深切著明也",行事亦作往事解。"有治亂之所生","有"同"又"。"終陽以成歲爲名"疑有奪文,此處當言陰終陽而陽以成歲爲名。"固宜受禄於天夫",當在"夫"字斷句。古書夫字屬上句,而後人誤屬下句者甚多,如《論語·子罕》"子曰:未之思也夫,何遠之有"即其一例。

賈誼《諫放民私鑄疏》

法使天下公得顧租鑄銅錫爲錢,敢雜以鉛鐵爲它巧者,其罪黥。然鑄錢之情,非殽雜爲巧,則不可得贏;而殽之甚微,爲利甚厚。夫事有召禍而法有起姦,今令細民人操造幣之勢,各隱屏而鑄作,因欲禁其厚利微姦,雖黥罪日報,其勢不止。迺者,民人抵罪,多者一縣百數,及吏之所疑,榜笞奔走者甚衆。夫縣法以誘民,使入陷阱,孰積於此!曩禁鑄錢,死罪積下;今公鑄錢,黥罪積下。爲法若此,上何賴焉?

又民用錢,郡縣不同:或用輕錢,百加若干;或用重錢,平稱不受。法錢不立,吏急而壹之虖,則大爲煩苛,而力不能勝;縱而弗呵虖,則市肆異用,錢文大亂。苟非其術,何鄉而可哉!

今農事棄捐而採銅者日蕃,釋其耒耨,冶鎔炊炭,姦錢日多,五穀不爲多。善人怵而爲姦邪,願民陷而之刑戮,刑戮將甚不詳,奈何而忽!

國知患此,吏議必曰禁之。禁之不得其術,其傷必大。令禁鑄錢,則錢必重;重則其利深,盜鑄如雲而起,棄市之罪又不足以禁矣。姦數不勝而法禁數潰,銅使之然也。故銅佈於天下,其爲禍博矣。

今博禍可除,而七福可致也。何謂七福?上收銅勿令佈,則民不鑄錢,黥罪不積,一矣。偽錢不蓄,民不相疑,二矣。采銅鑄作者反於耕田,三矣。銅畢歸於上,上挾銅積以御輕重,錢輕則以術斂之,重則以術散之,貨物必平,四矣。以作兵器,以假貴臣,多少有制,用別貴賤,五矣。以臨萬貨,以調盈虛,以收奇羨,則官富貴而末民困,六矣。制吾棄財,以與匈奴逐爭其民,則敵必懷,七矣。故善爲天下者,因禍而爲福,轉敗而爲功。今久退七福而行博禍,臣誠傷之。

【講解】

這一篇,是古人文字精簡之式。

文字有兩種形式,一種是要說得詳盡的,貴於氣勢充沛,淋漓盡致。但是注意,並不是說空話。一種是以簡要爲貴的,道理並不能較說得詳盡的文字減少,話卻要說得少,所以說話的時候,要想一想,怎樣說法,纔能話說得少,而道理仍包括無遺。這種情形,我們說話的時候,也是有的。做文章亦與說話同理。不過我們對於文章,總沒有說話那麼熟,有時就做不好罷了。然此種文字,亦可設法練習。(一)做的時候,先要想一想,把無關緊要的話除去,剩下必要的話,用最簡最明白的法子,把他寫出來。(二)此等文字是不能不起稿的,本來文字總以起稿爲宜,除極簡單者外。而且還要修改。修改之法,是做好之後,自己復看一遍,把不相干的話除掉了。遺漏的自然也要加意補入,但初學者總是失之冗蔓的居多。相干的話,如其說得還不精簡,再把他改做過,如此逐次刪改,或者不止一次。有時前後次序,或須改動,則並不能就原本改削,而要另行起草,如此逐次改削,即無人指點,也會有進步的,如有人指點,就更好了。此等練習之法,並不限於精簡的文字,但是於精簡的文字爲尤要。

西漢時代是文字個性開始顯著的時代,其中著名的作家,大約賈誼、晁錯是一派;董仲舒是一派;司馬遷是一派;司馬相如、揚雄是一派;匡衡、劉向是一派。各派各有特色。賈晁一派的特色,在明於事情,而能熟權利害,事情就是一件事實的真相,研究得最明白,利害比較得最透徹的,要推法家。賈生是治禮的,儒家中的禮家,實與法家相出入。晁錯本是治申商之學的。所以他們的文字,有這一種特色。

賈生的文章,最著名的,自然是《陳政事疏》,但此篇實非完作,已經作史的人删削割裂了，在《新書》中的割裂更甚，所以現在選講他一篇首尾完具而精簡的文字。

此篇凡分四段，自起至"上何賴焉"爲第一段，叙述關於當時貨幣的法令陷民於刑，這是政治上最重要的問題，故先言之。自"又民用錢"至"何鄉而可哉"爲第二段，言市肆異用，錢文大亂。自"今農事棄捐"至"奈何而忽"爲第三段，言放民私鑄，妨害農業，漢人視農業最重，故特言之。以上三段，皆論當時之弊，"國知患此"以下，乃説出補救之法。放民私鑄不妥，則禁鑄，乃流俗最容易想到的辦法，所以先把它闖去，然後説出自己的主意。"奸數不勝"至"其爲禍博矣"，説明患之所在。"上收銅勿令佈"六字，説明自己的辦法。以下乃把七福分疏明白，而將"故善爲天下者"數語作總結。合全篇觀之，亦可云自起至"奈何而忽"爲一大段，"今博禍可除"至末爲一大段，而"國知患此"至"其爲禍博矣"，爲其中間的轉捩。

凡文字轉折處，皆貴簡捷，切忌拖泥帶水，精簡的文字，則更貴堅實，忌用空句承轉。因爲既要精簡，就更無使用空句的餘地了。如此篇首句叙明當時法律後，次句即緊承而駁之曰："然鑄錢之情，非淆雜爲巧，則不可得贏，而淆之甚微，爲利甚厚"，承接既緊，所駁又極中核要，自然精警奪目了。要作精簡的文字，於此等處最須注意。凡説話有一要訣，論事須闡明原理，説理須舉事實爲證。因爲將許多事實歸納起來纔能够得到一個原理，論事而能根據原理，則不音得多數事實爲證，自然人家容易相信了。此篇要説細民人操造幣之勢以下數語，而先申之曰"事有召禍，法有起姦"，即此法。又叙事的繁簡，亦看文章的繁簡。如當時關於鑄錢的法令，必非一語可盡，然此篇議論既簡，則叙事不得獨詳，所以篇首叙述，括以兩語，此非删削事實，乃約舉其要而以簡括之語出之耳，須注意。

"五穀不爲多"之"多"字，乃妄人所加，見王念孫《讀書雜志》，"爲"讀如"訛"，與"多"爲韻，"訛"從"爲"，亦從"化"，可見"爲"與"化"同音。古用"爲"字，本多作變化講。《禮記·雜記》子曰："張而不弛，文武弗能也，弛而不張，文武弗爲也。""能"即今"耐"字，言始終緊張而不寬弛，文王武王亦不能使民忍耐得住；始終寬弛而不緊張，文王武王亦不能使穀物變化而有成也。凡農事自播種以至於收成，全靠種子的變化，所以古人説農事皆以變化言。所謂無爲而成，亦是此意，言不見天之有意變化穀物，然暗中已把穀物變化成就了，此其作用之所以爲神也。"國之患此"之國，指都城言。古書用國字，意義全與今異，乃指天子諸侯所居的城言之，説國知患此，猶之後人説朝廷之上知以此為患。

漢代銅價貴，錢作亦貴，民間零星交易，不大用錢。兵器卻多數是用銅做的，然亦多藏於武庫，當時的民間，是不大有銅的，所以賈生要"收銅勿令佈"。若在後世，人民生活程度漸高，銅漸散於民間，家家都有銅器，再要"收銅勿令佈"，事實上就不可能了。賈生又要"上挾銅積以御輕重"，亦緣當時的交易，遠不如後世之盛，市場既小，官賣出或買進一部分貨物，便可影響其價格。在後世，此事就不易行了。此等處，須知古今情形不同，不可輕議古人。

《漢書‧西域傳贊》

贊曰：孝武之世，圖制匈奴，患其兼從西國，結黨南羌，迺表河曲列西郡，開玉門，通西域，以斷匈奴右臂，隔絕南羌、月氏。單于失援，由是遠遁，而幕南無王庭。

遭值文、景玄默，養民五世，天下殷富，財力有餘，士馬彊盛。故能覩犀布、瑇瑁，則建珠崖七郡，感枸醬、竹杖則開牂柯、越巂，聞天馬、蒲陶則通大宛、安息。自是之後，明珠、文甲、通犀、翠羽之珍盈於後宮，蒲梢、龍文、魚目、汗血之馬充於黃門，鉅象、師子、猛犬、大雀之羣食於外囿。殊方異物，四面而至。於是廣開上林，穿昆明池，營千門萬戶之宮，立神明通天之臺，興造甲乙之帳，落以隨珠和璧，天子負黼依，襲翠被，馮玉几，而處其中。設酒池肉林以饗四夷之客，作巴俞都盧、海中碭極、漫衍魚龍、角抵之戲以觀視之。及賂遺贈送，萬里相奉，師旅之費，不可勝計。至於用度不足，迺榷酒酤，筦鹽鐵，鑄白金，造皮幣，算至車船，租及六畜。民力屈，財用竭，因之以凶年，寇盜並起，道路不通，直指之使始出，衣繡杖斧，斷斬於郡國，然後勝之。是以末年遂棄輪臺之地，而下哀痛之詔，豈非仁聖之所悔哉！

且通西域，近有龍堆，遠則蔥嶺，身熱、頭痛、縣度之阸。淮南、杜欽、揚雄之論，皆以為此天地所以界別區域，絕外內也。《書》曰"西戎即序"，禹既就而序之，非上威服，致其貢物也。

西域諸國，各有君長，兵衆分弱，無所統一，雖屬匈奴，不相親附。匈奴能得其馬畜旃罽，而不能統率與之進退。與漢隔絕，道里又遠，得之不為益，棄之不為損，盛德在我，無取於彼。故自建武以來，西域思漢威德，咸樂內屬。唯其小邑鄯善、車師，界迫匈奴，尚爲所拘。而其大國莎車、于闐之屬，數遣使置質於漢，願請屬都護。聖上遠覽古今，因時之宜，羈縻不絕，辭而未許。雖大禹之序西戎，周公之讓白雉，太宗之郤走馬，義兼之矣，亦何以尚茲！

【講解】

此篇爲《漢書》的論贊。凡《漢書》的文字，不能盡認爲作《漢書》者所作。有一部分，比較的可認爲是作《漢書》者所自作的，須有相當的考據，和文學上的眼光，方能加以分別，其理由與《史記》同，茲不更贅。《漢書》文字的有所本，最容易見得的，便是將它和《史記》對勘。《史》、《漢》的異同，一種是在事實上的，《漢書》對於《史記》，有所刪訂增補，這自然和文字無涉，無論怎樣善於附會的人，決不能把它拉扯到文字方面去。一種只是字句的異同，大抵《史記》虛字多而句較長，《漢書》則反是，這是向來論文之家所標榜爲馬、班文字，風格異同的。他們説，只要節去幾個虛字，風格便判然不同，這是古人手法高處。其實這全是瞽説。古人的引用成文，以照抄不改一字爲原則。百分之九十幾，都是這樣的，其少數不然的，則（一）或因古人文字，本多口耳相傳，並無正本。（二）又或因古人不注意於字句的出入，以致於無意中改易。（三），又或傳鈔訛誤，並不能認爲例外。漢代通稱做文章爲屬文，“屬”只是“連接起來”的意思，就是爲此。《史》《漢》兩書，在唐以前，《漢書》的通行，較《史記》爲廣，這是因爲《史記》中述漢事的部分，自然不如《漢書》的完全，其述秦以前事的部分，卻被別種書，如譙周《古史考》，皇甫謐《帝王世紀》等所替代了。所以其傳鈔的次數，較《漢書》爲少。古人的鈔書，有刪節字句的習慣。尤其易於被刪的，就是書中的虛字。《漢書》的傳鈔的次數既較《史記》爲多，其被刪節，自然也較《史記》爲甚了。以爲是古人有意爲之，而且就此可看出古人文章風格的異同，這正是魔道。然而不懂得古書義例的人，卻很容易懷抱此等見解的。所以學問與文章雖非一事，然而做文章的人，仍不可不畧知學問的門徑。

此篇凡分兩大段：（一）自起至“豈非仁聖之所悔哉”爲第一大段，其中又分甲乙兩小段。（甲）自起至“而幕南無王庭”述普通所謂通西域的理由及其功效；（乙）自“遭值文景”以下，則述武帝時通西域的勞費及其所詒之禍。（二）自“且通西域”至完爲第二大段。其中又分子丑寅三小段。西域不必通的理由有三，勞費中國，一也。第一大段已言之，故不再述。地理的限制，勢不可能，二也。（子）段自“且通西域”至“非上威服，致其貢物也”言之。並不足以制匈奴，三也。（丑）段自"西域諸國"至"無取於彼"言之。合此三種理由，所以建武堅拒西域的請屬，是爲（寅）段。"故自建武"以下所云。（寅）段雖兼承（乙）（子）（丑）三段，然（乙）段實爲全篇主意所在，故不能與（子）、（丑）並列。

漢武的武功爲後人所稱道，然在當時，有用兵的必要的，實則一匈奴。而漢武的用兵於匈奴，殊不得法。真所謂以最大的勞費，得最小的效果。其餘諸地方，則都是出於侈心，並無爲國爲民之念。（一）西域之通，起於張騫的招致大月氏，原欲與之共攻匈奴，以節省中國的兵力財力，然自張騫還後，月氏之不能共攻匈奴，事已明白。招致之謀，便可放棄。謀通其餘諸國，更無理由。具如（子）（丑）兩段所述。（二）然《張騫傳》說："天子既聞大宛及大夏、安息之屬，皆大國多奇物"，而兵弱貴漢財物。"其北大月氏、康居之屬，兵强"，則"可以賂遺設利朝"，"誠得而以義屬之，廣地萬里，重九譯，致殊俗，威德遍於四海"，則非復原意，而動於侈心了。（三）最後的征大宛，則又動於意氣。（四）而如本篇所述，好致奢侈之物，亦未嘗非其一原因。這都是很無謂的。所以當時的文治派，無不加以反對，踴躍贊成的，都是有野心的武士浪人一流。或謂武帝之事四夷，一時雖勞費，從久遠的立場上論，則實有爲國家開疆拓土之功。此亦似是而非。真正的開拓，必以民族的淳化爲前提，而民族的淳化，全係社會之力，好大喜功的開拓，實在無甚助力，即使有之，亦功不補罪。此是另一問題，當別論。然讀此篇，亦應知其議論，爲當時政治上社會上極正當的道理，不可以頑固怯弱目之。

此篇已是初期的駢文了。篇中鋪排設色，可謂很屬害，然尚不嫌其浮靡而無實。其最大的原因，則因其鋪排設色，乃係有所爲而爲之，並非徒事塗澤，以求悅人耳目。怎說他的鋪排設色，乃係有所爲而爲之呢？原來文章的作用在於諷。何謂諷？就是孔子所謂巽與之言，亦即詩家所謂主文而譎諫，非徒從義理上立論，使人知其非而不敢爲；更非以威力迫脅，使人雖欲爲之而不得；乃係觸動其不忍人之心，而使之有所不忍爲，此本係文學最大的作用。而況政治上社會上總不免有所顧忌，有所壓迫，而不能直言，就不得不出以諷刺了。此篇的鋪排，主意就是爲此。他並非要把許多事實臚列了，以顯得材料的豐富，而是把當時的事實，臚列得愈多，則愈使人見得通西域的無謂。譬如說"遭直文景玄默，養民五世，天下殷富，財力有餘，士馬强盛"，而下文接着說"故能覩犀布瑇瑁，則建珠崖七郡"云云。則見得以如此的畜積，而僅供好大喜功之主，一時衝動而浪費，未免使人惋惜了。下文再說"殊方異物，四面而至”，則見得以莫大的勞費，所得不過如此。“於是廣開上林”以下，又見得因此而講究宮室和陳設。“設酒池肉林”以下，則見得費中國以奉四夷。其結果，自然非至用度不足，因此而加稅召亂不可了。此皆意在陳古以鑒今，愈鋪排得足，則愈使人感覺其不應該，而惻然有所不忍，惕然引以爲戒，所以説他的鋪排，都不是無謂而然的。此等可謂雖注意於文，而尚不離其質。至於文勝其質，甚或至於質不可見，則離本太遠，而文就趨於敝了。這就是後來的駢文所以日入於敝的原因。專制之世，臣下的立言，是很難的。如此篇（乙）段，力攻武帝之失，然自己並不加以批評，而仍以武帝自悔立言。至總結處，則但稱頌光武帝之美，而不斥前代之失。這固然是專制之世，立言不得已處，然文章諷刺的作用，既較斥責爲大，則即在無所顧忌之時，自亦不妨取法，何況真正無所顧忌，又是很不容易的事呢？

古書中的“唯”字有時皆係“雖”字，如《漢書·揚雄傳》，載雄所作《解嘲》，“唯其人之贍知哉，亦會其時之可爲也”，《文選》“唯”作“雖”，即其一例。《禮記·樂記》：“唯丘之聞諸萇弘，亦若吾子之言”；此篇“唯其小邑鄯善、車師”，“唯”字皆即“雖”字，舊多以爲惟字，實非。

淮南王《上書諫伐南越》

陛下臨天下，佈德施惠，緩刑罰，薄賦斂，哀鰥寡，卹孤獨，養耆老，振匱乏，盛德上隆，和澤下洽，近者親附，遠者懷德，天下攝然，人安其生，自以没身不見兵革。今聞有司舉兵將以誅越，臣安竊爲陛下重之。

越，方外之地，劗髮文身之民也。不可以冠帶之國法度理也。自三代之盛，胡越不與受正朔，非彊弗能服，威弗能制也，以爲不居之地，不牧之民，不足以煩中國也。故古者封内甸服，封外侯服，侯衛賓服，蠻夷要服，戎狄荒服，遠近埶異也。自漢初定已來七十二年，吴越人相攻擊者不可勝數，然天子未嘗舉兵而入其地也。

臣聞越非有城郭邑里也，處谿谷之間，篁竹之中，習於水鬭，便於用舟，地深昧而多水險，中國之人不知其埶阻而入其地，雖百不當其一。得其地，不可郡縣也；攻之，不可暴取也。以地圖察其山川要塞，相去不過寸數，而間獨數百千里，阻險林叢弗能盡著。視之若易，行之甚難。天下賴宗廟之靈，方内大寧，戴白之老不見兵革，民得夫婦相守，父子相保，陛下之德也。越人名爲藩臣，貢酎之奉，不輸大内，一卒之用，不給上事，自相攻擊，而陛下發兵救之，是反以中國而勞蠻夷也。且越人愚戇輕薄，負約反覆，其不用天子之法度，非一日之積也。壹不奉詔，舉兵誅之，臣恐後兵革無時得息也。

間者，數年歲比不登，民得賣爵贅子以接衣食，賴陛下德澤振救之，得毋轉死溝壑。四年不登，五年復蝗，民生未復。今發兵行數千里，資衣糧，入越地，輿轎而隃領，柁舟而入水，行數百千里，夾以深林叢竹，水道上下擊石，林中多蝮蛇猛獸，夏月暑時，歐泄霍亂之病相隨屬也，曾未施兵接刃，死傷者必眾矣。前時南海王反，陛下先臣使將軍間忌將兵擊之，以其軍降，處之上淦。後復反，會天暑多雨，樓船卒水居擊櫂，未戰而疾，死者過半。親老涕泣，孤子謼號，破家散業，迎尸千里之外，裹骸骨而歸。悲哀之氣數年不息，長老至今以爲記。曾未入其地而禍已至此矣。

臣聞軍旅之後，必有凶年，言民之各以其愁苦之氣，薄陰陽之和，感天地之精，而災氣爲之生也。陛下德配天地，明象日月，恩至禽獸，澤及草木，一人有饑寒不終其天年而死者，爲之悽愴於心。今方內無狗吠之警，而使陛下甲卒死亡，暴露中原，霑漬山谷，邊境之民爲之早閉晏開，𪍿不及夕，臣安竊爲陛下重之。

不習南方地形者，多以越爲人眾兵彊，能難邊城。淮南全國之時，多爲邊吏，臣竊聞之，與中國異。限以高山，人迹所絕，車道不通，天地所以隔外內也。其入中國必下領水，領水之山峭峻，漂石破舟，不可以大舩載食糧下也。越人欲爲變，必先田餘干界中，積食糧，迺入伐材治船。邊城守候誠謹，越人有入伐材者，輒收捕，焚其積聚，雖百越，奈邊城何！

且越人緜力薄材，不能陸戰，又無車騎弓弩之用，然而不可入者，以保地險，而中國之人不能其水土也。臣聞越甲卒不下數十萬，所以入之，五倍迺足，輓車奉饟者，不在其中。南方暑溼，近夏癉熱，暴露水居，蝮蛇蠚生，疾癘多作，兵未血刃而病死者什二三，雖舉越國而虜之，不足以償所亡。臣聞道路言，閩越王弟甲弒而殺之，甲以誅死，其民未有所屬。陛下若欲來內，處之中國，使重臣臨存，施德垂賞以招致之，此必攜幼扶老以歸聖德。若陛下無所用之，則繼其絕世，存其亡國，建其王侯，以爲畜越，此必委質爲藩臣，世共貢職。陛下以方寸之印，丈二之組，填撫方外，不勞一卒，不頓一戟，而威德並行。今以兵入其地，此必震恐，以有司爲欲屠滅之也，必雉兔逃入山林險阻。背而去之，則復相羣聚。留而守之，歷歲經年，則士卒罷勌，食糧乏絕，男子不得耕稼樹種，婦人不得紡績織紲，丁壯從軍，老弱轉餉，居者無食，行者無糧。民苦兵事，亡逃者必衆，隨而誅之，不可勝盡，盜賊必起。

臣聞長老言，秦之時嘗使尉屠睢擊越，又使監禄鑿渠通道。越人逃入深山林叢，不可得攻。留軍屯守空地，曠日持久，士卒勞勌，越迺出擊之。秦兵大破，迺發適戍以備之。當此之時，外内騷動，百姓靡敝，行者不還，往者莫反，皆不聊生，亡逃相從，羣爲盜賊，於是山東之難始興。此老子所謂"師之所處，荆棘生之"者也。兵者凶事，一方有急，四面皆從。臣恐變故之生，姦邪之作，由此始也。

《周易》曰："高宗伐鬼方，三年而克之。"鬼方，小蠻夷，高宗，殷之盛天子也。以盛天子伐小蠻夷，三年而後克，言用兵之不可不重也。臣聞天子之兵有征而無戰，言莫敢校也。如使越人蒙死徼幸以逆執事之顔行，厮輿之卒有一不備而歸者，雖得越王之首，臣猶竊爲大漢羞之。陛下以四海爲境，九州爲家，八藪爲圃，江漢爲池，生民之屬皆爲臣妾，人徒之衆足以奉千官之共，租税之收足以給乘輿之御。玩心神明，秉執聖道，負扆依，馮玉几，南面而聽斷，號令天下，四海之内莫不響應。陛下垂德惠以覆露之，使元元之民安生樂業，則澤被萬世，傳之子孫，施之無窮。天下之安猶泰山而四維之也，夷狄之地何足以爲一日之閒，而煩汗馬之勞乎！《詩》云"王猶允塞，徐方既來"，言王道甚大，而遠方懷之也。

臣聞之，農夫勞而君子養焉，愚者言而智者擇焉。臣安幸得爲陛下守藩，以身爲鄣蔽，人臣之任也。邊境有警，愛身之死而不畢其愚，非忠臣也。臣安竊恐將吏之以十萬之師爲一使之任也！

【講解】

此篇與賈生《諫放民私鑄疏》相反，若稱彼篇爲簡式，則此篇可稱爲繁式。凡説話，有宜扼要立論，以少數的辭句，包含多數的道理的；有宜説得詳盡的；各視其所宜而定，大抵事關重要，惟恐人不明白的，又或聽這話的人，程度不高，恐其不能明白的，都以説得詳盡爲妙，所以奏議以繁式爲多。

淮南王的文章，在西漢時，實可成一家，然而向來數西漢大家的人，都不之及，則因現在的《淮南子》，係集衆所成，如此篇，則向來王公大人的文章，又多非自己出，所以没有人以淮南王爲會做文章的。但今《淮南王書》中，只有《説山》、《説林》兩篇，文體是特别的，此外大抵辭繁而不殺，卻可以稱爲繁式，即此篇亦然。我們且不必管他究竟是何人所做，是一個人所做，還是多數人所做，從文字上看來，確是如出一手的，作者既不可考，就不妨以淮南王爲其代表，而稱之爲西漢一大家。淮南王的文章，流傳到今日的，以事理揆之，決非一人所作，爲什麽其作風卻會一律呢？這可以有兩種解釋，（一）内容雖出於多人，文章則成於一人之手，（二）衆人的文章，本來相像。這兩種解釋，自以取後一種爲是，因爲古人不甚注意於文辭，採取舊説的，文辭大抵因仍不改，而一時一地，學術思想相同的，其文辭又極易相像之故。淮南王所招致的，多是江淮之士，所以其文章亦可視爲當時江淮間即南方的文體。

　　這一篇，（一）自起至“臣安竊爲陛下重之”爲起段。（二）自“臣聞之，農夫勞而君子養焉”至完爲結段。（三）中間又分爲七段。（甲）自“越，方外之地”至“然天子未盡舉兵而入其地也”，先泛論不應煩中國以事方外。（乙）自“臣聞越”至“臣恐後兵革無時得息也”，論越之難征，及其無益於中國，不應征，且一經用兵則不能中止，勞費將無已時。（丙）自“間者數年”至“而禍已至此矣”，論中國當時情形，不宜用兵，及用兵困難情形，舉前征南海王事爲證。（丁）自“臣聞軍旅之後”至“臣安竊爲陛下重之”論用兵之後，中國受害情形。（戊）自“不習南方地形者”至“奈邊城何”，論越人不能爲中國患，無興兵遠征的必要。（己）自“且越人繇力薄材”至“由此始也”，論入越之難，建遣使招致，建侯爲畜兩策，下言如不用此兩策，而遣兵入越之禍，引秦事爲證。（庚）自“《周易》曰”至“而遠方懷之也”，言兵之不可輕用，萬一喪敗，祇以取辱，及犯不着用兵之理。其中（甲）（丙）（己）段，論越之難征，（甲）就越之地勢言，（丙）就發兵入越時言，（己）就入越後言，（丁）（己）兩段，同論中國因用兵所受之禍，（丁）就人民受害言，（己）就國家之治安將不能維持言，所以絶不犯復。凡文章最忌重複，而長篇最易犯復，必須注意。

　　此篇之妙，全在其“辭繁而不殺”，因其説甚詳盡，所以勢力覺得雄厚，這是作長篇取繁式的原理。凡文章最貴氣脉貫通。何謂氣脉貫通？即兩段話，雖各有意思，然其理實相關涉，則説話時應按一定的順序，使人看上文時，容易想起下文，看下文時，又容易回想上文，如此，則格外明白，而讀者所得的印象亦更深。如此篇，讀（丙）段中叙征南海王時的困難，自易想到（丁）段所言愁苦之氣，薄陰陽之和云云，即其一例。但此係説話自然的順序，會做文章的人，不過會利用之而已，並非有意做作，若有意做作，把本無關係的話，硬生出關係來，那就矯揉造作，適增其醜了。不相關的話，即老老實實，各説各的，不相干涉，在文章中亦是一種妙境。昔人形容之辭，謂之“枯木朽株，生意斷絶”，所以做文章，總不外乎順事理之自然。文字轉折，最貴簡捷，如此篇“且越人縣力薄材，不能陸戰，又無車騎弓弩之用”，意承（戊）段，言越人之無能也；“然而不可入者，以保地險，而中國之人不能其水土也”，一轉即入（己）段，言越之不可入，即其一例。

輿轎而隃嶺之轎，即《史記·河渠書》山行即橋之橋，其字與桐雙聲，桐，《玉篇》云：“土輿也”，《左氏》襄公九年，陳畚桐，《漢書·五行志》引作輂。《説文》：輂，大車駕馬也。蓋初本載土之器，亦以馬曳之而行，後來卻可以載人，而且由人拉着走，就漸變成後世的肩輿了。“閩越王弟甲”，甲字不是名字。《漢書·萬石君傳》：“長子建，次甲，次乙，次慶”，顏師古《注》曰：“史失其名，故云甲乙耳，非其名。”“以爲畜越”，爲，化也；畜，養也；猶今言教養。

劉向《諫起昌陵疏》

臣聞《易》曰：“安不忘危，存不忘亡，是以身安而國家可保也。”故聖賢之君，博觀終始，窮極事情，而是非分明。王者必通三統，明天命所授者博，非獨一姓也。孔子論《詩》，至於“殷士膚敏，裸將於京”，喟然嘆曰：“大哉天命！善不可不傳於子孫，是以富貴無常；不如是，則王公其何以戒慎，民萌何以勸勉？”蓋傷微子之事周，而痛殷之亡也。雖有堯舜之聖，不能化丹朱之子；雖有禹湯之德，不能訓末孫之桀紂。自古及今，未有不亡之國也。昔高皇帝既滅秦，將都雒陽，感悟劉敬之言，自以德不及周，而賢於秦，遂徙都關中，依周之德，因秦之阻。世之長短，以德爲效，故常戰栗，不敢諱亡。孔子所謂“富貴無常”，蓋謂此也。

孝文皇帝居霸陵，北臨厠，意悽愴悲懷，顧謂羣臣曰：“嗟乎！以北山石爲椁，用紵絮斮陳漆其間，豈可動哉！”張釋之進曰：“使其中有可欲，雖錮南山猶有隙；使其中無可欲，雖亡石椁，又何戚焉？”夫死者亡終極，而國家有廢興，故釋之之言，爲亡窮計也。孝文寤焉，遂薄葬，不起山墳。

《易》曰：“古之葬者，厚衣之以薪，臧之中野，不封不樹。後世聖人易之以棺椁。”棺椁之作，自黃帝始。黃帝葬於橋山，堯葬濟陰，丘壠皆小，葬具甚微。舜葬蒼梧，二妃不從。禹葬會稽，不改其列。殷湯無葬處，文、武、周公葬於畢，秦穆公葬於雍橐泉宮祈年館下，樗里子葬於武庫，皆無丘壠之處。此聖帝明王賢君智士遠覽獨慮無窮之計也。其賢臣孝子亦承命順意而薄葬之，此誠奉安君父，忠孝之至也。

夫周公，武王弟也，葬兄甚微。孔子葬母於防，稱古墓而不墳，曰：

“丘，東西南北之人也，不可不識也。”爲四尺墳，遇雨而崩。弟子修之，以告孔子，孔子流涕曰：“吾聞之，古者不修墓。”蓋非之也。延陵季子適齊而反，其子死，葬於嬴、博之間，穿不及泉，斂以時服，封墳掩坎，其高可隱，而號曰：“骨肉歸復於土，命也，蒐氣則亡不之也。”夫嬴、博去吳千有餘里，季子不歸葬。孔子往觀曰：“延陵季子於禮合矣。”故仲尼孝子，而延陵慈父，舜禹忠臣，周公弟弟，其葬君親骨肉，皆微薄矣；非苟爲儉，誠便於體也。

宋桓司馬爲石椁，仲尼曰：“不如速朽。”秦相呂不韋集知畧之士而造《春秋》，亦言薄葬之義，皆明於事者也。逮至吳王闔閭，違禮厚葬，十有餘年，越人發之。及秦惠文、武、昭、嚴、襄五王，皆大作丘壠，多其瘞藏，咸盡發掘暴露，甚足悲也。秦始皇帝葬於驪山之阿，下錮三泉，上崇山墳，其高五十餘丈，周回五里有餘；石椁爲游館，人膏爲燈燭，水銀爲江海，黃金爲鳧雁。珍寶之藏，機械之變，棺椁之麗，宮館之盛，不可勝原。又多殺宮人，生薶工匠，計以萬數。天下苦其役而反之，驪山之作未成，而周章百萬之師至其下矣。項籍燔其宮室營宇，往者咸見發掘。其後牧兒亡羊，羊入其鑿，牧者持火照求羊，失火燒其藏椁。自古及今，葬未有盛如始皇者也，數年之間，外被項籍之災，內離牧豎之禍，豈不哀哉！

是故德彌厚者，葬彌薄，知愈深者葬愈微。亡德寡知，其葬愈厚，丘壠彌高，宮廟甚麗，發掘必速。由是觀之，明暗之效，葬之吉凶，昭然可見矣。

周德既衰而奢侈，宣王賢而中興，更爲儉宮室，小寢廟。詩人美之，《斯干》之詩是也，上章道宮室之如制，下章言子孫之衆多也。及魯嚴公刻飾宗廟，多築臺囿，後嗣再絕，《春秋》刺焉。周宣如彼而昌，魯、秦如此而絕，是則奢儉之得失也。

陛下即位，躬親節儉，始營初陵，其制絕小，天下莫不稱賢明。及徙昌陵，增埤爲高，積土爲山，發民墳墓，積以萬數，營起邑居，期日迫卒，功費大萬百餘。死者恨於下，生者愁於上，怨氣感動陰陽，因之以飢饉，物故流離以十萬數，臣甚惛焉。以死者爲有知，發人之墓，其害多矣；若其亡知，又安用大？謀之賢知則不說，以示衆庶則苦；若苟以說愚夫淫侈之人，又何爲哉！陛下慈仁篤美甚厚，聰明疏達蓋世，宜弘漢家之德，崇劉氏之美，光昭五帝、三王，而顧與暴秦亂君競爲奢侈，比方丘壠，說愚夫之目，隆一時之觀，違賢知之心，亡萬世之安，臣竊爲陛下羞之。唯陛下上覽明聖黃帝、堯、舜、禹、湯、文、武、周公、仲尼之制，下觀賢知穆公、延陵、樗里、張釋之意。孝文皇帝去墳薄葬，以儉安神，可以爲則；秦昭、始皇增山厚臧，以侈生害，足以爲戒。初陵之撫，宜從公卿大臣之議，以息衆庶。

【講解】

姚姬傳《復魯絜非書》，說文章有陽剛之美，陰柔之美，這是文學上最高的理論。西漢人的文字，賈、晁是近乎陽剛之美的，匡、劉是近乎陰柔之美的。凡文章近乎陰柔之美的，其語氣必較寬舒，聲調必較嘽緩，讀此文，須從此處領畧。

全篇分爲四段：（一）自起至"蓋爲此也"論古無不亡之國，先據經義立說，次引本朝之事爲證。（二）自"孝文皇帝居霸陵"至"昭然可見矣"，歷引前代之事，以明厚葬之非。其中又分爲四段：（甲）自"孝文皇帝居霸陵"至"不起山墳"，先引本朝之事以明之。（乙）自"《易》曰"至"誠便於體也"，歷舉古薄葬之事，先從薄葬之人本身立論，次從葬之者立論，以"此聖帝明王"至"忠孝之至也"數語，爲其間之轉捩。（丙）自"宋桓司馬自爲石椁"至"豈不哀哉"，述厚葬之禍。（丁）自"是故德彌厚者，葬彌薄"至"昭然可見矣"，爲（甲）、（乙）、（丙）三段之總束。（三）自"周德既衰而奢侈"至"是則奢儉之得失也"，另爲一小段。時成帝方苦無繼嗣，故以奢儉影響於後世動之。（四）自"陛下即位"至完，先述今事之失，次申諫諍之意。

凡作文，必有一最要之義，須牢牢把握住。厚葬之人，必多昏愚。或溺於流俗之見，以禍福動之易，以是非動之難。禍福最切的，莫如厚葬之必被發掘，而厚葬之必被發掘，則實以自古無不亡之國故，從此立論，自然驚心動魄，所以此文徑從此處說起。然此等議論，在專制之世，易觸忌諱，所以先引經義，次述本朝開國之君之事。這兩者，在當時都是所謂大帽子，可以壓人，使人不敢反對的，而其意雖痛切，話卻說得很和緩，在表面上，刺激性並不厲害，正如我們勸人，極痛切的意思，以極溫和的態度出之，此點最須注意。此文所引故事極多，最易堆砌無味，然讀來卻絕不覺其堆砌，則因其先後詳畧得宜之故。如許多薄葬的事情，先說孝文皇帝，此因其爲本朝的祖宗，覺得親切，且上文說高皇帝，此處說文帝之事，亦覺順流而下，此即所謂詔先後之序。又如許多厚葬之人，秦始皇帝爲其中之尤甚者，且其事近，則更足以資鑒戒，所以敘述特詳，此即所謂詳畧之宜。說話的先後詳畧，乃事理的自然，爲文者，只要能明於事理，而下筆時又能恰如其分，就好了，事理之外，本來無所謂文法的。凡奏議，總是有重要關係，希望人君明白的，而歷代的君主，大都生於深宮之中，長於阿保之手，其所受的教育，較常人爲壞，所以其知識程度，亦較常人爲低，要希望他明白較難，所以凡是奏議，無有不語長心重，説得格外明顯的。如此篇，叙述高帝之事後，再加之以"孔子所謂富貴無常，蓋謂此也"的説明，叙述張釋之對後，夾入"夫死者無終極，而國家有廢興，故釋之之言，爲無窮計也"的評論，以及"夫嬴博去吳，千有餘里，季子不歸葬"，"自古及今，葬未有盛如始皇者也。數年之間，外被項籍之災，内罹牧豎之禍，豈不哀哉"等語，都是此法。凡文字，力求明顯動聽的，可以以此爲法。此法舊時評論家謂之夾叙夾議。文章所以要夾叙夾議者，就是所以求其格外明白的。"此聖君明王賢君智士，遠覺獨慮，無窮之計也"一句，用名詞極多，此等句，漢人甚多，須善效之，不然則易流於累贅。大抵文中有此等句的，必須氣盛，氣盛則有此等句，不嫌其板滯，而反覺得凝重了。文中説明吃緊之處，切忌含胡，切忌不着力，尤忌拖泥帶水，一拖泥帶水，話就没有力量了。如此文"以死者爲有知"至"又何爲哉"數語，簡單明了，直捷痛快，最可爲法。漢人奏議，往往於結束處，把上文所説的話，簡單的復述一遍，此亦所以求其明白，如此文"陛下慈仁篤美甚厚"以下一段便是，須看其上文所説的，此處均一一結束到。

司馬子長《六國表序》

太史公讀《秦記》，至犬戎敗幽王，周東徙洛邑，秦襄公始封爲諸侯，作西畤用事上帝，僭端見矣。《禮》曰："天子祭天地，諸侯祭其域内名山大川。"今秦雜戎翟之俗，先暴戾，後仁義，位在藩臣而臚於郊祀，君子懼焉。及文公踰隴，攘夷狄，尊陳寶，營岐雍之間，而穆公修政，東竟至河，則與齊桓、晉文中國侯伯侔矣。是後陪臣執政，大夫世禄，六卿擅晉權，征伐會盟，威重於諸侯。及田常殺簡公而相齊國，諸侯晏然弗討，海内争於戰功矣。三國終之卒分晉，田和亦滅齊而有之，六國之盛自此始。務在彊兵併敵，謀詐用而從衡短長之説起。矯稱蠭出，誓盟不信，雖置質剖符猶不能約束也。

秦始小國僻遠，諸夏賓之，比於戎翟，至獻公之後常雄諸侯。論秦之德義不如魯衛之暴戾者，量秦之兵不如三晉之彊也，然卒併天下，非必險固便形勢利也，蓋若天所助焉。或曰"東方物所始生，西方物之成孰。"夫作事者必於東南，收功實者常於西北。故禹興於西羌，湯起於亳，周之王也以豐鎬伐殷，秦之帝用雍州興，漢之興自蜀漢。

秦既得意，燒天下詩書，諸侯史記尤甚，爲其有所刺譏也。詩書所以復見者，多藏人家，而史記獨藏周室，以故滅。惜哉，惜哉！獨有《秦記》，又不載日月，其文畧不具。

然戰國之權變亦有可頗採者，何必上古。秦取天下多暴，然世異變，成功大。傳曰"法後王"，何也？以其近己而俗變相類，議卑而易行也。學者牽於所聞，見秦在帝位日淺，不察其終始，因舉而笑之，不敢道，此與以耳食無異。悲夫！

余於是因《秦記》，踵《春秋》之後，起周元王，表六國時事，訖二世，凡二百七十年，著諸所聞興壞之端。後有君子，以覽觀焉。

【講解】

太史公的文字，在西漢也是自成一派的，也是偏陰柔之美的，然和匡、劉又有不同。匡、劉的文字，好在其風度，姚薑塢批評他説："子政之文，如覩古之君子，右徵角，左宮羽，趨以采齊，行以肆夏，規矩揖揚，玉聲鏘鳴之容"。太史公之文，則如高人隱士，憂深思遠，別有懷抱一般，所以學他的文字的人，都激賞其風韻。

太史公的文字，除《漢書》本傳載其報任安一書外，就只有一部《史記》了。從前評文之家，不知古書體例，每以爲古人著書亦和後人一樣，全部是自己寫出來的，即或材料取之於人，文章亦必成之自己，於是把全部《史記》，都認爲是太史公所做的文章。其中自然有一部分，太史公所根據的材料，尚存於今的，如《五帝本紀》的本於《大戴禮記》、《尚書》等是，他們亦竟熟視無覩，而古書傳者，辭句不能無異同，這是古人的學問，多由口耳相傳，不皆著於竹帛，亦且古人的學問，只在大體上考究，不斤斤於一字一句的出入之故。他們卻又率其鄉曲之見，以爲這是古人有意爲之。於是從此，又生出種種穿鑿的批評來了。其實(一)，直録之文，不加更定，(二)而字句則各家互有異同，乃是古書的通例。此事關涉古書義例，現在不能詳論，要而言之，則《史記》的文字極大部分，並非太史公所自作的。太史公怎樣鈔纂古書，這是另一問題，現在可以勿論。我們現在，只要知道《史記》的一大部分，並非太史公所作，要想認識太史公的文章，須就《史記》一書，加一番鑒別就夠了。然則哪一部分，可以認爲太史公所自作的呢？這事關《史記》全書義例，又非現在所能詳論，但就其大體言之，則《序》和《論贊》必有一大部分是他自己做的，因爲這是發表自己的意見的。但亦只可說大部分如此，而且其中有一部分究係司馬遷所作，抑係其父談所作，仍無法加以鑒別。

序字有兩種意思，（一）古人著書，有一書包含若干篇的，其中先後次序，或者一定不可移易，或者不然。但全書之末，總有一篇序文，以著其先後次序，前者如《易經》的《序卦》，後者如《史記》的《自序》是，所以序就是次序的意思。（二）序者，緒也，緒就是頭緒。一部書有何關係，如何作成，體例如何，應用何書，都於讀者很有關係，寫出來給他們看，對於他們實在很有幫助，儼然是對毫無頭緒之物，替他抽出一個頭緒來，所以序又是頭緒的意思。兩義之中，後義實爲尤要，前義後世已不甚行。所以作一書的序，必須說出一個道理來，對於讀書者有些裨益方可。空發議論，或對於著書的人，爲不相干的稱譽，均屬大忌。

此篇共分三段：（一）自起至“猶不能約束也”爲第一段，其中又分三小段：（甲）自起至“君子懼焉”述秦之初興。（乙）自“文公踰隴”至“則與齊桓晉文中國侯伯侔矣”，述秦之強盛。（丙）“是後陪臣執政”至“猶不能約束也”，述六國之所由成，及其兵爭之故。六國皆併於秦，秦之強盛，實爲六國局勢轉變關鍵。所以（甲）、（乙）兩小段，先加以推原，至（丙）段則爲六國事實真相。把他分別敘述，正是爲讀這表的人，理出一個頭緒的意思。（二）自“秦始小國”至“漢之興自蜀漢”爲第二段。統一之局現在看慣了，在當時則是新興之局，所以漢代的人，對於這一個問題，都是很有興趣的，秦爲什麼會吞併六國呢？從德義、兵力上說，都是沒有理由，當時人的答案，則爲險固便，形勢利；天所助；作事者必於東南，收功實者常於西北。這三種答案，究竟孰是孰非，抑可兼採，或皆不足取，太史公對此，大約無甚意見，所以如實敘述之後，亦就不再下斷語了。（三）自“秦既得意”至“其文畧不具”，述官家所藏的史記幾於全滅，太史公所述六國事，蓋兼採諸縱橫等家。故自“然戰國之權變”至“悲夫”，說明此等材料，亦有研究的價值，以闢當時儒家的偏見。“余於是”至完，乃自述此表之作法。

太史公的文章，大家都在激賞其風韻，但他的風韻爲什麼會這樣好，是無人能言其所以然的。其實文章就是語言，語言必有聲調，語言的聲調，本是和諧的，細讀好的語體文，就可見得。西漢人的文字，現在看來，覺得高古，這是時間爲之。須知他離開我們已有兩千多年了，在當時的人看起來，正和我們現在看語體文和淺近文言一樣。太史公的文章，在西漢作家中，是參用語調最多的。質而言之，即是太史公的文章，在西漢諸作家中，最近於語體。語言的聲調，本來是非常和諧的，文人學士，在紙上學了一世的聲調，到底和語言的美，逆隔着一層，這是人工不及自然，無可如何的事_{雖然人工之美，亦有爲天然所無的}，細讀此篇可見。其中如第二段，若專在紙上做文章，把險固便，形勢利；天所助；作事者必於東南，收功實者常於西北，像開帳般臚列爲三款，看起來也未嘗不清楚，然而美的意味，就絲毫沒有了，因爲説話本不是這樣呆板的。照着説話的順序寫出來，或詳或畧，錯綜變化，就自成其爲天下的妙文，所以我們看文言，須要看他和白話一樣。如此，則口語中的妙處，自然有一部分可融化之以入文言。但這道理，説來容易，要能瞭解到這一步，運用到這一步，卻是要有相當功力的。"故禹興於西羌，湯起於亳，周之王也，以豐鎬伐殷，秦之帝用雍州興，漢之興自蜀漢"這幾句，似駢非駢，似散非散，既無散文單薄之病，又無駢文板滯之失，可謂聲調之極則，這也是順着語言的自然。因爲我們的語言，本來是錯綜變化，而又不失其整齊的。"文章本天成，妙手偶得之"，妙手只是能順其自然罷了。大抵文章用排句，最易流於板重，然事理上，有許多天然是各項並列，又不能把他硬化做散的，就最要能運用此種句法。《史記》中這五句，以及《自序》中"遷生龍門"至"見父於河洛之間"一段，《貨殖列傳》"陸地牧馬二百蹄"至"此其人皆與千户侯等"一段，都是此等文字的極則。"世異變，成功大"六個字簡而且精，文章有時候必須有此等精簡之語，方能動目，所謂一語抵人千百。"世異變，成功大"，似乎語氣還沒有完，下文該緊承著説，然"傳曰法後王"云云，卻另是一意了。文章此等接法，謂之"脱接"，最有別開異境之妙。

附録：中國文學史選文擬目

銘刻

李斯《琅琊臺刻石》（駢一·二），①此篇有序，李雲：秦相他文，無不詼麗，頌德立石，一變爲樸渾，知體要也。

李斯《上秦王書》，此見文有賦句。

王子淵《聖主得賢臣頌》（駢三·一），頌之無韵者，西漢文之偶者。

司馬長卿《封禪文》（駢三·二），此篇太深奧，不能授。未讀古書者不知此種文字矣。

揚子雲《劇秦美新》（駢三·四），同上，此篇詞尤瑰靡於前，班孟堅雲相如《封禪》，靡而不典，楊雄美新，典而亡實，班孟堅《典引》更靡，邯鄲子禮《魏受命述》，凡此類文略去不受。

司馬長卿《難蜀父老》（駢三·十一），長卿文最有生氣。

王子淵《四子講德論》（駢三·十三），張宛鄰稱氣淳厚而辭腴暢，然此類文可不授。

箴

揚子雲《十二州箴、百官箴》，選《博士箴》一首（駢四·二），箴以子雲爲矩藪，后人皆法之。嵇叔夜《太師箴》有爲而言，若諷若惜。潘正叔《乘輿箴》戒晉武驕盈，持義正矣，而詞太繁，殊非體裁。張茂先《女史箴》、摯仲洽《尚書令箴》較典則。

漢武帝元狩六年《封齊王策、燕王策、廣陵王策》（駢七·一），此式經訓，古正之極，后世無矣。

匡稚圭《禱高祖孝文孝武廟文》，《告祭毀廟文》（駢八·二）。

枚叔《上書諫吳王》（駢十一·六），此篇殊見設說之妙。

---

① 此處編目括號中的"駢一·二"表示李兆洛《駢體文選》第一卷、第二頁，下同。

王子淵《移金馬碧鷄》（騈十七·十三），可備一體。

王子贛《彈匡衡張譚》（騈十八·一），漢代彈文之式。

《漢故縠城長蕩陰令張君表頌》，古質。

楊子雲《酒箴》（騈二十二·二十七）。

崔子玉《草書勢》（騈二十二·三十四），勉案：勢亦頌贊之類。

《修西岳廟記》（騈二十三·一），淳質類先秦。

東方曼倩《答客難》，《非有先生論》，楊子雲《解嘲》，《解難》（騈二十七）皆設辭。

枚叔《七發八首》（騈二十八·一），七言始。

王子淵《僮約》（騈三十一·一），《責髯奴文》（騈三十一），游戲之作。

銘刻

蔡伯喈《光武濟陽宮碑》（騈一·七），雍容矩度。

史孝山《出師頌》（騈二·一），薄於子雲，勁於中郎。

班孟堅《封燕然山銘》（騈一·六），寬博。

陳孔璋《爲袁紹王烏丸版文》（騈七·三）。

潘元茂《冊魏公九錫文》（騈七·三），九錫相襲，此最典則，徐孝穆、陳公九錫文最富麗，可知齊梁妃賓之別。

蔡伯喈《遷都告廟文》（騈八·三）。

劉子奇《上桓帝書》（騈十一·二十一），切直之極，《改鑄大錢議》亦切直，但於經濟學理無所及耳。

孔文舉《肉刑議》（騈十二·四），甚簡而意深，語其不能持論亦未必然。

孔文舉《薦禰衡表》（騈十五·二）。

秦子敕《奏記州牧劉焉薦儒士任定祖》（騈十五·二）。

陳孔璋《爲袁紹檄豫州》（騈十一·二），勝其《檄吳將校部曲》。

竇周公《讓隗囂書》（騈十一·十五）。

鐘元常《上漢獻帝自劾書》（騈十三·二），自劾。

馮敬通《奏記鄧禹》（騈十九·六），李雲：西京轉后漢之關。

朱叔元《爲幽州牧與彭寵書》（騈十九·八），有切至語。

臧子源《報陳琳書》（騈十九·九），切直又善措詞。

王仲宣《爲劉荆州與袁譚書》（騈十九·十），善措詞。

阮元瑜《爲曹公作書與孫權》（騈十九·十一），措詞極善。

班叔皮《王命論》（騈二十·五），李雲：安徐重固。

李蕭遠《運命論》（駢二十·七），可謂浩乎蕩然矣。

蔡伯喈《京兆樊惠渠頌》（駢二十二·四），雍容矩藪。

崔子玉《座右銘》（駢二十二·二十八），五言，卞蘭《座右銘》。

蔡伯喈《黃鉞銘》（駢二十二·二十八），佳。

士孫瑞《劍銘》（駢二十二·三十），《漢鏡銘》，七言。

蔡伯喈《篆勢》（駢二十二·三十四），《隸勢》（又二十二·三十五）。

張昶西《岳華山堂闕碑銘》（駢二十三·二），好。

王延壽《桐柏廟碑》（駢二十三·三），好。

蔡伯喈《陳留東昏庫上里社碑》（駢二十三·五）。

王仲宣《荊州文學記》（駢二十三·六）。

蔡伯喈《胡公碑銘》（駢二十四·一），《陳太丘碑》同上八，《郭有道林宗碑》同上九，《袁滿來墓碑》同上十一（未成年者），《胡夫人黃氏神誥》同上十二。

班孟堅《賓戲》（駢二十七·九），設辭。張平子《應問》，崔亭伯《達旨》，蔡伯喈《釋誨》。

班孟堅《弈旨》（駢三十一）。

曹子建《制命宗聖侯孔羨奉家祀碑》（駢一·八），步武中郎而豪情壯採。

曹子建《承露盤銘》（駢一·九）

《魏禪晉策》（駢七·十一），此典則，而《齊梁禪策》其富麗矣。

高堂升平《諫明帝疏》（駢十一·二十六），切直之至，又善陳說之，理又有極精處。

曹子建《求自試表》，太憤激，《求通親親表》后半沈痛，《陳審舉表》此篇極律，氣味皆勝《求通親親表》，《上責躬詩表》普通，（駢十六·四）。

孫子荊《爲石仲容與孫皓書》（駢十九·十三），詞採甚壯，與漢末異矣。

曹元首《六代論》（駢二十·十），言魏不遵夏殷周秦漢五代而隆同姓，義門辨此爲陳思之文。一氣奔放，尚是兩漢之遺。此及李蕭遠《運命論》，氣皆極盛。

曹子建《王仲宣誄》（駢二十六·一），採壯。

魏文帝《與吳質書》（駢三十·一，又三十·二）。

曹子建《與吳季重書》（駢三十·三），才薄氣勢俱勝乃兄，而情韵弗逮。此等文字當讓子桓。《與楊德祖書》（駢三十·五），此勝其《與吳質書》。

繁休伯《與魏文帝箋》（駢三十·十），寫歌者頗妙。

應休璉《與滿炳書》（駢三十·十一），尚有致；《與侍郎曹長思書》（三十·

十一），勝前作；《與從弟君苗君胄書》（十二），亦好。

　　蜀漢后主《策丞相諸葛亮詔》（駢六·四），以詔爲檄，詞嚴義正，誓誥遺風。

　　蜀漢先主《成都即位告天文》（駢八·一），有典誥遺意。

　　薛敬文《與諸葛恪書》（駢十九·十五），賀箋勝短簡。

頌

　　摯仲洽《太康頌》（駢二·二），不爲空綺。

　　潘正叔《釋奠頌》（駢二·三），有典有則。

　　陸士衡　隸事之當，始於士衡。

　　張孟陽《劍閣銘》（駢四·十四），步武子雲，極佳。

　　王恂《晋武帝哀策》（駢五·八），哀策中最典則。

　　卻廣基《賢良策對》（駢十·七），對策以此最尚，有疏樸之致。

　　張士然《爲吳令謝詢求爲諸孫置守冢人表》（駢十一·十八），整飭。

　　摯仲洽《祀皋陶議》（駢十二·九），甚簡當。

　　劉越石《勸進表》（駢十三·一）。

　　桓元子《薦譙元彦表》（駢十五·四）。

　　陸休猷《薦朱萬嗣表》（駢十五·五）。

　　羊叔子《讓開府表》（駢十六·十），固以薦賢，殊爲切實。

　　李令伯《陳情表》（駢十六·十一）。

　　陸士衡《謝平原内史表》（駢十六·十二）。

　　庾元規《讓中書令表》（駢十六·十二），曲達之至。

　　晋劉大連《劾周筵劉允李匡奏》（駢十八·二），關於刑獄之彈文。

　　阮嗣宗《奏記詣蔣公》（駢十九·十九），辭辟短簡。

　　吕仲悌《與嵇茂齊書》（駢十九·十九），述行旅處有致。

　　劉越石《答盧諶書》（駢十九·二十一），言情深刻之至。

　　阮嗣宗《達莊論》（駢二十·十四）。嵇康《養生論》（駢二十·十八），皆喻玄理之文。

　　陸士衡《五等論》（駢二十·二十），李雲：運思極密，細意極多，然亦以此累氣。勉案：尚見筆力。

　　潘正叔《安身論》（駢二十·二十三），平。

　　干令升《晋紀總論》（駢二十·二十五），李雲：雄駿類賈生，縝密似子政，晋文之杰也。勉案：包括一代，如此篇之可取者蓋少。

　　王逸少《蘭亭集序》（駢二十一·八）。

廬山道人《游石門詩序》（駢二十一・十），寫景。

陸士衡《漢高祖功臣頌》（駢二十二・五），好。

孫興公《聘士徐君墓頌》（駢二十二・二），此與陸士龍《盛德頌》同爲過其地懷思其人而作者。

夏侯孝若《東方朔畫像贊》（駢二十二・十七）。

袁彥伯《三國名臣序贊》（駢二十二・二十一），甚佳。

陶淵明《讀史述九章》（駢二十二・二十六），亦贊也，清真。

《晋造戾陵遏記》（駢二十三・七），質實可法。

潘安仁《馬汧督誄》（駢二十六・七），安仁之誄，此篇最勝。《哀永逝文》（又十）。

陶淵明《自祭文》（駢二十六・十一），《祭從弟敬遠文》又。

束廣微《玄居釋》，皇甫士《安釋勸》，夏侯孝《若抵疑》，（駢二十七），皆設辭，凡設辭皆不遇之感，惟皇甫以不應辟作，爲異。

陸士衡《演連珠五十首》（駢二十九・一），李雲：此體昉於韓非之内外《儲說》，淮南之《説山》。傅休奕謂連珠興於漢章帝之世，班固、賈逵、傅毅三子受詔作之。而《藝文類聚》所載有楊子雲，恐非其始。勉案：《文選》載始士衡之作，庾子山擬四十四首，李雲：但叙身世，無關理要，連珠之別格也。

陸士龍《答車茂安書》（駢三十・十三），寫一路情形好。

陸士龍《牛責季友文》（駢三十一），游戲。

陸士衡《吊魏武帝文》（駢三十一），吊文。

頌

鮑明遠《河清頌》（駢二・五），華腴害骨然採壯，多訛字。梁簡文帝《南郊》、《寶馬頌》，亦此類而彌不逮此。

顏延年《三月三日曲水詩序》（駢三・十五），纖詞之縟，始於延年，詞事并繁，極於徐庾，此序之頌飏者。

王元長《三月三日曲水詩序》（又）。

宋明帝《泰始三年禁採供不時詔》（駢六・七）。

傅季友《爲宋公求加贈劉前軍表》（駢十一・二十九），《至洛陽謁五陵表》，皆好。

何承天《尹嘉罪議》（駢十二・十一），議律。

鮑明遠《侍郎報滿辭閣疏》（駢十六・十五），有致。

何承天《安邊論》（駢二十・三十），時務論極平實周密。

鮑明遠《飛白書勢》。

顔延年《陽給事誄》（駢二十六·十二），《陶征士誄》二十六·十三，上篇勝下。

齊高祖《即位告天文》（駢八·一）。

江文通《蕭太傅東耕祝文》（駢八·三）。

傅季友《爲宋公修張良廟教》（駢九·一）。

王元長《永明九年策秀才文五首》（駢十·九），策文以此最。

蕭子良《言臺使表》（駢十一·三十三），以樸語寫俚事。此篇爲最。《密啓武帝》，《諫斂塘役錢啓》。

任彦昇《奏彈曹景宗》（駢十八·三），彈文之雅者，正式之彈文。又《奏彈劉整》（駢十八·四），當時俗語。

江文通《閩中草木頌》（駢二十二·十二）。

王簡栖《頭陀寺碑》（駢二十三·八），好。

銘刻

陸佐公《新刻漏銘》（駢一·十），勝其《石闕銘》。

沈休文《梁武帝集序》（駢三·二十二），謹嚴典則。

梁元帝《職貢圖序》（駢三·二十三），同上。

梁武帝《罷鳳凰銜書詔》（駢六·八）。

梁邱希範《永嘉郡教》（駢九·三），美。

梁武帝《禁奢令》（駢九·四），平妥。

梁簡文帝《與湘東王論王規令》（駢九·五），專論一人者，《與劉孝儀令》篇幅較長似不如此有味。

沈休文《上宋書表》（駢十一·四十）。

任彦昇《爲蕭揚州作薦士表》（駢十五·六）。

任彦昇《爲範尚書讓吏部封侯第一表》（駢十六·十八）。

江文通《詣建平王上書》（駢十六·十九），此篇力摹史遷《報任安書》。

江文通《爲蕭驃騎讓太尉增封第二表》（駢十六·二十二），《爲蕭公讓九錫第二表》（駢十六·二十三），此兩篇皆文通砌藻本色而較清楚者。

沈休文《奏彈王源》（駢十八·七）。

邱希範《與陳伯之書》（駢十九·二十五）。

簡文帝《與湘東王論文書》（駢十九·二十六），可方子桓論文。

王僧孺《與何炯書》（駢十九·二十七），詞勝而清。

陳霸先《答貞陽侯書》（駢十九·三十九），詞嚴義正而清勁，佳作也。

劉孝標《辨命論》（駢二十·三十三），李雲：疏越。勉案：亦談哲理之文。

劉孝標《廣絶交論》（駢二十·三十七），李雲：送窮乞巧，皆其支流。

昭明太子《文選序》（駢二十一·十五），平。

昭明太子《陶淵明集序》（駢二十一·十六），平。

梁元帝《内典碑銘集林序》（駢二十一·十八），關於佛教之作。

梁元帝《丹陽尹傳序》（駢二十一·十九），尚可。

劉孝綽《昭明太子集序》（駢二十一·二十）。

劉孝標《金華山栖志序》（駢二十一·二十二），寫景物頗好，而文傷緜。

庾慎之《團扇銘》（駢二十二·三十二），好。

庾子山《秦州天水郡麥積崖佛龕銘》（駢二十二·三十三）。

沈休文《桐柏山金庭館碑銘》（駢二十三·十一），哲東稱之①。

梁簡文帝《吳郡石像碑》（駢二十三·十三），尚好。

沈休文《齊故安陸昭王碑文》（駢二十四·十九），佳。

庾子山《周大將軍司馬裔碑》（駢二十四·二十三），極繁富，然失之鐵緜。

簡文帝《華陽陶先生墓志銘》（駢二十五·四），頗清雅。

庾子山《周大將軍懷德公吳明徹墓志銘》（駢二十五·十），李雲：言哀入痛，誌文絶唱。

任彦昇《齊竟陵文宣王行狀》（駢二十五·十五），李雲：以儷詞述實事，於斯體尚稱。

劉令嫻《祭夫徐悱文》（駢二十六·十五）。

謝惠連《祭古冢文》（駢二十六·十六）。

何仲言《七召》（駢二十八·十三）。

鮑明遠《登大雷岸與妹書》（駢三十·十四）。

蕭子良《劉虬書》（駢三十·十五）。

梁昭明太子《答湘東王》（駢三十·十七），《與何胤書》（十八）。

陶弘景《答謝中書書》（駢三十·十九），小品；吳叔庠《與施從事書》（二十二），同；《與朱元思書》（二十三），亦同。

沈休文《報博士劉杳書》，《陳情書與徐勉》（駢三十·二十），自述衰狀有情。

劉孝綽《答湘東王書》（駢三十·二十一）。

李那《答徐陵書》（駢三十·二十六），好。

何仲言《爲衡山侯與婦書》（駢三十·二十九），好。

---

① 即徐哲東。

謝玄暉《謝隨王賜紫梨啓》,《賜左傳啓》(駢三十・三十一),謝賜物小啓。

昭明太子《謝敕賚制大涅槃經講疏啓》(駢三十・三十一)。

昭明太子《十二月啓》(駢三十・三十一)。

庾子山《謝明帝賜絲布等啓》(駢三十・41),至此更富麗矣。《謝趙王賚絲布啓》(三十・四十二),《謝趙王賚米啓》(三十・四十三)。

沈休文《修竹彈甘蕉文》(駢三十一),游戲之作。

王僧孺《懺悔禮佛文》(駢三十一),可節取。

陳后主《追封吳明徹詔》(駢六・九)。

江總持《爲陳六宮謝章》(駢十六・二十六),風期下矣。

徐孝穆《玉臺新咏集序》(駢二十一・二十七),此可代表徐作。

沈初明《經通天臺奏漢武帝表》(駢三十一)。

銘刻

溫鵬舉《寒陵山寺碑》(駢一・十三),此篇頌之紀功碑。

高伯恭《北伐頌》(駢二・十七),此文皆較南清真。

蕭智亮《考績表》(駢十一・四十一)。

邢子才《請置學及修立明堂奏》(駢十一・四十三)。

酈善長《水經注序》(駢二十一・二十五),尚好。

溫鵬舉《常山公主碑》(駢二十四・三十五)。

王子淵《與周處士書》(駢三十・二十七)。

王子淵《上庸公陸騰勒功碑》(駢一・十四),方之齊梁,浮響尚少。

庾子山《爲閻將軍乞致仕表》(駢十六・二十五),平平。

樊孝謙《釋道教對》、《刑罰寬猛對》(駢十・十四),此兩對較佳。

王仲寶《南郡王冠議》(駢十二・十一),議禮。

薛元卿《老氏碑》(駢一・十五)李雲:唐四杰之先聲也。《隋高祖頌有》(駢二・十九),序較《老氏碑》稍清真。許務本《神雀頌》,不如此兩篇。

隋高祖《賜高麗王湯璽書》(駢六・十)。

柳彧《請禁絶百姓作角抵戲奏》(駢十一・四十四),述瑣事雅而有趣。

牛里仁《請開獻書之路表》(駢十一・四十四)。

李士恢《上隋高祖革文華書》(駢十一・四十七)。

太宗破高麗賜酺詔(卷一)①。

---

① 此處編目括號中的"卷三・三"表示陳均《唐駢體文鈔》第三卷、第三頁,下同。

高宗三藏聖教后序（卷一）。

武后《搜訪賢良詔》（二・二頁）。

褚亮《聖制故司空魏徵挽歌詞表》（三・一）

岑文本《京師至德觀法主孟法師碑銘序》（三・三）。

許敬宗《謝皇太子玉華山宮銘賦啓》（三・十一）。

王子安《上已浮江宴》（五・十）。

駱賓王《與博昌父老書》（六・八）。

張説《爲留守奏瑞禾杏（七・一）。

張説《東山記》（七・五）。

柳冲《請修譜牒表》（七・十一）。

李嶠《爲汴州司馬唐授衣請預齋會表》（八・三）。

李嶠《爲百寮賀瑞笋表》（八・五）。

李華《言醫》（九・四）。

張謂《進娑羅樹校狀》（九・十一）。

獨孤及《仙掌銘》（十・五），頗清真。

常衮《贈倢伃董氏墓志銘》（十・十二），清麗。

梁蕭《祭李處州文》（十・十五）。

令孤楚《河陽節度使謝上表》（十・十九）。

劉禹錫《上門下武相公啓》（十一・一）。

吕温《藥師如來繡像贊》（十一・九），細膩慰情。

吕温《成皋銘》（十一・十）。

元積《許劉總出家制》（十一・十三）。

元積《授牛元翼深冀等州節度使》（十一・十三）。

白居易《太湖石記》（十一・十四）。

白居易《貂屏贊》（十一・十五）。

白居易《酒功贊》（十一・十六），游戲小品。

李德裕《賜太和公主敕書》（十二・五）。

李德裕《文章論》（十二・八），德裕，翰之從弟，反對音韵枉式。

李德裕《劍門銘》（十二・八），典則。

李商隱《爲尚書濮陽公讓加兵部尚書表》（十三・四）。

李商隱《爲滎陽公謝賜冬衣狀》（十三・五）。

李商隱《爲滎陽公賀幽州張相公狀》（十三・八）。

李商隱《爲李貽孫上李相公啓》（十三·十五），富麗。

李商隱《獻相國京兆公啓》（十二·十九），同上。

李商隱《上尚書範相公啓》（十四·3），清秀。

顧雲《上鹽鐵路綱判官》（十六·三），秀麗。

顧雲《致仕武賓客嵩山舊隱詩序》（十六·三），雕琢。

元奘《進西域記表》（十七·十四）。

汪藻《隆祐太后告天下詔》（一·六）。

張守《賜威武大將軍曲端詔》（一·十一）。

樓鑰《史彌遠乞州郡差遣不允詔》（一·十七）。

真德修《雷孝文乞祠不允詔》（一·十八）。

蘇軾《王安石贈太傅書》（二·十一）。

汪藻《王倫改朝奉郎充大金通問使制》（二·二十四）。

謝克家《範宗尹落職宮祠制》（二·二十六）。

周必大《前執政某饒州閑居制》（三·二十四）。

周南《秦檜降爵易諡制》（四·十二）。

王子俊《皇帝登極賀太皇太后表》（五·三）。

秦觀《賀元會表》（五·五），綺麗。

曾鞏《賀明堂禮成肆赦表》（五·六），典則。

王禹稱《賀聖駕還京表》（五·九）。

洪適《代宰相賀正旦雪表》（五·十四）。

趙鼎臣《賀河清表》（五·十六）。

蘇軾《徐州賀河平表》（五·十八）。

趙鼎臣《賀獄空表》（五·十九）。

馮時行《賀光堯皇遜位表》（五·二十一）。

汪藻《遙賀太上皇表》（五·二十二）。

蘇軾《乞校正陸贄奏議上進札子》（六·八）。

司馬光《知永興軍謝上表》（十七·二十）。

王禹稱《單州謝上表》（七·二十三），曲達而稍傷於冗。

陸游《江西到任謝表》（八·六），后半好。

蘇轍《分司南京到筠州謝表》（八·十九）。

呂惠卿《建寧軍節度副使謝表》（八·二十一）。

蘇軾《到常州謝表》（八・二十二）。言窮過甚。

蘇軾《謝量移汝州表》（八・二十三）。同上。

蘇軾《到昌化軍謝表》（八・二十四），同上。

歐陽修《謝賜漢書表》（九・六）。

張守《謝紹興府行宮賜本府充治聽表》（九・六）。

楊億《謝賜衣表》（九・七）。

宋祁《謝衣襖表》（九・八）。

楊萬里《謝賜衣帶鞍馬表》（九・十三）。

周必大《謝賜銀盒臘藥表》（九・十六）。

張栻《謝太師加贈表》（九・二十一）。

楊萬里《謝舅封叙表》（九・二十三）。

歐陽修《謝擅止散青苗錢放罪表》（九・二十四）。

趙普《諫伐燕表》（十・四）。

王禹偁《乞賜終南山人種放孝表》（十・六）。

周必大《辭免兼修國史奏狀》（十・十二）。

呂誨《奏乞致仕表》（十・二十四），以疾喻政。

蘇軾《乞常州居住表》（十・二十七），以散文行氣，歐蘇本色。

李之儀《代範宗賓遺表》（十・三十二）。

汪藻《遺表》（十・三十四）。

胡銓《遺表》（十・三十五）。

闕名《賀宰相啓》（十一・六）。

汪應辰《賀左丞相啓》（十一・十八）。

晁補之《賀陳復常教授啓》（十四・三十九）。

張來《賀潘奉議致仕啓》（十五・十七）。

蘇洵《謝相府啓》（十八・二十一）。

謝賢《生日啓》（十九・二十八）。

劉克莊《謝張倅頌生日啓》（十九・三十一）。

汪藻《永州上秦大師陳情啓》（二十・一）。

蘇軾《白鶴新上居梁文》（二十四・一）。

孫覿《馬迹上梁文》（二十四・三）。

洪適《花信亭上梁文》（二十四・五）。

洪適《容膝齋上梁文》（二十四・五）。

辛幼安《新居上梁文》（二十四·七）。

文天祥《山中堂屋上梁文》（二十四·八）。

歐陽修《西湖念語》（二十四·十）。

張正己《踐吏部致語》（二十四·十二），凡致語，多有詩，蓋即經序。有某某叩陳伶使某某猥以賤工等句，盡樂人之詞。

《古文觀止》評講録

前　言

　　《〈古文觀止〉評講録》也是吕思勉先生國文教學講義之一種，此篇是一九四二年至一九四三吕先生任教常州青雲中學（抗戰時蘇州中學常州分校）高二時的講課記録，由黄永年先生按當年隨堂筆記整理而成。《〈古文觀止〉評講録》最初刊於上海遠東出版社的《學術集林》第三卷（一九九五年四月出版，未附《古文觀止》原文）。黄永年先生曾回憶説：“我到青雲中學是上高中二年級，而當時青雲中學最高的班級就是高二，辦學的人因爲請到吕先生，就把高二文理分科，由吕先生給我們文科班學生開設‘國學概論’、‘中國文化史’兩門專門課程，另外班上的‘國文’、‘本國史’也理所當然地請吕先生擔任。四門課合起來每週有十二小時，吕先生給我們整整講了一學年。後來才知道在大學裏也很難有機會聽名教授講那麽多鐘點。”這裏所説的“國文”課，就是用《古文觀止》爲教本的。吕先生選用《古文觀止》爲教本，不是因爲它選得好，而是“因爲它選得雜亂，各種文章都好壞有一點，作爲教本讓大家多瞭解些東西還是有好處的。”黄先生又説：“吕先生當時所講的四門課我都作了詳細的筆記，寫在黑板上的當然一字不漏地抄下來，口述的也儘量記下來，外加〔〕號以與板書區別。其中尤以‘國文’課的筆記更詳細。吕先生逝世後，一九六一年我曾把它整理寫成清本。”①《〈古文觀止〉評講録》後收入中華書局《吕思勉文史四講》（吕思勉述　黄永年記，二〇〇八年三月出版，未附《古文觀止》的原文）。二〇〇一年四月，中國言實出版社出版《古文觀止（插圖珍藏版）》，將吕先生的“評講”部分，分篇插入有關選文之後。

　　此次我們整理出版《吕思勉全集》，將《〈古文觀止〉評講録》收入本册重印出版，補上了《古文觀止》的相關原文，吕先生的“評講”則分篇附於選文之後。

---

　　①　吕思勉述、黄永年記：《吕思勉文史四講》，中華書局二〇〇八年三月版，第一至二、四頁。四門課的講課記録，即國文（《〈古文觀止〉評講録》）、本國史（元至民國）、國學概論和中國文化史，其餘三種現收入“吕思勉全集”第二十册、第十六册和第十五册。

黄永年先生的代序《回憶我的老師吕誠之（思勉）先生》，仍按原樣編排在正文之前；黄先生另有《記吕誠之師講授的國文課》，專爲解讀《〈古文觀止〉評講録》而撰，現用作附録。此外，只訂正了少許勘誤和錯字，其他如文字、格式等均按黄先生的整理本刊印。

李永圻　張耕華

二〇一四年八月

目　　録

回憶我的老師呂誠之
(思勉)先生(代序)

黃永年

　　我聽史學大師呂誠之(思勉)先生的課，做他的學生，已是四十年前的事情了。當時正是太平洋戰争爆發的第二年，日軍進駐上海租界後光華大學停辦，呂先生回常州，應聘到離城不遠湖塘橋鎮上的私立青雲中學教書。這是一所剛開辦的"地下"學校，表面上向日偽登記，骨子裏是原蘇州中學的幾個常州籍教員弄起來的蘇州中學常州分校。辦學人以請到原光華大學歷史系主任呂思勉教授任教爲號召。我也聞風而動，轉學到這所中學做了呂先生的學生。所以嚴格地講，呂先生只是我的中學老師，不是大學老師。但確是我生平第一次遇到的好老師，是把我真正引進學問之門的導師。

　　我之所以聞風而動，倒也不是徒慕大學教授系主任之虛名，而是確確實實對呂先生的學問欽佩。原來在我十四歲的時候，在已淪陷的常州的書攤上買到一本呂先生的商務印書館版《經子解題》，引起了我研讀古書的極大興趣。先母對我說："這本書的作者呂先生和我們還沾點親戚呢!"(先母姓程，是呂先生的母親程老太太同族的内侄孫女)因此當青雲中學開辦時，我雖只是個十六歲的小青年，而且先父早去世，多年來一直和教小學爲生的先母相依爲命，很少離開家，這時也下定决心，離家去做心儀已久的呂先生的學生，對此先母也給我很大的支持。

　　我到青雲中學是上高中二年級，而當時青雲中學最高的班級也就是高二，辦學的人因爲請到呂先生，就把高二文理分科，由呂先生給我們文科班學生開設"國學概論"、"中國文化史"兩門專門課程，另外班上的"國文"、"本國史"也理所當然地請呂先生擔任。四門課合起來每周有十二小時，呂先生給我們整整講了一學年。後來才知道在大學裏也很難有機會聽名教授講那麼多鐘點。

　　因爲是高二，"本國史"從元代講起，基本上是象他所著商務一九二四年版《本國史》（新學制高中教科書）那樣的講法。這本書現在已經很少有人知道了，前些日子看到湯志鈞同志所寫的《現代中國史學家·呂思勉》，附有"呂思勉先生主要著作"，其中就沒有提到這本《本國史》，也許認爲這只是教材而非著作吧？其實此書從遠古講到民國，只用了十二萬字左右篇幅，而政治、經濟、文化以及典章制度各個方面無不顧及，在取舍詳略之中，體現出呂先生的史學史識，實是呂先生早期精心之作。有些青年人對我講，現在流行的通史議論太多，史實太少，而且頭緒不清，實在難讀難記。我想呂先生這本要言不煩的《本國史》是否可給現在編寫通史、講義的同志們一點啓發。

　　在講授上，呂先生也有其獨特的風格。他當時已是五十八歲的老先生，但課堂裏從不設坐椅，老是站着先在黑板上寫一段，然後從容不迫地邊踱方步邊講説。他沒有叫我們買教科書，也沒有專門印發講義，但把呂先生每次寫在黑板上的抄下來就是一部好講義。而且文字不長，要言不煩，抄起來也不吃力。他講説也同樣言詞清晰，語氣和平，而内容處處引人入勝，筆記起來也很省力。所以我感到聽呂先生的課簡直是一種學問上的享受。附帶説一下，呂先生在黑板上寫的是文言文，這種文言文既不象章太炎那麼古奥艱深，又不象梁任公那麼多水分，而是簡雅潔净，這對有志文史之學的青年人學習文言文也是一個很好的典範。

　　"國學概論"、"中國文化史"這兩門課程，今天不僅中學生，恐怕大學歷史系的學生也不很清楚是怎麼一回事了。其實，"國學概論"者，即"中國學術思想史"之謂，這比現時的"中國哲學史"的範圍似乎還要寬廣一些。"中國文化史"則包括社會等級、經濟情況、生活習慣、政治制度，以至學術宗教等各個方面，而作綜合的歷史的講述。在此以前，呂先生寫過一部《中國通史》，一九四〇年開明書店出版，其上册就是文化史，這次給我們講的"中國文化史"、"國學概論"的基本内容都已見於這本上册裏。這本上册是第一部真正的"中國文化史"，前此日本人高桑駒吉也寫過一本《中國文化史》，但實際上和《中國通史》差不了好多。最近胡喬木同志談到要編寫"中國文化史"，我建議編寫者把呂先生這册舊著找出來讀一讀，將會得到好處。

　　在這裏我想着重講一些呂先生教我們"國文"課的情況。因爲一般人只知道呂先生是史學家，不知道呂先生還是一位對中國古典文學以及文學史深有研究的學者。可惜呂先生在這方面的見解除在《宋代文學》這本小册子（一九三一年商務版）裏披露過一些外，從未寫成專書，不爲人所知，因此作爲當年的老學生有義務在這里向大家介紹。

我記得上第一堂"國文"課，呂先生就宣布用《古文觀止》作教本。我當時聽了大吃一驚。《古文觀止》我在十三四歲時就選讀過，不久買到姚鼐的《古文辭類纂》，又有了點文學史的知識，早薄《古文觀止》爲村塾陋籍。何以呂先生這位大學者忽然要用這種陋籍作教本呢？可是接着呂先生就作解釋了，呂先生説：所以用這部書，正是因爲它選得壞。壞在哪里呢？呂先生從"古文"這個名詞來申説，呂先生説：所謂"古文"是和駢體文相對而言的，可是這部《古文觀止》里却選了六朝隋唐的若干駢體文，如《北山移文》、《爲徐敬業討武曌檄》、《滕王閣序》之類，説明編選者根本不知"古文"爲何物！既然選得如此亂七八糟，爲什麼還要用作教本呢？呂先生説：正因爲它選得雜亂，各種文章都好壞有一點，作爲教本讓大家多了解些東西還是有好處。當然，通行易得也是用它的一個理由。

《古文觀止》雖是陋籍，其中所選的文章還應該是好的，這是我過去的認識。但呂先生不這麼看，他指出：《古文觀止》這部書是爲科舉時代學做八股文的人誦讀的，做八股文要從没有話可説處硬找話説，因此《古文觀止》所選的有相當一部分是説空話發空論的文章。呂先生在選講唐宋八家的文章時還不止一次地説：八家是能寫好文章的，但選在這里的往往不是好文章，主要原因就是此書專要選空議論文章。再有一個原因，就是此書要選短文章，有些好文章篇幅長，就不予入選。呂先生還舉《史記》爲例，説司馬遷的《史記》是有許多好文章的，但因爲長，所以此書不予入選，盡選些短而空的文章。

呂先生所講授的文章不一定是他認爲好的，不好的也講，講它不好在哪里。我記得最清楚的，一篇是王禹偁的《黄岡竹樓記》，呂先生説它不好，不好在哪里，在不純，開頭寫古文，中間來幾段駢文，最後又是古文，不純就不美。再一篇是蘇軾的《潮州韓文公廟碑》，這更是一篇萬口傳誦的大文章，可是呂先生認爲也寫得很不好，一上來説的"申吕自岳降，傳説爲列星"和下面所講的孟子"浩然之氣"根本是兩回事，不應硬扯到一起，最後的七言歌辭又不古，古文中不宜有此。

呂先生當時所講的四門課我都作了詳細的筆記，寫在黑板上的當然一字不漏地抄下來，口述的也盡量記下來，外加〔　〕號以與板書區別。其中尤以"國文"課的筆記更詳細。呂先生逝世後，在一九六一年我曾把它整理寫成清本，可惜被友人借閲，不在手邊，所以上面所述多憑記憶，不盡原話。但意思是不會有出入的，因爲呂先生當年講課的精采之處實在給我印象太深，雖事過四十年猶有歷歷如昨之感。不僅"國文"課，其他幾門課也無不如此，譬如"國學概論"的佛學部分，本來是最難講、最不好懂的，何況聽課者還是毫無哲學常識的高中生，可是他不慌不忙，只用三小時左右就把佛教大小乘的基本教義、中國佛教主要派別法相宗、天台宗、華嚴宗、净土宗、禪宗等在理論上的異同得失講得清清楚楚，使人聽起來很有味，一點不難懂。這不是憑口才，而是真正有批判地研讀各宗重要經、論後才能做得到。我很慚愧，《大藏經》雖摸過，經、論迄未從頭到尾讀過一種，現在有時能對付着講幾句，還是靠當年呂先生講授之賜。

同時開講四門功課應説是很繁重的，可呂先生從未因此停止撰寫"斷代的中國通史"的工作。呂先生在早年撰寫過一部在當時影響極大的通史——《白話本國史》〔一九二二年商務版，四册〕，但他後來認爲只是"粗淺的東西"，計劃撰寫一部詳盡的斷代的中國通史，分成《先秦史》、《秦漢史》、《兩晋南北朝史》、《隋唐五代史》、《宋遼金元史》、《明清史》六部，全部完成至少有四五百萬字。《先秦史》已在一九四一年由開明出版。《秦漢史》、《兩晋南北朝史》後來在一九四七、四八年由開明出版，承呂先生各送我一部。《隋唐五代史》在解放後一九五九年由中華書局上海編輯所出版，已是呂先生身後的事，可惜出版者出於今天看來不必要的顧慮，把前言删去不印，全賴呂先生的女兒翼仁同志把被删的這部分打印出來，分贈知好，才不致失傳。我現在手頭還保存一份，將來如重印，建議能補進去。而且希望《先秦史》等三部也趕快重印，臺灣省的開明書店早已重印了，我們實在沒有理由不印。至於宋以後的兩部，呂先生晚年身體不好，沒有精力完成，改用札記的方式把研究成果寫出來。呂先生是一向重視寫札記的，抗戰前呂先生的部分札記就曾以《燕石札記》的名稱在一九三七年由商務出版，晚年大量的札記除一九五七年由上海人民出版社印了一册《燕石續札》外，絕大部分還未問世，聽説現在已有出版的希望，這是大好事。

我當呂先生的學生時，呂先生正在寫《兩晋南北朝史》，住在離中學不遠的一家居民樓上，單身一間房，很清静。我課餘去看他，看到他寫作的實況：桌上是幾堆綫裝《二十四史》中的《宋書》、《南齊書》、《南史》之類，呂先生一邊逐卷看，一邊摘抄用得着的史料。呂先生是書法家，寫字的結構有點象顏書《多寶塔碑》，但比《多寶塔》更剛勁挺拔。摘抄的史料一筆不苟地寫在自印方格稿紙上，既清晰又好看，體現出前輩學者謹嚴的治學風度。摘抄的史料分好類，加以排比，連貫成文。這正式的文稿我也看到，字的清晰不必再説，連文句都極少改動,最後就付印出書。以《兩晉南北朝史》而言,全文一百多萬字,連抄史料恐怕至少手寫了二百萬字以上,還不算過去讀書和行文思考的功夫。我想,一個人能以畢生之力寫出百萬字的巨著,也就不容易了,而吕先生除《兩晉南北朝史》外還前有《先秦》、《秦漢》,後有《隋唐五代》,還有其他十多種著作。古人説"著作等身",如果把吕先生的全部著作象古人那樣統統刻成木板書,堆起來恐怕幾個"等身"還不止吧!

這幾部"史"現在大圖書館里總還有,我常勸有志研究我國歷史的青年認真讀一讀。以我的淺學,當然很難對這幾部巨著作出全面的確如其分的評價,我只想談兩點。一點,這幾部巨著都分上下冊(只有《先秦》合一厚冊),上冊政治史我認爲是一部新的《通鑑紀事本末》,下冊文化部分我認爲是一部新的《文獻通考》。新於《文獻通考》者,《通考》只引用紀傳體史的志和《通典》等現成的典章制度史料,而吕先生的書則除這些史料外,更多地引用了散見於列傳中的大量有關史料。這個工作前人也做,如宋人的《兩漢會要》、清人的《三國會要》、《明會要》,近人楊樹達先生也曾沿此方法撰寫過一冊《漢代婚喪禮俗考》,但都比較片段,遠不如吕先生這幾部巨著之規模大而探索深。新於《通鑑紀事本末》者,《紀事本末》只本《通鑑》剪裁,這幾部巨著則以紀傳體史爲主,兼取《通鑑》,考核異同,尋求真相,對許多重大歷史事件提出精辟的看法,絶不囿於陳説,這非司馬光等舊史家之所能及(我現在研究唐代政治史,在方法上很大成分還是受吕先生這幾部書以及陳寅恪先生《唐代政治史述論稿》的啓發)。再有一點,對史學稍有修養的人都知道,寫單篇論文容易見精采,寫通史、斷代史則很難寫好。這是因爲論文總挑自己有研究的東西來寫,沒研究過的可以回避不寫,而通史、斷代史必須面面俱到,不管有沒有研究都得寫,遇到沒研究過的就只好敷衍剿襲,自然精采不起來。吕先生這幾部書則不然,幾乎每個問題每一小點都下過功夫鑽研,所以寫出來的可説有百分之九十五以上是自己的東西。如果把這幾部書拆散改寫成單篇論文,恐怕要數以千計。誰能一生寫出這麼多的論文呢?單就這點就足見吕先生之不易企及了。

吕先生所用的《二十四史》也值得談幾句。倒不是版本好,版本實在太普通,是當時比較價廉易得的圖書集成局扁鉛字有光紙印綫裝小本。但打開來一看,實在使我吃了一驚,原來全部從頭到尾都動過筆。過去學者動筆點校書雖是常事,能點校整部《二十四史》的便不多,即使有,也無非是用朱筆斷句,或對好的文句加圈點。可吕先生這部《二十四史》不一樣,是用紅筆加了各種符號,人名加[ ],有用的重要史料圈句,名物制度在詞旁加△,不僅紀、傳如此加,志也加,很少人讀的《天文志》、《律曆志》也加,連卷後所附殿本考證也加。後來我讀《二十四史》里的《三國志》,借了呂先生的校本想過錄一部,可是由於怕下苦功,過了兩個月還是一筆未下,把原書還給了呂先生。呂先生的斷代式中國通史所以寫得如此快,幾年就是一大部,其主要原因之一應該是他對《二十四史》下了如此扎實的基本功。呂先生究竟對《二十四史》通讀過幾遍,有人説三遍,我又聽人説是七遍,當年不便當面問呂先生,不知翼仁同志是否清楚。但我曾試算過一筆賬:寫斷代史時看一遍,之前朱筆校讀算一遍,而能如此作校讀事先只看一遍恐怕還不可能,則至少應有四遍或四遍以上。這種硬功夫即使畢生致力讀古籍的乾嘉學者中恐怕也是少見的。

說到這里,可以順便講講呂先生的藏書。書都藏在常州十子街呂先生的私宅里,是祖上留下的幾進老式平房,書放滿一、兩間,滿滿幾十只書箱。這種書箱是呂先生請木工定做的,不太大,木門不鑲玻璃,可上可卸,可隨房屋高底寬窄堆叠成各種不同的形式,萬一搬動也不用把書倒出來,比現在通行的書櫥、書架似乎還合用些。箱里的書不僅有綫裝書,還有大量的平裝新書,是商務、中華等的出版物,除歷史外,政治、經濟、哲學各個領域的新書無不應有盡有。我曾問呂先生借過幾本馮承鈞所譯的史地考證小册子,發現每一本呂先生都看過,而且對他認爲有用的史料或好的見解象《二十四史》一樣用紅筆圈句。綫裝書,沒有什麼舊刻舊抄、善本秘笈,而只是通行常用的刻本或石印、排印本,但都認真看過,不象有許多人的藏書只是隨便翻翻,甚至買回來往書架上一放永遠不翻看。至於善本書,呂先生也有他的看法。我當時曾問過他商務的百衲本《二十四史》好不好(都是影印宋,元、明舊本善本)? 呂先生説:有的也不見得好,有個朋友曾用宋本《晋書》和殿本對過,發現宋本反而比殿本錯得厲害。但呂先生又説:張菊生(元濟)先生把百衲本中長於殿本的重要異文寫成一部《校史隨筆》,很可以看。可見呂先生并沒有否認舊本的長處,只是不以爲"凡宋刻必好",沒有某些藏書家"佞宋"之癖。

呂先生記聞之博還可舉個例子。有一天,翼仁同志問他:爸爸,元代的"知院"是什麼? 這是個不常用專門名詞,呂先生可不慌不忙地馬上回答:"知院"就是知樞密院(樞密院是主管軍事的機構)。我當時在旁邊聽到,後來翻過《元史·職官志》,果然如此。可是差不多同時,就有一位頗爲知名的史學家在所寫的作品里把"知院"臆解成和尚,又不肯去查《元史》。我認爲人之高下正可從這種看似細微的地方分辨出來。呂先生盡管博學,但從不想當然,不知道就是不知道。我當時讀黃仲則的《兩當軒詩》，有一首咏歸燕的七古，典故很多，有幾處不知道出處本事，問呂先生，呂先生解釋了幾處，但對"神女釵歸錦盒空"一句也不清楚，就很和平地對我説：這是什麼典故我也想不起了。這種平易樸實的態度使我很感動。我以後也當了老師，當學生問起我不懂的問題時，我就學呂先生，老老實實對學生説：我也不懂。或者説：我記不得了，可以查查什麼書。學問如大海，而人的生命精力有局限，即使自己專攻的學問里也必然有許多自己解決不了的問題，要留待下一代來繼續解決。硬把自己假裝成無所不知，適説明其淺薄無知。

呂先生對不同學派的人是很尊重的，只要人家確有真才實學。如顧頡剛先生編著的《古史辨》，很明顯和呂先生是不同的學派，但顧先生的高足童丕繩（書業）先生抗戰初到上海，認識了呂先生，馬上被呂先生請到光華大學歷史系任教。童先生當時繼續顧先生的工作編集《古史辨》第七册，又得到呂先生很大幫助，不僅幫童先生看文章、看校樣，還允童先生之請把自己的古史論文編進去，答應和童先生共同署名作爲第七册的編著者。我過去也久知《古史辨》之名，但總認爲是史學的旁門左道，從不一看其書。這時問起呂先生，才知道呂先生和童先生合編第七册之事，從而對《古史辨》重視起來，托友人從上海買了寄來細讀。這年冬天聽説童先生有事路過常州，就請人介紹引見，以後成爲童先生的學生、女婿。又因童先生的介紹成爲顧先生的學生。使我由此在先秦古史上打了點基礎，并且懂得如何用《古史辨》的考訂方法去研究後代的歷史。這些事溯其源，還應該歸功於呂先生的不黨同伐異啊！

聽童先生説顧先生寫信給呂先生都自稱後學，但他們和呂先生畢竟只是朋友，没有師生關系，而呂先生即使對自己真正的學生也是虛懷若谷。現在魏晉南北朝隋唐史的權威唐長孺先生當年曾聽過呂先生的課，是呂先生的學生，一九四八年在《武漢大學社會科學季刊》上發表了一篇題爲《唐代軍事制度之演變》的論文，寄給呂先生，呂先生認爲講得好，在撰寫《隋唐五代史》的兵制部分時就把這篇論文的要點全部引用進去，并且説明是"近人唐君長孺"的看法，説"府兵之廢，……近人唐君長孺言之最審"。老師對學生的學術成就如此推重，真值得我們今天身爲老師者學習。

多年來在極左思潮的影響下老是批知識分子的名利思想，其實有些知識分子專心致志於學問，名利思想實在不多。我在呂先生身上就從未發現過有什麼求名逐利的東西。在抗戰前，呂先生早已是一位在史學界負有盛名的學者了，胡適想請他到北京大學去。論理當時北大文科是全國頭塊牌子，而呂先生所在的光華大學則是排不上號的私立學校。但吕先生拒絕了，理由是：光華的文學院長錢子泉（基博）先生是我多年的老朋友，我離開光華，等於拆他的臺，我不能這麼做。爲了幫助老朋友辦好學校，甘願放棄北大的優厚條件，這不能不説是一種高尚的品德。

吕先生的修養也真好，從未見他有過疾言屬色的時候。有一次我到十子街老宅去看他，他留我便飯，他家的黄貓爬上桌子，把他筷頭上的菜打下來就吃，他也不生氣，更未叱責，笑笑就算了。對貓如此，對人可知。學問如此大了，當年的老朋友（學問成就遠不如吕先生甚至并無學問的）還是老朋友，那天一起吃飯就有他的幾位同鄉老友，大家談笑風生，在他身上絲毫看不到有所謂教授學者的氣派。當然，吕先生待人也不是無原則的，他也講到壞人，但只是心平氣和地説某人如何不成話，説過就算，從不罵。

我正式聽吕先生的課只有這一九四二年下半年到四三年上半年一年功夫。四三年暑假後吕先生没有再來青雲中學，在十子街老宅埋頭撰作，由開明書店支送稿費以維持生活。這時期我還常去看他，向他借書。《太平廣記》這一大部集自古至唐五代小説大成的古籍我久知其名，多年無法看到，就是這時候向吕先生借來看了幾遍。我後來撰寫明器論文所用的史料就大部分從這部書上看來的，以後把興趣轉到研究唐史，這部書也起了一定的誘導作用（這部書里唐人小説居多）。抗戰勝利，光華大學在上海復校，吕先生回校主持歷史系。我本想跟着進光華，只因光華私立學費太貴，考進了不要學費的國立復旦大學。復旦在江灣，離在虹口的光華不算太遠，還有校車可坐，所以每學期總去光華幾次看看吕先生。當時我已開始寫學術性文章，最早一篇是《春秋末吴都江北越都江南考補》，補童丕繩先生原考之不足，寫成後請吕先生審閱，吕先生還很誠懇地給原稿親手加上一段"吴城邘"即爲遷都江北的論證："漢初以前，長江下流之都會，實惟吴與廣陵（即今之揚州）。秦會稽郡治吴，而漢初吴王濞還都廣陵，蓋王負芻既虜之後，楚尚據江南以拒秦者一年，故秦爲深入其阻起見，置郡於江南吴之故都，漢初江南業已宴然，取與北方聲勢相接，故王濞又却居江北吴之新都耶？此雖推測之辭，然王濞之建都，必不能於荒凉偏僻之地，廣陵若前無所因，必不能於漢初救死扶傷不給之際，建成都邑，則理理無可疑。以此推之，亦足見城邘之即爲建立新邑耳。"這篇文章先後發表在當時的《益世報》"史學"副刊和《文史雜志》六卷三期上，明眼人一看就會知道這般老練的文字和精卓的見解不可能出於大學一年級生的手筆。

解放後,我將畢業前還經吕先生介紹到光華附中代過幾個月歷史課,以解決點經濟上的困難。以後,組織分配我做政治工作,工作忙,和吕先生就更少見面的機會。五六年我到西安工作,第二年吕先生就以老病逝世,享年七十四歲。千里迢迢,我也無從到他靈前去哭别。

現在,我也是五十好幾的人,已接近當年吕先生給我們講課時的年齡了,也勉强在大學裏帶着幾位唐史專業研究生。可是撫心自問,在學問上固不當吕先生的萬一,在爲人處世上也深感吕先生之不易企及。吕先生當年曾爲我寫過一副對聯:"夙夜强學以待問,疏通知遠而不誣。"因爲聯上寫明是"録梁任公語",多年來懾於極左的壓力,一直深藏箱篋。現在想應該張之於壁,以促使我時常考慮怎樣真正做到這兩句話,真正不負吕先生當初對我的勸勉。

[附録]《中國史研究動態》一九八〇年第二期上刊登了湯志鈞同志所寫《現代中國史學家·吕思勉》。大概是限於體例,只作了辭書式的簡要記述,而在個别記述上也還不免有差錯。如説"除'一·二八'後一度到安徽大學任教外,在家閉户著作,恃開明書店稿費自給。直到抗戰勝利,重返光華"。其實回常州老宅閉户著作是"一·二八"即太平洋戰争爆發上海光華停辦後的事情,而且其間還在青雲中學以及性質相同的輔華中學教過一年書。到安徽大學是在"一·二八"後,但只去了三個月又回光華任教。我這篇文章當然比湯文更不全面,但因爲是回憶舊事,可以寫得比較具體,也許多少能够表達一點吕先生的治學精神和人格。表達得不够或其他失當之處,尚請吕翼仁同志批評指正。

原載《學林漫録》第四集,中華書局,一九八一年。

篇　目

已上篇目，悉先生逐句講過者，其略施評論未細講者不列。

標目悉從《古文觀止》原題，以利檢閱。惟"禮記檀弓六節"遵先生板書。受業黄永年。

小　序

　　一九四二、一九四三年之交，吕誠之（思勉）先生執教蘇州中學常州分校，嘗爲年等高中二年級學生講授國文課，所持本乃世俗通行《古文觀止》，取其選鈔無法，美惡雜陳也。精義卓識，務去陳説，通儒論文，亦非詞章小家得擬萬一耳。舊日筆記，猶存篋笥，因粗事理董，勒成兩卷，排比後先，一從講説次序。中多先生板書，年所遵録。亦有先生口説，年所筆受，則於起迄別以墨圍〔　〕。其字下標志墨點·，皆原選題目、詞句，年所補人以備覽者也。先生手示試題，並附存焉。其間亦有日久不能別白板書、口説之處（多在上卷），姑以意定，先生下世已四載，乞正無由矣。嗚呼，昔張守節爲《太史公書》正義，於先師朱點，不敢遺没，而著其説於《梁孝王世家》中，以年況之，慚愧滋甚。先生論文專著之已刊佈者，惟《宋代文學》一書，零詞剩義，散見於所撰《經子解題》、《章句論》、《史通評》、《中國通史》諸書及《先秦》、《秦漢》、《兩晉南北朝》、《隋唐五代》四史中者尚夥，輯之當不止盈卷。惟此筆記遺説，多爲上列諸書之所未及，是可珍也已。一九六一年國慶日，受業黄永年謹記。

　　此兩卷悉先生遺説，年此後讀書有所見聞，概不敢闌入。惟上卷《東萊博議》、下卷包慎伯爲友人行狀兩事，僭施案語，乃年聽講時所別志者。昔錢曉徵年十八，讀東坡"賈梁道"詩，援《晉書》以糾其失，迨晚歲集《養新録》，仍録存其説（見《録》卷一六"蘇東坡詩"條及自撰《竹汀居士年譜》）。年之爲此，亦竊師錢氏之意云爾。

上　卷

〔動物的知識，不能遺傳，每個動物必須從頭學起，因此相互間的能力，必相差有限。人類則不然，前人世代積累之知識，後人可於短期内學得。人類之所以進化，此點最爲重要。〕

語：有限制的傳遞，不能久留。〔因語言無形狀，祇能口耳相傳，欲變耳聞爲目見，須以無形爲有形，即成爲文字。故文字，即有形之語言。〕

文字	形	音	義
語言	無	有	有

〔口能發音，手即能書形，最初文字之作用，即止於此。〕

〔惟社會上的事情，愈發展，愈複雜。雖原理簡單之事，到後來亦必日趨複雜，語言亦不例外。〕

〔語音有變遷：（一）發音之異；（二）用辭之異；（三）語法＜句法篇法之異。我國（一）最不統一；（二）亦有相異；（三）則主統一，而自古至今，亦有不同，如（古）"未之知也"（没有這個知道）；（今）（這個没有知道，没有知道這個）。〔以篇法言，亦多不同。評文者以爲古文與今語言不同，而古人語言與今相同。實不然也。〕

〔即白話（語體）文，看似語文一致，甚爲簡單，實亦不然，蓋語文必不能完全一致。此自有原理，即耳聞目見不同，目見不若耳聞之速，而目見可重複再三，耳聞則不能。此白話文必不能與説話完全相合也。（語調不同）〕

理論上説：（一）以古爲標準：（1）非古語必不能用；（2）或無古語可用時，方（A）參用口語，（B）或準口語造"辭"。（二）以今文爲標準，儘量使用口語。（三）介乎兩者之間。〔以上三者，在今社會上同時並行，且實有此必要。高深的文言，不能人人學會，且以表達今日之思想感情，亦有時而窮，如執定文言，將阻文章進化之路，故語體文不能反對。然文化之事，自古至今，大體沿舊——其利弊殊亦難言，總利多害少，如盡去其舊，費力過大，是以舊者亦不能不學。（甲）望其日日在變，生新語言語法，合乎今之事實與感情思想。（乙）有一種力量節制之，使不過快而與舊時發生隔離。是以（一）（二）在社會上有同時並行之必要，兩者須兼通。又天下之事皆以純粹爲美（雖實用之事不必求美，然亦至少不使人起惡感），爲實用故而不得不使（一）（二）兩者夾雜使用，於是產生（三）。〕

天下有抽象的理論，没有純粹的事實。〔故理論上可分文章爲如上三類，但事實上無純粹之文章。故學習時不能因古廢今，因今廢古，事實上兩者皆參互錯綜，互有關係。單研究理論而不求事實者，即理論亦不能徹底明白。國語、國文如此，而文學爲尤甚。不外多讀，多看，多作次之。讀，當受訓練。作，最好喜作而作，勉强者無益。〕

左傳　子魚論戰

一種文字有一種文字的特色。凡名大家之文，均系特色最顯著者。而大家必有其獨有之特色，——名家則不能盡然。

《左傳》與《國語》作風相近，論文者稱爲《左》《國》。觀其"辭令"之美。〔"辭令"爲文學之術語。古人作書難，故以口述爲多。有其特性，即意思要儘量發揮，而在言語的表面上要竭力避免刺激。〕

《子魚論戰》這一篇看其"簡勁"。〔言辭精簡，而能刺激人家，叫他起一種想像，則爲有力。〕

大司馬固諫曰　固諫，諫之再三也。

天之棄商久矣　〔商、宋古爲一音，故商即宋。〕

赦也已　赦、舍、捨，古書用字通。

楚人未既濟　濟，盡渡。

門官殲焉　焉，於是，於此。

君子不重傷　重。

古之爲軍也　軍，駐紮之意。

〔宋公之論代表當時舊派之治兵，子魚之論代表當時新派之治兵。〕

勍敵之人　勍＝勁。

雖及胡耈　《説文》："耈，老人面如凍梨色也。"

若愛重傷　愛，憐，古書通。

則如勿傷　如，不如也。

左傳　陰飴甥對秦伯

此篇爲辭令之美。意思是强硬的，而説話很婉曲，辭令之美盡於此，文學之美亦盡於此。〔古代之外交言辭最美，以使者出，受命不受辭，使者之能，即

在"專對"也。〕

晉獻公　　　　{
太子申生
晉文公
晉惠公——懷公
奚齊
卓(同悼)子〔未成君曰子〕
}

我毒秦　毒,厚也。《易》:"以此毒天下,而民從之。"〔此毒爲好的方面。〕

貳而執之　一,專一。貳,携貳

秦可以霸　伯,長也,今或作霸,假借。霸,魂魄,月霸今作魄。

饋七牢焉　大牢,牛一,羊一,豕一。少牢,羊一,豕一。

左傳　子革對靈王

《左傳》文字,實有多種。普通取以代表《左傳》作風者,亦有簡勁凝重與動盪摇曳之分。前此如《臧僖伯諫觀魚》、《子魚論戰》等是,後此如《鄭莊公戒飭守臣》、《子革對靈王》等是。昔人稱韓愈《爭臣論》風格出於《左》《國》,指後者而言。

凡古書多非個人所作,故其文章多不一致,大抵《左傳》上半易懂,下半較難,可證其不出一手。

諫:直諫〔近講演式〕,諷諫〔近談話式〕。

〔春秋時中原,爲泰山以西,華山以東,北不過太行,南及河南東部。所謂爭霸,即求爲此地諸侯之領袖。春秋末向戍立弭兵之盟,此後晉衰,靈王遂思强。〕

司馬督、囂尹午、陵尹喜〔古書稱謂不一,名、字、官、爵之外,更有通常稱謂,亦可稱之。稱官名下以名,漢尚存此風。〕

雨雪　圈聲,古謂讀破,今謂點發。〔中國古代亦有語尾,但不另於文字上作變化。古代語文合一,而後世則分,若一字讀作二音,則在文字中不易看明白。於是有造字之舉,省造新字,則有讀破之法。古代讀破,有保存至今者,亦有删除者。此種變遷,極爲合宜。〕

篳路　路,大車,即輅。篳路,以篳爲路。

藍縷　服虔注:縷,破,藍藍然。一説:無緣者曰襤褸。深衣,古人常服,以綢邊,襤褸更儉也。

周不愛鼎,鄭敢愛田　愛,惜也。

昔我皇祖伯父昆吾　古稱同姓謂之伯父,異姓謂之伯舅(《禮記》)。天子用，實則諸侯亦用之。

今我大城陳蔡不羹　杜注有二不羹。《賈（誼）子新書》作陳、蔡、葉、不羹。

今與王言如響　響，回聲。

形民之力　形，刑，型，古同，此形即型也。

緊要的地方，讀得高些慢些；普通的地方，讀得低些快些。和説話一樣。

國語　祭公諫徵犬戎

此爲典重之文字，亦係《左》《國》文字之一種。如《左傳・臧僖伯諫觀魚》、《國語・單子知陳必亡》等，可以參看。忌輕佻。古人之字：〔中國習慣，字與名有關，號則另別。世界上有兩種風尚：一稱名表示愛，歐洲如此；一死後諱之稱諡，周時如此，以後成普通風俗，即生時亦諱之以敬人，而稱其字。〕《禮記・檀弓》：“幼名，冠字，五十以伯仲，死諡，周道也。”注二十爲“且字”。〔字古僅一字，不易稱，因此加一音，加“父”，亦作“甫”，如孔子曰尼父；五十則加排行，如稱孔子曰仲尼。諡非人人所有，伯仲亦不常稱，通稱者爲字。〕古書稱謂實至錯雜，或以名傳，或以字傳，至南北朝時猶然。古書中遇下有父字，上有伯仲等字者，大抵係其人的字。古人以字行者，亦有用字而不註明，名不傳者。

祭公謀父諫曰不可先王耀德不觀兵　開門見山法。

觀則玩玩則不震　玩，習也。震，震動。

故周文公之頌曰

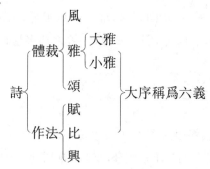

風，採詩，男女有所怨恨，相從而歌，各言其傷，飢者歌其食，學者歌其事。

頌，據《説文》，爲容貌之容之本字，故有形容之意。又頌、訟，皆從公聲，訟，公言也。

載戢干戈載櫜弓矢　載，哉，詞也。〔有聲無意之字。《説文》中曾、尚、余，皆作詞也。古書中極多，而《詩》中尤常見。增字解經，治古書最忌。王引之《經傳釋詞》，"不顯""不承"之不字，皆無意義。"爲法之弊，一至此哉"，一，詞也。〕載，發語詞。

肆於時夏 肆，陳，即散佈。時，是。夏，地名，指中國。

而厚其性 性，即生。

阜其財求 財，一切之材料，"天生時而地生財（材）"。

明利害之鄉 鄉，方向之向。

昔我先世后稷 棄封於邰爲后稷。棄（后稷）……不窋（失官）……公劉（居豳，至唐改邠）……大王（古公亶父，避狄遷岐）——季歷——文王——武王

修共訓典 典，當也。

守以惇篤 惇，今或作敦，厚也。篤，馬行遲也，引伸之爲實。

〔凡語，先有具體，後有抽象，故古人之語多具體有所指，後人思想進步，因就舊有之具體之字，加以設喻，而表抽象之意，久之遂變成抽象文字。〕

商王帝辛 古，生稱王，歿稱帝。

以致戎於商牧 商牧，商朝的牧野。

勤恤民隱 依、隱，古通用。

夫先王之制 夫，彼也。古無拓開口氣虛無所指之夫字，夫字在句前者均爲彼字之義。如當作彼字解而不通，則此夫字當屬上句末，而爲後人誤割屬下句，古書中此等誤讀甚多。〔拓開口氣虛無所指之夫字，至少唐以後作散文者始用之，南北朝尚不用，漢以前則絶無如此用者。〕

邦內甸服 〔邦、封，古音同。封，堆土以示疆界，引伸而爲疆界，原義亡，音轉邦。古國指都，邦謂國界，因避漢諱，古書之邦多易爲國，義遂相混。〕

公羊傳 春王正月

此爲傳體。古書經傳相輔，經爲正文，傳以釋經，故必有經而後有傳。此體與設爲問答者大不相同。外行者不知此理，作文並無所釋，而亦妄效傳體，則謬矣。

古書存於今，經傳分篇者，如《管子》之《明法》《明法解》；仍合爲一篇者，如《禮記》之《文王世子》；經存而傳亡者，如《春秋》無傳各條，即其一例；傳存而經亡者，如《禮記·郊特牲》之大部分。

謂文王也 文王，有文德之王。

古諸侯不再娶，因其一娶九女。〔娶一國，二國往媵，皆有侄娣。媵，送

也，如伊尹爲有莘氏媵臣。〕

　　諸大夫扳隱而立之　扳，即攀。

　　古也、邪（耶）通用，也字係邪字之意者甚多，如韓文（《雜説》）“其真無馬邪，其真不知馬也。”

檀弓　晋獻公殺世子申生

　　《檀弓》爲《禮記》中之一篇，其記事文最美。昔人有《檀弓論文》一書，不知何人所作，題爲謝枋得撰，蓋僞，其論亦無足觀。然《檀弓》記事文之美，冠絶古今，則不誣。凡《檀弓》所記之事，與《左氏》同者，《左氏》恒不如《檀弓》。

　　〔明人僞書，多托之宋人。《東萊博議》，觀其議論文辭，蓋亦明人所僞也。（年謹案：《東萊博議》有元刊本傳世，刊本不僞，則先生謂明人所僞，似未審，疑此種文體或始於宋末也。）《蘇批孟子》亦明人所托，如此者甚多。〕

　　陋劣之選本，〔不僅未悉源流正變，且文體亦未領略。〕不應看其選法，其文章還是看得的，惟其批評，則百分之九十以上都看不得，非徒無益，而且有害。其批評之劣根，因科舉而來。〔科舉蓋爲一種文官考試。官缺皆有定額，科舉爲其一道，故科舉出身亦有定額，蓋以官缺爲限也。其應試人之程度，可超過録取數者甚多，而文字限於程式，雖高才博學者亦無可發揮，多相仿佛，遂轉而求其文字之特別動目，而試官出題亦極難也。

　　科舉：唐，明經——帖經（經文）、墨義（注文），進士——詩賦。宋元，經義，策，論。明，太祖定制七百一三百字，分八股四對，曰八股。〕

　　子蓋言子之志於公乎　〔蓋，同盍。〕盍，何不也。蓋，疑詞，與今人用爲推原之詞者異。《左傳》杜注地名用蓋字者，皆爲不確定之詞，見《疏》。

　　申生不敢愛其死　愛，惜。

　　“伯氏不出而圖吾君？”此爲古書省疑問詞之例。今古書中之乎字等，爲後人所加者甚多，見俞樾《古書疑義舉例》。《中庸》：“《詩》云：‘伐柯伐柯，其則不遠。’執柯以伐柯，睨而視之，猶以爲遠（乎）？故君子以人治人，改而止，忠恕違道不遠，施諸己而不願，亦勿施於人。”

　　再拜　《論語》：“問人於他邦，再拜而送之。”

　　是以爲恭世子也　爲恭世子，言其未足爲孝（見鄭注）。蓋孝不當陷親於不義，亦且身爲世子，更當顧全大局。

　　《檀弓》之文字，看其風神。後人稱太史公、歐陽修，皆取其風神。其實

《檀弓》之風神,亦獨絶也。

檀弓　杜蕢揚觶

古君臣之密切者,義兼朋友。而古朋友與所知(知謂認識)異,關係極密切,如可許友以死,友睏乏而不能助,自己亦當減損飲食等。《檀弓》:“‘師’,吾哭諸寢;‘朋友’,吾哭諸寢門之外;‘所知’,吾哭諸野。”如秦穆公死而三良從死,即係論友誼(見《詩·黄鳥》)。《唐書·吐蕃傳》:“其君臣五六人自爲友,曰共命。”〔大抵野蠻人多有之。〕

知悼子卒未葬　《禮記》:“君於大夫,比葬,不食肉,比牢哭,不舉樂。”

師曠李調侍　師曠,太師,官名。李,或即理,官名。

杜蕢入寢歷階而昇酌曰曠飲斯又酌曰調飲斯又酌堂上北面坐飲之降趨而出　君前臣名,父前子名。

曩者爾心或開予　有、或同聲通用。九或＝九域＝九有。或曰,即有人説。

漢人記古事之文最多者,爲《説苑》、《新序》,次之則《韓詩外傳》,其文皆不如《檀弓》之美。蓋此等皆隨筆記録,不加修飾,而《檀弓》則曾經修飾者也。

《檀弓》用虚字最多,故有風神。然其文極簡,每段中皆有深厚雋永之語,故覺其味無窮。此可爲作文之法,即每作一文,總須想法錘煉出幾句精語,而繁文可删也。

國策　樂毅報燕王書

此篇辭令之美,冠絶古今,爲《左》《國》所不逮。

《國策》文字,主紀説術。其人有徒有術者,如觸讋、魯仲連是也。有並不免於鄙陋者,如蘇秦、馮諼是也。樂毅則殊有士君子之風。縱橫家有取於其辭,然其辭非縱橫家所能爲也。〔作文有二端:技術問題,神氣問題(自他人言

之爲氣象)。技術問題與人格無關，神氣問題則與人格有關，不能勉強。縱橫家大抵政客之流，不能爲此言也。〕

覆信緣由，在文字爲起的，其繁簡長短，須與全篇相稱。

恐牴斧質之罪　質，亦作鑕，鑕，要斬之兵。古書所謂斬者，皆指要斬。斬首皆言棄市。("爵人於朝，與衆共之；刑人於市，與衆棄之"——《禮記·王制》)(或質言之曰割頭，《今文尚書·呂刑》注如此)非刑法則曰斬首。

臣恐侍御者之不察先王之所以畜倖臣之理　侍御，御，進也。

先王之舉錯　錯，同措，加也。

而驟勝之遺事也　驟，數也。

先王之靈　或曰某人之神靈，或但曰靈。此語起原時或有迷信關係，如《史記》冒頓閼氏謂冒頓曰"漢天子亦有靈"是也。但在普通，祇作這個人的精神講即可。

植於汶篁　汶篁，汶水流域之竹田。

文字忌鋪張過度，有時亦需有相當的鋪排，方不寡薄，方有色彩，如"大吕陳於元英"至"植於汶篁"數語是。文字如祇有抽象概括的話，有時易失之寡薄。

故著於春秋　春秋，當時史籍通稱。

施及萌隸　萌，氓，同音，指民之較遠者。

"故吴王 夫差 不悟先論之可以立功，故沉子胥而不悔；子胥不早見主之不同量，故入江而不改"，《史記》無"夫差"二字，是也。此"夫差"二字，乃注語混入正文之例，因上文吴王係指闔閭，故或加此注也。"故入江而不改"，《史記》作"是以王於入江而不化"，較此爲優，此恐淺人所改也。

國策　魯仲連義不帝秦

《戰國策》係縱橫家之書，專講遊説之術，不可當作歷史看，宜看其説話之法如何。此在歷史方面，可見當時説術之面貌，而文字之妙亦寓焉。

魯連見平原君，無不説理由，貿然責其非天下之賢公子之理；亦無不論形勢，貿然欲責辛垣衍而歸之之理。必已暢論外交上之形勢，而平原君此時亦必已決不帝秦矣。文不及者，此篇所重在魯連説辛垣衍之術，不在其與平原君決策，故略之也(如列記之，或可別作一文)。必知此法，行文乃不苦材多，有體要而不支蔓。

主人必將倍殯柩　在床曰屍，在棺曰柩。

史　記

《史記》之文，自然大部分係鈔來。其中一部分可證明其爲作《史記》者所自作的，亦不易指定其爲出於誰某，緣出（一）談，（二）遷，（三）及複來補《太史公書》者，均有可能。如《自序》全篇可信爲司馬遷所作，其中"論六家要指"一段可信爲其父談之所作。然如此者不多。〔古人不重爲文，故引用原書，不加刪改。〕〔漢初曆史性質之書僅《史記》一種，而時人謂歷史書通稱史記，故名《太史公書》爲"史記"，而遂成專名。〕

若從文學上論之，則其文字風格一律者，可姑視爲一人所作。以大體言之，則序及論贊是也。（專篇後之一段，普通稱爲論或贊，或總稱爲論贊。女《後漢書》既有散文又有韵文者，則稱散文爲論，韵文爲贊。此外不拘。）

《史記》文字之特色，在其從容閒雅。從前有人説："作散文須在《史記》中用過一番功，學寫字須在《鄭文公碑》中用過一番功，如此，便無迫蹙之病。"此語深爲内行。且從《史記》中用過一番功，其文自無傖夫氣。

《史記》之所以能如此，實緣其與當時之語言甚爲接近。〔大概如今日極淺近之文言。〕凡文之接近語言者，往往有繁冗之病，然亦有自然之妙。今《史記》辭句，吾人讀之，往往覺其繁冗可删，然以《史通·點項篇》中所載與今本相校，其煩更甚，則知今本已經過刪削矣。（大牴係鈔書者所爲。）

《史記·六國表序》："故禹興於西羌，湯起於亳，周之王也以豐鎬伐殷，秦之帝用雍州興，漢之興自蜀漢。"似駢非駢，似散非散，似整齊，似變化，後來無人能爲。〔此豈古語言之中，自有此調，非作文時勉强學得。〕

《史記·自序》："遷生龍門，耕牧河、山之陽，年十歲，則誦古文，二十而南遊江、淮，上會稽，探禹穴，窺九疑，浮於沅、湘，北涉汶、泗，講業齊、魯之都，觀孔子之遺風，鄉射鄒、嶧，厄困鄱、薛、彭城，過梁、楚以歸。於是遷仕爲郎中，奉使西征巴、蜀以南，南略邛、筰、昆明，還報命。是歲，天子始建泰山之封，而太史公留滯周南，不得與從事，故發憤且卒。而子遷適使反，見父於河、洛之間。"此中所用地名，可謂多極，而音調宛轉和諧，絶無棘口之弊，更合《貨殖列傳》用物名極多之一段觀之，即可知人籟之不如天籟也。

文字仍係一種語言，閲看時雖不朗誦，暗中仍在默誦的，不過自己不覺得。所以音調最要緊。

太短之弊，可以俞理初先生（正燮）爲代表。其文意義極明瞭，而讀之總不順口，過煉傷氣。

太長之病，可以近人章行嚴爲代表。此君之文，亦非不明白，然讀起來總覺吃力異常，即由其句太長之故。

凡文不忌長句，而忌長句不能分讀。句者，意義上之句；讀者，口中之句也。如佛經“若恒河中所有沙，有如是沙等恒河，是諸恒河所有沙數”，改作“等於恒河沙數之恒河中之沙”，意義亦非不明白，昔人必斫爲三句者，即避免太長而不可讀也。

史記　五帝本紀贊

此篇爲古書受後人竄亂者之例。

其文不雅馴　雅，正。馴，熟。

薦紳先生難言之　薦紳，搢紳。笏，插笏。紳，大帶。〔古束帶。〕《禮記·深衣》：“下無厭（壓）髀，上無厭脅，當無骨者。”

孔子所傳，猶言孔子之門所傳。

至長老皆各往往稱黃帝堯舜之處風教固殊焉　往往，今從時間上言，古人多從空間上言，猶今人言“歷歷可指”之“歷歷”，如《史記·貨殖列傳》叙礦業總之曰“千里往往，山出棋置”。

顧弟弗深考　古書無以弟爲但字者。

余並論次　論，同倫，類也。次，以次第排列。凡古書多後人識語混入者：

“總之不離古文者近是”，當係後人識語。

“予觀春秋”——“章矣”，當又係一人識語。

“顧弟弗深考其所表見皆不虛”，亦係識語，而又有脱誤。

“書缺有間”——“道也”，又係一人識語。

史記　項羽本紀贊

據班彪言，《史記》多本《楚漢春秋》，大科牴指《項羽本紀》等言。

吾聞之周生　較古的某生的生字，等於先生，皆指年高有學之人，如賈誼稱賈生，董仲舒稱董生。亦有時但稱先，如叔孫通稱叔孫先。後乃漸移以稱新學小生。初時猶別之曰小生，如柳子厚遊記中“從遊者崔氏二小生”之類，更後乃直稱曰生矣。

史記　秦楚之際月表

表舊名譜。《南史·劉杳傳》言太史公之表昉自周譜，此語亦見《史通·表歷篇》。鄭康成《詩譜》原式雖不可見，按各國之君，將各詩分隸其時，當亦《史記》之表也。〔《隋書·經籍志》載家譜頗多，蓋沿古之譜。故《劉杳傳》及《史通》語蓋有所本。〕〔《太史公書》有世表、年表、月表。〕

序者，次序，如《易經》之序卦，《史記》之自序，説出全書排列先後。古人例在全書之後，作爲書之末篇。

序者，緒也，謂爲全書抽出一個頭緒，以便讀者。

太史公讀秦漢之際　有聲音的念——誦。倍（背）文——諷。研究——讀，籀、紬、抽。

未始有受命若斯其亟也　亟，數也，急也，今多用後一義。

稍以蠶食六國　稍，漸也，古人用此字，皆從時間上言，不以代少字指分量。

墮壞名城　名，大也。（漢人如此）

鈕豪杰　鈕，鋤也。

此乃傳之所謂大聖乎豈非天哉豈非天哉非大聖孰能當此受命而帝者乎　懸而不斷。

史記　高祖功臣侯年表

此篇爲措詞婉約之式。文學之作用在諷喻，而不在直陳，孔子所謂"法與之言""異與之言"也（《論語·子罕》）。必知此意，乃能知文學之特質。近人作文總是直斥之詞多，規諷之詞少（不論文言語體皆然），殊失文學本意。

見侯五　見，現存。

罔亦少密焉　罔，同網。法律所以網羅罪人，故稱法網、刑網。

"罔亦少密焉"，頗有歸咎王室寡恩之意，下句隨即收轉。"居今之世"至"何必舊聞"，説明今古之不同，辭極婉而曲。作此等文字最要者爲筆活，一重滯便拖泥帶水矣。

頗有所不盡　頗，偏，不全。一部分如此而非全體如此。

就此選本言之，此篇及《游俠列傳序》最爲《史記》文字之典型，宜多讀。

《貨殖列傳》及《自序》亦爲《史記》之典型文字，然被割裁太甚，精神不見矣。

史記　伯夷列傳

此篇似是司馬遷所作，因遷信儒家之學（其父談係信道家）。末段雜採《賈子》（亦見今《賈誼新書》），可見其他或亦尚有所本，爲吾儕所不知。《屈原列傳》略同淮南王之《離騷傳》，蓋所本者同也。漢人文字，率多如此，故欲決定何篇文字全出自作極難。陳蘭甫先生論何邵公稱學海，云觀《公羊》宣公十五年注論井田，略同《漢書·食貨志》，便知其係貫穿舊説而成（見《東塾讀書記》，係引其意），故古稱作文爲“屬文”也。〔《賈誼新書》有同《大戴禮記》處，晁錯論兵法同《管子》，或二者同出一源，最妥。〕

六藝　《周禮》伯宗。

爰及干戈　爰，於也，曰也，此處當他曰字。《左傳》：“楚自克庸以來，其君無日不討其國人而訓之，於（曰）民生之（其）不易，禍至之（其）無日，戒懼之不可以怠；在軍，無日不討軍實而申儆之，於（曰）勝之（其）不可保，紂之（其）百克而卒無後。”

天下宗周　宗，尊也。

然回也屢空糟糠不厭　屢，窶也。窶空，破也。厭，棄，饜足。

此種文字，係隨筆抒寫，並無一定章法格局，所謂文成法立也。此種文字，最有自然之美，熟則能之。

至“概見何哉”爲一段。

史記　游俠列傳序

褐衣疏食不厭　褐，毛巾，以雜毛製成。疏食，（一）指雜植物言之，如野草之類，亦作素食，見《墨子》，此疏字今作蔬；（二）穀類之粗者，今仍作疏。

而弟子志之不倦　父兄　父老　老輩前輩

子弟　弟子　後輩小輩

赴士之厄困　今“跑”或即古赴之轉音。

蓋亦有足多者焉　多，賢，好，勝於別的。韓愈《八月十五夜同張功曹詩》：“一年明月今宵多（好）”。

“且緩急人之所時有也”，此等處語氣婉約，轉筆靈捷，最爲太史公文特色。

已向其利者爲有德　已享其德之"已",終也,俗語云到底。《史記·刺客列傳》"終已不顧",已即終也,既言終,又言已,古人所謂"復語"。

跖蹻暴戾　蹻,莊蹻,楚莊王之後,古書多言其爲楚國大盗。

要以功見言信俠客之義又曷可少哉　要,今腰字,著裳必提其要,著衣必挈其領,故事緊要之處曰要領,亦曰要。凡寄食於人者皆曰客,古游俠多寄食於人,故曰俠客,此等人多能用短兵戰鬥,故亦曰劍客,見《三國志·許褚傳》。

靡得而聞矣　靡,同無,音長短之別。

雖時扞當世之文罔　罔,同網。文,謂文法,古稱法律爲文法,漢四科舉士有文中御史。扞,同今之捍。

文能讀之成誦,則語氣之抑揚反正……易見。古書去今遠,此等處較近代之文較難見,故須有若干篇讀至相當熟的程度。

司馬遷　報任少卿書

此篇見《漢書·司馬遷傳》及《文選》,字句頗有異同。

此篇爲長篇之法。凡作文字,先求其暢,故氣不可不盛。欲求氣盛,則長篇須熟讀若干篇。

此篇氣極盛,然仍極紆徐寬博,不失史公本色。

凡《史記》長篇,其氣無不極寬者。惜此書所選,均經删節,如能讀本書,可看《貨殖列傳》、《自序》兩篇,乃氣之最寬者也。後世文字,蘇軾《徐州上皇帝書》可以參看,於氣寬一點,最易悟人。

曩者辱賜書　曩者,亦作乃者。

教以慎於接物　古事、物通用。

若望僕不相師　望,怨恨不滿足。

是以獨抑鬱而誰與語　誰與語,一作無復語。

動而見尤　尤,亦作郵,過也,引伸之爲罪。

誰爲爲之孰令聽之　誰爲爲之——替什麽人做。孰令聽之——叫什麽人聽。

"終已不得抒憤懣",終已爲復語。"則長逝者魂魄",雖言魂魄,意但指魂,則魄字無義,此例古人謂之足句,亦謂之浹句。此兩例,皆單音語變爲複音辭時所生之語法。此等尚有數例,詳見拙撰《字例略説》。

自起至"幸勿爲過"爲起段。文長故起段亦長——否則不相稱。此段叙述得書及久不報及現在答書，皆起段應有之義，又略透全書之意，此爲行文開門見山之法，使讀者之觀念集中在一定範圍之内。

"刑餘之人，無所比數，非一世也，所從來遠"，此等以一句而開出下文一段者，謂之提筆，須明爽充足。

"奈何令刀鋸之餘，薦天下之豪俊哉"，此句有慷慨嗚咽之意。

"而事乃有大謬不然者夫"，夫字上屬，《文選》李善注如此。今讀下屬者誤。

"……僕誠私心痛之"，此等爲文中着力之句。

且欲得其當而報於漢　其、之二字古通。

"事已無可奈何"，已，終。

以爲僕阻貳師而爲李陵游説　貳師將軍李廣利(李夫人弟)時出兵，陵爲助兵。

遂下於理　理，古亦作李，司法官。

拳拳之忠　拳拳，卷卷，眷眷，惓惓。

僕行事　行事，往事也(見王念孫《讀書雜志》)。《史記·自序》："我欲託之空言，不如見之行事之深切著明也。"

"僕聞之修身者"——"尚何言哉"，答來書勸其推賢進士之意。

"且事本末未易明也"——"事未易一一爲俗人言也"，述此次遇禍始末。其中又分兩小段："僕誠私心病之"以上，述己與李陵關係；"且李陵"以下，述此次之事。

"悲夫悲夫云云"，結束本段，又引起下段。

非有剖符丹書之功　竹木或金之屬，中書或畫之，剖爲二，或持其半，以驗合否。普通謂之符，如漢竹使符、銅虎符。亦曰札，見鄭注《周禮》約劑。其意皆即今騎縫印。

特以爲智窮罪極　特，大。獨，小。

其次詘體受辱　詘，屈也。

其次剔毛髮嬰金鐵受辱　剔毛髮，髡。嬰金鐵，拑(箝)。

"僕之先"——"殆爲此也夫"，此爲一段。言士節不可不勉勵，然人世禍福趨避極難，罹刑網者，不可專咎其不立節，故以"西伯伯也"一段示意，而以"古人重施刑於大夫"結之，意至婉曲。

"貪生惡死，念父母，顧妻子"爲一層。"怯夫慕義，何處不勉"爲一層。"臧獲婢妾，猶能引決"爲一層。凡三層，乃説出所以隱忍苟活之故，所謂

“厚集其力”〔趙奢兵法用衆，見《戰國策》〕也。上文既厚集其力，故“所以隱忍”——“不表於後世也”，亦必鄭重有力，然後足以承之。而下文“古者富貴而名磨滅，不可勝紀，惟倜儻非常之人稱焉”，亦必極軒爽有力，方提得起。

退而論書策　論、倫古通用。倫，類也。論書策，謂依條理編次。古人用論字多非議論之意。《史記・呂不韋列傳》：“使賓客人人著所聞，集論以爲……”《莊子》：“六合之外，聖人存而不論，六合之内，聖人論而不議。”論同倫，類也，言依天然之條理爲之分類。議同義，宜也，言不强主張何種辦法爲合宜。

藏之名山　名山、名川之名，都等於大，見王念孫《讀書雜志》。名山大川，名、大同意，而易其字，以避重複，古有此例。

“惜其不成，是以就極刑而無愠色”，此句鄭重結出。

“僕誠已著此書”——“豈有悔哉”，此句又反言之，意之所在，故不厭求詳，凡所以示鄭重也。

“然此可爲智者道，難爲俗人言也”，回應上文，凡長篇多須用回應縮合等筆法，方更顯明。

亦何面目復上父母之丘墓乎　漢時風俗，受刑而虧損肢體者，不得上先人之墓，見王充《論衡》。

身直爲閨閤之臣　直、正古通用。如《論語》“斯民也，三代之所以直道而行也”，即正道。又“或曰：以德報怨何如？子曰：何以報德？以直報怨，以德報德”，以直報怨，即以正當手段報怨。杜詩：“直北關山金鼓震”，直北即正北也。

“今雖欲自雕琢（讀），曼辭以自飾（句）”，雕琢曼辭四字不連。凡古書無甚長句，有時句太長者，多係誤讀。

此篇氣盛言宜，即不能讀至背誦，亦須讀數十遍，至極順口。能多讀長篇之文，至於順口，暇時常常諷誦，自己作文時，便不氣怯。

凡作文先求暢達，求暢達須氣盛。

故作文時宜縱筆寫去，不妥處可留待後改做，不成之句，可姑缺之，留待後補，總期一氣寫下，勿生停頓，如此習慣，則文氣充暢，且做得快。此前輩謝鍾英先生教人作文之法。

長篇中漢人之文，賈誼之《治安策》亦須一讀，此篇已删節，非原文（謂《漢書》本傳所載），但讀之仍覺其氣極盛。

宋王安石《上皇帝書》,亦長篇中極好者。

西漢文　賈誼過秦論上

章實齋云,此等意主鋪張者實兼賦體(見《文史通義·詩教》),案此言是也。文有繁簡二種,簡者意求扼要,繁者意主鋪張;簡者多概括之辭,繁者多列舉其事,當相其宜而爲之。欲明此二種區別,看《淮南子》一過最好,此書《説山》、《説林》兩篇主簡,餘悉賦體也。推而廣之,佛經文字,多係賦體,而如《大乘起信論》,自言爲"樂以少文,而攝多義"者作,則主簡約。近世文字,康有爲最得漢人賦體之意。〔章行嚴謂中國文字最簡,最爲特色,此言或有理,不過有時宜繁者。〕

瓮牖繩樞之子　牖,今天窗。樞,今窗。

材能不及中庸　中庸,有二解:(1) 指德行,(2) 漢人通用者"中等"。

天下雲集而響應贏糧而景從　響,回聲。景,今影。

山東豪俊　山東,謂華山以東。

殽函之固　三崤山,在今河南永寧縣一帶。函谷。

謫戍之衆　有罪之人,罰令出戰,許其贖罪,曰謫發;令守某地,曰謫戍。

此一篇極形容秦之强及其亡之易,歸結於仁義不施攻守異勢之説,則在他篇中發明,此篇固僅一節,非全體也。

賈生之文氣勢最盛者爲《治安策》,《漢書》所載已非全篇,然讀之氣勢之盛尚可見。至此書所選,已割裂大矣,可取全者一覽。其奏議最精者爲《諫放民私鑄疏》,在《漢書·食貨志》下卷中,説理極深,語極簡而確,亦可一覽。

《賈子新書》中論事説理精當之文尚多,惜亦多割截非全篇,但其精當及雖割裂而仍見其氣勢甚處,自不可没也。

西京之文,賈、晁爲一派,晁論事精切不讓賈,説理似少遜。

活而富於現代的趣味——以口語爲基本者優點。白話→口語→方言

句簡短而意義確定　
篇幅短而力量强　　〕文言勝於白話處。

西漢文　史記晁錯論貴粟疏

西漢之文,賈、晁爲一派,以明切事情達於利害見長。

〔經濟學上分工爲利,分工而需交換,交換需用貨幣。故不用貨幣之策,爲不合經濟學上之理論。〕

而國無捐瘠者　捐,棄也。

加以。亡天災數年之水旱　亡,無古通用。

民貧則姦邪生　姦,奸、干,意通,犯也。

不農則不地著　地著,土著。

君安能以有其民哉　"有其民"之有,與宥通。《老子》"聞在宥天下,不聞治天下也",即此意。

在上所以牧之　牧,養也。

中人弗勝　勝,平聲。

治官府　古官、宮通用。

力過吏勢　《禮記·禮運》:"如有不由此者,在執者去。"執即勢,謂得有作爲之權力。

今募天下人入粟縣官　募,今法律廣告的行爲。縣官,公家。〔古皇帝與公家不分,故稱皇帝亦曰縣官。〕

粟有所渫　有所渫,有去路之意。

西漢文　路温舒尚德緩刑書

凡漢人之文,必有其沉摯之處。如此篇"夫獄者"至"此所謂其一尚存者也"一段是也。此等處最宜學,使文字之力量加厚。

文字有文有質,文者注意於修辭,然真意轉少,如此書所選,司馬相如《諫獵書》其辭工矣,鄒陽《獄中上梁王書》更繁徵博引,不饒戰國策士餘習,此等當時以爲能文(大抵漢人於文好鋪張,賦之所以盛行以此)。然自後世觀之,殊非漢文之至者,其至者,反係當時通俗之作,無意求工者,此可見與其文勝,毋寧質勝也。

而孝文爲大宗　〔漢,〕祖有功而宗有德,天子立四親廟(高、曾、祖、考),除有功德者外,親盡則毀。

内恕情之所安　恕,以己之心度人之心。

刑(廣義) { 死(大刑) / 刑(狹義)

刑、斷相通,故曰"刑者不可複屬",又曰"斷者不可複屬"。

是以死人之血流離於市　"爵人於朝,與衆共之;刑人於市,與衆棄之"(《禮記‧王制》)。

教笞不可廢於家,施本族人。大刑用甲兵,中刑用斧鉞(死罪),下刑用刀鋸(傷身體不傷生命之刑),原出於戰陣,所以施異族,後移用於内奸。故司法官曰士(戰士),其長曰士師,管司法行政者曰司寇。《周禮》司徒(管人的官)之屬懲罰止於拘役,"附於刑者歸於士",猶今移交軍事裁判也。

則飾詞以視之　漢人視、示通。

此種文字看其精煉。

李密　陳情表

此篇爲魏晉文字,看其音調和婉,詞句整齊。〔駢散從全體文氣上看。〕

臣以險釁　釁,隙。

夙遭閔兇　閔,憫,憂也。

生孩六月　咳、孩同。咳,笑。

形影相弔　弔本相助之義,陳平弔喪,先往後罷。

除臣洗馬　洗馬,洗同先。

此等爲言情文字之式。凡言情文字,能得魏晉人氣息最佳,以其毫無傖夫氣也。

王羲之　蘭亭集序

此篇亦爲魏晉人言情之文,而兼帶説理性質。

修禊事也　三月上巳臨流水祓除不祥。

晤言一室之内　《詩‧豳風》:"穹窒熏鼠,塞向墐户。嗟我婦子,曰爲改歲,入此室處。"《禮記‧月令》:"乃命有司,寒氣總至,民力不堪,其皆入室。"

仰觀宇宙之大　上下四方曰宇——空間,往古來今曰宙——時間。

若合一契　契與鍥同音,刻也。古符札中間之圖畫或文字,猶今人之騎縫印,未能爲此時,則刻木爲齒,各執其一相驗,故曰數齒以爲富(大概欠賬愈多,所刻齒數亦愈多),俞樾説,見《諸子平義》。

未嘗不臨文嗟悼　《禮記‧檀弓》:"臨文不諱。"臨文,謂執本宣讀。

齊彭殤爲妄作　《莊子》:"天下莫壽於殤子,而彭祖爲夭。"

陶淵明　桃花源記

此篇爲魏晋人叙事之文。各種選本多題《桃花源記》，誤也，實當作《桃花源詩序》。

〔此篇所叙，蓋本諸當時事實。永嘉喪亂以來，北方人民，多亡匿山谷，以其與胡人雜處，亦稱山胡，亦山越之類。近代尚有此類之事，觀《經世文編》中《招墾里記》可知。〕

晋大元中　大元，孝武帝年號。

武陵人　武陵，今湖南常德縣。

緣溪行　自上而下曰沿，自下而上曰泝（溯），無上下之義昔人皆作緣。沿革，沿襲。緣邊。"五帝不襲禮，三王不沿樂。"

駱賓王　爲徐敬業討武曌檄

駢文原起先漢之末，至後漢而成。大約漢魏爲一體，晋宋爲一體，齊梁爲一體。唐初承齊樑，又稍板重，而益近律體（調平仄），故又有唐駢體之名。末年，遂有所謂四六。宋人承之，然稍加流走矣。

〔韵文不與口語相合。進化至散文，則與口語相合矣——東周至西漢。其後趨於修飾，句調求整齊，用字（辭）求美麗，多引故實（即用典），以引起豐富之想像。漢班昭上書，有"使超得長蒙文王葬骨之仁，子方哀老之惠"，即爲用典。〕

〔四聲本非發音學之用。起於南北朝。梁沈約初講之。其前讀文之調與口語相同也。〕

駢文之用字眼及典故，奉欲刺激人之想像而引起其美感，故其所用宜熟——大家用慣的字眼及典故，在意義及運用上求其新穎，——若用生者，使人看了懂都不懂，則失其意義矣。但其末流，頗有此病。惟公文無之，此篇即是也。

唐陸贄奏議，即奏議爲公文也。

入門見嫉　"女無美惡，入宮見妒；士無△△，入朝見△。"

狐媚偏能惑主　偏，獨也。"謝公最小偏憐女"，獨也，最也。

陷吾君於聚麀　《禮記·曲禮》："夫惟禽獸無禮，故父子聚麀。"

賊之宗盟　《左氏》："周之宗盟，異姓爲後。"

霍子孟之不作　漢霍光，字子孟，廢昌邑王立宣帝，歷史上以爲大公無私的人，與伊尹並稱伊霍。

朱虚侯之已亡　朱虚侯，名章，漢高帝孫，呂後没後，推翻呂氏。

順海内之推心　"王（後漢光武帝）推赤心置人腹中"——《後漢書》。

爰舉義旗　爰，曰，云，於，通曰，有時可當於是兩字。

海陵紅粟　粟陳則色紅，亦或作紅朽。《史記·平準書》："太倉之粟，紅腐而不可食。"

班聲動而北風起　《左傳》："有班馬之聲，齊師其遁。"

嗚咽則山嶽崩頹叱咤則風雲變色　"喑嗚叱咤，萬人俱廢。"

六尺之孤何托　《論語》："曾子曰：可以托六尺之孤，可以寄百里之命，臨大節而不可奪也，君子人歟？君子人也。"

倘能轉禍爲福　"轉禍而爲福，因敗而爲功"，見《史記·管晏列傳》。

送往事居　"送往事居，耦俱無猜"，《左傳》荀息對晉獻公語。耦，並耕也，引伸爲配偶等等，今通借偶，偶之本義爲木偶。

無廢大君之命　"武人爲於大君"，見《易·履卦》六三爻辭。

凡諸爵賞同指山河　古人立誓，多對神明而言之，如曰有如日有如河之類。

若其眷戀窮域　眷，睠，卷卷，顧戀不捨。

坐昧先幾之兆　幾，徵也。《易·繫辭》："君子以見幾而作，不俟終日。"《易·繫辭》："子曰：幾者，動之徵，吉（此處或有奪兇字）之先見者也。"

必貽後至之誅　貽，留也，留給將來的自己。禹會諸侯於涂山，防風氏後，戮之，見《國語》、《史記》。誅，責也。

韓愈　原道

此爲正式之古文。

南北朝時，文字日趨浮靡，不適於用，於是有復古運動。但其初期，硬學古書形式，徑説古人之話，仍不適用。至唐韓柳出，以古人説話之法——即文字未浮靡時之文法，——説當時之話，而此運動乃告成功。〔後周最重實用，已有作復古運動者，如蘇綽擬《大誥》，鈎章棘句，後謂之澀體，如獨孤及、皇甫湜尚有澀體之病。〕

此項文字祇是散文而已，何以特稱爲古文？散文系轉就形式而言之，不能表示其在散文中特殊之性質，故特稱爲古文。（此項文字專就其非駢之性質而言之,本可稱爲散文,習慣亦皆如此稱之。)

然則所謂古文者,性質如何? 論古文者最要之義,在雅俗之別(亦稱雅鄭)。必先能雅,然後有好壞可説,如其不雅,則祇算範圍以外,無從評論好壞,故雅俗爲古文與非古文之界限。

所謂雅者何也? 雅者,正也,即正確之義。同時亦含有現在心理學上所謂文雅之義,即於實用之外,尚能使人起美感,至少不使人起惡感。説話有優美及鄙俗,亦由此而分。雅與古不必一致,但相合之時頗多。其故:(1)古語之不雅者已被淘汰,存者多系較雅者。(2)即其不雅者,因其已與語言分離,吾人覺其不雅不如語言之甚。(3)吾人使用古語時,可擇其較雅者而用之。

作古文之人,乃(1)就已往之文字中,擇其最宜通行於今者而用之。(並非凡古即可用,過古者,有時按古文義法仍不可用。)(2)擇其認爲美者而用之。前者雅正之義,後者文雅之義也。能確守此標準者,其文可稱古文,否則祇可算普通的散文。

古文雖非徑以古爲法,但較他種文字用"古語"及"古語法"(兼句法、篇法言)的確多些。

此由其選用時以古語居於第一位,凡可用古語及古語法者,必儘先使用,非至萬不得已時,不致用他種語也。故此種文字,有節制語言,使其變化緩慢之力,與語體文之儘量使用口語,文字之變化加速者,恰處於相反之地位。離心向心之力貴相持而得其平。兩體並行,而以居其間之普通文調和之,事實即最合理,議論者之吾欲云云,皆淺見也。

再者,因古文體例之謹嚴,一時代一地方之古語被其淘汰者不少,如六朝人儷語、宋明人語録中語是也。故謂古文專門保存死語言者,亦係外行語,一部分古語乃頗受彼之淘汰而成爲死語耳。以此義言之,古文可謂文言中之官話,他種文言,則猶文言中之方言也。率此義以爲文,則其文字能使後來之人易解。因其用一時代一地方之言語少,所用者皆最通行之語,猶之説官話者聽之易懂也。故古文有使前人後人接近之益,猶之官話有使各地方人接近之益,古文者,時間上之官話也。

凡讀古文,須分清段落,看其起結轉接之處,文之力量,皆在此中。

足乎已無待於外之謂德　德者,得也。

樂其誕而自小也　誕,大也。荒誕,虛誕,誕妄。

而又筆之於其書　筆,動詞,《公羊》:"筆則筆,削則削,子夏之徒不能贊一辭。”

“甚矣，人之好怪也，不求其端，不訊其末，惟怪之欲聞”，此謂承上起下。轉接要有力量，而不可突兀。

傳曰經曰 （1）漢人之例，除《詩》、《書》、《禮》（《儀禮》）、《易》、《春秋》外，其餘概不稱經。（2）經之說，可以稱本經之名，如引《公羊》即稱爲《春秋》，“差之毫厘，謬以千里”係《易》說，亦稱爲《易》。（3）此外普通經說稱傳，如《論語》亦稱傳。（4）又《逸禮》亦可稱《禮》。（5）禮之屬可稱記。（6）古史可稱春秋或春秋之記等。此等不易分別。現在引用，最好即用書名及篇名，不至錯誤。

子焉而不父其父臣焉而不君其君民焉而不事其事 古人名動通用一字，讀音意義皆微別。如“各子其子”，上子字音慈。但此等多不可考，如《禮記·昏義》“親之也者，親之也”；《孟子·滕文公》上篇“徹者，徹也”是。後世名動通用一字，音讀意義遂無確實區別，然已成通例矣。

故生則得其情 情誠真實，情僞誠僞。真同闐，結實之意。“故真人入水不濡，入火不爇。”

郊焉而天人假 《說文》：“假，至也。”經傳通用假。（假，大也。假，借也。假，至也。）

孔子傳之孟軻 凡避諱之字，謂之“之字”。昔人取義近而音不同之字（所諱者音，非其字形），故邦之字曰國，雉之字曰野鷄。後人不取此例，但於書寫時缺筆，讀時則概讀爲某。但此例在韵文中不能用，則變其韵，如詩中之孔丘讀爲區。《禮記》：“見似目瞿，聞名心瞿。”

由周公而上由周公而下 由△△而上，由△△而下，有時是連△△算在內的，〔如此處由周公而上。〕有時則所謂△△者除外，〔如此處由周公而下。〕此係昔人所謂連本算法，除本算法，見《禮記·曲禮》“生與來日死與往日”注及疏。

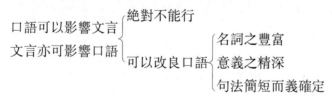

試　　題

（一）本學期曾讀過（1）兩漢，（2）魏晋文字及唐代，（3）駢，（4）散文各一篇。此四者，君對於何種，最有興味？如僅欲學作淺近文言及語體文，君以爲讀此等文字,亦有益否? 再者: 兩漢之散文,何以轉變爲魏晋後之駢文? 其後何以又有古文運動之興起? 能言其所以然否?

　　(二) 韓愈《原道》,爲攘斥佛老有名文字,其見解究如何? 試詳論之。任作一題。

　　題須全寫。題: 首行低兩格,次行以下,概低三格。文: 或均頂格,或每段起處低兩格。必須標點,新舊式不拘。文概直行,自右至左。

下　卷

韓愈　諱辯

此篇爲瘦硬之文。瘦，説話露骨之謂。硬，强有力。

〔人死諱其名，蓋起於周。〕《禮記·檀弓》：“幼名，冠字（如尼父，父同甫），五十以伯仲（如仲尼，此亦曰‘且字’），死諡，周道也。”《曲禮》：“見似目瞿，聞名心瞿。”似所以諱名之故。然古人諱名，僅限於相當程度，如“逮事父母，則不諱王父母”之類，在事實上，行之尚不感困難。至南北朝而斯風大盛，在言語中至不得涉人父母之名。“禮不諱嫌名”，至此並嫌名而諱之矣。

謂若言征不稱在言在不稱徵是也　《禮記》：“夫子之母名徵在，言在不稱徵，言徵不稱在。”

丘與蕢之類是也　“我本楚狂人，狂歌笑孔丘”，“孔丘、盜跖俱塵埃”，此等，禮，丘亦讀爲區……音。學究概讀爲某，非也。改讀爲某，止可施之散文，調平仄協韵者不能也。

若父名仁子不得爲人乎　仁，“相人偶”也。

漢諱武帝名徹爲通諱呂後名雉爲野鷄　諱此字而改用彼字，則彼字爲此字之“之字”。〔之，往也。〕之字之義，必與所替代之字近而音不同，如邦之字曰國，雉之字曰野鷄之類。

“士君子立言行事宜何所法守也？”也字在古人文中有兩用：（1）爲確定之詞，與今用法同。（2）亦爲疑問字，意與耶同，如此句是也。連用兩疑問字，古人多一用耶，一用也。大牴耶字用在前，也字用在後。如《雜説》曰：“其真無馬耶？其真不知馬也？”即其一例。〔唐人文如此者尚多，宋以後即少見。〕又古書中用邪字，其意或轉非疑問，如《易·繫辭》“乾坤其易之門邪”等是，此乃讚嘆之意。

此書所選韓文，殊爲不佳。如《上宰相書》乃唐人干謁之作，贈序數篇則應酬之作，皆非韓文之佳者。所以選此等者，以其無實而强立作意，便於科舉時代之人學作虛題也。〔凡批文之走入歧途，皆由此故。〕

韓愈　柳子厚墓志銘

墓銘與傳、狀等異，傳、狀主叙事。〔狀，包括今之行述、事略，僅供給材料，憑作傳者之採擇而已，與傳復有別。〕墓銘之作，則本志姓名、家世、官爵、年壽、妻子、葬地等耳。叙事本非必要，故詳略隨意，又可發議論，述交情，寓感慨，其途甚寬，故佳作甚多。

柳子厚爲欲除宦官而失敗之人。在政治方面，格於時勢，其事不能叙述。故此篇避而不言，但於隱約之中，微示其非徒文士而已。

以事母棄太常博士求爲縣令江南　〔唐人重内官而輕外官。〕

其後以博學宏詞　〔博學宏詞，制科名。唐開元十九年開博學宏詞科，以考拔淹博能文之士。宋南渡後亦置是科。清代則曰博學鴻詞科。〕

授集賢殿正字　〔唐有集仙殿，開元中改名集賢。以五品以上爲學士，每以宰相爲學士者知院事，掌刊輯書籍，搜求佚書。宋改爲集賢院。〕

"今夫平居"至"可以少愧矣"，"子厚前時"至"必有能辨之者"，此兩段皆長句法。凡長句，祇是意義連續許多句始完，其中可以讀斷（讀時可以停之處）必多，此所謂讀。句可長，讀不可長也。

"子厚前時年少"一段，爲强自慰藉之辭，以見得其本係欲建功業，非徒欲以文學見長之人。

學問不厭　厭通饜，足也。

柳宗元　駁復讎議

柳文儁杰廉悍，於《韓非子》爲近。可參看《韓非子》之《難一》、《難二》。

不以人爲單位，而以家族……團體爲單位。最初本無一種法權，高出此諸團體之上。人皆受團體之保護，有冤抑損害則團體爲之報復。〔其後有國，則産生一高於諸團體之法權，爲有冤抑損害，當訴之於國之執法者。然事實上，舊日報復之習慣尚存。在風俗上，仍以爲是義舉。在倫理上，亦可稱許。在法律上，則不能容之，蓋以防微杜漸之患也。此爲法律與倫理之互相矛盾處。歷來議之者頗多，此篇其一也。〕

且請編之於令永爲國典　〔唐之法律，分律、令、格、式四種：

律〈不完全，不具體 ｛用令。但令非有變更法律之效力，略如後世之例而已。〔每隔相當時期，集衆例修之，去其重複或不善者，編定之，古之令亦然。〕

令〔人君頒佈之命令。〕

格式〔官吏遵行之條文。〕——不依，治之以律。犯罪

若曰無爲賊虐　若曰，推想他人之意而爲之辭，如《書經》之"王若曰"。

本情以正褒貶　情，實也。《大學》："子曰：聽訟，吾猶人也，必也，使無訟乎，無情者不得盡其辭。"《左傳》莊公十年："小大之獄，雖不能察，必以情。"

元慶能以戴天爲大耻　《禮記》："父之讎勿與共戴天，兄弟之讎不反兵，交遊之讎不同國。"〔此蓋古復讎之風盛，不能禁絶之，故禮文明著復讎之隆殺等差。《周官》且有調人，以禁其不直，使之相辟之事。〕

此議係公文，故昔人之議，有以私議標題者。但議之體不限於公文，故不標私字者多。《桐葉封弟辨》可與此篇參看。

柳宗元　箕子碑

殷有仁人曰箕子　《論語·微子》："微子去之，箕子爲之奴，比干諫而死。孔子曰：'殷有三仁焉。'"

進死以併命　〔判命、併命、並命，古通。後也漸作拼命。〕

晦是謨範　謨，謀。範，法。

隤而不息　隤，頹。

乃出大法用爲聖師周公得以序彝倫而立大典　《書·洪範》："我聞在昔，鯀堙洪水，汩（亂）陳（列）其五行。帝乃震怒，不畀洪（大）範（法）九疇（類），彝倫攸斁。鯀則殛死，禹乃嗣興。天乃錫禹洪範九疇，彝倫攸叙。"

此篇乃柳州自述感慨，申説所以隱忍受辱之故也。箕子無稱先生之理，而末段稱先生，意在自況，躍然可見。（子厚雖爲官，常教學，彼自遷謫以後，蓋常以教學者自居，故其文中恒自稱柳先生。）

此篇極有情韵。

柳宗元　捕蛇者説

柳州本係政治家，故其文涉及政治者頗多，且皆饒有見地。

〔中國賦役之病，不在所定賦役之本身，而在徵收賦役之手續。徵收之時，於賦則巧立名目，至可過其原定之數倍，於役則使令無度，而民不堪矣。〕

幾死者數矣　幾，近（名詞）也，平聲；意欲近（動詞）之也，去聲。

若毒之乎　毒，厚，本善惡皆可説。故《易·師卦》象辭曰："聖人以此毒天下而民從。"後專之惡一方面。

飢渴而頓踣　踣，同僕。

往往而死者相藉也　往往，猶言歷歷。今人用此兩字，多就時間上説，古人則就空間上説。如《史記·貨殖列傳》説礦産曰："千里往往，山出棋置。"襯在下謂之藉，如《易》："藉用白茅。"

隳突乎南北　隳，音毀。隳突，如言感憂也。《種樹郭橐駝傳》、《梓人傳》可以參看。

柳宗元　鈷鉧潭西小丘記

貨而不售　〔售，本作讎，當也，後分化而爲讎（仇）、售兩字。〕

柳宗元　小石城山記

其上爲睥睨樑欐之形　〔睥睨，陴，女墻，堞皆同。〕

此兩篇爲柳州遊記。柳州遊記最爲有名，以其刻畫景物之工也。此兩篇非其至者，可以略見其概耳。柳州遊記，論者謂自酈道元《水經注》來，然其工，非酈氏所及。

宋時號稱爲古文者甚多，然未必皆善。如此書所選王禹偁《待漏院記》、《黄岡竹樓記》、范仲淹之《嚴先生祠堂記》、《岳陽樓記》，均甚惡俗。蓋文忌夾雜，作古文而夾入詞賦中語，則如以樸素古淡之衣，忽施以時下之刺綉，不成樣子矣。

又文字不可貌爲高古。如此書所選李覯《袁州州學記》，"秦以山西鏖六國"，鏖字似妥非妥。何者？秦與六國非徒鏖戰而已，又或雖滅之，而未嘗鏖戰也（如齊）。"劉以一呼而關門不守"，亦然。連説漢高、項籍用劉項，係成語，但稱漢高爲劉則甚生。且獨用關字，普通係指函谷關，而漢高所入係武關，亦非一呼而入。下文"武夫健將，賣降恐後"，亦與史實不合，近乎繿虛造。凡文字有意求古求奇者，往往易蹈此等弊病。〔故唐宋之古文，誠以八家爲佳，其餘諸家，總不能脱上列二病也。〕

歐陽修　朋黨論

姚姬傳云："歐公之論，平易切直，陳悟君上，此體最宜。"案此篇本以進御，故"夫前世之主"至"善人雖多而不厭也"一段，將上文作一總複述，亦用古人奏議文法。

宋世爲古文者，至歐公乃稱爲成功，由其始脫"澀體"，而尚平正通達也。宋世爲古文者，早者如柳開、穆修，略後者如蘇舜欽，尚皆不免澀體之弊。

歐陽修　釋秘演詩集序

此篇表示歐之風神。

釋秘演　凡出家者皆去姓氏。表明其信仰佛教，則以釋冠其名。

"然猶以謂"——"不可得"，此爲長句，凡文字中長句能使人讀之而不覺其長，乃善。歐公喜爲長句，亦間有痿而不舉處，如此句似已稍嫌軟弱矣。

其後得吾亡友石曼卿〔古書於曼字注曰音萬。此蓋其時萬字亦讀今曼音也。後世萬字讀如今音，與曼字音別，而讀書者見注，遂讀曼字作今萬音，而言、文分矣，故讀書亦爲字音變遷之一因也。他如《論語・鄉黨》："疾，君視之。束首，加朝服，施紳。"此施字即拖，古音施亦作今拖字音也，而今讀之仍作拖。於《孟子》："施施從外來，驕其妻妾。"施施今乃讀今施字音，不知實亦當讀若拖，拖拖，猶今言慢吞吞、慢騰騰也。〕

庶幾狎而得之　狎，近也。

浮屠秘演者　浮屠，佛陀舊譯，習其法而出家者稱之。

"則予亦將老矣夫！曼卿詩辭清絕"，夫字上屬。古書夫字上屬爲後人誤屬下句者極多，如《論語》"子曰：未之思也夫！何遠之有"（《子罕》），《孟子》"王說曰：詩云，他人有心，予忖度之，夫子之謂也夫！我乃行之，反而求之，不得吾心"（《梁惠王》上）皆是。上文本說曼卿、秘演，忽而說及自己；本說自己而欲求天下賢士，忽而感慨及於衰老，此爲文字變化處。知此，乃有奇峰突起之觀。

足以知其老而志在也　〔此回應上文，否則即有遊騎無歸之病。〕

歐陽修　五代史伶官傳序

此篇爲歐文之講氣勢者，然亦不脫陰柔之美〔紆徐〕之本色。下一篇《宦者傳論》參看。

歐陽修　豐樂亭記

此亦歐文之講風神者。歐公遊記,此書所選《豐樂亭》、《醉翁亭》兩篇,《豐樂亭記》之品格,較《醉翁亭記》爲高。

相傳有見《醉翁亭記》稿本者,其初叙滁州之山至數十百字,屢經竄改,最後乃盡抹去,改爲"環滁皆山也"五字。於此,可悟行文貴空靈,有時過多之材料須删去,有時瑣碎之材料須以渾括出之也。

歐陽修　瀧岡阡表

太夫人守節自誓　婦人因其子受封者稱太夫人,因其夫受封者祇稱夫人。夫人係昔時封號之一種,在專制時代,不能妄稱。但無爵者得概稱夫人,猶男子無爵者得概稱公也。今人行文述人之母,概爲太夫人,文非極古者,亦可從俗(乃即按今人口語書之也),如極古者,宜稱母夫人。

間御酒食　御,進也。

回顧乳者抱汝而言於旁　相傳歐公元稿本作"劍汝而立於旁",後乃改爲抱字。案劍謂斜抱,見《禮記·曲禮》。此可見作文用生字,不如用熟字。

述其父事均從其母口中説出,故覺有情,然亦祇是如實叙述而已。歐公既少孤,非聞之於母,固無由知其時事也。故知作文,祇需忠實叙述,不必私智穿鑿,另想作法也。〔文理不外乎事理,合事理,即佳文矣。〕

蘇洵　辨姦論

此篇係僞作,其考證見《李穆堂集》。但未經考證明白之先,發覺其僞極難。時代相近之人,互相模仿,恒不易辨,〔一切事皆然,不但作文也。〕不必名手,亦能效名手之文;時代相遠,則雖名手爲之,有不能肖者矣。此文字之時代性,所以不能强也。〔袁世凱之稱帝制,嚴復、梁啓超二人皆非之。嚴復雖列名籌安會發起人之中,實非其本意,反對帝制之語,具見致其戚熊純如函中。梁啓超反對之文,則明載《大中華》雜志。二人之文,皆具特色,而當時有僞作二人擁護之文,僞刊報紙以示袁,以堅其意,袁竟不辨,信乎同時人模仿

之易似也。〕

〔此篇舊刻無之，後刻自邵伯溫《聞見錄》採入集中。邵氏南宋初人，其書不足信者頗多。此篇或自行僞撰；或誤採；或即他處之文，混於《聞見錄》者。後刻《蘇集》者不辨，而誤採補入矣。據一書以補他書不備之事，唐宋人文集即極多，其一詩文之互見數集者，即互補之所致也。至互補之最早者，見於《毛詩》。《詩經》的《都人士》，《毛詩》多出一章，蓋據《禮記》所引逸詩補入。此等互補，有時有益，有時則誤採以致龎雜，甚或收容僞物。〔如此篇即是矣。〕

乃能見微而知著　微，隱也。〔如微服。與著字相對。〕

孰與天地陰陽之事　與，如也。不與，不如也。孰與，何如也。既經考證明白之後，就文字觀之，亦有可悟其僞者。如起筆甚弱，又“孰知其禍之至於此哉”，明明事後語，非事前逆料之辭也。

蘇洵　心術

《管仲論》讀者甚多，然此文不佳。《心術》甚佳，其佳處在言簡而精。簡而精之文字，惟先秦諸子中最多。〔此因當時學問皆口耳相傳，不得不努力於言簡而精也。〕後人亦有效爲之者，然多有二失：（1）言實不精，（2）理精矣，而文甚晦（宋人所爲者，如周濂溪之《通書》，張橫渠之《正蒙》，皆蹈此病）。此篇却不然也。

“爲將之道，當先治心”，開口便説項主意，有使讀者注意力集中之益，昔人所謂開門見山法也。理深奧而文易病於晦者，用此法最宜。

小勝益急　急，緊張。

“用人不盡其所爲”，造句精。〔所謂“成如容易却艱辛”也。〕

能以兵嘗敵　嘗，試也。

知勢則不沮　阻，古多假沮。

知節則不窮　節，竹節。竹有節處不平滑，不易通過，故守一定之法而不變者，謂之守節。此處之節字，乃段落之意。有第一步之辦法，自然有第二步之辦法，繼其後逐步辦去，事早已全局在胸，臨事自覺裕如。故曰“知節則不窮”也。

冠冑衣甲　冑，頭盔。〔古云甲冑，今曰盔甲。〕

故善用兵者以形固　真正的威力是威嚇。

此文分爲許多段：（1）“爲將之道”，（2）“凡兵上義”，（3）“凡戰之道”，

（4）“凡將欲智而嚴”，（5）“凡兵之動”，（6）“凡主將之道”，（7）“兵有長短”，（8）“善用兵者”，（9）“袒褐而拔劍”，每段各不相顧，所謂“直起直落”也。否則謂之“裝頭裝脚”，裝頭裝脚爲行文所最忌。文須有話徑直説，無話即截然而止，勿以空洞無内容之話累之，則其文精實。

故作文有時覺得不精，可自將緊要之話摘出，無實之話置之，再將摘出之語連屬成文，即有精采，有力量。

蘇洵　張益州畫像記

此篇亦非老泉文之至者，然亦可見其筆力之堅勁。

故每每大亂　每每，平聲，亂狀，蓋莓莓之借。〔《漢書》莓莓作每每。〕

以威劫齊民　劫，脅迫。

皆再拜稽首曰然　〔古人席地而坐，故遇二人相語及要處，每行稽首等禮以示敬，其事甚易，非若後世之坐立時，欲行稽首等之困難也。前人文字中更端時多有臣△誠惶誠恐頓首稽首之類，即本諸古籍，而古籍所載，乃當時之實事也。宋時席地而坐之古風更除（觀朱熹且藉蜀文廟孔子舊像以考見古坐法之聲可知），相語時稽首等事自亦消失，徒於文字中聊存此舊習而已。〕

無敢或訛　訛，亦作譌，化也。作爲必由於變化，必能外物受其影響而起變化。故爲、化同意，而意亦相通。《老子書》之無爲，昔人皆以無化釋之。《漢書》：賈誼諫文帝放民私鑄，姦錢日多，五穀不爲 多 。王念孫《讀書雜志》曰：“下多字淺人所增，五穀不爲，即五穀不訛，即五穀不化也。”《禮記·雜記》：“子曰：張而不弛，文武不能（同耐）也，弛而不張，文武弗爲也（爲同訛，同化，言文武亦不能使穀物起變化）。”

〔此等文字，今謂之“式辭”。作之頗困難，蓋非若其他文字之有話可説也。〕

蘇軾　范增論

此篇爲東坡晚年之作，隨筆抒寫，有文成法立之妙。凡文字，矜心作意而爲之者，恒不如隨筆抒寫者之自然，此生熟之異也。

古人史論，多係借題發揮，藉事以明義，非必謂此事之真相如此，是非如此也。如東坡《荀卿論》，謂其高談異論之精神，有以激成李斯之焚書，譬諸其父殺人報讎，其子必且行劫，非欲歸獄荀卿，特鑒於宋人好爲高談異論，以是譏切之耳。姚姬傳駁之，謂李斯未嘗行荀卿之學，特從始皇之意，故人臣善探其君之隱，一以委曲變化從世好者，尤爲可畏，意亦非欲駁東坡，特嫉當時之脂韋緘默，借題以發其感慨耳。此等文字，祇可看作明義之子書看，不可當考據之史學看，如認爲有失史事之真相或淆亂其是非，而加以辯駁，便是笨伯（論史之作有誤，自然不在此例）。此篇亦然，祇在明見幾之義，不必問范增之事之真相是否如是也。

〔范增、項羽，並無君臣之分，始則救趙之役，項羽爲次將，范增爲末將，蓋同僚耳，其後增黨於羽，爲之擘畫，終則以不合而去，全無君臣之分之迹。由此一點，即可知此篇所論，全非史事，而在明見幾之義而已。〕

〔秦漢之際之史事，尚多傳奇性質，惟無神話之成分耳。如指鹿爲馬、鴻門之宴之類皆是。此類別無他古書可校，故多以爲史實，然核以事理，細心觀察，實傳說而已。當時社會之程度頗低，故所流傳者，多類平話也。後日史遷等有所撰述，則僅存此等類似平話之傳說矣，不得已，姑鈔入史書，偶亦稍加辯詰而已。〕

起至“疽發背死”敘事。凡作史論，極熟之事或大事可不叙，因其爲人人所知也。此處宜酌叙，以有關論旨者爲限，不可過繁。

易曰知幾其神乎　幾，微也。

當於羽殺卿子冠軍時也　卿子冠軍，宋義。卿、子皆美稱。〔楚懷王畏項氏之逼，救趙之役，以宋義爲上將，蓋欲因之以通齊，謀除項氏，而卒不克。〕

“蘇子曰：增之去善矣，不去，羽必殺增，猶恨其不早耳”，此句先說明全篇主意，所謂開門見山之法也。下不直接當於羽殺卿子冠軍時去，而以應否於勸羽殺沛公不聽時去，作一疑問，氣便寬舒。凡行文，意貴緊湊，氣貴寬舒。“《易》曰：知幾其神乎。《詩》曰：相彼雨雪，先集維霰”，有此二句，“增之去當於羽殺卿子冠軍時也”句，便覺有力。此行文厚集其力之法。凡文中緊要之語，須鄭重出之者，應知此意。

羽既矯殺卿子冠軍　矯詔，後世也稱爲詐傳詔旨。矯，即今歪曲之意。

“陳涉之得民也”——“以殺義帝”，言義帝之存亡，有關楚盛衰。“且義帝之立，增爲謀主矣”，言義帝與增之關係。下以“義帝之存亡”——“而獨能久存者也”結束之。“豈必待陳平哉”——“安能間無疑之主哉”，回應起處叙事。以上皆言增之去，當於殺卿子冠軍時。“吾嘗論義帝”——“不待知者而後知也”，申說羽之殺卿子冠軍，是弑義帝之兆。“增始勸項梁”——“必自是始矣”，申説其弑義帝，則疑增之本。須看其次序井然。

《刑賞忠厚之至論》，此篇蓋進御之作，所以陳悟君上者。取其明白曉暢而已。與歐公《朋黨論》可以參看。

《留侯論》、《賈誼論》，此兩篇無甚深意。《留侯論》是否大蘇作尚可疑。〔深人無淺語，此等無甚深意之文，難言其爲大蘇手筆，而其文實亦不佳。〕緣古人集中，往往有僞作屬入（或誤收，不必有意作僞），難於盡考也。

〔誤收之事極多，舉顧亭林《日知録》爲例。《日知録》中，包含〕(1) 精心結撰，是自己所作好的札記。(2) 僅鈔録材料，且甚孤單。(3) 看似好札記，而實係他人之作。——如論隋文一段，全出《通考·國用考》。〔此蓋編輯者僅得其所遺之一大堆遺稿，中雜有鈔録之材料文字，讀書之摘記，編輯者不能悉辨，舉而録之，遂成誤收矣。歷來編輯詩文集者，皆難免此弊。〕

《晁錯論》，此篇較好，而遠不如《范增論》。《上梅直講書》，此篇爲干謁之作。唐宋人此等文字頗多，而可觀者鮮。〔交深言深，干謁之作，難言深交，故其文字多無甚意味也。〕

《喜雨亭記》，無甚深意。

《凌虛臺記》，首段好，而其下敷衍無謂，此等乃應酬之作也。

〔選文當先立標準。其標準之是否可不論，而絕對不得漫無標準，隨手選録也。《古文觀止》之選者，蓋無甚學殖，兼爲漫不經意之人，信手拈來。而蕪雜不堪矣。又此書不載長篇，蓋彼以爲文字之長者必難懂，實亦大謬。〕

蘇軾　超然臺記

則可樂者常少而可悲者常多是謂求禍而辭福　佛經所謂“怨憎會苦，愛別離苦”。

“彼遊於物之内”——“又烏知勝負之所在”，此文全篇精采，在此數語，説理頗深而能達。

爲苟完之計　《論語》：“子謂衛公子荆善居室，始有，曰苟完矣……”

西望穆陵　《左傳》：管仲謂楚人，“賜我先君履，東至於海，西至於河，南至於穆陵，北至於無棣。”按穆陵在蘭山（舊沂州府）之南，舊有關，在大峴山上，爲齊南重險。

釀秫酒　秫，高粱。

《放鶴亭記》，此篇與前兩篇可以參看，其機杼略同。“彭城之山，岡嶺四合，隱然如大環，獨缺其西一面。而山人之亭，適當其缺。春夏之交，草木際天，秋冬雪月，千里一色，風雨晦明之間，俯仰百變。"此數語頗工。此篇不能不寫景，而又不能多寫景。須用簡括之語，將亭之景寫得顯豁呈露。此數語有此妙處，所謂"恰到好處"也。

蘇軾　石鍾山記

此篇狀物尚工。記事之文，狀物者少，故讀前人之文時，遇狀物之文，須留意觀看。

凡狀物之文，往往苦於名詞之闕。蓋（1）今日之物，本有昔無其名，或並無其物者，（2）又或有之而不知。後者讀古書時須留意，或遇見則摘出，又精通訓詁及文法則可自造辭（有時須加自注）。前者除造辭外無他法。但俗語中本已有名者，亦可用之，且當以用之爲元則，自造爲例外。因古文之古不古，雅不雅，不係於所用之詞。亦且以語言之道論之，名詞以統一爲貴，故忌多造也。以上作爲古典主義之文字言，若應用之文，自然不在此例。然本無其名而須自造，則其困難亦同也。

"致右憲左"，見《禮記·樂記》。如改做"右腳跪左腳立"，在古典主義文字中，即不成話矣。

又有若老人欬且笑於山谷中者　欬，今人作咳，誤也。咳乃孩之或體。

而陋者乃以斧斤考擊而求之　考，可以作敲字解，亦可作栲字解，視所用而異。《後漢書》、《三國志》注中皆有彭、考字，彭爲榜笞之榜之借，考即俗栲字也。

蘇軾　潮州韓文公廟碑

此等文字，世俗以爲妙文，實則甚劣。問其何以劣？曰：浮而不實而已。昔人應試及酬應之作，往往有此病。或謂酬應爲人所不免，酬應之文，似亦宜學。然酬應之文，實無別法，本不待學而能。且言貴有物，須從精實中立足。如此，則偶作酬應文字，亦時有可觀，所謂深人無淺語也。若先從浮而不實處下手，是從下乘中立足，尚安有成就之望乎。〔作文須理實氣空。所謂理實，即內容充實。〕"匹夫而爲百世師，一言而爲天下法"，起筆即不大雅。〔非駢非散，當時俗調。〕

"是皆有參天地之化"——"不可誣也",語皆似是而非,所謂浮而不實也。〔此等經不起"孟子曰"——"無足怪者",孟子所云之氣,非古人所謂在天爲星辰云云之氣,牽強附會太甚。

"則王公失其貴"——"儀秦失其辯"。〔連排多句,宋人俗調,坡公非不能爲佳文,此蓋隨俗酬應而已。〕

焄蒿悽愴　《禮記・祭義》:"宰我曰:吾聞鬼神之名而不知其所謂。子曰:氣也者,神之甚也。魄也者,鬼之盛也。衆生必死,死必歸土,骨肉斃於下,陰爲野土,其氣發揚於上爲昭明,焄蒿悽愴,此百物之精也,神之著也。"案此所謂氣即魂,焄蒿悽愴,乃形容魂之狀態。

手扶雲漢分天章　雲漢,謂天河。古人以山川爲地之文章,則天河亦可云天之文章也。

天孫爲織雲錦裳　天孫,織女星。

西遊咸池略扶桑　咸池,古人謂在日入處。扶桑,古人云在日出處,見《楚辭》、《山海經》、《淮南子》等書。

滅没倒影不能望　日在其下,則影反在上,是曰倒影。

歷舜九疑吊英皇　舜二妃堯之女。或云:一名娥皇,一名女英。

祝融先驅海若藏　祝融,火神。海若,海神。

鈞天無人帝悲傷　上帝奏鈞天廣樂,見《史記・秦本紀》。

謳吟下招遣巫陽　巫陽,古之名巫。招,謂招魂。

㸑牲鷄卜羞我觴　㸑牲鷄卜,南人之俗。

此詩亦不甚古。〔以詩言尚古,然在文中仍不能爲古也。〕

蘇軾　乞校正陸贄奏議進御劄子

此篇係宋四六。四六爲駢文中一分支。駢文多四字句,此外句之長短無定,但不甚長耳。四六初興,十九以四字六字相間爲句,唐末李義山(商隱)號善爲之。其原出於公文(詔誥、章奏,後更施之箋啓),所以便宣讀也。後遂廣用之。宋四六與唐異,少用僻典,多用虛字,句漸長,此實爲駢文之散文化。北宋時,歐、蘇號善爲之。宋四六之特色在生動。宋初四六,尚沿唐之舊,大體學李義山,所謂西崑體也(詩文皆然)。至仁宗慶曆中,歐、蘇、曾、王等出,古文始盛,詩亦別開新境。通常以宋詩唐詩對舉,乃指此新派言之。若宋初之詩,則實與晚唐同派也。故唐宋文學之轉變,實在慶曆中。通常云唐宋,乃以大致言之耳。四六之改變，歐、蘇最甚，荆公之作少舊，司馬光、曾鞏則不樂爲之。

惜名器以待有功　孔子曰：“唯名與器，不可以假人。”見《左傳》。古代階級森嚴，上級之人所用之物，下級之人不得使用，用之則爲僭越，如車服是也。

可謂進苦口之藥石　“良藥苦口利於病”，見《史記》。石用以砭，實不可云苦口。但有“浹句”、“圓文”之例，用兩字義等於一字，如前人所舉“潤之以風雨”（風燥）等是也。故行文亦不盡拘。浹句亦作協句。協句之例，見《禮記·檀弓》下“吾欲暴尫”疏，《左傳》“殄滅我費滑”疏。《周禮》疏中尤多，恐有數十見。〔今多複音辭，而古則多單音字，故必用浹句以圓文也。〕

駢文之用，在施諸難於立言之處。如汪藻爲隆祐太后草立高宗詔云：“緬惟藝祖之開基，實自蒼穹之眷命。歷年二百，人不知兵；傳緒九君，世無失德。雖舉族有北轅之釁，而敷天同左袒之心。乃眷賢王，粵居近服，已徇群臣之請，俾膺神器之歸，由康邸之舊藩，嗣我朝之大統。漢家之厄十世（疑七世之訛，漢人云：“漢家之厄，在三七之間。”謂二百十年，三十年爲一世，凡七世也），宜光武之中興；獻公之子九人，惟重耳之尚在。兹惟天意，夫豈人謀。”爲此等文字之最。亦有散文並不難於立言，祇是依照當時格式，取其易於成誦而已，如此篇是也。兩者皆以少用生字僻典，明白如話爲貴，施之公文尤要。近世饒漢祥〔黎元洪秘書〕號善爲此等文字，實則用典用字眼，殊覺其太多也。

梁任公爲護國軍通電——由唐繼堯出名：“堯等志同蹈海，力等負山。力徵經營，固非始願所及；以一服八，亦且智者不爲。公輩必忍於旁觀，堯等亦何能相強。惟若長比相持，稍亘歲月，則鷸蚌之利，真歸漁人，箕豆相煎，空悲爨釜，言念及此，痛哭何云。而堯等與民國共存亡，公輩爲獨夫作鷹犬，課其罪責，必有攸歸矣。”隋文帝討突厥詔：“彼地咎徵妖作，年將一紀，乃獸爲人語，人作神言，云其國亡，訖而不見，斯蓋上天所忿，驅就齊斧，幽明合契，今也其時。”皆駢文施於公文之佳者。

蘇軾　方山子傳

此篇尚有神氣。凡傳人，述其具體之事，易有精神，爲抽象總括之辭，則精神難見，小説所以祇能寫小事者以此。爲名人傳記者，於其大功業大學問，祇能作簡括之辭，於其瑣事，或反加意描寫者，亦以此也。此篇所述之事，則本來易見精神也。

〔方山子、陳慥，《宋史》有傳，而大多同此。故此篇頗具真實性。〕

光黃間隱人也　光州，今改爲潢川縣。

閭里之俠皆宗之　宗，尊也。

環堵蕭然　凡物四面圍合者謂之環。

蘇轍　六國論

小蘇之文，不如其父兄之有特色，亦無其父及其兄少年好爲高談異論之病，文亦較委婉曲折，讀此篇可見。其《上韓太尉書》及《快哉亭記》，則亦干謁應酬之作而已。

"而在韓魏之郊"，"而在韓魏之野"，此郊、野字意義上並無區別，祇是變換字眼而已。同意之語，變更其字眼以免犯復，中國文學，本有此例，如古樂之"戰城南，死郭北"即是。

曾鞏　寄歐陽舍人書

南豐之文，此書祇選兩篇，亦非其佳者。此篇極爲委婉曲折。後人謂朱子之文，多學南豐，即指此種言之也。此種文字，自亦有其長處，但不可輕學，輕學之，易蹈"辭費"之弊。

南豐之文，特色在深厚，看《列女傳目録序》、《先大夫集序》、《宜黃學記》等，最可見之。

《大學》湯之盤銘等，著警戒之意。〔此外如"火滅修容，君子必慕"，"戰戰慄慄，日慎一日，人莫躓於山而躓於垤"等皆然。〕此類後世仍有（器物銘），但祇有寓言，不盡爲警戒之辭耳。

《禮記·祭統》載衛孔悝鼎銘，稱述功德。此派後世用諸志墓者居多，兼有志以叙事。

碑銘傳狀之類，雖不能全不拘情，亦不宜過於濫作亂作，因後人考信於此，亦必牽涉及於作者之道德問題也。以近代之事論之，如包慎伯（世臣）生平不受人金爲之作文，於其友，雖稱揚其長，而於其遊陝西時携金稍多，行裝中又有華服，致爲人所牽率，而有跅弛之舉，亦不爲諱，（年謹案：其友沈欽韓也，事見包氏《藝舟雙楫》論文四《沈君行狀》。）則吾人於其所作之文，信用較厚。如袁子才（枚）專揀闊人爲之作傳，人不來請，亦妄作之，刻入集中，以圖誇耀流俗，而既無根據，遂將事迹弄錯（見彭尺木與袁書）。吾人讀其文，即不敢輕易信據矣。

王安石 讀孟嘗君傳

荊公古文，於有宋諸家中，實當爲第一，以其峻而不迫也。世皆以拗折賞之。但學荊公者，當觀其全體，領略其氣之健，不可規規焉模仿其句調。如強學其拗折之調，而無氣以運之，則惡矣。彼調雖拗折，氣甚雄直也。〔《孟子》之文甚高峻，人評之謂有"泰山岩岩"之概。荊公古文具之，而能大，且無俗調夾雜，此其所以非歐、蘇等能及也。〕

此等短篇，類乎史之論贊。措詞須簡，含意須深，轉折須靈捷。

王安石 同學一首別子固

辭幣未嘗相接也 〔古人有不相遇，以使者賫幣轉陳己意。如〕《論語》："遽伯玉使人於孔子，孔子與之坐而問焉，曰：夫子何爲？對曰：夫人欲寡其過而未能也。使者出，子曰：使乎！使乎！"《禮記·檀弓》："魯人有周豐也者，哀公執摯請見之，而曰：不可。公曰：我其已夫？使者問焉，曰：有虞氏未施信於民而民信之，夏后氏未施敬於民而民敬之，何施而得斯於民也？對曰：墟墓之間，未施哀於民而民哀；社稷宗廟之中，未施敬於民而民敬。殷人作會而民始畔，周人作誓而民始疑，苟無生信誠愨之心以莅之，雖固結之，民其不解乎？"《孟子·滕文公》上，墨者夷之因徐辟而求見孟子，其後終未見，彼此往復之語，皆因徐子傳達。

其大略欲相扳 扳，即攀字，今各別。此一字而化爲兩字之例。

王安石 遊褒禪山記

此文未記景物，其意本不在記景物也。

以其乃華山之陽名之也 山南曰陽，北曰陰。水南曰陰，北曰陽。

"蓋音謬也？"繆本字，今借謬（大言）爲之。

"蓋余所至，比好遊者。尚有能十一？然視其左右來而記之者已少，蓋其又深？則其至又加少矣？"〔蓋字古書多作疑問用，如〕《史記·周本紀》："詩人道西伯,蓋受命之年,稱王而斷虞、芮之訟,後七年而崩?"〔又有並無蓋字而亦係疑問句者,如〕《中庸》:"詩云:伐柯伐柯,其則不遠。執柯以伐柯,睨而視之,猶以爲遠?故君子以人治人,改而止,忠恕違道不遠,施諸己而不願,亦勿施諸人。"

王安石　泰州海陵縣主簿許君墓志銘

姚姬傳云:"平蓋非正人,故荆公語含譏刺。"〔見《古文辭類纂》評語。〕
朝廷開方略之選　制科。
子男瓛　子男,亦稱丈夫子。
女子五人　女子,亦稱女子子。

宋濂　閲江樓記

明初作者之文,此書所選者三家。其中劉基之文,實不足取。宋濂所作,自有佳者,此書所選兩篇,亦無甚足觀。此篇乃官樣文章,所以見"應製"之體而已。

應製之作,戒諛媚,能"頌不忘規"便佳。

"無以應山川之王氣"　王,俗作旺。

由是聖教所暨罔間朔南　《書·禹貢》:"東漸於海,西被於流沙,朔(北)南暨(至、及),聲教訖於四海。"

雖一豫一遊　"天子適諸侯曰巡守,諸侯朝於天子曰述職。巡守者,巡所守也。述職者,述所職也。春省耕而補不足,秋省斂而助不給。夏諺曰:吾王不遊,吾何以休?吾王不豫,吾何以助?一游一豫,爲諸侯度。"《孟子·梁惠王》下篇述晏子之言。案此爲巡守之古義。可見古者巡守,略如後世州縣官之勸農,祇在邦畿之内。〔《詩》:"曾孫(成王)來止,以(與)其婦子,饁彼南畝,田畯之喜。"即其明證。金初起時,后躬巡行勸農,亦即此事。唐末張全義有勸農之舉,亦似之。〕

方孝孺　深慮論

此篇論古頗有識見。蓋人事之方面甚多,觀察者勢難遍及,亦且社會日在變化之中,後事必不同於前,而人之所知,限於既往。大抵假定社會爲不變，而思所以治之，意雖欲治將來，所立之策，實皆祇可治既往耳。此以歷史爲前車之論之見解，所以陳舊而不適於用也。此篇亦頗見及此，雖未透測，然今科學上之見地，自不能以責昔人。其結論似迂，然亦不過曰：當隨時恪恭震動，以誠且明之道行之，不可懈怠而已。歸之於天，似乎落空，亦今昔思想及立言之異，不足深非也。

於是大逮庶孽 適長——冢子。適子，正妻所出。此外稱庶子。對冢子則適子、庶子皆可稱衆子。衆、庶、孽等稱，範圍小有同異。

稍破析之 稍，漸也。〔稍，今用與少字近，指量言。而古不然，稍字用指空間言。少亦時與小通。〕

方孝孺　豫讓論

此篇内容無甚深意，文整齊明暢易學。

智伯以國士待我 〔國士，蓋古之頭腦簡單有勇力而能效忠，爲諸侯等領袖所養之人。宋襄公之門官，齊之州綽、郭最，智伯之豫讓等皆是。漢初韓信尚有“國士無雙”之稱也。後世此等人仍有，居豪强門下，所謂劍客即是。〕

各安分地 分。〔今俗作份，非。〕份，文質彬彬的彬的本字。斌，俗字。

“讓既自謂智伯待以國士矣”，此接法能寬氣。“當智伯請地無厭之日”以下一段甚暢。非此段之暢，全篇之意不伸。非此一接能寬氣，則下一段不能暢。此種轉接法宜留意，用得着處甚多。

王鏊　親政篇

此篇亦進御之作，其内容頗切實。凡文字之須徵引故實者，可以爲法。〔文字之徵引故實者，謂典制題。〕

爲中朝 中、内古互用。〔如中書即内文書之類。〕

即文華武英兩殿 即，就也。

此類文字，貴乎平實，徵引故實，貴乎詳盡，但須有剪裁，忌支蔓。

王守仁　瘞旅文

陽明先生亦稱明代古文家，然其功力實淺。元明間教育，幼時多誦唐宋古文,通暢而略有法度之文字,能爲之者多。然非眞有文學天才,或深於學力者,其文多淺近無足觀。如先生之文,亦以人名耳。此書所選《尊經閣記》,意少辭多,此等最爲當時學古文者之弊。《象祠記》明暢而已。此篇雖不高古,却自心情中流出,頗見眞摯也。〔學文於古當求之數種最精之書,於後世當求之大家,以大家文之特色最著也。其餘諸學大家之文,即能明暢,亦僅足供泛覽而已,不足深求。故選本精讀之文,當限於諸大家。若今世課本之隨手拾取,不名一家,僅可當文學史讀,不能供精讀也。於先生之文,亦當如是觀。〕

維正德四年　維,語詞,發語詞。

不知其名氏　名氏,名姓,姓名,氏名,姓氏。〔後世皆可通用。〕

予從籬落間　古無絡字,籬落、馬落等皆用落。

二童閔然涕下　閔,憫。

繄何人　繄,亦作伊,發語詞。

扳援崖壁　扳,即攀字。

無悲以恫　恫,心痛。痛,身痛。今通用痛字。

唐順之　信陵君救趙論

此篇甚暢達,可藥初學文字格格不吐之病。昔人教學作文,恒先求其暢達,非不知繁冗之爲病,然較格格不吐者,則易療矣。行文犯格格不吐之病者,大牴本尚未能作文而强之作使然。故昔人戒早"開筆"(開始學作文字之謂),又評閲文字忌多改,亦以此也。故不想作文,可不必作,多讀多看,自有勃不可遏,雖欲禁之而不可之勢也。

此篇議論,頗失之迂,又失之刻,宋學盛行時之習氣如此,不足爲一人責也。

讀者以竊符爲信陵君之罪　凡史論係論極熟之事者,叙事可略。

夫强秦之暴亟矣　亟,急也。此字古書中多爲數字之義,後世也多爲急字之義。

"使禍不在趙"——"何以謝魏王也",語皆深文羅織。此等爲宋學家論事之習氣。俗人於此等處,每賞其駿快,其實爲立言之病,不宜學。

"余以爲信陵之自爲計",此一段議論近迂。宋學家論事,亦往往有此病。

蓋君若贅旒久矣　"君若贅旒然。"(《公羊》)

"由此言之"——"而公然得之亦罪也",辟論者以竊符爲罪之説,兼伸自己誅心之意,兩面俱到,章法嚴密。

歸有光　吳山圖記

震川古文,才力不雄,學識亦不甚足。其爲文好講風神,嘗評點《史記》,實則所法者廬陵耳,《史記》之恣肆自然,非震川所能知也。清曾國藩嘗譏其"情乎韵乎,徒滋累耳"。但震川文在明人中趨向確甚正。故清之桐城派,於震川之文,獨有取焉。此書所選兩篇,非震川文之佳者,但亦雅潔,法度可觀。

明文往往不雅飭,即此書所選劉伯溫(基)文觀之,可見其俗。宗子相(臣)《報劉一丈書》,頗爲流俗所稱道,實則此等剽剝謾罵之文,大雅弗爲也,其文亦有傖氣〔槍棒氣〕。如唐順之文亦欠醇。故震川在明確可稱得雅飭。

歸有光　滄浪亭記

(年案:此篇無筆記。)(又案:先生選講《古文觀止》全書既畢,尚餘時日,復選講《觀止》中先秦西漢文數篇。)

西漢文　楊惲報孫會宗書

此篇中田家作苦一段,可見散駢變化之漸。散文變成駢文,有文人學士有意雕琢而爲之者,讀司馬相如、揚子雲之文最易見;有就當時口語,稍加修飾而成者,此篇其一例也。前者爲南北朝人所謂文之本,後者則其所謂筆之本。筆之雅飭者,其有真味,反過於文,以其近於自然也。〔"絲不如竹,竹不如肉,爲其漸近自然。"〕宋四六亦有時較之唐人爲可喜,亦以此故。〔駢散之初分,不過在句調上散錯綜而駢整齊,在讀音上散急而駢緩也。在内容叙事上,無甚分別。〕

李斯　諫逐客書

此篇與鄒陽《獄中上梁王書》參看,章實齋所謂實係賦體也(見《文史通義·詩教》篇)。此書所選賈誼《過秦論》,係賦體。(具體與列舉,爲賦體之二條件。〕

　　凡人之程度愈高，則愈喜簡括之語，思想力愈弱者，愈喜具體敷陳。故以古較今，則古人之文賦體多，(1) 以古人之思想，不如後世之進步，(2) 亦以古時文字較通俗，讀者多尋常人，後世文字語言，日益相離，能讀文者，多受教育較深之人故也。但鋪張之文字，在美學上亦自占一位置，近世康南海最善爲之，其文皆"辭繁而不殺"，氣足神旺，讀之使人感動奮發，此乃天才，不易學也。

　　請一切逐客　一切，謂不求曲當，用一概的辦法，硬行斷決，古人所謂"一切之法"等，意皆如此。切字讀入聲。後一切二字，變爲一概包括在内之義。其切字"點發"(俗所謂圈)，讀去聲，但今人罕知此別矣。〔又如"國土"兩字，原爲佛經譯語，意指今所謂國家與國家部落。其"土"字點發而讀若度音。後世不知土可點發而音度，而"國土"一詞之音猶存，乃以度字用之，遂成今所謂國度一詞矣。至其義亦少變，即作國家解。又如〕家無長°物，長去聲，即剩字也。讀去聲者，尚有度其長之意，即今丈量之丈字也。今寫作丈，以便分別，誠爲便利；但讀書不能不知古丈量之丈作長也。

　　拔三川之地　〔三川，黄河、伊、洛。〕

　　束據成皋之險　〔成皋，今河南汜水。〕

　　乘纖離之馬　《史記》、《漢書》"匈奴服新犁(犂)"，即縴離。蓋北方遊牧民族。〔近人有爲此説者，頗近情。〕

　　傅璣之珥　璣，珠不圓。

　　佳冶窈窕　《詩》毛傳："善心曰窈，善容曰窕。"

　　是以泰山不讓土壤　讓，此字《説文》爲責讓，經典爲推讓。攘，此字《説文》爲揖讓，經典爲攘斥。遜讓、攘斥，同從襄者，所謂反訓也。古人用字主音，本無正字。"不讓土壤"之讓，蓋攘斥之義。〔反訓之例，如亂、治、徂、存，苦、快等是。此蓋中國古代語言本有語尾，後造字時，未以語尾加入故也。〕

　　此篇爲詞繁不殺之例，通篇並無深意，而反複言之，凡以求其能動人也。此等文字不宜輕學，因易蹈詞多意少之弊。但亦有時用之，以表示語之鄭重。如一篇中於緊要之處，則反複言之，不嫌其繁，而此處之特別重要顯出矣，並不必全篇皆如此也。

　　"向使四君却客而不納"——"而秦無强大之名也"，"必秦國之所生然後可"——"不立於側也"，皆上文已説過正面，又從反面立説，其實理甚易明，用不到正言之再反言之也。"夫物不産於秦，可寶者多，士不産於秦，願忠者衆"，總結上文，其實上文亦甚明顯，用不到總括也。此皆辭繁不殺之例。

史記　屈原列傳

此篇"離騷者，猶離憂也"至"雖與日月爭光可也"一段，與淮南王所作《離騷傳》大致相同，可見古人之文，不必己出，但述舊聞即可。如賈生言豫教，同於《戴記》(《大戴·保傳》)，晁錯言兵事，同於《管子》，皆是此例。

此篇爲後人作傳狀夾叙夾議之法。

楚之同姓也　姓氏有別，楚芊姓，屈爲氏。

屈原屬草稿未定　屬，連也，漢人作文，尚多云屬。

"曰以爲非我莫能爲也"　"曰"與"以爲"字，似有一衍，或一本作"曰"，一本作"以爲"，鈔書者兩存之，後人混之也。

故憂愁幽思　幽，深。

離騷者猶離憂也　《孟子》："《書》曰：洚水儆予。洚水者，洪水也。"

其辭微　微，小也，故有隱而不易見之意。

"濯淖污泥之中"(一喻)，"蟬蛻於濁穢，以浮遊於塵埃之外"(二喻)，"不獲世之滋垢皭然泥而不滓者也"(斷定)。

不獲世之滋垢皭然泥而不滓者也　此滋字非今滋潤之滋，即《左傳》"何故使吾水滋"之滋。其字蓋從兩玄，又加水旁。凡並文之意義，多與單文同。兩玄之意，亦當與一玄同，黑也，加水旁，謂水之黑者，其讀亦當同玄。經師之說如此，但今讀《左傳》者，仍讀爲滋音耳。

《史記》屈原賈生合傳，亦載賈生《鵩賦》，故論贊云云。此選删其傳賈生之部分，而仍留其贊，俗陋選本之滅裂如此。

"令尹子蘭聞之大怒"，似當與"屈平既嫉之"接。"雖放流"以下一段，蓋另一人之議論，《史記》將其羼入中間者也。以此推之，上文"屈平疾王聽之不聰"至"雖與日月爭光可也"一段亦然。此等處，可見古人編次之法。

史記　貨殖列傳序

此篇爲《史記》極佳之文〔氣寬(不迫蹙)，非鬆懈(話不喫緊)〕，惜被此本删節過甚。然就此一段觀之，仍可見其大概。

此篇爲古代經濟學說，史公聯綴成文，非所自作也。此項學說，與《管子》出入殊多，疑係齊地學說。

早期之學説，恒思控制社會，利用社會。〔因其時社會簡單，個性不發達，人多同心故。〕晚期之學説，則思因勢利導，因其時之社會，業已不可控制也。先秦諸子，惟《管子》明因任之義最多，故知齊之社會，極爲進步。

史記　太史公自序

古人之文，有可考見學術源流者，此篇其一也。太史談係治道家之學者，其子遷則治儒家之學。此篇載其父論六家要指之語，被此選删去。既知談、遷父子學術之異，則《史記》中之太史公曰以下之語，有可按其學術宗旨之所在，而别爲出於談抑出於遷者矣，此考據之一法也。司馬遷係治《公羊春秋》，與董仲舒一派，漢人經説散佚者多，此等並可以補其闕。昔日經生所以於《史》《漢》及漢人著述，多用力極深也。

此篇宜取其全者一覽。

昔人學問事功，多承家業，故自序必備述家世。後人時異世殊，而亦效之，則無謂矣。此劉知幾所謂貌同心異也。

此篇文氣極寬博，爲史公文字本色。

"自周公卒五百歲而有孔子。孔子卒，至於今五百歲，有能紹明世，正《易傳》，繼《春秋》，本《詩》、《書》、《禮》、《樂》之際？"

余聞之董生曰　……〔漢人之見解：〕《易》，原理。《春秋》，就具體事實，批評其善惡，以示治天下之法。

以爲天下儀表　儀，法也。立木爲表。

不如見之行事之深切著明也　行事，猶言往事（説見王念孫《讀書雜志》）。《報任少卿書》："此真少卿所親見，僕行事豈不然乎？"漢人言行來，猶今言往來。《説文》來字下："故以爲行來之來。"

是故禮以節人樂以發和　樂者爲同，禮者爲異，大樂與天地同和，大禮與天地同節。

春秋以道義　義，宜也。

春秋文成數萬其指數千　《春秋繁露》："春秋無達辭。"〔故僅數萬之文，得數千之指也。〕

改正朔　正，一年之始。朔，一月之始。

於是論次其文　論，同倫，類也。〔如《吕不韋傳》之〕集論。《傷寒雜病論（類）集（編）》。次，次序。

左丘失明　《漢書·司馬遷傳》：“左丘明無目。”宋祁曰：“越本無明字。”

“故《易》曰：失之豪厘……”“故曰：臣弑君……”“故有國者……”連用故字，惟漢人之文有之。

禮記　檀弓六節

《檀弓》爲紀事文之最工者，昔人久有定論。《左氏》叙事最工，然其所叙，與《檀弓》相同者，《左氏》恒不如《檀弓》，（如此書所選晋殺申生，重耳對客，杜蕢揚觶，《左氏》皆有其事。杜蕢，《左氏》作屠蒯。）即此可見。

諸作似均係短篇紀事。但長篇紀事，内容實當分爲兩部分：一用簡嚴之筆法，撮叙綱要之大事；二則詳加描寫之小事也。見精神處，往往在詳加描寫之小事。故短篇紀事文之佳者，讀之極有益。惟（1）大事撮叙，貴能提挈綱領，（2）雜亂之事，須有以駕馭之。此二者，亦宜留意。此二者不錯，詳叙一二小節處，又有精神，記事文思過半矣。

魏默深《聖武記》中之川楚教匪數篇，曾文正譏之，即因其無條理也（既未能提挈綱領，雜亂之事又多）。

申生不敢愛其死

愛 $\left\{\begin{array}{l}\text{惜也，如“余一人，豈有愛焉”〔《國語》〕。}\\\text{蔽也，如“天不愛其道，地不愛其寶，人不愛其情”。此義《説文》作薆。}\end{array}\right.$

今愛之義，古書多作哀，如“子墨子甚哀之”。

是以爲恭世子也　不足稱孝，不失爲恭，兩意以“是以爲恭世子也”七字括之，含蓄有味。〔古之君子，蓋或無甚學識，而於習慣之保守，極爲謹慎不苟，其精神則可佩也。曾子蓋亦古封建時代君子之代表也。〕

文中記人言語，未必當時口語真是如此。其設爲問答，不過借作層次而已。如此篇，豈有曾子但聞“喪欲速貧，死欲速朽”二語之理，亦豈有聞其詳，而但記此二語之理，明爲記者之設辭也。記人言語，本非留聲機器，但期無失原意而已。袁子才謂《論語》後半部之筆法不如前半部之高古，前半部如“弟子入則孝，出則弟”等，均直截爽快説出來，更無枝葉，後半部如“尊五美”、“屏四惡”等（見《堯曰篇》），均先作一總冒之辭，而不課其目，設使子張不問，孔子便不説出來。真乃夢囈。或謂既如此，何待問諸子游。不知《檀弓》褒美子游，以爲知禮，故托之云爾，未必真問諸子游也。此亦古人行文之例。故劉瓛説《孝經》，謂孔子與曾參問答係假託，俞曲園嘆美之，謂非深通古書之例不能

道也。〔《學而篇》："子曰：弟子入則孝，出則弟，謹而信；泛愛衆而親仁，行有餘力，則以學文。"〕

"秦穆公使人弔公子重耳"，此人即下文之子顯也，此處不曰子顯者，古稱大夫爲人，表明使弔者之爲大夫也。

"而天下其孰能説之"，此説字等於今"解釋"之義。凡古書以某某説等之説字，義皆如此。讀如字。

不得與於哭泣之哀　哭主聲，不必有泪。泣有泪，不必主聲。

拜：喪主謝客。　三年：臣爲君，子爲父，父爲長子，妻爲夫（親情，家主）。　杖期：子爲出母，夫爲妻（親情），三月襌服居廬。期：古，至親以期斷。長子妻喪，父在不杖，因父爲喪主。

曠飲斯　父前子名，君前臣名。《左傳》鄢陵之戰，欒書之子曰："書退。"

曩者爾心或開予　曩者，《漢書》作乃者，等於俗語的"剛才"，又引伸用諸較近的過去。或，有。〔如〕九域，九有。

是全要領以從先大夫於九京也　九京，晋墓地。京，今人依鄭注讀爲原。

試　題

（一）《論語》曰："辭達而已矣。"《左氏》曰："言之無文，行而不遠。"二語究相反？抑似相反而實相成？試以意言之。

（二）文言白話，宜於並行，在今日，夫人而知之矣。究竟何種文字，宜於文言？何種文字，宜於白話？何種文字，二者皆宜？試以意言之。

任作一題。

附録: 記吕誠之師講授的國文課

黄永年

新版《辭海》上只説吕誠之(思勉)師是"史學家",只講他在史學上的成就而不及文學。其實他在文學上也有很深的造詣,他自己就説過:"予於文學,天分頗佳,生平并無師承,皆讀書而自知之。文初宗桐城,後頗思突破之,專學先秦兩漢,所作亦偶能至其境。詩少好宋詩,中年後亦好唐詩,但無功力,下筆仍是宋人境界耳。詞所造甚淺,亦宗常州而薄浙派。要之,予可謂古典主義文學之正統派。……"《三反及思想改造學習總結》。

看到"正統派"這幾個字,可能有些同志要搖頭。但請慢搖,請先看一看誠之師已收入《萬有文庫》里的專書《宋代文學》和誠之師《先秦史》、《秦漢史》、《兩晉南北朝史》、《隋唐五代史》以及開明本《吕著中國通史》裏對文學的論述。

除了這些公開出版的論著外,我還珍藏了一本小册子,是一九四二年下半年到一九四三年上半年讀高中二年級時誠之師講授國文課這國文課現在叫做"語文"課,其實"語"字用得似有問題,因爲教的是"文"而并非"語",語言是自小從爸爸、媽媽、爺爺、奶奶那里學來的,并非進了小學才學語言,學講話的。我所作的筆記,一九六一年在患難中又把它整理清抄成册的。誠之師講課時喜歡寫黑板,往往一寫就是一整段文字,這些我都只字不漏抄進筆記本里。此外誠之師口述的,我當時也盡量用文言文記下來,抄進筆記本時加〇以資區別。

最近重讀一過,深以爲應該趕快把其中的精要之語公開出來。因爲這些比正式出版的《宋代文學》等講得更具體,更細致,公開出來不僅對初學者大有好處,即對大專院校講授古典文學、指導研究生的同志恐怕也不無啓發和幫助。

一

　　《古文觀止》可説是部走運的書，多年來一向被人們看作讀古文的好選本。誠之師當年講授國文時也用《古文觀止》，但用的理由却并非是因爲它選得好，而正是因爲它選得壞。誠之師指出：所謂"古文"，是和駢體文相對而言的，可是這部《古文觀止》里却選了六朝隋唐的若干駢體文，如《北山移文》、《爲徐敬業討武曌檄》、《滕王閣序》之類，説明編者根本不知"古文"爲何物！既然選得如此亂七八糟，爲什麽還要作教本呢？誠之師説：正因爲它選得雜亂、各種文章好壞都有一點，作爲教本讓大家多了解些東西還是有好處。當然，通行易得也是用它的一個理由。

　　以上是第一堂國文課臨下課前誠之師給我們講的，這次重讀筆記，發現上面記着誠之師另幾堂課上講的評論《古文觀止》等壞選本的話：

　　"〔選文當先立標準，其標準之是非可不論，而絕對不得漫無標準，隨手選録也。《古文觀止》之選者，蓋無甚學殖，兼爲漫不經意之人，信手拈來，而蕪雜不堪矣。又此書不載長篇，蓋彼以爲文字之長者必難懂，實亦大謬。〕"〔以内的文字是誠之師口述，我當時用文言文記下來的，一九六一年整理清抄時僅在個别用詞上稍加修飾，絶不敢私自增删。

　　"陋劣之選本〔不僅未悉源流正變，且文體尚未領略〕，不應看其選法，其文章還是看得的。惟其批評，則百分之九十以上都看不得，非徒無益，而且有害。其批評之劣根，因科舉而來。〔科舉蓋爲一種文官考試，官缺皆有定額，科舉爲其一道，故科舉出身，亦有定額，蓋以官缺爲限也。其應試人之程度，可超過録取者甚多，而文字限於程式，雖高才博學亦無可發揮，多相仿佛，遂轉而求其文字之特别動目，而試官出題亦極難也。〕"

　　"〔學文，於古當求之數種最精之書，於後世當求之大家，以大家文之特色最著也。其余學大家之文，即能明暢，亦僅足供泛覽而已，不足深求。故選本精讀之文，當限於諸大家，若今世讀本之隨手拾取，不名一家，僅可當文學史讀，不能供精讀也。〕"

　　誠之師上第一堂課給我們講得更多的是文言和白話的問題。誠之師既用《古文觀止》爲課本，全部講授文言文，他對文言、白話問題是否像"五四"時期《學衡》派反白話者滿口頑固腔呢？非也！下面是我在筆記本上記録的全文：

　　"〔動物的知識，不能遺傳，每個動物必須從頭學起，因此相互間的能力，必相差有限。人類則不然，前人世代積累之知識，後人可於短期內學得。人類之所以進化，此點最爲重要。」

"語：有限制的傳遞，不能久留。〔因語言無形狀，只能口耳相傳，欲變耳聞爲目見，須變無形爲有形，即成爲文字。故文字即有形之語言。口能發音，手即能書形，最初文字之作用，即止於此。〕"

"〔惟社會上的事情，愈發展，愈複雜，雖原理簡單之事，到後來亦必日趨復雜，語言亦不例外。語言之變遷：（一）發音之異；（二）用辭之異；（三）語法（句法、篇法）之異。我國（一）最不統一；（二）亦有相異；（三）則主統一，而自古至今，亦有不同。如（古）"未之知也"（沒有這個知道）；（今）"這個沒有知道"，"沒有知道這個"。以篇法言，亦多不同。評文者以爲古文和今語言不同，而古人語言與今相同，實不然也。〕"

"〔即白話（語體）文，看似語、文一致，甚爲簡單，實亦不然。蓋語、文必不能完全一致，此自有原理，即耳聞與目見不同。目見不若耳聞之速，而目見可重復再三，耳聞則不能，此白話文必不能與説話完全相合也（語調不同）。〕"

"理論上説：（一）以古爲標準：（1）非古語必不能用；（2）或無古語可用時，方（A）參用口語，（B）或準口語造'辭'。（二）以今文爲標準，盡量使用口語。（三）介乎兩者之間。〔以上三者，在今社會上同時并行，且實有此必要。高深之文言，不能人人學會，且以表達今日之思想感情，亦有時而窮，如執定文言，將阻文章進化之路，故語體文不能反對。然文化之事，自古而今，大體沿舊，其利弊亦殊難言，從總的來看利多害少，如盡去其舊，費力亦過大，是以舊者亦不能不學：（甲）望其日日在變，生新語言、語法，合乎今之事實與思想感情；（乙）有一種力量節制之，使不過快而與舊時發生隔離。是以（一）（二）在社會上有同時并行之必要，兩者需兼通。又爲實用故而不得不使（一）（二）兩者夾雜使用，於是産生（三）。但天下之事皆以純粹爲美，雖實用不必求美，亦至少不要使人起惡感。〕"

在另外兩堂課上，誠之師也講到文言、白話問題：

"活潑而富於現代的趣味——以口語爲基本者的優點。""（白話→口語→方言）""句簡短而意義確定，篇幅短而力量强——文言勝於白話處。"

"口語可以影響文言，文言亦可影響口語——可以改良口語：（1）名詞之豐富，（2）意義之精深，（3）句法簡短而義確定。"

誠之師上面這些話，我當然不好説絶對正確。但至少沒有毛澤東同志在

《反對黨八股》里指出的"所謂壞就是絶對的壞，一切皆壞；所謂好就是絶對的好，一切皆好"的毛病。

二

誠之師每講一篇文章，在一開頭總在黑板上寫一段甚至幾大段的評論或議論，有的論文體的演變，有的談各家文字的特色，對不好的文字還指出它的毛病在哪里。因爲實在講得太精采了，在這里多抄録一些。

《左傳·子魚論戰》"一種文字有一種文字的特色。凡名、大家之文，均系特色最顯著者。而大家必有獨有之特色，名家則不能盡然。""《左傳》與《國語》作風相近，論文者稱爲'左'、'國'。觀其'辭令'之美。〔'辭令'爲文學之術語，古人作書難，故以口述爲多，有其特性，即意思要盡量發揮，而在言語的表面上要竭力避免刺激。〕""《子魚論戰》這一篇看其'簡勁'。〔言辭精簡，而能刺激人家，叫他起一種想像，則爲有力。〕"

《左傳·子革對靈王》"《左傳》文字，實有多種。普通取以代表《左傳》作風者，亦有簡勁凝重與勁蕩搖曳之分。前者如《臧僖伯諫觀魚》、《子魚論戰》等是，後者如《鄭莊公戒飭守臣》、《子革對靈王》等是。昔人稱韓愈《争臣論》風格出於《左》《國》，指後者而言。""凡古書多非個人所作，故其文章多不一致。大抵《左傳》上半易懂，下半較難，可證其不出一手。"

《國語·祭公諫征犬戎》"此爲典重之文字，亦系《左》《國》文字之一種。如《左傳·臧僖伯諫觀魚》、《國語·單子知陳必亡》等可以參看。忌輕佻。"

《公羊傳·春王正月》"此爲傳體。古書經、傳相輔，經爲正文，傳以釋經，故必有經而後有傳，此傳與設爲問答者大不相同。外行者不知此理，作文并無所釋，而亦妄效傳體，則謬矣。""古書存於今，經、傳分篇者，如《管子》之《明法》、《明法解》；仍合爲一篇者，如《禮記》之《文王世子》；經存而傳亡者，如《春秋》無傳各條，即其一例；傳存而經亡者，則《禮記·郊特牲》之大部分。"

《檀弓·曾子易簀》、《有子之言似夫子》、《公子重耳對秦客》、《晋獻文子成室》、《檀弓》爲記事文之最工者，昔人久有定論。《左氏》叙事最工，然其所叙，與《檀弓》相同者，《左氏》恒不如《檀弓》（如此書所選晋殺申生、重耳對客、杜蕢揚觶，《左氏》皆有其事，杜蕢，《左氏》作屠蒯），即此可見。""諸作似均短篇紀事。但長篇紀事，内容實當分爲兩部分：（一）用簡嚴之筆法，撮叙綱要之大事；（二）則詳加描寫之小事也。見精神處，往往在詳加描寫之小事。故短篇紀事文之佳者，讀之極有益。惟（1）大事撮叙，貴能提挈綱領，（2）雜亂之事，須有以駕馭之。此二者，亦宜留意。此二者不錯，詳叙一二小節處又有精神，記事文思過半矣。""魏默深《聖武記》中之'川楚教匪'數篇，曾滌生譏之，即因其無條理也（既未能提挈綱領，雜亂之事又多）。""文中記人言語，未必當時口語真是如此，其設爲問答，不過借作層次而已。如此篇，豈有曾子但聞'喪欲速貧，死欲速朽'二語之理，亦豈有聞其詳，而但記此二語之理，明爲記者之設辭也。""記人言語，本非留聲機器，但期無失原意而已。袁子才謂《論語》後半部之筆法不如前半部之高古，前半部如'弟子入則孝，出則弟'等，均直截爽快説出來，更無枝葉，後半部如'尊五美'，'屏四惡'等（見《堯曰篇》），均先作一總冒之辭，而不詳其目，設使子張之問，孔子便不説出來。真乃夢囈。或謂既如此，何待問諸子游，不知《檀弓》褒美子游，以爲知禮，故托之云爾，未必真問諸子游也。此亦古人行文之例。故劉璜説《孝經》，謂孔子與曾參問答系假托，俞曲園嘆美之，謂非深通古書之例不能道也。"

《國策·樂毅報燕王書》"此篇辭令之美，冠絶古今，爲《左》、《國》所不逮。""《國策》文字，主紀説術。其人徒有術者，如觸詟、魯仲連是也。有并不免於鄙陋者，如蘇秦，馮瑗是也。樂毅則殊有士君子之風，縱橫家有取於其辭，然其辭非縱橫家所能爲也。〔作文爲二端：技術問題與人格無關，神氣問題則與人格有關，不能勉強。縱橫家大抵政客之流，不能爲此言也。〕"

李斯《諫逐客書》"此篇與鄒陽之《獄中上梁王書》參看，章實齋所謂實系賦體也（見《文史通義·詩教篇》）。此書所選賈誼《過秦論》，亦系賦體。〔具體與列舉，爲賦體之二條件。〕""凡人之程度愈高，則愈喜簡括之語，思想力愈弱者，愈喜具體敷陳，故以古較今，則古人之文賦體多，（1）以古人之思想，不如後世之進步，（2）亦以古時文字較通俗，讀者多尋常人，後世文字語言，日益相離，能讀文者多受教育較深之人故也。但鋪張之文字，在美學上亦自占一位置，近世康南海最善爲之，其文皆'辭繁而不雜'，氣足神旺，讀之使人感動奮發，此乃天才，不易學也。""此篇爲辭繁不雜之例，通篇并無深意，而反復言之，凡以求其能動人也。此等文字不宜輕學，因易蹈詞多意少之弊。但亦有時用之，以表示語之鄭重，如一篇中於緊要之處，則反復言之，不嫌其繁，而此處之特別重要顯出矣，蓋不必全篇皆如此也。"

《史記》"《史記》之文,自然大部分系抄來。其中一部分可證明其爲作《史記》者所自作的,亦不易指定其爲出於誰某;緣出(1)談,(2)遷,及(3)後來補《太史公書》者,均有可能。如《自序》全篇可信爲司馬遷所作,其中'論六家要指'一段可信爲其父談之所作。然如此者不多。〔古人不重爲文,故引用原書,不加删改。〕""若從文學上論之,則其文字風格一律者,可姑視爲一人之作。以大體言之,則序及論贊是也。(專篇後之一段,普通稱爲論或贊,或總稱爲論贊。如《後漢書》既有散文又有韵文者,則稱散文爲論,韵文爲贊。此外不拘。)""《史記》文字之特色,在其從容閑雅。從前有人說:'作散文須在《史記》中用過一番功,學寫字須在《鄭文公碑》中用過一番功,如此,便無迫蹙之病。'此語深爲内行。而且從《史記》中用過一番功,其文自無儉夫氣。""《史記》之所以能如此,實緣其與當時之語言甚爲接近〔大概如今日淺近之文言〕,凡文之接近語言者,往往有繁冗之病,然亦有自然之妙。今《史記》辭句,吾人讀之,往往覺其繁冗可删,然如《史通·點煩篇》中所載與今本相較,其煩更甚,則知今本已經删削矣(大抵系鈔書者所爲)。""《史記·六國表序》:'故禹興於西羌,湯起於亳,周之王也以豐鎬伐殷,秦之帝用雍州興,漢之興自蜀漢。'似駢非駢,似散非散,似整齊,似變化,後來無人能爲。〔此豈古語言之中,自有此調,非作文時勉强學得。〕《史記·自序》:'遷生龍門,耕牧河、山之陽,年十歲,則誦古文,二十而南游江、淮,上會稽,探禹穴,窺九疑,浮於沅、湘,北涉汶、泗,講業齊、魯之都,觀孔子之遺風,鄉射鄒、嶧,厄困鄱、薛、彭城,過梁、楚以歸。於是遷仕爲郎中,奉使西征巴、蜀以南,南略邛、筰、昆明,還報命。是歲,天子始建泰山之封,而太史公留滯周南,不得與從事,故發憤且卒。而子遷適使反,見父於河、洛之間。'此中所用地名,可謂多極,而音調宛轉和諧,絶無棘口之弊,更合之《貨殖列傳》用物名極多之一段觀之,即可知人籟之不如天籟也。""文字乃系一種語言,閱看時雖不朗誦,暗中仍在默誦的,不過自己不覺得。所以音調最要緊。""音調之最粗淺處,即句之長短須適宜,太短太長,均不能讀。""太短之弊,可以俞理初先生(正燮)爲代表,其文意義極明了,而讀之總不順口,過煉傷氣。""太長之弊,可以近人章行嚴爲代表,此君之文,亦非不明白,然讀起來總覺吃力異常,即由其句太長之故。""凡文不忌長句,而忌長句不能分讀。句者,意義上之句;讀者,口中之句也。如佛經'若恒河中所有沙,有如是沙等恒河,是諸恒河所有沙數',改作'等於恒河沙數之恒河中之沙',意義亦非不明白,昔人必骱爲三句者,即避免太長而不可讀也。"

司馬遷《報任少卿書》"此篇爲長篇之法。凡作文字，先求其暢，故氣不可不盛。欲求氣盛，則長篇須熟讀若干篇。""此篇氣極盛，然仍極紆徐寬博，不失史公本色。""凡《史記》長篇，其氣無不極寬者，惜此書所選，均經刪節，如能讀本書，可看《貨殖列傳》、《自序》兩篇，乃氣之最寬者也。後世文字，蘇軾《徐州上皇帝書》可以參看，於氣寬一點，最易悟入。""故作文時宜縱筆寫，不妥處可留待以後改做，不成之句，可姑缺之，總待後補，總期一氣寫下，勿生停頓，如此習慣，則文氣充暢，且做得快，此前輩謝鐘英先生教人作文之法。""長篇中漢人之文，賈誼之《治安策》亦須一讀。此篇已刪節，非原文（謂《漢書》本傳所載），但讀之仍覺其氣極盛。""宋王安石《上皇帝書》，亦長篇中極好者。"

賈誼《過秦論》上篇"章實齋云：此等意主鋪張者悉系賦體（見《文史通義・詩教》）。案此言是也。文有繁簡二種，簡者意求扼要，繁者意主鋪張。簡者多概括之辭，繁者多列舉其事，當相其宜而爲之。欲明此兩種區別，看《淮南子》一過最好，此書《説山》、《説林》兩篇主簡，余悉賦體也。推而廣之、佛經文字多系賦體，而如《大乘起信論》，自言爲'樂以少文，而攝多義'者作，則主簡約。近世文字，康有爲最得漢人賦體之意。""賈生之文氣勢最盛者爲《治安策》，《漢書》所載已非全篇，然讀之氣勢之盛尚可見。至此書所選，已割裂大半，可取全者一覽。其奏議最精者爲《諫放民私鑄疏》，在《漢書・食貨志》下卷中，說理極深，語極簡而確，亦可一覽。""《賈子新書》中論事說理精當之文尚多，惜亦多割截非全篇，但其精當及雖割裂而仍見其氣勢盛處，自不可沒也。"

駱賓王《爲徐敬業討武曌檄》"駢文原先漢之末，至後漢而成，大約漢魏爲一體，晋宋爲一體，齊梁爲一體。唐初承齊梁，又稍凝重，而益近律體（調平仄），故又有唐駢體之名。末年，遂有所謂四六。宋人承之，然稍加流走矣。""駢文之用字眼及典故，本欲刺激人之想像而引起其美感，故其作用宜熟——大家慣用的字眼及典故，在意義及運用上求其新穎——若用生者，使人看了懂都不懂，則失其意義矣。但其末流，頗有此病。惟公文無之，此篇即是也。"

韓愈《原道》"此爲正式之古文。""南北朝時，文字日趨浮靡，不適於用，於是有復古運動。但其初期，硬學古書形式，徑說古人之話，仍不適用，至唐韓、柳出，用古人說話之法——即文字未浮靡時之文法——說當時之話，而此運動乃告成功。〔北周最重實用，已有作復古運動者，如蘇綽擬《大誥》，鉤章棘句,後人謂之澀體,如獨孤及,皇甫湜尚有澀體之病。〕""此項文字只是散文而已,何以特稱爲古文?散文系專就形式而言之,不能表示其在散文中特殊之性質,故特稱爲古文。(此項文字若專就其與駢文相對之性質而言之,本可稱爲散文,習慣亦皆如此稱之。)""然則所謂古文者,性質如何?論古文者最要之義,在雅、俗之別(亦稱雅、鄭)。必先能雅,然後有好壞可說。如其不雅,則只算範圍以外,無從評論好壞。故雅、俗爲古文與非古文之界限。所謂雅者何也?雅者,正也,即正確之義,同時亦含有現在心理學上所謂文雅之義。即於實用之外,尚能使人起美感,至少不致使人起惡感。説話有優美及鄙俗,亦由此而分,雅與古不必一致,但相合之時頗多,其故:(一)古語之不雅者已被淘汰,存者多系較雅者;(二)即其不雅者,因其已與語言分離,吾人覺其不雅不如語言之甚;(3)吾人使用古語時,可擇其較雅者而用之。""作古文之人,乃(一)就已往之文字中,擇其最宜通行於今者而用之。(并非凡古即可用,過古者,有時按古文義法仍不可用。(二)擇其認爲美者而用之。前者雅正之義,後者文雅之義也。能確守此標準者,其文可稱古文,否則只可算普通的散文。""古文雖非逕以古爲法,但較他種文字用'古語'及'古語法'(兼句法,篇法言)的確多些。此由其選用時以古語居於第一位,凡可用古語及古語法者,必盡先使用,非至萬不得已時,不致用他種語也。故此種文字有節制語言使其變化緩慢之力,與語體文之盡量使用口語、文字變化加速者,恰處於相反之地位。離心向心之力貴相持而得其平。兩體并行,而以居其間之普通文調和之,事實即最合理,議論者之吾欲云云,皆淺見也。""再者,因古文體例之謹嚴,一時代一地方之古語法被其淘汰者不少,如六朝人俊語,宋明人語録中語是也。故謂古文專門保存死語言者,亦系外行語,一部分古語乃頗受彼之淘汰而成爲死語耳。以此義言之,古文可謂文言中之官話,他種文言,則猶文言中之方言也。率此義以爲文,則其文字能使後來之人易解。因其用一時代一地方之言語少,所用者皆最通行之語,猶之説官話者聽之易懂也。故古文有使前人後人接近之益,猶之官話有使各地方人接近之益。古文者,時間上之官話也。""凡讀古文,須分清段落,看其起結轉接之處,文之力量,皆在此中。"

韓愈《諱辯》"此篇爲瘦硬之文。瘦,説話露骨之謂。硬,强有力。""此書所選韓文,殊爲不佳。如《上宰相書》乃唐人干謁之作,贈序數篇則應酬之作,皆非韓文之佳者。所以選此等者,以其無實而强立作意,便於科舉時代人之學作虛題也。"

韓愈《柳子厚墓志銘》"墓銘與傳、狀等異，傳、狀主叙事，〔狀，包括今之行述，事略，僅供給材料，憑作傳者之採擇而已，與傳復有別。〔墓銘之作，則本志姓名、家世、官爵、年壽、妻子、葬地等耳，叙事本非必要，故詳略隨意，又可發議論，述交情，寓感慨，其途甚寬，故佳作甚多。""柳子厚爲欲除宦官而失敗之人。在政治方面，格於時勢，其事不能叙述，故此篇避而不言，但於隱約之中，微示其非徒文而已。"

柳宗元《駁復仇議》"柳文俊杰廉悍，於《韓非子》爲近，可參看《韓非子》之《難一》、《難二》。""此議系公文，故昔人之議，有以私議標題者。但議之體，不限於公文，故不標私字者多。""《桐葉封弟辯》可與此篇參看。"

柳宗元《箕子碑》"此篇乃柳州自述感慨，申説所以隱忍受辱之故也。箕子無稱先生之理，而末段稱先生，意在自況，躍然可見。""此篇極有情韵。"

柳宗元《鈷鉧潭西小丘記》、《小古城山記》"此兩篇爲柳州游記，柳州游記最爲有名，以其刻畫景物之工也。此兩篇非其至者，可以略見其概耳。柳州游記，論者謂自酈道元《水經注》來，然甚工者非酈氏所及。"

"宋時號稱爲古文者甚多，然未必皆善。如此書所選王禹偁《待漏院記》、《黃岡竹樓記》，范仲淹之《嚴先生祠堂記》、《岳陽樓記》，均甚俗。蓋文忌夾雜，作古文而夾入詞賦中語，則如以樸素古澹之衣，忽施以時下之刺綉，不成樣子矣。""又文字不可貌爲高古。如此書所選李覯《袁州州學記》'秦以山西鏖六國'，鏖字似妥非妥，何者，秦與六國非徒鏖戰而已，又或雖滅之，而未嘗鏖戰也（如齊）。'劉以一呼而關門不守'，亦然。連説漢高、項籍用劉項系成語，但稱漢高爲劉則甚生，且獨用關字，普通系指函谷關，而漢高所入系武關，亦非一呼而入。下文'武夫健將，賣降恐後'，亦與史實不合，近乎向壁虛造。凡文字有意求古求奇者，往往易蹈此等弊病。〔故唐宋之古文，誠以八家爲佳，其余諸家，總不能脱上列二病。〕"

歐陽修《朋黨論》："姚姬傳云：'歐公之論，平易切直，陳悟君上，此體最宜。'案此篇本以進御，故'夫前世之主'至'善人雖多而不厭也'一段，將上文作一總復述，亦用古人奏議文法。""宋世爲古文者，至歐陽公乃稱爲成功，由其脱澀體而尚平正通達也。宋世爲古文者，早者如柳開、穆脩，略後者如蘇舜欽，尚皆不免澀體之弊。"

歐陽修《五代史伶官傳序》"比篇爲歐文之講氣勢者。然仍不脱陰柔之美（紆徐）之本色。下一篇《宦者傳論》參看。"

歐陽修《豐樂亭記》"此亦歐文之講風神者。歐公游記，此書所選《豐樂亭》、《醉翁亭》兩篇。《豐樂亭記》之品格，較《醉翁亭記》爲高。"相傳有見《醉翁亭記》稿本者，其初叙滁州之山至數十百字，屢經審改，最後乃盡抹去，改爲'環滁皆山也'五字。於此可悟行文貴空靈，有時過多材料須删去，有時瑣碎之材料須以渾括出之也。"

歐陽修《瀧岡阡表》"述其父事均從其母口中説出，故覺有情，然亦只是如實叙述而已。歐公既少孤，非聞之於母，固無知其時事也。故知作文，只需忠實叙述，不必私智穿鑿，另想作法也。"

蘇洵《辨奸論》"此篇系僞作，其考證見李穆堂集。但未經考證明白之先，發覺其僞極難。時代相近之人，互相模仿，恒不易辨，不必名手，亦能效名手之文。時代相遠，則雖名手爲之，有不能肖者矣。此文字之時代性，所以不能强也。""既經考證明白之後，就文字觀之，亦有可悟其僞者，如起筆甚弱，又'孰知其禍之至於此哉'，明明事後語，非事前逆料之辭也。"

蘇洵《心術》"《管仲論》讀者甚多，然此文不佳。《心術》甚佳，其佳處在言簡而精。簡而精之文字，惟先秦諸子中最多。後人亦有效爲之者，然多有二失：（一）言實不精；（二）理精矣，而文甚晦（宋人所爲者，如周濂溪之《通書》，張横渠之《正蒙》、皆蹈此病）。此篇却不然也。""此文分爲許多段，各段各不相領，所謂'直起直落'也。不則謂之'裝頭裝脚'，裝頭裝脚爲行文所最忌。文須有話逕直説，無話即截然而止，勿以空話無内容之話累之，則其文精實。""作文有時覺得不精，可自將緊要之話摘出，無實之話置之，再將摘出之語連屬成文，即精采有力量。"

蘇軾《范增論》"此篇爲東坡晚年之作，隨筆抒寫，有文成法立之妙。凡文字，矜心作意而爲之者，恒不如隨筆抒寫者之自然，此生熟之異也。""古人史論，多系借題發揮，藉事以明義，非必謂此事之真相如此，是非如此也。如東坡《荀卿論》，謂其高談異論之精神，有以激成李斯之焚書，譬諸其父殺人報讎，其子必且行劫，非欲歸獄荀卿，特鑒於宋人好爲高談異論，以是譏切之耳。姚姬傳駁之，謂李斯未嘗行荀卿之學，特以始皇之意，故人臣善探其君之隱，一以委曲變化從世好者，尤爲可畏，意亦非欲駁東坡，特嫉當時之脂韋緘默，借題以發其感慨耳。此等文字，只可看作明義之子書看，不可當考據之史學看，如認爲有失史事之真相或淆亂其是非、而加以辯駁，便是笨伯。此篇亦然，只在明見幾之義，不必問范增之事之真相是否如是也。"

"《刑賞忠厚之至論》，此篇蓋進御之作，所以陳悟君上者，取其明白曉暢而已。與歐陽公《朋黨論》可以參看。""《留侯論》、《賈誼論》，此兩篇無甚深意,《留侯論》是否大蘇作尚可疑。緣古人集中,往往有僞作羼入,(或誤收,不必有意作僞),難於盡考也。""《晁錯論》,此篇較好,而遠不如《范增論》。""《上梅直講書》,此篇爲干謁之作。唐宋人此等文字頗多,而可觀者鮮。""《喜雨亭記》、無甚深意。""《凌虛臺記》,首段好,而其下敷衍無謂,此等乃應酬之作也。"

　　蘇軾《潮州韓文公廟碑》"此等文字,世俗以爲妙文,實則甚劣。問其何以劣? 曰:浮而不實而已。昔人應試及酬應之作,往往有此病。或謂酬應爲人所不免,酬應之文,似亦宜學,然酬應之文,實無別法,本不待學而能。且言貴有物,須從精實中立足,如此,則偶作酬應文字,亦當有可觀,所謂深人無淺語也。若先從浮而不實處下手,是從下乘中立足,尚安有成就之望乎!""'匹夫而爲百世師,一言而爲天下法',起筆即不大雅。〔非騈非散,當時俗調。〕""'是皆有以參天地之化——不可誣也',語皆似是而非,所謂浮而不實也。""'孟子曰……無足怪者',孟子所云之氣,非古人所謂在天爲星辰云云之氣,牽強附會太甚。""'則王公失其貴……儀秦失其辯',〔連排多句,宋人俗調,坡公非不能爲佳文,此蓋隨俗酬應而已。〕""此詩亦不甚古。〔以詩言尚古,然在文中仍不能爲古也。〕"

　　蘇軾《乞校正陸贄奏議進御劄子》"此篇系宋四六。四六爲騈文中一分支。騈文多四字句,此外句之長短無定,但不甚長耳。四六初興,十九以四字六字相間爲句,唐末李義山(商隱)號善爲之。其原出於公文(詔誥、章奏、後更施之箋啓),所以便宣讀也。後遂廣用之。宋四六與唐異,少用僻典,多用虛字,句漸長,此實爲騈文之散文化。北宋時,歐、蘇號善爲之。宋四六之特色在生動。""宋初四六,亦沿唐之舊,大體學李義山,所謂西崑體也(詩文皆然)。至仁宗慶歷中,歐、蘇、曾、王等出,古文始盛,詩亦別開新境。通常以宋詩與唐詩對舉,乃指此新派言之,若宋初之詩,則實與晚唐同派也。故唐宋文學之轉變,實在慶歷中,通常云唐宋,乃以大致言之耳。四六之改變,歐、蘇最甚,荊公之作少舊,司馬光、曾鞏則不樂爲之。""騈體之作,在施諸難於立言之處,如汪藻爲隆祐太后草立高宗詔云:'緬懷藝祖之開基,實自蒼穹之眷命,歷年二百,人不知兵,傳緒九君,世無失德,雖擧族有北轅之釁,而敷天同左袒之心。乃眷賢王,越居近服,已徇群臣之請,俾膺神器之歸,由康邸之舊藩,嗣我朝之大統。漢家之厄十世(疑七世之訛,漢人云'漢家之厄,宜在三七之間',謂二百十年,三十年爲一世,凡七世也),宜光武之中必,獻公之子九人,惟重耳之尚在,兹惟天意,夫豈人謀。'爲此等文字之最。亦有散文并不難於立言,祇是依照當時格式,取其易於成誦而已,如此篇是也。兩者皆以少用生字僻典,明白如話爲貴,施之公文尤要。近世饒漢祥號善爲此等文字,實則用典用字眼,殊覺其太多也。"

蘇軾《方山子傳》"此篇尚有神氣。凡傳人,述具體之事,易有精神,如抽象總括之辭,則精神難見,小説所以只能寫小事者以此。爲名人傳記者,於其大功業大學問,只能作簡括之辭,於其瑣事,或反加意描寫者,亦以此也。此篇所述之事,則本來易見精神者也。"

蘇轍《六國論》"小蘇之文,不如其父兄之有特色,亦無其父及其兄少年好爲高談異論之病,文亦較委婉曲折,讀此篇可見。其《上樞密韓太尉書》及《快哉亭記》,則亦千謁應酬之作而已。"

曾鞏《寄歐陽舍人書》"南豐之文,此書只選兩篇,亦非其佳者。此篇極爲委婉曲折,後人謂朱子之文,多學南豐,即指此種言之也。此種文字,自亦有長處,但不可輕學,輕學之,易蹈'辭費'之弊。""南豐之文,特色在深厚,看《列女傳目録序》、《先大夫集序》、《宜黄學記》等,最可見之。"

"碑銘傳狀之類,雖不能全不徇情,亦不宜過於濫作亂作,因後人考信於此,亦必牽涉及於作者之道德問題也。以近代之事論之,如包慎伯(世臣)生平不受人金爲之作文,於其友,號稱揚其長,而於其游陝西時携金稍多,行裝又有華服,致爲人所牽率,而有跅弛之舉,亦不爲諱,則吾人於其所作之文,信用較厚,如袁子才(枚)專揀闊人爲之作傳,人不來請,亦妄作之,刻入集中,以夸耀流俗,而既無根據,遂將事迹弄錯(見彭尺木與袁書),吾人讀其文,即不敢輕易信據矣。"

王安石《讀孟嘗君傳》"荆公古文,於有宋諸家中,實當爲第一,以其峻而不迫也。世皆以拗折賞之。但學荆公者,當觀其全體,領略其氣之健,不可規規焉模仿其句調。如强學其拗折之調,而無氣以運之,則惡矣。彼調雖拗折,氣甚雄直也。"

宋濂《閲江樓記》"明初作者之文,此書所選者三家。其中劉基之文,實不足取。宋濂所作,自有佳者,此書所選兩篇,亦無甚足觀。此篇乃官樣文章,聊以見'應制'之體而已。""應制之作,戒諛媚,能'頌不忘規'便佳。"

王守仁《瘞旅文》"陽明先生亦稱明代古文家,然其功力實淺。元明間教育,幼時多誦唐宋古文,通暢而略有法度之文字,能爲之者多。然非真有文學天才,或深於學力者,其文多淺近無足觀。如先生之文,亦以人名耳。此書所選《尊經閣記》,意少辭多,此等最爲當時學古文者之弊。《象祠記》明暢而已。

此篇雖不高古，却自性情中流出，頗見其摯也。"

唐順之《信陵君救趙論》"此篇甚暢達，可藥初學文字格格不吐之病。昔人教初學作文，恒先求其暢達，非不知繁冗之爲病，然較格格不吐者，則易療矣。行文犯格格不吐之病者，大抵本尚未能作文而強之作使然，故昔人戒早'開筆'（開始學作文字之謂），又評閱文字忌多改，亦以此也。故不想作文，可不必作，多讀多看，自有勃不可遏，雖欲禁之而不可之勢也。""此篇議論，頗失之迂，又失之刻，宋學盛行時之習氣如此，不足爲一人責也。"

歸有光《吳山圖記》"震川古文，才力不雄，學識亦不甚足。其爲文好講風神，嘗評點《史記》，實則所法者廬陵耳，《史記》之恣肆自然，非震川所能知也。清曾國藩嘗譏其'情乎韵乎，徒滋累耳'。但震川文在明人中趨向確甚正，故清之桐城派，於震川之文，獨有取焉。此書所選兩篇，非震川文之佳者，但亦雅潔，法度可觀。""明文往往不雅飭，即此書所選劉伯溫（基）文觀之，可見其俗。宗子相（臣）《報劉一丈書》，頗爲流俗所稱道，實則此等剽悍剝嫚之文，大雅弗爲也，其文亦有傖氣。如唐順之文亦欠醇。故震川在明確可稱得雅飭。"

這些真知灼見，到我們手里，還不發揮成幾十篇大論文？但誠之師就没有寫，而是無保留地傳授給他的學生。以學問爲天下之公器，而不把它作爲獵取名譽、地位的東西，這種高風亮節仍值得學習。

三

誠之師不僅從文學角度來講文章，指導學生如何欣賞，如何寫作，而且在講授中還傳授了不少有關訓詁、文法方面的知識，使學生通過掌握這些知識來讀懂古人的作品，做到真懂而不是假懂。這些知識在筆記本中還可以找出一大堆，很多是《辭源》、《辭海》上查不到的，這里摘録若干，聊窺一斑。

《國語·祭公諫征犬戎》"夫先王之制"句"夫，彼也。古無拓開口氣虛無所指之夫字。〔南北朝時尚無如此用法之夫字。〔夫字在句前者均爲彼字之義。如此作彼字解而不通，則此夫字即當屬上句末，而爲後人誤割屬下句。古書中此等誤讀甚多。歐陽修《釋秘演詩集序》'則予亦將老矣夫！曼卿詩辭清絶'句夫字上屬。古書夫字上屬爲後人誤屬下句者極多，如《論語》：'子曰：未之思也夫！何遠之有。'（《子罕》）《孟子》：'王説曰：詩云他人有心，予忖度之，夫子之謂也夫！我乃行之，反而求之'不得吾心。'（《梁惠王》上）皆是。"

《檀弓·晋獻公殺世子申生》"子蓋言子之志於公乎"句"〔蓋，同盍〕盍，何不也。蓋，疑詞，與今人用爲推原之詞者異。《左傳》杜注地名用蓋字者，皆爲不確定之詞，見疏。"

同上"伯氏不出而圖吾君"？句"此爲古書省疑問詞之例。今古書中之乎字等，爲後人所加者甚多，見俞樾《古書疑義舉例》。《中庸》：'詩云：伐柯伐柯，其則不遠。執柯以伐柯，睨而視之，猶以爲遠（乎）？'"

李斯《諫逐客書》"請一切逐客"句"一切，謂不求曲當，用一概的辦法，硬行斷決，古人所謂'一切之法'等，意皆如此，切字讀入聲。後一切二字，變爲一概包括在內之義，其切字'點發'（俗所謂圈）讀去聲，但今人罕知此別矣。家無長物，長去聲，即剩字也。讀去聲者，尚有度其長之意，即今丈量之丈字也。今寫作丈，以便分別，誠爲便利，但讀書不能不知古丈量之丈作長也。"

《史記・五帝本紀贊》"蓋長老皆各往往稱黃帝堯舜之處風教固殊焉"句，"往往，今從時間上言，古人多從空間上言，猶今人言'歷歷可指'之'歷歷'，如《史記・貨殖列傳序》叙礦業總之曰：'千里往往，山出棋置。'"

司馬遷《報任少卿書》"退而論書策"句"論、倫古通用。倫，類也，論書策，謂依條理編次。古人用論字多非議論之意。《史記・呂不韋列傳》：'使賓客人人著所聞，集論以爲……'《莊子》：'六合之外，聖人存而不論，六合之內，聖人論而不議。'論同倫，類也，言依天然之條理爲之分類。議同義，宜也。言不強主張何種辦法爲合宜。"

陶淵明《桃花源記》"緣溪行"句"自上而下曰沿，自下而上曰泝（溯），無上下之義昔人皆作緣。"

韓愈《原道》"子焉而不父其父，臣焉而不君其君，民焉而不事其事"句"古人名、動通用一字，讀音意義皆微別。如'各子其子'，上子字音慈。但此等多不可考，如《禮記・昏義》：'親之也者，親之也。'《孟子・滕文公》上篇：'徹者，徹也'是。後世名、動通用一字，音讀意義遂無確實區別，然已成通例矣。"

同上"孔子傳之孟軻"句"凡避諱之字，謂之'之字'。昔人取義近而音不同之字（所諱者音，非其字形），故邦之字曰國，雉之字曰野雞。後人不取此例，但於書寫時缺筆，讀時則概讀爲某。但此例在韵文中不能用，則變其韵，如詩中之孔丘讀爲區。"

同上"自周公而上，由周公而下"句"由△△而上，由△△而下，有時是連△△算在內的〔如此處由周公而上〕，有時則所謂△△者除外〔如此處由周公而下〕，此系昔人所謂連本算法，除本算法，見《禮記・曲禮》'生與來日死與往日'注及疏。"

蘇洵《張益州畫像記》"無敢或訛"句"訛，亦作譌，化也，作爲必由於變化，必由外物更其影響而起變化。故爲、化同音，而意亦相通。《老子書》之無爲，昔人皆以無化釋之。《漢書》賈誼諫文帝放民私鑄，'奸錢日多，五谷不爲多'。王念孫《讀書雜志》曰：'下多字淺人所增，五谷不爲，即五谷不譌，即五谷不化也。'《禮記·雜記》'子曰：張而不弛，文武不能(同耐)也，弛而不張，文武弗爲也(爲同譌，同化，言文武亦不能使谷物起變化)。'"

蘇軾《乞校正陸贊奏議進御劄子》"可謂進苦口之藥石"句"'良藥苦口利於病'，見《史記》。石用以砭，實不可云苦口，但古有'浹句'，'圓文'之例，用兩字義等於一字，如前人所舉'潤之以風雨'(風燥)等是也。故行文亦不盡拘。浹句亦作協句，協句之例，見《禮記·檀弓下》'吾欲暴尪'疏，《左傳》'殄滅我費滑'疏，《周禮》疏中尤多，恐有數十見。"

不怕讀者見笑，我在沒有聽誠之師講國文課之前，對上面這些一直是胡亂理解，甚至亂念一氣的。

四

最後，我在這里抄録兩個誠之師出的國文考試題，讓讀者看一看誠之師對我們的要求。

(一) 本學期曾讀過(一)兩漢(二)魏晋文字，及唐代(三)駢(四)散文各一篇，此四者，君對於何種最有興味？ 如僅欲學作淺近文言及語體文，君以爲讀此等文字，亦有益否？ 再者，兩漢之散文何以轉變爲魏晋後之駢文？ 其後何以又有古文運動之興起，能言其所以然否？

(二)《論語》曰："辭達而已矣。"《左氏》曰："言之無文，行而不遠。"二説究相反，抑似相反而實相成？ 試以意言之。